禪城年鑒

CHANCHENG YEARBOOK

2018

佛 山 市 禅 城 区 档 案 局
佛山市禅城区地方志办公室 编

方志出版社
Publishing House of Local Records

图书在版编目（CIP）数据

禅城年鉴.2018 / 佛山市禅城区档案局，佛山市禅城区地方志办公室编. -- 北京：方志出版社，2018.11

ISBN 978-7-5144-3396-8

Ⅰ. ①禅… Ⅱ. ①佛… ②佛…Ⅲ. ①区（城市）—佛山—2018—年鉴 Ⅳ. ①Z526.54

中国版本图书馆CIP数据核字(2018)第261255号

禅城年鉴（2018）

编　　者： 佛山市禅城区档案局　　佛山市禅城区地方志办公室

责任编辑： 朱　姝

出 版 人： 冀祥德

出 版 者： 方志出版社

地址　北京市朝阳区潘家园东里9号（国家方志馆4层）

邮编　100021

网址　http://www.fzph.org

发　　行： 方志出版社图书经销中心

电话（010）67110500

经　　销： 各地新华书店

印　　刷： 佛山市南海印刷厂有限公司

开　　本： 787×1092　　1／16

印　　张： 35.5

字　　数： 744千字

版　　次： 2018年11月第1版　　2018年11月第1次印刷

印　　数： 001～700册

ISBN 978-7-5144-3396-8　　定价：180.00元

编辑说明

一、《禅城年鉴》以马克思列宁主义、毛泽东思想、邓小平理论、“三个代表”重要思想、科学发展观、习近平新时代中国特色社会主义思想为指导，坚持辩证唯物主义和历史唯物主义的立场、观点和方法，全面、系统、客观地反映禅城区自然、政治、经济、文化和社会等方面的基本情况，为社会各界人士了解禅城提供所需资料。

二、《禅城年鉴·2018》采用分类编辑法。主体内容结构设篇目、类目、分目、条目四个层次，以条目为表现内容的基本形式。条目用黑体加【】表示。

三、《禅城年鉴·2018》主要反映2017年禅城区的基本情况，个别事件为了保持记述的完整性，时间适当上溯或下延。全书设特载、特辑、大事记、禅城概况、政治、政法·军事、经济、经济管理、基础设施建设与管理、科教文体卫、社会生活、镇·街道、荣誉·人物、社会经济统计资料、文献选载、便民信息共16篇，并设有主题索引，方便检索查阅。

四、正文内容由区属各单位和相关的市属单位或垂直管理部门提供，经各单位审定。“社会经济统计资料”篇中的统计数据由区发展规划和统计局提供，其余统计数据由各单位提供。因统计口径不同，如个别数据出现不一致时，一概以“社会经济统计资料”的统计数据为准。

五、《禅城年鉴·2018》的编辑出版，得到全区各级领导和各有关单位的支持，谨此致谢。因综合年鉴内容涉及面广，编辑出版工作量大，在编印过程中出现错漏之处，敬请各界读者批评指正。

《禅城年鉴》编纂委员会

《禅城年鉴》编辑部

2017 禅城数字

土地面积　154.09平方千米

年末户籍人口　65.98万人

年末常住人口　116.11万人

年末从业人员　62.96万人

地区生产总值　1722.50亿元

第一产业总值　0.27亿元

第二产业总值　748.84亿元

第三产业总值　973.39亿元

人均生产总值　15.01万元

工业总产值　2457.67亿元

固定资产投资总额　706.47亿元

社会消费品零售总额　831.09亿元

实际利用外资额　1.61亿美元

旅游业总收入　240.62亿元

地方一般公共预算收入　122.97亿元

地方一般公共预算支出　221.59亿元

城乡居民人民币储蓄存款　1502.75亿元

居民人均可支配收入　45199元

居民人均消费性支出　32627元

2017年禅城区荣誉榜

★禅城区一门式改革入选国务院办公厅《全国综合性实体政务大厅普查报告》典型案例

★禅城区区域化党建获评“全国基层党建创新优秀案例”

★禅城区社会综合治理项目获中国人居环境范例奖

★禅城女性双创项目获首届中国妇女创业创新大赛社会效益奖

★“数字公民”禅城区自然人库建设项目获第三届中国“互联网＋政务”50强

★禅城区城市规划“一张图”项目获中国地理信息产业优秀工程银奖

★南庄镇紫南村获评“2017中国最美村镇”

★禅城区获评2017年全国综合实力百强区第18名，全国投资潜力、新型城镇化质量百强区第9名，全国创新创业百强区第17名

禅城区行政区划图

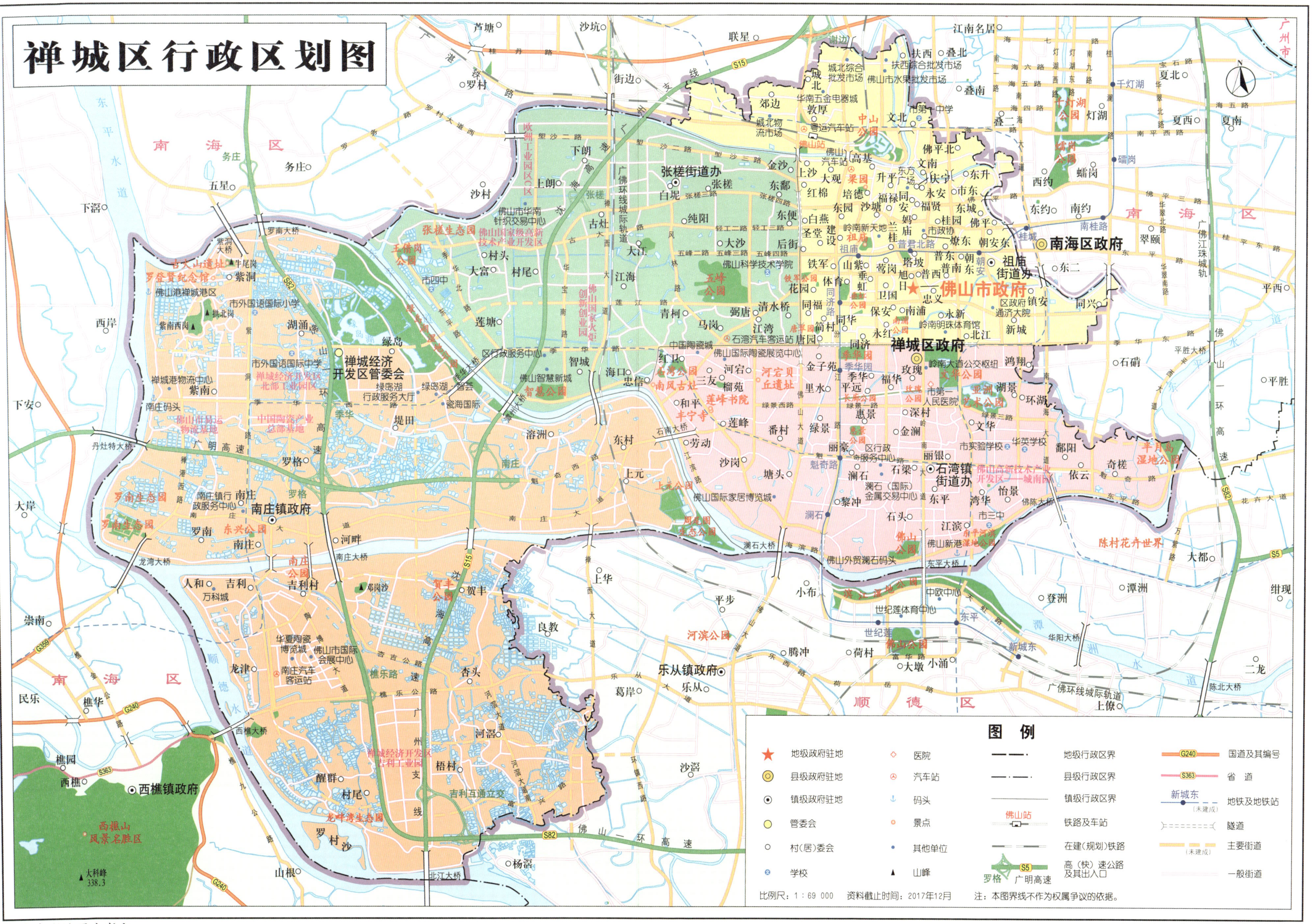

广东省地图出版社

审图号：佛S（2018）003号

2017年7月11日，广东省人大常委会主任李玉妹（中）在佛山市委书记鲁毅（左前一）、市长朱伟（左前二）等领导的陪同下到禅城区检查河涌整治情况　（区环保局供稿）

2017年4月13日，国务院副秘书长、国家信访局局长舒晓琴（左四）在禅城区委书记刘东豪（左二）的陪同下到禅城调研信访维稳工作　（赖武茂　摄）

领导关怀

2017年4月27日，广东省副省长许瑞生（前排左四）在佛山市委副书记、市长朱伟（前排左五），禅城区委副书记、区长孔海文（前排左二）的陪同下检查广佛跨界河流整治情况

（区环保局供稿）

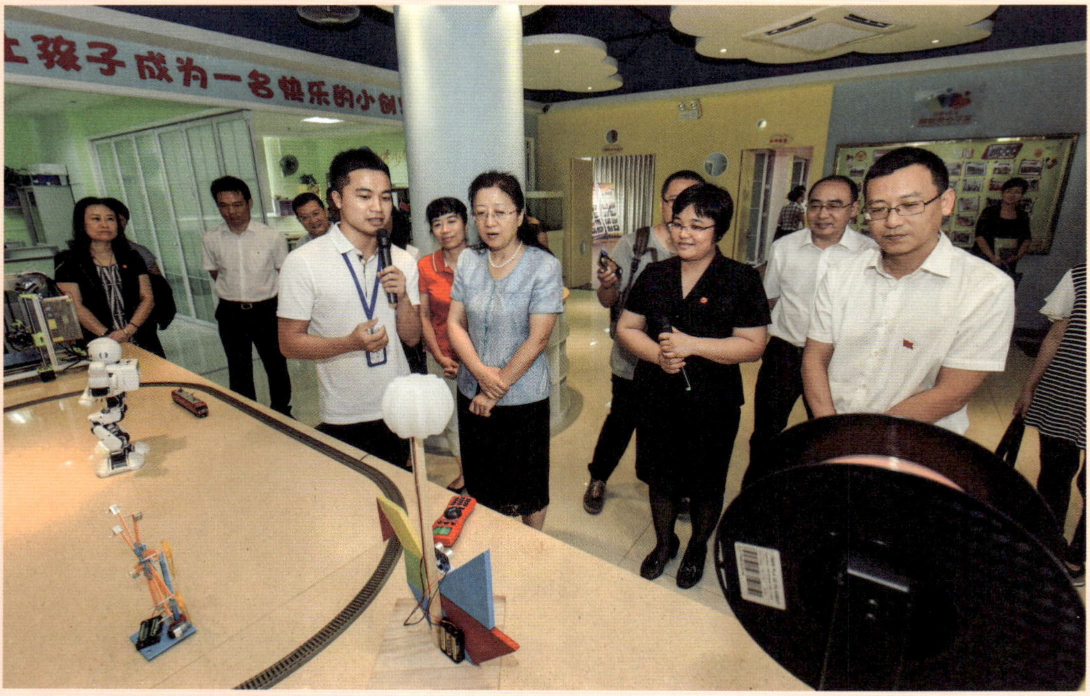

2017年6月9日，全国妇联副主席、书记处书记夏杰（前左二）到石湾镇街道妇女儿童之家调研

（王颖尧　摄）

2017年7月14日，国家行政学院党委委员、研究生院院长杨文明（右二）在禅城区委书记刘东豪（左二）的陪同下到禅城区社会综合治理指挥中心参观指导　　（区指挥中心供稿）

2017年9月5日，广东省委常委、省委宣传部部长慎海雄（前排左二）到禅城区南庄镇龙津村调研　　（王颖尧　摄）

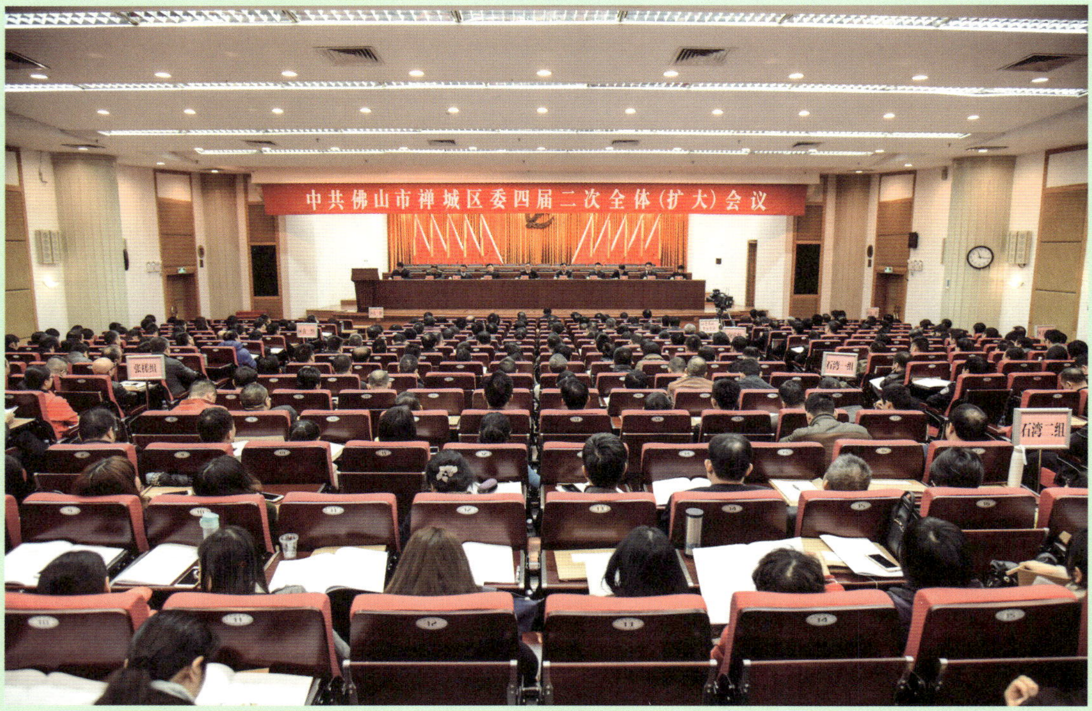

2017年1月16日，中共佛山市禅城区委四届二次全体（扩大）会议召开　　（王颖尧　摄）

2017年1月19日，佛山市禅城区第四届人民代表大会第二次会议召开　　（王颖尧　摄）

2017年1月18日，中国人民政治协商会议佛山市禅城区第四届委员会第二次会议召开

（王颖尧　摄）

2017年2月14日，中国共产党佛山市禅城区第四届纪律检查委员会第二次全体会议召开

（王颖尧　摄）

2017年3月20日，禅城区精准扶贫攻坚推进会召开　　（王颖尧　摄）

2017年3月6日，禅城区美丽文明村居建设工作部署会召开　　（王颖尧　摄）

2017年5月24日，禅城区大气环境综合整治工作推进会议召开　　（区环保局供稿）

2017年11月22日，禅城区学习贯彻中共十九大精神专题培训班在区机关会议中心举行

（王颖尧　摄）

2017年3月8日，禅城区“全国现代电源（不间断电源）产业知名品牌创建示范区”及“全国丝光棉针织服装产业知名品牌创建示范区”现场验收工作会议召开 （王颖尧　摄）

右图：区委副书记、区长孔海文（右）向验收组组长、广东省质监局副局长翁永卫（左）提交两个示范区相关承诺书 （王颖尧　摄）

2017年9月14日，南庄镇龙津村创建“全国农村社区建设示范村”工作接受民政部委托验收组实地验收 （南庄镇供稿）

2017年5月18日，位于绿岛湖都市产业园的国家知识产权服务业集聚发展试验区（禅城园）正式开园

（南庄镇供稿）

2017年11月23日，“2017互联网+智慧中国年会”在北京召开。“数字公民”——禅城区自然人库建设项目获得第三届中国“互联网+政务”50强奖项。禅城区数据统筹局副局长郑小广获得中国“互联网+政务”十大创新人物奖项

（区数据统筹局供稿）

2017年12月23日，中国不锈钢高端峰会在石湾举办　　（石湾镇街道供稿）

2017年9月6日，广东天安新材料股份有限公司在上海证券交易所上市　　（南庄镇供稿）

2017年3月29日，禅城区举行佛山（禅城）信息产业投资推介会暨佛山市云计算大数据协会成立仪式 （王颖尧 摄）

2017年6月22日，禅城区举行"智信城市"与区块链创新应用（禅城）发布会 （王颖尧 摄）

2017年10月26日，区委副书记、区长孔海文（中）出席佛山秋季欢乐购暨连锁企业品牌100计划启动仪式
（王颖尧　摄）

2017年6月13日，禅城区举办互联网+科技金融暨科技型企业信用体系建设成果展示会
（区经科局供稿）

2017年7月12日，佛山博士双创集聚试验区项目签约仪式在南庄镇举行

（南庄镇供稿）

2017年3月10日，“中银科创企业投贷联动直通车”佛山禅城站——高新技术企业+“新三板”专场在智慧新城举行

（梁志恩　摄）

2017年4月15日，禅城区在第十五届中国国际人才交流大会现场举行营商环境和人才政策路演

（区委组织部供稿）

2017年9月21日，禅城区举办2017机器人国际大会

（王颖尧　摄）

2017年9月22日，全省首个高级会计人才分会在禅城区揭牌成立

（区委组织部供稿）

2017年11月17日，佛山博士创新梦工场在绿岛湖·智荟揭牌

（区委组织部供稿）

2017年10月，中国陶谷小镇的陶·创客会馆完工并投入使用

（杨芳　摄）

2017年10月24日，禅城区金融工作会议暨金融产业融合发展大会召开。会上，区委书记刘东豪（右三）等为佛山市禅城区金融产业促进会揭牌 （王颖尧　摄）

2017年7月12日，佛山金溢科技有限公司智能交通射频识别与电子支付产品生产基地项目在禅城区华南交通电子产业园奠基 （南庄镇供稿）

2017 年 5 月 28 日，首届佛山·禅城旅游文化周暨高铁经济带旅游博览会开幕

（王颖尧　摄）

2017年10月19日，佛山（禅城）陶艺·建陶设计周暨陶瓷艺术周在中国陶谷拉开帷幕

（区文化体育局供稿）

2017年10月19日，佛山设计联合会和粤港澳大湾区设计协会联盟宣告成立

（石湾镇街道供稿）

文华公园及改造完成后的岭南大道公交枢纽站

2017 年 8 月，岭南大道公交枢纽站试运营

（王颖尧　摄）

（王颖尧　摄）

岭南大道公交枢纽站，工作人员用充电桩给公交车充电

（王颖尧　摄）

城市建设

①

② | ③

①②③绿岛湖美景　　（①姚泽林　摄；②刘朝军　摄；③饶国兴　摄）

处于广东省“十大险滩”之一的龙湾基险段“X”形交叉点的龙湾大桥　　（王颖尧　摄）

提升改造后的东平河绿道　　（区城市综合管理局供稿）

南庄镇龙津村 （王颖尧　摄）

文华公园玫瑰情园 （区城市综合管理局供稿）

佛山市外国语学校　　　　(王颖尧　摄)

祖庙街道丰收街·菁创聚青年创新创业社区　　　　(王颖尧　摄)

季华五路　　　　（王颖尧　摄）

绿岛湖都市产业区　　　　（王颖尧　摄）

2017年1月22日，佛山首条过江隧道、连接佛山新城和禅城的汾江路南延线东平隧道正式通车

（王颖尧　摄）

2017年9月，佛山地铁3号线工程火车站站点围蔽施工

2017年2月28日，佛山地铁2号线石湾站首台盾构机始发　　（穆纪武　摄）

（区交通运输局供稿）

2017年12月22日，佛山市公安局禅城分局获评“全国基层公安文化工作示范点”

（佛山市公安局禅城分局供稿）

2017年12月12日，禅城区举办“智信禅城·中国首家公证区块链创新应用”启动仪式

（区司法局供稿）

2017年12月13日，佛山市禅城区社区矫正服务基地在张槎街道家庭综合服务中心揭牌成立

（区司法局供稿）

2017年11月8日，佛山市禅城区综治中心揭牌

（区指挥中心供稿）

2017年12月4日，“12·4”国家宪法日大型宣传活动在兆祥法治文化公园举行

（区司法局供稿）

2017年5月27日，市、区司法局联合在唐园举办“加强人民调解 促进社会和谐”大型人民调解户外宣传活动

（区司法局供稿）

2017年7月28日，区委副书记、区委政法委书记区柱明（右三）等为佛山市中立法律服务社禅城服务站揭牌　　（王颖尧　摄）

2017年11月9日，国地税联合办税终端体验区向大众开放　　（王颖尧　摄）

2017年7月20日，由禅城帮扶廉江市雅塘镇新建的江城路正式通车，禅城区委书记刘东豪（右二）为江城路揭牌　　（王颖尧　摄）

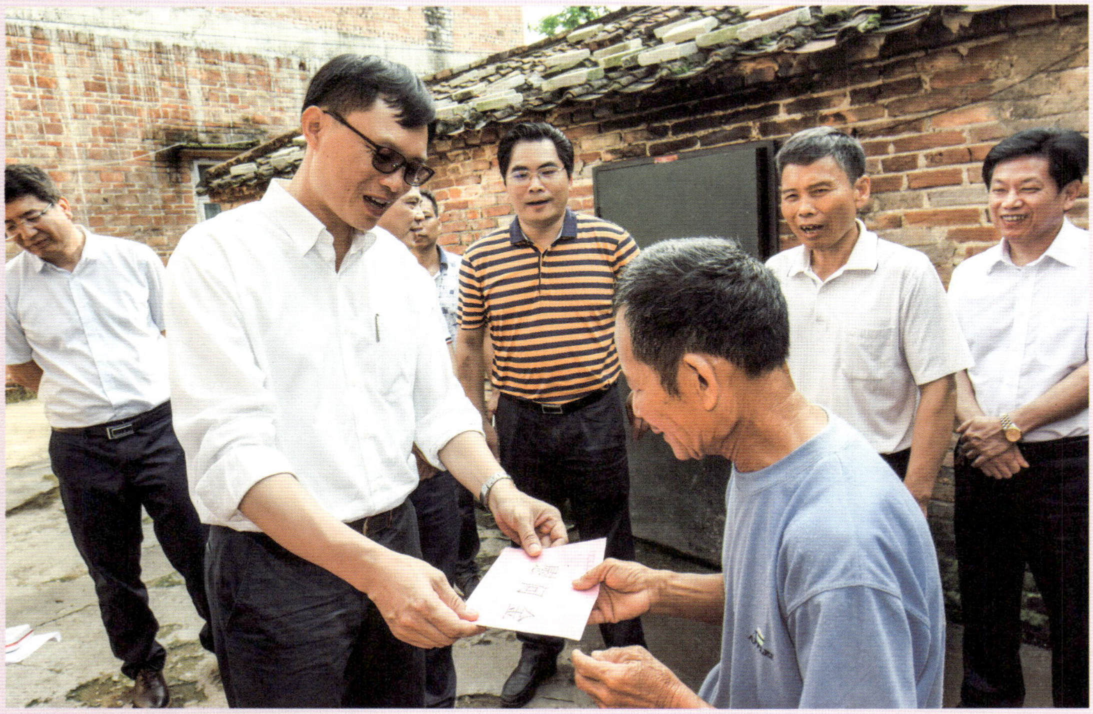

2017年5月4日，禅城区委副书记、区长孔海文（前排左）率队赴廉江市考察扶贫工作　　（王颖尧　摄）

2017年12月13日，禅城区委副书记、区长孔海文（左五）出席廉江市河唇镇龙湖村光伏发电项目开工仪式　　（王颖尧　摄）

2017年12月20日，禅城区—昭觉县东西部扶贫协作联席会议召开　　（王颖尧　摄）

2017年11月21日，区党政班子党员成员、区人大常委会主任、区政协主席等在罗登贤事迹展览馆重温入党誓词（王颖尧　摄）

2017年1月22日，禅城区委党的建设工作领导小组会议召开（王颖尧　摄）

2017年10月18日，禅城区五套班子领导收看中共十九大开幕会直播　　（王颖尧　摄）

2017年6月15日，《中国共产党地方委员会工作条例》《中国共产党党组工作条例（试行）》《中国共产党工作机关条例（试行）》培训学习会在区府岭南大院举行　　（王颖尧　摄）

2017年5月10日，Link 2017在线教育论坛暨教育部在线教育研究中心在线教育奖励基金颁奖典礼在北京召开，禅城区教育局“基于微信的‘互联网+’教育创新管理模式探索”项目获得教育信息化优秀项目奖

（区教育局供稿）

2017年6月2日，广东省妇联副主席刘兰妮（左五）为禅城区石头村颁授“广东省儿童友好社区”牌匾

（区妇联供稿）

2017年4月，佛山市公安局禅城分局出入境管理大队获“全国巾帼文明岗”称号。图为5月17日举行“巾帼文明岗”揭牌仪式 （区妇联供稿）

2017年11月14日，南浦社区被中国地震局震害防御司授予“国家地震安全示范社区”牌匾 （区国土城建和水务局供稿）

2017年1月16日，区委副书记、区长孔海文（左五）出席禅城区外来务工人员迎新春团年晚宴

（王颖尧　摄）

2017年5月13日，乐活禅城·SHOW我风采——禅城区2017异地务工人员才艺大赛（决赛）在普君新城举行

（区文化体育局供稿）

2017年3月29日，禅城区举行2016年度禅城十大新闻·十大新闻人物暨十佳宣传创新项目颁奖仪式

（邓柏坚　摄）

2017年11月21日，全国纺织行业“佰源杯”纬编工职业技能竞赛颁奖典礼暨中国（张槎）针织时尚发布会在禅城张槎举行

（王颖尧　摄）

2017年9月2日，禅城区举办“首善禅城·益精彩”首届公益社会工作服务节

（区民政局供稿）

2017年12月6日，禅城区社会工作服务联盟第一次联席会议暨社会服务研讨会在祖庙街道微服务中心举行

（区民政局供稿）

2017年，禅城区首创的“警家校”护畅模式实现中心区域小学全覆盖，并两获公安部推广。图为9月1日，玫瑰小学“警家校”护畅队维护校园周边交通秩序

（王颖尧　摄）

2017年1月17日，区行政服务中心工作人员指引办事群众在自助终端机办理业务

（王颖尧　摄）

2017年3月16日，佛山市首家“公建民营”养老院——春晖颐养院（前身为祖庙敬老院）正式营业。图为5月24日，老人们在活动室画画

（王颖尧　摄）

2017年6月17日，“佛山韵律　和声飞扬”群众合唱总展演在金马剧院开演

（区文化体育局供稿）

2017年12月29日，“品味岭南·乐韵禅城”佛山市禅城区音乐家协会文艺晚会在金马剧院举行

（区文联供稿）

2017年8月17日，佛山市群众音乐舞蹈展演在南庄影剧院举办。图为舞蹈《年画禅城春》

（区文化体育局供稿）

2017年11月17日，粤韵传承·华光盛典——2017佛山粤剧华光诞活动在广东粤剧博物馆举行

（王颖尧　摄）

2017年9月30日，罗登贤事迹展览启动

（赖武茂　摄）

2017年12月30日，“齐喜武·健康幸福满佛山——乐善太极公益活动年启动仪式”在南风古灶举办

（罗泽成　摄）

2017年12月17日，广东省第四届自行车绿道联赛第二站在绿岛湖举行

（禅城经济开发区管委会供稿）

2017年10月7日，禅城区高桩南狮锦标赛在东方广场举行

（区文化体育局供稿）

2017年4月23日，“家·满能量”2017禅城区职工文化体育节启动仪式暨“强中心·健身体”职工趣味运动会火炬点火仪式在佛山市第四中学举行

右图为趣味运动会比赛场景

（王颖尧　摄）

友好往来

2017年3月15—17日，禅城区委副书记、区长孔海文（前排左二）率政府及商务代表团一行到美国德克萨斯州福遍郡进行友好访问（区外事侨务局供稿）

2017年1月19日，韩国国会议员元惠荣（左一）率企业代表团到访禅城区

（王颖尧　摄）

2017年10月27日，区委副书记、区长孔海文（右四）出席禅城海外联谊会第四届理事大会暨就职典礼

（区委统战部供稿）

2017年9月23—24日，首届佛山（禅城）·香港·澳门青少年舞龙舞狮邀请交流赛在禅城举行

（区侨联供稿）

特色小镇

佛山建陶小镇

南庄自古以“桑基鱼塘”著称，是典型的岭南水乡。南庄镇通过产业提升、民生改善、环境提升、文化休闲四大行动，打造以产业提升、功能完善、品质生活、文化彰显的“产城人文”四位一体的佛山建陶小镇，实现世界建陶技术创新基地、中国陶瓷企业总部基地、中国建陶金融会展中心、中国陶瓷产业人才智库、岭南水乡风情文化区五大总体定位。2017年，佛山建陶小镇被佛山市政府确定为全市首批15个特色小镇创建单位之一，并与石湾镇街道的陶谷小镇共同组成禅城陶谷小镇（石湾—南庄），入选省级示范点名单。

中国陶瓷总部基地
（南庄镇供稿）

华夏中央广场
（南庄镇供稿）

中国陶谷小镇

石湾是中国十大魅力名镇，被称为“南国陶都”，享有“石湾瓦，甲天下”之美誉。2016年9月，石湾镇街道在石湾西片区核心区域启动中国陶谷小镇建设，规划面积2.6平方千米，由南风古灶片区、佛山泛家居电商创意园、石湾古镇文创园、广东省（佛山）软件产业园、中国陶瓷城、佛山“互联网+”创新创业产业园、新石湾美术陶瓷厂和艺术家村落、陶醉文化街区、陶瓷研究所10个园区组成。中国陶谷小镇坚持以“陶”为主线，瞄准世界陶瓷创新中心、国家级文化产业示范园区两大目标，规划建设历史文化核心区、创新创意集聚区、陶瓷商务服务区、公共服务和宜居社区配套区等四大功能区。2017年8月，中国陶谷小镇与佛山建陶小镇组成的禅城陶谷小镇（石湾—南庄）入选“广东省特色小镇创建工作示范点”。

佛山国际创客中心
（杨芳　摄）

中国·陶谷
（应如　摄）

张槎“互联网+”小镇

张槎街道大力发展电子信息产业，2016年6月，张槎“互联网+”小镇获批成为广东省首批“互联网+”培育小镇，成为佛山市唯一入选镇街。张槎“互联网+”小镇占地面积约2平方千米，小镇核心区由华南创谷、新媒体产业园、创意产业园组成，连接“互联网+”产业链配套区、产业生活服务区、产业创意区和产业大数据区，拥有“互联网+”企业超1000家，互联网企业超300家。截至2017年年底，华南创谷总部大楼实现100%进驻，福能大数据产业园获“国家电子政务外网华南分中心”授牌，被列入国家发改委促进大数据发展重大工程项目库。

华南创谷　　（张槎街道供稿）

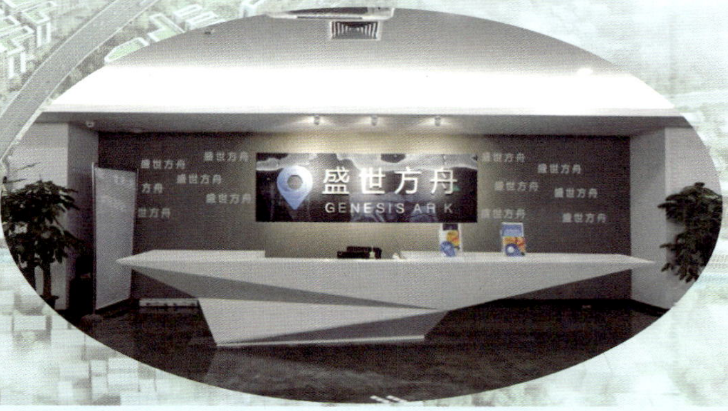

盛世方舟

（张槎街道供稿）

佛山岭南文荟小镇

祖庙街道地域古为佛山镇，是禅城的核心区域，具有千年历史文化的积淀，拥有“佛山祖庙”“梁园”等历史名胜。佛山岭南文荟小镇依托老城片区深厚岭南文化底蕴和祖庙商圈资源，选取祖庙路—汾江路以东、文昌路以南、佛山水道—市东路以西、卫国路以北作为创建范围，规划面积约3.25平方千米，覆盖中山公园、汾江河、国瑞南堤湾、东方新天地、梁园以及岭南天地等著名地标性景观建筑。按照创建规划，小镇对标国际一流文化小镇，建设岭南文化产业研发设计平台、佛山“网上老城”线上平台两大引擎，构建基于互联网、体验经济、教育和学习、工业与制造四大文化科技深度融合的产业生态，探索“文化＋科技”“文化＋创意”等产业发展新模式，打造岭南文化双创新标杆。

东方广场夜景
（吴宇　摄）

岭南天地
（吴宇　摄）

美丽文明村居建设

2017年，禅城区启动美丽文明村居示范点建设，选取南庄镇紫南村、石湾镇街道湾华村、张槎街道莲塘村、祖庙街道永红村等20个村居为试点，建设“三美一优”（环境美、风尚美、人文美、服务优）的美丽文明村居。全区20个示范点村居的设计规划全部完成，提炼特色文化元素，形成“一村一品牌”的建设格局。推进村居绿化公园和绿道建设，村居硬件设施、环境卫生得到改善和提升。村居文化文明活动广泛开展，培育一批社会主义核心价值观特色品牌，“好人精神”和“志愿精神”扎根群众，文明风尚同步彰显。“一门式一网式”政府服务改革推动公共服务向基层延伸，“法律进村（社区）”“一村（社区）一法律顾问”和“三官一师”（警官、法官、检察官、律师）直联村居工作得到深化，“大调解”工作机制畅通基层群众利益诉求表达渠道，村居公共服务稳步提升。至年底，全区首批建成莲塘村、紫南村、罗南村、龙津村、扶西村、下朗村、鄱阳村、南庄村8个美丽文明村居。

南庄镇紫南村航拍图　（南庄镇供稿）

南庄镇醒群村的水月宫及睡莲塘
（王颖尧　摄）

南庄镇罗南村的保宁楼、文化楼
（南庄镇供稿）

位于南庄镇紫南村的广府家训馆
（南庄镇供稿）

南庄镇龙津村新貌
（王颖尧　摄）

改造升级后的石湾镇街道鄱阳村　　（王颖尧　摄）

石湾镇街道湾华村新貌

（王颖尧　摄）

石湾镇街道塘头村端午节赛龙舟习俗

（石湾镇街道供稿）

张槎街道上朗村的欧洲工业园C区

（王颖尧　摄）

张槎街道大富村新貌

（王颖尧　摄）

莲塘醒狮　（张槎街道供稿）

张槎街道下朗村打造的传统文化柱

（张槎街道供稿）

位于祖庙街道朝东村的李广海医馆（原址重建）

（王颖尧　摄）

改造升级后的祖庙街道永新村丰收涌（塘房段）

（杨韶碧　摄）

祖庙街道扶西村的村民公寓

（区档案局供稿）

目　　录

特　　载

特　　辑

大事记

禅城概况

政　治

政法·军事

经济管理

基础设施建设与管理

科教文体卫

社会生活

镇·街道

荣誉·人物

社会经济统计资料

文献选载

便民信息

索　引

特载

不忘初心　牢记使命
全面建设新时代佛山“首善之区”

——在中共佛山市禅城区委四届三次全体会议上的报告

2018年1月12日

中共禅城区委书记　刘东豪

同志们：

这次全会的主要任务是：高举习近平新时代中国特色社会主义思想伟大旗帜，深入贯彻落实党的十九大、中央经济工作会议、中央农村工作会议、全国扶贫开发工作会议和省委十二届二次、三次全会、市委十二届五次全会精神，总结2017年工作，部署2018年任务，动员全区党员干部群众更加紧密地团结在以习近平同志为核心的党中央周围，不忘初心，牢记使命，全面建设新时代佛山“首善之区”，奋力在决胜全面建成小康社会、加快建设社会主义现代化新征程上走在前列。

下面，我代表区委常委会向大会作报告。

一、总结回顾　提振精神

2017年是禅城区立足新起点、响应新时代、开启新篇章的重要一年。一年来，在市委的坚强领导下，区委以习近平新时代中国特色社会主义思想和习近平总书记对广东工作的重要批示精神总揽全局，在思想上政治上行动上与党中央保持高度一致，团结带领全区干部群众，牢牢把握稳中求进工作总基调，坚持以新发展理念引领经济发展新常态，以强烈的“四个意识”抓工作落实，用创新的方法推动改革、促进发展、提升区域竞争力，实现经济社会各项事业的显著进步，推动禅城以崭新姿态迈进了新时代。

这一年，学习十九大精神蔚然成风，党的建设取得新成效。把学习宣传贯彻党的十九大精神作为首要政治任务，全方位、多角度宣传党的十九大精神，大会精神家喻户晓、深入人心。贯彻落实十九大精神、在新时代再创发展新局成为全区上下的共同意志、共同行动、共同目标，以学促干、知行合一、把学习成效转化为发展实效的氛围正在形成。管党治党主体责任深入落实，区委巡察全面启动，顺利通过省经济责任审计，党风政风持续好转，干部队伍呈现新面貌。“两学一做”学习教育常态化制度化扎实推进，在全市率先顺利完成村（社区）“两委”换届，非户籍常住人口参与基层治理试点改革实现突破，“堡垒型+服务型”基层党组织建设持续加强，党的执政基础不断巩固。

这一年，新旧动能转换蹄疾步稳，经济综合实力迈上新台阶。2017年，全区地区生产总值预计超过1700亿元，增长8%左右。“三旧”改造拓展产业新空间，中国陶谷、丰收街•菁创聚等新型园区快速崛起。供给侧改革精准发力，“固二优三”、制造业信息化改造稳步推进，上能电力、万城万充、科力远混合动力汽车等优质项目签约落地，智能、节能、健康、高端装备四大产业加快集聚。“大众创业、万众创新”的环境和氛围持续优化，禅城区入选广东省双创示范基地，中国（佛山）知识产权保护中心、区知识产权法庭落户绿岛湖，全年新增市场主体、高新技术企业数量创出历史新高。奇槎片区入围禅南顺高端创新集聚区，高铁经济带旅游行业协会联盟、粤港澳大湾区设计联盟、人才研究所相继成立，“一带一路”、粤港澳大湾区“朋友圈”(1)进一步拓展，创新型、开放型经济新格局展露雏形。

这一年，城市建设管理捷报频传，城市功能品质持续提升。城市治理三年行动计划全面启动，区域间路面交通快速化对接有序推进，轨道交通2、3号线建设和4号线前期工作提速，现代化交通骨架网络全面布局，立体空间加快拓展。新发展理念融入城市肌理，特色小镇、美丽文明村居建设亮点纷呈，助力佛山成功创建国家森林城市、蝉联全国文明城市。“河长制”严格落实，村级工业园区综合整治、“两违”治理高效推进，大气、水环境质量持续改善，荣获全国新型城镇化质量百强区第9名、全省土地执法监察考核一等奖，城市治理现代化、科学化、精细化水平进一步提升。

这一年，改革创新硕果累累，现代治理全速起航。“一创新一改革一平台”(2)的现代治理架构勾勒成型，“IMI”身份认证平台建成使用，军民融合大数据创新应用，“零跑腿”“区块链＋公证”上线服务，“数字政府”启动建设，有力支撑“放管服”改革在基层落地落实。一门式、云平台、区域化党建、大数据服务等改革，累计获得国务院通报表扬、全国社会治安综合治理先进集体、全国创新社会治理最佳案例、全国基层党建创新优秀案例(3)、全国“互联网＋政务”50强、中国人居环境范例奖等“国字号”荣誉，中央电视台《经济半小时》专题宣传推广禅城区大数据创新应用的经验做法，更加坚定了我们改革探索的方向，鼓舞了我们新时代改革再出发的信心。

这一年，保障和改善民生有新进步，社会大局平安和谐稳定。广东省公共文化服务体系示范区成功创建，一批学校建成投入使用，区人民医院整合组建进展顺利，城乡医疗卫生体系不断完善，养老服务供给能力显著增强，社会保障水平进一步提高，基本公共服务均等化水平持续提升，扶贫攻坚取得阶段性成效，意识形态、信访维稳、社会治安、安全生产、食品药品安全形势保持稳定，市民群众获得感、幸福感、安全感不断增强。

区委总揽全局、协调各方，区人大围绕中心、依法履职，区政府依法行政、高效履职，区政协突出重点、协商议政，统一战线凝心聚力、进一步巩固和发展，各民主党派、工商联和群团组织融入大局、争作贡献，和谐共进氛围更加浓厚。

同志们，过去一年取得的成绩，是中央、省委、市委的坚强领导，全区广大党员干部和人民群众团结拼搏、努力奋斗的结果。在此，我代表区委，向所有关心、支持、参与禅城改革发展和现代化建设的同志们、朋友们，表示崇高的敬意和衷心的感谢！

二、知行合一　共创新局

2018年是贯彻党的十九大精神的开局之年，是改革开放40周年，是决胜全面建成小康社会、实施“十三五”规划承上启下的关键一年。学习贯彻党的十九大精神，是当前和今后一个时期的首要政治任务。全区各级党组织和广大党员干部要紧紧围绕中央、省、市的要求，在学懂弄通做实上狠下功夫，进一步理清思路、校准坐标，推动习近平新时代中国特色社会主义思想在禅城落地生根、结出丰硕成果。

（一）*持续兴起学习宣传贯彻十九大精神的热潮*。坚持“六个聚焦”[4]“三个一以贯之”[5]，推动党的十九大精神学习宣传贯彻往深里走、向实里抓。结合“两学一做”学习教育常态化制度化，认真落实开展“不忘初心、牢记使命”主题教育和“大学习、深调研、真落实”活动，自觉用习近平新时代中国特色社会主义思想武装头脑、指导实践、推动工作。要把坚定理想信念作为党的思想建设的首要任务，把学习贯彻党的十九大精神与弘扬红船精神、延安精神、梁家河精神和改革开放精神结合起来，筑牢全区党员干部理想信念宗旨之魂，切实解决好世界观人生观价值观这个“总开关”问题。要进一步坚持以学促干，聚焦省委提出的“九大调研课题”，扎实开展区领导同志牵头的十八项专题调研，带动全区形成大调研的浓厚氛围，找准新时代禅城改革发展的着

2018年1月12日，中共佛山市禅城区第四届委员会第三次全体会议在岭南大院召开

（王颖尧　摄）

力点和突破口，进一步明确工作举措和努力方向，扎扎实实把十九大精神贯彻落实到各项工作中去。

（二）全面把握禅城发展的阶段性特征。进入新时代，禅城面临新的形势和挑战。一方面，经过十几年的快速发展，禅城区经济社会发展水平显著提高，人均地区生产总值超12万元，拥有优越的区位条件、优美的城市环境、坚实的产业基础、深厚的文化底蕴、高效的政府服务、优良的营商环境和迸发的市场活力，这些是禅城在新时代整装再出发的基础和条件。另一方面，禅城进入转变发展方式、优化经济结构、转换增长动力的攻关期，发展不平衡不充分问题依然突出。一是新旧发展动能接续转换任务艰巨。工业、投资增长乏力，中高端人才等创新要素集聚不足，新经济还不足以挑起经济发展大梁。二是城市规划建设管理水平有待提高。城市形象与经济地位不相匹配，城市形态距离一流中心城区还有较大差距，城市更新潜力有待进一步挖掘。三是民生工作还有不如人意的地方。教育、医疗、社会保障等民生事业还存在不少短板，水环境、大气治理和农村基础设施欠账较多。四是作风建设仍需久久为功，全面从严治党任重道远。部分党员干部规范有余、创新不足，主动担当、挺在前面的意识有待加强。我们要全面深化对区情的认识和把握，做到心中有数、谋定后动。

（三）明确新的发展坐标和前进方向。优势和短板都是阶段性的、动态变化的。我们要与时俱进、因势利导，自觉把禅城摆在十九大提出的新目标、新要求的“坐标系”中来定位，放在全省、全市的发展大局中来谋划。在发展理念方面，要坚决摒弃过去以破坏环境、消耗资源、牺牲未来为代价换取发展的路子，牢固树立符合高质量发展要求的正确政绩观，引导企业和社会共同践行创新、协调、绿色、开放、共享的新发展理念，坚定高质量发展的努力方向。在发展目标方面，要紧紧围绕打造“首善之区”“创新中心”“幸福家园”三大定位，这是市委市政府赋予禅城的光荣使命，是禅城广大人民群众的热切期盼，也是禅城作为中心城区的责任担当。在发展路径方面，要坚定聚焦党建统领、现代治理、动能转换三大任务，党建统领是我们做好一切工作的根本保证，现代治理是提高资源配置和治理服务效率的关键一招，动能转换是实现高质量发展的必由之路。同时，在转型的关键时期，最考验区委班子和广大党员干部队伍的毅力和智慧，我们一定要咬紧牙关、保持定力，发扬“钉钉子”精神，一件接着一件办，一年接着一年干，一步一步把蓝图变为现实。

综上分析，做好今年和今后一个时期工作的总体要求是：全面贯彻党的十九大和中央经济工作会议、中央农村工作会议、全国扶贫开发工作会议精神，高举习近平新时代中国特色社会主义思想伟大旗帜，以习近平总书记对广东工作的重要批示精神总揽工作全局，加强党对一切工作的领导，坚持稳中求进工作总基调，坚持新发展理念，紧扣我国社会主要矛盾变化，贯彻高质量发展要求，统筹推进“五位一体”总体布局，协调推进“四个全面”战略布局，聚焦党建统领、现代治理、动能转换三大任务，坚决打好三大攻坚战[6]，全面建设干在实处、走在前列的新时代佛山“首善之区”“创新中心”“幸福家园”。

今年经济增长的预期目标是8%左右；居民人均可支配收入增长和经济增长基本同步；居民消费价格总指数控制在市下达指标以内；城

镇登记失业率控制在3.5%以内；单位生产总值能耗、主要污染物总量减排完成市下达目标任务。这些指标是根据市委对今年发展的预期目标和政策导向，结合我区实际综合考虑确定的。提出8%左右的增长目标，主要是着眼于质的提高，把工作的聚焦点放在转变发展方式、优化经济结构、转换增长动力上。

三、动能转换　转型升级

遵循自然、城市和经济规律，坚持新发展理念，持续推进“城产人文”融合发展，以高水平规划引领城市现代化，以城市现代化促进产业高端化，加快发展质量变革、效率变革、动力变革，坚定不移走出一条适合中心城区实际的高质量、高效率、可持续的城市经济发展路子。

（一）加快新旧发展动能转换，建设现代化经济体系

以供给侧结构性改革为主线，激发经济发展新活力。“实往虚求活，虚往实求存”，我们要持续推进“固二优三”战略，引导企业走大数据创新发展之路，加快建设实体经济、数字经济相互融合、协调发展的现代化经济体系。一手抓实体经济振兴。实施“工业振兴”计划，以科力远CHS等重大项目为带动，做大做强新能源汽车、新材料、高端装备制造等先进制造业。加快智能制造技术和装备在传统产业领域的应用，引导企业深入运用互联网、大数据、人工智能改造升级，加速制造业数字化、网络化、智能化、绿色化发展。坚持以质取胜、标准引领、品牌带动，打造质量强区，发展壮大“四上企业”。加快发展高端现代服务业，推动文创、设计、制造跨界融合，发挥好消费的基础性作用，加快商圈提质、商贸升级。一手抓数字经济发展。以广东省创建珠三角国家大数据综合试验区为引领，依托绿岛湖都市产业区、新媒体产业园、智慧新城、华南创谷等产业平台，做实福能大数据产业园，培育数字经济、共享经济、区块链经济[7]等新产业、新业态、新商业模式，集聚一批大数据领军企业，发展壮大大数据及信息产业，努力形成数据驱动型的产业体系和发展模式，加快形成新的增长极。

以创新驱动发展为战略支撑，培育壮大经济发展新动能。积极参与建设禅南顺高端创新集聚区，培育一批国家级、省级特色小镇和双创平台，以更加积极的姿态融入“一环创新圈”。深化落实创新驱动发展“八大抓手”[8]，强化企业创新主体地位，以更大力度培育高新技术企业，引导企业围绕市场需求深入开展技术创新、模式创新，进一步打通科技与产业融合通道，努力将科研成果“变现”为新动能。构建军民融合协同创新体系，做大做强广东省军民融合科技产业创新试点镇，抢抓机遇发展军民融合产业。深化产业、金融、科技“三融合”，打造创业、创新、创投“创立方”，发展供应链金融等新金融模式，组建“风险投资联盟”，大力扶持企业上市融资，坚决防范金融风险，提升金融服务实体经济和创新创业的能力。

以高水平对外开放为重要动力，塑造开放型经济新优势。拥抱“一带一路”、粤港澳大湾区、广东省沿海经济带建设的重大机遇，在高水平开放中赢得更大发展主动。深度对接穗、深、港、澳等湾区先进城市，积极落实“香港＋佛山”机制，深化禅港澳交流合作，主动承接深圳、广州技术、资本、人才等创新要素溢出效应。加快申报建设佛山综合保税区，建好、用好泛家居、不锈钢、纺织三大外贸服务平台公司，推动外经贸转型升级。支持陶瓷、装备、纺织、不锈钢等本土优势企业“并船出海”，实现更大发展，提升品牌国际化水平。加强国际友城建设，继续做好“一带一路”沿线国家布点工作，推动禅城进一步走向国际舞台。

以招商引资为“源头活水”，用高质量项目引领高质量发展。没有源源不断的新项目落地，发展就是一句空话。要继续瞄准智能、节能、健康、高端装备四大方向，大招商、招大商，大力引进一批平台型、设计型、总部型等处在价值链前端的优质项目。完善区、镇、村三级联动招商机制，统筹激活村集体物业，形成招商合力。把项目建设放在全局工作的关键位置，完善区领导挂点协调督办机制，做好服务、破解难题、提高效率，促进项目早见成效。

以人才为“第一资源”，打造尊才聚才用才新生态。坚持党管人才，将“三个舍得”要求落到实处，打造佛山创新人才集聚示范区。力争引进院士、长江学者、“千人计划”学者等国内外有影响力的高层次人才，广泛集聚一批大数据、智能制造、文化创意、现代金融、知识产权服务、企业上市等方面的领军人才和一流团队，造就一批名医、名师，培养一批文体名人和城市治理的行家里手。大力营造具有比较优势的生活环境，切实解决各类人才就医、子女入学、配偶就业等实际困难，努力形成尊才、聚才、用才的良好氛围。

（二）对标一流、内外兼修，打造“三宜两化一高”[9]强中心

加强规划引领。放眼全局谋一域，把禅城放在粤港澳大湾区和广佛都市圈核心区的大格局中精准定位，树立更高标杆，加强规划衔接、优势互补、错位发展。立足禅城全域，加强规划统筹、“一张图”管理，推进城乡规划与土地利用、产业、生态等规划的融合，促进生产空间集约高效、生活空间宜居适度、生态空间山清水秀，打造岭南文脉古韵、现代城市风貌、水乡田园风光交相辉映的现代化大城市中

亚艺公园　　（王颖尧　摄）

心城区。

拓展城市框架。全面推进轨道交通工程，加快海五西路、季华北路北延线等重点交通“动脉”建设，加强与粤港澳大湾区重大交通基础设施互联互通，构建30分钟通达广州中心区、1小时通达港澳的交通服务生活圈。统筹抓好湖涌等TOD综合开发和石湾广场交通枢纽一体化工程。大力倡导公交优先，加快公交线路、站场优化升级，完善城市慢行系统，加强交通监测、疏导和治堵能力建设。科学开发城市地下空间，加快完善水电气等基础设施，提高城市运行保障能力。加快构建新一代信息基础设施，有序扩大全区免费无线WIFI覆盖面。

再造品质价值。坚定“三旧”改造政策的稳定性和延续性，多措并举加快城市更新步伐。围绕“增强发展后劲”，瞄准“一轴三带”[10]，加快城北、普君、莲升、澜石等重点片区改造建设，加大土地储备力度，切实保障重大项目用地。围绕“贴合市场需求”，推动一批旧厂房、旧仓库、村级工业园区升级改造成双创、生产性服务业平台，为产业转型提供更多优质载体。围绕“提升形象品质”，坚持系统思维、“管”“改”结合，全面实施城市内街内巷专项提升工程，用心用情抓好一批“小改造”，打造一批具有岭南文化特征的景观和设施，创建一批示范街巷、精品街区，持续提升市民群众对城市的归属感、认同感和满意度。

深挖文化内涵。大力推进文城相融、文经相促、因文善治、因文立名。以陶文化、岭南文化为重点，以高铁经济带旅游博览会、陶艺建陶设计周活动为引领，策划打造全国专业领域叫得响的文化品牌。大力发展文化产业，以中国陶谷为重点，加快打造国家级文化产业示范园区。高标准建设广东省全域旅游示范区，积极发展文化寻根游、文化体验游、健康养生、民宿经济等新旅游业态。大力培育和践行社会主义核心价值观，塑造以岭南文脉为突出特征的“品味禅城”文化形象。

提升环境魅力。以满足人民日益增长的优美生态环境需要为导向，打好大气、水、土壤污染防治“三大战役”。强化源头治理，精准防控大气污染；以打造亮点生态河涌为引领，重拳整治水污染，突出抓好广佛跨界河涌整治；狠抓土壤污染治理、“两违”专项整治和村级工业区环境连片整治。积极参与建设“一环生态圈”，加快城市生态“绿心群”和生态廊道建设，构建林水路村居相依相融、点线面相连相通的大湾区生态绿化格局。落实乡村振兴战略，严守耕地“红线”，突出抓好美丽文明村居、省级新农村连片示范、“五好”新村居建设和古村落活化，有序补上环保设施建设欠账，把村居打造成靓丽的风景线。

四、现代治理　决胜小康

坚持以人民为中心、现代治理要求和问题导向相结合，落实国家大数据战略，以改革开放40周年为新起点，高起点谋划和推进新时代全面深化改革，深入运用信息化、大数据融合改造治理体系，推动决策科学化、行政阳光化、治理精准化、服务高效化，让有限的资源发挥更大的效能、供给更多更好的优质服务，加快建设人民满意的服务型政府、人民认可的高水平小康社会。

（一）先行先试建设“数字政府”，加快治理体系和治理能力现代化

加速形成高度的“数据意识”“数据自觉”。善于运用互联网技术和信息化手段开展工

作，善于获取数据、分析数据、运用数据，是领导干部做好工作的基本功。全区各级党员领导干部要积极示范引领，加强学习，懂得大数据，用好大数据，增强利用数据推进各项工作的本领，不断提高对大数据发展规律的把握能力，使大数据在各项工作中发挥更大作用。

加快建设共建、共享、共用的大数据基础平台。以更大的魄力打通信息壁垒，加快建设覆盖全区、统一接入、统筹利用、安全可控的大数据基础平台，构建“上连省市、下连镇街”的政务信息资源共享交换体系。统筹规划政务数据资源和社会数据资源，完善自然人、法人、信用、地理空间等基础数据库和重要领域信息资源建设，提升数据集中度和质量，保障数据安全。以开展基层政务公开标准化规范化试点为带动，有序推进数据开放，更好地服务经济社会发展和人民生活改善。

创新运用大数据提升现代化治理水平。用数据服务。深化办事材料“零提交”，有序扩大一门式“零跑腿”服务覆盖面，进一步打通“放管服”改革“经脉”，让群众和企业少跑腿、不跑腿，数据多跑路，营造高效、公平、透明、可预期的营商环境；推进“区块链+社区矫正”“大数据+医疗”“大数据＋教育”“大数据+文明创建”，不断提升服务的个性化、便捷化水平。用数据决策。深化军民融合、房地产、交通、建设工程项目、居民通勤等领域大数据分析应用，运用物联网等技术，提高国防动员、城市规划、智能交通、指挥调度、工程选址等决策的科学化、可视化、高效化水平。用数据监管。用好用活社会综合治理云平台，进一步完善“禅城一张图”“农村集体经济数字云图”，深化“人事物”联网，推进大数据在城市管理、环境治理、安全生产监管、流动人口管理、资产管理等领域的深入应用，努力构建流动性、多元化背景下的动态监管、智能分析、精准治理的新模式。用数据创业。加快建设政企大数据服务平台，在政府和企业之间搭建“数字化桥梁”，推进经济预测、精准解决企业问题；探索大数据市场化应用，逐步建立面向社会公众、科研机构、数据公司等各类主体的大数据市场化运行新机制。

（二）决胜全面建成小康社会，努力把为人民造福的事情真正办好

聚焦“五个位”[11]民生短板精准发力。加快推进奇槎公办学校、澜石中学等公办学校和一批优质民办学校建设，统筹推进优质学位供给。加快禅城区人民医院、区中医院建设步伐，有序扩充区属医院病床位。推动辖区居家、社区、机构养老服务全面增量提质，全力扩增优质养老床位。优化停车设施供给格局，推进共享停车、停车场智能化高效化管理，着力缓解“停车难”。探索构建政府主导的就业创业综合服务平台，运用大数据推进劳动力、就业岗位精准对接，努力实现更加充分更高质量就业。

精心打造优质公共服务品牌。扩大公益普惠性学前教育资源，推进义务教育优质均衡发展、普通高中优质特色发展，提升“教育强区”品牌。持续深化医疗卫生体系改革，推进社区卫生服务机构标准化建设，发挥创建国家食品安全示范城市的“主战场”作用，完善食品药品监管体系，提升“卫生强区、健康禅城”品牌。完善“十分钟文化圈”，大力开展“岭南文脉·品味禅城”系列文化活动，体现“文化强区”的责任担当，全力支撑佛山创建国家公共文化服务体系示范区。

完善全覆盖多元化的社会保障体系。重点

关注孤寡老人、困难家庭残疾人、重度残疾人、失独家庭、特殊儿童等弱势群体，加强社会救助体系建设，完善残疾人托养、居家康复和就业服务体系，让温暖阳光洒遍禅城每个角落。坚持“房子是用来住的，不是用来炒的”，积极推进住房租赁改革试点，培育发展多层次住房租赁市场，促进房地产市场平稳健康发展。

在脱贫攻坚中更好体现禅城担当。坚持精准扶贫、精准脱贫，注重扶贫同扶志、扶智相结合，强化产业扶贫等“造血式”帮扶模式，增强后发地区内生动力。认真完成廉江精准扶贫和罗定对口帮扶任务，扎实推进对口支援西藏墨脱、新疆伽师和四川凉山州扶贫协作等工作，为打赢脱贫攻坚战贡献禅城力量。

构建共建共治共享的社会治理新格局。完善党委领导、政府负责、社会协同、公众参与、法治保障的治理体系。不断提升运用法治思维和法治方式推动发展、深化改革、化解矛盾、维护稳定的能力，扎实推进全面依法治区，深化司法体制改革，推进依法决策、依法行政和公正司法，创建珠三角法治政府示范区。健全公共安全体系，完善安全生产责任制、立体化主动式治安防控体系和反恐防范及应急处置机制，坚决维护全区政治安全和社会稳定。深化“互联网＋社会综合治理”改革，完善非户籍常住人口参与基层治理的机制和平台，凝聚基层治理的强大合力。

五、党建统领　从严治党

党政军民学，东西南北中，党是领导一切的。全区各级党组织和全体党员要秉持“打铁必须自身硬”的政治自觉和政治担当，全面贯彻落实新时代党的建设总要求，毫不动摇坚持和加强党的全面领导，把全区各级党组织建设得更加坚强有力，为高质量全面建成小康社会、加快建设社会主义现代化提供坚强政治保证。

*（一）把政治建设放在首位，坚决维护以习近平同志为核心的党中央权威和集中统一领导。*牢固树立“四个意识”，坚定“四个自信”，坚决维护习近平总书记在党中央和全党的核心地位，始终在思想上政治上行动上同以习近平同志为核心的党中央保持高度一致。坚定不移推动党的十九大决策部署和中央、省委、市委的各项政令在禅城不打折扣、畅通无阻、落地见效。严明党的政治纪律和政治规矩，认真学习和尊崇党章，牢记“五个必须”[12]、严防“七个有之”[13]。严格执行新形势下党内政治生活若干准则，认真开展好专题民主生活会，坚持把自己摆进去、思想摆进去、工作摆进去，落实省委、市委要求，肃清万庆良、李嘉等人的流毒影响，坚决防止和反对码头文化、圈子文化、拉帮结派、政治阴谋，弘扬忠诚老实、公道正派、实事求是、清正廉洁等价值观，永葆对党忠诚的政治品格。认真贯彻地方党委工作条例、党组工作条例，认真落实民主集中制，强化党委领导核心地位，支持人大、政府、政协和法院、检察院依法依章履行职能、开展工作，营造团结和谐、心情舒畅的政治环境。

*（二）加强基层党组织建设，推动基层基础建设全面进步、全面过硬。*以提升组织力为重点，突出政治功能，深入开展基层党组织“优化提升年”行动，发挥好党支部的主体作用，把每个基层党组织打造成为坚强战斗堡垒。以“四个统一”[14]系统推进城市基层工作，大力铸造城市基层党建标杆品牌，扎实推进农村基层党建“灯塔”工程，统筹推进机关、“两新”组

织、国企、学校等各领域党建，深入推进群团组织改革，加强基层党组织对各类基层组织的全面领导。扎实补短板、强弱项，选派“第一书记”到“两新”组织、软弱涣散基层党组织，推动基层党组织建设提升，着力化解一些基层党组织弱化、虚化、边缘化的突出问题。实施农村“三支队伍”[15]三年培养计划、民营企业者“双培工程”[16]，加强基层党组织带头人队伍建设。进一步扩大党内基层民主和党务公开。深入实施驻点直联扩面提质“1＋2”行动[17]，以党支部为基本单元，引导教育广大党员发挥先锋模范作用。

（三）*坚持党管干部原则，锻造政治过硬、本领高强的高素质专业化干部队伍*。牢固树立正确的选人用人导向，突出政治标准，把好干部标准落到实处，精准科学选优配强各级领导班子、搭建好各层级干部梯队。加快建设运行干部大数据管理平台，实现干部管理和选用的信息化、精准化、科学化。构建常态化、多层次的教育培训和实践历练机制，提升干部队伍专业能力，不断增强“八项本领”[18]。坚持严管和厚爱结合、激励和约束并重，持续整治“为官不为”，倡导“为官有为”，把提振干部干事创业的精气神摆在突出位置，落实“三个区分开来”和容错纠错制度，旗帜鲜明为敢于担当负责、勇于攻坚克难的干部撑腰鼓劲，全面提振干部干事创业的精气神。

（四）*坚持党管意识形态不放松，牢牢掌握意识形态工作领导权、管理权、主动权*。严格落实意识形态工作责任制，完善意识形态工作体制机制，压实各级党委（党组）意识形态工作的主体责任，全力构筑意识形态安全的“护城河”和“防火墙”。深化习近平新时代中国特色社会主义思想的研究宣传，不断壮大主流舆论。加强各级各类意识形态阵地建设管理，突出加强网络综合治理，切实守好互联网主阵地，营造更加清朗的网络空间。广大党员干部在大是大非问题面前要敢于发声、敢于亮剑，旗帜鲜明地与意识形态领域的各种错误思想观点作坚决斗争。

（五）*持之以恒正风肃纪，标本兼治反对腐败*。以永远在路上的坚韧锲而不舍抓好作风建设，认真查找、整改“四风”突出问题，特别是形式主义、官僚主义的新表现，坚决防止不良风气反弹回潮，推动中央八项规定精神落地生根、成风化俗。按照中央、省委、市委统一部署，大力推进国家监察体制改革试点，组建区监察委员会，建立健全运行机制，增强监督合力，实现对全区所有行使公权力的公职人员监察全覆盖。推动落实审计管理体制改革，发挥好审计监督“免疫系统”功能。运用好监督执纪“四种形态”，抓早抓小，防微杜渐。持续保持反腐败高压态势，充分发挥巡察“利剑”和派驻监督“探头”作用，加大整治群众身边腐败问题力度。构建“亲”“清”新型政商关系，全面推开廉洁村居、廉政档案、中介组织监管创新等试点探索工作，有效运用智能监督、制度建设、以案治本、警示教育和廉洁试验区建设等抓手，着力构建不敢腐、不能腐、不想腐的新机制。

此外，年关将至。要全力抓好全年工作收官，围绕本次会议部署抓紧细化落实举措，争取新的一年开好局、起好步。严厉打击各类违法犯罪活动，加强社会矛盾排查化解，全力维护社会和谐稳定。严格落实安全生产责任，强化食品药品监管，严防发生重特大安全事故。加强困难群众生活保障，丰富群众精神文化生活，确保全区人民过一个安全祥和愉快的春节。广大党员干部要带头坚持勤俭文明过节，倡导社会新风尚。

同志们，使命呼唤担当，初心引领未来。让我们高举习近平新时代中国特色社会主义思想伟大旗帜，不忘初心、牢记使命，不驰于空想、不骛于虚声，一步一个脚印，踏踏实实干好工作，全面建设新时代佛山“首善之区”，为改革开放40周年献上一份优异答卷！

注释

（1）建立国际友好城市或发展友好合作关系城市6个（英国梅德韦市，美国德克萨斯州福遍郡、马萨诸塞州剑桥市，加拿大高贵林市，西班牙帕特纳市，斯洛文尼亚科巴里德市）、友好商会2个（中匈商会、中俄商会）；与深圳罗湖缔结友好城市战略合作协议，设立佛山（禅城）—深圳产业对接联络处、佛山（禅城）—广州产业对接联络处，深化禅港澳交流合作等，搭建平台招商引资、助力企业拓展港澳及海外市场。

（2）“一创新一改革一平台”：基层党建创新、一门式改革、社会综合治理云平台。

（3）禅城区“探索实践区域化党建、引领基层治理创新”被人民网等评为第四届全国基层党建创新优秀案例。广东省仅两地获此荣誉。

（4）“六个聚焦”：聚焦到习近平新时代中国特色社会主义思想是党必须长期坚持的指导思想上，更加自觉地用这一思想统领一切工作；聚焦到5年来党和国家事业取得历史性成就和发生历史性变革上，更加牢固地树立中国特色社会主义道路自信、理论自信、制度自信、文化自信；聚焦到作出中国特色社会主义进入新时代、我国社会主要矛盾已经转化等重大论断的深远影响上，更加主动地适应新时代中国特色社会主义的发展要求；聚焦到贯彻落实党的十九大的重大决策部署上，更加积极地为实现新时代党的历史使命而不懈奋斗；聚焦到以习近平同志为核心的新一届中央领导集体是深受全党全国各族人民拥护和信赖的领导集体上，更加坚定地维护习近平同志为核心的党中央权威和集中统一领导；聚焦到习近平总书记是全党拥护、人民爱戴、当之无愧的党的领袖上，更加坚定自觉地忠诚核心、拥戴核心、维护核心、捍卫核心。

（5）“三个一以贯之”：2018年1月5日，习近平总书记在新进中央委员会的委员、候补委员和省部级主要领导干部学习贯彻习近平新时代中国特色社会主义思想和党的十九大精神研讨班开班仪式上发表重要讲话，要求坚持和发展中国特色社会主义要一以贯之，推进党的建设新的伟大工程要一以贯之，增强忧患意识、防范风险挑战要一以贯之。

（6）“三大攻坚战”：党的十九大报告提出，要坚决打好防范化解重大风险、精准脱贫、污染防治的攻坚战。

（7）区块链经济：伴随区块链技术诞生而出现的一种全新的经济现象，是一种互信、共享、全民自治的价值互联网经济。

（8）“八大抓手”：高新技术企业培育、新型研发机构建设、企业技术改造、孵化育成体系建设、高水平大学建设、自主核心技术攻关、创新人才队伍建设、科技金融融合。

（9）“三宜两化一高”：宜居、宜业、宜创新，现代化、国际化，高品质。

（10）“一轴三带”：“一轴”指城市中轴线，“三带”指沿东平河景观带，沿汾江河景观带，季华路中央商务带。

（11）“五个位”：学位、病床位、养老床位、停车位、就业岗位。

（12）“五个必须”：2015年1月13日，习近平总书记在十八届中纪委第五次全体会议上的讲话中提出，讲规矩是对党员、干部党性的重要考验，是对党员、干部对党忠诚度的重要考验，遵守政治纪律和政治规矩，必须维护党中央权威，在任何时候任何情况下都必须在思想上政治上行动上同党中央保持高度一致；必须维护党的团结，坚持五湖四海，团结一切忠实于党的同志；必须遵循组织程序，重大问题该请示的请示，该汇报的汇报，不允许超越权限办事；必须服从组织决定，决不允许搞非组织活动，不得违背组织决定；必须管好亲属和身边工作人员，不得默许他们利用特殊身份谋取非法利益。

（13）“七个有之”：2014年10月23日，习近平总书记在中共十八届四中全会第二次全体会议上的讲话中提出无视党的政治纪律和政治规矩“七个有之”，即：一些人无视党的政治纪律和政治规矩，为了自己的所谓仕途，为了自己的所谓影响力，搞任人唯亲、排斥异己的有之；搞团团伙伙、拉帮结派的有之；搞匿名诬告、制造谣言的有之；搞收买人心、拉动选票的有之；搞封官许愿、弹冠相庆的有之；搞自行其是、阳奉阴违的有之；搞尾大不掉、妄议中央的也有之。

（14）“四个统一”：统一思想、统一试点、统一资源、统一标准。

（15）农村“三支队伍”：农村党组织书记后备队伍、“两委”后备队伍、党员后备队伍。

（16）民营企业者“双培工程”：将优秀民营企业经营者培养发展成党员，将已是党员身份的优秀民营企业经营者培养成村“两委”干部。

（17）驻点直联扩面提质“1+2”行动：《禅城区驻点直联扩面提质“1+2”行动方案》。“1”是指镇（街道）驻点普遍直接联系群众工作，“2”是指区直机关党组织（在职党员、干部）通过开展“双联系”活动到村（社区）报到和镇（街道）机关党组织（在职党员、干部）结合直联工作到村（社区）报到。

（18）“八项本领”：学习本领、政治领导本领、改革创新本领、科学发展本领、依法执政本领、群众工作本领、狠抓落实本领、驾驭风险本领。

政府工作报告

——在佛山市禅城区第四届人民代表大会第三次会议上

2018年1月23日

佛山市禅城区人民政府区长　孔海文

各位代表：

现在，我代表区人民政府向大会作政府工作报告，请予审议，并请政协委员和其他列席人员提出意见。

2017年工作回顾

2017年是党的十九大胜利召开之年，也是实施“十三五”规划、深化供给侧结构性改革的重要一年。在这一年里，我们在市委、市政府和区委的正确领导下，在区人大、区政协的监督支持下，坚持稳中求进的工作总基调，坚持新发展理念，以推进供给侧结构性改革为主线，攻坚克难、笃行务实，统筹做好稳增长、调结构、塑优势、惠民生的各项工作，总体完成区四届人大二次会议确定的目标任务。全年预计实现地区生产总值超1700亿元，增长8%；区级一般公共预算收入87.4亿元，可比增长11.6%；全社会固定资产投资预计完成706.5亿元，增长17.7%；城乡居民人均可支配收入预计实现与地区生产总值同步增长。禅城区获评2017年全国综合实力百强区第18名，分列全国投资潜力、新型城镇化质量百强区第9名，全国创新创业百强区第17名。

一年来，我们主要做了以下工作：

一是供给体系质量有新提高。“去降补”加减并举，全年累计为企业减负超42亿元，基础设施建设投资完成220亿元，同比增长40.5%。好政策成为“好用”的政策，累计兑现各类扶持资金9.8亿元，受惠企业超1400家（次），新申报“四上”企业722户，新设市场主体25710户，同比增加47.7%，累计达到

12.5万户，区工商联获评全国“五好”工商联。“植产兴业”推进有力，中心城区产业结构更加清晰，三次产业比重为0.03:44.23:55.74。坚定“工业振兴”战略，以“设计助推制造”转型升级，引导企业以先进适用的技术自我提升，以“互联网+”为产业升级插上翅膀，把“智能制造”作为转型升级的主攻方向。全年工业技改投资61.4亿元，同比增长56.4%，开展“机器换人”的规上工业企业累计10家，“两化”融合管理体系贯标试点企业达到20家，培育“中国制造2025”试点示范企业6家。全年新增战略性新兴产业项目21个，含超亿元项目14个，计划投资199.5亿元，节能与新能源汽配、大数据及信息、生命健康三大产业集群初步成型，科力远CHS项目即将投产，福能大数据产业园雏形显现，达安创谷等项目签约落地。现代服务业发展迅猛，电商交易额同比增长26.3%；服务外包执行金额、离岸执行金额同比增长29.8%和28.5%。质量强区“三大战略”(1)全面打响，佛山市燃气集团股份有限公司获评省政府质量奖；累计参与国家、行业标准制定23项，累计获评广东省名牌产品55个；成功创建“全国现代电源（不间断电源）产业知名品牌示范区”和“全国丝光棉针织服装产业知名品牌示范区”。

*二是科技创新能力有新突破。*高新技术企业、新型研发机构培育生根开花。全年新增高企143家；拥有国家级企业技术中心3家，新增省市级企业技术中心6家、省级工程中心13家、省级院士工作站1家；5亿元以上工业企业研发机构实现全覆盖。孵化育成链条渐成，拥有国家级科技企业孵化器4个，省市级科技企业孵化器16个，新增国家、省、市级众创空间10家，一批具有市场活力的双创支撑平台蓬勃发展，禅城区获准成为第二批省级大众创业万众创新示范基地，佛山新媒体产业园成为全市唯一的广东省创业孵化示范基地。创新能力不断提高，成功举办2017机器人国际大会，自主核心技术攻关能力提高，“佛科院、禅城区工商联产学研联盟”达成，褚君浩团队与禅城企业共建UPS电源与新能源院士工作站。知识产权工作取得新突破，拥有省级以上知识产权示范企业9家、知识产权优势企业32家，新增广东凯西欧照明有限公司、佛山华国光学器材有限公司等9家知识产权贯标认证企业(2)，中国（佛山）知识产权保护中心成功落户绿岛湖，国家知识产权服务业集聚发展试验区（禅城园）开园。全年引进各类人才1.32万人，“千人计划”专家潘今一、美国工程院院士孙勇奎等高层次创新人才及团队落地禅城，佛山博士创新梦工场开放。金融引擎释放动能，累计为167家企业提供转贷资金29.3亿元，广东天安新材料股份有限公司、佛山市燃气集团股份有限公司成功上市，南湖国际旅行社有限公司顺利进入“新三板”创新层，广东奥博信息产业股份有限公司等4家企业登陆“新三板”基础层(3)。

*三是开放合作格局有新拓展。*借力“一带一路”闯出新路，新增国际友好联系城市（含联络点）3个、友好商会2个；引进境外投资项目80个，计划投资总额6.5亿美元；鹰牌、金意陶、国星光电等禅城企业海外投资布局活跃。“互联网＋外贸”蓬勃发展，大江冷库对外运营，泛家居、不锈钢等外贸服务型平台公司成立，佛山跨境电商清关中心、佛山金口岸贸速通汇、佛山国际贸易进出口公司等服务平台试运行。成功举办首届旅游文化周暨高铁经济带旅游博览会，全年旅游接待人数、过夜游

客人数、旅游收入同比增长18.1%、15%和20%。多维度承接广深外溢资源，成功签约7个项目，投资总额约30亿元。对口支援云浮罗定，禅罗产业共建项目落地，帮助引进超亿元项目21个，超十亿元项目4个；扎实开展扶贫湛江廉江工作，累计投入资金超2亿元；完成本年度对口援助西藏墨脱、新疆伽师，区镇村三级对口帮扶四川凉山，支援联系四川甘孜州乡城县、得荣县各项工作。

*四是城市品质功能有新提升。*城市治理191个项目累计完成投资216亿元。打通深宁路、禅港西路等一批“断头路”(4)，完成绿景东路、文华中路人行天桥等一批交通项目(5)；聚锦路、五峰路等一批新建改造项目(6)启动，轨道交通2号线一期、3号线禅城段共计16个站点全面建设；岭南大道公交枢纽站、绿地未来城首末站等新场站投入使用，石湾广场地铁、公交、停车综合交通换乘枢纽启动建设，公交分担率达到40%，新增公共停车位5693个。旧城改造、新区开发互促互补，城市更新与创业集聚紧密结合，完成“三旧”改造1608亩，建成面积271万平方米。莲升、奇槎、石湾西等六大片区(7)焕发新颜，季华路产业带一体化集聚发展再发力再提升，一批创新创业示范载体搭建成形，特色小镇“城产人文”融合绘就“小而美”，禅城陶谷小镇（石湾—南庄）入选省特色小镇创建示范点。助力创建国家森林城市成功，新增和改造绿地105.7公顷，绿化覆盖率达到39.7%，亚艺公园、绿岛湖公园位列佛山十大最美公园，南庄镇紫南村获评“2017中国最美村镇”。打响碧水蓝天保卫战。针对餐饮油烟、汽修污染试点集中治理(8)，建成大气精准防控微型站27个，大力推广光伏等绿色能源，空气优良天数达到278天。镇安、永新、罗南等七大片区(9)村居污水管网加快连片，广佛跨界河流污染得到有效整治。顺利通过全国文明城市复检，城市管理水平稳步提升，“平安禅城”建设再上台阶，社会矛盾化解率达到98.2%，全区有效刑事治安总警情同比下降28%，安全生产、消防、食品药品、公共安全形势稳定，全年没有发生较大以上生产安全事故。城市治理模式不断完善，五级联动(10)应急处置机制不断优化，禅城区社会综合治理指挥中心荣获“2013—2016年度全国社会治安综合治理先进集体奖”。

*五是社会民生事业有新进步。*在民生投入上保持“刚性”，全年一般公共预算中民生支出同比增长26.1%，2017年十件民生实事基本完成。初步建成8个美丽文明村居(11)；石湾公园等一批公园项目启动建设改造；着力打造9条亮点河涌(12)；完成一批垃圾压缩站、公厕的改造升级；新增6条骨干公交线路，“警家校”护畅覆盖全区八成以上小学，交通安全云服务平台投入使用；超过28万人签约家庭医生，为482户残疾人家庭安装“平安通”，祖庙微服务中心“互联网+”综合服务试点成功；建成（扩建）养老机构5家，新增床位1050张；资助13个基层社会治理创新项目，建成法雷奥（佛山园区）企业社会工作服务基地；成立“蒲公英”女性双创联盟，带动就业创业超过5000人次；镇街消防体验馆全部建成。公共服务提质升级。教育更强，新增学位5760个，佛山市岭南美术实验中学、佛山市外国语学校北校区新建成，奇槎公办学校建设、澜石中学重建推进顺利。医疗更“好”，区口腔医院港口分院落成，21个社区卫生服务机构标准化提升改造全面启动，药品和医用耗材加成取消，公立医院综合改革推进有力。文化服务更“近”，以

优异成绩成功创建广东省公共文化服务体系示范区，“十分钟文化圈”布点到位，区图书馆总分馆模式在全省推广，镇（街）图书馆全部建成，村级基层综合性文化服务中心建成112个，文体活动站点城乡全覆盖。就业更稳，城镇登记失业率控制在3.5%以内，新增就业2.1万人。社会保障更全，提高企业职工养老保险、工伤保险、特困人员供养等标准，为12.8万名60周岁以上的户籍老人购买意外保险。住房保障更优，完成棚户区改造332套，新建公租房676套，累计分配公租房9215套。

*六是政府自身建设有新成效。*以改革促政府服务效能提升。“一门式一网式”政府服务改革，群众满意度达到99.96%，获国务院免实地督查奖励，“数字公民”项目[13]入选第三届中国“互联网+政务”50强，禅城区列为全国基层政务公开标准化规范化试点。社会综合治理改革稳步跨越，大数据在建设、环保、防疫等领域应用，社会综合治理云平台获评2017年“粤治—治理现代化”优秀案例。行政体制改革纵深推进，商事制度、教育医疗、食品药品等改革多点推进，社会信用体系、市场监管体系、低碳城市试点等建设循序渐进，区行政服务中心获评全国文明单位、紫南村被评为全国文明村。将全面从严治党要求落到实处，推动政府系统作风持续稳定向好。坚持“两学一做”学习教育常态化制度化，坚决落实“两个责任”[14]清单，区政府党组示范带动政府系统党组工作规范化。严格落实中央“八项规定”要求，运用监督执纪“四种形态”，用好廉政风险评估预警平台，“四风”投诉下降15.5%。健全容错纠错机制，营造干事创业的良好环境，公职人员队伍呈现出朝气蓬勃、积极向上的良好精神风貌。坚决执行区人大及其常委会各项决议决定，主动接受人大、政协和人民群众监督，办理人大代表议案建议70件、政协委员提案216件，满意率达到97.2%和100%。不断加强法治政府建设，建立健全重大行政决策程序，政务公开更为广泛透明，新闻发布更加及时规范，审计监督更加深入全面。

此外，统计、人口计生、民族宗教、外事侨务、对台港澳事务、侨联、粮食储备、工会、青少年、妇女儿童等事业持续发展，人防、档案、方志、口岸等各项工作稳步推进。

各位代表，过去一年取得的成绩来之不易，这是市委、市政府和区委正确领导的结果，是全区上下凝心聚力、不断努力的结果，是社会各界人士同心同德、鼎力支持的结果。在此，我谨代表区人民政府，向给予政府大力支持的人大代表和政协委员，向所有关心禅城发展的各民主党派、各人民团体、各界人士，向驻禅单位、部队官兵，港澳同胞、台湾同胞、海外侨胞以及国际友人，向全区人民，表示衷心的感谢并致以崇高的敬意！

在肯定成绩的同时，我们也应该清醒地认识到工作中仍存在许多不足：发展不平衡不充分的一些突出问题亟待解决，发展质量和效益有待提升；现代服务业总体层次和水平不够高，新旧动能接续转换需要更进一步；地方政府债务特别是隐性债务风险需要更加重视，金融服务实体经济能力有待增强；生态文明建设任重道远，大气、水环境治理仍需持续发力；城市形态功能距离高品质现代化国际化大城市中心城区还有差距，社会治理现代化水平仍需与时俱进；基础教育、医疗、文体、养老等民生领域还存在一些短板，供给质量还不高；安全生产形势依然严峻，企业主体责任仍需进一步落实到位；全区上下联动、团结协同的统筹协调工作机制有待完善，公职人员队伍破解问题、推动发展的能力有待提升，改革创新、主动为群众服务的意识有待进一步加强。对于这些问题，我们将采取切实有效措施，认真加以解决。

2018年工作安排

2018年是贯彻落实党的十九大精神的开局之年，是改革开放40周年，也是决胜全面建成小康社会、实施“十三五”规划承上启下的关键一年。从国际看，世界经济复苏态势明朗，经济格局、增长动能、治理体系正在发生深刻转变，尽管仍存在不确定性，但贸易和投资回暖，金融市场预期向好。从国内看，经济正由高速增长阶段转向高质量发展阶段，处在转变发展方式、优化经济结构、转换增长动力的攻关期，虽然发展不平衡不充分问题仍然突出，但经济回稳向好的基本面没有改变。从禅城看，虽然面临不少压力和挑战，但近几年我们向创新要动力、向改革要活力，通过稳增长、调结构、塑优势，在加快新旧动能接续转换等方面做了很多努力，新产业、新模式、新业态不断涌现，新的动能不断积聚，为进一步打开发展空间、加强开放合作积极储势。新的一年，适逢粤港澳大湾区、广东沿海经济带等重大机遇，更要坚定发展信心、增强发展定力、坚持发展致远，认真谋划全年的各项工作，鼓足干劲、主动作为，在新时代奋力开创禅城经济社会发展新局面。

2018年区政府工作的指导思想是：在以习近平同志为核心的党中央坚强领导下，全面贯彻落实党的十九大精神，坚持以习近平新时代中国特色社会主义思想为指导，坚持以习近平总书记对广东工作重要批示精神总揽工作全局，按照省委省政府、市委市政府的决策部署和区委四届三次全会要求，坚持稳中求进工作总基调，坚持新发展理念，紧扣社会主要矛盾变化，按照高质量发展的要求，统筹推进“五位一体”总体布局和协调推进“四个全面”战略布局，以供给侧结构性改革为主线，突出创新驱动，深化改革开放，建设现代化经济体系，推动质量变革、效率变革、动力变革，在打好防范化解重大风险、精准脱贫、污染防治三大攻坚战方面取得扎实进展，引导和稳定预期，提升城市治理水平，加强和改善民生，促进经济社会持续健康发展，努力建设宜居宜业宜创新的中心城区。

2018年经济社会发展的主要预期目标是：全区地区生产总值增长8%左右，人均地区生产总值增长6.5%左右；全社会固定资产投资增长10%—12%；社会消费品零售总额增长8%；区级一般公共预算收入可比增长7%；城乡居民人均可支配收入增长与经济增长基本同步；城镇登记失业率控制在3.5%以内；居民消费价格总指数控制在市下达指标以内；单位生产总值能耗下降率、主要污染物减排量完成市下达任务。

为实现上述目标，重点做好四方面工作：

一、贯彻新发展理念，建设现代化经济体系

构建现代化经济体系非一日之功，需要我们脚踏实地、一砖一石垒出来。必须紧扣新发展理念，践行习近平新时代中国特色社会主义经济思想，继续抓好稳增长、调结构、塑优势等工作，确保有效益、有质量、可持续的增长[15]。

坚持以供给侧结构性改革为主线。始终把发展经济的着力点放在实体经济上，在佛山试点制造业转型升级综合改革的全过程中，逐步

提升禅城解决发展难题、释放产业活力的能力。用活用实省、市、区“十条”[16]，推动“去降补”向深层次拓展，大力推广“众陶联”经验，助推陶瓷、针织、泛家居等传统行业供应链降成本。突出投资对优化供给结构的关键作用，完善政府投资机制，激发民间投资热情，营造优质营商环境。继续拉近政策与企业的距离，不断优化招商引资、外资外贸、产业提升、知识产权等扶持政策，对已有的组合政策全面梳理、去繁就简，做到“企业看起来明白、办起来简单”。打造政企大数据服务平台，加强跨部门企业服务协同，实现政策服务精准送、政企互动零距离、监管决策数据化，用更有体系的服务彻底打通“最后一公尺”。继续深化国资国企改革，有力体现国有企业的带动作用，打造一批高水平园区，承载重大产业功能和先进制造业集群发展，为禅城新一轮转型升级提供坚强支撑。扶持帮助民营企业更好地抓住深化供给侧结构性改革的机遇，做大做强、树聚成林。扎实推进“四上”企业培育三年行动计划，力争完成全年“四上”企业净增目标。全力实施质量强区“三大战略”，用禅城质量重塑禅城制造，用禅城标准彰显禅城品质，力促不锈钢产业创建知名品牌示范区。加大技能型人才培育力度，“禅城大工匠”评选持之以恒，让“工匠精神”成为禅城制造之魂，成为劳动者共同追求。

*坚持以创新驱动发展为战略支撑。*抓住佛山市建设珠三角国家自主创新示范区的契机，营造创新创业浓厚氛围，孕育良好的创新生态圈，让创新驱动“八大抓手”成为产业蓬勃发展的重要推手。提升“高企倍增计划”“育鹰计划”的带动力，增强博士创新梦工场的吸引力，扩大各类创新创业大赛的影响力，力争2018年新增高新技术企业30家，引进一批海内外高层次人才。继续发力创建广东省双创示范基地，以佛山高新技术开发区禅城园带动四大“双创”平台提档升级，推动奇槎创新产业园区、季华路现代服务业产业集聚区、“陶谷”特色小镇等一批载体加快建设，旧工业园区转型双创园区加快发展。增强原始创新能力，推动中国（佛山）知识产权保护中心投入运营，以陶瓷、新材料等重点产业、高新技术产业发展为着力点，鼓励“产学研投”活动广泛开展。增强金融服务实体经济的能力，完善产业引导基金，发挥金融产业促进会的作用，力促“乐怡海创·文华荟”建成创新金融示范街区，加速集聚一批天使投资、创业投资、信用担保等金融服务机构，重点发展保险行业。进一步引导金融资源向科技领域配置，有力支持“四上”企业、高新技术企业利用多层次资本市场做大做强。

*推动更高层次开放合作。*提高区内外资源整合、统筹利用的能力，努力在区域合作与竞争中争创新优势。全力配合市统筹建设禅南顺高端创新集聚区，带动创建东平河创新产业带，加快融入“一环创新圈”，借力“双铁”[17]无缝对接“广深科技创新走廊”。积极“引进来”，从粤港澳大湾区、广东沿海经济带、粤桂黔高铁经济带的建设发展中借东风蓄优势。今年要重点走好三步棋，继续引好广深创新资源溢出的“活水”，努力争取引进一批智能、节能、生命健康及高端装备等优质项目；办好第二届高铁经济带旅游周、“陶艺·建陶设计周”等活动，吸引产业、科技、金融、人才等资源；借好香港、澳门“高端中介”之力，在文化创意、旅游等方面加深合作，携手在全球范围内引资引智。主动“走出去”，抓住“一带一

路”建设机遇，以国际友好联系城市布点更稳健地带动禅城优势产业全球化布局。加快申报综合保税区和国家级出口陶瓷产品质量安全示范区，用好佛山跨境电商清关中心平台，建好用好泛家居、不锈钢、纺织等三大进出口平台，把陶瓷、机械装备、针织、不锈钢等产业推出去。认真完成罗定对口帮扶、廉江精准扶贫、凉山对口合作、援疆援藏等工作。

大力培育新动能。将产业保护红线落实到空间上[18]，守住产业用地底线。2018年要重点挖潜产业发展空间，坚决推进村级工业区提质增效三年行动计划，按照“安全、环保、有序、优质”标准，做好整体拆迁、提升改造、“腾笼换鸟”三篇文章，每个镇（街）要打造2个示范点。以“互联网＋”激发传统产业转型新动能，持续推进企业智能化、高端化改造。要突出产业规划落地，积极稳妥在中心城区发展高端工业、智能工业、“上楼”工业，有力推动智能、节能、健康、高端装备四大产业从落地生根走向规模壮大。发挥科力远CHS项目龙头效应，带动引进一批节能与新能源汽车产业链项目，加快打造绿岛湖汽车科技城。以建设“绿能装备小镇”为抓手，加快筹建省军民融合科技产业创新试点镇，鼓励柏克、天安新材料等一批禅城优质企业靠前掌握前沿引领技术、现代工程技术，引进一批军民融合高端企业及上下游关联项目。“百企智能制造提升”和“百千万”机器换人工程双推进，争取再培育4家佛山市“中国制造2025”试点示范企业。

推动服务业提质增效。瞄准现代服务业持续发力，继续加大服务业增加值比重。加快生产性服务业在禅城形成集群，打造绿岛湖都市型产业区、季华商务带、禅西大道产业发展轴、奇槎片区、智慧新城等生产性服务业集聚区，做强“中国陶谷”（佛山石湾陶瓷创意设计谷）、国家知识产权服务业集聚发展试验区（禅城园）等载体，做优知识产权服务、检验检测认证等科技服务业平台。抢抓大数据产业发展窗口期，快马加鞭参与珠江三角洲国家大数据综合试验区建设，布局大数据产业园[19]，着力在高端装备制造、电子信息、电子商务、大健康等领域，培育造就一批大数据领军企业。让“设计助推制造”成为新动能，以粤港澳大湾区设计联盟、佛山市设计联合会为桥梁，发挥“众设联”力量，打造“设计之都”。推动创意设计与制造业深度融合，将陶瓷行业作为突破口，打响“中国建陶·佛山设计”品牌，推动“设计＋”向不锈钢、针织等传统制造业延伸。拉长商务服务业辐射半径，助力“金科产”融合，支持金融综合服务升级，培育会计、审计、税务服务、社会经济咨询、广告等商务服务业。增强消费服务业的“磁场”效应，大力推进商圈提升“1＋3”[20]、市场提质“1＋N”[21]、品牌连锁“100＋”[22]，让商贸更兴旺。推动医疗、健康、家政等服务业优质化发展，助推生命健康园扩容提质，达安创谷等项目落地建设，支持母婴消费类、养老服务类产业的发展，让生活更有品质。大力培育具有禅城特色的文化、旅游产业，力争到“十三五”末，大文化、大旅游成为支柱产业。

实施“禅企回家”计划。设身处地为企业着想，为企业提供更优质、更精准的政务服务，提高服务企业的能力。依托禅城自身的产业底蕴、完善的产业链条、优质的教育医疗服务环境等要素，留住科技孵化器孵化出来的成长型企业及骨干企业。鼓励优质企业将研发设计、品牌运营、营销总部等环节扎根禅城，欢迎资本回归投向符合新发展理念要求的产业，实现企业的“二次跨越”。深化与广深港澳等城市在商会、企业、民间组织等方面的合作对接，在粤港澳大湾区建设中作出禅城贡献。广抛橄榄枝，健全人才引进、培育、服务于一体的全链条人才政策体系，鼓励国内外各类高层次人才到禅城创业就业。探索“以才引才”路径，让已在禅的关键行业领域专家成为政府与人才智库的“牵线人”，吸引一批“候鸟型教授”“星期天工程师”来禅城工作。依托人才驿站、留学精英促进会等平台，吸引禅城籍的优秀海内外大学生回到家乡就业创业，继续完善博士创新梦工场、“禅商学院”，铺就人才成长“快车道”。加强与海内外社团组织的合作联系，撬动区外乃至海外的资源资本向家乡集聚，将禅城建设成为海内外乡贤的精神家园。

二、立足中心城区定位，建设美丽禅城

进一步彰显国家历史文化名城、佛山“首善之区”的风貌特色，提颜值、塑气质、增魅力，使城市更新与生态发展互促互进，岭南文化积淀与现代化建设相融相合，青山绿水与经济发展共生共荣。

*加强基础设施建设，提升城市辐射带动能力。*科学搭建干支衔接、顺畅便捷的综合交通体系，撑起城市发展骨架。全面发力轨道交通建设，积极推进地铁2号线一期、3号线建设，全力配合开展4号线一期、2号线二期前期筹备，力促湖涌TOD开发和石湾广场地铁站交通枢纽一体化工程早日动工。要积极解决城市拥堵问题，加快打通海五西路、季华北路北延线等“断头路”，推动季华二桥等新项目尽早落地，疏通一批道路“毛细血管”，在开放的内外循环中融入“双30”核心交通圈[23]。继续优化“三纵三横”的公交骨干线网，密切学校、商住区、园区、景区、枢纽站、地铁站之间的通联，加速新能源公交的推广，有序延展公交专用道，优化公交站场布局。突出以人为本的理念，对现有的慢行示范区增点扩面，开展亚艺片区、“互联网+小镇”等4个示范区建设，实现公共交通、非机动车和步行的自然衔接，加快连续、安全、舒适的慢行交通网络的建设步伐。继续增加公共停车位供给，积极推广智能化停车，智慧管理路边停车，提高停车位的利用率。

*加强生态系统保护和修复，建设大湾区高品质森林城市之心。*实施城市生态绿色引领，落实生态文明建设工作要求，污染治理和环境提升双管齐下，展示中心城区生态之美。打响污染防治攻坚战，开展第二次污染源普查，对症施策、联防联控。实时监测主要大气污染源，聚焦PM2.5、二氧化氮、臭氧等指标协同治理，推广餐饮油烟、汽修VOCs集中治理试点经验，推行“智慧工地”模式专项整治扬尘。“河长制”“挂图作战”“四源共治”持续发力，继续推进水环境整治项目，要综合治理广佛跨界河涌[24]和亚艺湖片区“一湖五涌”[25]，要积极开展污水管网建设和东鄱等4家污水处理厂提标改造，要加快地下综合管廊建设，全面推进奇槎、绿岛湖片区海绵城市试点。积极推进南庄镇贺丰、杏头片千亩永久基本农田保护工作和高标准基本农田的改造工作。积极参与大湾区高品质森林城市建设，积极开展千亩生态公园[26]及社区公园建设，积极打造东平河及汾江河“滨水绿色长廊”，持续开展“三绿”行动[27]，构建“点、线、面”相连相通的生态绿化格局。

实施乡村振兴战略，加快优化城市形态。

以全面提升城市人居品质为奋斗目标，建设有地域特色、人文特色、生态特色的宜居宜业宜创新的中心城区。城市更新要与乡村振兴互促互进，继续推进“多规合一”，推动控规改革创新试点，促进城乡协调发展。要把“三旧”改造和“两违”查处有机结合，积极稳妥地推进“一轴三带”[28]的建设。致力建成第二批12条美丽文明村居，推进2条古村落活化、14个“五好”新村（居）建设，着重抓好截污管网、消防设施、环保垃圾站、公厕等公共配套设施的建设。抓好老旧社区微改造和“城中村”环境优化，每个镇街完成内街小巷提升不少于2条。要抓好特色小镇建设工作，使之成为推进城市更新和产业提升的有力抓手，要把“中国陶谷”（佛山石湾陶瓷创意设计谷）打造成为国家级文化创意产业园的强大载体，要把张槎“互联网＋”小镇、祖庙“丰收街·菁创聚”、南庄建陶小镇（绿岛湖·智荟）打造成为更高水平的“双创”重镇，成为“城产人文”融合发展的典范。

*建设文化导向型城市，彰显国家历史文化名城内涵。*深化“品味禅城”建设行动。要当好岭南文化的守护者和传承人，积极创建岭南文化品牌示范区，保留活化岭南特色风貌和历史文脉，保护利用好祖庙东华里、南风古灶等八大历史文化街区[29]，推进琼花会馆、适安里、莲峰书院等一批古建筑、古民居、古遗址[30]修缮复建工程。要注重非物质文化遗产保护，用好非遗保护政策，建设粤剧、醒狮、陶艺等非遗展示中心，推动非遗文化从“活起来”逐步“火起来”。要继续推进区文化馆迁建、区图书馆扩建扩馆工程，开展“岭南文脉，品味禅城”系列活动，结合非遗传承，活跃城市文化生活，让“行通济”“北帝诞”“秋色”等古风民俗，成为唤醒集体记忆的城市名片。要弘扬城市人文精神，积极培育和践行社会主义核心价值观，使“创新、求精”的工匠精神和“务实、开放”的岭南文明发扬光大。要深化“文商旅”融合发展工作，发扬好“岭南文化”“陶文化”两张名片，办好“两周两赛”[31]，讲好禅城故事，鼓励创作以禅城历史人文、民俗轶事为题材的影视剧本，打造可见可触可感的文化旅游环境。以广东省全域旅游示范区创建为带动，不断完善现有景区（景点）并鼓励岭南民宿、现代农业园等新业态的发展，让岭南文化游、武术寻根游、博物馆文化体验游、工业旅游、古村水乡休闲游更显禅城特色。

三、大数据助力现代治理，保障和改善民生

不断提高城市现代治理水平，运用大数据推进政府决策科学化、实现社会治理精准化、促使公共服务高效化，让群众的获得感、安全感更加充实、更可持续。

*积极稳妥推进“数字政府”建设。*把着力点放在提高应用水平方面，在“实效”上下功夫，不断提高应用领域的覆盖率和服务企业、群众的效率。2018年，要加快形成“用数据说话、用数据决策、用数据管理、用数据兴业”的大数据统筹发展机制，做实“141”工程[32]，推动一批重点大数据应用项目落地。进一步完善自然人库、法人库、地理空间库、信用库建设，构建禅城区大数据分析基础平台，打牢有效整合、充分共享的数据基底。强化大数据在政务服务、社会治理、政府监管、创新创业四大领域的应用，带动一批大数据应用项目，助推政府服务和治理模式创新。要努力实现数据

互用互享，探索行政审批和公共服务办事材料的“零”提交，让数据多跑腿、群众办事“零跑腿”，构建“智信禅城”体系。增强“禅城一张图”的数据效应，更广泛地应用到教育、交通、司法行政、房地产、军民融合、城市管理、农村集体资产管理等领域，提高科学决策和智慧管理水平。

*提高公共服务供给质量水平。*积极主动回应群众关切，把大数据作为民生服务的“高参”。要深化教育领域改革，全面推进义务教育优质均衡发展、普通高中优质特色发展、职业教育整合提升发展、民办教育规范特色发展。大力推行“强师工程”，启动建设4所学校[33]，力争再增加4900个优质学位，努力实现优质教育资源供给和学校办学水平双提升。要加快创建流动人口卫生计生基本公共服务均等化示范区，以公立医院改革带动卫生强区建设。通过整合向阳、澜石、朝阳医院组建区人民医院，形成以口腔、中医、消化等“大专科”特色的医疗服务体系。要全面推广家庭医生签约服务，新增不少于450个医院病床位。积极推广“微服务中心”，整合养老、家庭综合服务、托管等社会资源，实现社会服务推送精准化；养老服务要增量提质，再增加400个养老床位；要加快重度残疾人托养中心建设；做强“禅城人家”品牌，向非户籍常住妇女儿童推送更多普惠和个性化服务。

*打造共建共治共享的社会治理格局。*把大数据应用作为基层现代治理能力提升的新抓手，将社区基层治理、城市管理、综合执法、社会稳定融为一体，有效提升科学决策、精细处置、确保大局的现代治理能力，积极推动“一张图管理一座城”变蓝图为现实，切实提高政府各部门的执行力。要始终把群众利益放在首位，坚持底线思维，抓牢“六个安全”。突出科技支撑，形成全方位、多维度、一体化的打防管控系统，持续强化秒速反应，抓牢政治安全和治安安全。完善重大决策社会稳定风险评估机制，优化流动人口服务管理，加强社会矛盾排查调处，建立“三调解”[34]联动长效机制，抓牢社会安全。健全“党政同责、一岗双责、齐抓共管”的责任体系，紧盯重点地区、重点领域、重点部位，常态化开展大检查大整治，坚决预防和遏制重特大事故发生，抓牢安全生产和消防安全。积极打造国家食品安全示范城市，进一步规范农贸市场食用农产品快检工作，推广食品“三小”[35]创新监管模式，力争在各镇街形成1—2条“三小”场所示范街，在全区创建一批药品零售“双安双优”[36]示范店，确保粮食保供稳价，抓牢“舌尖上的安全”。

*打好防范化解重大风险攻坚战。*加强各类风险隐患排查，健全化解处置长效机制，提高防范化解重大风险能力。健全风险监控预警常态机制，确保政府性债务风险处于安全水平，确保辖区金融机构各项监管指标处于合理水平，严守不发生区域性系统性金融风险的底线。要促进房地产市场平稳健康发展，加快建立多主体供应、多渠道保障、租购并举的住房制度，到2020年推出2.5万套租赁住房。坚持“房子是用来住的、不是用来炒的”定位，持续开展房地产市场专项整治，将房价维持在合理水平，坚决防控房地产领域风险。

*办好一批民生实事。*增强学前优质教育资源供给，公益普惠性学前教育覆盖率保持在70%以上；在3所中学试点中学生定制公交服务；加强创业培训，加快培训5000名紧缺技能人才，为技能人才子女提供入学补助；启动禅

城区人民医院中医院建设，新建或改造20个社区卫生服务机构，构建15分钟医疗卫生服务网络；对有需求的残疾儿童和持证残疾人提供精准康复服务，服务比例达到80%以上；在园区或企业建成3个以上的社会工作服务基地；建设青年之家，打造青年人才身边的“门店式”服务平台；探索住房租赁市场培育试点工作，建设6800套租赁住房；每个镇街打造2条亮点河涌；改造提升不少于25座公厕。

四、全面加强政府自身建设，持续打造人民满意政府

坚持在党的领导下开展工作，坚持在深化改革中转变政府职能，以“制度创新+技术创新”提高政府治理现代化水平，更大更好地激发市场活力、社会创造力和经济发展内生动力。

切实提高政治站位。深入学习贯彻党的十九大精神，牢固树立“四个意识”，坚决维护党中央权威，始终在思想上政治上行动上同以习近平同志为核心的党中央保持高度一致，坚持把党中央各项决策部署不折不扣贯彻落实到禅城。全面加强政府系统党建工作，严格履行区政府党组全面从严治党主体责任，以上率下，层层传导压力，把全面从严治党要求贯穿到从严治政的各个方面。

加强民主法治建设。主动接受区人大及其常委会的监督，依法向区人大及其常委会报告工作。全力支持人民政协的政治协商、民主监督、参政议政。切实办好人大代表建议和政协提案。主动加强与各民主党派、工商联、无党派人士和各人民团体的沟通协商。坚持依法治区、依法行政，遵照“三重一大”(37)议事规则，走足依法决策必经程序(38)，严格落实执法责任制，深入推进基层法治建设，做好“七五”普法各项工作。强化行政权力运行的制约监督，自觉接受党内监督同国家监察、审计监督、司法监督和群众监督，强化政府内部层级监督，力争政务公开规范化标准化试点取得新进展。

不断推进作风建设。严格遵守中央八项规定精神和国务院“约法三章”要求，坚决纠正“四风”问题，特别是形式主义、官僚主义的新表现，以永远在路上的韧劲抓好作风建设。大力弘扬“马上就办、真抓实干，办就办好、滴水穿石”的实干精神，在工作中强化上下联动、左右协同、交心通气，形成各司其职、齐抓共管、运转高效的工作机制，拧成一股绳、劲往一处使。落实“三个区分”，倡导“为官有为”，营造干净干事、敢于担责、积极践行的良好工作生态，带领全区公职人员队伍以“钉钉子”精神，扎扎实实推动各项任务落到实处、取得实效。

各位代表，新时代展现新气象，新起点当有新作为。让我们更加紧密团结在以习近平同志为核心的党中央周围，在省委、省政府的坚强带领下，市委、市政府和区委的正确领导下，不忘初心、牢记使命，开拓进取、砥砺奋进，以新作风对标新要求，新作为践行新使命，努力推动禅城在贯彻落实习近平新时代中国特色社会主义思想中走在前列！

注释

(1) 质量强区“三大战略”：以质取胜战略、技术标准战略、品牌带动战略。

(2) 9家知识产权贯标认证企业：海天调味食品、金凯地过滤设备、睿江云计算、华国光学器材、金景陶节能、凯西欧照明、碧阳冷冻系统设备、易识科技、华星蚂蚁网络。

(3) 4家企业登陆“新三板”基础层：奥

博信息、河谷智能、北创光电等。

（4）一批“断头路”：智慧路东延线（华宝南路至禅西大道）、深宁路（港口路至文华路）、禅港西路（季华路至紫洞路）工程科力远段。

（5）一批交通项目：绿景东路（桂澜路至东平路）道路工程，绿景东路（南海大道至桂澜路）市政工程，文庆路、庆宁路等五条道路路面提升工程，华宝南路（季华路至东平路）改造工程，智慧路改造工程，人行道改造工程（同华路、同华东一路、东二路、西一路、西二路、乐园北街、垂虹六街、人民银行北侧道路），岭南大道恒福街路口人行天桥工程，文华中路湖明街人行天桥工程。

（6）一批新建改造项目：聚锦路（五峰路至季华路）、五峰路（聚锦路至槎湾路）、河滘大道改造及富兴路（二期）、季华北路北延线（张槎西路至汾江河，含王借岗大桥）、禅港西路（季华路至紫洞路）、魁奇路快速化岭南大道节点。

（7）六大片区：城北片区、莲升片区、普君南节点片区、奇槎片区、石湾西片区、澜石片区。

（8）试点集中治理：西华里、印象城、石湾国际车城、张槎钣喷中心。

（9）七大片区：镇安片区、永新片区、车城片区、莲大片区、罗南村、南庄村、堤田村。

（10）五级联动：区中心、镇街网格、片区网格、村居网格、微网格联动。

（11）8个美丽文明村居：莲塘村、紫南村、罗南村、龙津村、扶西村、下朗村、鄱阳村、南庄村。

（12）9条亮点河涌：绿岛湖智造产业区周边规划河涌综合整治工程（岗背支涌南段）、吉利河岸线整治工程（龙湾桥至万科城段）、屈龙角涌（绿景路至影荫路段）、澜石大涌（南海大道至桂澜路段）、小布窦涌（季华北路至东平路）、南北二涌、南北大涌（海口泵站至季华路段）、镇中东涌、佛山涌（南海大道至桂澜路段）。

（13）“数字公民”项目：结合“一门式”实际情况，协调各部门将涉及公民身份号码的人口信息开放共享和及时互换，利用现代信息技术，整合汇总部门系统相关的自然人的数据，形成自然人数据库。

（14）“两个责任”：落实党风廉政建设责任制，党委负主体责任，纪委负监督责任。

（15）十八届五中全会审议通过《中共中央关于制定国民经济和社会发展第十三个五年规划的建议》，习近平总书记在起草说明中强调，“十三五”时期我国发展既要看速度，也要看增量，更要看质量，要着力实现有质量、有效益、没水分、可持续的增长。

（16）省、市、区“十条”：广东省降低制造业企业成本支持实体经济发展若干政策措施的通知（粤府〔2017〕90号，简称“省实体经济十条”），佛山市降低制造业企业成本支持实体经济发展若干政策措施（简称“佛十条”），禅城区支持企业家创业创新的若干措施的通知（佛禅府办〔2016〕23号，简称“禅十条”）。

（17）“双铁”：高铁、地铁。

（18）于2017年11月出台《禅城区产业用地布局规划》，在全市率先完成产业空间布局规划。

（19）大数据产业园：以绿岛湖都市产业区、智慧新城、王借岗公园片区（福能大数据产业园）为核心区，包括福能大数据产业园—国家电子政务外网华南管理分中心、新媒体产业园、华南创谷、智慧新城—世纪互联、佛山陶瓷创意谷、中兴华南大数据研究院等载体。

(20) 商圈提升“1+3”：以祖庙商圈为中心，壮大“环文华公园”“石湾公园”“绿岛湖—智慧新城”商圈。

(21) 市场提质“1+N”：全面清理无照经营，镇（街）要各打造1个专业市场升级示范点。

(22) 品牌连锁“100+”：全面实施“连锁企业品牌100”计划，重点举办连锁双创大赛，推动连锁总部集聚区建设。

(23)“双30”核心交通圈：以禅城为起点30分钟内到达广州主核心，30分钟内到达佛山外围组团。

(24) 广佛跨界河涌：佛山水道禅城段、佛山涌禅城段和张槎、祖庙、石湾镇街道辖区内河涌。

(25) 亚艺湖片区“一湖五涌”：亚艺湖、新市涌（新市水闸至金华路河段）、江湄涌、西华涌、奇槎涌（玫瑰公园至湖景路河段）、明窦涌。

(26) 千亩生态公园：以佛山水道、东平水道等中型河流水系串联起的“千亩生态公园”。其中，属禅桂千亩生态公园的有9个：五峰公园片区、石湾公园—大雾岗遗址—小雾岗公园、中山公园片区、亚洲艺术公园—文华公园—岭南明珠体育馆、塱沙村—沙口水闸—王借岗—绿岛湖片区、周尾围—沙腰围湿地公园、九曲涌都市田园、红峰都市田园、罗村沙湿地公园；属禅顺千亩生态公园的有3个：佛山公园—世纪莲体育馆、登州沙嘴—滨江湿地公园、半月岛湿地公园。

(27)“三绿”行动：“三旧”改绿、拆违复绿、“绿城飞花”。

(28)“一轴三带”：中轴线、季华路商务带、汾江河景观带、东平河景观带。

(29) 八大历史文化街区：品字街、梁园、莲花南、任围、祖庙东华里、新安街、南风古灶、霍氏宗祠。

(30) 一批古建筑、古民居、古遗址：琼花会馆、汾江草庐、国公古庙、适安里古民居群、石路巷古民居群等。

(31)“两周两赛”：第二届旅游文化周暨高铁经济带旅游博览会、陶艺·建陶设计周暨陶瓷艺术周、蔡李佛功夫佛山锦标赛总决赛、第十六届青少年舞蹈锦标赛等文体赛事。

(32)“141”工程：1个基础设施、4大应用领域、1批应用项目。

(33) 4所学校：奇槎公办学校、华奥艺术学校、英才实验小学、环湖小学西校区。

(34)“三调解”：人民调解、行政调解、司法调解。

(35)“三小”：小餐饮、小摊贩和小作坊。

(36)“双安双优”：药品质量安全、采购渠道安全，优质药学服务、优质营业环境。

(37)“三重一大”：重大问题、重大项目投资、重要干部任免、大额资金使用。

(38) 依法决策必经程序：调查研究、公众参与、专家论证、风险评估、合法合规性审查和集体讨论决定。

特辑

禅城区全面从严治党取得新成效

2017年，禅城区纪检监察机关落实全面从严治党，深入推进标本兼治，持续改进作风，坚决遏制腐败，推动全面从严治党向纵深发展，取得新的明显成效。

一是坚持以巡察为抓手，推动落实管党治党责任。提高政治站位，深化政治巡察，建立区委巡察机构，健全巡察工作机制，组建巡察人才库，完成2轮对9个单位党组织的常规巡察，督促整改管党治党宽松软等问题307项，发现问题线索42条，立案查处违纪干部5人，有效发挥巡察震慑、遏制、治本作用。开展扶贫领域专项巡察，实施对口帮扶资金实地检查，强化监督执纪问责，督促整改扶贫工作问题27项，推动精准扶贫政治责任落实到位。开展村、居换届风气专项巡察督导，核查违反换届纪律问题线索14条，维护风清气正的换届环境。推动全面从严治党向基层延伸，推进农村基层党风廉政建设综合治理，开展农村基层党员干部违纪违法线索排查、异地交叉检查，排查线索1766条，查处违纪党员干部151人。组织4个单位党组织负责人向区纪委全会述责述廉述德，压实从严治党主体责任。严明政治纪律、政治规矩，查处违反政治纪律1人。严把选人用人廉洁关，办理干部党风廉政情况回复2937人次。

二是驰而不息纠治“四风”，凝聚干事创业精气神。坚持抓日常与抓节点相结合，开展日常廉政谈话提醒2713人次，明察暗访86人次，受理“四风”投诉87件，比2016年下降15.5%；查处“四风”问题11宗15人，通报典型案例7起，“四风”突出问题得到有效遏制，巩固拓展落实中央八项规定精神成果。深入整治“为官不为”，受理行政效能投诉1988件，围绕贯彻落实区委重大决策部署、全区中心工作加强监督检查，严肃处理在土地规划调整、广告征拆补偿、行政执法等工作中出现的慢作为、不作为、乱作为问题，对3个单位进行集体谈话，问责处理82人，比2016年增长173%。建立健全容错纠错机制，受理容错申请15项，支持干部在改革创新、化解历史遗留问题上大胆探索、积极作为。牢固树立“三个区分开来”的执纪导向，实事求是为101名党员干部澄清问题，营造风清气正、干净干事的良好环境。

三是坚持抓早抓小，坚定不移惩治腐败。坚持把纪律挺在前面，运用“四种形态”处理518人次，其中“第一种形态”358人次，占69%，使咬耳扯袖、红脸出汗成为常态；运用后三种形态各处理86人次、27人次、47人次，分别占17%、5%、9%，确保利剑高悬、威慑常在。始终保持惩治腐败高压态势，畅通信访举报渠道，受理信访举报256件，比2016年上升52.4%；处置问题线索507件，增长319%；加大执纪审查力度，立案164件，上升59.2%；给予党纪政纪处分143人，上升6%；移送司法机关13人，上升85.7%。重点查处流管工作人员违规办理居住证及古灶村原“两委”干部等一批违纪违法案件，持续巩固“不敢腐”氛围。

四是坚持问题导向，不断深化标本兼治。推进“微制度＋信息化”建设，开展源头治理。开展廉洁村居建设，总结提炼龙津村村民代表责任制、集体资产管理“七个统一”等经验做法，推动村规民约制度化，打造莲塘村廉洁文化建设示范点，以“制度＋文化”推进基层善治。推进廉洁试验区建设，探索“互联网＋中介治理”，搭建中介组织综合监管平台，176家中介机构入驻平台，完成189项中介服务选取，实现网上公开选中介、阳光晒中介、信用管中介。出台廉政档案制度，建设廉政档案信息系统，推进廉政大数据分析，及早发现和纠正干部队伍中的苗头性、倾向性问题。探索建立廉洁从政激励机制，增强党员干部廉洁自律自觉。推进以案治本，开展送纪律上门活动，推动公资办、食药监等单位党组织落实主体责任，针对典型违纪案件，深刻剖析问题根源，层层开展谈话教育，排查风险，建章立制，堵塞漏洞，达到“查处一案、教育一片、规范一方”的效果。开展纪律教育，举办全区领导干部纪律教育学习班，拍摄《一个垮掉的村官班子背后》警示教育片，部署开展廉洁家庭系列教育活动，营造崇廉尚洁的浓厚氛围。

五是加强自身建设，打造过硬监督执纪队伍。学习贯彻党的十九大精神，在学懂弄通做实上下功夫，增强纪检监察干部维护核心、保持一致的思想和行动自觉，激发做好新时代纪检监察工作的政治责任感和担当精神。启动国家监察体制改革，区委带头担负改革试点主体责任，区纪委认真履行牵头抓总的专责职责，各有关单位积极支持配合，周密制定实施方案、任务清单和时间表，深入进行动员部署，做好人员转隶、线索移交等工作，区监察委员会顺利挂牌成立。进一步完善派驻监督，16个派驻纪检组全部改革到位，实现对58家区直单位派驻监督全覆盖。全面落实镇街纪委书记、副书记和派驻纪检组组长、副组长4个提名考察办法，推进纪检工作双重领导体制具体化、程序化、制度化。优化干部队伍结构，激发干部队伍活力。加强综合素质教育和业务能力培训，全面提升干部队伍监督执纪能力。强化自我监督约束，成立内务监督委员会，推行纪检监察干部履职负面清单，率先在纪检监察系统实施廉政档案制度，严格落实“打铁必须自身硬”要求。

（区纪委）

构建一个格局　把握三个精准
全力打造创新人才高地

2017年，禅城区构建以党管人才为核心的工作新格局，精准构筑引才渠道、精准搭建人才载体、精准出台人才政策，打造人才工作区域竞争优势，建设创新人才集聚示范区。是年，全区新增各类人才1.32万人，人才总量累计达22.9万人，人才密度达20.8%，其中新增美国工程院院士1名、国家“千人计划”专家3名，拥有院士3名、国家“千人计划”专家5名；新增硕士以上高层次人才511人，高层次人才总数10657人，每万人比例96.9名。

一、构建党管人才新格局，全面统筹推进人才工作

以党管人才为核心，强化政治引领。调整区人才工作领导小组及办公室架构，形成区委统一领导、组织部门（人才办）牵头抓总，经促、人社等有关部门配合，人大、政协充分参与的党管人才新格局。推动人才相关平台载体及社会组织建立党组织，将党建工作融入人才工作。佛山人力资源服务产业园、佛山博士创新梦工场等相继成立党支部。

以机制创新为支撑，增强人才工作合力。制定人才工作领导小组成员单位工作责任制，明确部门职责分工，形成党委统一领导，区人才办统筹协调，成员单位各司其职的工作格局。一是建立工作例会机制。由区委常委、区委组织部部长、区人才办主任召集，每月组织成员单位召开一次工作例会，研究解决人才工作问题。通过创新工作例会机制，充分调动各成员单位的积极性、能动性，有效增强人才工作合力。二是建立“双引”工作机制。加强招商引资与招才引智的联动，在区人才办的统筹协调下，各成员单位在人才配套政策、资源整合等方面建立良性互动机制，推动更高层次、更广领域选好商、引强企、聚人才，推进全区产业转型升级、提质增效。

以监督考核为保障，确保工作落实到位。健全人才工作督查督办长效机制，制定《佛山市禅城区人才工作督查制度》，确保人才工作决策部署和目标任务落到实处。将人才工作作为各成员单位年度绩效考核的重要指标，列为落实党建工作责任制情况述职的重要内容，纳入13项“书记项目”范围进行重点督导。

二、精准构筑引才渠道，打造人才结构区域优势

坚持将政府“有形之手”与市场“无形之手”紧密结合，充分调动社会力量参与到引才工作中，打通“活动”和“机构”引才渠道，精准靶向引进发展所需人才，实现与中心城区地位相匹配的人才结构。

*“活动”引才，实现政府引导功能。*一方面，借助高端会展活动。如引进国家“千人计划”特聘专家潘今一博士，在禅城设立“佛山

人工智能大数据产业化基地"，带动全区智能识别产业发展；引进刘大海博士团队，成立慧海四方生物科技有限公司，推动禅城区生物医药产业发展。结合在佛山"家门口"举办的"2017机器人国际联盟大会"、中国（广东）国际"互联网＋"博览会，策划禅城区人才专场，推动企业与人才对接。另一方面，开展"广佛同城 悦享禅城"高校系列活动。推介禅城人才政策、产业政策，推送企业优质岗位，吸引高校毕业生来禅就业创业，形成统一的禅城"高校行"品牌效应。开展"禅城专线"活动，邀请优秀高校毕业生来禅参观交流，促进外地高校毕业生"懂禅城、知禅城、家禅城"。

"机构"引才，发挥社会参与力量。一方面，鼓励引进专业人才机构。以佛山人力资源服务产业园建设为契机，引进一批国际高端猎头、招聘、培训、测评、咨询、流程外包、专业委员会等国内外知名人力资源机构和人才服务社会组织，把产业园打造成集专业化、信息化、规范化、国际化于一体，辐射珠三角乃至全国的人力资源超市。成功引进人力资源服务机构31家，出租面积1.8万平方米，出租率接近90%。另一方面，在高校建立人才驿站。与市人社局合作，在吉林大学建立人才驿站。该驿站作为禅城区与东北地区院校合作的枢纽，为东北地区院校与禅城的人才合作建立稳定的对接通道，推动东北地区院校与禅城区开展更多元化、更高层次、更稳定性的人才对接合作。

三、精准搭建人才载体，打造人才成长空间竞争优势

打造博士创新梦工场。在南庄绿岛湖都市产业区内，建设佛山博士创新梦工场，总建设面积约2.33万平方米，总投资额约2亿元，采取"100＋400＋N"集聚模式（引进100名海内外知名博士进驻园区开展技术研究与转化工作，400名佛山科学技术学院在职博士助力发展，吸引N个高层次人才及其项目团队入驻），形成"博士经济"效应和品牌。佛山博士创新梦工场于2017年11月17日开园，签约引进16个带科研项目创业的博士团队，其中安林博士有望通过国家"千人计划"青年项目。

搭建产学研用合作基地。支持企业与高等院校、科研院所共建产学研联合体，推进产学研深度融合。2017年，全区建立企业研究生联合培养基地19个、企业高校研究生联合培养基地研究院6个，建设博士后工作站（分站）、实践基地达24家，实际运作的院士工作室3家。

建设创新创业产业园。鼓励将旧厂房改造为科技孵化器和创新创业基地，打造"创业苗圃＋孵化器＋加速器＋科技产业园"的全孵化链条。2017年，新增佛山创意产业园和广东（佛山）软件产业园2家单位获得国家级科技企业孵化器培育单位称号。全区累计建成13个孵化器、14个市级众创空间，精准培育一批掌握核心技术高端人才、创新型人才和技能型人才。

四、精准出台人才政策，打造人才服务环境相对优势

坚持从实际出发，改"大水漫灌"为"精准滴灌"，突出政策比较优势，制定差异化的人才政策服务供给体系，不断提高政策的精准度和人才服务的满意度。

提高补贴奖励。在财政资金投入方面，设立禅城区人才发展专项资金，由区镇（街道）两级按5:5比例筹措，对引进禅城区的人才及其重大人才项目给予资金保障。不断加大资金

投入，除人才基础设施建设（如人才住房）以及人才工作保障经费外，在2017～2019年计划投入2.8亿元（2017、2018、2019年分别投入资金约0.6亿、1亿、1.2亿元），用于人才工作经费支出。在吸引企业人才集聚方面，制定人才系列扶持政策“禅十条”，在原有人才政策基础上进一步加大扶持力度、拓宽扶持范围，如高层次人才安家补助等扶持资金三年累计可达252万元。

精简审批流程。全面深化“一门式一网式”政府服务改革，依据一门式、云平台等数据端口打造基于区块链的数据开放平台，建立“一门式”人才服务体系，将全区39项涉及人才服务审批的事项纳入“一门式”办理，有效提高人才事项即时办结率。如在人才公寓申领方面，推行“先入住、后审批、后监管”模式，将原来需要耗时33天的审批时限改为“即到即办即入住”。调整后，对人才公寓申请、分配数量大幅上升，截至2017年10月底，累计新增入住1512套，占实际入住数（2266套）的66.7%，半年的入住数量超过之前三年的入住数量。

提供优质服务。禅城区专门为人才量身制定个性化服务激励，推出人才管家服务，建立领导干部联系高层次人才工作制度，为高层次人才提供“一对一”、贴身式服务，解决人才补贴申领、住房保障、子女入学等最关心的问题。累计发放人才管家对接表114份，涉及17个职能部门。

（区委组织部）

首届禅城区政府质量奖评选

2016年12月，禅城区出台《佛山市禅城区政府质量奖评审管理办法》，决定设立禅城区政府质量奖（以下简称区政府质量奖），从2017年开始实施。区政府质量奖是禅城区人民政府设立的最高质量荣誉奖，由区政府批准、表彰和奖励，授奖对象为在禅城区行政区域内登记注册，在行业内质量领先、技术创新、品牌优秀、效益突出，对禅城区社会经济发展作出突出贡献的组织。

一、总体工作情况

2017年，启动和实施首届禅城区政府质量奖评选工作。区市场监督管理局（质监分党组）先后开展区政府质量奖调研发动、组织企业申报、资格初审、材料评审、现场评审、评委会审定等工作，率先在制造业和服务业两个领域开展质量奖评审。通过召开首届区政府质量奖宣贯会暨卓越绩效标准培训班以及深入行业龙头企业宣传和发动，辖区的日丰企业集团有限公司、佛山市柏克新能科技股份有限公司、佛山市蓝箭电子股份有限公司、佛山市燃气集团股份有限公司、南湖国际旅行社股份有限公司、佛山市佛航物流集团股份有限公司、佛山市兴华商场有限公司、佛山市汽车运输集团有限公司等8家企业通过资格初审，进入材料评审环节。通过材料评审、现场评审、评委会审定和公示，最终日丰企业集团有限公司、佛山市柏克新能科技股份有限公司、佛山市蓝箭电子股份有限公司、南湖国际旅行社股份有限公司4家企业脱颖而出，获首届区政府质量奖。

二、主要做法和成效

（一）申报条件。区政府质量奖的申报范围和需要具备的基本条件：申报范围主要在先进装备制造业、战略性新兴产业、现代服务业等行业的龙头骨干组织；需要同时具备的基本条件包括在禅城区行政区域内注册5年以上的独立法人或其他组织，实施卓越绩效管理和积极开展质量创新，在近3年国家、省、市或区级质量监督抽查中无不合格记录，以及最近3年无消费者重大投诉等。

（二）评审标准。区政府质量奖评审标准主要按照国家标准《卓越绩效评价准则》（GB／T19580）和《卓越绩效评价准则实施指南》（GB／Z19579）最新版本执行。

（三）评审程序。区政府质量奖评审委员会秘书处印发通知，各行政主管部门、镇（街道）、行业协会等单位动员各组织自愿申报，秘书处安排专人对申报材料进行形式审查，审查通过的，提请评审专家组评审，专家组材料评审、现场评审、综合评审等环节确定建议获奖名单，向社会公示10天，接受社会监督，公示结束区政府审定后向社会公布结果，向获奖的组织颁发证书和奖牌。

（四）率先在制造业和服务业同步开展评审。禅城区作为佛山市的中心城区，也是全市唯一服务业占GDP比重超过50%的区。区质监部门联合区经科局、区文体局以及区交通局，在各服务业领域广泛走访调研，发动全区服务业标杆企业参与申报区政府质量奖，2017年有5家服务业企业申报区政府质量奖，其中南湖国际旅行社股份有限公司成功申报获奖。

（五）公开透明。为使整个评审工作公开、透明、科学、高效，秘书处从广东省质量专家库抽取专家评审员，分别召开材料、现场评审动员会，纪检监察部门专门对评审规则、纪律提出要求，并以电子摇号抽签的形式组成评审专家组，先后进行材料评审和现场评审。于2017年12月15—17日，组织专家评审员对8家企业集中进行材料评审。2018年1月4—6日，秘书处组织专家评审员对6家企业进行现场评审，区市场监管局（质监）、区经科局、区文体局、区交通局分别派出现场监督员跟进行业企业现场评审工作，并组织召开现场评审首、末次会议。综合现场评审和材料评审，并经区政府质量奖评审委员会审定和在区政府门户网站进行公示后，由区政府通报获奖名单。

（六）表彰奖励。区政府质量奖为年度奖，不设终身制，每两年评选一届，每届获奖组织数量不超过4个。获区政府质量奖的组织由区政府表彰奖励，颁发奖牌和证书，并给予每个获奖组织一次性奖励100万元。

三、区政府质量奖获奖企业简介

日丰企业集团有限公司　是一家集科研、开发、生产、销售于一体的民营高新技术企业，是中国铝塑复合管新产品技术的领头开发人和技术依托单位。公司在佛山市三水区、天津市武清区、湖北黄石建立生产基地，合计占地面积约73万平方米，是全球第一、国内规模最大、技术水平最高的铝塑复合管生产基地。公司拥有超过200条管材生产线、300台注塑设备和400台金属管件加工设备。

佛山市柏克新能科技股份有限公司　是国家高新技术企业、广东省民营科技企业、省名牌企业。是国内少数能同时研发生产配套大功率UPS电源及EPS电源的电源一体化产品生产厂商，拥有研发生产军工级、工业级电源生产的领先技术和一流生产配套能力。至2017年末，拥有知识产权87件，参与8项行业标准制定，相继在佛山、中科院广州能源所设立2个由博士领衔的高端研究中心。获发明专利16件，实用新型专利38件，外观专利12件。成功服务南京青奥会、广州亚运会80%场馆、上海世博会法国馆、广州电视塔、阳江核电站、广州白云机场、海南文昌卫星发射基地、粤赣高速、武广线等高铁项目、中国大飞机项目、海军航母等军工项目。

佛山市蓝箭电子股份有限公司　是一家国内知名的、专业从事半导体器件研发、生产的省龙头民营高新技术企业，是广东省半导体器件工程技术研究开发中心和广东省企业技术中心，“蓝箭”牌晶体管被认定为广东省名牌产品。2017年，该公司年产半导体晶体管达120亿只，成为华南地区半导体行业中排名第一的内资企业。公司拥有专利技术超过90件，其中发明专利17件，产品3DD13003K1G／L5、3DD13005DT7高反压功率晶体管被列入国家重点新产品。

南湖国际旅行社股份有限公司　成立于2005年6月，2016年2月完成股份制改造并于2016年8月登陆新三板。南湖国旅是一家以旅行社经营为主营业务的专业旅游服务提供商，经营旅游产品的零售、批发，提供同行收客以及与旅游相关的单订业务。全国范围内成立上海、成都等分支机构，业务遍及全球上百个国家和地区。2016年，公司营业额20亿元，组团人数220万人次，晋身国家旅游局发布的“全国百强旅行社”行列。

［区市场监督管理局（质监分党组）］

禅城区建设美丽文明村居示范点

2017年，围绕区委区政府提出的“首善之区、创新中心、幸福家园”战略定位，禅城区以城市的思维谋划村居发展，通过建设“三美一优”（环境美、风尚美、人文美、服务优）的美丽文明村居，为广大群众创造出“望得见山、看得见水、记得住乡愁”更加宜居的美好家园，贡献振兴乡村战略的“禅城经验”。

一、主要做法

（一）建章立制，强化顶层设计。印发《佛山市禅城区美丽文明村居示范点建设实施方案（2017～2018）》，成立以区委书记、区长为组长，分管区领导为副组长的区级工作领导小组，下设美丽文明村居示范点建设工作办公室和规划工作、建设推动、综合环境治理等八个专项工作组，将美丽文明村居示范点建设工作纳入2017年十大民生实事。加大政策扶持力度，研究制定《禅城区村居提升区级财政奖励资金管理办法》，将百村升级、“五好”新村居等村居创建工作和美丽文明村居建设的奖励政策进行合并，简化流程，扩大奖励面，建立“以村居为主体筹集，各级政府给予奖励”的筹资机制，区、镇两级分别按项目结算价的25%和24%比例奖励项目经费。着力村居软实力的提升，出台《禅城区美丽文明村居示范点建设文明文化组工作方案（2017～2018）》和《禅城区美丽文明村居文明文化建设工作指引（2017～2018）》，引领提升村居文明文化氛围和村民文明道德素质，充分挖掘各示范点村历史文化、人文特色和产业特点，着力打造一批独具岭南特色的美丽文明示范村居。

（二）规划引领，突出文化特色。以规划设计为引领，统筹做好村居的总体规划，编制接地气、易实施的建设规划，突出两大特色：一是凸显岭南文化特色。传承岭南文脉，按照“城市村落”“田园乡村”统筹铺排、分类实施，彰显岭南文化魅力。结合城中村提升改造工程，着重打造一批别有韵味的岭南文化小景，让城中村既有现代的街巷，也有岭南文脉的传承；对保留较好农村环境的“田园乡村”，突出岭南水乡风情的特色，打造一批具有岭南水乡和本土文化特色的生态休闲村落。二是活化文明文化，凸显现代人文特色。发布《关于美丽文明村居示范点基本情况（历史文化资源）的核查意见》，统筹文物保护、历史要素提炼、文化品位打造、乡村休闲旅游开发等工作，指导、督促村居内的文物、历史建筑等历史环境要素的保护修缮；结合古村落文化内涵，挖掘和整理村史、民间故事、民俗活动、非遗项目，为示范点村居文化遗存保护与活化保驾护航。连点成片，打造南庄和张槎省级新农村示范片，发挥群体示范作用和带动效应。

（三）各级联动，加快项目推进。充分发挥各级联席会议办公室的统筹协调指导作用，建立“月统筹、周报送、不定期巡查”的工作推动机制。区联席会议办公室针对建设规划、卫生、绿化、文明文化、环境综合治理、管线改造、“两违”、项目招投标等重点问题召开约20次专项工作会议协调解决相关问题。各镇（街道）每周由分管副书记召开美丽文明村居示范点建设周会，协调推进辖区内示范点村项目建设工作，及时上报存在的问题。开展针对性的巡查，实地摸清情况，组织相关职能部门协调解决问题或给出指导意见，加快项目推进。在工作过程中，坚持“规划设计引领项目”的原则，严格审核各示范点村居上报的项目库，通过组织评委会成员单位针对“两违”情况以及项目设置的合理性、规范性进行实地考评，提出相关整改意见和建议，并及时召开建设项目入库联审会，结合实地考评情况，确保申报项目的可行性，避免重复申报。

二、取得成效

（一）一村一品特色初步呈现。2017年，全区20个示范点村居的设计规划全部完成。通过聘请专业顾问团队进行现场指导，深度挖掘村居的传统历史文化，结合美丽文明村居“三美一优”创建标准，重点分析各村居建筑现状基础，准确把握各自特点，积极引导村居空间布局，不断优化用地功能，通过重点建设，强化优势、补齐短板，形成“一村一品牌”[1]的建设格局。龙津村的瓷板画、莲塘村的剪纸、下朗村的粤剧脸谱、南庄村的花灯、鄱阳村的镬耳屋、湖涌村的水文化、永红村的风车、扶西村的莲等特色文化元素得到提炼呈现。

（二）村居硬件设施逐步改善。在项目建设过程中，坚持因地制宜重点推进绿化、卫生项目建设，对村居绿化公园和绿道建设进行提升和打造，通过加大对卫生保洁频次，污水收集、垃圾集中处理、文明公厕创建、河涌整治等项目建设，使村居环境卫生得到有效提升，净化村民生活环境。比如，紫南村、龙津村等村居建成一批社会主义核心价值观主题公园，彰显价值引领、凸显岭南村居风貌和地方文化特色；鄱阳村等村居污水提升泵站及其配套污水管工程投入使用；村村通光纤工程和4G网络入乡进村工程覆盖率达到100%。

（三）村居文明风尚同步彰显。各村居在加快硬件项目建设的同时，开展各类文化文明活动，培育一批社会主义核心价值观特色品牌。比如，紫南村每年开展“优秀妇女典范”“十大孝子”“十大好媳妇”“十大新紫南人”“十大仁善家庭”等评选活动，培育“崇德向善”村风民风。鄱阳村围绕“我们的节日”“邻里守望”等文明主题，开展“星级文明户”“五好家庭”等评选活动，营造向上向善的和谐氛围。莲塘村开展“讲文明树新风宣传教育会”“好家风好媳婆”“敬老文明号”等评选活动，培育新型村民，文明乡风得到进一步弘扬。扶西村搭建“区街联动”平台，结合街道“大数据、微服务”工作，扩大“五好家庭”“星级文明户”“乡贤榜”等活动的影响力和覆盖面，让“好人精神”和“志愿精神”扎根群众，村风民风得到有效提升。

（四）村居公共服务稳步提升。以党建为龙头，以“一门式一网式”政府服务改革为先导，推动公共服务向基层延伸。设立完善区、镇（街）、村（居）全覆盖、“无差别审批”的政务服务体系，深化“法律进村（社区）”“一村（社区）一法律顾问”和“三官一师”直联村居工作，逐步建立起设施完善的公共法律服务三级实体平台，形成政府主导、覆盖城乡、多方参与、优质便捷的基本公共法律服务体系。建立完善“大调解”工作机制，畅通基层群众利益诉求表达渠道，推进一村居一专职调解员工作机制。大胆探索，成立治安、医疗纠纷人民调解委员会。基层社会矛盾得到有效化解，群众满意度不断提高。比如，下朗村创新“社工＋志愿者”的志愿服务模式，加强村居志愿服务制度化建设，使助人为乐、邻里互助蔚然成风。

注释

（1）“一村一品牌”（20个村居文化品牌）：紫南村—仁善紫南、龙津村—和美龙津、南庄村—探花故里·崇文南庄、罗南村—书香罗南、鄱阳村—仁理鄱阳、莲塘村—龙狮圣源·莲塘毓秀、下朗村—粤剧之乡、扶西村—颐荷扶西、吉利村—上善若水·厚德吉利、村尾村—孝德村尾、湾华村—文德湾华、大富村—大富乐善·富竹安康、弼唐村—书香之地·理学之乡、上元村—和信上元、湖涌村—上善湖涌·善利万物、番村村—乐融番村、沙岗村—知善沙岗、张槎村—仙槎墨韵·书法之乡、简村村—大道至简·仁诚简村、永红村—永红通济。

（区创建全国文明城市工作办公室）

2017年度禅城十大新闻评选

2017年12月，禅城区人民政府新闻办公室、珠江时报社启动“禅城最强音·2017年度十大新闻暨十大新闻人物”评选活动。经过各级部门、广大网友推荐和评审委员会初评，以及网上投票（共有3万人参与微信平台投票、有效投票数超11万张）结合评委打分形式，由评审委员会最终评定十大新闻事件和十大新闻人物。其中“禅城‘森林进城’，助力佛山成功创建国家森林城市”“佛山蝉联全国文明城市，中心城区禅城作出重要贡献”等聚焦市民高度关注的禅城改革成就和民生大事的新闻，被评为2017年度禅城十大新闻事件。

一、禅城“森林进城”　助力佛山成功创建国家森林城市

单位：禅城区城市综合管理局（公用事业）

林城相依，处处皆景。2017年10月10日，佛山获得“国家森林城市”称号。作为佛山中心城区的禅城区，实施森林进城、森林围城，走出一条人与自然、城市与生态、生态与产业和谐共处的中心城区“创森”之路。

二、佛山蝉联全国文明城市　中心城区禅城作出重要贡献

单位：禅城区创建全国文明城市工作办公室

文明创建促发展，首善之区树标杆。2017年11月，佛山蝉联全国文明城市称号，禅城作为佛山市的中心城区作出重要贡献。同时，禅城区行政服务中心获评“全国文明单位”、紫南村获评“全国文明村镇”，通过文明城市创建不断推动政务环境、文化环境、生态环境持续优化提升，给群众更多的获得感、幸福感。

三、禅城入选广东省双创示范基地　女性双创项目获全国妇联社会效益奖

单位：禅城区经济和科技促进局、禅城区妇女联合会

优化双创环境，打造创客之城。禅城区搭建双创园区、孵化基地，新登记注册市场主体呈现“井喷式”增长。2017年，禅城继续跻身2017年度全国创新创业（双创）百强区行列，位居全国第17位，入选广东省双创示范基地。与此同时，禅城女性“双创”项目——嘉有儿女项目在首届中国妇女创业创新大赛中获得社会效益奖，展示“她力量”参与双创的魅力。

四、设计助推智造　粤港澳大湾区设计联盟成立

单位：禅城区文化体育局

设计助推智造，跨界共创未来。2017年10月19日，佛山陶瓷设计艺术周开幕，佛山设计联合会、粤港澳大湾区设计联盟成立，整合珠三角九市和港澳地区的设计人才与资源，助推佛山建设面向全球的国家制造业创新中心。

五、禅城9万家庭签约家庭医生　区人民医院完成组建工作

单位：禅城区卫生和计划生育局

整合优质医疗资源，群众享受便捷服务。2017年，禅城区整合向阳、澜石、朝阳医院，组建禅城区人民医院，致力实现区属公立医院优势互补、增强服务能力、提升运营管理绩效。同时全区共组建91个家庭医生服务团队，全面推行家庭医生签约服务。有约9万户家庭超23万居民签约家庭医生服务，社区家庭医生走进千家万户。

2017年11月22日–24日，禅城区卫生和计划生育局组织向阳医院等基层医疗机构，在区机关岭南大院、通济大院开展家庭医生现场签约服务

（区卫计局供稿）

六、禅城强化安全生产风险管控 加快建立安全治理长效机制

单位：禅城区安全生产监督管理局

安全生产，重于泰山。2017年，禅城对68个村和村级工业园区开展综合整治，全面提升厂企安全环境；开展粉尘涉爆专项整治行动，铁腕“打非治违”清除重大隐患；着力构建长效机制，建立一整套安全生产责任体系、制度，创新“安全生产监管一张图”，初步形成安全治理长效机制。

七、禅城率先在全国应用区块链 首批“零跑腿”事项运行

单位：禅城区行政服务中心

理念改革，领先全国。2017年6月22日，禅城区发布“IMI”身份认证平台、智信城市计划等基于区块链技术的创新应用成果，成为全国首个探索区块链政务应用的县区。首批20项“零跑腿”事项业务，实现变“群众跑腿”为“信息跑路”，大大便利群众办事。

八、禅城区域化党建引领基层治理创新获评全国优秀案例

单位：禅城区委组织部

党建统领，筑强堡垒。禅城全面构建起“1＋N＋X”区域化大党建格局，以先进党组织带动其他党组织和社会组织，在更大范围内凝聚力量、共享资源，针对“群众需求清单”推送特色服务，在“联系服务群众最后一公里”中增强凝聚力。2017年11月，禅城区的“探索实践区域化党建引领基层治理创新”案例成功入选第四届全国基层党建创新优秀案例。

九、禅城公办中小学实行“无纸化”报名

单位：禅城区教育局

信息跑路，服务便民。2017年，禅城义务教育阶段公办学校实现“无纸化”报名，家长只需在家里通过电脑或手机终端就可完成报名，不需提交报名材料复核。中央电视台《经济半小时》栏目深度聚焦主要以禅城为蓝本的佛山大数据应用的改革探索经验，并以禅城入学无纸化报名为例，反映大数据发展带来的新面貌。

十、禅城“警家校”护畅模式全国推广

单位：佛山市公安局禅城分局

警家校联手，护畅也护苗。“警家校”护畅，是禅城区政府2017年十件民生实事之一。“警家校”护畅运行一年多来，实现中心城区小学全覆盖。中央电视台《新闻联播》为禅城“护畅”模式点赞，公安部在全国推广禅城“警家校”护畅模式。

（来源：《珠江时报》）

禅城区表彰2017年度纳税大户

2017年，禅城区坚持新发展理念，深化供给侧结构性改革，推动经济高质量发展。广大企业锐意进取，开拓创新，全面提升经营管理水平，实现自身发展，并依法纳税回报社会，创造良好的经济效益和社会效益，为禅城区发展作出突出贡献。为表彰先进，树立榜样，禅城区政府决定授予广东烟草佛山市有限责任公司等274家纳税额1000万元以上企业“禅城区2017年度纳税大户”称号。

纳税大户名单（274家）

一、2017年纳税超3亿元企业（5家）

广东烟草佛山市有限责任公司

佛山市海天调味食品股份有限公司

安德里茨（中国）有限公司

佛山电器照明股份有限公司

佛山农村商业银行股份有限公司

二、2017年纳税超1亿元企业（32家）

佛山市龙光骏景房地产有限公司

欧司朗（中国）照明有限公司

中国平安财产保险股份有限公司佛山分公司

日丰企业集团有限公司

佛山市丰富汽配有限公司

广东石湾酒厂集团有限公司

中国工商银行股份有限公司佛山分行

佛山市国星光电股份有限公司

中国平安人寿保险股份有限公司佛山中心支公司

中国人民财产保险股份有限公司佛山市分公司

腾龙光学（佛山）有限公司

佛山信财置业开发有限公司

佛山中海盛兴房地产开发有限公司

佛山市彩管置业有限公司

中国建设银行股份有限公司佛山市分行

广东电网有限责任公司佛山禅城供电局

广东电网有限责任公司佛山供电局

佛山市融腾房地产有限公司

中国石化销售有限公司广东佛山石油分公司

中国农业银行股份有限公司佛山分行

佛山优达佳汽配有限公司

佛山保利源泰房地产有限公司

广东新明珠陶瓷集团有限公司

法雷奥市光（中国）车灯有限公司佛山分公司

中国银行股份有限公司佛山分行

佛山市万科投资有限公司

兴业银行股份有限公司佛山分行

佛山普立华科技有限公司

佛山市时代盛景房地产开发有限公司

中国人寿保险股份有限公司佛山分公司

佛山市东建集团有限公司

佛山市时代永亨投资有限公司

三、2017年纳税超5000万元企业（29家）

全亿大科技（佛山）有限公司

利乐包装（佛山）有限公司

佛山拓茂房地产开发有限公司
佛山市上银物业有限公司
佛山保利房地产开发有限公司
广东海天集团股份有限公司
佛山市禅城区万展房地产有限公司
佛山市天然气高压管网有限公司
佛山市禅城区中心医院有限公司
佛山市龙光阳光海岸房地产有限公司
佛山富力房地产开发有限公司
佛山市新纪元置业有限公司
市光法雷奥（佛山）汽车照明系统有限公司
佛山佛塑科技集团股份有限公司
交通银行股份有限公司佛山分行
佛山杜邦鸿基薄膜有限公司
广东兴发铝业有限公司
佛山依云上园房地产有限公司
佛山市新锋房地产开发有限公司
佛山市鸿业房地产开发有限公司
中国人寿财产保险股份有限公司佛山中心支公司
佛山市兆阳房地产投资有限公司
佛山市禅城区越威房地产开发有限公司
中国太平洋财产保险股份有限公司佛山分公司
佛山市禅城区张槎街道莲塘莲丰股份合作经济社
佛山源海发展有限公司
中油碧辟石油有限公司佛山分公司
国药集团德众（佛山）药业有限公司
佛山市和记黄埔地产有限公司

四、2017年纳税超1000万元企业（208家）

佛山市三联房地产开发有限公司
广发银行股份有限公司佛山分行
佛山东鹏洁具股份有限公司
广东天安新材料股份有限公司
佛山市汽车运输集团有限公司
佛山市金辉高科光电材料有限公司
佛山市茂兴房地产开发有限公司
佛山市海湾城房地产开发有限公司
广东中盈盛达融资担保投资股份有限公司
佛山市禅城区土地储备中心
佛山华鹭自动控制器有限公司
佛山市禅城区越辉房地产开发有限公司
佛山市万科中心城房地产有限公司
广东金意陶陶瓷集团有限公司
佛山市第一人民医院（加挂：中山大学附属佛山医院）
佛山新明纤维树脂制品有限公司
中国平安财产保险股份有限公司佛山市禅城支公司
佛山华枫房地产开发有限公司
佛山依云观园房地产有限公司
佛山市季华新村房地产发展有限公司
佛山市水业集团有限公司
佛山市保邑置业有限公司
佛山市百盛悦房地产开发有限公司
佛山石湾鹰牌陶瓷有限公司
佛山市禅盛电子镇流器有限公司
中国移动通信集团广东有限公司佛山分公司
佛山特种医用导管有限责任公司
佛山市福利彩票发行中心
丸一金属制品（佛山）有限公司
佛山华国光学器材有限公司
中国邮政储蓄银行股份有限公司佛山市分行
太平人寿保险有限公司佛山分公司

佛山市世博房地产实业发展有限公司
广东肯富来泵业股份有限公司
佛山市燃气集团股份有限公司
广东东鹏文化创意股份有限公司
佛山德力梅塞尔气体有限公司
佛山盈天医药销售有限公司
佛山市荃享房地产开发有限公司
广东星域房地产开发有限公司
佛山市合盈置业有限公司
佛山华永科技有限公司
佛山市富御房地产发展有限公司
国药集团冯了性（佛山）药业有限公司
佛山市淦盈置业有限公司
佛山市兴华商场有限公司
佛山大参林连锁药店有限公司
佛山市禅成医药有限公司
佛山市东鹏陶瓷有限公司
广东华兴银行股份有限公司佛山分行
佛山瑞安天地房地产发展有限公司
广东省六建集团有限公司
佛山市禅城区万鹄房地产有限公司
新华人寿保险股份有限公司佛山中心支公司
新乐卫浴（佛山）有限公司
前海人寿保险股份有限公司佛山分公司
佛山市苏宁云商销售有限公司
佛山市泰豪房地产咨询服务有限公司
广东南粤银行股份有限公司佛山分行
佛山市简一陶瓷有限公司
佛山市龙光置业房产有限公司
佛山宾馆有限公司
佛山市蓝箭电子股份有限公司
佛山华盛昌陶瓷有限公司
佛山市禅城区城市设施开发建设有限公司
佛山盛世欣兴格力贸易有限公司
佛山市新升房地产开发有限公司
佛山市城市规划设计研究院
佛山市吉利贸易有限公司
广东邮电人才服务有限公司佛山分公司
佛山市萨米特陶瓷销售有限公司
佛山盈天医药发展有限公司
佛山市禅城区华盛建业经济发展有限公司
南湖国际旅行社股份有限公司
佛山市中城物业管理有限公司
佛山市石头房地产置业有限公司
佛山和谐家园房地产有限公司
佛山市粤晖房地产开发有限公司
佛山中原地产代理有限公司
佛山市建通混凝土制品有限公司
佛山市合富辉煌房地产顾问有限公司
华耐立家建材有限公司
佛山市粤运公共交通有限公司
广东吉瑞科技集团有限公司
国信证券股份有限公司佛山季华六路证券营业部
杭州大搜车汽车服务有限公司佛山分公司
广东星城房地产开发有限公司
广州银行股份有限公司佛山分行
佛山电力设计院有限公司
帕卡机电配件（佛山）有限公司
广州农村商业银行股份有限公司佛山分行
泰康人寿保险有限责任公司广东佛山中心支公司
佛山市宏梁房地产有限公司
佛山市汇信达投资管理有限公司
佛山市西伍服饰有限公司
佛山市润丰置业有限公司
佛山铂晟置业有限公司

佛山金源置地房地产有限公司
佛山市永新房地产开发置业有限公司
佛山市星星房地产开发有限公司
佛山市禅城区供水有限公司
佛山通宝华通控制器有限公司
广东格莱斯陶瓷有限公司
广东佳安保险销售有限公司
朗德万斯照明有限公司
太平财产保险有限公司佛山中心支公司
广州市国美电器有限公司佛山分公司
佛山市气业集团有限公司
华夏人寿保险股份有限公司佛山中心支公司
佛山广三高速公路有限公司
佛山市柏克新能科技股份有限公司
佛山市劲能电力工程有限公司
佛山手心制药有限公司
中信银行股份有限公司佛山分行
佛山市建力建筑工程劳务有限公司
佛山市粤龙保安押运有限公司
佛山市自来水工程有限公司
佛山安盈房地产开发有限公司
佛山市先威人力资源保障服务有限公司
佛山世联房地产顾问有限公司
佛山市质量计量监督检测中心
佛山市德富恒辉房地产开发有限公司
华夏银行股份有限公司佛山分行
河谷（佛山）智能装备股份有限公司
佛山欧神诺云商科技有限公司
佛山市华昊化工有限公司电化厂
佛山市禅城区碧桂园房地产开发有限公司
广东创美药业有限公司
东莞银行股份有限公司佛山分行
佛山市盈昇置业投资有限公司
佛山华强广场投资建设有限公司
佛山市汇科达投资管理有限公司
佛山市嘉远物业有限公司
华新（佛山）彩色印刷有限公司
佛山市三技精密机械有限公司
臼井汽车零部件（佛山）有限公司
佛山市天创中电经贸有限公司
佛山市广物君奥汽车贸易有限公司
佛山市百恒盛投资有限公司
佛山市房建集团有限公司
广东省盐业集团佛山有限公司
佛山市测绘地理信息研究院
平安创展保险销售服务有限公司佛山分公司
佛山市莲塘房地产开发有限公司
宗申•比亚乔佛山摩托车企业有限公司
广发证券股份有限公司佛山季华路证券营业部
佛山市石湾裕龙陶瓷有限公司
佛山市兴发房地产开发有限公司
佛山市汇恒雷克萨斯汽车销售服务有限公司
佛山市广顺电器有限公司
广东新风景陶瓷有限公司
佛山市同向新力工业自动化科技应用有限公司
佛山通宝精密合金股份有限公司
佛山市中医院
佛山市国星电子制造有限公司
佛山市尼罗建材有限公司
佛山咏瑞天地置业有限公司
紫金财产保险股份有限公司佛山中心支公司
绿地集团佛山禅城置业有限公司

中国电信股份有限公司佛山分公司
佛山市鹏龙利泰汽车销售服务有限公司
广东能强陶瓷有限公司
佛山市顺联国际购物中心有限公司
佛山市华燃能燃气工程有限公司
平安银行股份有限公司佛山华远支行
佛山禅城中盈盛达小额贷款有限公司
佛山益康置业有限公司
阳光财产保险股份有限公司佛山中心支公司
佛山市金银翠工艺有限公司
佛山市禅城区领悦房地产开发有限公司
广发证券股份有限公司佛山分公司
佛山市鸿雅房地产有限公司
佛山金光汽车零部件有限公司
佛山赛富通泽股权投资合伙企业（有限合伙）
如新（中国）日用保健品有限公司佛山分公司
佛山市雅居乐房地产有限公司
佛山比亚乔机动车技术研发有限公司
佛山市雄景置业有限公司
佛山高砂工业窑炉有限公司
中国联合网络通信有限公司佛山市分公司
佛山市富士宝电器科技股份有限公司
广东新中源陶瓷有限公司
佛山市合富置业房地产顾问有限公司
满堂红（中国）置业有限公司佛山分公司
佛山市东基童悦房地产开发有限公司
佛山市捷联诚金属材料有限公司
佛山市明福市场运营发展有限公司
佛山高新技术产业投资发展有限公司
佛山市亿达胶粘制品有限公司
佛山市广盈房地产顾问有限公司
佛山科学技术学院
佛山中国陶瓷城集团有限公司
佛山东华盛昌新材料有限公司
佛山富硕宏信投资有限公司
佛山化纤集团有限公司
佛山市妇幼保健院
佛山市宏益房地产有限公司
中国太平洋人寿保险股份有限公司佛山中心支公司
广东建银置业有限责任公司
广东强辉陶瓷有限公司
佛山市世纪东方房地产开发有限公司
佛山市贝恩特先锋陶瓷机械有限公司
佛山新港码头有限公司
佛山市时代荣锦房地产发展有限公司
佛山市富凯房地产有限公司
佛山市禅城区南庄镇南庄集团有限公司
佛山市拜登加油站有限公司
广东佛盈汇建工程管理有限公司

（区委区政府办公室）

大事记

2017年大事记

1月

5日 位于祖庙路14号的华侨大厦旧址正式挂牌“佛山市历史建筑”。

6日 禅城区创建的佛山出口陶瓷质量安全示范区，成功通过省级考核验收，成为全区首个省级出口产品质量安全示范区。

7日至2月12日 以“岭南文脉·品味禅城”为主题的第八届佛山（禅城）岭南年俗欢乐节在岭南天地举行，其间开展岭南文化年俗活动约50项。

16日 禅城区委四届二次全体（扩大）会议召开，会议由区委副书记、区长孔海文主持，区委书记刘东豪代表区委常委会向大会作报告。会议明确，禅城区要坚持稳中求进工作总基调，坚守中心定位，勇当先锋示范，努力将中心城区的区位优势转化为区位责任、区位担当，以供给侧结构性改革为主线，推动新旧动能平稳接续、协同发力，加快率先全面转型，努力打造“首善之区”“创新中心”“幸福家园”。

是日 第三届“感动禅城道德人物”暨2016年度“禅城好人”名单揭晓，曾智琳等4人和禅城区“圆梦平台”团队获“感动禅城道德人物（团队）”称号，区振瑜等23人和石湾镇街道行政服务中心等6个团队获得“2016年度禅城好人（团队）”称号。

17日 英国埃莉诺·霍利斯夫人学校（Lady Eleanor Holles School）佛山分校签约入驻禅城区奇槎片区。

2017年1月7日，第八届佛山（禅城）岭南年俗欢乐节开幕式在鲤鱼广场举行 （王颖尧 摄）

18—19日 中国人民政治协商会议佛山市禅城区第四届委员会第二次会议召开，来自区各民主党派、工商联、人民团体、各行各业及港澳地区的193名委员参加会议。禅城区委书记刘东豪，区委副书记、区长孔海文，区政协主席殷辉等出席会议。大会提出，要把禅城全面建设“佛山创新发展示范区”及打造“首善之区、创新中心、幸福家园”作为履职的主线，主动融入、参与、服务和助力创新发展建设之中，为禅城经济社会发展凝聚更多智慧。会议审议通过《中国人民政治协商会议佛山市禅城区第四届委员会第二次会议决议》。会议期间，共收到提案130件。

19—20日 禅城区第四届人民代表大会第二次会议召开。市人大常委会副主任麦洁华、区委书记刘东豪、区人大常委会主任马志强等出席会议。区委副书记、区长孔海文在会上作政府工作报告。会议审议通过《关于禅城区人民政府工作报告的决议》《关于禅城区2016年国民经济和社会发展计划执行情况与2017年计划的决议》《关于禅城区2016年预算执行情况和2017年预算的决议》《关于禅城区人大常委会工作报告的决议》《关于禅城区人民法院工作报告的决议》《关于禅城区人民检察院工作报告的决议》。

22日 佛山首条过江隧道、连接佛山新城和禅城的汾江路南延线东平隧道正式通车。

25日 禅城区第一本商标战略年鉴——2016年《禅城商标战略年鉴》电子书在禅城区市场监督管理局网站上线。

29日 由佛山实验中学7名师生组成的武术队和舞狮队受邀参加英国伦敦华埠第17届新春游行庆典巡游活动。

2月

2日 新华通讯社主办的《瞭望》新闻周刊发表文章《广东佛山：“一门式”政务服务改革启示》，肯定佛山市禅城区作为全国改革开放的“排头兵”和“试验田”，为简政放权，实现政府治理能力现代化，在行政审批“一门式”改革中所作的贡献。

8日 禅城区出台《佛山市禅城区新时期精准扶贫对口帮扶专项资金管理办法》，明确新时期精准扶贫对口帮扶专项资金用于帮扶贫困户增收脱贫、帮扶建立产业扶贫长效机制、帮扶贫困村基础设施建设、帮扶发展民生保障事业四大项目。

是日 禅城区的华材职校凤舞啦啦操队在韩国首尔举行的2017年国际啦啦操公开赛中，以公开组集体花球项目第一名的成绩获金牌。

13日 佛山市禅城区与江西省赣州市章贡区友好城市战略合作协议书签订仪式在禅城举行，双方宣布缔结成为友好合作城市。禅城区区长孔海文与章贡区区长连天浪分别代表两区签订友好城市合作战略协议书。

14日 禅城区第四届纪律检查委员会第二次全体会议召开，区环保局、区民政局、区经济和科技促进局、区人力资源和社会保障局四个单位党组“一把手”向全会述责述廉述德。会议审议通过区委常委、区纪委书记植伟生代表区纪委常委会所作的《强化责任担当、推进标本兼治，不断增强全面从严治党的实效性》工作报告。区委书记刘东豪，区委副书记、区长孔海文等出席会议。

17日 禅城区政府召开2017年上市企业新春座谈会，正式向企业推出“资本市场一卡通”服务，为企业上市提供政策扶持和贴心服务。区委副书记、区长孔海文，区委常委、副区长苏岩参加座谈。

20日 禅城区委书记刘东豪率领党政代表团赴深圳市罗湖区考察学习，两区签订战略合作协议，缔结成友好合作城市。

21日 禅城区正式发布首个紧缺人才目录——《2016—2017年度佛山市禅城区重点产业紧缺人才目录》，其中禅城专业技术人才最为紧缺，需求占各类人才总体需求的42%。

24日 宝峰塔重建工程在禅城区石湾镇街道大雾岗公园启动。

28日 第二届佛山十佳最美家乡人颁奖仪式在禅城区石湾镇街道举行。蔡银月等10人当选“第二届佛山十佳最美家乡人”，其中冯耀泉当选“第二届全国十佳最美家乡人”。

是日 中华全国妇女联合会（简称全国妇联）下发《关于表彰全国维护妇女儿童权益先进集体和先进个人的决定》，禅城法院和禅城区妇联获“全国维护妇女儿童权益先进集体”称号。

3月

6日 禅城区工商业联合会与佛山科学技术学院签订“产学研投”合作协议，成立“产学研投”联盟。双方将共建“产学研投合作基地”，在高新技术企业培育、学生实训基地建设、技术成果转移转化、高技术人才的认证和培训等方面进行合作。

是日 禅城区举办“凤眼睇禅城·献策促发展”2017年禅城区各界妇女代表纪念“三八”妇女节座谈会，来自区内各界的68名优秀妇女代表参会。会上，命名28名“2014—2016年度禅城区优秀村（社区）妇联主席”，向获2016年度全国维护妇女儿童权益先进集体，省、市“三八红旗手（集体）”，以及巾帼文明岗等荣誉的个人和集体颁发证书（牌匾）。

15—17日 值禅城区与美国德克萨斯州福遍郡建立友好城市5周年之际，区长孔海文应美国德克萨斯州福遍郡政府邀请，率政府及商务代表团一行到美国德克萨斯州福遍郡进行友好访问。

24日 广东省教育厅公布第一批省级青少年校园足球推广学校及试点县（市、区）名单。禅城区获评“广东省青少年校园足球推广试点区”，新增5所广东省青少年校园足球推广学校，包括佛山三中初中部、佛山市外国语学校、玫瑰小学、罗南小学、惠景小学。

27日 位于禅城区南庄镇紫洞村的“罗登贤公园”暨“罗登贤事迹展览馆”奠基动工。

29日 佛山（禅城）信息产业投资推介会暨佛山市云计算大数据协会成立仪式在张槎街道智慧新城举行，16个重点信息产业项目现场签约落户禅城区。

30日 “三月三北帝诞庙会”在祖庙街道举行，约5万名市民和外地游客一起拜北帝、看巡游、听大戏、赏非遗。

是月 禅城区委办公室印发《关于建立全面深化改革重大事项评核和容错纠错机制促进干部干事担当的实施意见（试行）》，在全区正式推行重大事项评核和容错纠错机制。

4月

1日 区总工会第二届委员会第八次全体（扩大）会议召开，禅城区各级工会、工联会干部约300人参加会议。区人大常委会副主任、区总工会主席刘跃芬代表区总工会二届委员会向大会作工作报告。会议增补选区总工会第二届委员会委员12人（其中补选8人、增选4人）。

6日　第二批“禅城大工匠”10人名单出炉，区小卫、石教艺、李云峰、吴育林、莫建明、梅文鼎、梁泽江、程凤珍、董信邦、潘柏林当选。4月11日，禅城区第二批“禅城大工匠”命名仪式暨禅城区工匠精神分享会在南风古灶龙窑广场举行。

2017年4月11日，禅城区第二批“禅城大工匠”命名仪式暨禅城区工匠精神分享会在南风古灶举行　　（王颖尧　摄）

13日　禅城区首家城市运行安全综合体验馆——南庄镇城市运行安全综合体验馆启用，位于南庄文化广场，向公众免费开放。

14日　禅城区召开第一届纪检监察机关内务监督委员会成立大会，区委常委、区纪委书记植伟生出席会议并为11名来自社会各界的内务监督委员会委员颁发聘书。

14—16日　香港禅城社团总会组织102名旅港乡亲回家乡禅城拜访交流。区委副书记、区长孔海文向旅港乡亲介绍禅城区经济、社会、城市发展情况。

15—16日　禅城区组团参加在深圳举行的第十五届中国国际人才交流大会，向海内外人才展示禅城区城市发展、创新创业环境、产业人才政策以及区域招才引智成果。

16日　禅城区入学招生实现无纸化报名。申请入读义务教育阶段学校起始年级的户籍生以及政策性借读生通过网络即可完成报名。

18日　2017“石湾杯”青年陶塑大赛在禅城区启动，面向全国青年陶艺家、艺术院校师生、陶艺企业创作人员征集作品。至7月底报名截止，大赛收到来自全国22个省、自治区、直辖市的参赛作品305件（套），共219人参赛。

18—20日　第29届中国（佛山）国际陶瓷及卫浴博览交易会在禅城区举行，来自广东、山东、福建等国内重要陶瓷产区以及德国、日本、意大利、西班牙等国家的700多家企业参展。

20日　第四届“粤治—治理现代化”广东探索经验交流会在广州举行，公布28个广东治理优秀案例。其中，禅城社会综合治理云平台获评“大数据与公共服务”类优秀案例。

22日　全国城乡妇女岗位建功先进集体（个人）表彰大会在北京召开，佛山市公安局禅城分局出入境管理大队被授予“全国巾帼文明岗”称号，禅城区张槎中心小学校长杨翠被授予“全国巾帼建功标兵”称号。

24日　国家质检总局正式命名张槎两个全国知名品牌示范区，分别是“全国现代电源

(不间断电源)产业知名品牌示范区”和“全国丝光棉针织服装产业知名品牌示范区”，示范期从2017年4月至2020年4月。

是日 国务院办公厅印发通报，对2016年落实有关重大政策措施真抓实干成效明显的地方予以表扬激励。其中，禅城被列为落实重大政策措施成效明显、创造典型经验做法且受到国务院督查表扬的区域，被予以“免督查”的激励。

是日 禅城区四届人大常委会第四次会议召开，曹洪彬、唐双喜被任命为禅城区人民政府副区长。

25日 禅城区法学会召开第一次会员代表大会暨第一届理事会第一次会议，会议选举产生第一届理事会成员，区委副书记、区委政法委书记区柱明当选为区法学会会长。

是月 石湾敬老院被全国老龄委评为“全国敬老文明号”。

5月

3日 祖庙街道的丰收街·菁创聚青年创新创业社区正式开园。创美药业物流中心、乐怡海创·文华荟、伊丽汇·美丽小镇、佛山绿地中心生命健康产业园、华南健康产学研究基地等9个项目签约落户祖庙街道，总投资超7亿元。

4日 佛山电子竞技产业发展研讨会在禅城区石湾古镇文创园举行。石湾古镇文创园与狮王互娱文化传播有限公司在研讨会现场签订战略合作协议，将打造佛山首个集竞赛、体验、人才培训、电竞异业融合等为一体的电竞产业基地。

是日 首届禅城区卫生计生系统“最美医生”“最美护士”评选结果揭晓，邓峰等10人获评为“最美医生”，关书华等10人获评“最美护士”。

是日 《佛山市禅城区利用旧工业园区发展创新创造新产业扶持措施（试行）》出台，鼓励通过旧工业园区更新改造，盘活禅城区产业载体，以打造一批文化创意等新产业新业态集聚的双创示范载体。

5日 禅城区委副书记、区长孔海文与廉江市副市长林家春一同率领禅城、廉江扶贫考察组，到廉江市安铺镇茅坡村检查精准扶贫工作落实情况。

是日 由中国针织工业协会、张槎街道办事处、中国针织工业协会T恤衫分会联合主办的“新材料、新模式、新趋势”中国（张槎）针纺纱线展暨高峰论坛在佛山东成立亿产业园举行。

9日 国务院办公厅印发《开展基层政务公开标准化规范化试点工作方案》，佛山市禅城区成为全国首批100个县区试点之一。

是日 禅城区祖庙街道“启明星驿站”社区戒毒（康复）工作站揭牌，成为禅城区首个社区戒毒（康复）工作站。南庄镇、石湾镇街道及张槎街道“启明星驿站”社区戒毒（康复）工作站相继在6月揭牌，全区一镇三街实现“启明星驿站”全覆盖、全使用。

18日 由佛山市知识产权局、禅城区政府、南庄镇政府共建的国家知识产权服务业集聚发展试验区（禅城园）在南庄镇绿岛湖都市产业区开园，园区总面积约2.7万平方米。

是日 禅城区知识产权质押融资风险补偿资金启动，禅城区政府出资1000万元，助力企业解决融资难问题。

19日 香港佛山社团总会主席邓祐才带领

香港佛山社团总会访问团一行约100人到访禅城区，参观石湾镇街道的泛家居电商创意园。其间，邓祐才向禅城区慈善会捐助50万元。

是日　禅城区召开城市治理三年行动计划工作会议，启动规划建设科学化、人居环境绿色化、基础设施一体化、镇村发展现代化、城市形象特色化、城市管理精细化、公共服务优质化共七个方面的城市治理项目。

23日　禅城区人民检察院联合禅城区电信、移动、联通、邮政、供电、广电网络、供水、燃气共8个行业公司，在禅城区供电局召开“禅城区公共服务行业廉洁一体化联席会议”，推进禅城区公共服务行业廉洁一体化工作。

28—30日　首届佛山·禅城旅游文化周暨高铁经济带旅游博览会在佛山市禅城区举行，5条高铁线沿线的7个省、18个城市联合参展，共同打造“高铁旅游”品牌。

是月　奇槎社区“两委”班子换届完成，成为禅城区首个村改居的社区。

6月

1日　零时起，禅城区执行新建商品住房和二手商品住房限购政策，其中包括把二手房纳入限购范围、划定新建商品住房销售价格备案标准等。

2日　广东省妇联副主席刘兰妮带队到禅城区调研儿童工作，并为石湾镇街道石头村颁授“广东省儿童友好示范社区”的牌匾。

7日　区农村党员干部教育培训基地在南庄镇紫南村挂牌成立。

8日　禅城区召开全面推行河长制工作会议，公布禅城区全面推行河长制工作方案。禅城区设立区、镇（街道）、村三级河长体系，共设立河长118人，其中区级河长7人、镇（街道）级河长44人。

是日　禅城区“首善之区·幸福家园”文明创建全民大行动在铁军社区文化广场启动，禅城好人联盟宣布成立。

是日　禅城区经济和科技促进局、禅城区科学技术协会、禅城区文明办联合印发《关于命名2017年禅城区“最美科技工作者”的决定》，蔡朝辉、罗蜂、吴育林、刘传标、赵照、吕鸿彬、邓勇、梁思宇、林秋菊、招洛彬被评为“最美科技工作者”。

9日　全国妇联副主席、书记处书记夏杰率全国妇联改革专题调研组到禅城区开展专题调研督导，肯定禅城区推进村、社区妇代会改建妇联、商圈建立联合妇委会等工作。

是日　禅城区祖庙路、季华五路、佛山大道和禅港路开始实施“路长制”。

10日　禅城区2017年“文化和自然遗产日”活动和禅城区非物质文化遗产展开幕式在梁园举行，展期为一个月。

11日　禅城区第二届空手道锦标赛在岭南明珠体育馆举行，全区13个代表团约200名选手参赛，参赛者年龄为4～17周岁。

15日　禅城区第二届“十佳安全生产卫士”评选结果揭晓，陈海辉、王瑞、苟聪、钟炳勇、刘晓春、文陈鼎、潘国文、李粤晖、张纯纲、邝耀华10人当选禅城区第二届“十佳安全生产卫士”。

22日　禅城区举办“智信城市”与区块链创新应用（禅城）发布会，正式发布包括“IMI”身份认证平台、智信城市计划等一系列基于区块链的创新成果。中央网信办信息化发展局局长徐愈、佛山市市长朱伟、禅城区委书记刘东豪、世纪互联集团董事长陈升、光载无限集团副总裁曲明、清华大学产业互联网研究院副院长王晓辉、公安部第一研究所信息安全等级保护测评中心副主任徐晓军、中关村区块链产业联盟秘书长朱佩江等出席活动。

是日　《佛山市禅城区商标品牌推广资助办法》出台，拓宽资助范围，将集体、证明商标以及商标国际资助项目纳入其中，将禅城区驰名、著名商标资助标准分别由一次性资助10万元、5万元提升到一次性资助100万元、20万元，集体、证明商标资助由一次性资助10万元提升到一次性资助50万元，同时对马德里注册、欧盟注册、单一国家注册及中国香港、澳门、台湾地区注册等商标国际注册分别给予资助。

26日　禅城区第二届“和乐村居”社区服务大赛启动，举行供需见面会，19个社区针对自身需求与到场的社会服务组织进行意向对接。8月17日，禅城区民政局公布，“仁善紫南爱户友家”妇女幸福成长计划等8个项目为大赛资助项目，每个项目最高资助20万元，总资助金额为120万元。资助项目从9月起开展服务，延续至2018年8月。

27—30日　禅城区区长孔海文率区代表团参加佛山市—凉山州对口扶贫协作考察工作，禅城区与凉山州3个县（布拖县、昭觉县、普格县）及3个村（昭觉县特普洛乡古莫村、普格县特尔果乡古木洛村、布拖县补尔乡嘎且村）签订结对帮扶协议。

29日　“千年塔坡祈福佛山”丁酉年六月初六佛山塔坡公诞民俗文化活动在禅城区塔坡古庙、塔坡公园举行。

7月

1日　从零时起，禅城区全面实施《佛山市公立医院取消药品和医用耗材加成调整基本医疗服务价格实施方案》，涉及诊疗、床位、护理、手术、中医、检查治疗和检验七大类，共计3206项服务项目实行价格调整，其中挂号费并入门诊、急诊诊查费，空调降温费和取暖费并入床位费。

6日　2017年度禅城区“幸福家园”社会建设创新项目大赛签约仪式在柏林艺术馆举行，13个资助项目代表与区社工委签署项目资助协议，资助资金130万元。

10日　《佛山市禅城区扶持建筑企业做大做强工作方案》出台，对在禅城区工商注册具有独立法人资格和资质的建筑业企业，在企业资质升级方面给予10万～200万元的奖励。

12日　由佛山金溢科技有限公司投资3.06亿元的智能交通项目在佛山南庄华南交通电子产业园动工。该项目占地2万平方米，总建筑面积约4万平方米。

是日　《佛山市禅城区推进品牌和技术标准战略工作扶持奖励办法》印发实施。新获得禅城区政府质量奖的企业给予一次性奖励100万元，主导或协助制定技术标准每项最高奖20万元。

22日　广东省信用管理师协会揭牌仪式以及禅城分会成立仪式在禅城举行。来自全省有关金融机构、高等院校、信用机构、融资担保等超过100家企事业单位共约150名信用专家和人才参加活动。

25日　全国政协委员、澳门佛山联谊会会长梁华，禅城区政协委员、澳门石湾同乡联谊会会长刘桂炳带领澳门石湾同乡联谊会拜访团到访禅城。

8月

1日　升级改造后的禅城区岭南大道公交枢纽站试运营，成为佛山市第一座“零能耗”绿色示范建筑。枢纽站建设总高度为4层，总建筑面积达3.15万平方米。首层为公交枢纽站，提供公交停车位34个，承担公交枢纽站11条首末线路和23条途经线路，每天发出的公交班车超过3000班次，二层、三层、四层和顶层共911个停车位向社会开放。

4日　禅城区举行佛山（禅城）—广州产业对接联络处签约暨授牌仪式，成为继佛山（禅城）—深圳产业对接联络处后，禅城区在一线城市布局的第二个产业联络处。

5日　香港禅城社团总会庆祝香港回归祖国二十周年暨该会成立一周年联欢晚会在香港龙堡国际酒店举行。中联办九龙工作部副部长王小灵，佛山市副市长俞进，市政协副主席郑灿儒，禅城区委常委、区委统战部部长杜梅，香港佛山社团总会主席邓祐才、香港禅城社团总会会长招应璋等领导、嘉宾，与香港禅城社团总会全体会员约800人出席活动。

8日　全区首个社区冠名基金——“塔坡庙爱心基金”落户祖庙街道塔坡社区，接受爱心人士捐赠善款，由居委会直接对接区慈善会帮扶社区困难群众。

14—19日　第32届全国青少年科技创新大赛在浙江省杭州市举行。佛山市第六中学学生李柱霖在大赛中获得青少年项目全国一等奖，同时获得“高士其科普奖”——全国青少年科技创新奖。

19日　禅城区2017年度公共租赁住房抽签现场会在佛山市体育馆举行，抽签备选房源共432套，均为电梯房。

21日　禅城区绿岛湖行政服务中心“一门式”办税服务厅业务通办窗口实现全覆盖，成为全省首个国税地税全业务“一门式”办税服务厅。

21—22日　国务院安委会办公室督导组到禅城区督导安全生产工作，先后抽查佛山汽车运输集团、佛山岭南站、佛山市华昊化工有限公司等7家生产经营单位。禅城区区长孔海文、区委常委徐航、副区长刘思朝等陪同。

23日　台风“天鸽”在珠海登陆。受此影响，禅城区风力持续加大，最大阵风11～12级，同时伴有暴雨。全区倒伏（折损）树木691棵，受损车辆3辆。

25日　2017中国针织行业供应链管理发展峰会在禅城区张槎街道召开，中国纺织工业联合会副会长、中国针织工业协会会长杨纪朝，中国化学纤维工业协会副会长王玉萍等行业专家，以及来自北京、上海、杭州、广州等地纺织企业负责人约300人参加会议。

28日　广东省发展和改革委员会公布全省特色小镇创建工作示范点名单，禅城陶谷小镇（石湾—南庄）入选广东省特色小镇创建工作示范点。

30日　禅城举办扶持保险行业发展政策宣讲会，解读《佛山市禅城区扶持金融产业发展办法（2017年修订）》，进驻禅城的银行、证券、保险类金融机构可享受包括开办补贴和物业补贴在内最高5000万元补贴。禅城每年将斥资4000万元，奖励符合条件的金融人才。

31日　广东省口腔医院联合禅城区口腔

(向阳)医院等省内13家口腔医院在禅城成立广东首个口腔医联体，实现专家、临床、预防、教学、科研、管理共享。

9月

2日 “首善禅城·益精彩”禅城区首届公益社会服务节闭幕仪式暨社会服务嘉许典礼在祖庙丰收街演播厅举行，禅城区社会工作服务联盟正式成立。禅城区首届公益社会服务节从4月持续开展到9月，其间，举办优秀社工和工作案例评选、“和乐村居”社区服务大赛、社会组织人才培训、社会工作产学合作交流等系列活动。

4日 南庄大道改造提升工程完成，实现主线双向通车。该工程西起紫洞路，东接石南大桥西桥头，全长约8.1千米，总投资约1.87亿元。

是日 《佛山市禅城区促进小微企业上规模发展专项资金使用管理办法（2017年修订）》出台，对首次实现规模以上的工业企业，给予一次性奖励15万元；对首次实现限额以上的批发业企业，给予一次性奖励10万元人民币；对首次实现限额以上的零售业企业、限额以上的住宿餐饮业企业、规模以上的服务业企业、资质以内的建筑业企业和房地产开发经营企业，给予一次性奖励6万元。

5日 广东省文化厅党组书记汪一洋、省文化厅副厅长刘启宇一行在佛山市禅城区委副书记、区长孔海文等陪同下到禅城区考察中国陶谷建设和创建国家级文化产业示范园区情况。

6日 广东天安新材料股份有限公司在上海证券交易所上市。禅城区委书记刘东豪，广东天安新材料股份有限公司董事长、总经理吴启超等出席上市敲钟仪式。

7日 全省首个互联网+新市民自助申报平台启用仪式在禅城区张槎街道行政服务中心举行。新市民和居住房屋出租管理者可足不出户在微信版或网页版申报平台进行自助办理居住登记、居住房屋登记、居住证服务（申领、签注、补领、送证）等服务事项。

8日 2017中国地理信息产业大会在贵阳召开。禅城区城市规划“一张图”项目获评2017年中国地理信息产业优秀工程银奖。

8—9日 禅城区委副书记、区长孔海文，区委常委、区

9月16日，2017年度禅城区历史建筑保护工作新闻发布会暨岭南映像采风活动在梁园举行（区发展规划和统计局供稿）

委统战部部长杜梅率团赴香港拜访香港贸易发展局及香港建筑业界专业人士，探索禅港“文化＋产业”合作之路。

16日 2017年度禅城区历史建筑保护工作新闻发布会暨岭南映像采风活动在梁园举行，启动“探历史风韵·品老城建筑”历史建筑保护活化系列活动。

18日 佛山禅城区、云浮罗定市在罗定市双东工业园区举行产业共建暨铨欣照明项目入园签约仪式，项目投资约25亿元。禅城区委书记刘东豪、罗定市委书记黄天生参加签约仪式。

19—20日 全国社会治安综合治理表彰大会在北京人民大会堂举行。禅城区社会综合治理指挥中心被评为“2013—2016年度全国社会治安综合治理先进集体”。

20日 禅城区社区矫正警示教育基地在佛山市强制戒毒所揭牌。

21—22日 由禅城区人民政府联合深圳三航工业技术研究院共同举办的“2017机器人国际大会”在佛山国际会议展览中心（华夏陶瓷博览城）开幕。19个创新合作项目在会上签约，涉及智能制造、精准医疗、机器人等领域。

27日 佛山市禅城区旅游协会成立大会暨第一次会员大会举行，全区37家旅游从业单位成为协会的首批会员。大会选举产生禅城区旅游协会第一届领导班子，石湾古镇文创园总经理霍兆强当选为会长。

是日 由禅城区文学艺术界联合会、禅城区科学技术协会联合主办的“科普精神·筑梦未来”禅城区第三届科普文学创作大赛颁奖会在佛山市图书馆举行，54人获奖。

28日 天猫佛山工业电商共享服务中心启动仪式暨天猫专题招商会在禅城区石湾镇街道的佛山泛家居电商创意园举行。禅城区经济和科技促进局、广东省电子商务协会与阿里巴巴集团旗下浙江天猫技术有限公司三方签订战略合作协议，共同打造天猫佛山工业电商共享服务中心。

29日 由佛山科学技术学院、禅城区数据统筹局和广东佛盈智慧大数据科技有限公司三方共建的禅城区大数据应用研究实验室在绿岛湖揭牌，广东省一门式政务服务大数据产业技术创新联盟（禅城分中心）、禅城区人工智能和大数据实验室同时揭牌落地。

是月 投资总额约1220万元的五峰山森林公园北门景观工程完工，占地面积近2万平方米，免费向游人开放。

10月

9日 “2017年中国中小城市科学发展指数研究成果”在《人民日报》公布。禅城区获评2017年全国综合实力百强区第18位、全国投资潜力百强区第9位、全国创新创业（双创）百强区第17位。

12—15日 第三届中国（广东）国际“互联网＋”博览会在广东潭洲国际会展中心举行。禅城区19个政企项目亮相博览会现场，涉及政务服务、生产性服务和模式创新等多个领域，展示“互联网＋”新业态。

16日至11月20日 2018年度禅城区居民身份参加基本医疗保险接受申报，缴费标准为1468元／人，其中个人缴费503元／人，财政补贴965元／人。从2017年1月1日起，禅城区实施医保一体化改革，以居民身份参加基本医保可享受的待遇大幅提升，并与职工医保待遇基本一致，其中住院（含家庭病床）待遇基本医疗保险和大病保险年度最高支付限额从以往的20万元／年提升至30万元／年；门诊特定（慢性）病种增加至38个。

19日 以“设计助推智造”为主题的2017年佛山（禅城）陶艺·建陶设计周暨陶瓷艺术周在南风古灶龙窑广场开幕，佛山设计联合会和粤港澳大湾区设计协会联盟宣告成立。

是日 禅城举行全区基层党建工作推进会，印发《农村“灯塔”工程实施方案》，全面规划禅城基层党建工作。

24日 禅城区金融工作会议暨金融产业融合发展大会召开，禅城区金融产业促进会揭牌成立。该促进会是金融机构和挂牌上市企业的对接交流平台，由佛山市农村商业银行等8家企业组织发起，会员单位60家，涵盖金融机构、挂牌企业、上市企业及后备企业、金融载体、中介机构等。

是日 2017年广东省纺织行业纬编工职业技能竞赛在禅城区开赛，全省16家针织企业共62名纬编工人参赛。11月19—21日，全国纺织行业“佰源杯”纬编工职业技能竞赛决赛在佛山市东成立亿产业园举行，来自全国各地的56名选手进入决赛。11月21日，全国纺织行业纬编工职业技能竞赛颁奖典礼暨中国（张槎）针织时尚发布会在禅城区文华公园举行。中国纺织工业联合会副会长、中国针织工业协会会长杨纪朝，广东省纺织协会会长陈统宣，禅城区委副书记、区长孔海文等出席活动。

27日 住房和城乡建设部发布关于2017年中国人居环境奖获奖名单的通报，禅城区社会综合治理项目获得2017年中国人居环境范例奖。

30日 禅城区推出政务服务“零跑腿”APP，市民可通过该APP办理7个部门、20项事项，主要涉及老年人优待证办理、个人参保证明打印、个人纳税证明打印等业务。

31日 2017年佛山市禅城区“匠心·丰收”杯美发化妆职业技能竞赛在祖庙街道“丰收街·菁创聚”举行，200多人参加。

是月 最高人民检察院下发《关于表彰第九届全国检察机关文明接待室的决定》，禅城区检察院获授全国检察机关“文明接待室”称号。

是月 2017城市教育装备发展与合作大会在禅城举行，表彰全国优秀案例，其中禅城区教育局的实践案例《禅城区教育系统教育装备建设项目采购流程》《培育面向人工智能大时代的创新人才》获一等奖。

11月

1日 由禅城区图书馆与佛山市图书馆、华南电源创新科技园投资管理有限公司合作建设的华南创谷自助图书馆揭幕，成为禅城区联合图书馆第16家基层服务点（成员馆）。

2—5日 2017广东（佛山）非遗周暨佛山秋色民俗文化活动在禅城区等地举行。来自英国、美国、澳大利亚、挪威、南非、马来西亚等地的国际友好交往团体及港澳乡亲组成的代表团约50人，受邀到禅城区观看秋色巡游。

3日 禅城区经济和科技促进局、区工商联（总商会）联合举办“第四届创业南方创新创业大赛暨新时代、新速度——佛山产业加速创新研讨会”，“时尚科技设计中心”“佛山时尚科技加速器”两大创新项目落户禅城。

6日 民政部副部长宫蒲光一行4人到禅城区调研指导“一门式”政务服务改革工作。省民政厅党组成员、巡视员王长胜，佛山市副市长乔羽，禅城区委书记刘东豪等参加调研活动。

8日　禅城区社会治安综合治理综治中心在区社会综合治理指挥中心（区云平台）挂牌运作。区委副书记、区委政法委书记区柱明等出席挂牌仪式。

10日　“智信禅城·云计算走进园区”暨佛山市信息技术论坛在佛山泛家居电商创意园举行。佛山泛家居电商创意园与广东睿江云计算股份有限公司、广东北极光通信技术有限公司签订战略合作协议，合力将佛山泛家居电商创意园打造成为以信息化、云化为核心的智慧园区。

11—12日　2017第二届蔡李佛功夫佛山锦标赛总决赛在禅城区举行，来自内地，中国香港、澳门地区，东南亚等地共46支队伍，近500名运动员参加比赛。

16日　禅城区文化馆第一届理事会成立大会暨第一届理事会第一次会议召开。会议审议通过《佛山市禅城区文化馆章程》（草案），聘任刘芳、沈小丽等9人为第一届理事会理事。

17日　全国精神文明建设表彰大会在北京举行。中央精神文明建设指导委员会发布《关于表彰第五届全国文明城市、文明村镇、文明单位和第一届全国文明校园的决定》，其中禅城区南庄镇紫南村获评“第五届全国文明村镇”，禅城区行政服务中心获评“第五届全国文明单位”。

是日　第十六届中国政府网站绩效评估结果公布，禅城区政府门户网站在中国政府网站绩效评估486个区县级中，总成绩排名第二。

是日　佛山博士创新梦工场开园仪式在绿岛湖国际中心举行。首批16个博士团队共60多名博士、近百名硕士签约进驻，涉及生物、环境、医疗等领域。该项目选址绿岛湖都市产业区，总投资额约2亿元，计划于2020年全面建成运营。

是日　粤韵传承·华光盛典——2017佛山粤剧华光诞活动在广东粤剧博物馆开幕，约300名海内外粤剧大师共聚一堂，齐贺华光诞。

23日　国务院办公厅发布《全国综合性实体政务大厅普查报告》，禅城区的一门式改革作为典型案例入选其中。

是日　“2017互联网＋智慧中国年会”在北京召开。由禅城区数据统筹局创建的“数字公民”——禅城区自然人库建设项目，入选第三届中国“互联网＋政务”50强。禅城区数据统筹局副局长郑小广被评选为2017“互联网＋政务”十大人物之一，获得“禅城数据治理思想者与先行者”称号。

26—28日　由国家体育总局武术运动管理中心、中国武术协会主办的南方影视中心·2017佛山功夫（动作）电影周系列活动之2017全国传统武术比赛在禅城举行，吸引来自北京、广东、河北、上海、广西、河南、山东等19个省市自治区的229支队伍、共2447人报名参加。

30日　“设计助推智造”禅城·深圳设计产业对接会在深圳市福田区举行。设计引领、湾区设计联盟合作项目，众陶联泛家居跨境购销供应链平台，国际设计产业服务中心，设计产业智库等项目签约落户禅城。

12月

1日　科技部火炬中心公布全国863家国家级科技企业孵化器的考核评价结果，其中禅城区的广东新媒体产业园发展股份有限公司获评

A类国家级科技企业孵化器。

3日 禅城第五届志愿服务“金白兰奖”表彰暨志愿者团建培训大会在半月岛湿地公园举行，对获得“金白兰奖”的团队、个人和项目等进行颁奖。2017年，禅城区完成“i志愿”系统注册的志愿者组织108个，开展服务活动2152场，累计服务时数19.93万小时。

7日 产金·互联·未来2017佛山创新产业金融峰会暨佛山（禅城）企业创新投融资协会启动仪式，在禅城区祖庙街道丰收街·菁创聚青年创新创业社区举行。

9日 2017年广东省标准舞、拉丁舞年度总决赛暨第十一届珠江三角洲标准舞、拉丁舞公开赛在禅城区举行，来自广州、佛山、肇庆、东莞、清远等地的40支代表队约2000名舞者参赛。

10日 禅城区生态标识试点建设工作通过专家组（由国家林业局、省林业厅、市林业局成员组成）验收。生态标识试点建设工作包括：森林城市整体LOGO形象系统建设、森林城市生态文化科普宣教标识系统建设和森林城市生态导向标识系统建设。

13日 禅城区公布首届创新驱动发展优秀科研团队（人才）评审结果，获评的1个科研团队和10名科研人才可获得10万～100万元的政府扶持资金。

15日 在中国浦东干部学院、人民网·中国共产党新闻网、中国组织人事报社和组织人事报社举办的第四届全国基层党建创新典型案例征集评选活动中，禅城区“探索实践区域化党建引领基层治理创新”被评为全国基层党建创新优秀案例。

17日 由上海《第一财经》发起并联合全国上百家媒体评选的“2017中国最美村镇”颁奖典礼在上海举行，禅城区南庄镇紫南村获评“2017中国最美村镇”，紫南村党委书记、村委会主任潘柱升获评“2017最美村镇50人”。

20日 禅城区律师行业工会联合会第一届第一次会员代表大会在禅城区司法局召开，全区76家律师事务所约1000名从业人员参会。

22—23日 Mixly Day·2017全国创客教育交流会暨禅城区创客课程成果展示活动在佛山市第三中学举行，来自全国各地的专家、教育工作者近900人参加活动，活动内容包含说课竞赛、专家报告、禅城教师现场创客公开课、创意电子公益讲座以及禅城中小学创客成果展示等。

23日 “产业互联不锈论道”2017中国不锈钢高端峰会在禅城区石湾镇街道举行，来自全国大型不锈钢企业、行业协会的代表及知名专家、学者约500人参会。禅城区委常委、副区长曹洪彬等出席峰会。

26—27日 禅城区委书记刘东豪带队赴四川省凉山州普格县开展东西部扶贫协作对接工作。刘东豪表示，禅城要结合两地特点，进行资源整合、优势互补，将市场需求与自然资源有力结合起来，把普格的农副产品引入珠三角市场，共创双赢格局。

28日 《佛山市禅城区自来水价格实施方案》出台，全区自来水综合水价调整为2.165元／立方米，居民生活用水调价后第一级为1.75元／立方米，第二级为2.63元／立方米，第三级为5.25元／立方米。此方案于2018年2月1日起实施。

是日 广东兴发铝业有限公司获评为“2017年度国家知识产权示范企业”，成为禅城区首家获得“国家知识产权示范企业”称号的企业。

禅城概况

禅城概况

政区概况

【地理位置】

禅城区位于珠江三角洲腹地，广州市西南，佛山市中部。地处北纬22° 35′ 01″ ~ 23° 02′ 24″，东经113° 0′ 41″ ~ 113° 05′ 40″之间。辖区东、西、北面与南海区接壤，东南、南面与顺德区毗邻，南北长15千米，东西宽19千米。辖域面积约154.09平方千米。

【地质地貌】

禅城区地质属第四纪地层，以黏土为主，其他归粒径不等的沙层，属七度地震区。矿产资源主要是非金属矿，石膏石分布广，层厚床宽，质量好，储量丰富，属于与断陷盆地有关的湖相蒸发膏盐矿床。

禅城区为平坦的冲积平原，绝大部分海拔1.3~4.6米，有零星的小山丘，海拔在50米以下。地貌以堆积地系列为主，类型单一，属三角洲平原。三角洲平原组成物质是亚砂土和淤泥层，属珠江三角洲沉积的顶积层。地表大部分被松散沉积物所覆盖，厚15~25米。

【气候】

禅城区地处南亚热带海洋性季风气候区，春秋季短，夏季长，日照较长，热量充足，雨量丰沛。冬季多和暖，霜期短，极少结冰。2017年，全区总降水量1790.0毫米，比2016年减少780.7毫米，下降30.4%。平均日气温为23.2℃，上升0.3℃；总日照时数为1721.8小时，增加149.5小时。

据佛山市气象局分析，2017年由于冷空气活动偏弱，无寒潮和强冷空气影响，全市平均气温比常年同期高，打破历史同期最高纪录。整个夏季长达224天（4月9日至11月18日），比常年多36天。夏季台风雷雨天气较多，仅4—5月，禅城区就出现5次不同程度的强降水天气，其中4月21日出现强雷雨天气，并伴有8~9级大风。8月下旬至9月初，“天鸽”“帕卡”“玛娃”三个台风接踵而至。8月22日，受台风“天鸽”影响，禅城区出现高温酷热天气，录得全市最高气温39.9℃。8月23日，禅城区平均风力7~8级，最大阵风11~12级。8月27日，台风“帕卡”过境，禅城区发布台风黄色预警信号以及暴雨黄色预警信号，关闭所有景区，录得暴雨到大暴雨。冬季降水则严重偏少，2017年12月禅城区雨日仅为1天，最低相对湿度达16%。

【水资源】

禅城区位于北江下游，境内有东平水道、佛山水道、吉利水道、顺德水道4条水道，其中佛山水道全长约26千米，流经禅城区境内约14千米；东平水道全长31千米，水深7.5~12米，流经境内约22千米。辖区有内河涌138条，总长216.8千米。

【交通】

禅城区距省会广州市中心约16千米，交通便利，路网发达。广佛、佛开等高快速路贯穿，广茂、广湛铁路经过并与全国铁路网络连接，客运火车直通香港九龙，地铁广佛线贯穿市区，高铁客运站广州南站、佛山西站以及花都白云国际机场近在咫尺。辖区河岸线95千米，码头10个，二类口岸港口2个（澜石港口和佛山新港）。

【建置沿革】

禅城区是2002年12月经国务院批准成立的县级市辖区。禅城地域秦汉时期属南海郡番禺县，隋初为季华乡，唐为佛山乡。五代南汉属兴王府咸宁县永丰场，宋为佛山堡，明为忠义乡。清雍正十一年（1733年），设佛山直隶厅，次年更名为“广州府佛山分府”，由广州与南海县共同管辖。1912年，佛山改镇制。1925年8月，佛山镇从南海县分出设市，直属广东省政府管辖。1927年11月，改为南海县特别区。1946年8月，撤特别区，重组佛山镇，属南海县。中华人民共和国成立后，先后属南海县、珠江专区、粤中区、佛山地区、佛山市管辖。1984年6月佛山市设立汾江区（后改为佛山市城区）和石湾区。2002年12月8日，国务院批准佛山市行政区划调整，撤销佛山市城区和石湾区，将原城区、石湾区和原南海市南庄镇区域合并成立禅城区。

2003年1月8日，佛山市禅城区挂牌成立，辖“五镇”（石湾镇、张槎镇、澜石镇、环市镇和南庄镇）、“八街”（城南街道、江湾街道、升平街道、永安街道、同济街道、普君街道、祖庙街道和城门头街道）。2003年9月18日，经省民政厅、市政府批准，禅城区调整部分镇（街）行政区划，由“五镇八街道”调整为“一镇八街道”（南庄镇和张槎街道、环市街道、澜石街道、石湾街道、城南街道、祖庙街道、升平街道、普君街道）。2006年6月28日，经佛山市人民政府批准，禅城区对街道行政区划进行调整，由原有的“一镇八街道”整合为“一镇三街道”（南庄镇、石湾镇街道、张槎街道和祖庙街道）。

【行政区划】

禅城区下辖南庄镇、石湾镇街道、张槎街道和祖庙街道。2017年，全区共设村委会和社区居委会145个，其中村委会54个，社区居委会91个。

2017年禅城区村（居）委会一览表

镇（街道）	数量	村、社区居委会
南庄镇	村委会18个	村尾、罗南、南庄、紫南、紫洞、湖涌、东村、上元、溶洲、堤田、罗格、吉利、龙津、醒群、梧村、河滘、杏头、贺丰
	社区居委会5个	南庄、吉利、人和、绿岛、河畔
石湾镇街道	村委会12个	河宕、番村、沙岗、塘头、石头、石梁、黎冲、里水、深村、湾华、鄱阳、奇槎（村改居）
	社区居委会27个	惠景、玫瑰、丽豪、丽银、平远、绿景、环湖、怡景、季华、湖景、金澜、金子苑、福华、鸿翔、文华、澜石、三友、忠信、莲峰、和平、榴苑、红卫、劳动、江滨、东平、奇槎、依云

续上表

镇（街道）	数量	村、社区居委会
张槎街道	村委会15个	大富、东鄱、弼唐、莲塘、张槎、村头、村尾、古灶、海口、上朗、下朗、白坭、青柯、大江、大沙
	社区居委会8个	江湾、东便、纯阳、金沙、马岗、清水桥、智城、江海
祖庙街道	村委会9个	简村、扶西、永新、永红、郊边、敦厚、镇安、朝东、东升
	社区居委会51个	圣堂、东园、后街、忠义、高基、旭日、大观、同福、新城、市东、保安、普东、福禄、山紫、红棉、文北、永安、普西、体育、上沙、佛平、垂虹、普南、燎东、佛平北、建设、莺岗、铁军、卫国、唐园、北江、培德、朝安东、庆宁、同安、文南、白燕、同济、同华、城北、妈庙、花园、东城、南浦、塔坡、桂园、兰桂、福贤、沙塘、升平、同兴

【人口与民族、宗教】

2017年年末，禅城区户籍人口65.98万人，全区常住人口116.11万人，自然增长率为17.20‰。禅城区少数民族常住人口约2.5万人，有壮族、土家族、苗族、瑶族、布依族、回族、侗族、藏族、白族、满族等43个少数民族。

全区有佛教、道教、天主教、基督教4个宗教，区级宗教团体2个（禅城区佛教协会、禅城区基督教三自爱国委员会），宗教活动场所9个（佛教寺院2个、道教道观1个、天主教堂1个、基督教堂5个），宗教教职人员约36人，信教群众近3万人。

【华侨、港澳同胞】

2017年，祖籍禅城的华侨、华人约17万人，主要集中在北美洲的美国、加拿大，亚洲的马来西亚、新加坡、印度尼西亚，大洋洲的澳大利亚，非洲的南非等国家。祖籍禅城的中国香港、澳门同胞6.5万人。

【旅游资源】

禅城区是佛山市传统中心城区，是著名的陶瓷艺术之乡、民间艺术之乡、武术之乡、成药之乡和龙狮运动之乡。全区共有国家级文物保护单位3处、省级7处、市级67处，佛山老城历史文化核心保护区1个，市级历史文化街区1个。全区有国家级非物质文化遗产名录项目9项，省级名录项目17项，市级名录项目37项，区级名录项目43项，其中石湾陶塑技艺、佛山木版年画、佛山剪纸、粤剧、佛山狮头、佛山彩灯、佛山秋色、佛山十番、佛山祖庙庙会被列入国家级非物质文化遗产代表作名录。

禅城区有国家AAAA级旅游景区3个、AAA级旅游景区1个，拥有被誉为“东方民间艺术之宫”的佛山祖庙、五百年薪火不断的南风古灶、岭南四大名园之一的梁园、国内首家大型粤剧博物馆广东粤剧博物馆、凝聚中华武术精髓的黄飞鸿博物馆以及河宕贝丘遗址、仁寿寺、陶师祖庙、丰宁寺、广东石湾陶瓷博物馆、石湾美术陶瓷厂、石湾公仔街、岭南酒文化博物馆、佛山岭南天地、南庄绿岛湖等文化旅游资源。辖区民俗活动活跃，正月十六行通济、三月三北帝诞、佛山粤剧华光诞、佛山秋色欢乐节、中国（禅城）岭南年俗欢乐节等民俗节庆活动成为当地旅游品牌。

经济建设

【概述】

2017年，禅城区坚持新发展理念，以推进供给侧结构性改革为主线，稳增长、调结构、塑优势、惠民生。全年实现地区生产总值1722.50亿元，比2016年增长7.8%。其中，第一产业增加值0.27亿元，下降10.1%；第二产业增加值748.84亿元，增长5.8%；第三产业增加值973.39亿元，增长9.6%。全区人均地区生产总值15.01万元，增长5.9%。全区实现工业总产值2457.67亿元，其中规模以上工业总产值2294.19亿元。全年农业总产值0.51亿元，下降7.6%。固定资产投资706.47亿元，增长17.7%。社会消费品零售总额831.09亿元，增长11.2%。全年进出口总额863.3亿元，增长2.1%。实际利用外资金额1.61亿美元，下降35.8%。区级一般公共预算收入87.44亿元，增长11.6%。全区居民人均可支配收入4.52万元，增长8.5%，扣除价格因素，实际增长6.4%。全区金融机构年末各项本外币存款余额3586.32亿元，比年初增加0.26亿元。

【工业振兴发展】

2017年，全区实现工业总产值2457.67亿元，其中规模以上工业总产值2294.19亿元；规模以上工业增加值实现683.01亿元，增长6.0%。重工业支撑作用显著，全年规模以上重工业完成产值占全部产值的64.8%，增长5.3%；轻工业完成产值增长3.2%。民营工业持续领跑，全年民营工业完成产值1876.39亿元，增长4.8%。高端制造业呈现结构性增长，规模以上先进制造业和高技术制造业分别实现产值854.81亿元和253.60亿元，增长12.4%和15.0%。支柱行业发挥引领聚集效应，在29个规模以上工业行业中，有15个行业实现正增长。将“智能制造”作为产业转型升级的主攻方向，全年工业技改投资61.4亿元，开展“机器换人”的规上工业企业累计10家，“两化”融合管理体系贯标试点企业达到20家，培育“中国制造2025”试点示范企业6家。实施质量强区建设，佛山市燃气集团股份有限公司获评省政府质量奖，成功创建“全国现代电源（不间断电源）产业知名品牌示范区”和“全国丝光棉针织服装产业知名品牌示范区”。是年，全区实现主营业务收入超100亿元的企业3家，实现10亿～100亿元的企业17家。

【科技创新】

2017年，全区累计认定省级以上高新技术企业264家，其中新增高新技术企业139家；佛山电器照明股份有限公司等144家企业共398个产品获得广东省高新技术产品认定；全区17项科技成果获得2016年度省、市科技进步奖。新增省级工程技术（研发）中心13家、市级工程技术（研发）中心15家、省级院士工作站1家；新增省级企业技术中心5家、市级企业技术中心1家。成功举办2017机器人国际大会，建立“佛科院、禅城区工商联产学研联盟”；引进的中国科学院院士、上海太阳能电池研究与发展中心主任褚君浩及其创新团队，与禅城区电源行业龙头企业新光宏锐公司共建UPS电源与新能源院士工作站。全区拥有省级以上知识产权示范企业9家，广东兴发铝业有限公司获评2017年度国家知识产权示范企业，为禅城区首家获该称号的企业；拥有知识产权优势企业32家，其中国家级7家、省级25家。是年，中国（佛山）知识产权保护中心成功落户绿岛湖，国家知识产权服务业集聚发展试验区（禅城园）开园。禅城区有17项专利获第十九届中国专利奖，获奖数量创历年新高。

【双创平台建设】

2017年，禅城区加快创新创业园区建设。以南庄绿岛湖·智荟、石湾中国陶谷、张槎华南创谷、祖庙丰收街·菁创聚四大双创园区为主体，多个孵化器、众创空间等众创载体配套协同的“4+N”双创园区模式构筑成型。应用大数据建设女性双创基地，培育“嘉有儿女——母婴童健康云平台”“齐月色彩产业创新中心”“同城到家·家政服务”和“嚟买餸”互联网+智慧农贸市场项目等，带动女性就业。其中“嘉有儿女——母婴童健康云平台”项目获首届中国妇女创业创新大赛“社会效益奖”。截至年底，全区新增国家级众创空间2家、省级众创空间7家、市级众创空间1家、市级孵化器立项1家、区级孵化器备案1家。禅城区内实有市场主体12.44万户，其中新设市场主体25710户，比2016年增长47.74%，呈现“井喷式”增长。是年，禅城区入选第二批省级大众创业万众创新示范基地名单，佛山新媒体产业园成为全市唯一的广东省创业孵化示范基地。禅城区继续跻身2017年度全国创新创业（双创）百强区行列，位居全国第17位，较2016年上升2位。

【商贸流通和旅游业发展】

2017年，禅城区社会消费品零售总额实现831.09亿元，比2016年增长11.2%，增速高于全市平均水平1.2个百分点。启动“连锁企业品牌100”计划，在3—5年内引进、提升和培育100个连锁品牌企业。全年举办两届陶博会和第二届中国陶瓷卫浴产区峰会、佛山（禅城）陶瓷设计艺术周，承办佛山市国际建筑卫生陶瓷工业设计大赛。加快创建广东省全域旅游示范区，举办首届佛山·禅城旅游文化周暨高铁经济带旅游博览会等大型旅游推介会，持续打造“岭南年俗欢乐节”等系列活动，对外宣传“岭南初地——佛山禅城”的城市文化旅游形象。东方新天地、正佳YOUNG、世博商贸城、绿岛广场等新商业体正式营业，总面积达33.6万平方米。是年，全区商品零售实现780.18亿元，比2016年增长11.5%，对社会消费品零售总额增长的贡献率达96.1%；餐饮收入实现50.91亿元，增长6.9%。全年接待旅游人数（含星级酒店及其他住宿设施与一日游）1308.95万人次，增长7.45%，其中接待境内外过夜游客435.61万人次，增长15.02%；实现旅游收入240.62亿元，增长16.25%。

【金融产业初具规模】

2017年，《佛山市禅城区扶持金融产业发展办法（2017年修订）》等系列政策出台，针对金融行业推出开办补贴、租金补贴、收入补贴、购房补贴等20种扶持举措。华福证券佛山分公司、平安健康保险佛山中心支公司、上海证券佛山营业部等一批金融机构落户禅城；累计给予平安健康、复星联合健康保险佛山中心支公司等9家企业各类金融产业扶持资金约1000万元；成功打造金融发展示范载体2家（万科金融中心、智慧新城园区）和金融发展载体1家（雅庭国际）。全年发放市、区级利用资本市场扶持资金约2000万元，累计为167家企业提供转贷资金29.3亿元。广东天安新材料股份有限公司和佛山市燃气集团股份有限公司2家企业先后上市，南湖国旅进入新三板创新层，广东北创光电科技股份有限公司等4家企业登陆新三板基础层，新增上市企业数为历年新高。截至年底，禅城区有各类金融机构及网点806家；有境内外上市企业（含新三板创新层）12家，新三板挂牌企业14家，挂牌上市后备企业数量超过50家。

【招商引资与外资利用】

2017年，禅城区举办“2017佛山（禅城）信息产业投资推介会”“2017机器人国际大会”和“设计助推智造”禅城·深圳设计产业对接会系列投资促进活动，成立佛山（禅城）—广州产业对接联络处，围绕广州、深圳“产业溢出效应”开展招商。全年新增签约、动工项目（不含房地产项目）53个，投资总额462.34亿元，主要集中在装备制造、大健康、现代服务业等产业项目。其中，超亿元项目36个，超10亿元的重大项目11个，包括奇槎达安创谷、复星蜂巢城市项目、科力远混合动力汽车示范运营项目等；超千万美元的外资项目6个，超亿美元外资重大项目2个。

是年，全区合同利用外资13473万美元，比2016年下降69.28%。其中新批项目83个，新批合同外资额7657万美元，下降80.04%；增资项目22个，增资合同外资额1.36亿美元，上升77.67%；减资项目3个，减少合同外资额7806万美元，上升259.89%。实际利用外资实现1.61亿美元，下降35.81%。

【进出口贸易】

2017年，禅城区进出口总值863.3亿元，比2016年增长2.1%。其中出口683.7亿元，下降1.9%；进口179.7亿元，增长20.6%；一般贸易进出口522.5亿元，增长15%；加工贸易进出口135.1亿元，下降3.2%。禅城区民营企业进出口705.1亿元，增长3%，占全区外贸进出口的81.7%；外商投资企业进出口138.6亿元，增长9.7%，占16.1%；国有企业进出口15.7亿元，增长2.5%，占1.8%。全区口岸（包括佛山快件）进出口货运量457.27万吨，下降6%。其中，出口货运量400.12万吨，下降8%；进口货运量57.15万吨，增长11%；水路运输货运量450.25万吨，下降6%；陆路运输货运量7.02万吨，增长23%。进出口集装箱数量为25.65万个标箱（TEU），增长1%。

城市建设

【城市治理三年行动计划】

2017年，禅城区启动城市治理三年（2017—2019年）行动计划，以城市治理推进城市发展、产业建设和社会民生建设。围绕规划建设科学化、人居环境绿色化、城市形象特色化、基础设施一体化、镇村发展现代化、城市管理精细化、公共服务优质化七个方面，计划投资830亿元，实施项目191个，打造宜居宜业宜创新的高品质现代化国际化大城市“强核心”。是年，禅城区城市治理累计完成投资216亿元，城市治理项目开工141个，开工率约73.8%；完工项目40个，完成年度计划的100%。完成“三旧”改造107.2万平方米(1608亩)，建成面积271万平方米。禅城陶谷小镇（石湾—南庄）入选省特色小镇创建示范点。

【公共交通与轨道交通建设】

2017年，新开通二期公交骨干线路3条，完成搭建“三纵三横”（“三纵”包括公交线路G14汾江路、G12岭南大道、G10文华路；“三横”包括公交线路G5塱沙路—南桂路、G7轻工路—人民路、G13季华路）公交骨干线路网络。设置衔接佛山西站的公交线路6条，中心城区与佛山西站实现互通。至年底，全区共有常规公交线路93条，常规公交运力1491辆，日均流量70万人次，整体公交分担率达40%。岭南大道公交枢纽站、绿地未来城首末站等新场站投入使用，石湾广场地铁、公交、停车综合交通换乘枢纽启动建设。轨道交通2号线一期、3号线禅城段共计15个站点进入全面建设期，轨道交通2号线一期禅城段的绿岛湖站、石湾站等4个车站主体结构完成封顶，张槎站—石湾站盾构区间右线、沙岗站—魁奇路站盾构区间左线、魁奇路站—石梁站盾构区间双线贯通；轨道交通3号线所有站点进入全围蔽施工。

【城市水环境整治】

2017年，禅城区全面推行河长制。续建及新建水环境整治项目共85宗（含镇街水利所实施项目），其中实施河涌整治工程17宗、污水管网工程61宗、水利工程7宗，新铺设污水管网约61千米。42条内河涌水质持续好转，总体达标率由2016年的48.8%上升到51.8%。全区年用水总量控制指标为2.25亿立方米，用水总量约1.9亿立方米。城市生活污水处理能力为60.4万吨/日，城市污水处理率达到98.02%。饮用水源水质达标率为100%，城市水环境功能区水质达标率达100%。

【创建森林城市】

2017年，全区新增和改造绿地面积105.74万平方米（105.74公顷），建成区绿化覆盖率39.7%；公园绿地面积916.86万平方米，比2016年增长1.2%；人均公共绿地面积10.36平方米/人，增长10.7%；建成绿道176.75千米，其中新增29.65千米。亚艺公园、绿岛湖公园入选“佛山十大最美公园”，南庄镇紫南村获评“2017中国最美村镇”。禅城区完成创建森林城市任务，助力佛山市获评“国家森林城市”称号。

【美丽文明村居建设】

2017年，《佛山市禅城区美丽文明村居示范点建设实施方案（2017—2018）》出台，围绕区委区政府提出的“首善之区、创新中心、幸福家园”战略定位，选取南庄镇紫南村、石湾镇街道湾华村、张槎街道莲塘村、祖庙街道永红村等20个村居为试点，建设“三美一优”（环境美、风尚美、人文美、服务优）的美丽文明村居。禅城区加大政策扶持力度，制定《禅城区村居提升区级财政奖励资金管理办法》，将百村升级、“五好”新村居等村居创建工作和美丽文明村居建设的奖励政策进行合并，简化流程，扩大奖励面，建立“以村居为主体筹集，各级政府给予奖励”的筹资机制。

是年，全区20个示范点村居的设计规划全部完成，形成“一村一品牌”的建设格局。龙

南庄镇村头村航拍图 （南庄镇供稿）

津村的瓷板画、莲塘村的剪纸、下朗村的粤剧脸谱、南庄村的花灯、鄱阳村的镬耳屋、湖涌村的水文化、永红村的风车、扶西村的莲等特色文化元素得到提炼呈现。村居硬件设施逐步改善，重点推进绿化、卫生项目建设，对村居绿化公园和绿道建设进行提升和打造，村居环境卫生得到有效的提升。各村居开展各类文化文明活动，培育一批社会主义核心价值观特色品牌，“好人精神”和“志愿精神”扎根群众，村居文明风尚同步彰显。“一门式一网式”政府服务改革推动公共服务向基层延伸，“法律进村（社区）”“一村（社区）一法律顾问”和“三官一师”直联村居工作得到深化，公共法律服务三级实体平台逐步完善，“大调解”工作机制畅通基层群众利益诉求表达渠道，村居公共服务稳步提升。

社会事业和民生

【教育事业发展】

2017年，禅城区有各级各类学校（含民办学校、幼儿园）241所，在校教职工1.44万人，在校学生及幼儿16.37万人。其中职业学校2所，有教职工367人、学生5716人；中小学96所，有教职工7669人、学生11.41万人；特殊学校1所，有教职工30人、学生119人；幼儿园142所（公办性质41所、民办101所），有教职工6370人、幼儿4.38万人。义务教育阶段巩固率为101.06%，高中阶段教育毛入学率为113.84%。全区参加普通高考5680人，本科上线4265人，比2016年增加275人。

佛山市岭南美术实验中学、佛山市外国语学校北校区建成启用，佛山市财经学校、佛山市华材职业技术学校整合发展，全区新增学位5760个。科技教育成果显著，禅城区青少年31项作品参与第22届全国发明展，夺得3金9银10铜。禅城学子及老师参加第32届全国青少年科技创新大赛，获得1金1铜1专项奖，蝉联“十一连冠”。

【公共文化服务体系建设】

2017年，开展“花开四季·文化禅城”文化惠民活动，打造岭南年俗文化系列活动、少儿读书节、璀璨夕阳老年人文化、青年123村居文化志愿行动等活动品牌。区、镇街、村居三级开展各类文体活动近1000场，播放公益电影813场，参与群众达300万人次。全区联合图书馆接待读者121.5万人次，图书借阅148.9万册次，移动图书馆访问量26.71万人次。全区文艺家原创音乐、舞蹈、戏曲、书画等文艺作品74件，精品话剧《满庭芳》全年演出23场。

实施“一镇一品”品牌活动项目、节庆文化品牌活动项目，组织开展关帝诞、北帝诞、塔坡诞、孔子诞、华光诞以及开展秋色巡游、行通济等活动。完成第三批24个基层综合性文化服务中心建设，全区建成综合性文化服务中心136个，实现100%全覆盖。是年，禅城区获评全省首批“公共文化服务体系示范区”。

【开展全民健身活动】

2017年，禅城区举办“全民健身·活力禅城”市民运动会系列赛事，开展区级青少年体育系列竞赛和区级运动会、陶瓷行业员工运动会、广场舞大赛等品牌特色活动超过30场次，参与群众超100万人次。全区有区级体育社团15个，镇（街道）体育社团16个，全年举办体育竞赛项目77项（次），参赛人数达5万人次。镇街基层群体活动活跃，全年镇（街道）及村（居）举办体育活动超过200场。

【医疗卫生事业发展】

2017年，禅城区有各类医疗卫生机构（含市直）274家。其中医院27家，卫生院4家，社区卫生服务中心5家，社区卫生服务站51家，专科防治所3家，门诊部（所）、医务室、卫生所149家，农村卫生站19个，健康教育所1家，妇幼保健院（所）2家，采供血机构1家，卫生监督所2家，疾病预防控制中心2家，其他卫生机构8家。辖区共有医院床位1.11万张。是年，推进公立医院综合改革，禅城区向阳医院（区口腔医院）、禅城区朝阳医院和禅城区中医院（区澜石医院）整合为佛山市禅城区人民医院。引导支持社会力量办医，全区共批准设置医疗机构48家，其中社会办医46家，包括医院6家、护理院2家、门诊部29家、诊所8家、社区卫生服务中心1家。禅城区全年安排基本公共卫生服务经费约5603.5万元，累计建立健康档案约97万份，建档率为86.90%。全区组建家庭医生团队91支，累计签约人数33.26万人。全区有33个健康社区、12所健康学校、22个健康机关（单位）、1家健康医院、415个健康家庭获评首批“佛山市健康细胞”，有6个村被评为“佛山市三星健康村”。

【社会保障和社区服务】

2017年，禅城区企业养老保险参保缴费人数43.38万人，城乡居民基本养老保险参保缴费人数2.45万人，基本医疗保险参保缴费人数83.38万人，失业保险参保缴费人数44万人，工伤保险参保缴费人数44.01万人，生育保险参保缴费人数44.02万人。企业养老金待遇调升比例约为5.5%，人均月增资175元，达到3050元／月；2.5万名退休人员的城乡居民基础养老金从170元／月调升至180元／月；一级至四级伤残职工的工伤保险伤残津贴为人均3015元／月，平均增加额448元／月，增幅达17%。

全区城乡最低生活标准由月人均630元提高到900元，全年发放低保金约1381万元。特困供养人员供养标准由月人均1925元提高到

2083元。全年向困难群众发放各类补贴约229万元，接受医疗救助的市民有4501人次，支出医疗救助资金约253万元。全年发放70周岁以上禅城区户籍老人高龄津贴3759.47万元，惠及老人68.2万人次。为禅城区60周岁以上户籍老年人统一购买人身意外伤害综合保险，全年投保人数为12.88万人。全年投入残疾人康复服务和补贴发放经费共3290万元，全区就业残疾人数达2330人，就业率为83%。全区就业局势保持稳定，新增就业岗位3.36万个，新增就业人数2.18万人，失业人员实现再就业1.29万人，城镇登记失业率为2.11%；全年发放各类就业创业培训补贴3828万元，发放创业小额担保贷款4493万元，帮扶高校毕业生和就业困难人员等重点群体实现就业创业。全区城市棚户区改造开工建设332套，基本建成公租房676套，建成人才公寓3888套，新增发放租赁补贴297户。

禅城区各级家庭综合服务中心提供服务累计超16万人次，整合村（社区）服务资源580多个，全区持证社工总人数为1450人。全年新建（改、扩建）养老机构5家，新增床位1050张，改造完成广东省第一批、佛山市首家改革试点“公建民营”敬老院。2017年年末，全区累计有养老机构16家（其中民办养老机构13家），累计有养老床位3537个。

【社会治安综合治理】

2017年，禅城区社会矛盾化解率达到98.2%，全区有效刑事治安总警情下降28%，安全生产、消防、食品药品、公共安全形势稳定，全年未发生较大以上生产安全事故。城市治理模式不断完善，区中心、镇街网格、片区网格、村居网格、微网格五级联动应急处置机制不断优化，禅城区社会综合治理云平台受理城市管理、治安防范、消防安全、安全生产等类案件36.78万宗，结案36.61万宗，办结率为99.53%。公安部门“双轮”专项行动、“飓风扫毒1号”、“飓风2017”专项打击行动等成效显著，禅城区日均刑事警情稳步下降，群众安全感、满意度分别达88.03%和87.01%。推进全省首批“法院+工会”劳动争议诉调对接试点，成立劳动争议诉调对接工作室，调解各类劳动纠纷899件，调解成功568件，调解成功率达63.18%。全区有人民调解组织248个，在册人民调解员1493人、村（社区）专职调解员140人。全年开展矛盾纠纷排查和综治专项排查2826次，调处各类矛盾纠纷2936件，调处成功2886件。建立全区危险源、风险点“一张图”管控系统，对1241个风险点危险源实施分级防控。是年，禅城区社会综合治理指挥中心获评“2013—2016年度全国社会治安综合治理先进集体奖”，区治安纠纷人民调解委员会被司法部授予“全国模范人民调解委员会”称号。

【政府治理改革】

2017年，禅城区“一创新一改革一平台”（基层党建创新、一门式改革、社会综合治理云平台）的政府治理架构勾勒成型。搭建“1+N+X”区域化党建组织架构，打破以往党组织条块分割局面，在更大范围内凝聚各方力量、整合共享资源，区域化党建获评全国基层党建创新优秀案例。在全省率先推出自然人全生命周期行政审批服务，“一门式一网式”政府服务改革获国务院免实地督查奖励，群众满意度达到99.96%。“数字公民”——禅城区自然人库建设项目入选第三届中国“互联网+政务”50强，禅城区被列为全国基层政务公开标准化规范化试点，区政府门户网站获得第十六届中国政府网站绩效评估区县级第二名。社会综合治理改革稳步跨越，大数据在建设、环保、防疫等领域应用，社会综合治理云平台获评中国人居环境奖——范例奖、2017年“粤治—治理现代化”优秀案例。“IMI”身份认证平台建成使用，军民融合大数据创新应用，禅城率先在全国应用区块链技术，首批“零跑腿”事项运行，“区块链＋公证”APP上线服务，“数字政府”启动建设。非户籍常住人口参与基层治理试点改革实现突破，推动非户籍常住人口参与村（社区）“两委”换届选举、进入工青妇等群团组织，共选出非户籍委员60名，实现区、镇（街道）、村（社区）三级群团领导班子成员中100%有非户籍常住人口参与。

【精准扶贫和区域协作】

禅城区在新时期精准扶贫工作（2016—2018年）中，负责帮扶湛江市廉江市13个镇、46个贫困村、4145户、11643人。2017年，禅城区向廉江市派出1个驻县工作组、统筹安排38个牵头帮扶单位、30个配合帮扶单位结对到村，派出57名干部（其中52名中共党员）进驻廉江开展扶贫工作。全年划拨扶贫资金4600万元，筹集资金475.51万元（含社会资金），启动产业帮扶项目73个，因地制宜开展光伏发电扶贫、乡村旅游扶贫、发展特色种养殖业、劳动力就业转移等。对口帮扶的廉江市46个贫困村中，实现劳动力转移就业5717人；完成村道硬底化33.05千米，建成篮球场21个、休闲运动设施13处、卫生站10个、公厕29座，垃圾池35个、农田水利7千米。禅城区与廉江市两地共同投入约800万元建设的廉江市雅塘镇江城路正式通车。根据广东省考核要求，禅城区完成脱贫率32.6%，3759人脱贫出列。

在四川省凉山州东西部扶贫协作中，禅城区采取区县结对、村村结对帮扶的方式，结对帮扶凉山州布拖、昭觉、普格3个贫困县。南庄镇紫南村对口帮扶昭觉县特普洛乡古莫村，石湾镇街道番村对口帮扶普格县特尔果乡古木洛村，张槎街道张槎村对口帮扶布拖县补尔乡嘎且村。全区派出驻县干部3名，支医支教人员6名。以住房及基础设施扶贫协作为重点，拓展农业、旅游、人才培养、教育卫生、劳务输出、科技创新、社会帮扶等方面合作。2017年，禅城区向凉山州支援资金838万元，用于异地扶贫搬迁安置；开展爱心助学展翅计划，凉山州153名贫困学生得到禅城爱心企业家帮助。

政治

中共佛山市禅城区委员会

机　构

2017年，禅城区委有5个工作部门，分别是区委办公室（区政府办公室）、区委组织部（区机构编制委员会办公室）、区委宣传部（区文化体育局）、区委政法委（区司法局）、区委统战部（区外事侨务局）。

重要会议

【中共佛山市禅城区委四届二次全体（扩大）会议】

2017年1月16日，中共佛山市禅城区委四届二次全体（扩大）会议召开。来自社会各界、基层的党代表、非区委委员、候补委员的党代表及党组织关系在禅城的省、市党代表参加会议。区委书记刘东豪在会上作题为《发掘新动能　塑造新优势　全面开启佛山创新发展示范区新征程》的工作报告。报告指出，2017年是实施“十三五”规划的重要一年，供给侧结构性改革的深化之年，落实“全面建设佛山创新发展示范区”战略的关键之年。禅城区要坚持稳中求进工作总基调，坚守中心定位，勇当先锋示范，努力将中心城区的区位优势转化为区位责任、区位担当，以供给侧结构性改革为主线，推动新旧动能平稳接续、协同发力，加快率先全面转型，努力打造“首善之区”“创新中心”“幸福家园”。要适应把握引领经济发展新常态，加快新旧发展动能转化，创新驱动、革新政府管理服务；以供给侧改革为主线，加快构建创新型、开放型经济格局，持之以恒全面深化改革，努力建设宜居宜业宜创新的广佛都市圈核心区；坚定不移推进全面从严治党，为创新发展提供坚强保障。

【区委全体（扩大）会议】

2017年8月7日，禅城区委全体（扩大）会议召开，区委委员、候补委员出席会议，区人大、区政府、区政协领导等列席会议。区委书记刘东豪主持会议，区委常委曹洪彬传达市委十二届四次全会精神，区委副书记、区长孔海文总结全区上半年经济工作，部署下半年经济工作任务。孔海文强调，下半年要突出做好四个方面工作：第一，确保“稳”增长。加大固定资产投资力度，积极扩大消费需求，打开对外经济新局面，振兴实体经济。第二，坚持“调”结构。提高供给质量和效益，增强区域创新能力，加快集聚创新要素，释放创新创客之城活力。第三，主动“抓”机遇。加快构建开放型经济新体制，积极参与“一带一路”建设，深度融入粤港澳大湾区建设，主动对接广佛同城建设；深化“放管服”改革、“互联网+社会综合治理”改革，织牢织密城市“安全网”，深入实施“智信禅城”计划。第四，努力“塑”品质。展现岭南特色城市风貌，拓展通畅城市交通脉络，全面打造绿色宜居城区，全面提升公共服务水平。

【区委、区政府联席会议】

2017年，区委、区政府共召开联席会议2次。参会人员有区委常委、副区长、政务委员等，联席会议由区委书记主持。

3月10日，会议研究分工及部分职能调整，对工作进行部署：一是抓好财政预算支出；二是加快推进基础设施项目建设和固定资产投资工作，尤其要抓好房地产开发投资、工业用电量提升等工作，强化要素支撑，把握好工作节奏。各镇（街道）党（工）委书记要每两个月听一次土地供应情况汇报，及时解决征拆工作中遇到的问题。

12月22日，会议肯定2017年全区取得的成绩，分析总结工作中存在的不足、面临的困难和挑战，并提出2018年工作思路，区党政班子成员、区人大常委会主任、区政协主席、区人民法院院长、区人民检察院检察长，各镇（街道）党（工）委书记参会并发言。会议强调，全面加强党的领导，坚持稳中求进工作总基调，坚持新发展理念，贯彻高质量发展的要求，深入落实“五位一体”总体布局和“四个全面”战略布局各项重大部署，聚集党建统领、现代治理、动能转换三大任务，统筹推进稳增长、促改革、调结构、惠民生、防风险各项工作，进一步将中心城区的区位优势转化为区位责任、区位担当，全面建设干在实处、走在前列的新时代佛山“首善之区”“创新中心”“幸福家园”。

【全面深化改革工作会议】

2017年5月17日，全面深化改革工作会议召开。区委全面深化改革领导小组全体成员、区委区政府办公室相关副主任、区委改革办专职副主任、各镇（街道）分管改革工作的主要负责人、区全面深化改革重点项目相关单位的主要负责人参加会议。会上，重点改革项目单位分别汇报改革工作情况及下一步计划和措施，区委常委方岳明对《禅城区2017年全面深化改革重点项目》和《禅城区2017年全面深化改革工作要点》作说明，围绕全面落实从严治党责任创新机制、深化经济体制改革、提升现代化治理能力等内容，推出20项重点改革清单。区委书记刘东豪表示，改革已到深水区，禅城要坚定“一厘米”改革理念，持之以恒、坚持不懈，积小胜成大胜。

2017年5月17日，佛山市禅城区委召开全面深化改革工作会议

（王颖尧　摄）

会议公布的20项重点改革任务包括：建立区委巡查制度、基层党风廉政建设综合治理、落实容错纠错机制、推动“三去一降一补”、发挥投资拉动效应、整合公资企业板块、完善“禅城一张图”、加快区块链智信禅城平台建设、建立“互联网＋”公共文化大数据平台、社会综合治理改革、完善权责清单制度、改革区对镇街财政体制、推进自然人全生命周期服务、加快工商登记及相关领域审批监管制度改革、推进人才综合服务“一门式”办理等内容。

【禅城区委党的建设工作领导小组会议】

2017年1月22日，禅城区委党的建设工作领导小组会议召开。区委常委、区人大常委会主任、区政协主席、区委党的建设工作领导小组和基层治理领导小组部分成员单位负责人、各镇街党（工）委书记、基层党员干部、群众代表等参加会议。会上，对全区四个镇街党（工）委书记、8个区直部门党组书记抓党建工作进行述职评议。刘东豪对做好党建工作提出三点要求：一是继续围绕党建这一“主业”，深化各领域党建工作，做到“久久为功”，在抓牢抓实驻点联系、整顿软弱涣散基层党组织等工作基础上，注意树立典型，把党性观念强、群众认可、有威望的党员推选为村居带头人；二是不断增强党的凝聚力和向心力，做实党建平台，擦亮区域化党建、制度治党等党建品牌，让党建成为摸得着、看得见、感受得到的一项工作；三是以问题为导向，不断提升党建工作水平，引领基层治理创新，特别是要倾听群众声音，尊重群众的首创精神，把民意民智汇集到推动地区发展中来。

【全区金融工作会议暨金融产业融合发展大会】

2017年10月24日，以“创新驱动、融合发展”为主题的禅城区金融工作会议暨金融产业融合发展大会召开，区领导和区有关单位、各镇（街道）、行业协会、金融机构、企业的主要负责人等参加会议。区委书记刘东豪表示，禅城要继续着力做好金融产业融合发展工作——要集聚金融服务资源，提升区域金融服务能力；丰富金融扶持工具，推动金融产业融合发展；防范化解金融风险，确保金融市场稳定高效运行；创新企业上市服务，促进企业利用资本市场发展；健全企业信用体系，不断改善科技金融环境。会上，禅城区金融产业促进会正式成立，通过整合区域金融资源、创新资源，为金融机构和挂牌上市企业搭建开放、共享的对接平台，实现金融机构、挂牌上市企业、政府部门之间信息互通、资源共享。会员包括各类金融机构、挂牌上市企业和后备企业、金融载体和园区等60家单位。

重要学习与活动

【区委理论中心组学习】

2017年4月28日，区委理论学习中心组（扩大）会议召开，专题学习“DT时代的新安全”，区五套班子成员、区委理论学习中心组全体成员和学习秘书、全区副科实职以上领导干部、区数据统筹局相关业务骨干约400人参加学习会。8月31日，召开“省十二次党代会精神研读暨当前香港社会形态与粤港澳大湾区建设的形势分析”专题学习会，区委理论学习中心组全体成员和学习秘书、不是区委理论学习中心组成员的其他五套班子成员、全区副科实职以上领导干部参加学习会。10月12日，召开“诚信建设·首善之区”专题学习，区委理论学习中心组全体成员和学习秘书、不是区委理论学习中心组成员的其他五套班子成员、全区副科实职以上领导干部以及区社会信用体系建设成员单位业务骨干约400人参加学习会。11月14日，召开“党的十九大精神宣讲”专题学习，区委理论学习中心组全体成员和学习秘书，不是区委理论学习中心组成员的其他四套班子成员、区纪委副书记，区委各部委、区属各单位党组织、市驻禅单位党组织主要负责人，区讲师团成员代表和基层党员代表近100人参加学习。

【专题教育活动】

2017年5月16日，禅城区推进“两学一做”学习教育常态化制度化工作会议召开，学习贯彻习近平总书记关于“两学一做”学习教育的重要指示精神和对广东工作重要批示精神，贯彻落实中央、省委和市委推进“两学一做”学习教育常态化制度化工作会议部署，总结2016年全区学习教育开展情况，交流经验做法，对推进禅城区“两学一做”学习教育常态化制度化工作作出安排部署。8月18—22日，举办禅城区2017年领导干部纪律教育学习班，区五套班子成员，全区副科实职（公安、地税、国税等单位正科实职）以上领导干部，区公资办各直管公司（机构）党政主要负责人、纪委书记，禅城供电局党政主要负责人，各村党组织书记，村委会主任参加培训。

【区党政代表团考察活动】

2017年2月20日，区委书记刘东豪率领党政代表团赴深圳市罗湖区考察学习，两区签订友好城市战略合作协议，缔结为友好城市。根据协议，双方建立长期友好合作关系及互访交流制度，搭建合作交流平台，推动产业城市对接发展，扩大商贸往来合作，加强人才和教育交流。建立城市更新交流合作机制，立足两地资源优势，持续增进两地产业发展、城市更新等领域的对接和合作，共同推进两地科技、金融、物流、专业服务等创新资源的合作共享，共同推进科技创新、楼宇经济、电子商务、文化创意等产业业态的对接发展，加快两地重大产业平台项目的深度融合。

中共佛山市禅城区委员会

书　记：刘东豪

副书记：孔海文　区柱明

常　委：刘东豪　孔海文　区柱明
曹洪彬（3月任）　苏　岩（至3月）
张红兵　植伟生　徐　航　吴问其
方岳明　梁柱华　杜　梅

（曾洁莉）

组织工作

【简述】

2017年，区委组织部（区机构编制委员会办公室）设17个内设机构：办公室、调查研究科、组织一科、组织二科（区直属机关工作委员会）、组织三科（区新经济和新社会组织工作委员会）、党代表联络办公室、干部科、人才工作科（2017年增设）、干部培训科、绩效管理科（区绩效管理工作领导小组办公室）、公务员管理科（区军队转业干部安置工作领导小组办公室、区公务员办公室）、事业单位人事管理科、行政机构编制科（监督检查科）、事业机构编制科（区事业单位登记管理局）、干部监督科、工资福利科、老干部科（区委老干部局），在职人员62人。下属事业单位2个，分别是人才研究所和老年干部大学（老干部活动中心），在职人员17人。5月，撤销区人事考试中心，职能划入公务员管理科、事业单位人事管理科。

【“两学一做”学习教育】

2017年，结合学习宣传贯彻中共十九大精神，推进“两学一做”学习教育常态化和制度化。区领导到基层各领域开展宣讲95场次，全区举办理论中心组专题学习会、培训班约90场，1661个党支部开展专题讨论学习约7000次，覆盖党员群众达15万人次。开展“党支部规范化建设年”活动，新建69个区级党组织示范点，全区设置党员示范岗2884个。创新“党员政治生日”制度，利用罗登贤事迹展览馆等红色历史资源组织现场教学621次。对全区69个党组织和16个被纳入市级示范点的党支部“两学一做”落实情况，开展督导检查12批次，督导覆盖党组织数量由2016年的65个增至110个，督促各单位对全区约4万名党员进行档案核查。

【整顿软弱涣散基层党组织】

2017年，推进6个软弱涣散基层党组织整顿工作，梳理发现6类、32个问题并全部整改完毕；调整5个软弱涣散村（社区）党组织书记，3个软弱涣散村党总支部的村小组成立党支部。全区共有3名区领导、23名镇街领导、6名第一书记、27名整顿工作组成员、6个区直部门参与整顿工作。

【区域化党建获评全国基层党建创新优秀案例】

2017年，推进“1＋N＋X”区域化党建，打造“堡垒型＋服务型”基层党组织工作。以“党建＋”的理念，首批下拨892万元专项党费，推动4个镇街建立党群服务中心，其中祖庙街道党群微服务中心率先建成，集党员活动、群众议事、教育培训、文化娱乐、便民服务等功能为一体。开启党建与项目“三同步”（项目引进和党组织设置同步筹划、项目建设与党组织建设同步落地、企业服务和党员教育管理同步开展）的工作方式，如佛山博士创新梦工场（11月揭牌）在筹建阶段即成立党支部，下设6个党小组，实现园区建设与党支部建设同步进行。创新将党组织建立在人才集聚的专业平台上，佛山人力资源服务产业园党支部于8月挂牌成立，成为广东省首家挂牌成立党支部的人力资源产业园。

11月23日，在中国浦东干部学院、人民网·中国共产党新闻网、中国组织人事报社和组织人事报社四家单位举办的第四届全国基层党建创新典型案例征集评选活动中，禅城区“探索实践区域化党建，引领基层治理创新”被评为全国基层党建创新优秀案例。

【党组织建设】

2017年，全区基层党组织共1984个，其中党委171个、党总支123个、党支部1690个。中共党员共42581人，其中女中共党员16342人，少数民族党员269人。

农村基层党建　完成村（社区）“两委”换届工作，合理调整职数，使村党组织职数（255个）多于村自治组织职数（246个），改善村强党弱局面。强化农村党组织领导核心制度保障体系，制定《农村“灯塔”工程实施方

案》，出台配套文件12份，53名村书记全部纳入区级备案管理。以南庄紫南村、石湾深村为样板，对不适于加强党的领导的制度进行修改。创新村后备干部选聘模式，镇街统一组织笔试、面试，10个村委会招考20名后备干部。树立村干部楷模，紫南村党委书记潘柱升先进事迹在中央级杂志和媒体登载。

机关党建 2017年，在14个机关党委设置专职副书记，专门负责党建工作。建立执行“党员政治生日”制度，全区1292个党支部组织23970名党员过“政治生日”，通过罗登贤事迹展览馆等红色历史资源组织现场教学621次。16名优秀干部（含体制外优秀人才）通过兼任、挂任等方式参与群团工作决策，以党建带群建、群建促党建。

国企与“两新”组织党建 2017年，推动党建工作写入国有企业公司章程，禅城区属国有企业全部完成章程的修订工作。充实调整区“两新”组织党工委架构，新增民政、工商、工商联等区直部门相关负责人纳入委员，提高党员民营企业家、社会组织党组织负责人的比例。在全市率先选派两批次共20名机关资深干部到“两新”党组织挂任第一书记。重点推进新兴领域和互联网经济方面的“小个专”行业党组织组建，成立“小个专”党组织16个。依托区民政局成立区社会组织党委，印发《关于进一步理顺禅城区社会组织党建管理的意见》。开展社会组织党建综合监测区建设，建立行业党组织三级管理体制，确定广东至高律师所党支部等10家社会组织监测点。

【非户籍常住人口参与基层治理】

2017年，推动非户籍常住人口参与村（社区）“两委”换届选举、进入工青妇等群团组织，共选出非户籍委员60名，实现三级群团领导班子成员中100%有非户籍常住人口参与。建立“家禅城议事厅”制度，畅通非户籍人口参与的村（社区）议事渠道。推进非户籍常住人口党员党支部建设，制定《非户籍委员职责和考核管理工作的指导意见》，发挥非户籍委员在沟通、服务非户籍人口中的积极作用。

【党代表参政议政】

2017年，禅城区推行党代表列席常委会制度，制定《区级基层党代表列席区委常委会议实施办法（试行）》，选派7名党代表列席区委常委会议，推动党务公开从概念化向制度化转变。开展党代表对重点工程项目的考察调研、下基层讲党课和送“清凉”、党代表参与驻点联系群众工作等活动。全年参加考察调研活动的党代表约100名，参加下基层讲党课和送“清凉”活动的党代表超过80名，参加村（居）驻点联系群众工作的党代表超过300名。

【驻点直联工作】

2017年，规范禅城区驻点普遍直接联系群众工作意见办理流程，完善区、镇（街道）、村（社区）三级班子联动机制。推进非户籍人口参与“直联”，将驻点联系团队人员构成拓展到非户籍常住人口。开展驻点直联扩面提质“1＋2先锋行动”，促进“双联系”与“直联”工作有机融合。发挥区信访督查专员作用，健全驻点联系与信访问题处理双向联动机制，安排区信访督查专员参与镇（街道）驻点联系工作。制定《禅城区直联工作督查制度》和完善《禅城区镇（街道）领导干部驻点普遍直接联系群众工作考核评价细则》，细化考核指标，不定期对驻点联系工作情况进行暗访和通报。是年，禅城区通过驻点联系群众工作累计接待群众75.55万人次，收集解决群众反映的意见问题3715条，解决3654条，解决率达98.36%。

【干部队伍管理】

强化领导班子建设　2017年，开展分析研判和换届回头看活动，增强区直部门和各镇街班子整体功能。推进领导干部学习贯彻中央新精神新部署系列活动，创新区管干部任前谈话等教育举措。

完善干部工作制度　出台和修订《区管干部选拔任用工作规程》《科级领导干部人选实名推荐办法》等11项规范性文件，明确干部选拔任用、试用期管理、挂职管理等各个环节工作程序，全年共提拔区管干部151人。全区铺开中层干部轮岗工作，缩短中层晋升任职年限，调整股级任职资格年限为1年，为优秀年轻干部成长提供政策保障，全年提任股级实职干部226人，较2016年增加160人。

加强干部培养锻炼　2017年，出台《年轻干部挂职锻炼工作意见》，搭建区镇双向挂职、区信访督查专员、援藏援疆、对口扶贫（廉江）、驻点直联等挂职锻炼平台，选派各类干部挂职锻炼260人次。

【干部教育培训】

2017年，举办学习中共十九大精神专题轮训班共4期，约1135人次参训。举办全区副科职以上领导干部学习贯彻习近平总书记对广东工作的重要批示精神专题研讨班、“三个条例”[《中国共产党地方委员会工作条例》《中国共产党党组工作条例（试行）》《中国共产党工作机关条例（试行）》]专题讲座等，组织一批妇女干部赴大别山区、两批组织人事干部赴贵州遵义开展红色理想信念教育，首次走进中央党校举办科级领导干部培训班。制定《禅城区干部教育培训管理规定》，规范干部教育培训管理。是年，全区共选派343名干部参加46期省、市主体班次调训。自主举办中青年干部、“两新”党组织书记以及事业单位班子副职等不同类别、层次干部培训班共31期，培训干部3628人次。

【干部监督】

2017年，坚持从严管理监督干部，印发《关于切实抓好〈组织人事部门对领导干部进行提醒、函询和诫勉的实施细则〉贯彻落实的通知》，督促各单位常态化开展提醒函询诫勉工作，使“红脸出汗”成常态。区委组织部约谈推进工作缓慢的科级干部2人、函询4人；因其他原因书面提醒科级干部10人、谈话提醒5人、函询21人。完善干部监督工作联席会议制度，增强干部监督工作合力，印发《禅城区干部监督工作联席会议制度和信息沟通办法（试行）》，将区纪委等11个单位纳入联席会议成员单位的范围，并建立每月干部监督信息通报制度。强化巡察组织人事问题的整改，印发《区委组织部督促指导被巡察单位整改组织人事问题的工作方案》，成立督促指导被巡察单位整改组织人事问题工作领导小组，设立党建、人事、干部3个专项组，推进巡察工作与基层党组织建设和人事工作、干部管理监督有效对接，实现巡察、整改有序衔接。

【人才工作】

2017年，禅城区新增硕士以上高层次人才511人，高层次人才总数10657人，全区新增各类人才1.31万人，人才总量累计达22.9万人，人才密度达20.8%，其中新增美国工程院院士1名、国家千人计划专家2名。

人才政策与服务　出台人才“禅十条”、禅城区促进高校毕业生就业创业扶持办法等人才政策共21份。全区37项涉及人才服务审批的事项纳入“一门式”办理，其中23项人才引进、调动类业务即办即走，即办率达62%，全年人才“一门式”办理业务量突破7000件，其中即办件3025件。梳理、优化“人才公寓”“金禅卡”等人才政策中的审批条件，在人才公寓申领方面，推行“先入住、后审批、后监管”模式，将原需耗时33天的审批时限改为“即到即办即入住”。推出人才管家服务，区委书记等领导干部亲自对接高层次人才，解决人才补贴申领、住房保障、子女入学等问题。成立区人才研究所，制定人才工作例会制度，每月定期研究解决人才工作问题，全年共召开工作例会10次、部署工作任务51项。

招才引智　借助“国交会”、“海交会”、“互联网+”博览会等活动，联合辖区60家重点企业组团参展，与约50名海外人才达成初步合作意向。建立吉林大学人才驿站，打通与东北地区院校人才对接通道。

育才载体搭建　建设佛山人力资源服务产业园，引进人力资源服务机构37家，出租面积达80%。推动“双创园区”建设，佛山博士创新梦工场正式开园，张槎华南创谷进驻企业61家。全区累计建设博士后工作站（分站）、实践基地达24家，实际运作院士工作室3家。

人才资金扶持　设立人才发展专项资金，将人才扶持范围拓展到社会、教育、医疗、文化等领域。全年审批创业小额担保贷款235笔，发放贷款4423万元，发放小额贷款担保贴息502.83万元；审批发放创业资助、创业租金补贴和创业带动就业补贴等共167.78万元。

【人员招录】

2017年，共招录公务员和参公管理事业单位工作人员75人、事业单位工作人员149人，区直部门招录政府聘员26人。办理机关、参公管理事业单位人员调动109人，办理事业单位人员调动57人，对499人进行股级任职资格审核，安置计划分配军转干部54人，自主择业军转干部4人。

是年，禅城区公务员及参公管理事业单位工作人员共4621人，其中区直党政群机关1382人，公安机关1819人，检察机关128人，审判机关199人，参公管理事业单位339人，镇街机关754人；男性3571人、女性1050人；研究生314人，本科3145人，大专1024人，中专及以下138人。禅城区事业单位工作人员7990人，其中管理人员1148人，专业技术人员6506人，工勤人员336人。

【绩效管理】

2017年，优化完善单位分类，把全区37个区属单位分类优化调整为经济类、民生类、执法类、综合类和党群类。调整管理指标设置，针对不同类别单位工作性质和侧重点设置不同的管理指标、权重和标准，新增“意识形态”“政务舆情回应”“大数据考核”等指标。理顺绩效督办工作流程，形成申请督办、发布督办、办理督办、结果运用的完整闭环信息链。10月，通报2016年度区绩效考评结果，其中区委区政府办公室、区委组织部（区编办）、区委宣传部（区文化体育局）、区委政法委（区司法局）、区发展规划和统计局（城乡规划）、区财政局、区国土城建和水务局（国土资源）、区国土城建和水务局（城乡建设）、区市场监督管理局（工商）、区交通运输局、区人民法院、区人民检察院、市公安局禅城分局、区妇女联合会、张槎街道、祖庙街道、区行政服务中心、区国税局、区地税局共19个单位被评为“优秀档次”单位。

【老干部工作】

2017年，探索在离退休干部活动团体建立临时党支部。组织“走基层、看变化、促发展”活动，召开畅谈变化展望未来专题座谈会。为老干部举办政治理论骨干学习班、中共十九大精神专题培训班，组织参观广州“三大”会址。鼓励老干部开展宣讲活动，3名退休干部被纳入区政治理论宣讲团，区关工委开展青少年法制教育、开设党史国情教育课程。筹办老干部书画展、摄影作品展、征文活动、文艺展演、正能量微语活动，举办英语、合唱、舞蹈、国画等8个培训班，约300名学员参加学习，举办摄影、诗词、保健、棋类等讲座超过70场次。截至2017年年底，禅城区有离休干部65名，其中异地到区安置的离休干部17人，副科级以上离退休干部1202人。年内新办理副科级以上干部退休68人。

【“放管服”改革】

2017年，印发《佛山市禅城区食盐监管体制改革实施方案》，明确禅城区食盐监管部门及职责，强化食盐监管执法力量配置，完善食盐监管体制机制。编制区直部门权责清单，推行运用“政府职能综合管理系统”，打造“清单＋系统＋制度＋应用”管理体系，实现一张清单覆盖权力管理、一套标准规范权力运行。全年梳理区直部门权责事项10315项。推进“双随机一公开”抽查机制加强事中事后监管工作，编制16个区属单位部门随机抽查事项清单，审定并向社会公布第一批随机抽查事项共130项。

【机构编制设置】

2017年5月，撤销区人事考试中心，设立区人才研究所；9月，区委组织部加挂区人才工作办公室牌子，新增内设机构人才工作科；12月，禅城区委老干部局从区委组织部内设机构加挂牌子调整为在区委组织部加挂牌子。

10月，区建设工程质量安全监督站增加“负责具体实施辖区交通运输、水务工程安全监督工作”的职责，增加事业编制10名，用于交通运输、水务工程安全监督工作。

12月，区委政法委机关加挂“禅城区社会综合治理指挥中心”牌子，各镇（街道）综治信访维稳办公室加挂“区社会综合治理指挥中心镇（街道）分中心”牌子。

【事业单位改革】

2017年，整合公立医院医疗资源，优化教职员编制管理及建立事业单位法人治理结构试点。11月，整合禅城区向阳医院（佛山市禅城区口腔医院）、禅城区朝阳医院、禅城区中医院（佛山市禅城区澜石医院），组建禅城区人民医院。

优化和规范事业单位登记管理，全年办理业务103项，其中设立登记4项、变更登记89项、注销登记5项、证书补领1项、遗失声明2项、拟注销公告2项；向社会公开事业单位法人年度报告216份。

中共佛山市禅城区委组织部

部　长：方岳明

常务副部长：李红侠　朱丽红　邓建忠

副部长：张静仪　欧阳莉（至8月）

郑洪深（8月任）　韩士超（至12月）

禅城区纪委派驻区委组织部纪检组组长：

谢春平（5月任）

佛山市禅城区机构编制委员会办公室

主　任：李红侠

副主任：郑洪深（至8月）　周　吕（8月任）

中共佛山市禅城区委老干部局

局　长：张静仪

中共佛山市禅城区直属机关党工委

书　记：朱丽红（至1月）

韩士超（1—12月）

郑洪深（12月任）

中共佛山市禅城区"两新"组织党工委

书　记：韩士超（1—12月）

郑洪深（12月任）

（李众擎）

宣传工作

【简述】

2017年，区委宣传部内设办公室、理论科（区企业思想政治工作人员专业职务评定工作领导小组办公室）、宣传科（区对外宣传工作领导小组办公室、区人民政府新闻办公室）、文明科（区精神文明建设委员办公室、区国防教育委员会办公室），下属事业单位为区网络新闻信息中心。在职人员26人。

【理论学习】

2017年，组织跟进区委理论中心组学习24场，组建禅城区宣讲团，党政领导带头赴基层宣讲，全区各级共宣讲约500场次，宣讲主题包括学习贯彻习近平新时代中国特色社会主义思想、习近平总书记系列重要讲话精神、习近平总书记对广东工作的重要批示精神以及中共十九大精神等。投放各类学习贯彻中共十九大精神公益广告3200处。探索"互联网＋理论宣传"新模式，建立各级中心组线上学习群34个，形成以网站、微信公众号、微信群、理论宣讲"网军"队伍等为载体的理论宣传"微矩阵"，送课162堂，推送《学习与参考》19期。与珠江时报合作推出《禅商新征程——盛慧专访》栏目7期。

【敬业之城系列活动】

2017年3月，印发《禅城区2017年推进"敬业之城·首善之区"行动实施方案》，开展敬业之城系列活动。评选出禅城区首届"岗位之星"5人，包括叶海峰、夏可庆、何国良、段成华、李海德，其中来自禅城区玫瑰小学的保安员段成华获评第一期"佛山企业敬业之星"；推选并获评"佛山脊梁·企业"4家，分别是广东新明珠陶瓷集团有限公司、广东兴发铝业有限公司、佛山市东鹏陶瓷有限公司、佛山电器照明股份有限公司；推选并获评"佛山·大城企业家"3人，分别是佛山市西伍服饰有限公司董事长石松、广东天安新材料股份有限公司董事长吴启超、广东石湾酒厂集团有限公司董事长范绍辉。是年，打造社会主义核心价值观、宣传思想文化进企业示范点13个，开展宣讲活动73场，社会主义核心价值观活动48场，文化艺术活动124场，新闻宣传培训22场。

【舆论宣传】

2017年，策划“数字城市，禅城方略”“新旧动能转换”“社会治理现代化”等专题报道，以区块链政务应用发布、云平台获国家级奖项等节点为契机，推出禅城区“一门式一网式”政务服务改革、社会综合治理云平台的示范性作用、区块链创新应用、美丽文明村居建设、公共文化服务体系建设等宣传报道，获国务院客户端、中国政府网、中央电视台、人民日报、经济日报、中青在线、人民网等高端政务媒体的报道。借助高铁旅游博览会、区块链项目落地发布、陶艺·建陶设计周暨陶瓷艺术周等活动，搭建与人民日报、新华社、央广网等高端平台的合作渠道，全年在省级和中央级媒体上宣传推介禅城改革发展经验约100次。众陶联供给侧结构性改革作为全国范例在中央电视台大型政论片《将改革进行到底》中播出。整理禅城2016年的重大事件，编印《禅城最强音》，首次发布2016年度禅城十大新闻、十大新闻人物暨十佳宣传创新项目。举行第二批“禅城大工匠·首善之区城之匠心”命名仪式暨禅城区工匠精神分享会，10名能工巧匠获评“禅城大工匠”。

【禅城区十大新闻、新闻人物等评选】

2017年3月29日，召开“禅城最强音——2016年度禅城十大新闻、十大新闻人物暨十佳宣传创新项目”发布会。“禅城区‘一门式’改革经验全国推广”“禅城出台全面二孩实施配套政策”“广佛地铁二期开通，魁奇路东延线成功打通”“打造创客之城，建设佛山创新发展示范区”等新闻获选区2016年度十大新闻。南庄紫南村党委书记潘柱升、警察廖海飙、护士刘茂英、简一陶瓷董事长李志林、禅城女企业家协会会长李娟等获选十大新闻人物；禅城“互联网+安全生产宣传全覆盖”项目、首届“十大禅城卫士”评选宣传项目、禅城“互联网+智慧菜场”全媒覆盖宣传项目等获选十佳宣传创新项目。

【网络宣传】

2017年，“禅城发布”双微（微博、微信）居“广东网信”县区排行榜前十。其中“禅城发布”微博粉丝达61.6万，发表博文3499条，阅读量超1000万人次，被人民网评为“广东十大党政新闻发布微博”；7月，人民日报联合微博发布《2017年上半年政务微博影响力排行榜》，“禅城发布”微博获得“广东十大党政新闻发布微博”第5名，列佛山政务微博第一；发布话题“2017行通济”，直播当天三次跻身微博“全国公益榜单”首位。“禅城发布”微信粉丝数达21万，全年阅读过万人次原创微信达200条，获“佛山十大政务微信”（区级）称号；结合中共十九大、禅城区两会、行通济、五十公里徒步、魁奇路与岭南大道节点改造工程、禅城旅游文化周、陶艺周、互联网+博览会、佛山功夫周等节点，提前策划宣传，及时推送，强化宣传效果。

【禅城区新媒体联盟成立】

2017年7月25日，禅城区新媒体联盟成立暨“首善之区·幸福家园”禅城微影像摄影大赛启动大会举行。率先全市成立的新媒体联盟由禅城区104家政务新媒体单位、驻禅城媒体新媒体单位、企业新媒体单位共同发起成立，为禅城区首次探索政媒企合作的尝试，旨在搭建联盟成员之间沟通的桥梁，共建提升禅城城市形象的网络对外宣传合作平台。联盟发布《禅城区新媒体自律公约》，规范新媒体传播行为，营造绿色网络空间。是年，联盟成员在联盟交流群内发布活动36场，发布稿件约2000篇。

【舆情监控与网络问政】

2017年，制定《佛山市禅城区政府新闻发布管理办法》《佛山市禅城区突发事件舆情应急预案》《佛山市禅城区新闻宣传与政务舆情回应工作评估实施方案》，出台《禅城区年度新闻宣传工作评估报告》。在常态化编撰《禅城每日舆情》的基础上，每月编撰《网络要情专报》供区领导参研。全年检索网络负面舆情共计461条（其中日常舆情292条、专项舆情169条），设立专项舆情17项。上报重要政治时间节点和专责舆情零报告733条。是年，网络问政平台收到问政网帖4077条，其中实际受理分发3459条，回复率达100%。与电台“面对面”节目整合，开展网络微访谈活动5场、“禅城面对面”活动32场，涉及全民旅游、文明交通、食品安全、消防等内容，活动现场回复网民问题超180条，阅读量达15.1万人次。

【网络治理】

2017年，开展网络环境专项整治行动和主要社会网站网上生态专项整治行动，重点处置属地媒体发布的政治谣言、暴力血腥、低俗色情、违规新闻类4类信息共1350条；将18个社会新媒体纳入台账属地管理，依法约谈2家违规采编报道的网站，关停3个涉黄低俗类信息微信公众号；完成3家属地社会网站用户真实身份信息注册工作。

【文明建设】

2017年，开展崇礼、陶养、乐善等系列主题活动逾450场，包括“文明交通”“文明旅游”“网络文明”等文明系列活动以及“我们的节日”系列活动，覆盖500万人次。完成20个美丽文明村居示范点建设规划工作，确定第一批8个村居入库项目105个，加快推进第二批12个村居的项目入库工作。完善“文明创建+城市管理+城市执法+基层治理”四位一体工作机制，发挥区、镇街联动的作用，推动祖庙街道“大数据、微服务”工作、张槎街道文化品牌建设等工作，构建共建共治共享新格局，助力佛山通过全国文明城市的复检。

中共佛山市禅城区委宣传部

部　长：张红兵

常务副部长：何文志

副部长：林汉歆（至7月）　黄连教（7月任）

龚　敏　陈冬生（7月任）

张畹芝（挂职，至9月）

（梁瀚斌）

文明创建工作

【简述】

2017年1月，禅城区创建全国文明城市工作办公室和区精神文明建设委员会办公室合署办公。合署后，两办职能合并，具体负责创建全国文明城市工作、精神文明建设工作及美丽文明村居建设工作。年末，在职人员共18人。

【文明创建常态化】

2017年，构建文明创建“三、二、一、多、网”工作机制（“三”即构建三级巡查督导机制；“二”即落实《任务清单》《巡查清单》两个清单；“一”即用好一个社会综合治理云平台；“多”即抓好多项专题工作；“网”即建立创文网格责任制机制），促进文明创建工作常态化。全年开展重点巡查督导25场次，日常巡查145场次，发出交办通知书153份。依托云平台发现创文问题11157宗，处理10801宗，处理率达96.8%。以“信息化+网格化”为抓手，把文明创建和城市管理转化为全社会参与的自觉行动，构建共建共治共管共享新格局。是年，广东省文明办印发《关于推广佛山市禅城区文明创建“网格化”管理工作经验的通知》，在全省推广禅城区文明创建工作经验。

【基层文明创建工作】

2017年，重点结合镇容街貌集中整治专项行动、美丽文明村居示范点建设、弘扬优秀家风家训、营造健康文明校园氛围等内容，开展文明镇街、文明村居、文明单位、文明家庭、文明校园创建活动。是年，成功创建“全国文明单位”1个（禅城区行政服务中心）、“全国文明村镇”1个（南庄镇紫南村）；创建“广东省文明村”1个（紫南村）、广东省“最美家庭”1个（蔡石家庭）、“广东省家庭文明建设示范点”2个（紫南村、下朗村）、“广东省文明校园”1个（佛山市第九小学）、“广东省学雷锋示范点”1个（禅城区妇女联合会）；创建佛山市文明村镇及文明单位共57个（“文明镇”1个、“文明街道”2个、“文明单位”24个、文明社区30个）、“佛山市文明校园”5所，佛山市“十大文明家庭”3个、佛山市“最美家庭”8个、“佛山市学雷锋志愿服务先进典型”7个。

【文明风尚倡导】

2017年，禅城区重点打造“志愿者之城”“乐善之城”“敬业之城”，以“首善之区·幸福家园”为主题，通过崇礼、乐善、陶养禅城三大行动，开展文明旅游、文明交通、文明餐桌、文明礼仪、网络文明“五个文明”宣传活动。围绕春节、清明、端午、七夕、中秋、重阳等节点，开展“我们的节日”系列活动；将核心价值观融入学校教学环节，编印《童谣里的佛山》等；开展“传家训、立家规、扬家风”活动、“最美家庭”系列评选活动；深化诚信建设主题创建活动，推进诚信建设制度化；推进志愿服务制度化建设，开展“金白兰奖”评选活动；编印《禅城温度》，弘扬社会正气。是年，全区举办系列活动超过450场，覆盖500万人次。全区获评“全国最美家乡人”2人，“广东好人”1人，“佛山好人”6人、“最美佛山人”15人。点赞正能量事件22例，其中国内媒体报道3例。

【启动文明创建全民大行动】

2017年6月8日，禅城区“首善之区·幸福家园”——文明创建全民大行动启动仪式在铁军社区文化广场举办，围绕“首善之区·崇礼禅城行动”“幸福家园·乐善禅城行动”和“厚德敬业·陶养禅城行动”三大主题，38项文明创建子活动同步启动。现场举行“警家校护畅全覆盖（主城区）”签约仪式，启动美丽文明村居（青年123）文化行动和2017年禅城区志愿服务邻里节启动仪式，成立禅城好人联盟。

【社会主义核心价值观宣传】

2017年，设计“非遗系列”等六大宣传主题，在禅城区主干道刊播中共十九大会议精神、中国特色社会主义、社会主义核心价值观和中国梦等主题公益广告。打造“一干道一主题”风格，如汾江路、同济路社会主义核心价值观非遗系列，季华路社会主义核心价值观剪纸系列，佛山大道、卫国路、魁奇路、岭南大道以及文华路社会主义核心价值观陶艺系列，绿景路讲文明树新风系列等。打造核心价值观主题公园，文华公园被评为省级、市级核心价值观主题公园，兆祥公园被评为市级核心价值观主题公园。在企业、车间打造一批核心价值观主题宣传景观，开展“新形势下企业文明”讨论活动，推动社会主义核心价值观和文明创建向企业延伸。

【美丽文明村居建设】

2017年，禅城区推进20个美丽文明村居示范点建设工作。4月，印发《佛山市禅城区美丽文明村居示范点建设实施方案（2017—2018）》。6月，出台《佛山市禅城区村居提升财政奖励管理办法》和《禅城区美丽文明村居文明文化建设工作指引（2017—2018）》等系列文件。是年，召开美丽文明村居建设专题协调会超过20次，推进建设规划、卫生、绿化、文明文化、环境综合治理、管线改造、“两违”问题、项目招投标等重点领域的工作。完成20个美丽文明示范村居规划，将文明文化融入美丽村居建设，打造“一村一品一特色”，确定第一批8个村居入库项目105个，总投入金额约7949万元。各示范点村居开展各类文化文明建设活动，南庄镇紫南村开展“十大孝子”“十大好媳妇”等十大系列活动，建成紫南村史馆、紫南赋文化广场、广府家训馆、佛山好人馆，制定《紫南村村规民约》，培育“崇德向善”的村风民风；石湾镇街道鄱阳村开展“星级文明户”“五好家庭”等评选活动，营造向上向善的和谐氛围；张槎街道莲塘村开展“讲文明树新风宣传教育会”等活动，打造南狮博物馆、南狮训练和民俗文化，树立“毓秀莲塘”社会主义核心价值观；祖庙街道扶西村结合街道“大数据、微服务”工作，使“好人精神”和“志愿精神”扎根群众。

【未成年人思想道德建设】

2017年，围绕培育和践行社会主义核心价值观，开展“我的中国梦”和“扣好人生第一粒扣子”主题教育实践活动，培养未成年人的爱国主义情感，树立正确的理想信念，培养良好的道德品质和文明行为。在清明节、“六一”儿童节、“七一”建党节、“十一”国庆节等重要时间节点，分别开展网上祭英烈、学习和争做美德少年、“童心向党”歌咏活动、“向国旗敬礼”网上签名寄语等系列道德实践和社会实践活动。推进学校精神文明建设工作，创建区级文明校园20所、市级文明校园5所、省级文明校园1所。

佛山市禅城区创建全国文明城市工作办公室

主　任：张红兵

副主任：陈国锐　何文志　林汉歆（至7月）
　　　　黄连教（7月任）　龚　敏（至2月）

（刘　超）

统战工作

【简述】

禅城区委统一战线工作部内设大部办公

室、党派科、港澳事务科、台湾事务科和民族宗教科。2017年在职人员12人。

是年，区委统战部围绕区委区政府中心工作，发挥统战优势，凝聚各方力量、汇聚智慧，不断扩大统战工作的“朋友圈”。

【党派工作】

召开迎春座谈会 2017年1月23日，禅城区委、区政府召开禅城区各界人士迎春座谈会。区委书记刘东豪，区政协主席殷辉，区委常委、区委统战部部长杜梅等领导与区各民主党派负责人、无党派人士代表、非公经济人士代表、宗教界代表、台商联谊会代表等约50人参加座谈会。

组织专题学习培训 2017年4月22—28日，区委统战部组织区各民主党派总支领导班子、骨干成员共31人赴延安干部培训学院举办区各民主党派总支领导班子“统一思想、增进共识”主体能力提升培训班。11月17日，区委统战部召开各民主党派学习贯彻中共十九大精神工作座谈会，禅城区各民主党派总支主委、副主委及骨干成员等约20人出席会议。

支持民主党派参政议政 2017年，共收集各类统战信息553条，整理上报540条。其中被全国政协采用1条、省委统战部采用1条、市委采用3条、市委统战部采用17条。在区政协四届二次会议期间立案的提案共217件，其中7个民主党派共提交160件（各民主党派区总支提交24件、各民主党派政协委员提交136件），约占立案提案总数的74%。在区四届人大二次会议上共收到代表建议44件，其中各民主党派人大代表提交建议14件，约占提交建议总数32%。2月，区委统战部获得2016年度全市统战信息工作一等奖，3篇统战理论文章获得2016年度全市统战理论政策研究创新成果优秀奖。

组织民主党派联合专题调研 2017年6月起，区委统战部牵头组织各民主党派区总支领导及骨干成员组成联合专题调研组，先后赴区工商联、区经科局、区文体局、区人社局、区财政局等相关部门和产业园区等单位，对禅城区企业专项扶持资金投放的效能情况进行调研。

【统战服务进社区】

2017年11月5日，区委统战部组织区各民主党派志愿者到福禄社区开展“同心圆·中国梦”——统战服务进社区联合社会服务活动，向社区居民宣传中共十九大精神和爱国统一战线知识，为社区居民免费提供医疗专家问诊、法律咨询、教育咨询、心理咨询、安全讲座等服务。统战部领导、党员干部、各民主党派区总支领导、各民主党派知名专家等统战志愿者和居民群众近1000人参加活动。

【港澳和海外统战工作】

2017年6月1—5日，区委统战部会同香港禅城社团总会组织禅城籍港澳社团职首、青年精英及重点乡亲约40人，共赴井冈山开展国情教育考察活动。

6月26—27日，区委常委、区委统战部部长杜梅率领区和镇街分管统战工作领导分别赴香港、澳门召开“2017年禅城籍旅港、旅澳乡亲社团代表人士恳谈会”。6个香港乡亲社团职首及秘书长等代表人士37人、4个澳门乡亲社团职首等代表人士25人分别参加香港、澳门恳谈会。

8月5日，区委常委、区委统战部部长杜梅带队出席香港禅城社团总会举办的“庆祝香港回归祖国20周年暨香港禅城社团总会成立1周年会庆联欢晚会”，约700名旅港乡亲会员参加晚会。

10月27日，禅城海外联谊会第四届理事大会暨就职典礼在禅城召开。佛山市委常委、市委统战部部长黄喜忠，市政协副主席郑灿儒，禅城区委副书记、区长孔海文，区委常委、区委统战部部长杜梅等领导，以及近300名来自港澳台的乡亲和海内外人士参加活动。

是年，全区共接待港澳海外乡亲社团13批次约590人，参加港澳海外乡亲社团联谊活动约19批次。推荐安排2批45人次的港澳海外骨干乡亲、青年才干参加市委统战部组织的“佛港澳青年菁英国情教育考察交流活动”“佛港澳青年经济交流活动”等系列学习活动。

【禅台合作与交流】

2017年3月24日，区委统战部组织召开“联合服务暖台企”活动，区委常委、区委统战部部长杜梅和区委区政府办公室、区直单位、镇街等约20个部门的分管领导、区内约30名台商台胞参加。5月21—27日，区委常委、区委统战部部长杜梅带队赴台湾开展经贸和文化交流工作。是年，禅城区新增台资企业4家（佛山市杲杲文创科技有限公司、佛山市煌太壹餐饮有限公司、佛山市森春科技有限公司、佛山市齐合天地网络科技有限公司），合计投资额约6000万元。全年共接待台湾交流参访团组6批次73人；办理团组赴台业务共19批次（其中公务赴台团组1批、商务赴台团组18批），赴台人员约44人次。

【海峡两岸青年就业创业示范点申报】

2017年，禅城区申报海峡两岸青年就业创业示范点。7月12日，省台办经济处处长肖南一行到禅城区调研海峡两岸青年就业创业示范点工作情况，区委常委、区委统战部部长杜梅等参加实地调研。是年，禅城区以申报海峡两岸青年就业创业示范点工作为契机，建立“禅城台青之窝”微信工作群，举办“缘聚禅城——台青交流分享会”活动，推动台湾青年工作发展。其中，台湾青年陈少廷到禅城区创业的故事在中央电视台第四频道《海峡两岸》节目中播出；台湾青年谢明吉创建云涌餐饮有限公司。

【民族与宗教工作】

2017年年末，禅城区少数民族常住人口约2.5万人，有壮族、土家族、苗族、瑶族、布依族、回族、侗族、藏族、白族、满族等43个少数民族。全区有佛教、道教、天主教、基督教4个宗教，区级宗教团体2个（禅城区佛教协会、禅城区基督教三自爱国委员会），区内有宗教活动场所9个（佛教寺院2个、道教道观1个、天主教堂1个、基督教堂5个），宗教教职人员约36人，信教群众近3万人。9月14—15日，区民宗局联合市民宗局在南海区国家质检中心培训基地举办禅城区基层干部民族宗教业务培训班，区、镇（街道）两级民宗部门和各村（居）委会近80人参加培训。

促进民族团结　利用户外广告立柱、公共自行车灯箱等发布主题为“加强民族团结进步、共筑禅城首善之区”的公益广告17块，制订、派发宣传物品近4900份，由区、镇（街道）及基层村（居）对辖区内经营兰州拉面店等少数民族群众进行走访宣传，开展爱国主义教育。是年，佛山市实验中学和佛山市安东尼针织有限公司分别获得第一批全省民族团结进步创建示范学校、示范企业称号，是全市唯一获奖的中学和企业。

宗教事务管理 2017年1月24日、12月19日，区委常委、区委统战部部长杜梅带队督查宗教领域的安全生产工作。6月11日，中央统战部副部长史大刚率中央统战部、国家民委、国家民政部、国家宗教局等部门组成调研组到仁寿寺调研，佛山市委书记鲁毅参与调研。4—9月，省委统战部副部长、省民族宗教委员会主任黄强，佛山市委书记鲁毅、市长朱伟、市委常委黄喜忠等分别到仁寿寺考察改造提升工程。12月4日，36名教职人员和宗教活动场所管理人员在仁寿寺举行消防培训和演练。是年，区民宗局、公安、消防以及祖庙街道、石湾镇街道的安监、社工局等职能部门组成检查组，开展全区宗教活动场所消防安全检查7次。

【宗教活动】

道教活动 2017年3月9日，陶师祖庙举办恭贺“吕祖先师”圣诞庆典暨敬老千人斋宴，东莞海月岩古庙、顺德沙富道观协办。10月11日，陶师祖庙举办庆祝“虞舜帝君圣诞”法会和敬老活动。

基督教活动 4月1日，禅城区基督教会正式聘请郭金昌为专职传道。9月18—19日，因郇光颐老院暂时停办，院内老人迁移到文庆路公记隆怡养院。是年，赉恩堂、升平堂、金沙堂、石湾堂、鲤鱼沙堂分别对96户贫困家庭进行慰问，发放慰问金和生活用品3.8万元。

佛教活动 1月8日，第二届佛山佛教居士进修班第一学期期末表彰会暨授课法师聘书颁发仪式在仁寿寺居士班教室举行。6月，仁寿寺社工服务中心在“宗教慈善月”期间，组织约50名义工走进六大社区的120户贫困家庭开展扶贫助困活动。6月15日，仁寿寺举行“正信佛教·远离邪教”专题讲座，约50名义工、居士参加。7月17日，佛山仁寿社会工作服务中心成立。8月6日，仁寿寺联合佛山市中心血站在寺内进行无偿献血活动，有71人献血。11月12日，斯里兰卡佛教三大教派一行15人到佛山仁寿寺参观交流。

中共佛山市禅城区委统一战线工作部

部　长：杜　梅

常务副部长：潘惠冰　黄捷玲

副部长：黄清华（至5月）　谢国伟　潘坚成　陆志毅

（梁燕婷）

农村工作

【简述】

2017年，区委农村工作办公室（以下简称区委农办）内设综合科、农村改革科、农村经营管理科、农村财务管理科，在职人员25人。区市场监督管理局（区农林渔业局）3个涉农科室（农林综合监管科、畜牧兽医和屠宰科、农业发展科）的工作由区委农办负责统筹。

是年，区委农办加强农村基层治理和生态环境建设，推进农村土地承包经营权确权、村居“一门通”移动信息平台应用；开展第二批“五好”（规划建设好、绿化美化好、空气水质好、公共服务好、社会风尚好）新村居建设、推进村级“一事一议”公益事业；打造“三资”（农村集体资金、资产和资源）管理标杆；

探索农村集体经济数字云图。禅城区农村村组集体经济总收入45.9亿元。

【农地确权】

2017年，开展农村土地承包经营权确权登记颁证工作（以下简称农地确权）。全区仅南庄镇有农地确权任务，共16个村、172个经济合作社纳入农地确权范围。以2009年固化股权到户改革成果为基础，采取“确权确股”方式开展土地确权工作。是年，全区农村承包地实测率达到100%，15个村完成农地确权任务，颁证户数为19296户。

【村居“一门通”移动信息平台推广】

2017年，推进村居“一门通”移动信息平台建设，在试点村基础上，优化功能系统，简化操作流程；通过“以奖代补，鼓励自建”方式，区、镇（街道）两级财政给予每个村不少于2万元的奖励补贴，鼓励各农村推广应用该平台。是年，全区有40个村应用村居“一门通”移动信息平台，其中，南庄镇上元村通过平台发布村务管理、集体经济等类信息，点击阅读量达20万次，全村有73%以上的村民在平台登记注册。

【农村集体经济数字云图建设】

2017年7月，选定张槎街道青柯村为试点，探索农村集体经济数字云图建设。完成数字云图软件系统搭建，包括基础地图模块、总览信息模块、专题分析模块、用户管理模块等，实现物业定位、资产注销留痕、在管资金统计分析、行业类型统计、片区租金分析等功能，达到“三资”信息可视化、统计分析具象化、预警提示智能化。年底，青柯村试点建成数字云图。

【农村“三资”管理】

2017年，禅城区农村集体资产稳步增长，录入农村集体资产管理交易平台的资产累计达5.47万宗，全年资产交易1.24万宗，资产成交年标的总额11亿元。全区共599套账纳入农村财务网上监控平台监管，农村资产总额达到288亿元。

“三资”管理标杆建设　推进南庄镇龙津村交易站建设，完善招标室、评标室、展示室等硬件设施配备，将龙津村打造成全区首个区级农村“三资”规范管理示范村。

合同监管　将农村财务网上监控平台合同管理模块纳入会计核算和财务管理，优化“两个平台”（农村财务网上监控平台、农村集体资产管理交易平台）合同对接功能，并委托镇街第三方会计代理机构监管，发挥第三方中介组织的专业优势。

“三资”管理培训　10月，举办农村财务网上监控平台合同管理应用培训班，参加人员涵盖全区54个村的资产管理员、合同管理员、村组报账员、出纳员、第三方会计中介工作人员约400人。

【“五好”新农村建设】

2017年，禅城区创建第二批“五好”新村居17个。通过以项目建设带动提升、现场会督促落实的方式，各创建村整体面貌焕然一新，并全部以优秀成绩通过市、区两级验收。南庄镇罗南村道路改造提升等21个建设项目经区政府审定同意纳入财政奖励项目库，区、镇（街道）两级负担财政奖励金额规模为3634.47万元。

【新农村连片示范片建设】

2017年，启动南庄、张槎2个省级新农村连片示范建设工作。张槎新农村连片示范片确定建设项目库，完成片区规划；南庄新农村连片示范片建设衔接特色小镇建设，完成示范片规划初稿，确定规划项目38个。

【村级公益事业建设】

2017年，禅城区推进村级“一事一议”公益事业项目4个（张槎街道下朗村明星公园二期工程、大江村文化活动中心工程、下朗村朗兴路道路提升改造项目、下朗村英三公园提升改造项目），总投资约969.32万元，财政奖励补贴约323.04万元。

中共佛山市禅城区委农村工作办公室

主　任：李绍华（至11月）

黄　超（11月任）

副主任：梁镜祥（兼任）

侯晓慧（至4月）　谢泽斌

马　亮（4月任）

纪检组副组长：苏志昌

（苏思敏）

佛山市禅城区人民代表大会常务委员会

机　构

禅城区第四届人大常委会设1个办公室，5个工作委员会（法制工作委员会、财政经济工作委员会、教育科学文化卫生华侨工作委员会、选举联络人事任免工作委员会、城乡建设环境与资源保护工作委员会），在职人员49人。

2017年，区人大常委会备案审查规范性文件11件，听取和审议“一府两院”专题工作报告24项，开展各类调研视察活动50次，发出审议意见书10份，作出决议决定14项，任免本级国家机关工作人员52人次。

重大会议

【第四届人民代表大会第二次会议】

2017年1月19—20日，佛山市禅城区第四届人民代表大会第二次会议召开，应到代表224人，列席和邀请列席会议335人。会议听取和审议通过区长孔海文作的《政府工作报告》、区人大常委会主任马志强作的《区人大常委会工作报告》、区人民法院院长谢阿桑作的《区人民法院工作报告》和区人民检察院检察长郭俊峰作的《区人民检察院工作报告》；审议通过禅城区2016年国民经济和社会发展计划执行情况与2017年计划草案的报告、禅城区2017年国民经济和社会发展计划、禅城区2016年预算执行情况和2017年预算草案的报告及禅城区2017年预算草案。会议期间收到代表10人以上联名提出的议案2件，收到代表提出的建议42件。经议案审查委员会审查，将收到的2件议案转作建议。

人大常委会会议

【讨论决定重大事项】

2017年，区人大常委会召开会议11次，会议作出14项重大事项的决议决定。1月13日，区人大常委会第二次会议表决通过《关于开展第七个五年法治宣传教育的决议（草案）》。2月28日，区人大常委会第三次会议表决通过《＜佛山市禅城区生态文明建设规划（2016—2025）＞的决议（草案）》《佛山市禅城区第四届人民代表大会财政经济委员会调整名单（草案）》《佛山市禅城区人大常委会2017年工作要点（草案）》。4月24日，区人大常委会第四次会议表决通过《关于成立禅城区第四届人民代表大会常务委员会财经咨询专家小组的决定（草案）》和《关于成立禅城区第四届人民代表大会常务委员会法律咨询专家小组的决定（草案）》。8月30日，区人大常委会第六次会议表决通过《关于2017年禅城区第一次预算调整方案的报告》《关于接受罗玉波辞去市第十五届人大代表职务请求的决定》。10月30日，区人大常委会第七次会议表决通过

2017年12月7日，区人大调研组到区财政局对2017年禅城区第三次预算调整方案开展调研（区人大供稿）

《关于批准〈禅城区产业用地布局规划〉的决议（草案）》《关于批准禅城区2016年区本级决算和街道决算的决议（草案）》《关于批准2017年禅城区第二次预算调整方案的决议（草案）》。12月25日，区人大常委会第八次会议表决通过《关于批准2017年禅城区第三次预算调整方案的决议（草案）》《关于召开禅城区第四届人民代表大会第三次会议的决定》《关于列席和邀请列席佛山市禅城区第四届人民代表大会第三次会议人员范围的决定》。

【人事任免】

2017年，区人大常委会共任命“一府两院”国家机关人员31人次，免职21人次，补选区代表8名，办理市代表辞职1人次。其中，区人大常委会第四次会议（4月24日）决定任命曹洪彬、唐双喜为禅城区人民政府副区长，免去苏岩的副区长职务；区人大常委会第七次会议（10月30日）决定免去卢志华的副区长职务。

监督工作

【法律监督】

2017年3月7日，区人大常委会对禅城区贯彻执行《中华人民共和国职业教育法》（以下简称《职业教育法》）情况开展执法检查。6月1日，区人大常委会对禅城区涉罪未成年人检察矫治工作情况进行调研。7月12日，区人大常委会对禅城区贯彻执行《佛山市历史文化街区和历史建筑保护条例》的情况进行调研。7月27日，区人大常委会前往区法院开展知识产权审判工作情况调研。11月30日，区人大常委会到区普法办开展普法调研工作。

【财政监督】

2017年3月2日，区人大召开镇（街道）人大预算支出在线联网监督系统建设工作会议。5月15日，各镇（街道）联网监督系统上线运行，并与区级和市级联网监督系统实时对接。5月16日，区人大常委会对各镇街开展预算联网监督系统验收工作调研，分别听取四个镇（街道）关于上阶段联网监督系统的建设情况以及存在的问题。6月22—23日，区人大常委会联合区财政局在肇庆市端州区举办人大预算监督培训班。7月24—28日，区人大常委会分别到区公资办、区财政局、区发展规划和统计局、区地税局对区政府2017年上半年国民经济和社会发展计划执行情况以及2017年上半年预算执行情况专题开展调研。10月10—11日，区人大常委会分别到区财政局、区审计局调研，听取2016年决算草案情况和2017年第二次预算调整方案、2016年度预算执行及其他财政收支审计工作情况的报告。12月19日，区人大常委会召开2017年第二次财经咨询专家工作会议。12月21日，区人大常委会到区财政局开展2018年区级预算（草案）初审调研，分别听取区财政局、区公资办、区社保局关于2018年一般公共预算草案、基金预算草案、国有资本经营预算草案、社会保险基金预算草案编制情况的汇报。

【工作监督】

2017年3月31日、4月7日，区人大常委会分别前往南庄镇、张槎街道、区卫生和计划生育局，对禅城区医疗改革工作情况进行调研。4月7日，区人大常委会前往市公安局禅城分局对禁毒工作进行调研。4月24日，区人大常委会第四次会议听取和审议区政府关于贯彻执行《职业教育法》情况的报告、关于禁毒工作和2016年环境保护工作情况的报告。5月25日，区人大常委会对禅城区河涌治理工作进行调研。6月9日，区人大常委会对禅城区特色小镇建设的工作情况开展调研。6月26日，区人大常委会第五次会议听取和审议区人民检察院关于涉罪未成年人检察矫治工作情况的报告；听取和审议区政府关于特色小镇建设工作情况的报告。8月9日，区人大常委会听取区政府2017年上半年工作总结以及下半年工作计划。8月30日，区人大常委会第六次会议听取和审议区法院关于知识产权审判工作的报告；听取和审议区政府关于2017年上半年国民经济和社会发展计划执行情况的报告、2017年上半年预算执行情况的报告、完善合伙企业财产份额收购项目相关事项的报告。9月20—21日，区人大常委会到各镇街调研2017年人大代表工作的开展情况。10月30日，区人大常委会第七次会议听取和审议区政府关于河涌整治工作情况的报告、关于2016年度本级预算执行和其他财政收支情况的审计工作报告。12月25日，区人大常委会第八次会议听取和审议区政府开展“普法”工作情况的报告、关于办理人大代表议案建议工作情况的报告。

议案督办与人大代表履职

【督办代表议案建议】

2017年，区四届人大二次会议收到代表10人以上联名提出的议案2件，收到代表提出的建议42件。经议案审查委员会审查，将收到的2件议案转作建议。其中，祖庙代表团邝达荣等2名代表联名提出的《关于打造禅城区“金融小镇”的建议》作为重点建议。是年，43件建议（另外1件建议属于市级权限范畴）按期办复，办结率为100%，满意率为100%。

【人大代表履职】

拓展代表履职平台　2017年，制定《区人大常委会组成人员联系区人大代表办法》，落实每名常委会组成人员直接联系5名区人大代表，及时通报情况，听取意见建议，掌握代表履职动态；出台《区人代会闭会期间代表约见国家机关负责人暂行办法》，全年开展代表约见国家机关负责人工作2次，畅通代表与政府的沟通联系。区人大常委会在一镇三街建立代表

联络站19个，全年组织市、区代表约600人次进站接待选民群众。区人大常委会坚持邀请代表列席常委会会议，组织代表参加各类视察、座谈、检查活动超过500人次。

提升代表履职水平 2017年2月28日，禅城区举办市、区、镇（街道）三级人大代表培训班，约400名人大代表参加培训。5月23—24日，佛山市第十五届人大代表履职培训班开班，禅城代表团的85名市人大代表参加履职培训。8月14—19日，区人大组织部分人大代表、干部前往全国人大深圳培训基地参加2017年第十九期人大代表、干部履职能力提升班。

代表调研活动 2017年3月14日，组织部分代表对禅城区环境保护工作进行调研。5月23日，组织部分代表对禅城区科技发展和产业创新工作情况进行专题调研。5月25日，禅城区人大代表调研组一行6人到区发展规划和统计局（城乡规划）调研既有住宅加装电梯进展情况。11月13日，区人大常委会安排人大代表何狄强约见区教育局主要负责人，围绕打通龙狮人才培养渠道、促进校园龙狮特色发展主题进行座谈沟通。11月16日、28日，分别组织部分人大代表对禅城区环境保护局、区交通运输局局长履职情况进行检查。11月21日，组织部分人大代表先后前往市公安局禅城分局交警大队“警家校”工作室和魁奇路快速化岭南大道节点，视察了解相关议案建议办理情况。

佛山市禅城区第四届人民代表大会常务委员会

主　任：马志强

副主任：梁炳军　林树茂　罗永根　关卫国　林秀娟　刘跃芬

（关　杰）

禅城区第四届人民代表大会第二次会议代表议案（转建议）、建议一览表

编号	类型	题目	类别	领衔人	代表团
1	城市建设	关于全面更换南庄镇自来水管的建议	建议	陈瑞柳	南庄
2	城市建设	关于进一步完善公共基础设施的建议	建议	丁勇途	南庄
3	城市建设	关于规范道路施工围闭的建议	建议	丁勇途	南庄
4	城市建设	关于规范快递电动车管理，促进我区快递业健康发展的建议	建议	吴　勤	祖庙
5	城市建设	关于旧城区改造、提升的建议	建议	崔国贤	祖庙
6	城市建设	关于在开展城市道路建设的同时，抓好道路沿街城市环境提升的建议	建议	关国强	祖庙
7	城市建设	关于加强旧楼加装电梯，提升民生幸福指数的建议	建议	顾小辉	祖庙
8	城市建设	关于设立烟花燃放区规范管理传统节日烟花燃放活动的建议	建议	陈铭恩	祖庙
9	城市建设	关于对兆祥路进行道路景观改造提升的建议	建议	谭翠媚	祖庙

续上表

编号	类型	题目	类别	领衔人	代表团
10	城市建设	关于撤销佛山大道家博城门口红绿灯的建议	建议	钟海武	祖庙
11	城市建设	关于在郊边村设置公共自行车租赁点的建议	建议	江洁凤	祖庙
12	城市建设	关于治理城中村私装无线放大器，提升无线网络覆盖质量的建议	建议	卢绮雯	张槎
13	城市建设	关于加强占道施工统筹，减少交通拥堵的议案	议案转建议	高炜琳	张槎
14	道路交通	关于加快禅西大道南延线建设的建议	建议	何　战	南庄
15	道路交通	关于尽快开通澜石二路的建议	建议	张　涛	南庄
16	道路交通	关于石头村周边开设公共自行车站点的建议	建议	张　涛	南庄
17	道路交通	关于佛山市第四中学新校区道路交通问题的建议	建议	陈　睿	南庄
18	道路交通	关于在明窦水闸至佛山新港码头段建造一座人行天桥的建议	建议	江洁凤	祖庙
19	道路交通	关于解决中小学校门口交通拥堵的建议	建议	陈顾雅	祖庙
20	道路交通	关于我区在新建或改扩建城市主干道、次干道，要合理设置自行车道的建议	建议	何狄强	祖庙
21	道路交通	关于解决中医院周边道路堵塞问题的建议	建议	陈铭恩	祖庙
22	教科文卫	关于理顺好南庄镇各村学校资产的处理及补偿的建议	建议	关锦长	南庄
23	教科文卫	关于将奇槎片区与“四大景区”更名的建议	建议	王勋华	石湾
24	教科文卫	关于大排档管理的建议	建议	吴宛婷	祖庙
25	教科文卫	关于加强我区校园周边食品安全监管的建议	建议	谢海青	祖庙
26	教科文卫	关于将禅西大道以西古朗片区张槎户籍适龄青少年纳入佛山四中招生范围的建议	建议	招厚象	张槎
27	社会事务	关于主动公开“禅十条”并制定具体操作文件的建议	建议	陈志雄	南庄
28	社会事务	关于政府建立发布众筹信息公益网站的建议	建议	张　涛	南庄
29	社会事务	关于进一步引导和培训被征地农业居民技能的建议	建议	周国权	石湾
30	社会事务	关于加快贯彻落实佛山市政府出台《佛府办函〔2016〕662号》的建议	建议	张挺敬	石湾

续上表

编号	类型	题目	类别	领衔人	代表团
31	社会事务	关于建立公开摇珠机选环评机构机制的建议	建议	李新胜	石湾
32	社会事务	关于提升一门式服务的建议	建议	何　文	张槎
33	社会事务	关于我区部分高级中学兴建学生宿舍楼的建议	建议	谢海青	祖庙
34	社会事务	关于请求解决禅城区基督教郇光颐老院存在问题的建议	建议	徐文蓉	祖庙
35	社会事务	关于加强出租屋管理，整理出租乱象的建议	建议	何　洪	祖庙
36	社会事务	关于加快和完善农村集体物业提升改造工作的建议	建议	黄东强	祖庙
37	社会事务	关于建立政府与企业联手共建假期职工子女托管公益机构的建议	建议	吴春雷	祖庙
38	社会事务	关于优化老人乘公交的建议——由免费改为发放综合津贴的建议	建议	陈顾雅	祖庙
39	社会事务	关于推进“互联网＋综合服务”，建设社会服务中心的议案	议案转建议	王　岚	祖庙
40	产业经济	关于提高产业资金扶持经济发展效益水平的建议	建议	张青云	石湾
41	产业经济	关于推动张槎创建国家级“科创装备特色小镇”的建议	建议	李新良	张槎
42	产业经济	关于打造禅城区“金融小镇”的建议	建议	邝达荣	祖庙
43	产业经济	关于加快建设佛山童装特色小镇的建议	建议	卢良添	祖庙
44	环境保护	关于对无牌饮食店和烧烤店整改的建议	建议	黎惠卿	祖庙

佛山市禅城区人民政府

机　构

2017年，禅城区政府部门设14个：区发展规划和统计局、区经济和科技促进局、区教育局、区民政局、区财政局、区人力资源和社会保障局、区国土城建和水务局、区环境保护局、区城市综合管理局、区交通运输局、区卫生和计划生育局、区审计局、区市场监督管理局、区安全生产监督管理局。

重大决策

【“首善之区”建设】

2017年1月，禅城区提出打造佛山“首善之区”，从城市新一轮转型、供给侧结构性改革、创新驱动发展、构建开放型经济体制、全面深化改革、创新人才队伍建设、文化旅游发展等十大领域展开建设。是年，禅城区实现经济社会各项事业的显著进步：实现地区生产总值1722.50亿元，比2016年增长7.8%；引进境外投资项目80个，计划投资总额6.5亿美元；新增高新企业143家，拥有国家级企业技术中心3家；推出系列人才政策，全年引进各类人才1.32万人；率先在全市完成村（社区）“两委”换届，非户籍常住人口参与基层治理试点改革实现突破；涵盖基础设施建设、城市管理、环境治理等内容的城市治理191个项目，累计完成投资216亿元；“IMI”身份认证平台建成使用，“智信城市”启动建设，“零跑腿”“区块链＋公证”等APP上线服务，“一门式一网式”政府服务改革获国务院免实地督查奖励，“数字公民”项目入选第三届中国“互联网＋政务”50强；举办首届旅游文化周暨高铁经济带旅游博览会，全年旅游接待人数、过夜游客人数、旅游收入分别比2016年增长18.1%、15%和20%；成功创建广东省公共文化服务体系示范区，村级基层综合性文化服务中心累计建成112个；佛山市岭南美术实验中学、佛山市外国语学校北校区新建成，新增学位5760个；区人民医院整合组建有序推进，区口腔医院港口分院落成，21个社区卫生服务机构标准化提升改造启动，超过28万人签约家庭医生。

【供给侧结构性改革】

2017年5月24日，出台《2017年禅城区深化供给侧结构性改革工作方案》，实施供给侧结构性改革攻坚工程、创新创业发展示范工程、实体经济振兴工程、“促投资、稳增长”工程、大数据推广应用工程等八大工程。将“智能制造”作为产业转型升级的主攻方向，禅城区全年工业技改投资61.4亿元，开展“机器换人”的规上工业企业累计10家，“两化”融合管理体系贯标试点企业达到20家，培育“中国制造2025”试点示范企业6家。全年新增战略性新兴产业项目21个，含超亿元项目14个，计划投资199.5亿元，节能与新能源汽配、大数据及信息、生命健康三大产业集群初步成型，达安创谷等项目签约落地。现代服务业发展迅猛，电商交易额比2016年增长26.3%。实施质量强区“三大战略”（以质取胜战略、技术标准战略、品牌带动战略），佛山市燃气集团股份有限公司获评省政府质量奖；累计参与国家、行业标准制定23项，累计获评广东省名牌产品55个；成功创建“全国现代电源（不间断电源）产业知名品牌示范区”和“全国丝光棉针织服装产业知名品牌示范区”。“去降补”加减并举，全年累计为企业减负超42亿元，累计兑现各类扶持资金9.8亿元，受惠企业超1400家（次）。新申报“四上”企业722户，新设市场主体25710户，比2016年增加47.7%，累计达到12.5万户。

【创新人才集聚示范区创建】

2017年5月，出台《禅城区争创创新人才集聚示范区工作意见》，推出十条人才政策，着力于引进和培养适合禅城产业发展的高、新、尖、缺的海内外高层次人才。12月，印发《佛山市人力资源服务产业园招商扶持办法》，修订《禅城区推进“通济才智”工程建设实施办法》《佛山市禅城区加强人才载体服务平台及引才揽智平台建设暂行办法》。12月13日，禅城区公布首届创新驱动发展优秀科研团队（人才）评审结果，对1个优秀科研团队和10名科研人才给予政府扶持资金。是年，禅城区引进各类人才1.32万人，人才总量达到22.9万人，比2016年增长5.7%。“千人计划”专家潘今一、美国工程院院士孙勇奎等高层次创新人才及团队落地禅城，新增省级院士工作站1家，佛山博士创新梦工场开放。拥有国家级科技企业孵化器4个，省、市级科技企业孵化器16个，新增国家、省、市级众创空间10家，禅城区获批成为第二批省级大众创业万众创新示范基地，佛山新媒体产业园成为全市唯一的广东省创业孵化示范基地。“佛科院、禅城区工商联产学研联盟”成立，褚君浩团队与禅城企业共建UPS电源与新能源院士工作站。全区建立企业研究生联合培养基地25个，人才服务工作联合工作站10个，高层次和专业人才社会组织3个。

【城市治理三年行动计划】

2017年5月19日，禅城区召开城市治理三年（2017—2019年）行动计划工作会议，以城市治理推进城市发展、产业建设和社会民生建设。9月27日，印发《佛山市禅城区城市治理三年行动计划》，围绕规划建设科学化、人居环境绿色化、城市形象特色化、基础设施一体化、镇村发展现代化、城市管理精细化、公共服务优质化七个方面，实施项目191个，总投资830亿元，建设宜居宜业宜创新的高品质现代化国际化大城市“强核心”。是年，累计完成城市治理项目投资216亿元。打通深宁路、禅港西路等“断头路”，完成绿景东路、文华中路人行天桥等交通项目；启动聚锦路、五峰路等新建改造项目，佛山地铁2号线一期、3号线禅城段共计16个站点全面建设；岭南大道公交枢纽站、绿地未来城首末站等新场站投入使用，石湾广场地铁、公交、停车综合交通换乘枢纽启动建设，全区公交分担率达到40%，新增公共停车位5693个。完成“三旧”改造107.2万平方米，建成面积271万平方米。禅城陶谷小镇（石湾—南庄）入选省特色小镇创建示范点。新增和改造绿地105.7万平方米，绿化覆盖率达到39.7%，亚艺公园、绿岛湖公园入选“佛山十大最美公园”，南庄镇紫南村获评

“2017中国最美村镇”。建成大气精准防控微型站27个，空气优良天数达到278天。社会矛盾化解率达到98.2%，全区有效刑事治安总警情比2016年下降28%。禅城区社会综合治理指挥中心获得“2013—2016年度全国社会治安综合治理先进集体奖”。

【美丽文明村居建设】

2017年1月6日，禅城区委书记刘东豪参加佛山市美丽文明村居建设推进会，提出禅城力争用两年时间建成20个美丽文明村居示范点，打造5个具有鲜明特色的美丽文明村居示范片，以此辐射全区村居。3月6日，禅城区召开美丽文明村居建设工作部署会，解读《佛山市禅城区美丽文明村居建设实施方案（2017—2018）》（送审稿），区委书记刘东豪，区委副书记、区长孔海文等约70人参加会议。7月5日，禅城区美丽文明村居示范点建设工作现场会在龙津村召开，全区主要领导以及20个美丽文明村居示范点所在村居的主要负责人约100人，实地参观龙津村的廖锦涛烈士公园、格治公园、良宝维则公园、村中涌改造等文化景观工程。是年，禅城区初步建成莲塘村、紫南村、罗南村、龙津村、扶西村、下朗村、鄱阳村、南庄村8个美丽文明村居。

【开展基层政务公开标准化规范化试点】

2017年，禅城区被国务院列入基层政务公开标准化规范化试点。9月28日，印发《佛山市禅城区开展基层政务公开标准化规范化试点工作实施方案》，围绕就业创业、社会救助、社会保险、户籍管理、医疗卫生、涉农补贴、城市综合执法、养老服务等8个方面内容开展试点工作，试点时间为2017年9月至2018年8月15日。截至2017年年底，禅城区全年主动公开政府信息59321条，梳理区直部门权责事项8503项。推进全区政府网站集约化建设，完成新集约化平台搭建以及29个部门主题页面建设和其他非集约化部门网站的数据迁移工作。通过区政府门户网站发布信息23658条，网站访问量约496万人次。“禅城发布”微信公众号、“禅城发布”微博全年推文阅读量分别达到925万次、3774万次。发行《禅城区人民政府公报》共11期，主动公开区级规范性文件和区政府有关政策、重要政务信息、重要人事任免情况等，并在区政府网站公开电子版。

【探索区块链政务应用】

2017年6月22日，禅城区召开智信城市与区块链创新应用（禅城）发布会，正式发布“IMI”身份认证平台、“智信城市”计划等基于区块链技术的创新应用成果，成为全国首个探索区块链政务应用的县区。“智信城市”以区块链技术为基础平台，通过横向打通个人及组织的“条数据”，形成跨平台、跨部门、跨地区，开放共享、真实可信的“城市块数据”，为创新社会治理、优化民生服务、推动数字经济建设提供支撑。10月30日，禅城区依托“大数据+区块链技术”，正式推出政务服务“零跑腿”APP，通过对接自然人库和部门业务系统数据，首批20个事项实现“零跑腿”服务，其中8项在全国率先实现申请材料“零提交”。12月12日，禅城公证处业务正式纳入禅城区块链“智信城市”计划，市民通过手机登录禅城区“IMI”身份认证平台，办理出生医学证明、学历、学位、无犯罪记录等20项公证业务无须再“跑腿”，其中委托购房等13个事项可实现“1小时出证”。

重要活动

【全国首个高铁主题旅游博览会】

2017年5月28—30日，全国首个高铁主题旅游博览会——2017首届佛山·禅城旅游文化周暨高铁经济带旅游博览会在禅城区举行，贵广、南广、昆广、武广、厦深等高铁线沿线的8个省份18个城市参与活动并结成高铁经济带旅游协会联盟，共同打造“高铁旅游”品牌。旅游文化周以“高铁同游·寻味岭南”为主题，举办佛山本地旅游展等多项主体活动，激活文化、商业、旅游三大基因，涵盖旅游展览、美食品鉴、武术展演、音乐表演等各项旅游体验。旅游文化周期间，禅城区主要旅游监测点接待游客58.72万人次，比2016年增长123.17%；旅游总收入2401.90万元，增长5176.58%。

【机器人国际大会在禅城举行】

2017年9月21—22日，禅城区人民政府联合三航工业技术研究院共同举办“2017机器人国际大会”。大会设开幕式、科学家主题演讲、高端交流研讨会、国际创新项目成果展四个环节，机器人与人工智能领域的22名世界顶级科学家出席活动。国际创新项目成果展集中展示大会科学家及创新团队的科技创新成果，包括机器人、智慧生命、人工智能、工业自动化领域的相关配套产品、软件技术和项目等。大会现场签约19个涉及智能制造、精准医疗、机器人等领域的国内外一流创新项目。

【粤港澳大湾区设计联盟成立】

2017年10月19日，粤港澳大湾区设计合作联盟在禅城区成立，集合珠三角九市和港澳地区的设计人才与资源，并聘请清华大学美术学院教授、有“中国现代工业设计之父”之誉的柳冠中和德国红点奖原评委会主席荣鬹担任荣誉会长。是日，禅城区在中国陶谷举办主题为“大设计　大湾区——创新、联动、产业”的峰会，国内外顶级设计师、粤港澳大湾区各设计协会及驻佛山海外设计师代表，共同研讨设计行业协同跨界创新，助力禅城区打造创意设计之都。禅城区借助联盟资源，推动设计产业培育壮大以及“文化、设计、产业”融合发展，打造粤港澳大湾区设计人才和资源的聚集地。

佛山市禅城区人民政府

区　长：孔海文

常务副区长：曹洪彬（4月任）
苏　岩（至4月）

副区长：渠　铮　卢志华（至10月）　刘思朝
陈　奕　吴莉芬
唐双喜（挂职，4月任）

（张群群）

区委区政府办公室

【简述】

区政府办公室与区委办公室合署办公（简称“区委区政府办公室”），加挂区决策咨询和政策研究室、区法制办公室、区信访局、区数据统筹局牌子。

2017年，区委区政府办公室共有21个内设科室，分别为秘书科、产业经济科（区打击走私综合治理办公室)、城市发展一科、城市发展二科、社会事业一科、社会事业二科、机要保密科、政务督查一科、政务督查二科、信息调研科、社会经济决策咨询科、城市建设决策咨询科、法规科、行政复议与执法监督科、区突发公共事件应急管理科(加挂区突发公共事件应急管理办公室、区应急总值班室牌子)、接访科、办信科、信访督办科(区长专线办公室)、人事科(监察室)、财务科(区公费医疗管理办公室)、规划与应用推进科。行政编制75名,行政执法专项编制3名。

区委区政府办下属参公事业单位5个,分别是区机关事务管理局、区行政服务中心、区委区政府接待办公室、区档案局、区信息化工作办公室,以上单位事业编制共76名。

区委区政府办下属公益一类事业单位3个,分别为区城市升级办公室(正科级)、佛山市公共资源交易中心禅城区分中心(不定级)、区大数据应用服务中心(不定级),以上单位事业编制共55名。

【办文办会】

2017年,印发《关于进一步规范公文报送有关事项的通知》和《关于进一步规范征求意见回复要求的通知》,规范请示(报告)等文件报送要求、要素和办理流程,明确意见回复中意见明晰、要素齐备和行文关系对称等要求。是年,区委区政府办共办理文件、会议12149份(次),其中以区委、区政府或区委区政府办公室名义印发公文1105份;办理上级公文4724份,各单位的请示、报告公文1723份;办理各类传阅件2862份;跟进领导批示件(上级和区级)352份,主办或协办各项上级会议1125次、区级会议328次,承办“智信城市与区块链创新应用(禅城)发布会”“旅游文化周暨高铁经济带旅游博览会”等重大活动。

【政策研究与信息调研】

2017年,围绕领导关注和群众关心的热点、难点问题,组织开展母婴产业、村级工业园、文旅产业、公立医院改革等专题调研37次,为区领导科学决策提供依据和建议。组织撰写高质量的综合文稿,完成向省长马兴瑞汇报、全会报告、月度经济分析、区主要领导经济责任审计和全区年度绩效目标自评报告等重要文稿的撰写。统筹全区政务信息和重大紧急信息报送工作,全年上报政务信息86份,安排重大紧急信息值班52批次。

统筹协调全区改革工作,组织召开区委2017年全面深化改革工作会议,印发实施2017年改革工作要点和改革重点专题。落实重点改革项目督察制度,推进20项重点改革项目,在重点领域、关键改革取得突破。一门式、云平台、区域化党建、大数据服务等改革,累计获得国务院通报表扬、全国社会治安综合治理先进集体、全国创新社会治理最佳案例、全国基层党建创新优秀案例、全国“互联网+政务”50强、中国人居环境范例奖等“国字号”荣誉,中央电视台《经济半小时》专题宣传推广禅城区大数据创新应用的经验做法。

【保密检查与宣传工作】

2017年,制定中共十九大服务保障工作方案并建立相应的应急预案,中共十九大以及省第十二次党代会期间安排全体人员值班共14天,收发办理紧急电报26份。4—12月,对禅城区43个单位开展保密检查5次,包括迎接市保密联合检查组的检查、全区党政领导干部保密工作责任制专项检查、重点保密单位保密工作专项检查、涉密网络保密自查以及针对多部门的保密飞行检查。是年，召开禅城区保密工作会议，举办全区涉密岗位人员保密业务培训班，印发《佛山市禅城区“七五”保密法治宣传教育规划》，向全区各单位发放约1000册纸质保密宣传读本、光盘保密宣传教育材料，在区政府办公大楼设置保密宣传教育专栏。

【信访工作】

2017年，运用“禅城信访”微信公众号和手机APP新平台，建立纵向到底横向到边的集“网、信、电、邮、访”于一体的信访渠道网络，借助公安机关及云平台大数据提升信访维稳工作成效。在中共十九大、财富论坛等重要节点，开展“拉网式”排查工作。开展信访案件“回头看”及重点案件化解专项行动，其中区党政主要领导包案的重点案件在全市率先得到化解，区领导共接待来访群众89批445人次，推动重点疑难案件和历史遗留问题得到合理有效解决。在全区信访系统开展信访基础业务办理受理规范化建设，登记录入、受理办理、转送交办、送达告知等每一个环节实现留痕。向律师事务所购买社会服务，开展涉法涉诉信访案件甄别、分流、疏导工作，强化依法分类处理机制等标本兼治的方式。

【政务督查】

2017年，印发《区重点工作协调督办机制》，建立完整的监督链条、完善问题层级协调解决机制。先后配合上级做好省委、省政府联合督查，国务院第四次大督查，市政府大督查，区委、区政府主要领导经济责任审计等工作。定期报送2017年市委常委会重点部署工作情况，配合开展供给侧结构性改革、特色小镇、美丽文明村居、招商引资、群团改革等专项督办。梳理禅城区与上级签订的各项工作责任状共15项，每月对各责任状任务进展情况进行跟进，及时向区政府主要领导报告。定期跟踪区领导关注的重点工作、区委常委会议及区政府常务会议决定事项，对经济指标任务、住房保障、高新企业申报、登革热防控、民生工程、村级工业园区改造、专业市场提升等工作开展专项督查，形成督查专报、情况报告等超过60份。持续跟进难点工作，解决丝绸大街安置房问题，

2017年9月12日，区委区政府办公室举办“两办讲堂”活动

（区委区政府办供稿）

深入现场实地解决大气污染整治、九江基涌综合治理项目建设等问题。

【政务接待】

2017年，完成旅游文化周暨高铁经济带旅游博览会、国际机器人大会等重要接待任务。接待来禅城区参观学习、考察、招商引资的各类团体，到禅城区洽谈投资的海内外来宾，以及市、区属各单位的工作业务交流等共104批次、1423人，展示禅城区一门式政务改革、区社会综合治理云平台、紫南村、岭南天地、南风古灶等经济、社会、文化和地方特色。全年公务接待用餐361批次，总接待人数6338人次。

【机关事务管理】

2017年，完成通济大院电梯改造、岭南大院卫生间翻修、岭南大院1号楼门项目、通济大院监控项目和来访登记系统等13项主要工程项目。改造升级会议中心的音响系统，搭建视频会议系统，与区信访局、财政局整合视频监控系统。全年共安排公务用车3332次，完成接待任务1280车次，全年实现零差错，安全无事故。完善食堂管理，规范用餐秩序及饭卡使用管理。

【机关党建】

2017年，开展中共十九大报告精神学习和“两学一做”学习教育活动，邀请区委书记、区长参加所在支部组织生活会，各党支部通过集中学习、专题报告会、专题组织生活会、专题党课等形式抓好学习领会。配备机关党委专职副书记1名，补选机关党委委员4名；坚持阳光考察发展党员，接收预备党员3名；推进党支部规范化建设，7个在职党支部均完成党支部规范化建设的任务并通过验收，其中第五党支部（区行政服务中心）成功创建党建示范点；开展“双联系”挂点社区活动，全年慰问困难群众45人次，完成“双联系”共建项目5项；以党支部为单位，分别到廉江市石岭镇盘龙塘村开展结对帮扶和调研指导工作。

中共佛山市禅城区委、禅城区人民政府办公室

主　任：余乾波

副主任：王进平　张杰华　邓激扬　贾祖兵
　　　　李鸣一　沈育民　王学堂　陈国锐
　　　　刘高林（挂任）
　　　　黄　超（11月挂任）

区信访局

局　长：贾祖兵

副局长：陈耀基　陈智君（4月任）
　　　　黎志君（7月任）　彭贻发（至6月）
　　　　汤艳玲（至2月）

区国家保密局、区委机要局

局　长：杨翠国

区决策咨询和政策研究室

主　任：陈国锐（至2月）

副主任：侯　彤

区机关事务管理局

局　长：张杰华

副局长：杨　帆　陈晓平　范翠燕

区委区政府接待办公室

主　任：康　莉

副主任：李红烈（3月任）　李有亮（3月任）

（林晓翠）

城市治理工作

【简述】

2017年，禅城区城市升级办公室内设综合科、规划科和协调科3个科室，核定事业编制16人，在编15人，其中5人实行记账管理。

是年，禅城区实施城市治理三年行动计划（2017—2019年），其中包含规划发展科学化、人居环境绿色化、城市形象特色化、基础设施一体化、村镇发展现代化、城市管理精细化和公共服务优质化七大版块项目191个（包含市统筹区负责项目35个、区统筹项目156个）。至2017年年底，城市治理项目开工141个，开工率约73.8%；完工项目40个，完成年度计划的100%；计划投入约195亿元，累计完成投入约216亿元，超额完成年度任务。

【重点工程建设管理】

2017年，禅城区重点工程建设项目100个，包括基础设施类、产业类、房地产类等重点项目，计划投资233.68亿元，计划开工项目31个，计划完工项目33个。至年底，完成投资223.43亿元，为年度计划投资的95.6%；新开工项目21个，完工项目23个。

【中心城区交通拥堵治理】

2017年，成立禅城区强化交通拥堵治理工作领导小组，编制《禅城区交通拥堵改善措施及行动计划》《禅城区慢行系统设计指引》，印发《关于启动2017年治堵“短平快”实施项目的通知》等文件。实施公交停靠站扩容改造、完善机非隔离栏、调整路内停车位、部分拥堵节点改善以及佛山市第一人民医院片区、佛山市妇幼保健院片区综合交通改善等“短平快”项目24个。推进交通基础建设项目，完成智慧路东延线、深宁路、绿景东路（桂澜路至东平路）等一批断头路项目，完成港口路、新明路等一批道路改造项目。推进公交站场建设，创建公交都市，开通G5路、G7路、G12路等公交骨干线路，开通1条辅助公交线路（佛山汽车站至佛山职业技术学院），1条定制公交线路（鄱阳村—澜石中学）。投放使用岭南大道公交枢纽站。新成立“警家校”小学护畅队42家，实现中心区域小学全覆盖，各校园周边车辆平均通行率提升33%～65%。在祖庙路与建新路的交叉口设置全省首条对角斑马线，解决路口人车冲突。

【河心岛生态修复】

2017年，禅城区南庄罗村沙、石湾海心沙、张槎沙口水利枢纽纳入河心岛生态修复专项工作，其中海心沙被列为佛山市第一批河心岛生态修复对象，是禅城区河心岛生态修复试点工程。海心沙位于石湾镇街道潭洲水道，南临顺德区乐从镇小布村，东靠澜石大桥，总面积约3.84万平方米，整治前是无人荒岛，岛上留有一堆废弃设施，植被茂盛但杂乱无序。是年，海心沙岛上的建、构筑物均被拆除，废弃的设施及卡丁车赛道等设施清理完毕，植被覆盖率达到100%，完成生态修复工作。

【村级工业区环境综合整治】

2017年，在全区范围内开展村级工业区“提质增效三年行动计划”，成立以区长为组长的禅城区村级工业区“提质增效三年行动计划”领导小组，印发《禅城区村级工业区环境综合整治工作方案》，以行政村为整治单位，将村级工业区综合整治划分为完善手续类、“腾笼换鸟”类、三旧改造类。短期目标为通过综合整治，实现环境保护、安全生产“双达标”；中期目标为通过建立良好秩序，实现城市更新、产业提升和村民增收；远期目标为通过工业园区连片改造，打造区域新经济带。是年，完成12个示范性项目（10个完善手续类项目、2个“腾笼换鸟”类项目）。完成68个村级工业园区安全生产综合整治、685家村级工业园区企业环境整治提升工作。

【城市治理项目选介】

祖庙街道微服务中心 属于社会服务均等化项目，总投资2100万元。其作为祖庙街道民生综合服务的指挥中心，设有线下服务体和线上信息平台，其中线下服务体于2017年9月完工。线下服务体选址禅城区同济路南侧越秀岭南隽庭一层，建成面积超过2200平方米，设有长者饭堂、康复室、多媒体功能室、舞蹈室、咨询室等功能场室。线上信息平台设有电话下单服务平台、网络下单服务平台和履行评估监督及服务援助职能的第三方平台。微服务中心统筹配置“大数据·微服务”工作中整合的各部门、各单位民生数据资源及其决策分析成果，搭建政府和社会各方供需流通配对的平台，解决“供需失联”问题，以实现多样性民生需求与多元化社会供给之间的全域流通、精准配对。

岭南大道公交枢纽站 属于交通治堵项目，位于禅城区文华公园内，总高4层，占地9667平方米，总建筑面积约31500平方米，于2017年8月1日试运营。首层用途为公交枢纽站，提供34个公交车停车位，减少交通换乘距离；二、三、四层和顶层屋面为停车场，划设911个社会停车位，可改善周边区域停车难问题，为到“两园”（文华公园、亚艺公园）游玩、到市一医院就诊的市民提供便利；楼顶为太阳能光伏发电系统，起到节能减排的作用。

屈龙角涌（绿景路—影荫路）整治改造工程（一期） 属于水环境整治项目，改造范围为禅城区绿景一路至平远北街北侧小桥处，总长约350米，总投资约1300万元（不包括征拆费用），于2017年6月完工。主要改造内容包括：将河涌两侧绿化带改为人行道，局部增加特色廊架，河涌两侧铁栏杆改为石栏杆，通过栏杆与庭院灯结合的方式增强夜间景观效果；翻新华远西路东侧与西侧人行道，道路扩至3米宽，增加坐凳供游人休憩；在南面绿景一路入口位置通过上盖的方式增加入口小广场，结合牌楼与特色栏杆铺装形成岭南特色入口景观；在平远北街两侧通过上盖的方式增加观景平台；在河涌内侧挂置花箱，美化两侧驳岸景观；新建河涌东侧辅道，完善周边交通网络。

中国陶谷小镇 属于特色小镇项目，位于禅城区石湾西片区内，总面积为2.6平方千米，主要由佛山泛家居电商创意园、石湾古镇文创园、广东省（佛山）软件产业园等十大园区组成。采取保护性开发，少拆多改、连片开发的方式，整合石湾西片区资源。2017—2020年，陶谷小镇计划推进重点项目24项，总投资55亿元。2017年，陶谷小镇建成超过30万平方米的孵化平台，包括1个国家级科技型企业孵化器，引入行业协会超过50个，聚集创新创业企业约1000家。对南风古灶及各大园区周边的道路实施改造提升，建设宝塔路、和平横路微循环系统；对大雾岗地块进行生态修复，建设大雾岗城市森林公园；将石湾公园打造成为

中国第一个陶文化主题公园。实施陶瓷博物馆筹建、宝峰塔重建、丰宁寺及莲峰书院修缮、古镇牌楼建设等6项文化保护项目，重现古镇历史风貌。

龙津村美丽文明乡村建设 属于美丽文明村居建设项目。龙津村开村始于南宋，位于禅城区南庄镇西南部，全村总面积2.5平方千米，有良宝、沙闸、腾涌3个自然村，下辖10个村民小组，户籍人口3937人，外来暂住人口约4000人。龙津村提出“乡村即美景”的美村改造思路，打造“一带一心一轴两片三区九景”（“一带”指和美龙津文化带，“一心”为龙津文化中心，“一轴”即岭南水乡景观轴，“两片”由龙津路产业线与滨河景观线构成，“三区”指良宝、沙闸、腾涌，“九景”主要包含龙津和美形象广场、廖锦涛烈士广场等）的水乡美景格局。2017年4月，龙津环村涌（良宝片）提升改造工程完成，与惠民公园、廖锦涛故居等共同形成人文环境体系——良宝岭南景观水乡轴，彰显龙津文化特色。截至2017年年底，龙津村升级改造累计投入2500万元，全村环境发生蝶变，岭南水乡风貌得到恢复和重塑，并融入休闲广场、绿色公园等现代化的城市元素。

佛山市禅城区城市升级办公室

主　任：余乾波

副主任：李鸣一　彭可清（11月任）

（仇思明）

法制工作

【简述】

禅城区法制办公室是区委区政府办公室的挂牌机构，加挂佛山市禅城区人民政府行政复议办公室、佛山市禅城区人民政府法律顾问室牌子，内设法规科、行政复议与执法监督科。2017年，在职人员10人。

是年，区法制办共受理向区政府提起的行政复议申请955件，其中旧存138件，新受理815件，不予受理及告知2件；审结907件，未审结46件；全年案件调撤率为41.9%。审查各部门代区政府制定的规范性文件20件，最终通过审核发布11件，审理党内规范性文件19件。法律顾问室办理政府法律事务599件，出具法律意见234条，审查重大合同或协议18份，对合同类的审查工作出具法律意见16条。

【发挥政府法律顾问作用】

2017年，区政府法律顾问室发挥在重大合同法律审核、重大行政行为法律咨询等方面的重要作用。参与“整合区向阳、澜石、朝阳医院组建区人民医院”项目等重大行政决策，重点审查公众参与、专家论证和风险评估等环节落实情况，分析项目推进过程中可能出现的政策性、合法性、可行性和社会稳定性等风险。做好政府重大合同的合法性论证工作，针对政府方与社会资本方的合作项目（即PPP项目），派专员全程参与项目的合同谈判会议，对实施方案、招标文件及系列合同出具专业的法律意见。参与《佛山市停车场管理办法》《佛山市住宅物业管理条例》和《佛山市西樵山风景名胜区管理办法》等地方政府规章草案的立法调研工作，出具法律意见。是年，区政府法律顾问室审查重大合同或协议共18份。对区各部门报请区委、区政府批复的事项，出具法律意见共243条。代理以区行政机关为被告的行政诉讼案件82件、民事诉讼案件4件。

【规范性文件审查清理】

2017年，加大对规范性文件的审查、清理力度，保障规范性文件合法、合理、实用。审查《佛山市禅城区政府质量奖评审管理办法》《佛山市禅城区商标品牌推广资助办法》等区政府规范性文件20件，审核党内规范性文件19件。定期开展政府规范性文件评估和清理工作，对2016年出台并2017年期限届满以及上位法修改等原因需评估清理的政府规范性文件进行集中处理，分批开展4次共39份规范性文件的评估、清理工作。

【行政复议案件办理】

2017年，主动公开各种行政复议材料清单的样本、行政复议流程图、常见行政复议问题和答疑等，使群众知悉行政复议的申请和工作流程。依法办理行政案件，妥善化解各类社会纠纷。针对自3月起，全区机动车闯红灯的交通违章复议案件数量不断攀升，且集中于人民路—福贤路口、同济东路等少数几个地点的情况，区法制办会同执法部门实地考察人民路—福贤路口、同济东路等路段，探寻交通违章多发原因，提出解决措施。是年，全区行政复议案件收案总数955件，受理953件，结案907件，撤回381件，其中驳回复议4件，维持复议520件，撤销1件，未结案46件。落实首长出庭机制，全区行政机关完成各单位第一宗案件出庭率达100%。

【法治政府建设】

2017年2月，印发《佛山市禅城区创建珠三角法治政府示范区工作实施方案》。全年举办两次政府常务会议学法活动，邀请佛山市法制局局长吴文志详细解读《法治政府建设实施纲要（2015—2020年）》，邀请佛山市禅城区人民法院审判委员会委员、资深法官刘应东详细解读《民法总则》。10月23—27日，举办禅城区法治政府建设师资专题培训班，全区各镇（街道）、各行政机关法制科室负责人参加学习，为开展法治政府建设全员培训储备、培育

2017年11月1日，禅城区法治政府建设工作推进会议在岭南大院召开

（区法制办供稿）

讲师。11月1日，召开年度法治政府建设工作推进会，区委副书记、区长孔海文，区委常委、常务副区长曹洪彬，副区长渠铮、吴莉芬以及全区各镇街、部门主要负责人参会。

【行政执法人员管理与培训】

2017年，开展全区行政执法人员清理工作，办理申领、换领执法证151个，1758名行政执法人员全部持证上岗。11月14—15日，在高明区会议中心举办禅城区行政执法人员培训班，培训内容包括禅城区法治政府建设、行政案件答辩及应诉技巧、禅城区执法案件评查标准及存在问题等，全区111名行政机关执法人员参加培训。11月14日，组织全区行政执法部门召开2017年度全区行政执法案卷集中评查活动，评查包括行政处罚、行政许可、投诉举报等各类型案卷超过20份，实现对执法行为的事后监督。

佛山市禅城区法制办公室

主　任：王学堂

副主任：黄敏华

（刘　琳）

扶贫工作

【简述】

禅城区在新时期精准扶贫工作（2016~2018年）中，负责帮扶湛江市廉江市13个镇、46个贫困村、4145户、11643人。全区派出1个驻县工作组、统筹安排38个牵头帮扶单位、30个配合帮扶单位结对到村，派出57名干部（其中52名中共党员）进驻廉江开展扶贫工作。2017年，禅城区向廉江市共划拨扶贫资金4600万元，向多方筹集资金475.51万元（含社会资金），启动产业帮扶项目73个。根据广东省考核要求，禅城区完成脱贫率32.6%，3759人脱贫出列。

2017年，在四川省凉山州东西部扶贫协作中，禅城区负责结对帮扶布拖、昭觉、普格三个贫困县，完成年度对口支援资金任务，划拨资金838万元，用于异地扶贫搬迁安置。区财政按每县每年50万元的标准增拨对口帮扶县扶贫协作资金，结对帮扶村按照每村每年3万元标准进行产业发展基金捐助。

【新时期精准扶贫工作】

2017年3月20日，禅城区召开精准扶贫攻坚推进会，提出年内要如期完成考核要求的脱贫任务。5月4日，区长孔海文率队前往廉江市开展产业扶贫项目调研。7—8月，区委书记刘东豪先后两次前往廉江市检查指导禅城区对口扶贫工作。加强扶贫工作制度建设，出台《佛山市禅城区新时期精准扶贫对口帮扶专项资金管理办法》，编印《新时期精准扶贫政策文件汇编》《新时期精准扶贫制度汇编》。是年，禅城区对口帮扶的廉江市46个贫困村中，实现劳动力转移就业5717人；完成村道硬底化33.05千米，建成篮球场21个、休闲运动设施13处、卫生站10座、公厕29座、垃圾池35个、农田水利7千米。

光伏发电扶贫　2017年，帮扶19个贫困村实施光伏发电项目，其中灯草村、龙湖村、上村等8个村利用学校、村委会办公楼顶等场地进行光伏发电，年度收益占投资总额的12%。

乡村旅游扶贫　依托贫困村地理环境、生

态优势，开发一批特色鲜明的乡村扶贫旅游项目。区人民检察院帮扶的那榔村由种莲蓬卖莲子延伸到赏荷花，打造那榔村乡村生态旅游。以莲蓬种植基地为中心，建设公共厕所、停车场、游客服务中心等旅游配套设施。

发展特色种养殖业 六格村种养专业合作社生态养殖狮头鹅，收益42.4万元。大山村成立的立体种养合作社，开展生态猪养殖、优质水稻种植，收益10.5万元。佛山市公安局禅城分局扶持的峥角溪村贫困户，种植优质番薯，一年收益6万元。铺岭村经济联合社生产的红橙被评为“湛江市十大扶贫明星产品”。

劳动力就业转移 开展贫困村劳动力技能培训，增强有劳动能力的贫困户就业竞争力。6月25日，禅城区在廉江市的广东文理职业学院举办“相约佛山”大学生与企业供需见面会，近百家企业为廉江学子提供约3000个实习、就业机会，助力廉江地区贫困家庭劳动力转移。

差异化发展思路划分片区 按照区域经济特点，将对口帮扶的廉江市46个村，调整为三大片区，引导扶贫产业差异化发展：东片区靠近廉江市区，附近有高等院校（广东文理职业学院），小家电产业密集，可通过劳动力就近转移实现“一人就业，全家脱贫”；西片区属于山区经济，适宜种植廉江红橙、百香果、香瓜等，以及养殖山鸡、养蜂；南片区属于海湾经济，可利用水资源丰富的优势，养殖狮头鹅、水鸭。

【凉山州东西部扶贫协作】

2017年，四川省凉山州东西部扶贫协作由区发展规划和统计局调整为由区扶贫办负责。禅城区采取区县结对、村村结对帮扶的方式，结对帮扶凉山州布拖、昭觉、普格三个贫困县。南庄镇紫南村对口帮扶昭觉县特普洛乡古莫村，石湾镇街道番村对口帮扶普格县特尔果乡古木洛村，张槎街道张槎村对口帮扶布拖县补尔乡嘎且村。全区派出驻县干部3名，支医支教人员6名。以住房及基础设施扶贫协作为重点，拓展农业、旅游、人才培养、教育卫生、劳务输出、科技创新、特色文化、社会帮扶等方面合作。12月26—27日，禅城区委书记刘东豪带队赴凉山州普格县开展东西部扶贫协作对接工作，召开普格—禅城2017年东西部扶贫协作联席会议。是年，禅城区向凉山州支援资金838万元；组织企业家赴凉山州开展爱心捐赠活动，区工商联总商会企业家多次为凉山贫困群众捐赠课桌椅、电脑、摩托车等物品，总价值9.6万元；开展爱心助学展翅计划，凉山州153名贫困学生得到禅城爱心企业家帮助。

【与南海农产品商会签订精准扶贫项目】

2017年3月31日，在“十年共风雨　农商共辉煌”暨佛山市南海区农产品商会会员大会上，禅城区扶贫办与南海区农产品商会签订精准扶贫项目，借助南海农商会的农产品专业推销平台推广廉江市优质农产品，并与南海农商会在农业种养殖和农产品精深加工、包装、销售配送等领域开展深度交流与合作。

【扶贫民生工程江城路通车】

2017年7月21日，禅城区与廉江市两地共建的廉江市雅塘镇江城路正式通车。该路为民生工程，名字取自廉江、禅城的地名，由两地共同投入建设资金约800万元，起点为国道325线，终点为石角车河边，路面宽6.5米，全程4.3千米。江城路通车可解决雅塘镇4个相对贫困村的群众出行难问题，沿线受益群众超过7万人。

【扶贫农产品对接市场】

2017年11月11—12日，禅城区举办第六届采购会·跨域商（协）会产品展购会，区扶贫办组织帮扶的4个廉江贫困村的优质农产品亮相展会。将佛山市公安局禅城分局帮扶峥角溪村产的生态红薯，区经科局帮扶陀村产的黑豆、黄豆、大米，区教育局帮扶香岭村产的蜂蜜，以及区人民检察院帮扶那榔村产的莲子、荷花蜜推向佛山市场，扩大精准扶贫事业的市民知晓度和参与度。12月9—13日，禅城区组织峥角溪村、那榔村、那毛角村、彭岸村、白坭村、盘龙塘村、香岭村7个贫困村，参加廉江红橙节暨小家电博览会，向廉江市民展现扶贫成果。

佛山市禅城区扶贫开发工作领导小组办公室

主　任：李　铮

副主任：钟迪光（至11月）　王远生

刘　君　黎　燕　冼成章

（彭思婷）

外事侨务

【简述】

2017年，禅城区外事侨务局与区委统战部合署办公，区外事侨务局内设外事科和侨务科，在职人员12人。

是年，接待到访、考察的各国来宾14批248人次；受理企业邀请外国人来华邀请确认函446批619人次；接待海外侨胞、港澳同胞336人次；接待来信来电来访23宗；办理华侨回国定居审批2宗。

【对外友好交往】

2017年2月10—12日，禅城区政府邀请友好交往城市、外国驻穗领事馆以及商会代表团约130名嘉宾到禅城出席“行通济”年俗文化活动。10月21—27日，禅城区友好城市英国梅德韦市青少年女子足球代表团一行19人到访禅城，与佛山市第十四中学、佛山市第三中学女子足球队一起开展“禅城—梅德韦国际友城少年足球交流赛”。11月3—4日，邀请禅城区友好交往城市、外国友好团体以及外国驻穗领馆、商会、海外友人等出席“佛山韵律，秋醉岭南”2017佛山秋色巡游。

【设立“一带一路”沿线国家友好联系点】

2017年9月，禅城区在俄罗斯圣彼得堡、斯洛文尼亚科巴里德市、匈牙利布达佩斯设立“佛山·禅城”联络站，并与俄罗斯中国总商会圣彼得堡分会、匈牙利匈中经济商会签订《缔结友好合作商会协议书》，与斯洛文尼亚科巴里德市签订《发展友好合作关系备忘录》，搭建与“一带一路”沿线国家和地区沟通交流的平台，促进禅城开放型经济发展和区域性国际城市建设。

【友好城市交流合作】

2017年3月，区长孔海文率团赴美国德克萨斯州福遍郡，出席两地友好城市缔结五周年庆典活动，实地考察福遍郡的自由贸易港。9月，禅城区政府代表团访问福遍郡，与当地建材企业取得联系，为市、区两级经贸部门在海外选址建设“佛山泛家居”品牌产品（美国）展示体验馆开展实地考察。双方签署战略合作框架协议，拓宽禅城传统优势产业的海外营销渠道。

【赴港澳开展联谊活动】

2017年2月21日、23日，区长孔海文、区委常委杜梅分别带队赴香港和澳门开展新春拜会乡亲联谊活动。9月12日、18日，区政协主席殷辉、区委常委杜梅分别带队赴香港和澳门开展“贺国庆　迎中秋”联谊活动，向禅城10个港澳乡亲社团颁发社团慰问金。

【融入“粤港澳大湾区”建设】

2017年3月16日，澳门立法会议员、禅城区政协澳门委员、中国银行澳门分行副行长叶兆佳率国际葡语市场企业家商会以及澳门企业代表一行到禅城区开展考察对接活动，促成多家企业成功对接，共同开展业务合作。9月8—9日，区长孔海文、区委常委杜梅率政府和企业代表团赴香港拜访香港贸易发展局及香港建筑业界专业人士，在全市率先探路禅港“文化＋产业”合作，并邀业界人士参加佛山（禅城）陶艺设计周。9月19日，区委常委杜梅率政府代表团及重点企业负责人一行，赴澳门拜访澳门建筑师协会、澳门建造商会、澳门工程师学会等澳门建筑业界各协会。10月18—19日，禅城区政府邀请香港贸易发展局华南首席代表吴文慧、港澳建筑业界相关协会及专业人士共33人，参加2017佛山（禅城）陶艺·建陶设计周暨陶瓷艺术周开幕式，并到建陶、不锈钢等重点企业开展考察对接。

【海外人才引进与企业服务】

2017年2月11日，邀请澳洲佛山联谊总会青年部留学生22人到禅城参观交流，推介禅城创新创业氛围。2—3月，区委常委杜梅带队到区内重点外资侨资企业开展暖春行动，了解企业困难，向企业宣传政策、人才信息等，提振企业家信心。9月20日，邀请区内重点外资、侨资、台资企业负责人及区留学精英促进会部分成员出席“欢聚禅城·情系四海”座谈会，鼓励优质企业做大做强，推动外资项目及人才的引进。是年，通过禅城区在海外设立的华人社团、留学生联络站，如英国梅德韦中国佛山禅城联谊会、美国纽英伦佛山禅城联谊会、禅城澳洲留学生联络站等，建立海外华侨华人专业人士、留学生资料库。

【港澳乡亲慈善助学扶困】

2017年7月29日，由澳门禅城区联谊会和广州地区联谊会合办的第十一届红色之旅——福建厦门国情研习交流团启动仪式暨澳门禅城区联谊会助学活动在禅城区举行，澳门禅城区联谊会向禅城区50名困难家庭学生共捐赠助学金10万元。8月23日，区外事侨务局举行“罗家聪先生助学金发放仪式”，为禅城区20名品学兼优的困难单亲家庭学生各派发助学金5000元。是年，香港热心乡亲沈耀雄、香港李众胜堂家族等慷慨捐资，其中沈耀雄向南庄镇醒群杜村村民捐赠148万元，香港李众胜堂家族向佛山市第一小学捐赠50万元。

【禅港青少年交流互动】

2017年4月16—18日，香港童军总会九龙城区总监黎国荣率童军一行42人首次到禅城开展交流联谊活动。交流团一行参观祖庙、梁园、南风古灶等传统岭南文化特色景点，并到佛山市第十四中学和张槎中学开展交流活动，增进香港青少年对祖国历史和岭南传统文化的认识和了解。

佛山市禅城区外事侨务局

局　长：潘惠冰

副局长：谢启波　张挺传

（方凯翔　王小玲）

应急管理

【简述】

禅城区突发公共事件应急管理办公室是区应急委的日常办事机构，区委区政府办公室的内设机构（加挂区突发公共事件应急管理办公室、区应急总值班室牌子）。区应急办与区社会综合治理指挥中心集中办公，2017年在职人员9人。

【突发事件处置】

2017年，妥善处置“3·14”新加坡旅游团部分团员在佛山市就餐后出现呕吐腹泻症状事件、“7·4”澜石水暖批发市场火灾事故、防御“天鸽”等过境强台风、“9·2”亲仁路路面下陷事故、“10·10”南庄贺丰村维特泡沫厂火灾、“10·24”南海大道同济路口北往南方向主车道下方出现脱空现象、“11·2”塱宝西路与兴业路路口段出现空洞事件等。全年接报并妥善协调处置区内各类纠纷、应急事件502宗，其中一般及以上突发事件3宗。

【应急信息报送】

2017年，编制报送《禅城区突发事件信息专报》3期，通过应急平台向市报送信息6条，向区相关职能部门发送预警（指令）等各类应急短信2394条共10492人次，处置、转发、呈批相关信息768份，落实上级部门及领导批示20多件。

【应急演练与宣传】

2017年，组织开展实战性强、群众广泛参与的跨部门、跨行业的政府综合应急演练，着重加强“双盲”（事先不通知参演单位演练时间、集结地点和演练内容）模式应急救援演练，以多种形式面向社会开展应急知识宣传。5月，在兆阳广场举办以“减轻社区灾害，提升基层减灾能力”为主题的“5·12”防灾减灾宣传周活动，派发《全民防灾减灾知识普及读本》和《禅城区自然灾害应急避护场所一览表》各5000份，推动应急知识宣传向基层延伸。全年开展“2017年禅城区特种设备事故应急救援演练”“2017年禅城区安全生产应急救援综合演练”“禅城区城镇燃气应急救援演练”“禅城区房屋建筑施工安全事故应急救援演练”等各类应急演练约50次，参与人员约1600人次。

【应急保障】

2017年，组织区国土城建和水务局（国土、城乡建设、水务）、区安全生产监督管理局、区卫生和计划生育局、区交通运输局、区环境保护局、区市场监督管理局（质监、食药监、农林渔业）、区教育局、市公安局禅城分局、区公安消防大队等14个单位开展风险隐患排查整改工作，排查出各类风险隐患118项，整改率达到100%。新制定、修订《佛山市禅城区突发事件舆情处置应急预案》《2017佛山50公里徒步活动（禅城区）突发事件应急预案》《禅城区2017年“行通济”活动应急预案》等区级专项应急预案，建立以总体应急预案为统揽、各大职能部门和重点企事业单位应急预案为支撑、各专项应急预案为补充的应急预案体系，累计收集各类应急预案约260份。

【应急处置技术创新应用】

2017年，禅城区创新应用视频资源共享技术，研判事件性质和保障各类大型活动。利用区社会综合治理云平台整合的可视化系统，包括全区视频监控资源5000路，在“佛山·禅城旅游文化周暨高铁经济带旅游博览会开幕式及水舞音乐会”“禅城区2017年行通济大型年俗活动”“2017广东（佛山）非遗周暨佛山秋色民俗文化活动”等大型活动中，实现应急处置中实时监控动态的目标。

佛山市禅城区突发公共事件应急管理办公室
主　任：彭贻发
副主任：欧阳庶晖

（杨嘉明）

行政服务工作

【简述】

2017年，禅城区行政服务中心内设综合科、协调保障科、行政审批制度改革科（加挂区行政审批制度改革工作领导办公室和区建设工程竣工联合验收办公室牌子）、政务服务科（加挂区热线办和区睿智城市服务平台监督中心牌子），在职人员139人。下属区公共资源交易中心内设综合信息部、监审财务部、采购部、建设工程交易部和土地产权交易部，有在职人员27人。

是年，禅城区继续深化一门式政务服务改革，禅城一门式业务量达277万件，其中区级238万件、镇街22万件、村居17万件，群众满意率达99.93%。禅城区一门式改革经验在全国推广。

【一门式政务服务深化改革】

2017年，禅城区在政务服务方面重点推进主题场景式办理服务、自然人全生命周期服务、信任审批、零跑腿等改革。梳理全区1154项一门式事项，将临时居民身份证办理、超高龄孕产家庭生育关怀对象确认、居住证申领（首次）等13项事项作为优化非户籍常住人口行政服务方向，提升非户籍人口公共服务均等化水平。是年，禅城区自然人一门式业务量为222万件，法人一门式业务量55万件。实现人才综合服务一门式办理事项37项，全年业务量达1万件。全区设置“市民之窗”自助服务终端257台，日均为群众办理业务1400件。在张槎街道试点自助发证工作的基础上，完成祖庙街道、石湾镇街道、南庄镇自助发证机的安装和调试工作，镇街自助发证业务量达3102件。法人主题办业务增至11个，窗口平均办理时间由14分钟缩短至8分钟，360项事项可网上办。

【自然人全生命周期服务】

2017年5月，推出自然人全生命周期服务，涉及自然人出生、入学、就业、住房、婚姻、生育、退休、后事共8个主要人生阶段所需办理行政服务事项136项，通过网站、微信、空中一门式、实体大厅一门式系统等渠道向市民推送办事信息，全年通过一门式系统精准推送信息3.16万人次，市民收到推送信息后申办人生同一阶段关联事项达8323人次，占

“推送办”服务总量的26.36%。推出容缺预审和容缺审批机制，对信用等级较高的办事群众在缺少部分非核心材料情况下，实行先受理再补交材料的机制，全年累计涉及业务量达3470件。

【“零跑腿”APP上线】

2017年10月，依托一门式系统和区块链新型底层技术，推出办事“零跑腿”服务，并发布办事“零跑腿”APP，实现老年人优待证办理、个人参保证明打印、个人纳税证明打印等20个事项办理“零跑腿”，其中8个事项在全国率先实现申请材料“零提交”。至12月底，全区“零跑腿”办事业务量达600件。

禅城区首批“零跑腿”事项清单一览表

类别	序号	事项名称	所属部门
申请材料“零提交”	1	出具参保证明	社保
	2	出具基本养老金领取证明	
	3	禅城区高龄老人津贴申领	民政
	4	佛山市老年人优待证申领	
	5	残疾人职业技能培训报名	残联
	6	残疾人生活津贴	
	7	志愿者招募	团委
	8	开具个人所得税纳税证明	地税
申请材料“网上提交”	9	职工基本养老保险待遇领取资格认证	社保
	10	领取工伤保险长期待遇人员资格验证	
	11	基本医疗保险个人账户查询	
	12	社保关系转出登记（养老缴费凭证打印）	
	13	社保关系转出登记（医疗转移缴费凭证打印）	
	14	社保关系转出登记（失业转移缴费凭证打印）	
	15	禅城区白内障复明	残联
	16	国家《流动人口婚育证明》办理	卫计
	17	《独生子女父母光荣证》核发	
	18	计划生育情况审核	
	19	生育保险参保职工计生情况确认	
	20	下岗失业人员免费技能培训报名登记	人社

【一门式改革经验复制推广】

2017年4月6日、5月16日，禅城区行政服务中心应邀分别在两期全省“一门式、一网式”政务服务模式改革及行政审批标准化工作培训班上，讲解禅城区社会民生类行政许可和服务事项标准的实际应用。4月25日，禅城区因一门式改革受国务院通报表扬，被列为落实重大政策措施成效明显、创造典型经验做法且受到国务院督查表扬的地区，并在2017年国务院大督查实地督查中予以“免督查”。7—8月，开封市兰考县安排3批调研团到禅城区学习一门式改革经验，并在当地复制推广，推出“一窗式一网式”服务。11月23日，国务院办公厅发布《全国综合性实体政务大厅普查报告》，总结各地贯彻落实“放管服”改革典型的创新改革经验，禅城区一门式改革作为典型案例获介绍。12月1日，中共中央党校主办的《学习时报》刊登文章《建设大数据时代的服务型政府——以广东省佛山市禅城区“一门式”政务改革为例》。12月20日，中央电视台《经济半小时》栏目到禅城区调研采访一门式改革。是年，禅城区行政服务中心因一门式改革接待来访考察达235批次，新闻报道181篇。

【数据融通应用】

中小学入学无纸化报名 2017年，禅城区实现公安、房管、社保、流管、卫计等部门的数据对接，教育部门通过后台数据库即可对家长网络报名的资料进行数据对比，省去家长现场提交材料的程序。小学（3月）、初中（5月）入学无纸化报名共2.55万人。

第三批材料复用 2017年5月，禅城区在行政审批47类材料复用的基础上，实现涉及户口簿地址信息的23个事项材料复用，对申请人提交的证照和材料原件做电子化处理，经“数据沉淀”形成电子材料库，供业务办理时自动调取。截至12月底，共48类材料复用，涉及业务量82943件。

电子证照应用试点落地 2017年9月，禅城区配合佛山市启动电子证照应用试点工作，完成国有土地范围内买卖转移登记事项中的“二手房买卖转移登记”情形调用电子完税证明作为电子审批材料的应用落地。9月25日，佛山市电子证照库在禅城区政务服务大厅上线试运行。截至12月底，电子完税证明用证量711件。

【“一按灵”平台服务增值】

2017年，“一按灵”平台业务量为215.64万件，比2016年增长12.7%，其中热线渠道57.79万件，即时通讯渠道16.67万件，网络自助服务渠道141.18万件。

支撑企业暖春行动 2017年2月，禅城区启动“企业暖春行动”。“一按灵”平台利用自身资源帮扶企业，收集安德里茨（中国）有限公司、全亿大科技（佛山）有限公司关于职工子女就近入学、转学、入户和学位指标、招工、退税等方面的问题70个，组织区经济和科技促进局、市公安局禅城分局、区教育局等8个单位到企业解答问题，其中66个问题得到推进解决或给出政策指引建议。

增设“空中一门式”月度热搜版 2017年3月起，“空中一门式”节目在原来每星期一、星期三、星期五早上半小时的节目基础上，每月推出一期时长1小时的“空中一门式”月度热搜版，邀请职能部门领导或科室负责人上线解读民生政策热点。是年，“空中一门式”节目共开播153期，解答市民问题641个，办结率100%。

深化民生领域服务专题　2017年，“一按灵”平台针对自然人策划推出“公办幼儿园招生”“公办小学和初中入学”“居民身份参加基本医保申报及缴费”等民生服务专题；针对法人整合行业准营、经营活动和财务税务三个专题，建成全新的经营纳税专题。

【政府网站建设】

2017年，禅城区针对纳入全国政府网站普查范围的政府网站开展集约化建设，将区各部门、镇（街道）政府网站相关功能整合至区政府门户网站，强化政府公共服务能力。禅城区网站群在国务院办公厅、广东省政府办公厅、佛山市政府办公室组织开展的政府网站抽查中保持零通报。11月，区政府门户网站获得第十六届（2017）中国政府网站绩效评估区县级第二名。12月，区政府门户网站获得2017年度中国政务网站领先奖（区县级）。

佛山市禅城区行政服务中心

主　任：丘少锋

副主任：郑小广　李伟民　何树营（5月任）

纪检副组长：李梦琳（党组成员，5月任）

（刘丽平）

数据统筹工作

【简述】

禅城区数据统筹局内设规划与应用推进科，管理区信息化工作办公室、区大数据应用服务中心。区信息化工作办公室内设电子政务科、数据资源科，大数据应用服务中心内设数据开发利用部、网络运营保障部、基础平台开发部。2017年，在职人员26人。

是年，禅城区建成政务信息资源共享平台，实现市、区两级和区级各业务部门之间的互联互通、信息共享和业务协同，沉淀部门共享交换数据约3.47亿条，日均数据交换量约1600万条，为市、区及部门多项重点应用提供数据支撑。

【一门式政务自助服务】

2017年，在一门式政务服务自助填表系统的基础上，完善功能模块，为市民提供智能化自助服务。推出人才服务等主题场景式办理服务，梳理按办理部门归类的163个政务服务事项，打破部门间的条块分割，以主题关联度为准则重新归并，形成主题式场景，办事人员在同一个主题中可完成所有关联事项的办理。以身份证号等关键信息为索引，对接全区统一的大数据池，通过信息校验和比对，将相关信息自动填录到申请表单中，实现智能化信息复用，减少办事人员的二次录入。10月，推出政务服务“零跑腿”APP，首批20个服务事项实现“零跑腿”办理。12月，在全区普及自助服务，扩大自助填表系统与结果物自助发放所覆盖的业务范围，实现区级综合大一门政务服务事项的221张办事表格自助填表，以及行政审批办事结果物查询、自助发放、单据类结果物自助打印等功能。截至2017年年底，全区设置“市民之窗”自助服务终端达到169台，为市民提供政务、交通、社保、税务、健康、住房、民生、出行八类服务的自助办理服务，总业务办理量超过60万笔。

【自然人库建设】

2017年11月23日，“2017互联网+智慧中国年会”在北京召开，“数字公民”——禅城区自然人库建设项目获评第三届中国“互联网+政务”50强。区自然人库建设项目以一门式业务受理数据为基础，整合区计生、流管、人社等部门相关自然人数据，以身份证为索引，建立区自然人政务数据资源管理体系，展现自然人在计生、信用评分、办事等情况和全区非户籍常住人口、全区自然人信用评级分析情况等内容。截至2017年年底，入库自然人数据约4000万条，涵盖全区约116万常住人口和1600项标签，支撑一门式自助填表、自然人一门式服务“信任审批”、中小学入学无纸化报名、非户籍常住人口参与基层社会治理、数字禅城、祖庙街道“大数据·微服务”和张槎街道“社会综合管理”、军民融合大数据平台建设、零跑腿等10项重点应用。

【推出精准服务和信任审批服务】

2017年，以大数据推动一门式政务服务改革的创新与应用。6月，实施精准服务，依托自然人库沉淀的海量个人办事信息，在数据分析的基础上建立办事预测模型，按照自然人全生命周期的发展，梳理出生、入学、就业、住房、婚姻、生育、退休、后事8个主要人生阶段所需办理的行政服务事项及证件，根据个体差异主动为办事人员提供针对性的推送服务。例如：群众办理生育登记后，系统将自动推送免费产检和生育保险服务；大学生办理毕业报到手续后，系统将自动推送对应就业阶段的调档、入户等相关服务。探索一门式系统与自然人信用库的技术结合，推出自然人信用审批服务。以自然人过往的办事数据沉淀为依据对其进行信用评价并分级，评价B级及以上的自然人办事时如欠缺申报材料，允许由服务窗口先予收件并进行业务办理，可容缓的材料在指定期限内补齐、可容缺材料在领取结果物时补齐，压缩审批时间，为群众带来便捷。

【政务服务新技术探索应用】

区块链政务应用　2017年，推出“智信禅城IMI”身份认证平台，通过实名认证，利用区块链安全、可溯源、不可篡改、不可抵赖的技术特点，解决网上虚拟世界中人员真实身份确认的问题。结合区块链技术、“IMI”个人身份认证平台，推出四项区块链政务应用：7月，完成祖庙街道微服务中心与“IMI”身份认证平台的关联应用；8月，完成图书馆自助终端与“IMI”身份认证平台的关联应用；10月，推出“零跑腿”APP服务、OA办公系统认证登录。

干部管理大数据平台　2017年，以区委组织部的业务数据为基础，推动区干部管理大数据平台建设。通过大数据应用、干部标签体系、干部画像等手段，设置供需管理、干部提拔、分析研判与日常统计4个模块，分别实现基础数据查询和日常统计、需求与供给的对应服务、干部选拔过程信息登记、根据模板打印相关文件等功能。

个人数据空间　依托自然人库、一门式政务服务等沉淀数据，结合“IMI”身份认证平台，构建个人主体相关数据及其关系的数据集合，打造覆盖全区市民的个人数据空间。为“零跑腿”服务、个人贡献度模型、社会信用体系建设等提供必要的基础数据支撑。

公共服务预测模型及应用平台　基于个人数据空间的数据信息，开展非户籍常住人口的公共服务均等化工作，建立公共服务预测模型

及应用平台。根据人口以及经济社会等发展情况，实现对未来五年的人口增长、结构变化、流动分布等情况的预测，为医保、教育等公共服务均等化所需的财政投入及受惠范围提供精准参考。

【政务服务“零跑腿”APP上线】

2017年10月，推出政务服务“零跑腿”APP，重构一门式政务服务事项的业务流程，办事人员足不出户即享受高效、便捷的政务服务。通过“智信禅城IMI”身份认证平台验证“我就是我”后，办事人员即可在“零跑腿”APP完成基本信息的录入和表格的填写，并将办事申报材料通过照片形式提交到一门式系统，完成事项的申办。工作人员在系统后台对申报材料进行相应审核，审核通过后的结果以电子形式或通过快递送到办事人员手中。首批上线的20个服务事项实现“零跑腿”，其中8个事项为率先全国探索申请材料“零提交”。

【大数据综合试验区建设】

完善大数据运行框架 2017年6月，成立禅城区大数据发展决策委员会，统筹协调和解决全区信息化、大数据建设中的重大问题。印发《禅城区政府首席信息官工作方案》，要求相关政府部门设立首席信息官和数据专员，统筹协调部门的信息发展工作。11月，组织全区各政府部门首席信息官近40人次，开展以数据分析和数据应用为主题的业务培训。

上线数据开放平台 统筹管理可开放的政府数据资源，开展区数据开放平台建设，通过调研、梳理、入库和配置各个部门的开放数据集。11月，该平台上线，逐步开放民生保障、公共服务和市场监管等领域的数据。截至12月底，梳理并开放23个政府部门、208个数据集，共计约600万条数据。

成立大数据应用研究实验室 9月，由区数据统筹局、佛山科学技术学院和广东佛盈智慧大数据科技有限公司三方共建的禅城区大数据应用研究实验室揭牌成立，主要研究大数据、区块链在政务服务、社会治理和民生服务中的应用。广东省一门式政务服务大数据产业技术创新联盟（禅城分中心）、禅城区人工智能和大数据实验室一并揭牌落地。

建设福能大数据产业园 9月，珠江三角洲国家大数据综合试验区重点项目——广东福能大数据产业园的B区首期A座工程项目及基础设施建设，被广东省经济和信息化委、省财政厅列入2017年省级工业和信息化专项资金支持大数据产业园建设项目计划，获得500万元大数据产业发展专项资金的批复。

【“禅城一张图”建设应用】

2017年，“禅城一张图”大数据平台完成框架建设。依托禅城区社会综合治理云平台资源，以电子地图、影像图、2.5维地图、行政界线图等数据为基础地图层，叠加城市建设、城市规划、卫计、教育、环保、经济等领域146类的数据资源，建设覆盖辖区154平方千米的“禅城一张图”，逐步实现“人、事、物”联网，提高各类城市管理资源的共享利用，支撑政府的精准决策。是年，形成教育一张图、污染源一张图、建设一张图等多个专题图层。其中以教育一张图为例，在地图上可实时呈现辖区小学、初中的位置、规模、招生计划、各居委会范围、学位总数等信息，通过后台分析处理，系统可对招生地段进行智能调整，优化教育资源配置，为招生政策制定提供数据支持和决策参考。

【编制《数字禅城》月报】

2017年，挖掘政府拥有的海量数据资源，结合互联网和第三方公司数据，编制《数字禅城》月报，内容包括经济、城市、民生和热点四大板块。通过大数据分析，解读禅城地区生产总值、固定资产投资，产业园区运转、房产交易情况、大气污染和河涌治理、交通、人才需求与供给、居民最关注的问题等，为禅城区各级决策者及时了解区域发展动态提供支撑。

佛山市禅城区数据统筹局
副局长：郑小广　张　军（3月任）

（区杞鹏）

禅城区社会综合治理指挥中心

【简述】

2017年12月13日，区委政法委机关加挂禅城区社会综合治理指挥中心牌子，区指挥中心主任由区委政法委分管领导兼任。区委政法委增设受理指挥科（区数字化城市管理指挥中心），负责区社会综合治理指挥中心（以下简称区指挥中心）具体工作。区指挥中心与区应急办集中办公，主要开展技术保障、应急管理、综合业务、一门式联合执法、舆情分析及视频监管等工作，有在职人员66名。

是年，区指挥中心接待省内外来访146批次，共计2327人次。获评年度"粤治—治理现代化"优秀案例、2013—2016年度全国社会治安综合治理先进集体奖、2017年中国人居环境范例奖、广东省电子政务优秀案例。

【禅城区社会综合治理云平台获中国人居环境奖】

2017年，禅城区社会综合治理云平台（简称"云平台"）通过网格员上报、微信、舆情来源等渠道受理各类案件36.69万宗，结案35.56万宗，办结率为96.92%，案件接报数和办结率均实现提升，案件类型涵盖城市管理、治安防范、消防安全、安全生产等方面。接报、处置各类突发事件441起，如"3·14新加坡旅游团部分团员出现呕吐腹泻症状事件"等突发事件均得到妥善处置。10月27日，住房和城乡建设部发布中国人居环境奖获奖名单，云平台项目获评中国人居环境范例奖。

【网格化管理】

2017年，按照"区、镇街、片区、村居、网格"五级网格体系，将禅城区划分为12个片区网格（以派出所辖区为依据）、142个村居网格、921个微网格，全区有网格员781人。探索"专职＋兼职"网格员模式，推行网格员管理与绩效挂钩的网格化管理工作机制与考评机制。是年，全区通过网格员上报案件9.69万宗，涉及社会治理事项30大类及16个区直职能部门业务范围。

【视频资源整合】

截至2017年年底，区指挥中心汇聚各类视频监控约6200路，其中包括公安视频约2500路（选择部分接入）、7所学校视频共110路、11个市场视频共367路、公共自行车站点视频555路、工地视频72路、危化企业视频25路、区三防视频18路、医院重点区域视频33路、海事视频16路、区环保尾气排放监测视频20路以及村居视频2454路视频资源，对突发事件应急处置、重大社会活动安全保障的指挥调度、决策依据以及重大自然灾害的提前防范、事后救助提供支撑保障。

【舆情检索与分析】

2017年，安排专人对新闻网页、微信公众号、微博、贴吧网站等开展巡查，抓取工作实情、筛选舆情热点报相关领导参阅。对舆情信息中反映的社会问题，由区指挥中心根据立案标准进行预警或者立案督办处置。累计巡查各类舆情信息47万条，其中正面舆情45.2万条，负面舆情1.9万条；搜集舆情热点信息超过6000条，报送舆情热点信息约3000条。

【“一门式”联合执法】

2017年，针对一些群众反复投诉反映强烈、影响恶劣、久拖不决、涉及多部门等方面的问题，整合镇街及区直部门的执法资源，开展“一门式”联合执法。梳理不同部门上传的企业检查情况，建立行业检查档案。在开展行业巡查工作中，指导企业发现和整改存在的问题，对现场未能整改或涉及其他部门的问题，上报至云平台系统进行后续的跟踪、督办，直至问题彻底解决。是年，开展“一门式”联合执法141次（其中区直部门开展2次，四个镇街开展139次）；镇街巡查企业3.8万家、开展“一门式”联合巡查执法346次。

【业务系统建设】

可视化综合指挥调度系统　2017年，完成第一批（四个镇街、区安监局、区指挥中心、区公安分局、区三防办）8个应用部门的系统安装，实现区指挥中心与各镇街分中心、区职能部门、网格员、一线处置人员的直接联动。

对接省、市综治平台并推送业务数据　2017年，云平台系统实现与省、市综治系统对接。云平台系统向省、市综治平台推送综治类案件数据超过1000宗。省综治办根据云平台提供的事项清单进行整合，制定省综治系统报送数据的相关依据。

佛山市禅城区社会综合治理指挥中心

主　任：彭贻发（7月兼任，下同）

副主任：黎志君　吴文波　邱晓芳

（余福海）

政协佛山市禅城区委员会

机　构

2017年，政协佛山市禅城区第四届委员会辞去委员1名、常委1名。调整后，实有委员219名，其中常务委员44名。委员中，中共党员93名，占42%，非中共党员126名，占58%。区政协机关设办公室、综合室、提案工作室、组织联络室，有在职人员43人。

重大会议

【禅城区政协四届二次会议】

2017年1月18—19日，禅城区政协第四届委员会第二次会议召开。应出席委员220人，实到193人。区委书记刘东豪，区委副书记、区长孔海文，区人大常委会主任马志强到会祝贺，区人民法院、区人民检察院、区人武部主要负责人以及往届区政协退休班子领导应邀出席会议。

会议听取区政协主席殷辉代表区政协第四届常委会作2017年工作部署。殷辉表示，区政协要把禅城全面建设“佛山创新发展示范区”，努力将禅城打造成为首善之区、创新中心、幸福家园作为政协履职的主线，主动融入创新发展、参与创新发展、服务创新发展、助力创新发展建设之中，主动研究首善之区建设、幸福家园主题需求，推进政治协商和参政议政，为禅城经济社会发展凝聚更多智慧。区委书记刘东豪在会上勉励区四届政协委员，传承优良传统，继续为党委政府的工作建言献策，为禅城新经济发展理念提供智慧，支持佛山创新发展示范区建设。

会议审议通过《中国人民政治协商会议佛山市禅城区第四届委员会第二次会议决议》。会议期间，共收到提案130件。

【港澳委员情况通报会】

2017年10月31日，禅城区政协在香港召开2017年港澳委员情况通报会。区政协主席殷辉、副主席杨中慧等领导，以及历届港澳政协委员、港澳部分社团职首和特邀嘉宾约60人参加会议。区委常委、区委统战部部长杜梅等应邀出席会议。杜梅代表区委、区政府通报禅城区2017年以来经济社会发展情况。殷辉通报区政协2017年以来的工作情况。港澳政协委员罗家聪、罗天爵、赖德雄及特邀嘉宾招应璋作专门发言。

主要工作

【政治协商】

邀请党政领导调研协商　2017年3月6日，邀请区委书记刘东豪到区政协调研，就区委中心工作与政协履职工作对表对标、调研协商；8月11日，邀请区委副书记、区长孔海文

到区政协调研，围绕提升中心城区核心竞争力、实体经济发展、机器换人、社会治理、人才引进、大气和水环境整治等方面开展互动交流。

广泛听取各民主党派意见 2017年5月19日，区政协召开民主党派专题座谈会，就政治协商、委员培训、提案培育、信息互通等方面广泛征求意见。

发挥政协专委会的基础性作用 2017年，区政协各专委会开展专题调研16次，提出“在王借岗森林公园建立科普教育基地”等建议6条。共开展专题视察24次，提出“科学规划旅游路线和内容，通过大型竞赛等载体，讲好禅城故事”等建议9条，促进区职能部门工作的推进。

【民主监督】

2017年，组织委员参加各种民主评议、监督考评工作，助推机关作风的转变。推荐委员96人次分别担任区纪委特邀监督员、政风行风评议团成员、区食品药品监督员，列席“2018年度财政绩效预算项目现场答辩评审会”等。

【参政议政】

2017年，根据区委发展战略和区政府重点工作安排，区政协确定服务经济发展、城市治理、民生改善、职能建设4个方面、12项重点任务，包括非户籍常住人口参与基层治理、特色小镇建设、城市慢行系统建设、城市交通标识管理、美丽文明村居建设等。发挥政协委员在收集社会各方面意见上的优势，深入镇街基层、农村社区，开展调研视察40次，开展沟通互动51次，提出促进工作意见建议136条。邀请区委分管领导、区交通局、市公安局禅城分局有关领导和相关提案人列席区政协常委会，就禅城区交通建设管理事项开展专题议政。组织政协常委和相关提案人与职能部门互动，提出“规划与建设并重、科学设置公交专用道、鼓励和引导市民公交出行，做好后街内巷的整治、合理设置路边停车位、疏通路网毛细血管”等多项建议。组织政协委员多次到岭南大道公交枢纽站综合停车楼、地铁与公路交通节点、学校医院等人员流动密集区，开展专题调研视察，提出短平快和系统性等标本兼治的建议案，与有关部门协商互动，协调各方关系，增进共识。

【提案工作】

2017年，共收到委员提案238件，经提案委员会审查立案217件，均办理完毕，提案办理满意率为99%。提案内容涉及禅城区经济科技、城市建设、环境保护、文化教育和社会法制等方面，其中特色小镇建设、非户籍常住人口参与基层治理、城市慢行系统规划建设、城市交通标识综合管理等为委员关注的热点。区政协成立四个提案督办小组，选取涉及经济发展、惠及民生的7件提案，开展包案督办。联手区直职能部门共同督办提案，在督办“关于提升我区智能交通建设的建议”中，联手区规划、交通、公安等部门开展“禅城区规划成果专题讲座”，组织委员实地考察金华路、佛山大道同济路口等交通提升项目的工作进度，提高提案办理质量。在“非户籍常住人口参与基层治理”提案办理中，召开非户籍常住人口参与基层治理座谈会，邀请区委分管领导、区直相关部门负责人参加；建立“家禅城议事厅”，搭建非户籍常住人口意见表达平台。

【探索建立政协工作联系点】

2017年，探索建立政协工作联系点，开展政协工作进机关、进农村、进医院、进企业“四进”活动。在区公安分局、区交通运输局、区发展规划和统计局等区直职能部门建立联系点，助力区中心工作的落实。携手区发展规划和统计局，开展中国陶谷小镇专题调研，广泛收集社会各界意见，向区政府提交专题调研报告。在南庄镇龙津村建立联系点，助推龙津环村涌慢行系统建设。在禅城中心医院、佛山金意陶股份有限公司建立工作联系点，及时收集民营医院、民营企业社情民意，做好收集意见、反馈信息的政策引导。是年，建立政协工作联系点10个，收集并向政府反映意见建议65条，提升政协履职的实效性。

【信息工作】

2017年，共报送反映社情民意信息770篇。其中《当前影响企业“降成本”成效的问题反映》等13篇信息被全国政协采用，《加快省内产业共建步伐，大力推进粤东西北高端技术试验区建设》等8篇信息被省委采用，160篇信息被市委、市政协采用，信息报送量和采用量居全市前列。《深化标准化技术咨询与服务的供给侧改革，为中小企业、新兴产业等实体经济提供全方位标准化技术咨询与服务》等3篇信息获区领导的批示采用。《城市现代治理下的公园管理创新》等7篇信息被区职能部门办理回复。区人社局采纳区政协信息反映的建议，研究修改基本医疗保险管理办法的相关条款，促进基本医疗保险的规范管理。

政协佛山市禅城区第四届委员会

主　席：殷　辉

副主席：杨中慧　叶　飞　罗　振

　　　　章成国　严　俊　贺友生

党组成员：高成建　吴志伟

秘书长：赵　军

（左　婧）

禅城区政协四届一次会议以来优秀提案目录

序号	案号	类别	案　题	第一提案者	附议人	备注
1	5	城市管理	加快禅城区非户籍常住人员参与基层治理，建立吸引人才劳动力的城市制度优势	九三学社禅城区基层委员会	—	两案合并区委书记重点督办提案
		城市管理	关于加强我区外来工作人员服务的建议	徐登峰	—	
2	4	城市管理	关于完善禅城区道路慢行交通系统的建议	徐玉发	蔡洪斌	专题区政协主席重点督办提案
	39	城市管理	关于鼓励自行车出行的建议	钟文光	江陈玉冰 钟崇正 蔡洪斌	
	50	城市管理	关于完善江湾立交片区交通慢行设施，增设佛山大道江湾立交至季华路路段东西向行人天桥的提案	周丽萍	—	
	53	城市管理	关于引导禅城公共自行车与网约自行车互补发展，完善禅城慢行系统的建议	陈洁明	陈建酬	
		城市管理	关于建立禅城互联网+公共自行车，引进摩拜单车的建议	徐玉发	蔡洪斌	
3	89	经济科技	加速建设“互联网+”社会服务开放式平台，打造信息时代的“首善之区”	致公党禅城区总支	—	区政协提案委重点督办案
4	122	文教体卫	关于传统文化进校园的建议	关　健	—	区政协提案委重点督办案
5	143	文教体卫	排查全区中小学、幼儿园塑胶跑道，确保学生健康的建议	徐玉发	蔡洪斌	区政协提案委重点督办案

续上表

序号	案号	类别	案　题	第一提案者	附议人	备注
6	14	城市管理	关于提升亚艺公园水环境的建议	区晓慧	关润尧 谭源甜 李继兵 蓝泽胜 何　翔 刘英桥 冼荣江 杨　红	四案合并 区政协 提案委 重点督办案
		城市管理	关于打造禅城优质水环境 保护示范点的建议	刘鸿宇	徐　芳 冼荣江 孙近国	
		城市管理	关于持续治理水环境， 实现禅城“水更清”目标的建议	民盟 禅城区总支	—	
		城市管理	关于大力推进禅城 海绵城市建设的建议	刘鸿宇	徐　芳 陆健灿 冼广荣	
7	100	社会保障	关于尽快提高社区居家养老设施 规划建设标准，支撑养老服务业 发展壮大的建议	民革 禅城区总支	—	五案合并
		社会保障	引入市场机制 突破养老机构发展瓶颈	蔡洪斌	钟文光 钟崇正	
		社会保障	关于进一步推进养老服务业 健康发展的建议	钟文光	肖　杰 江陈玉冰 蔡洪斌 钟崇正	
		社会保障	关于打造“安养—乐活—善终”的 “社区—居家”养老模式的建议	民建 禅城区总支	—	
		社会保障	医护养一体养老中心的建设势在必行	张丽丽	—	

续上表

序号	案号	类别	案　题	第一提案者	附议人	备注
8	8	城市管理	关于提高禅城区居民食品安全满意度的建议	谢长青	—	三案合并
		城市管理	建议佛山市或禅城区开展“食品安全免费快检服务日”，助力食品安全示范城市建设	高卫东	—	
		城市管理	关于提高禅城区健全食品安全管理水平的建议	庞　枢	陈洪华	
9	15	城市管理	关于禅城区交通拥堵“治堵要治疏”方案	李继兵	关守健 冯竞浩	五案合并
		城市管理	关于进一步完善交通导向设置的建议	何景辉	徐　芳 陆健灿 孙近国	
		城市管理	关于进一步改善中心城区公共交通，方便上班出行的建议	周惠娜	—	
		城市管理	关于我区交通改善的几点建议	徐登峰	蔡向东 黎桂萍 刘　莹	
		城市管理	关于舒缓禅城区交通拥堵问题的建议	肖　杰	邓卫国 霍荣铨 钟文光	
10	16	城市管理	擦亮“佛山南狮发源地”名片促进佛山优秀传统文化大发展	陈锦桃	—	—
11	21	城市管理	关于杏头至贺丰村级公路加装路灯、完善公交路牌的建议	霍荣铨	张信秀	—
12	36	城市管理	关于南浦社区体育公园升级改造的建议	钟文光	肖　杰 江陈玉冰 钟崇正	两案合并
		城市管理	做好公园升级改造，营建美丽人居环境	民进禅城区总支	—	

续上表

序号	案号	类别	案　题	第一提案者	附议人	备注
13	37	城市管理	关于进一步完善奇槎片区综合市政基础设施建设的建议	农工党禅城区总支	—	—
14	66	经济科技	打造南庄生态特色小镇	李继兵	冯竞浩 关守健	十二案合并
		经济科技	关于建设禅城区特色小镇的建议	何景辉	—	
		经济科技	关于打造禅城区童服特色旅游小镇的建议	吴伟强	—	
		经济科技	关于建设“特色小镇”的几点建议	周惠娜	—	
		经济科技	关于在奇槎片区打造金融特色小镇的建议	陈晓大	—	
		经济科技	关于把南庄打造成“世界陶瓷小镇”的建议	黄秋月	高　飞	
		经济科技	以建设特色小镇为契机加快南庄北部紫洞片区规划建设步伐	农工党禅城区总支	—	
		经济科技	在禅城祖庙打造“功夫小镇”的建议	张英强	—	
		经济科技	关于建设特色小镇的四点建议	黄衍光	—	
		经济科技	以发展特色小镇为契机推动禅城区传统产业转型升级	谢国伟	—	
		经济科技	建设禅城区石湾建陶小镇的意见和建议	何　俊	关润尧 谭源甜 刘英桥 冼荣江 杨　红	
		经济科技	关于丰收街区域特色小镇建设的提案	刘　莹	—	
15	67	经济科技	关于加快本土陶瓷高等学院建设，支持佛山陶瓷创意产业发展壮大的建议	民革禅城区总支	—	—
16	70	经济科技	关于激发禅城区民营企业创新性思维的建议	谢长青	—	—

续上表

序号	案号	类别	案　题	第一提案者	附议人	备注
17	73	经济科技	关于进一步加大石湾陶艺扶持力度的建议	范银燕	—	两案合并
		经济科技	关于内外兼修提升石湾陶艺发展的建议	封伟民	—	
18	79	经济科技	引虚入实，推动佛山民营实体经济做大做强做优	丘英姿	冯国球 肖永清 陆志毅 吴晓英 梁罗炎	—
19	81	经济科技	关于助力中小微企业缓解融资难问题的建议	杨　钦	—	—
20	87	经济科技	关于加快规划发展我区健康产业的建议	林永锵	—	—
21	97	经济科技	关于加大力度扶持中小微企业科技创新建议	陈洪华	—	—
22	98	经济科技	关于拓展我区会展业加速经济发展的建议	民进禅城区总支	—	—
23	123	文教体卫	引进国际学校教学　提升禅城城市价值	罗天爵	—	—
24	136	文教体卫	做好禅城非遗传承与发扬，促进禅城特色文化产业健康发展	九三学社禅城区基层委员会	—	—
25	137	文教体卫	关于提升车间一线职工职业教育的建议	洪玉珊	—	—
26	159	组织社工	关于加快推进区块链技术在禅城区政务服务应用的建议	致公党禅城区总支	—	两案合并
		组织社工	利用区块链技术提升政府治理创新的政策建议	胡余良	饶小聪	

中共佛山市禅城区纪律检查委员会

机　构

区纪委机关（区监察局）有副科级内设机构9个，分别是办公室（干部室）、宣教调研室（廉政风险防控室）、党风政风监督室（挂区政府纠正行业不正之风办公室牌子）、信访室（举报中心）、案件监督管理室（纪检监察干部监督室）、第一纪检监察室、第二纪检监察室、第三纪检监察室、案件审理室。2017年，有在职人员35人。

派驻（出）机构有派驻区直机关纪检组16个，派出镇（街）纪（工）委4个。

重大会议

【禅城区纪委四届二次全会】

2017年2月14日，佛山市禅城区纪委四届二次全会召开。区五套班子成员、区人民法院院长、区人民检察院检察长、区纪委委员和特邀监察员代表等约200人参加会议。会议审议通过区委常委、区纪委书记植伟生作的《强化责任担当，推进标本兼治，不断增强全面从严治党的实效性》的工作报告。区委书记刘东豪在会上要求党员干部对自己的工作岗位做到“三个看清”，即看清诱惑的本质、本源，看清“账本”、学会“算账”，看清岗位与责任。

【区纪检监察机关内务监督委员会成立大会】

2017年4月14日，第一届禅城区纪检监察机关内务监督委员会成立大会召开，区纪委监察局领导班子成员，各镇街纪（工）委正、副书记、政务监察和审计分局正、副局长，各派驻纪检组正、副组长等共约100人参加会议。区委常委、区纪委书记植伟生在会上指出，要充分认识新形势下成立内务监督委员会的重要意义，引导外部力量有序参与监督；要发挥优势、认真履职，充分发挥内务监督委员会的外部监督作用；纪检监察干部要自觉接受监督，充分营造有利于监督的环境。

来自区人大、区委组织部、街道、企业、新闻媒体等社会各界的11位监督委员受聘担任第一届区纪检监察机关内务监督委员会委员，其中来自纪检监察系统外部人员所占比例超过70%。委员监督的方式包括询问质询、评议测评、开展调研、组织检查、案件监督等。

纪检监察

【“两个责任”落实】

2017年，强化巡察工作，落实管党治党责任。建立区委巡察机构，健全巡察工作机制，建立由216人组成的巡察人才库，完成2轮对9个单位党组织的常规巡察，督促整改管党治党宽松软等问题307项，发现问题线索42条，立案查处违纪干部5人。开展扶贫领域专项巡察，实施对口帮扶资金实地检查，督促整改扶贫工作问题27项。开展村居换届风气专项巡察督导，核查违反换届纪律问题线索14条。推进农村基层党风廉政建设综合治理，深入开展农村基层党员干部违纪违法线索排查、异地交叉检查，排查线索1766条，查处违纪党员干部151人。组织4个单位党组织负责人向区纪委全会述责述廉述德，压实从严治党主体责任。严明政治纪律、政治规矩，查处违反政治纪律1人。严把选人用人廉洁关，办理干部党风廉政情况回复2937人次。

【案件查办】

2017年，增强惩治腐败的震慑效应。实践监督执纪“四种形态”（党内关系要正常化，批评和自我批评要经常开展，让咬耳扯袖、红脸出汗成为常态；党纪轻处分和组织处理要成为大多数；对严重违纪的重处分、作出重大职务调整应当是少数；而严重违纪涉嫌违法立案审查的只能是极少数），处理518人次，其中运用“第一种形态”处理358人次，占69%，使咬耳扯袖、红脸出汗成为常态；运用后三种形态各处理86人次、27人次、47人次，分别占17%、5%、9%。受理信访举报256件，比2016年上升52.4%；处置问题线索507件，增长319%；加大执纪审查力度，立案164件，上升59.2%；给予党纪政纪处分143人，上升6%；移送司法机关13人，上升85.7%。重点查处流管工作人员违规办理居住证及古灶村原“两委”干部等一批违纪违法案件。

【廉政教育】

2017年，举办全区领导干部纪律教育学习班，拍摄《一个垮掉的村官班子背后》警示教育片，部署开展廉洁家庭系列教育活动。推进以案治本，开展送纪律上门活动，推动区公资办、食药监等单位党组织落实主体责任，督促公资系统制定整改措施22项，指导食药监分党组梳理问题9项。

【廉政制度建设】

2017年，推进“微制度＋信息化”建设，标本兼治成效渐显。开展廉洁村居建设，总结提炼龙津村村民代表责任制、集体资产管理“七个统一”等经验做法，推动村规民约制度化，打造莲塘村廉洁文化建设示范点，以“制度＋文化”推进基层善治。出台廉政档案制度，建设廉政档案信息系统，推进廉政大数据分析，及早发现和纠正干部队伍中的苗头性、倾向性问题。探索建立廉洁从政激励机制，增强党员干部廉洁自律自觉。建立健全容错纠错机制，出台《关于建立全面深化改革重大事项评核和容错纠错机制促进干部干事担当的实施意见》，受理容错申请15项。在南庄镇开展廉洁保证金制度试点，探索建立党员干部廉洁从政激励与惩治相结合的工作机制。出台《廉洁保证金试行办法》，将南庄镇常务副职以上干部（47名）纳入试点范围，个人和单位分别按照绩效考核奖金的25%缴存。

【廉洁试验区建设】

2017年，推进廉洁试验区建设，探索“互联网＋中介治理”，搭建中介组织综合监管平台，176家中介机构入驻平台，完成189项中介服务选取，实现网上公开选中介、阳光“晒”中介、信用管中介。

【党风政风监督】

2017年，坚持抓日常与抓节点相结合，驰而不息纠正“四风”，开展日常廉政谈话提醒2713人次，明察暗访86人次，受理“四风”投诉87件，比2016年下降15.5%；查处“四风”问题11宗15人，通报典型案例7起。整治“为官不为”情况，受理行政效能投诉1988件，严肃处理在土地规划调整、广告征拆补偿、行政执法等工作中出现的慢作为、不作为、乱作为问题，对3个单位进行集体谈话，问责处理82人，比2016年增长173%。树立“三个区分开来”的执纪导向，为101名党员干部澄清问题，营造风清气正、干净干事的良好环境。

【深化监察体制改革】

2017年12月，成立禅城区深化监察体制改革试点工作小组，区委带头担负改革试点主体责任，区纪委履行牵头抓总的专责职责。摸排核实区人民检察院涉改部门的职能、编制、职数，制定改革实施方案、任务清单和时间表。做好人员转隶、线索移交等工作，派出工作组对区人民检察院拟转隶人员开展逐一谈心谈话和廉政审查。12月29日，禅城区深化监察体制改革试点工作小组召开第二次会议，审议通过区人民检察院拟转隶公务员24名、不予转隶4人、划转4人；审议通过区监察委主任、副主任和委员人选；审议通过区纪委、区监察委机关机构设置方案。

【派驻监督】

2017年，完善派驻监督，全区16个派驻纪检组全部改革到位，实现对58家区直单位派驻监督全覆盖。落实镇街纪委书记、副书记和派驻纪检组组长、副组长4个提名考察办法，推进纪检工作双重领导体制具体化、程序化、制度化。

中共佛山市禅城区纪律检查委员会

书　记：植伟生

副书记：冯翠红　刘海波

常　委：陈炽南　钟金慧　周　军（7月任）
　　　　谢应光（至2月）　周伟雄（至2月）
　　　　何志豪（至4月，挂职）

佛山市禅城区监察局

局　长：冯翠红

副局长：周　军　周伟锋（3月任）
　　　　谢应光（至3月）

（何若虹）

民主党派·工商联

民主党派

【简述】

2017年，禅城区有7个民主党派总支部（基层）委员会，下设36个支部（支社），党派成员817人。禅城区民主党派中，有市人大代表8名、市政协委员13名，区政协副主席3名、区政协常委18名、区政协委员40名，区人大委员会副主任1名、区人大常委会委员6名、区人大代表14名。是年，各民主党派及成员递交政协提案160件，约占区政协提案的74%。各民主党派发挥自身在法律、教育、医疗、文化、金融理财等方面的资源优势，参加区委统战部组织的对廉江市安铺镇龙潭村扶贫慰问活动、赴四川凉山州对接扶贫点考察交流活动、"同心圆·中国梦"统战服务进社区联合社会服务等活动。

【中国国民党革命委员会禅城区总支部委员会】

2017年，民革禅城区总支下设5个支部；主委渠铮，副主委杨浩、辛焕平；发展党员12人，党员总数73人；有市政协常委1人、市政协委员1名，区人大代表2名、区政协委员6名，民革广东省委会经济委员会委员1名，人口资源环境委员会委员1名，广东省人民检察院人民监督员1名，佛山市监察局特约监督员1名，佛山市新社会阶层联谊会1名。是年，民革禅城区总支向各级人大、政协提交参政议政材料80件次，其中陈玥撰写的《关于改善优化"增值税税控系统专用设备和技术维护费用抵减增值税税额工作"的建议》被全国政协采用；渠铮、胡永强撰写的《关于加快佛山陶瓷学院建设完善石湾西片区陶瓷产业产学研布局的建议（三案合并）》，被列为佛山市政协文教体卫委员会的跟踪办理提案；赵闽撰写的《深化标准化技术咨询与服务的供给侧改革，为中小企业、新兴产业等实体经济提供全方位的企业标准化技术咨询与服务》被佛山市政协采用；关健撰写的《关于传统文化进校园的建议》提案被列为2017年度禅城区政协提案委重点督办提案；渠铮提交12份市政协提案，8份被立案，1份被列为市政协主席重点督办案，1份被禅城政协信息采用；谢伟松撰写的《新形势下港澳统战工作的策略与路径探讨》获得佛山市统战理论政策研究成果优秀奖。渠铮被评为民革全国组织建设工作先进个人；张晓曦被评为民革省委会年度参政议政先进个人三等奖，民革禅城区总支第三支部被评为民革省委会组织工作先进支部，丘英姿和谢伟松被评为禅城区优秀信息员；谢伟松党员连任佛山市政府特约监察员，被评为佛山市政协十大"明星名嘴"委员；胡永强被聘任为广东省人民检察院人民监督员。6月，民革禅城总支举行总结表彰参政议政工作会议并部署重点专题调研，联合佛山科学技术学院总支、三水总支考察调研三水区的大旗头村、长岐古村及奥特莱斯小镇。11月，组织全体党员参加粤北社会服务扶贫项目考察帮扶活动。

【中国民主同盟禅城区总支部委员会】

2017年，民盟禅城区总支下设9个支部；主委王勋华，副主委刘爱清、刘鸿宇；发展盟员8人，转入5人，盟员总数225人。在禅城区人大、政协第四届委员会二次会议期间，民盟禅城区总支的人大代表提交建议4件，政协委员提案立案17件，以民盟总支名义提案立案2件；《关于持续治理水环境，实现禅城水更清目标的建议》被区政协重点督办。全年向区政协报送信息73篇，采纳信息57篇；被区统战部采用信息20篇。是年，组织总支人大代表、政协委员参加区政府、区政协、镇街组织的岭南大道公交枢纽站、慢行系统建设、地铁施工、水环境、文化旅游产业、幼儿园教育管理、创客中心发展等调研活动，组织委员到区国土城建和水务局、文体旅游局等职能部门专题调研、座谈。挂牌成立“盟员之家”，定期在“盟员之家”召开总支委员（扩大）工作会议。组织开展社会服务活动，科技支部盟员黄志伟向佛山市潮州商会韩愈爱心基金会、广东省慈阳慈善基金会分别捐赠价值为1.65万元的作品《金玉满堂》，向广东省一心公益基金会捐赠价值为6.5万元的作品《六祖》；支部盟员范银燕、梁肇文、何惠娟等参加粤桂助学之旅活动，累计为15所山区小学建立爱心图书馆；支部盟员陆海峰参加在西藏林芝市墨脱县举行的为期9天的广东共青团“健康直通车”2017年医疗卫生志愿服务。

【中国民主建国会禅城区总支部委员会】

2017年，民建禅城区总支下设支部4个；主委林树茂，副主委杨钦、张英强；发展会员9人，会员总数86人；有市政协委员2人，区人大常委会副主任1人，区人大代表4人，区政协委员8人。报送集体和个人提案15件，其中集体提案《关于打造安养、乐活、善终的居家养老模式的建议》、5件个人提案获得区政协优秀提案奖；张青云提交的《关于提高产业资金扶持经济发展效益水平的建议》被列为区长领办重点件。开展“我为禅城发展献一策活动”，收到会员报送的信息稿件120篇，获各级采用约180篇（次），其中被中共广东省委、佛山市委采用8篇（次），民建广东省委、佛山市委会采用超过60篇（次），佛山市、禅城区政协采用约80篇（次），中共佛山市委统战部、禅城区委统战部采用近30篇（次）；《粤港澳大湾区建设存在困难问题及对策建议》《部分企业对中央环保督查行动的意见反映应引起重视》《我国建筑业“营改增”问题反映及对策建议》《“营改增”对建筑业的影响及建议》4篇信息被全国政协采用，《粤港澳大湾区建设存在困难问题及对策建议》得到区领导批示。组织开展创新工匠精神、供给侧结构性改革、非物质文化遗产保护、禅城区金融业等主题调研，撰写调研报告《立足强中心打造强金融，为新时代禅城经济社会发展提供强支撑》。开展社会服务活动，组织会员支援韶关乐昌五山镇小山村脱贫工作，合计捐款4.5万元；会员程嘉韵参与市政协捐助佛山科学技术学院贫困生活动捐款2.5万元，参与区委统战部湛江扶贫、中大博爱校友会捐助希望小学等活动共捐资近10万元；何狄强、邓伟杰推动龙狮运动下乡，邓伟杰向湛江龙潭村赠送体育器械用品1.5万元，何狄强在马来西亚被授予“世界狮艺文化推广大师奖”。是年，民建禅城总支获得禅城区政协信息工作先进集体三等奖；张青云、张英强被民建广东省委评为参政议政工作优秀会员；在民建广东省第九次代表大会上，禅城民建被评为先进基层组织，林树茂、程嘉韵、张英强等3人被评为优秀会员。

【中国民主促进会禅城区总支部委员会】

2017年，民进禅城区总支下设支部6个；主委吴勤，副主委吴峰；发展会员9人，会员总数102人。有11名会员参与各类参政议政信息和提案等的写作，被区政协以上机关采用信息78篇，在全区民主党派中名列第二；民进禅城区总支被采用的统战信息123篇，在全区各党派中名列第一；民进禅城区总支获区政协信息工作先进集体二等奖；徐雅珉、陈铭恩、吴伟强分获区政协信息工作先进个人二、三等奖；吴勤获得区政协优秀组织信息工作者称号。在政协提案方面，周丽萍的《关于完善江湾立交片区交通慢行设施，增设佛山大道江湾立交至季华路段东西向行人天桥》提案被选为区政协主席重点督办提案；民进禅城区总支的《关于拓展我区会展业加速经济发展的建议》和《做好公园升级改造，营建美丽人居环境》，以及吴伟强的《关于打造禅城区童服特色旅游小镇的建议》和封伟民的《关于内外兼修提升石湾陶艺发展的建议》等5篇提案（包括周丽萍的区政协主席重点督办提案）获区政协优秀提案奖。在人大议案建议方面，陈铭恩提交的3份建议均被采纳，吴伟强、王根等获得“2017年度优秀履职委员称号”。陈文杰撰写的《关于明确人民法院诉讼费确权争议收费的建议》被民进中央和省民进采用；吴勤、何粤发、陈铭恩、吴伟强、彭健撰写的信息共20篇被市政协、省民进采用。吴勤、何粤发、雷泽兵分别撰写《深刻领会延安精神　争当建设小康排头兵》《坚持正确处理一致性与多样性关系的方针研究》《把握方向，着力解决现实问题》《做好香港青年的统战工作》等多篇理论调研文章；雷泽兵被吸收为省民进理论研究会会员。是年，民进禅城区总支联合微笑牙科、湾华村举行“关爱社区、助力健康”活动；组织开展“民进书画名家进社区挥毫义卖扶贫济困活动”，将部分义卖所得款现场捐给塔坡社区5个受捐助的困难户代表。庞国钟、何粤发被评为“民进广东省优秀会员”。民进禅城区总支被民进中央评为“民进全国先进基层组织”，吴勤主委作为基层组织代表赴北京参加民进全国基层组织建设经验交流会。

【中国农工民主党禅城区总支部委员会】

2017年，农工党禅城区总支下设4个支部；主委钟文光，副主委李源章、谢海青；发展党员6人，转入5人，党员总数126人。总支以党派和委员个人名义向区政协提出提案超过30件，其中10件提案获优秀提案奖。以总支名义提交的集体提案《以建设特色小镇为契机，加快南庄北部紫洞片区规划建设步伐》被列为区长督办系列案；《关于完善禅城区道路慢行交通系统的建议》（合并）等3件提案被列为区政协主席重点督办提案。被区政协、区委统战部等机关采用的社情民意信息79篇，钟文光、徐玉发、曹洪林、李玉萍等撰写的多篇信息被全国政协、农工党中央等机关采用。创新社会服务工作，党员蔡洪斌经营的绿耒公司与佛山科技学院环境化工学院达成产学研合作框架协议；党员廖小英参加由禅城区人大组织的赴廉江对口扶贫活动，向当地小学捐赠的校服价值5万元；全年举行义诊活动3次，参加义诊专家超过20人次。组织各支部约40名党员到开平市赤坎镇进行特色小镇建设和文化旅游项目学习考察活动；组织退休老党员开展“佛山市空巢老人情况”和社区幸福院调研活动；总支部和各支部以党派和党员名义共向各类慈善组织、灾区、贫困地区、困难人群捐款达10万元。

【中国致公党禅城区总支部委员会】

2017年，致公党禅城区总支下设支部3个；主委李浩，副主委谢长青、林志勇；发展党员3人，党员总数82人；有市人大代表2名、市政协委员5名，区政协副主席1名、区政协常委2名、区政协委员6名，区人大常委1名、区人大代表3名。致公党禅城区总支撰写的统战信息被采用39篇；政协委员和信息员提交政协信息共38篇，被采用30篇，采用率达78.95%。禅城区政协四届一次会议，致公党禅城区总支提出的《加速建设“互联网+社会服务开放式平台”，打造信息时代的“首善之区”》提案被列为重点督办提案和优秀提案；总支获得2017年禅城区政协提案信息工作先进集体称号；禅城总支集体提案《关于加快推进区块链技术在禅城区政务服务应用的建议》、谢长青的《关于激发禅城区民营企业创新性思维的建议》《关于提高禅城区居民食品安全满意度的建议》和区晓慧提出的《关于提升亚艺公园水环境的建议》获得2017年度优秀提案；区晓慧提出的关于美化提升季华路隧道的建议被相关职能部门采纳和实施。是年，李浩被区人大常委会聘为区财经委专家小组成员，李新胜、宣典虹被聘为区法律咨询专家小组成员；李新胜、姚晓琳、肖红霞被区纪委聘为区纪检监察机关特邀监察员；李浩被选聘为广东省政府采购评审专家，受中共禅城区委组织部委派担任区信访局督查专员。致公党禅城区总支参加省、市课题招标，提交省课题13项，提案立项2项，信息立案4项；提交市课题8项，全部立项。总支组织党员到四川凉山州开展扶贫考察交流活动，向昭觉县普提小学捐赠文具学习用品；联合祖庙街道后街社区开展社会服务活动，慰问困难老人；党员姚晓琳常年在市妇联家庭教育指导中心开展免费心理援助，组织并参与禅城区中小学心理健康巡讲25场。

【九三学社禅城区基层委员会】

2017年，九三学社禅城区基层委员会下设基层支社5个；主委陈笑尘，副主委黄志新、田巍、邱熙；发展社员6人，总人数123人。禅城九三学社撰写的《打造“季华路创新带”，对接“一环创新圈”，大力提升禅城中心城区地位》《推动禅城文商旅融合发展，打造高品质中心城区》《提高禅城奇槎土地供给水平，抢占创新集聚区产业布局高地，助力禅城创新产业发展》入选2017年禅城区两会发言备选稿件；撰写的《加快禅城区非户籍常驻人员参与基层治理，建立吸引人才劳动力的城市制度优势》被列为中共区委书记督办案。禅城九三学社信息报送、采用量总积分达3730分，在全区七大民主党派中位列第1名，其中被区政协和中共禅城区委统战部采用共89篇，佛山市政协采用30篇，中共佛山市委采用5篇，中共佛山市委统战部采用11篇，九三省委会、九三中央采用68篇；由王阳撰写的《交通事故社会救助基金目前存在的问题及解决对策》被全国政协采用。借助社员平台资源开展“禅城九三文化驿站”活动，组织社员到广东英德等地调研学习。禅城九三爱心会以捐赠困难资助金、走访送温暖、组织户外心理治愈活动等帮扶形式，从物质帮扶和精神关爱方面对儿童进行帮助；累计帮扶贫困学童9名，每人受捐助1000元；连续3年举办爱心捐款活动，累计筹集善款超过3.5万元，累计帮扶对象超过20人次。

（何林华）

禅城区工商业联合会

【简述】

2017年，禅城区工商联执委班子成员共72名，其中荣誉主席1名，主席1名，常务副主席1名，副主席20名，副会长7名，常务委员兼副秘书长2名，执行委员兼副秘书长3名，常务委员14名，执行委员23名。

是年，区工商联共有会员1213名，下设5个基层商会。其中南庄商会会员118名，祖庙总商会会员52名，张槎总商会会员341名（总商会271名、妇女联谊会70名），石湾总商会会员359名（石湾商会158名、澜石不锈钢协会201名），直属商会会员127名，其他商（协）会会员216名。

【共建产学研投联盟】

2017年3月6日，区工商联与佛山科学技术学院联合举行产学研投联盟成立揭幕暨高新技术企业培育项目签约仪式，双方签订《产学研投合作框架协议》，共建产学研投联盟，在高新技术企业培育、学生实训基地建设、技术成果转移转化、高技术人才的认证和培训等方面开展合作，推动产学研深度融合。广东省教育厅副厅长邢锋、佛山市委常委黄喜忠、禅城区区长孔海文、佛山科学技术学院校长郝志峰等出席签约仪式。

【禅商学院正式挂牌】

2017年12月26日，禅商学院正式挂牌，旨在强化政府引导，立足产业需求，搭建高层次企业经营管理人才交流互动平台。区财政每年扶持禅商学院100万元，连续扶持三年。依托禅商学院，实施禅城企业家素质提升工程，与国内外知名商学院合作，聘请国内外知名专家、学者进行专题授课，为经济发展培育后备人才。禅商学院开展“政策树”项目，按行业和企业需求进行政策研究解读，通过微信小程序，方便企业查询政府部门优惠政策，试用小程序的企业近20家。

【第六届采购会·跨域商（协）会产品展购会】

2017年11月11—12日，与佛山市福建商会、佛山市闽南商会等17个商（协）会联合举办第六届采购会·跨域商（协）会产品展购会。展厅面积超过3000平方米，设置展位约120个。参展企业超过100家，另外吸引黑龙江省绥化市北林区组团参展。展购会惠及装修装饰、新媒体、食材等行业约10个，合作意向金额超过2000万元。

【商会互动】

2017年6月6—11日，组织会员企业赴“一带一路”沿线国家柬埔寨进行商务考察，其间参加柬埔寨暹粒省华商协会、柬埔寨（中国）建筑材料协会交流座谈会，参观西哈努克港经济特区，了解华人企业在柬埔寨经营情况与招商引资项目。9月21—30日，赴俄罗斯、匈牙利等国，与俄罗斯圣彼得堡华人华侨联合会、匈牙利匈中经济商会缔结友好商会。10月

18—22日，组织约30名会员企业代表参加澳门贸发局举办的“第二十二届澳门国际贸易投资展览会”。

【服务商会会员】

满足会员企业需求 2017年，走访约50家执委班子企业，听取会员企业对区工商联工作新要求，向政府相关职能部门提交“将禅城区工商联优秀企业家纳入‘金禅卡（佛山市禅城区）’首批用户”的建议。

培养青年企业家 6月21日，组织青创二代企业家赴四川大学开展学习培训，以“法律知识进百企”为主题举办法律知识讲座，内容涵盖互联网思维与商业模式创新、企业项目化管理等贴近企业发展需求的课程，组织企业家参观星河领创天下项目，与成都优秀“双创”企业家开展座谈。

【“丰收街杯”第四届创业南方创新创业大赛】

2017年12月21日，2017“丰收街杯”第四届创业南方创新创业大赛决赛在丰收街·菁创聚演播厅举行。大赛主题为“回归·创造”，决赛首次引入大众评审和专业评审双阵容，其中大众评审阵席由35位赛飞创业导师团、10位民间投资人和10位企业家构成，专业评审阵席由5位重量级投资机构专家构成。“虚拟明星秀”“亲子坊”“《吻食》新媒体平台”项目分别夺得大赛前三名。

【商会建设】

2017年，由区委常委、区委统战部部长杜梅带队，组织禅城区工商联机关人员走访基层商会、友好商会，了解各商会的日常运作和发展前景，形成关于商（协）会发展、企业融入“一带一路”等调研报告2份；组织基层商会、友好商会秘书处召开秘书长、秘书沟通交流会议，交流办会、办活动良好经验；分别赴高明区、肇庆市怀集县等地工商联进行座谈交流。

佛山市禅城区工商业联合会

工商联主席：张铁伟

党组书记：谢国伟

党组成员：何水渐

（黄金水）

人民团体

禅城区总工会

【简述】

2017年，禅城区总工会内设办公室、组宣部、维权部、经济工作部4个部门，在职人员21人。下辖祖庙街道、石湾镇街道、张槎街道、南庄镇4个镇（街道）总工会。

2017年年末，全区有工联会154家，其中村（社区）工联会136家，工业园、专业市场、商业街工联会16家，行业工联会2家；独立工会628家；会员近26.5万人。全年受理案件103宗，接听“12351”维权热线、接待来访职工458人次。开展各类劳动竞赛活动34场，推荐评选全国、省“五一劳动奖章”各1名，省“五一劳动奖状”1家，第二批“禅城大工匠”10名。帮扶慰问各级劳模、职工约3000人次，发放慰问金112万元；累计办理各类职工互助保障计划2.2万人次，547人次共获理赔104.5万元。举办春送岗位、夏送清凉、金秋助学、冬送温暖、玫瑰友约、“让阳光照亮心房”、外来工子女夏令营以及各类文体活动近100场。

【工会改革】

2017年6月，区总工会制订《佛山市禅城区总工会改革实施方案》，从机构设置、维权体系、职工服务体系、职工建功立业方式和载体、运行机制和保障体系共6个方面进行优化改革。9月8日，禅城区召开区群团改革重点工作推进会，要求工会改革要坚持党的领导、坚持问题导向，坚持依法依规、坚持开拓创新，更好地发挥工会作为党联系职工群众的桥梁纽带作用、国家政权的重要社会支柱作用和职工利益的代表者和维护者作用。是年，扩大工会领导机构的广泛性、代表性，强化维权力量建设，深化困难职工帮扶工作，打造高素质的产业工人队伍等29项工会改革重点任务均完成落实。

【工会组织建设】

2017年，区各级工会依托基层党组织，在条件成熟的村（社区）、工业园区、厂企等依法组建工会组织，发展会员。全年新组建独立工会60家，新建九鼎运动食尚城商圈工会联合会，成立区互联网协会工联会、区律师行业工会联合会。创建市光法雷奥（佛山）汽车照明系统有限公司工会和佛山普立华科技有限公司工会两家工会组织建设孵化基地，为企业工会建设提供“三个一”（培育一批骨干、建立一套制度、引导探索一套服务方法）服务。

【提高工会基层代表占比】

2017年，扩大工会领导机构的广泛性代表性。4月1日，召开区总工会二届八次全委会，增补选工会二届委员会委员12人（补选8人、增选4人），提高先进模范人物、一线职工、基层工会工作者等基层代表的比例。是年，区总工会按1:1的比例选配1名挂职副主席，4名兼职副主席。镇（街道）总工会主席改由镇（街道）党（工）委委员兼任。全区136家村（社区）工联会100%配备非户籍常住人员工联会委员，其中11人选任为副主席。提高工会干部业务水平，全年共举办工会干部培训班11期，约1300人参加培训。健全以职工为主的服务方式，开展网格化服务管理新模式，区总工会领导干部到基层联系服务职工群众近90天。

【构建工会维权体系】

2017年，以职工需求为导向，整合多方资源，寻求专业支撑，构建全方位、多渠道、全覆盖的维权体系。搭建网上维权平台，在工会网站、微信公众号等媒体平台上设立主席信箱、法援留言板等模块，畅通职工反映诉求的渠道，专业律师负责跟进答复，做到100%有回复、有跟进。在区人民法院设立劳动争议诉调对接工作室，成功调解案件546宗。在全区4个镇（街道）人力资源和社会保障局对外服务窗口设立工会法律援助服务点，66名工会特约律师为职工提供免费法律服务，受理案件103宗，为职工挽回经济损失约13万元。聘请48名工会特约律师担任67家企业工会的法律顾问，对60家企业规章制度进行审查。介入处置舆情信访事项和劳资纠纷事件，共接听“12351”维权热线、接待来访职工458人次，处置舆情信息25宗。创建第二批区级厂务公开民主管理示范单位8家，创建第二批市级厂务公开民主管理示范单位2家。

【设立区劳动争议诉调对接工作室】

2017年4月，禅城区总工会与区人民法院共同设立区劳动争议诉调对接工作室，开展工会与法院劳动争议诉调对接的试点工作。从68名工会特约律师中挑选出8名工作经验丰富的律师担任调解员，进驻劳动争议诉调对接工作室，开展劳动争议案件诉前、诉中调解工作。全年共受理调解案件791件，成功调解546件。

【职工帮扶】

2017年，实行全面建档、精准帮扶，通过节日慰问、生活救助、教育救助、医疗救助等措施累计帮扶困难职工近2000人次，发放慰问金72.12万元。健全“工会＋社工＋义工”联动、探视全覆盖新模式，共探视困难、工伤职工800人次，发放慰问金14.72万元。慰问、帮扶各级劳模207人次，发放资金约26万元。累计办理职工医疗互助、女职工安康、职工二次医保等各类职工互助保障计划2.2万人次，547人次获理赔约104.5万元。是年，开展春送

2017年4月23日，“家·满能量”2017禅城区职工文化体育节启动仪式暨“强中心 健身体”职工趣味运动会在佛山市第四中学举行

（区总工会供稿）

岗位、夏送清凉、金秋助学、冬送温暖、玫瑰友约、“让阳光照亮心房”、外来工子女夏令营等活动，服务惠及职工近4.3万人次。

【“互联网+”工会】

2017年，强化工会线下实体服务平台建设，新建南庄紫南村职工服务活动中心、瓷海国际职工服务活动中心，张槎职工服务活动中心（张槎体育中心点）建成并投入使用，共建成职工服务活动中心5家。推进“三个一批”建设［建设一批社区（村）、园区工会联合会，建设一批职业化工会工作者，建设一批“会、站、家”一体化的职工之家］，广东新媒体产业园工会联合会、南庄紫南村工会联合会、佛山创意产业园工会联合会3家工联会获广东省“三个一批”建设示范点称号，广东省（佛山）软件产业园工会联合会、瓷海国际陶瓷交易中心工会联合会获市级“三个一批”建设示范点称号。推进线上职工家建设，区镇（街道）工会建成以网站、微博、微信为主的互联网矩阵，职工群众足不出户即能找到工会组织，表达诉求，享受服务。禅城工会、张槎工会微信公众号全年共发布信息952条，其中禅城工会入围佛山政务微信排行榜五十强、广东百强。

【劳模评选与劳动竞赛】

2017年，区总工会配合区委宣传部推荐评选出第二批“禅城大工匠”10名。推荐评选全国、省“五一劳动奖章”各1名，省“五一劳动奖状”1家，其中佛山市东成立亿纺织有限公司职工叶锦华被授予全国“五一劳动奖章”称号、佛山市三技精密机械有限公司职工陈红军被授予广东省“五一劳动奖章”称号、佛山市东鹏陶瓷有限公司技术中心被授予广东省“五一劳动奖状”称号。创建完善“劳模创新室”，推荐佛山市安东尼针织有限公司“劳模创新室”为全国示范性劳模和工匠人才创新室。

是年，区总工会开展食品安全检测、云计算、汽车维修、大数据、厨艺等各类劳动竞赛，举办一般性劳动竞赛29场、行业性劳动竞赛5场，提升行业员工的业务技能和素质，提高企业的竞争力，营造比、学、赶、超的良好氛围。区总工会被市总工会授予“2017年度佛山市职工劳动竞赛优秀组织单位”称号。

【区职工摄影联合会成立】

2017年5月20日，禅城区职工摄影联合会正式成立，旨在活跃职工的业余生活，用职工的镜头记录和宣传禅城经济、社会和文化的发展历程。7月28日至8月18日，区职工摄影联合会举办职工摄影系列培训班，通过6期理论与实践相结合的培训，约200名职工掌握摄影技能。是年，区总工会举办中国移动杯“劳动美·禅城美”摄影比赛，活动通过职工摄影爱好者的镜头记录广大劳动者奋发进取、昂扬向上的精神风貌和时代风采。

【职工文化建设】

2017年，区总工会建设“1+4”年轻化品牌体系［1个统领全年的品牌：“家·满能量”。4个子品牌：禅工美学、工友卫士、技能达人、追梦行动］，以贯穿全年的“家·满能量”文体节为统领，各级工会共举办趣味运动会、劳动美系列活动、四大球类等文体活动64场，参与职工超1万名。提高职工的生活质量和艺术情操，开展插花艺术、书法、瑜伽、应急救护等培训活动约70场，约7000名职工受惠。

【关爱女职工】

2017年，维护女职工合法权益和特殊利益，推进“爱心妈妈小屋”建设，区各级女职委组织女职工参加工会业务、法律知识、插花、茶艺等业务培训班和技能讲座75场，超过7000名女职工参加。开展“关爱行动·两癌筛查”活动，932名女职工受惠。

佛山市禅城区总工会
主　席：刘跃芬
常务副主席：魏一平
副主席：吴戎婧　罗家杰　赖庆来（4月任）
　　　　罗财贞（至4月）

（简瑞群）

共青团禅城区委员会

【简述】

2017年，中国共产主义青年团禅城区委员会内设组织宣传科和办公室，在职人员8人。业务分类部门有少先队禅城区工作委员会、禅城区志愿者联合会、禅城区青年志愿者协会、禅城区青年联合会、禅城区青年商会、禅城区大学生联合会。

全区有各级团组织1148个，团支部1103个，共青团员1.2万人，少先队员8.4万人。完成i志愿系统注册的志愿者组织108个，开展服务活动2152场，累计服务时数19.93万小时。

【团组织建设】

2017年，团区委理顺团组织体系，明晰区直机关、镇街、教育线三大块管理体系。参照团省委的智慧团建系统，建立禅城区团组织树框架，全区有各级团组织1148个，团支部1103个。加强镇（街道）、村（社区）团组织建设，明确镇（街道）团委依章程独立设置，镇（街道）团委委员全部扩大至9～21名；年内所有村（社区）完成团组织换届工作，村（社区）35周岁以下的“两委”委员兼任团组织负责人。加强非公有制企业建团，制定非公企业团建工作目标任务分解表，强化目标考核和台账管理，全区新建非公有企业团组织100个。

【共青团改革】

2017年，推进共青团改革，增强政治性、先进性和群众性。团区委选拔11名兼挂职干部到增设的大数据项目组、志愿服务项目组、青年双创项目组、新媒体项目组、玫瑰友约项目组等工作项目组挂职锻炼，发挥自身优势和专业特长。安排团干或青年党员每周二下午驻村（社区）工作，全年举办志愿服务活动20次、服务群众2000人次，吸引青年超过1万人。开展非户籍青年选拔团干工作，制定《禅城区共青团系统推进非户籍青年参与基层社会治理工作方案》，完成镇街85个社区、31个村、2个园区的非户籍青年兼职团干选拔工作。

【学校共青团和少先队建设】

2017年6月，团区委印发《禅城区学校共青团、少先队工作方案（试行）》。成立教育团工委，明确以提升团组织和团员示范性，优化学校团、队干部队伍，提升学校团、队组织战斗力为改革方向，推进全区中学共青团和少先队工作发展。落实少先队大队辅导员职级待遇，以区少先队辅导员工作室为支点，开展少先队活动。是年，佛山市第二中学和佛山市惠景中学分别获评为省、市示范团校。

【服务青年】

2017年，团区委通过“1＋100”（即1个团干部联系100名青年）系统直接联系青年1509人，发布活动112个，开展青年互动活动958次。开展展翅计划，发动机关、事业、企业等单位248家，提供优质岗位750个，接收学生简历1708份，解决青年实习见习需求。利用创业园区孵化创新创业项目，U＋公寓、禅城区大学生联合会等青年组织入驻丰收街•菁创聚园区，引导和服务创新创业项目。通过人才管家、高校推介、英才专线等具体项目，助力青年人才落户禅城。发动镇街、园区、青年商会以及区大学生联合会等青年组织，推荐和引导优秀青创项目参加第四届佛山青年创新创业大赛，发动24个双创项目参赛，其中有12个创业项目进入大赛前50强，4个项目进入十强，晋级决赛。

2017年6月，在区人才办统一组织下，开展“广佛同城•悦享禅城”进高校系列活动，共组织开展7期体验行、9期宣讲会活动，覆盖区域包括中山大学、华南理工大学、广东工业大学等广东高校，以及香港中文大学、香港理工大学、香港浸会大学，对900名大学生开展禅城概况以及人才政策宣讲，并邀请近400名大学生参与禅城体验行活动。11月，联合团廉江市委举行廉江基层团干学习贯彻中共十九大精神报告暨农村领头雁创业青年培训班；12月，联合团罗定市委、罗定市关工委、罗定市农业局，举办罗定市“领头雁”农村青年人才综合培训班；两期培训班共培训约480人。

【青年之声和青年之家平台建设】

2017年，借助禅城发布、禅城共青团（后更名为禅城青年）、禅城志愿者、祖庙丰收街、南庄青年等微博、微信公众号的影响力，推广注册和使用广东青年之声平台，并邀请禅青社会服务中心、禅城青年商会、未成年人心理辅导站等青年社会组织入驻平台。至年底，禅城区在平台注册3354人，解答青年问题6851个，发布活动52个，共吸引青年1400名。

推进青年之家建设工作，实现青年之家与青年之声的线上线下全面融合，建成玫瑰友约精英俱乐部、禅城

2017年5月4日，禅城区“一门式”办税服务厅联合团支部成立大会在绿岛湖行政服务中心举行（区地税局供稿）

区未成年人校外心理辅导站、祖庙街道智慧青年之家、张槎街道华南生命科学园、石湾镇街道中国陶谷、南庄镇紫南村等6个青年之家线下服务站点。

【志愿者之城建设】

i志愿推行工作　2017年，开展i志愿系统普及应用工作，在新志愿者培训和志愿服务活动现场提供办理志愿者证服务。开展志愿者培训活动40场，共计培训5000人次。禅城区各志愿者服务队使用i志愿系统活跃程度高，年内注册志愿者组织108个，开展服务活动2152场，每支志愿服务队年平均发布并开展活动18.24个，累计服务时数19.93万小时。

志愿服务项目建设　重点打造“众志禅城”禅城志愿服务项目。开展春节花市义卖和行通济线上线下募捐活动，参与的志愿者超过300名，共募集13.83万元。春运期间，参加佛山火车站和佛山汽车站爱心驿站志愿服务的志愿者超过500人次。“警家校”护畅志愿服务在同济小学等60所学校推广，改善校园周边的拥堵问题。

志愿服务激励工作　完善志愿服务星级认定制度，130名志愿者分别被认定为禅城区二星级、三星级志愿者。分别推荐24名、64名志愿者认证为佛山市四星级、五星级志愿者。举行禅城区第五届“金白兰奖”颁奖活动，对一批优秀志愿者、团队和项目新典型进行表彰。开展第五届“微志愿慈善金”志愿服务项目资助活动，投入17万元资金对优秀项目进行资助，促进公益团队发展和慈善项目的推广实施。是年，在广东省学雷锋志愿服务先进典型评选中，蔡银月、吴剑清和潘晓被评为“最美志愿者”，佛山市中医院客服中心志愿服务队为“最佳志愿服务组织”，禅城“警家校”护畅为“最佳志愿服务项目”，祖庙街道培德社区为“最美志愿服务社区”并被推荐参选全国学雷锋志愿服务“四个100”先进典型。佛山市“永安警长”警民志愿团、蔡银月获评第五届“广东志愿服务金银铜奖”银奖。

志愿服务活动　在创文迎国检期间，共有367个便民利民志愿服务站为市民提供便民服务，参与创文志愿服务5386人次。全年为市、区大型活动招募志愿者共超过1万人次，组织志愿者参与包括行通济、学雷锋日、50公里徒步活动、旅游博览会、陶瓷艺术周等活动。

【志愿服务“金白兰奖”表彰大会】

2017年12月3日，禅城区志愿者联合会在半月岛湿地公园举办“践行十九大·爱心满禅城”——第五届志愿服务“金白兰奖”表彰暨志愿者团建培训大会，宣读2017年广东省学雷锋志愿服务“四个100”先进典型的志愿者和组织名单，对获得“金白兰奖”的团队、个人和项目等进行颁奖，向获得第五届“微志愿慈善金”资助的志愿服务项目颁发资助金。在“金白兰奖”的评选中，“永安警长”警民志愿团、佛山市中医院客服中心志愿服务队、区慈善会志愿者服务队分别获评最具影响力团队、活力团队、爱心团队；禤海芳、梁志豪、邓聚富、廖海飙分别被评为活力志愿者、感动志愿者、新锐志愿者、领袖志愿者；“永安警长”警民志愿团的禅城警家校护畅队项目获评“金白兰奖”创新项目，小强热线爱心协会“义起来、乐帮扶”爱心帮扶项目获评“金白兰奖”感动项目，祖庙街道志愿者协会的阳光读书会获评种子项目。

共青团佛山市禅城区委员会

书　记：孙近国（至2月）　屠　强（2月任）

副书记：沈宇敏（至5月）　杨　琦

（韩文涛）

禅城区妇女联合会

【简述】

2017年，禅城区妇女联合会内设办公室、维权科、儿童少年工作科、妇女儿童权益维护工作站，在职人员10人。区政府妇女儿童工作委员会办公室设在区妇联。全区有基层妇女组织186个。

是年，推进妇联改革工作，加强基层组织建设；精准对接妇儿需求，深化“爱心学堂”“圆梦平台”“e维权”“融城生活”等特色服务，打造“女性双创”新服务品牌，健全禅城特色妇儿公共服务体系。区妇联被命名为第三批“广东省学雷锋活动示范点”。区妇联党支部被定为市级和区级“党支部规范化建设”示范点。“女性双创”项目培育的“嘉有儿女”获首届中国妇女创业创新大赛社会效益奖；区妇联、区法院获2016年度“全国维护妇女儿童权益先进集体”称号。

【妇联改革】

2017年，制定《禅城区妇联改革实施方案》，做好全区妇联三年改革工作的顶层设计，明确党建带妇建、妇联党组全面从严治党、基层组织体系和阵地网络建设、妇儿特色公共服务体系建设等改革重点任务和改革举措。在全省率先全面推进非户籍常住女性进入三级妇联组织，当代表、做执委、进班子，参与基层治理。6月9日，全国妇联副主席、书记处书记夏杰率全国妇联改革专题调研组到禅城区开展妇联改革专题调研督导，区妇联的改革创新工作受到表扬。《中国妇女报》和省妇联《女性》杂志均分别做头条报道和专题报道。

【推进非户籍女性参与基层治理】

2017年7月，在全省率先完成村（社区）妇联换届选举工作。印发《禅城区妇联系统推进非户籍常住女性参与基层治理工作意见》，在全省创新性实行“3个100%”，即区、镇（街道）、村（社区）三级妇女代表大会代表中100%有非户籍常住女性；妇联执委会中100%有非户籍常住女性；妇联班子中100%有非户籍兼职副主席，且各占一定比例。11月，在全市率先完成区妇联兼挂职副主席和挂职副科长、镇街妇联兼职副主席的配置工作，打造专、兼、挂职相结合的干部队伍。截至2017年年底，区、镇（街道）、村（社区）三级妇联中共有非户籍常住女性的代表占7%，执委占12%，兼职副主席占35%。全区三级妇联执委共1663人，其中中共党员占46%，非户籍优秀女性占12%；非户籍执委中，中共党员占25%。

【打造“女性双创”基地】

2017年，由区妇联牵头实施的“应用大数据建设女性‘双创’基地，探索女性创业就业新模式”被列入区政府年度十大民生实事之一。7—10月，举办禅城“女性双创”研修班。面向社会公开募选学员120名，邀请30名知名企业家、职业经理人等成立女性双创导师团，围绕女性创业心理心态、市场分析、经营

2017年6月23日，禅城“女性双创”研修班举行开班典礼

（区妇联供稿）

管理、政策法规、技能素质等方面开展多形式培训培育。搭建女性创业创新服务平台，建立全市首个女性双创基地和女性双创联盟——“禅城蒲公英女性双创基地”“禅城蒲公英女性双创联盟”，探索禅城女性想创业、敢创业、能创业、创成业“四维一体”的女性双创新路径。是年，禅城区培育的一批女性双创项目中实现2个项目转型升级、3个项目落地，20个项目实现资源整合或项目合作，带动超过5000人就业或创业。

【禅城项目获首届中国妇女双创大赛社会效益奖】

2017年4月，区妇联从项目创新性、禅城特色、女性特点、社会效应等方面，选取“嘉有儿女——母婴童健康云平台”“齐月色彩产业创新中心”“同城到家·家政服务”和“嚟买餸”互联网＋智慧农贸市场项目为全区“女性双创”第一批重点培育项目，带动女性创业就业。5月，推选以上4个项目参加首届中国妇女创业创新大赛，其中“嘉有儿女——母婴童健康云平台”和“同城到家·家政服务”项目入围全国复赛；“嘉有儿女——母婴童健康云平台”项目晋级全国总决赛，并在9月举行的总决赛中获得首届中国妇女创业创新大赛社会效益奖。

【深化“爱心学堂”建设】

2017年，在全省创新性制定《“爱心学堂”建设标准》和《“爱心学堂”建设三年规划》，编制党史国情和国学经典教学大纲。实行捐赠冠名方式引入社会资金支持建设，第一批有两名爱心人士共捐10万元定向建设“爱心学堂”2家。优化“爱心学堂”义教团、助教团，超过300人（单位）参与“爱心学堂”日常运作。是年，全区10个“爱心学堂”开设春季班、秋季班、冬令营、夏令营共4个班次（春季班、秋季班逢周六全天上课；冬令营在寒假举行，一般为期5~7天；夏令营在暑假举行，分2期，每期10天），服务儿童3万人次。累计服务超过13万人次。

【巩固“圆梦平台”帮扶】

2017年，开展“三百”行动［走百村（居）、入百家、访百户］，建立全市首个点对点捐助平台、首个特困母亲和困境儿童动态管理机制，发动、整合社会各界力量为困难妇儿提供“精准化、公益化、个性化”的帮扶服务，有效补充政府救助短板。区妇女儿童服务志愿者队伍不断壮大，拥有志愿者超过200人，成为“圆梦平台”点对点圆梦过程的主要执行力量。培育禅城妇女儿童服务联盟，88个成员单位成为“圆梦平台”捐助的核心资源。是年，“圆梦平台”为困难妇女儿童实现生活物资、生活服务、就业创业、文化娱乐等五方面的微心愿242个，捐赠款物价值27.89万元。累计实现微心愿560个，捐款捐物76万元。

【妇女儿童维权】

2017年，建立区级妇女儿童维权团队，提升维权站接访能力。全区妇联系统维权站接待群众信访355宗，信访处理率达100%，解决率达98.7%；成功调处婚姻家庭矛盾纠纷21宗。开展普法活动共62场，受惠2万人次；开展“我的原生家庭”“幸福婚姻协奏曲”等主题小组工作坊共7个（39节），受惠489人次。是年，区妇联、区法院获2016年度“全国维护妇女儿童权益先进集体”称号。

【家庭文明建设】

2017年，举办首善之区“最美风景”——禅城区寻找“最美家庭”活动，开展征集好家训家规、好家风故事活动。加强巡检督导，全面规范提升全区社区家长学校建设，联合区教育局命名“禅城区示范性家长学校”40所。石湾镇街道举办石湾“最美家庭”“星级文明户”和好家书、家训家规征集颁奖活动，吸引3000人次参加。张槎街道开展第二届“魅力母亲”评选系列活动、“好家庭、好家教、好家风”分享会，评选出张槎“魅力母亲”15人。是年，全区妇联系统共举办各类家教讲座、亲子教育活动约500场次，受惠家长6万人次。蔡石等20户家庭获评禅城“最美家庭”、10户家庭获评禅城“无邪教创建示范家庭”。蔡石家庭获评2017年广东百户“最美家庭”，梁江云等3户家庭获评市“十大文明家庭”，吕贞兰等8户家庭获评市“最美家庭”。

【“三八幸福季”】

2017年3月6日，举办“凤眼睇禅城·献策促发展”禅城区各界妇女代表纪念“三八”国际劳动妇女节座谈会，表彰一批获全国、省、市荣誉的集体和个人，各界优秀妇女代表约60人参会。3月8日，在绿岛湖举办“凤眼睇禅城·悦行阅精彩”禅城“三八”节女子健步活动，种植“巾帼林”，3000名来自各界的妇女代表参加健步活动。是月，全区妇联系统围绕“向幸福出发”“为幸福加油”“幸福同心圆”“幸福来敲门”四大板块，开展“3·8幸福季”系列社区活动，举办妇女群活动141场，参与人数超过4万人次。是年，市公安局禅城分局出入境管理大队获评“全国巾帼文明岗”，区国家税务局办税服务厅张槎延伸点等5个集体获评2016年省“巾帼文明岗”，祖庙街道兰桂社区妇联主席程桂琴获评省“三八红旗手”，区妇联主席肖瑞瑞等6人获评市“三八红旗手”，祖庙街道妇女联合会获评市“三八红旗集体”。

【基层妇儿服务亮点纷呈】

2017年，南庄镇开展悦秀会“金秋助学”扶贫助困活动，发放帮扶款41.7万元；开展“巾帼青蓝计划”，组织学习贯彻习近平总书记重要指示精神和综合素质提升培训班。石湾镇街道打造“爱心学堂”之少儿创客、少儿木工坊、“双向成长”计划等特色项目；妇女普惠慈善会开展各类公益活动超过30场次，服务困难妇儿超过300人次。张槎街道依托“妇女儿童之家”开展培力计划，统筹指导全街道“妇女之家”开展品牌建设服务；以“巾帼心向党”为主题开展“妇女之家”第二届家庭文化策划大赛，整合妇女社会工作服务资源，提升村居女干部活动策划能力和服务水平，共开展活动33场，服务6645人次。祖庙街道以“妇女之家”为阵地，举办幸福家庭大讲堂等活动超过300场，受惠超过4万人；推进传爱助业社创业扶持计划项目，通过技能培训、创业就业服务、骨干孵化等，精准扶助服务就业困难妇女1247人次，该项目入选2017年“首善禅城·益精彩”优秀服务项目。

佛山市禅城区妇女联合会
主　席：肖瑞瑞
副主席：吴晓英　黎　燕（至8月）

（罗惠卿）

禅城区文学艺术界联合会

【简述】

禅城区文学艺术界联合会（以下简称区文联）归口区委宣传部管理。区文联属下有6个协会和2个学会，2017年有会员1587人。其中作家协会326人，美术家协会260人，书法家协会210人，摄影家协会231人，曲艺家协会180人，音乐家协会143人，区诗词学会197人，石湾陶艺学会40人。

【打造文艺品牌】

禅城腊八诗会　2017年1月，佛山禅城腊八诗会获得“全国十佳诗会”称号，位列第一名。1月5日，在岭南天地龙塘诗社旧址举行第三届中国诗歌春晚佛山会场暨第八届佛山（禅城）岭南年俗欢乐节·中国诗歌万里行著名诗人同一首诗咏佛山第七届禅城腊八诗会，晓雪、叶延滨等20位诗人与佛山五区的作家代表和市民群众、中小学生共400人参加活动。

摄影公益讲座　2017年，常态化举办“岭南风文化艺术沙龙”——禅城区摄影公益讲座，打造禅城区摄影活动名片。全年举办摄影公益讲座10期，邀请10位国内摄影家授课，受惠摄影爱好者4000人次。

科普文学创作大赛　2017年，与区科学技术协会联合主办“科普精神·筑梦未来”禅城区第三届科普文学创作大赛。9月27日，在市图书馆举办禅城区第三届科普文学创作大赛颁奖会、优秀作品朗诵会暨优秀作品集首发式，共有54人获奖。编印《匠心如莲科普情——第三届科普文学创作大赛获奖作品集》，收录获奖作品54篇。

曲艺活动　2017年8月28日，在南庄镇紫南村文体艺术中心举行“岭南文脉·品味禅城”禅城区粤曲私伙局大赛，推进戏曲进乡村工作，9支私伙局及少儿曲艺队伍参与比赛。11月5日，在祖庙街道兆祥公园举办“我们的节日·重阳”禅城区曲艺家协会戏剧曲艺敬老专场活动，吸引观众超过500名，丰富辖区广大居民的日常娱乐生活。

【文艺工作】

2017年，组织区摄影家协会参与禅城区美丽文明村居示范点建设的活动，拍摄美丽文明村居相关图片。广泛开展“诗歌进校园”系列活动，组织区作家协会与区教育局、省小学生诗歌节组委会合办“诗歌进校园”系列活动，组织区作家队伍到佛山第一小学探访广东省诗歌节获奖学生。9月27日，联合市文联等部门举办第七届岭南诗会·第二届中国（佛山）长诗品鉴暨长诗奖颁奖会，对中国长诗的发展作出深入的探索和突出的贡献的17位国内诗人进行表彰。举办“首善之区·品味禅城”——禅城区文艺家“六走进”开展社会主义核心价值观系列活动，11月26日，举行“弘扬社会主义核心价值观，传承中华优秀传统文化”禅城诗会；12月29日，举行“品味岭南·乐韵禅城”禅城区音乐家协会新年文艺晚会。

【禅城诗词学会成立十周年】

2017年11月24日，“弘扬社会主义核心价值观，传承中华优秀传统”禅城诗会在南风古灶举行，现场举行《禅城诗词选萃》暨《奇才状元伦文叙》首发式，约200名诗人、书画家、企业家参加诗会，共同庆祝禅城诗词学会成立十周年。禅城诗词学会于2007年成立，至2017年年底发展会员197人，会员作品在全国各地及海外华人办的诗词报刊发表，被收入国内外约200部诗词专著。

【庞国钟师生书法展】

3月26日，庞门正道——庞国钟师生书法展在佛山市图书馆展厅开幕，展出作品216幅，包括“弘扬社会主义核心价值观、让佛山成为汇聚和传递正能量的海洋主题书法展”的作品84幅、特邀嘉宾作品21幅、师生书法作品111幅。是日，举办《庞国钟——临张猛龙碑》首发式，以及庞国钟师生书法艺术研讨会。

【文艺志愿服务】

2017年，区文联开展活动超过80场，参与人数3万人次。1月8日，在市图书馆六楼开展读者沙龙活动，举办“碑学传承，送福万家”主题讲座。1月16—17日，区书法家到湛江市南三巴东村和廉江市新民镇黄竹垌村开展“精准扶贫，送福进村”挥春惠民活动。5月6日，区文联组织曲艺家协会在南庄镇举行年会，协会会员和嘉宾约360人参加活动。6月6日至7月5日，在市文化馆举办禅城区美术家协会油画水彩作品展，展出油画、水彩作品超过40幅。7月13—14日，组织区美术家协会、区书法家协会到廉江市竹山背村开展送文艺进村惠民活动，为当地村委会、村民送去一批书画作品。7月13日，在梁园举办“古调今弹”陈新红、叶娇屏、胡少芝、何海珍、陈爱弟书画临摹展，展出临摹作品超过80幅，涵盖魏、晋、宋、元、明、清等各历史时期代表作。8月26日，在中国陶瓷城总部陶瓷基地举行“我们的节日·七夕”主题活动之第七届岭南诗会·佛山赋诗歌朗诵会，佛山陶瓷业员工、佛山五区文艺工作者、市内外文学爱好者和朗诵爱好者等约300人观看演出。9月16日，开展宣传思想文化进企业活动——走进南庄一鼎科技有限公司。11月1日，在梁园举办“庆祝十九大翰墨颂中华”书法提名展，展出作品超过90幅。

【文化交流】

2017年，区文联通过开展文艺交流活动，展示禅城风貌，宣扬禅城文艺。8月3日，举办禅城、三水优秀美术作品联展，共展示禅城、三水两地优秀美术作品超过100幅，艺术类别包括国画、油画、版画、水彩等。10月14日，举办禅城、顺德容桂美术联展，两地共精选约

90幅美术作品参展。12月18日，组织禅城区曲艺家到澳门参加由澳门音乐曲艺粤剧总会主办的“庆祝澳门回归18周年戏剧曲艺专场”活动。

【文艺刊物出版】

2017年11月20日，编辑出版历史文化丛书“岭南文脉·首善之区”——“这里最佛山”五卷本大型历史文化丛书，共分《历史人物风采录》《文化民俗风采录》《风景人文风采录》《陶艺文化风采录》《武术文化风采录》5册，展示佛山禅城深厚的历史文化底蕴和灿烂多彩的文化。出版《禅城诗词选萃》《2017佛山市禅城区摄影家协会作品集》《岭南新意象——禅城容桂美术作品联展作品集》《“庆祝十九大翰墨颂中华”禅城书法提名展作品集》。《禅城文艺》杂志、《天狼星》诗刊出版常态化、版面正规化，为区各文艺家队伍的作品发表提供集中展示成果的园地。

佛山市禅城区文学艺术界联合会

主　席：张　况

（玉丹丹　邓仲贤）

2017年禅城区获国家、省、市文艺大奖项目表

序号	作品名称	作者	奖项
1	舞蹈《群舞》	廖　丽	2017年中国舞蹈家协会教学成果展演金奖（2枚）
2	魏碑《王维诗二首》	张创辉	《书法导报》喜迎十九大全国书法展二等奖
3	摄影《各有各忙》	罗慧文	“光影与梦想2016年全民摄影大展”二等奖
4	摄影《草原雄风》	麦暖华	安踏杯全国市长杯摄影比赛铜奖
5	摄影《紫气香来》	麦暖华	千年帝都牡丹花城国际摄影大赛铜奖
6	摄影《晒布》	刘世辉	第六届中国国际数码摄影艺术展览暨“人类大家庭”纪实摄影展览彩色组铜牌
7	寓言专著《东施美容》	张晓雷	中国寓言文学研究会第六届金骆驼奖创作奖铜奖
8	摄影《岭南水乡》	刘世辉	“美丽中国”第十三届NiSi杯中国摄影在线网上摄影大赛优秀奖
9	摄影《林芝风光》《捕鱼者》	罗慧文	“光影与梦想2016年全民摄影大展”优秀奖
10	诗歌《德行天下》	高世现	首届“中华大德·源自德山”全球华语微诗大赛优秀奖

续上表

序号	作品名称	作者	奖项
11	寓言剧《鱼钩和鱼》	张晓雷	全国第四届张鹤鸣戏剧寓言奖优秀奖
12	摄影《光芒》	刘世辉	核心期刊《照相机》2017年第十期月赛优秀奖
13	摄影《城里城外八百年》	刘世辉	第三届世界华人摄影展佳作奖
14	摄影《岭南明珠》	刘世辉	2016年城市中国计划第三届摄影比赛入围佳作奖
15	行草《康有为书论》	杨劲松	第五届全国“康有为奖”书法比赛创作奖
16	行草《桃花源记》	杨劲松	全国第四届青年书法展入展奖
17	魏碑对联《独有清标》	陈爱弟	第二届中国普洱茶书法展入展奖
18	美术《静观八荒》	何博恒	入选“乡风墨韵·全国中国画作品展”
19	美术《苗寨·记忆》	朱祖雄	入选“悲鸿精神”第二届全国中国画作品展
20	美术《听戏》	苏军权	入选全国大学生美术作品展
21	美术《春之歌》	王　燕	入选“2017年全国中国画作品展——当代中国画的创作生态与时代走向”
22	摄影《收成》	刘世辉	首届“大美渔村　平安渔业”中国渔业摄影展入选展览奖
23	摄影《孤舟》	刘世辉	第26届全国摄影艺术展览艺术类入选奖
24	摄影《繁华都市》	刘世辉	2016广东首届无人机航拍摄影大赛金奖
25	女声小组唱《白鹭落天堂》	作词：陈侃言 作曲：蒋陆安 编导：谢金平 辅导：沈小丽	2017广佛肇清云韶六市原创音乐作品展演金奖
26	女声独唱《牵挂》	作词：黄志文 作曲：蒋陆安	2017年度广东省群众文艺作品评选一等奖
27	粤曲表演唱《工匠艺魂》	撰曲：黎嘉凌 音乐唱腔：赵毅生	2017年度广东省群众文艺作品评选二等奖
28	戏剧小品《门里门外》	王　鹏	2017年度广东省群众文艺作品评选三等奖
29	散文《吴趼人制造》	文竹（郭红霞）	广东省第六届“珠江情”征文比赛三等奖

续上表

序号	作品名称	作者	奖项
30	群舞《风·影》	编导：马亚东（辅导：魏冬梅、谢国权）	广东省第三届中老年舞蹈展演创作作品铜奖
31	群舞秧歌《扇之情韵》	编导：董宝琨（辅导：谭慧娉、霍结兰）	广东省第三届中老年舞蹈展演创作作品铜奖
32	行草《曹操诗》	杨劲松	广东省第五届青年书法展优秀奖
33	国画《秋硕》	简玉金	广东省第十四届美术书法摄影作品联展优秀奖
34	国画《雨林晨曲》	邝康萍	广东省第十四届美术书法摄影作品联展优秀奖
35	国画《爱在春花时》《晨妆》	邝燕玲	广东省第十四届美术书法摄影作品联展优秀奖
36	国画《秋塘情依旧》	陈颖芊	广东省第十四届美术书法摄影作品联展优秀奖
37	国画《冬日塘语》	陈　琳	广东省第十四届美术书法摄影作品联展优秀奖
38	国画《荷塘情》	彭斐斐	广东省第十四届美术书法摄影作品联展优秀奖
39	国画《花荫趣事》	戴　超	广东省第十四届美术书法摄影作品联展优秀奖
40	国画《虫鸣曲》	彭斐斐	入选广东省第十四届美术书法摄影作品联展
41	国画《竹林逸事》《沐春风》	赵　珣	入选广东省第十四届美术书法摄影作品联展
42	国画《秋趣》《竹林情语》	孔美蓉	入选广东省第十四届美术书法摄影作品联展
43	国画《花间语》	古玉珍	入选广东省第十四届美术书法摄影作品联展
44	国画《庭院悠悠：鸟已归》	陈颖芊	入选广东省第十四届美术书法摄影作品联展
45	国画《南国花语》	邝康萍	入选广东省第十四届美术书法摄影作品联展
46	美术《晨光之熹微》	高团枝	入选广东省第十四届美术书法摄影作品联展
47	美术《黄姚胜游》	钟　戈	入选广东省第十四届美术书法摄影作品联展
48	摄影《晒布》	刘世辉	《城里城外八百年》ET保税世界风光主题摄影展入选展览奖
49	摄影《水乡夕阳》	刘世辉	2016广东首届无人机航拍摄影大赛入选奖

续上表

序号	作品名称	作者	奖项
50	摄影《新城新貌》	刘世辉	“我们在黄旗山下”—— 东莞市（东城）摄影大赛一级收藏奖
51	摄影《魅力立交》	刘世辉	2017年首届“广深双城”摄影联展入选奖
52	戏剧《大山会记得》	作者、导演： 贾江平	佛山市廉政小品曲艺创作大赛金奖
53	女声小组唱《白鹭落天堂》	作词：陈侃言 作曲：蒋陆安 编导：谢金平	佛山市群众音乐舞蹈舞台展演金奖
54	散文《春风花草香》	李剑平	佛山市“爱岗敬业　梦圆佛山”征文一等奖
55	小品《爸爸争夺战》 《门里门外》	王　鹏	2017年度佛山市群众文艺作品评选一等奖
56	粤曲表演唱《工匠艺魂》	撰曲：黎嘉凌 音乐唱腔：赵毅生 （辅导：沈小丽）	2017年度佛山市群众文艺作品评选一等奖
57	故事《老鼠与大象》	张晓雷 （辅导：魏冬梅）	2017年度佛山市群众文艺作品评选一等奖
58	小品《二孩时代》	李华丽 （辅导：林家敏）	2017年度佛山市群众文艺作品评选二等奖
59	少儿舞《春天的芭蕾》	纪　欣	2017年度佛山市群众文艺作品评选二等奖
60	男声独唱《父亲》	作词：陈辉、 施飚 作曲：城子	2017年度佛山市群众文艺作品评选二等奖
61	散文《胡豆忆往》	李剑平	佛山市群众文艺作品评选二等奖
62	散文《生如夏花》	文竹（郭红霞）	佛山市“爱岗敬业　梦圆佛山”征文三等奖
63	小说《最后的快递》	张晓雷	佛山市群众文艺“百花奖”文学类三等奖 （唯一一个小说奖）
64	寓言《健忘药的妙用》	张晓雷	佛山市学习贯彻《广东省市场监管条例》 征文活动三等奖

续上表

序号	作品名称	作者	奖项
65	征文《我的知识产权故事之二——差点成了千万富翁》	张晓雷	第一届佛山市“禾才杯”知识产权文艺作品征集大赛优秀奖
66	长篇小说《闯广东》	盛　慧	2017年度佛山市优秀奖版权作品
67	小品《我妈你妈都是亲妈》	李华丽 （辅导：谭慧娉）	2017年度佛山市群众文艺作品评选三等奖
68	小品《自投罗网》	李华丽 （辅导：霍结兰）	2017年度佛山市群众文艺作品评选三等奖
69	情景小品《东江会记得》	贾江平	2017年度佛山市群众文艺作品评选三等奖
70	故事《大义》	严聪娥	2017年度佛山市群众文艺作品评选三等奖
71	群舞《雪山恋》	陈绮利 （辅导：钟少华、陈继熙、陈彩雯）	2017年度佛山市群众文艺作品评选三等奖
72	成人舞《古灶新韵》	编导：李晓红 辅导：田琲 编曲：冼永杰 余占友	2017年度佛山市群众文艺作品评选三等奖
73	成人舞《在灿烂的阳光下》	纪　欣	2017年度佛山市群众文艺作品评选三等奖
74	龙舟歌 《龙舟歌唱最美公园》	何汝文 （辅导：霍结兰）	2017年度佛山市群众文艺作品评选三等奖
75	男声独唱《绿色珠江》	作词：邓耀邦 作曲：陈辉权	2017年度佛山市群众文艺作品评选三等奖
76	粤曲对唱 《汉琴愫韵胡笳情》	撰曲：冯德根	2017年度佛山市群众文艺作品评选三等奖
77	群舞《通济桥上幸福行》	编导：袁文彬 编曲：陈若平 辅导：王路君	佛山市群众音乐舞蹈舞台展演铜奖

续上表

序号	作品名称	作者	奖项
78	群舞《年画禅城春》	编导：袁文彬 编曲：陈若平 辅导：王路君	佛山市群众音乐舞蹈舞台展演铜奖
79	女声合唱《啊　咸水歌》	词：陈志君 曲：沈小丽、蒋陆安	2017年“我爱佛山　我爱凉山”第二届佛山原创歌曲曲征集推广活动十佳原创
80	男声独唱《石湾公仔》	作词：邓耀邦 作曲：陈辉权	2017年“我爱佛山　我爱凉山”第二届佛山原创歌曲曲征集推广活动十佳原创

禅城区归国华侨联合会

【简述】

2017年，禅城区归国华侨联合会机关与禅城区委统战部（区外事侨务局）侨务科合署办公，有在职人员4人。有镇（街道）侨联4个，社区（村）侨联小组138个。

是年，推进“广东侨界人文社区”创建，提升“侨胞之家”服务与管理，打造“爱心慈善行”品牌，加强侨界联谊交流、对外宣传、爱侨助侨、留学人才工作等。全年用于涉及侨界民生服务工作和对口帮扶的政府专项经费29.5万元、福利会及爱心基金14.9万元；在“侨界人文社区”和“侨胞之家”开展活动18场（次）；与海外侨团、华侨华人、港澳同胞联谊交流8批（次）、126人；组织开展和协助参与留学人才活动10场（次）。2个社区被省侨联确认为“广东侨界人文社区（示范点）”。

【侨界人文社区创建】

2017年3月13日，禅城区首批“广东侨界人文社区（示范点）”在张槎街道纯阳社区和祖庙街道同安社区揭牌，同步举办归侨侨眷联谊、健康讲座、义诊服务、开心厨房、侨法宣传等活动，吸引约150人参加。年内推进祖庙街道沙塘社区和石湾镇街道劳动社区的“侨界人文社区”创建工作，在沙塘社区借助“双联系”机制，以党建带侨建，使社区创建焕发活力；在劳动社区活化侨捐场地“苏家荣康乐文化中心”，利用侨法宣传角及群众活动设施，开展侨法宣传和社区康乐服务。12月27日，沙塘社区和劳动社区被广东省侨联确认为“广东侨界人文社区（示范点）”。

【打造“爱心慈善行”品牌】

2017年，打造“爱心慈善行”品牌，不定期组织区侨联委员、归侨侨眷、侨界青年和留学生等赴对口扶贫村廉江市安铺镇龙潭村和贫困山区帮扶慰问。3月21—23日，组织侨联委员、归侨侨眷、侨界青年和留学生等代表一行7人赴廉江市安铺镇龙潭村进行“一对一”帮扶慰问。5月26—27日，组织佛山市、禅城区两级侨界代表以及区留学精英促进会代表共40人，赴清远市阳山县青莲镇屋村苗圃希望小学开展助学助困活动，捐赠一批学习用品和体育用品价值约1万元。6月29—30日，组织区侨务系统领导干部和党员、区侨联委员代表以及区龙狮龙舟运动协会、南粤龙狮体育会的代表一行22人，赴廉江市安铺镇龙潭村开展扶贫慰问等系列活动，向龙潭小学捐赠学习用品、体育用品和舞狮器具价值约2.35万元。11月7—8日，区委常委、区委统战部部长杜梅带队到廉江市安铺镇龙潭村开展慈善帮扶慰问活动，其中区留学精英促进会为龙潭小学筹建“向日葵爱心书屋”，捐赠书架、图书共1.3万元。是年，侨界捐资捐物共约8.65万元。

【为侨服务进社区】

2017年，与“双联系”社区联合开展便民志愿服务活动、庆祝“七一”党员活动等活动5次，上党课2次，提供多种形式的社区服务。1月10日，与祖庙街道沙塘社区联合开展“迎新春·送祝福”便民志愿服务活动，现场为群众写挥春、送祝福。4月28日，开展“送党课进社区”活动，区侨联秘书长张展红为沙塘社区党员干部上党课，社区“两委”班子成员及社区党员共约50人参加。5月26日，在张槎街道纯阳侨界人文社区举办“我们的节日·端午”；在祖庙街道同安侨界人文社区开展“归侨侨眷关爱残障人士”等活动，与社区群众一起迎端午、包粽子、送温暖。8月，支助沙塘社区建立星光图书角，添置书籍，满足社区群众的阅读需求。9月21日，在沙塘社区组织举办“迎中秋·贺国庆　情暖侨心”文艺演出活动，向社区群众送上节日祝福和慰问品。

【爱侨助侨】

2017年，整合政府财政拨款、侨联福利会基金以及各项港澳人士爱心基金等资源，通过举办“迎春茶话会”“迎国庆、贺中秋茶话会”，上门慰问年老、患病归侨侨眷等形式，帮扶70岁以上归侨和因病致贫、生活困难、长期患病、子女读书难等归侨侨眷家庭以及对口帮扶的贫困人员，全年用于涉及侨界民生服务工作和对口帮扶的政府专项经费29.5万元、福利会及爱心基金14.9万元（含“爱心慈善行”8.65万元）。

【侨界迎国庆·贺中秋茶话会】

2017年9月15日，举行“禅城区侨界迎国庆·贺中秋茶话会”，禅城区委常委、区委统战部部长杜梅及区人大、区政协等领导和约110名侨界代表参加茶话会，发放区内364名70周岁以上归侨发放节日慰问金达14.5万元；发放困难归侨侨眷慰问金近2万元，受惠侨界群众30人。

【侨界联谊交流】

2017年，借助禅城丰富的岭南文化资源，搭建对外联谊的桥梁。通过邀请海外侨团来访、举办“文化之旅”活动等，与来自美国、澳大利亚、挪威、南非、马来西亚、泰国等地的海外华侨华人和港澳同胞开展联谊交流8批次、126人。组织侨联系统领导干部、侨联委员代表和留学生代表等31人，赴周边地区开展侨联工作学习交流活动1次。分别赴香港、澳门召开侨联工作通报会1次，共30人参加。

3月28日，接待挪威广东同乡会和挪威华

人音乐歌舞团的代表一行9人。是月，区侨联委员陈健良经国务院侨办推荐，应邀前往南非开普敦，协助当地华侨华人组织参加第八届开普敦嘉年华文化艺术大巡游活动，对外输出岭南文化。6月5日，接待佛山籍飞虎队队员吕桥的遗孀陆云霞（美籍华人，原籍禅城）等一行7人的访亲团。9月23—24日，协助禅城区龙狮龙舟运动协会主办“首届佛山（禅城）·香港·澳门青少年舞龙舞狮邀请交流赛”，约60名香港、澳门青少年与60名禅城青少年参加比赛。11月2—6日，与市侨联联合举办2017佛山文化之旅活动，邀请来自英国、美国、澳大利亚、挪威、南非、马来西亚等地的海外华侨华人代表23人到禅城观看秋色巡游。

【留学人才工作】

2017年2月，以“行通济”活动为契机，邀请澳洲佛山联谊总会青年部的留学生约20人到禅城区，通过开展座谈会、参观人才公寓宣传禅城区人才政策，加深留学生对禅城区的了解。4月，组织归国留学生走访丰收街创新创业产业园活动，与区委组织部、区人社局、团区委、祖庙街道招商局等部门对话交流，为禅城区的人才政策出谋划策；组织留学生代表作为禅城参访团成员参与在深圳举行的第十五届中国国际人才交流大会，协助现场路演和宣传禅城区人才政策及营商环境。是年，共组织开展和协助参与以联谊交流、创新创业、文化传承、公益慈善等为主题的留学人才活动10场(次)。

【创建海外留学人才数据库】

2017年，创建禅城区海外留学及归国留学人才数据库。通过禅城区在海外设立的华人社团，如英国梅德韦中国佛山禅城联谊会、美国纽英伦佛山禅城联谊会等社团，建立禅城区海外留学人才数据库，拓宽禅城区联系海外华侨华人、留学生人才的通道。创建归国留学人才数据收集表，收集有关留学国家、学校、专业，海外工作领域，在禅工作单位、职位，个人特长等约20项基础信息。是年，收集海外留学人才资料超过40份，收集归国留学生资料超过160份。

【禅城区留学精英促进会建设】

2017年9月20日，禅城区举办以“欢聚禅城·情系四海”为主题的驻禅重点外资企业、港澳台企业暨留学精英促进会成立一周年座谈慰问活动，区政协主席殷辉和区委常委、副区长曹洪彬等186人参加活动。会上，禅城区留学精英促进会与顺德区留学生协会签订友好合作框架协议，为两区留学人才搭建资源共享、沟通交流、共同成长的平台。

截至2017年年底，区留学精英促进会累计发展会员185人。全年组织开展走访禅城“东大门”奇槎片区、柏克新能科技有限公司、蒙娜丽莎集团、石湾酒文化博物馆等活动11场。区留学精英促进会微信公众号推送文章408篇，向海外侨胞、留学生等推送禅城“双创”氛围、招商投资、人才政策、历史文化、促进会动态等资讯，阅读量达9万人次。

佛山市禅城区归国华侨联合会

主　席：陈璐兰（至4月）

秘书长：张展红

（张展红　潘晓丹）

禅城区残疾人联合会

【简述】

禅城区残疾人联合会设在区民政局，内设秘书处，在职人员22名。2017年，全区持证残疾人9622人。全年办理分散按比例安排残疾人就业年审用人单位2.1万家，持证残疾人就业数2330人。投入康复救助经费1070万元，投入生活救助及社会保障经费2220万元。

【残疾人救助及社会保障】

2017年，投放用于康复服务和补贴发放经费共3290万元。其中残疾人补贴发放经费投入共2220万元，包括发放重性精神病补贴174万元；发放重度残疾人生活护理费补贴818万元；发放重度残疾人居家安养补贴130万元；发放生活津贴补贴940万元；发放残疾人城乡居民社会养老补贴10万元等。

【居家便民服务】

残疾人平安通安装 2017年，率先在全市推行残疾人安装平安通服务，为全区80周岁以下一级、二级重度残疾人和低保、临界低保的残疾人免费安装平安通，提供医疗康复、应急志愿服务等。是年，为470多户有需求的困难残疾人家庭安装平安通。

残疾人居家无障碍改造 2017年，全区有167户提出居家无障碍改造的申请，改造范围包括居家出入口的坡道、门、走廊，以及各功能房间、设施、地面铺设和紧急疏散等。是年，完成残疾人居家无障碍改造146户，投入经费共36万元。

【残疾人就业服务】

残疾人就业年审 2017年，全区共有2.1万家用人单位办理年审，其中581家单位安置残疾人就业，安置残疾职工1481人，应缴残疾人就业保障金约1.1亿元，完成扣缴1.08亿元。

帮扶残疾人就业 2017年1月19日，举办就业援助月；5月19日，联合佛山市残联在铂顿城举办第27次全国助残日残疾人专场招聘会，共组织发动14家用人单位提供约50个就业岗位，吸引近300人次进场，其中83名残疾人登记就业，25人初步达成就业意向。全年举办残疾人职业技能培训班3期、电商微商创业培训班2期，共培训244人次。是年，录入“残疾人就业和职业培训信息管理系统”的数据完整率达100%，新增就业128人，新增培训171人，全区就业残疾人数达2330人，就业率为83%。

【残疾人康复服务】

2017年12月，印发《佛山市禅城区残疾人康复救助实施办法的补充通知》，明确禅城区残疾儿童康复救助标准及费用分担，并新增低视力儿童康复救助项目。是年，投入残疾人康复服务经费共1070万元。资助165名残疾儿童开展康复训练，为16名肢体残疾人安装假肢和矫形器，为67名听力残疾人装配助听器，投入经费共300万元。每月组织精神障碍患者参与“精防日”服务，在康园中心免费领取药物，对精神障碍患者住院发放补贴，每月服药人数约1300人，发放住院补贴人数约150人次。全区有565名肢体残疾人享受居家康复服务，投入经费共240万元；资助白内障复明手术1757例，投入经费共87.85万元；发放轮椅、拐杖、坐便器、助行器等辅助器具774件，投入经费约14万元。

【重度残疾人集中托养】

2017年，通过公开招标的形式，将重度残疾人集中托养定点机构由4家增至8家。全年享受重度残疾人机构托养服务42人，投入经费共100万元。

【残疾人社会工作服务】

2017年，开展残疾人各类社工服务1341人次，投入经费共140万元。主要包括肢体残疾人居家康复社会工作服务工作、精神障碍患者及家属支援社会工作、残疾儿童和家属社会工作服务。

【残疾人文体活动】

2017年7月25—27日，区残联与区文体局联合举办禅城区第四届残疾人运动会，四个镇（街道）近百名残疾人选手参与。8月14—24日，组织30名残疾运动员参加佛山市第八届残疾人运动会，共获奖牌56枚，其中金牌15枚、银牌28枚、铜牌13枚。是年，举办视障儿童电脑培训班、“预防从初级耳科保健做起”等公益活动、组织残疾人走出家门了解佛山传统文化、观看电影《重返狼群》和《大爱无言》、美食制作活动等，丰富残疾人精神文化生活。

【镇（街道）残联换届】

2017年，各镇、街道残联均完成换届工作。全区4个镇街残联均配备正、副理事长各1名，分别由镇街社工局常务副局长、副局长兼任，残疾人专职委员共46人。

佛山市禅城区残疾人联合会

理事长：江文轩（至8月）　区成标（8月任）

副理事长：付　琼（至12月）

（张素文）

政法·军事

政　　法

政法与综治

【简述】

区委政法委员会与区社会治安综合治理委员会办公室、区委维护稳定工作领导小组办公室、区委防范和处理邪教问题领导小组办公室、区司法局合署办公。区委政法委员会机关挂区社会工作委员会、区委农村工作办公室、区社会综合治理指挥中心牌子。区委全面依法治区工作领导小组办公室设在区委政法委员会机关。区流动人员服务管理工作领导小组办公室挂靠区委政法委员会机关管理。2017年，区委政法委员会内设办公室（信息化科）、政工科、综合科、法治监督科、防范科、综治科、普法教育科（区普及法律常识领导小组办公室）、律师公证管理科、基层指导科、社区矫正工作科、法律援助科（区法律援助处）、社会建设和公共服务科、农村改革科、农村经营管理科、农村财务管理科、受理指挥科（区数字化城市管理指挥中心）16个科室，有在职人员97人。

【维稳工作】

2017年，区委维稳办做好涉农涉土、涉劳资纠纷、涉房地产、涉环保、涉众型金融等领域矛盾问题和历史积案的排查化解工作。组织镇街和农办、人社、住建、国土、公安、环保、金融办等职能部门共排查并化解突出社会矛盾186宗。组织区相关职能部门对16项重大决策、重大项目开展社会稳定风险评估。完成行通济、村居“两委”换届、金砖国家厦门峰会、中共十九大等敏感节点和重大活动的维稳安保工作任务。是年，全区社会大局总体稳定，未发生影响重大的群体性事件。

【综治（平安）工作】

“行通济”安保活动　2017年2月11—12日，统筹全区各部门共出动警力2619人次（全市出动警力8100人次，其中内圈核心警力5100人次）、综合管理人员1100人次、各类设施保障人员1200人次、医疗救护人员55人次、志愿者300人次，使用水马近1万个、铁马2300米、各类标识标牌225块。其间，约73万名市民安全有序通过通济桥。

严重精神障碍患者救治救助　2017年，建立治安防控分中心和区精防中心，将严重精神患者管控工作纳入治安防控分中心管理，落实救助康复医保等政策。是年，全区登记在册的严重精神障碍患者4305人，检出率达4.18‰，管理率达95.8%，规范管理率达94.78%，在册患者服药率达86.36%，居家患者稳定率达99.46%。严重精神患者共建档录入系统103名。无发生精神障碍患者肇事肇祸案件。

重点地区整治排查　2017年，每半年对社会治安重点地区和突出问题进行排查，共排查出被市综治委挂牌整治的石湾镇街道和被区综治委挂牌整治的南庄村、华安市场、东鄱村等

重点地区，实行分级挂牌整治。是年，各挂牌地区均通过考评验收。

护路联防工作 2017年，成立铁路护路联防工作领导小组，确保铁路运输的安全畅通和沿线地区的社会稳定。定期召开联席会议，加大日常巡查，及时协调对东货场铁路轨道旁边约30米倒塌围墙进行修复。

平安主题宣传 2017年，印发各类平安宣传资料约100万份；利用各主要干道户外广告牌、公交车和出租车电子显示屏、电视机顶盒高清互动平台等广泛开展平安宣传。11月5日，组织各镇（街道）同步举办“平安宣传进厂企暨平安创建宣传月启动仪式”，开展系列平安创建宣传活动。

【“中心+网格化+信息化”模式构建】

2017年，制定《禅城区推进综治中心规范化建设及信息化建设工作方案》，根据人口密集程度及各类重点区域、部位分布情况，将原有559个网格重新划分为921个微网格，配备721名网格员，指定专职综治网格员。整合各部门资源，构建以镇街综治信访维稳中心为枢纽、以网格为单元、以信息为支撑，覆盖城乡社区、条块结合的“中心+网格化+信息化”工作体系。11月8日，区综治中心正式在区社会综合治理指挥中心挂牌运作。是年，三级平台共受理各类案件6859宗，成功调处6347宗，调处成功率达92.54%。

【无邪教示范点建设】

2017年5月12日，区反邪教工作协会正式成立，由科学技术界、社会科学界、宗教界、文艺界、法律界、医学界、教育界、新闻界等有志于反对邪教组织的人士自愿组成。是年，利用区反邪教工作协会、民间社团、家庭综合服务中心等组织重点在基层社区、学校等地开展反邪教宣传教育活动72场次。祖庙街道被评定为全国创建无邪教示范街道，张槎街道大富村、石湾镇街道文华社区、祖庙街道塔坡社区被评定为“全国创建无邪教示范村（社区）”，南庄镇村尾村、祖庙街道保安社区被评定为“全省创建无邪教示范村（社区）”。

【流动人口服务管理】

2017年，禅城区登记在册新市民63.94万人，出租屋6.66万栋（套）。全年受理居住证办证信息22.3万条（含擦写），新办居住证近8万张，续期居住证12.69万张，受理积分入学2554人，积分入户124人。制定并印发《禅城区引进人才居住证申领程序》，明确符合佛山市人才政策的引进人才，可直接申领居住证，无须居住登记满半年。

流管业务办理“一门式”服务 推出7项涉及流管工作业务的“一门式”服务，包括出租屋申报登记、居住证办理、居住证续证、居住证补领换领、居住地址变更、居住证注销、积分制服务业务。全年通过“一门式”受理居住证办证信息15.6万条（含擦写）。

创新出租屋管理工作 推进张槎街道大沙村、青柯村创新流动人口服务管理试点工作，建设区流管大数据应用平台与出租屋智能门禁系统，将基础端的人屋信息和门禁系统采集的信息汇集到应用平台，实现流动人口和出租屋动态、精准、可视化管理。探索运用人脸识别技术加强流动人员管理，在村居的出入口安装高清摄像头抓拍人脸，将人脸识别门禁系统、注册人员身份信息、尾随人员数量统计和数据挖掘、报警系统有机结合，实现出入人员

信息采集和后台数据查询、数据调取、数据分析，为公安机关侦查破案、打击防范、治安管理等提供数据依据及技术支持。

落实新市民积分制 2017年，受理积分入学申请2554人，其中小学1908人、初中646人。根据区教育局公布的信息，取得入学资格的新市民共967人，其中小学333人，入学率达17.45%；初中634人，入学率达98%。采用全年受理、季度审核评分的方式开展积分入户工作，全年办理积分入户124人（包括随迁人员）。

【“互联网+”新市民自助申报平台】

2017年9月7日，张槎街道行政服务中心启用互联网+新市民自助申报平台，通过与佛山流动人口服务管理信息系统和佛山警务“双实”APP实时数据对接后，新市民和居住房屋出租管理者可在微信版或网页版申报平台进行自助办理居住登记、居住房屋登记、居住证服务（申领、签注、补领、送证）等服务事项，截至12月31日，禅城区群众通过自主申报平台申报业务总数837宗，其中居住房屋登记30宗、居住登记632宗、居住证服务175宗。

【法治建设“四级同创”】

2017年，开展法治建设“四级同创”[全面推开法治城市、法治县（市、区）、法治乡镇（街道）、民主法治村（社区）创建活动]工作。6月1日，区全面依法治区办到各镇街和八个村部署“四级同创”工作，指导各村（社区）完善法治文化阵地、创新法治宣传举措、建立法治工作台账。是年，将禅城区供电局打造为禅城区国有企业法治文化建设示范企业；将张槎街道白坭村玉景公园打造成为法治文化示范公园；在佛山市第十四中学建设区青少年法治文化教育基地，在禅城区10所小学举办推进未成年人廉洁法治教育项目“青莲飘香润泽童心——青莲计划”廉洁法治小品巡回演出活动以及“小手拉大手”青少年普法教育特色活动。

中共佛山市禅城区委政法委员会

书　记：区柱明

第一副书记：刘思朝

常务副书记：罗健华

副书记：梁梓熙

专职副书记：陈小莉　陈　蓉

彭贻发（7月任）

贾祖兵（至11月）

区委全面依法治区办副主任：夏树丽（至11月）

区流管办专职副主任：陈景茂

区综治办副主任：麦炎棠

区委维稳办副主任：谢共荣

区委防范办副主任：曾　强

区社工委专职副主任：侯晓慧（4月任）

纪检组副组长：王远生（至5月）

（程思思）

公安工作

【简述】

佛山市公安局禅城分局内设政工室、监督室、法制室、警务保障室4个综合管理机构，指挥中心、国内安全保卫大队、刑事侦查大队、治安管理大队、出入境管理大队、网络安全保卫大队、经济犯罪侦查大队（环境犯罪侦查大队、食品药品犯罪侦查大队)、交通警察大队、巡逻警察大队、禁毒大队、防火大队、看守所、拘留所13个执法勤务机构，公共关系科、科技信息化大队、战训办3个临时机构，下设南庄、城南、祖庙、普君、永安、环市、石湾、澜石、同济、张槎、江湾、高新12个派出所。2017年年末，有在编民警1824人。

2017年，禅城分局共侦破刑事案件5217宗，抓获违法犯罪嫌疑人12929名，刑拘3699人、行拘9230人、入所收戒437人、执行逮捕2042人。“双轮”专项行动、“飓风扫毒1号”成绩全市第一，“飓风2017”专项打击行动综合成绩位列全市前茅。全区接报刑事、治安总警情比2016年下降28%，降幅为全市五区第一。其中，刑事警情下降15.6%；“诈骗”“两抢”“两入”和“两车”警情分别大幅下降34.9%、63.3%、37.6%和74.3%；日均刑事警情稳步下降，群众安全感、满意度分别达88.03%和87.01%，双双创新高。禅城分局为全省唯一获评“全国基层公安文化工作示范点”，全市唯一获得“2017佛山口碑榜”双奖，连续三年获评全省执法质量考评优秀县级公安机关，“警家校”护畅模式登上中央电视台《新闻联播》并两度获公安部推介推广。全年共有113个集体、430名民警立功受奖，出入境管理大队获评“全国巾帼文明岗”，张承志被公安部追授“全国公安系统二级英雄模范”称号，吴虹获评“全省特级优秀人民警察”。

【“飓风2017”专项行动】

2017年，禅城分局开展“飓风2017”专项行动，重点惩治涉电信网络诈骗、涉金融领域、涉“两抢一盗”、涉毒品和涉黑恶等群众反映突出的违法犯罪。年内抓获诈骗犯罪嫌疑人280人，为群众挽回经济损失约700万元；抓获境外在逃经济犯罪嫌疑人3人；打掉走私犯罪团伙17个，抓获涉案人员59人，执行逮捕39人，起诉34人；破获涉食药案件10宗，刑事拘留46人，执行逮捕32人；破获禅城史上毒品数量最大案件，侦破部、省目标案件20宗，共缴获毒品196公斤，多次获得公安部、省公安厅领导批示肯定。禅城区“飓风2017”专项打击行动综合成绩位列全市前茅，助推全区刑事治安总警情比2016年下降28%，降幅为全市五区第一。

【社会治安防控】

2017年，禅城分局推进社会治理云平台公安分中心、新看守所、智能交通三期、公共视频、无线图传等基础和信息化重点工程建设，累计建设“猫眼”视频1.89万支，建成警企联防室561个，建设门禁+视频覆盖实有房屋2.96万间，完成率达到100%。每周开展统一清查整治行动，加强“1分钟、3分钟、5分钟到达圈”街面快速反应体系建设，完成全警大巡防第7次升级，日均1800人次警力巡防增至5000人次警民巡防，组建286支多达1.3万人的“红袖章”全民联勤巡防队，构建“联动、联勤、联防”社会治安参与新模式，社会治安持续好转。严把大型活动安保安全许可、安全容量、安全检查、秩序维护“四道关”，完成春节花市、“行通济”、秋色巡游等390场大型活动安保任务。推进重点行业场所有登记、有专管、有平台、有巡查“四有”管理，落实寄递物流“四个100%”管理制度，每周开展统一清查行动，规范行业经营环境。抓实出租屋和流动人口管理，全区共登记、列管流动人口63.9万人，登记、列管出租屋6.68万套

(栋)，刑事发案出租屋列管率达100%、处罚违规屋主2153人。推进全国禁毒示范城市建设工作，禁毒“1601”工程全面完成，禁毒专职人员和专业社工全面到位，4个“启明星驿站”社区戒毒（康复）工作站建成投入使用，市、区两级共同投资5770万元建设病残吸毒人员监管病区，建设床位210张，提高病残人员管理水平。

【消防安全管理】

2017年，开展“六类场所”(小档口、“三合一场所”、群租房、建设工程施工现场、养老服务机构、寄宿制学校）消防安全隐患大排查大整治行动，开展高层建筑火灾、电气火灾、违法销售存储烟花爆竹、电动车违规充电等专项整治行动，挂牌整治消防隐患重点镇街，检查涉危化单位、专业市场、旅馆业、网吧、出租屋等人员密集场所4.71万家，整改火灾隐患7243处，责令整改单位4633家，责令“三停”194家，办理消防行政案件1248起，消防类行政拘留1231人；推进消火栓、消防体验馆、专职消防队等基础建设，4个镇（街道）消防体验馆全面建成并投入使用，率先在出租屋试点安装火灾逃生绳梯，组织开展消防技能培训20万人次。年内发生火灾事故153宗，比2016年下降49.34%，直接财产损失下降53.6%，未发生重特大火灾事故。

【道路交通管理】

交通违法查处　2017年，开展道路交通源头隐患“清零”行动，查处各类交通违法行为138.6万宗，查扣交通违法车辆1.01万辆，行政拘留895人，刑事拘留667人，道路交通事故率和死亡率分别比2016年下降11.4%、25%。年内未发生较大以上交通事故，一般事故发生、财产损失数均居全市最低。

“路长制”建设　2017年6月，启动4条“路长制”试点道路。7月，在五区率先完成20条主要道路路长制全覆盖。开展“路长制”建设工作后，禅城区交通拥堵指数较1—5月下降4.6%，行程车速提升8.2%，辖区发生一般程序交通事故致人死亡人数较2016年同期下降18.8%，辖区街道交通警情下降12.3%。

智能交通三期建设　2017年，推进智能交通等基础建设，建成智能交通指挥中心和交通信号控制系统、高清视频监控系统、卡口系统、交通流量采集发布系统、电子警察系统、视频会议系统以及移动警务系统共七大子系统。规范及升级交通信号灯项目覆盖全区180个交通信号控制路口，升级机动车信号灯组1569组。辖区道路通行率比2016年提高22.4%，行车速度提升11.2%，停车次数时间减少33%，等候放行时间减少11%，实现中心城区缓堵保畅的目标。

交通安全隐患大排查　2017年，禅城分局建立健全交通安全重点企业及驾驶员约谈机制，督促企业落实主体责任，组织约谈企业17场次、约谈企业36家、教育企业管理人员86人次；牵头检查区内“两客一危”(从事旅游的包车、三类以上班线客车和运输危险化学品、烟花爆竹、民用爆炸物品的道路专用车辆)、货运企业78家，检查发现存在安全隐患企业13家，检查校车运营单位33家，排查消除校车安全隐患11辆，清理逾期未报废、未检验及违法未处理重点车辆237辆。

【“民生警务”建设】

2017年，禅城分局升级完善“一门一网

式”行政服务模式，自助服务实现镇街全覆盖。率先推出“临时身份证制作机”，在全国首次实现居民申领临时身份证立等可取。全国首创的“警家校”护畅模式实现中心区域小学全覆盖，被纳入政府重点工作任务和年度十大民生实事之一。中小学法制、禁毒、交通、消防“四校长”工作机制实现开学日、散学礼、110宣传日、“6·26”禁毒日等重要节点的全覆盖，开展“四校长”活动约660场，超过90万人次师生受教育。组建100支警民联宣队，开创“警企联手共建、全民参与防范”的宣传新模式，推出“快递禁毒”“快递防骗”“平安课堂”“小候鸟创文”等主题宣传活动。与“全民护畅联盟”“全民防骗联盟”“全民群防联盟”等民间志愿组织建立工作联动机制，牵头组建“警家校护畅队”36支、“防骗先锋队”20支和“警民群防队”15支，发动近5万民众参与平安禅城建设；成立“警事顾问团”“警属互助营”并加入“永安警长”警民志愿团，形成“民警＋警属＋义工”超千人的警队公益服务队伍，开展义务校园交通管理、街面治安群防、扶贫助学等警民活动约2000场次，覆盖群众超过300万人次。

【重大案件侦破】

2017年2月11日，破获城南“1·08”命案，5名犯罪嫌疑人悉数落网。3月29日，开展网络电信诈骗“飓风5号”集中收网行动，抓获涉案嫌疑人56人，捣毁禅城辖区窝点7处，冻结账户485个，冻结资金112.8万元。5月20日，破获阿苗等人贩卖毒品“集群12号”省目标毒品案件，打掉地下制毒窝点1个，抓获涉案嫌疑人6人，缴获各类毒品共计4公斤，查获仿制式手枪2支、子弹6发。5月24日，侦破省公安厅厅长李春生批示督办的特大武装贩毒案，抓获犯罪嫌疑人9人，缴获K粉、冰毒等各类毒品1.77公斤，缴获步枪2支、散弹枪1支、仿64手枪9支、各类子弹68发，捣毁制枪工场1个。6月13日，连续破获涉枪黑恶案件3宗，抓获犯罪嫌疑人3人，缴获火药枪1支、气枪1支，各类子弹约1000发。7月6—25日，全链条破获“6·22”制贩枪弹专案，抓获制贩枪链条各环节团伙成员13人，捣毁制枪窝点3个，缴获火药枪17支，气枪4支，气枪半成品2支，钢笔枪、手电枪的枪支配件超过300套，火药枪配件约80件，小口径子弹200发，子弹半成品3000发以及火药等配料一大批。7月27—28日，抓获“6·22”制贩枪弹专案制贩枪支弹药团伙后续购、销嫌疑人5人，缴获654K仿制式手枪1支、火药枪7支、气枪半成品11支，小口径子弹、铅弹成品超过7000发、多口径带底火弹壳约2万发。7月17日，破获一宗“飓风扫毒2号”省联合目标毒品案件，抓获犯罪嫌疑人6人，缴获毒品K粉32公斤、毒资36.5万元。10月28日，破获“20165-803”号公安部毒品目标案件，抓获犯罪嫌疑人2人，缴获毒品冰毒75公斤。11月6日，联合湛江警方侦破省督“2017-294”号毒品目标案件，抓获贩毒团伙上下链条成员4人，缴获毒品冰毒合计12公斤。12月12日，侦破伪装成事主小学同学在微信上以“有高官亲戚、能够低价购房”为由实施诈骗的特大电信诈骗案，抓获犯罪嫌疑人5人，涉案金额达266万元。

【“警家校”护畅模式全国推广】

2017年，“警家校”护畅模式在经过前后三次提档升级后，成员学校由18所增加到60

所，实现对禅城中心城区小学的全覆盖，从“早高峰”向“晚高峰”的护畅时段拓展，由“警家校”护畅无缝对接校园安全提升。5月8日，“警家校”护畅模式首登中央电视台《新闻联播》；11月8日，中央电视台新闻移动网以《创新交通服务“警家校”护畅道路环境》为题，首次通过新媒体现场直播的方式，详细推广介绍“警家校”护畅的运作模式；公安部年内两度通过公安工作简报的方式，刊发两篇介绍“警家校”护畅经验做法的专刊，肯定“警家校”护畅的管理效果和社会效果，并向全国推广“警家校”护畅的先进做法。

【获评“全国基层公安文化工作示范点”】

2017年12月21—22日，公安部在福建省福州市召开全国基层公安文化工作座谈会，禅城分局作为广东省公安机关唯一代表获评全国基层公安文化工作示范点，并在大会上作专题经验介绍。截至2017年年底，禅城分局累计接待全国兄弟单位考察交流警营文化建设工作31批514人次；累计组建“永安警长”警民志愿团和“警事顾问团”“全民防骗联盟”“全民护畅联盟”“全民禁毒联盟”“全民反扒联盟”“平安街区守护联盟”等12个警民共建平台，累计开展各类主题文化活动1800场，服务市民超过100万人；坚持民生警务，累计培育出“警家校”护畅模式、公安“一门式”服务改革、警营“文化驿站”、全国首个基层派出所案管中心、“大白警队”、“禅安学堂”、禅城公安纪实微电影等系列享誉全省乃至全国的公安品牌。

【全民禁毒工程“启明星驿站”实现镇（街道）全覆盖】

2017年，禅城分局推进全国禁毒示范城市建设工作，探索“政府＋公安＋社会”的全面禁毒工作新路子，全区4个镇（街道）的“启明星驿站”社区戒毒（康复）工作站全面建成并投入使用，社区戒毒康复工作走上规范化、标准化轨道，构建立体禁毒体系。每个“启明星驿站”拥有个案访谈室、小组工作室、家庭治疗室、晤谈室、禁毒教育展示区等完整的功能区块，通过引入第三方社会服务机构的专业社工服务人员，免费向戒毒人员提供咨询、辅助戒断、尿液检验、远程视频诊断、心理沙盘治疗、心理辅导等多项服务，全区社区戒毒康复执行率达100%，禁毒宣传教育普及率达100%，整体盘活镇街管控吸毒人员工作。

佛山市公安局禅城分局

党委书记、局长、督察长：刘思朝

党委副书记、政委：吴少华

党委委员、副局长：吴文新　林锦常　叶永辉
李小锋　赖惠芳（至5月）
余翰然（挂职，至2月）

党委委员、纪委书记：金子伟（6月任）

党委委员：李健明　杨演文　李　迅

副局长：卢佐谋（挂职，3月任）

指挥中心主任：张瑞享

（胡荧彬）

消防安全

【简述】

2017年，禅城区有1个现役消防大队、下辖3个现役消防中队、4个政府专职消防队和55个农村志愿消防站。佛山市公安消防支队禅

城区大队有在职人员153人。大队有各类器材9657件（套）。中队常规个人防护、破拆、灭火等装备配备齐全。配备消防车辆24辆，政府专职消防队消防车辆7辆。其中水罐消防车8辆，水罐泡沫车9辆，抢险救援车3辆，举高消防车5辆，涡喷特种消防车1辆，通讯指挥消防车1辆，排烟照明车1辆，器材装备车2辆，消防宣传车1辆。车载水量110吨，车载泡沫29.6吨，承担禅城区灭火救援任务以及跨区域增援任务。全区接消防警情2333宗，出动车辆6999辆次，出动警力2.8万人次，抢救群众约160人，疏散被困人员80人，抢救挽回财产损失近7600万元。

是年，大队连续第四年被广东省消防总队评为全省“基层建设先进大队”“执勤岗位练兵先进大队”，被佛山市公安局评为“全市公安政治工作先进单位暨全市优秀公安基层单位”，被佛山消防支队评为“全市消防执法质量考评先进单位”“思想政治工作先进单位”。一中队被广东消防总队评为全省“基层建设先进中队”，被佛山消防支队评为全市“后勤工作先进单位”。二中队被佛山消防支队评为全市“执勤岗位练兵先进单位”。三中队被佛山消防支队评为全市“基层建设先进中队”。大队有6名官兵立个人三等功，38名官兵获嘉奖，二中队中队长助理刘建军被市委、市政府评为“佛山好人”。

2017年11月9日，佛山市“关注消防　平安你我”119消防安全宣传月启动仪式在禅城祖庙街道举行　（禅城消防大队供稿）

【消防安全管理】

2017年，禅城消防大队完成召开全区消防工作会议、迎接国务院2016年度消防工作考核、夏季消防检查、张槎街道火灾隐患重点地区整治等6次动员部署会、中共十九大特别防护期消防安全等工作，与各部门、各镇街落实签订责任书。将佛山市第三中学作为消防管理规范化创建工作的试点单位，推动消防重点单位微型消防站建设和“消防安全学校”达标创建工作。推动安全社区创建工作，对消防安全管理人员开展消防培训，建设社区微型消防站616个，建成电动自行车集中充电区81个、充电位1537个，签订安全承诺书9.1万份，发放“六类场所”告知函10.16万份。

【火灾隐患专项整治】

2017年，开展冬、春、夏季消防检查和洗浴汗蒸类场所、危险化学品企业、在建工地、高层建筑消防安全整治、村级工业园、出租屋、“三合一”场所等专项行动，排查整治辖区高层建筑1321栋。联合安监、工商、卫计、文体等部门组成4个检查组对禅城区的“不放心”场所进行监督检查，其中南庄镇粉尘涉爆专项整治（不放心行业、区域）检查整改104家企业；联合市国资委对存在重大火灾隐患的酒店进行关停。对辖区223家消防重点单位、10家消防高危单位负责人和4家区政府挂牌重大火灾隐患单位负责人进行消防安全工作约谈。全年检查社会单位5147家次，督促整改火灾隐患3798处。

【消防宣传】

2017年，各镇街全部建成消防体验馆并开放使用，累计接待群众超过100批次约5000人。开展消防进万家活动，结合燃气公司住户燃气巡查开展消防宣传教育，印发消防宣传资料1.5万份。利用户外广告屏、公交线路、佛山电视台小强热线栏目和佛山电台“禅城面对面”栏目，普及宣传消防常识。设置消防宣传专栏108块，设立消防安全宣传大使182人。全年发放消防宣传手册15万份，印发高层建筑、人员密集场所、出租屋等各类场所消防安全公告和加强电动车消防安全管理的通告等10万份。分三批对消防安全重点单位452人、物业管理公司437人、网格巡查员283人进行培训和约谈，开展消防安全培训52场次，对全区所有机关单位实现消防培训全覆盖。

【综合性灭火演练】

2017年，禅城消防大队每月组织现役、专职消防队联合开展一次实战演练。组建高层、地下建筑灭火专业队。开展南庄绿岛湖高层建筑消防演练，跨区域参加南海区招商置地高层灭火演练、金沙洲万达广场地下空间灭火救援演练等大型实战演练18次。对全区10家危化品生产企业重新制定灭火作战预案，223家重点单位制定数字化预案，并组织消防中队实战演练，提升预防处置能力。组织举办全区第三届农村消防技能大比武活动，提升联勤联训和灭火实战能力。开展现役队与专职消防队、微型消防站的交流和联勤联训13次，提高地方消防队伍灭火救援水平。是年，完成区水暖批发市场火灾扑救、抗击台风“天鸽”救援行动等大型事故的现场处置。

佛山市公安消防支队禅城区大队

大队长：陈列浩

政治教导员：江　衡（至7月）

袁　铁（10月任）

副大队长：赵中文（11月任）

刘　勇（12月任）

姚俊辉（12月任）

袁　铁（至10月）

陈　奕（至12月）

高子博（至12月）

（余仕成）

检察工作

【简述】

2017年6月8日，禅城区人民检察院把内设机构监所检察科更名为“刑事执行检察科”。是年，区人民检察院内设政工科、纪检监察室（单独设置）、办公室、侦查监督科、公诉科、少年刑事检察科（与公诉科合署办公）、反渎职侵权局、民事行政检察科、控告申诉（举报）检察科、检察技术科、行政装备科、刑事执行检察科和反贪污贿赂局（设侦查科、职务犯罪预防科），在职人员共179人。直属行政单位有司法警察大队。派出机构有南庄镇检察室、石湾镇街道检察室、祖庙街道检察室和张槎街道检察室。

2017年，区人民检察院批准和决定逮捕各类刑事犯罪嫌疑人1818人，提起公诉2588人。立案侦查贪污贿赂案件45件49人，渎职侵权犯罪案件12件12人，起诉57件60人。是年，区检察院获评第九届全国检察机关“文明接待室”称号、被广东省委授予“依法治省先进单位”称号。区人民检察院驻禅城区看守所检察室被最高人民检察院评为“第五届全国检察机关派驻监管场所一级规范化检察室”。

【刑事检察】

2017年，批准逮捕犯罪嫌疑人1818人，比2016年上升4%，提起公诉2588人，上升2.17%。

严惩危害公共安全和政治安全犯罪 配合公安机关“飓风2017”专项行动，审查起诉涉黄赌毒案件295件484人，“两抢一盗”案件433件569人，快速高效起诉李某芳参加黑社会性质组织、寻衅滋事案等黑恶势力犯罪案件。对涉政治安全、涉邪教、涉疆涉藏等重大敏感案件，同步做好依法处理、舆论引导和社会面管控工作，审查起诉邪教“法轮功”人员利用邪教组织破坏法律实施案1件，办理省院指定管辖的夏某某班·买买提等15人涉嫌盗窃、贩卖毒品系列案等。

惩治侵犯产权犯罪 重点惩治涉众型、网络、金融等侵犯产权犯罪，从严从快办理经济类犯罪案件59件127人。依法起诉利用伪基站、社交软件实施的电信诈骗犯罪15件36人，起诉集资诈骗、非法吸收公众存款等涉众型金融犯罪4件14人，成功办理涉案金额高达2亿元的郭某海等12人非法经营案。起诉跨广佛区域作案的李某友等6人集资诈骗超2000万元案。起诉危害企业生产经营的知识产权犯罪7件13人，慎重办理涉企业及管理人员犯罪案件，慎用强制措施。

社会治安治理 配合“平安社区”“平安校园”建设，做好案件矛盾风险化解，对40件刑事案件促成刑事和解。开展社区矫正和安置帮教工作，对辖区426名社区矫正人员开展监外执行检察，并通过检察建议的方式成功帮助社矫人员唐某申请到最低生活保障。对办案中发现的旧货市场管理不规范致盗窃、转移、隐瞒犯罪所得犯罪案件高发，部分企业财务制度不健全致职务侵占案件多发等问题，向市公安局禅城分局、区总商会等职能部门发出检察建议，从源头上减少犯罪机会。

2017年禅城区人民检察院办案数据一览表

办案数据		结案率
受理批捕	1296件1977人	99.8%
批捕	1219件1818人	
不捕	156人	

续上表

办案数据		结案率
受理起诉	2087件2852人	99.9%
起诉	1943件2588人	
不起诉	110人	

【查办和预防职务犯罪】

2017年，立案侦查贪污贿赂犯罪45件49人，渎职侵权犯罪12件12人，起诉57件60人，创历年新高。构建“科技+侦查”模式，运用电子数据、网络资源等手段提升侦查效能，自主查办祖庙街道、张槎街道多个流动人员和出租屋管理服务站协管员违规为外来人口办理居住证的行受贿系列案37件37人，滥用职权渎职案11件11人，涉案金额高达1015万元。加大惩治行贿犯罪力度，查办行贿犯罪32人，占查办职务犯罪总人数的52.5%。查办一批行贿市、区领导及行政执法部门“一把手”案件，包括袁某行贿佛山市委原常委、南海区原区委书记邓某根，杨某等3人行贿禅城区委原常委、区经济和促进局原局长乐某才等影响恶劣、后果严重的案件。牵头联合电信、供电、广电网络等8家公司，共同推进禅城区公共服务行业廉洁一体化工作，举办民营企业常见罪名及案例展览等活动。走访调研56次，开展预防宣传和警示教育80次，发放廉政海报和宣传册3.7万份。联合区纪委等部门共同举办“青莲飘香润泽童心”廉洁小品活动进佛山市实验学校、张槎东鄱小学巡演，以“小手牵大手”形式促进廉洁教育进家庭。服务和保障村居“两委”换届选举工作，派发选举宣传册、张贴廉政海报、举办新任村干部专题讲座，首次引入廉政话剧，确保换届选举风清气正。

【诉讼监督】

刑事立案和侦查活动监督 2017年，运用侦查活动监督平台、公检联动工作室等平台前移监督关口，督促立案、撤案41件，追加逮捕50人，追诉漏罪、漏犯29人。重点监督违反办案程序、非法取证、违规侦查等行为，发出检察建议24份、纠正违法通知书7份。通过“两法衔接”平台督促相关部门移送涉嫌犯罪案件23件40人。公诉、侦监部门分别作为省、市试点，推进刑事案件精确行使不起诉裁量权探索、重大监督事项案件化办案改革。

刑事审判和民事行政诉讼监督 对认为确有错误的刑事裁判提出抗诉5件11人，经抗诉后改判3件7人；向法院提出量刑建议2071人，已判决案件采纳建议2119人，采纳率为97.7%。重点加强对虚假诉讼、违法执行、行政机关违法履职的监督，受理民事、行政、执行监督案件38件，作出不支持监督申请决定19件，提请抗诉1件，提出检察建议7件。

刑事执行和监管活动监督 构建监管活动“监督与协助并重”的新模式，协调看守所解决心理咨询师会见、提审未成年犯监护人到场等实际问题，对监区存在的安全隐患发出检察建议6份。开展看守所实地巡视249次，依法处理在押人员控告、申诉、检举、信访178件。通过督促公安机关补充证据材料，促成有立功情节的在押人员周某获得二审改判，保障在押人员合法权益。受理羁押必要性审查申请402

件，经审查后向办案单位发出变更强制措施建议208份，答复采纳165份，占逮捕数的9.58%。

【控告申诉监督】

2017年，禅城区人民检察机关开展涉法涉诉信访改革，打造"信、访、网、电"全方位诉求渠道。全年办理涉法涉诉信访案件132件，刑事申诉案件12件，答复群众法律咨询436件。创新推进律师参与司法救助、法律援助对接司法救助、司法救助对接社会救助等机制，办理司法救助案件3件，救助金额19.3万元，帮助困难家庭3个。是年，区人民检察院获评第九届全国检察机关"文明接待室"称号。办理的何某珍、杨某润申请司法救助案被评为2015—2016年度广东省检察机关国家司法救助"精品案件"，区司法救助工作在全省控申检察业务会议上作为经验推广。

【预防未成年人犯罪机制】

2017年，办理未成年人犯罪案件36件43人。优化"彩虹计划"帮教品牌，作附条件不起诉7人，完成帮教考察作不起诉决定8人。探索"重点帮教＋系统预防"并重模式，将未成年被害人、边缘问题学生及家长纳入关护、帮教体系，联合佛山市第十中学等学校开展法制讲座、家长学堂6次；针对禅城区幼童遭受性侵案件多发的情况，在从严从重打击性侵犯罪的同时，向区教育局发出检察建议，要求将防性侵教育向前推进，纳入幼儿园、小学工作内容；创作涉及犯罪常识、预防性侵、亲子沟通、校园欺凌、情绪管理等内容的动漫海报和宣传手册，拍摄《不一样的十八岁》帮教宣传片，在张槎街道开展法制进社区活动等。6月，区检察长向禅城区人大常委会作《涉罪未成年人检察矫治工作报告》，获得支持。会后，区人民检察院将督促市公安局禅城分局形成落实未成年人特殊保护配套制度作为工作重点，向其发出2万字的检察建议，规范办案参考意见74条。

【驻镇（街道）检察室工作】

2017年，发挥植根基层优势，与镇街部门形成综治维稳合力，常态化走访镇街部门367次，村（居）委会383次，开展法律宣传21次，帮助群众解决矛盾纠纷5件，协助初查职务犯罪线索69条。完成奇槎片区"三廉"专项预防、"三官一师"等重点工作。在村、居换届选举工作期间，对选民人数较多的"重点村"和利益纠葛较为复杂的"难点村"重点"紧盯"，协助处理祖庙街道某村部分候选人请吃拉票、新当选的石湾镇街道深村某村民小组成员涉嫌贿选拉票等违纪行为，维护基层和谐稳定。

【产权司法保护】

2017年，主动研究网络侵权、网络售假案办案策略，办理知识产权案件7件13人。对民营企业管理者、关键岗位工作人员涉嫌犯罪案件慎用搜查、逮捕等措施，保障企业正常经营工作。提供行贿犯罪档案查询3508次，选取佛山软件产业园和禅城区奇槎片区启动廉洁项目专项预防，引导企业依法规范经营。

【深化检察改革】

推进司法改革　2017年，制定《检察官联席会议制度实施细则》《提请检委会讨论案件现行过滤规定》等7份重要改革文件，对59名员额检察官按照不同业务类别分别组建59个办案组；推进人财物统一管理，做好职业保障工

作，落实检察官工资制度改革；配合区委政法委开展司法责任制和司法人员分类管理省级试点任务。

监察体制改革　2017年，落实监察体制改革任务，把28名检察人员、司法辅助人员划转至区监察委员会。

佛山市禅城区人民检察院
党组书记、检察长：郭俊峰
党组成员、纪检组组长：刘汉雄
党组成员、副检察长：甄耀台
毛永袖（至4月）
肖秀敏　朱明超
张　勇（4月任）
党组成员、政工科科长：林跃辉（至9月）
陈春潮（9月任）

（黎嘉淑）

审判工作

【简述】

禅城区人民法院内设纪检监察室、政工科、司法行政装备管理科、办公室、法律研究室、执行局、立案庭、少年法庭、民事审判第一庭、民事审判第二庭、民事审判第三庭、刑事审判庭、行政审判庭、审判管理办公室、信访科共15个科室（局）。直属行政单位有司法警察大队。派出机构有祖庙人民法庭、南庄人民法庭、张槎人民法庭、新城知识产权法庭。2017年，有在职人员477人。

2017年，区人民法院受理各类案件3.84万件，比2016年上升5.31%，收案连续五年递增。办结案件34140件，上升6.82%，结收比100.71%，结案率88.83%。

【刑事审判】

2017年，受理各类刑事案件1964件，审结刑事案件1888件，判处罪犯2501人。其中，审结“两抢一盗”、故意伤害、绑架、强奸、电信诈骗等案件528件。审结涉黄赌毒案件273件。审结贪污、贿赂、渎职侵权犯罪55件63人，审结涉环境污染犯罪案件2件，对2人予以刑事处罚。审结未成年人犯罪案件28件32人，比2016年减少12人，未成年人犯罪连续五年下降。

【民商事审判】

2017年，受理各类民商事案件1.92万件，审结民商事案件1.84万件，分别比2016年上升6.1%和16.06%，涉案诉讼标的金额92.57亿元。其中，深化家事审判改革，引入心理辅导评估机制，审结婚姻家庭、抚养继承等家事纠纷案件661件。审结劳资纠纷案件921件。组建房产审判法庭，妥善处理房屋买卖、租赁合同纠纷案件877件。审结涉外、涉港澳台民商事案件413件，培育法治化国际化营商环境，平等保护境内外当事人合法权益。

【知识产权审判】

2017年，区人民法院发挥知识产权审判集中管辖优势，审结各类知识产权民事纠纷4398件。其中，审结著作权侵权纠纷3842件，包括涉KTV经营场所侵权案件3469件。审结涉美的、海天、联塑等商标权纠纷案件400件。健全知识产权司法保护机制，出台《知识产权民事诉讼举证指引》，与工商部门建立调查取证协助机制，发布知识产权典型案例24期，打造知识产权审判品牌。

【执行工作】

2017年，办结执行案件约1.01万件，执行到位金额33亿元，执行到位率36.2%，两项指标均居全市法院前列。推进执行专业化和信息化，组建金融、民生等5个专业执行团队，设立执行警务中队和执行服务办公室，建成功能齐全的执行指挥中心。继续推行网络司法拍卖，引入佛山房产税收系统和保险协会车辆估价系统，房产、机动车的评估时间分别压缩至7天和2天。司法网拍成交金额20.29亿元，成交溢价率39.89%，网拍排名全省法院第三。推行悬赏执行，网上直播“法网2017”执行行动。组织约60名干警到广州强制腾空交付拍卖房产，邀请媒体和政协委员到场监督，依法拘留2人，取得良好社会效果。是年，全区1462名被执行人主动履行债务共1.28亿元，形成诚信为荣、失信为戒的社会风尚。区人民法院在全省召开的加快解决执行难工作推进会上介绍禅城经验。

【推行悬赏执行】

2017年5月2日，《佛山市禅城区人民法院关于在执行工作中实行悬赏执行的工作细则》发布并施行，在民事案件执行中推行执行悬赏制度。悬赏金数额以案件执行到位金额为基数按照比例计算，原则上不超过执行到位金额的10%，每案悬赏金额不低于1000元。5月12日，区人民法院首次发布执行悬赏公告，向“老赖”张某追款2000万元及利息，悬赏最高奖励金额超200万元。8月8日起，陆续在禅城区17个大型高档住宅小区的170个电梯间张贴发布最新一期执行悬赏公告。该悬赏公告就21个案件向社会征集财产线索，且在发布当日，区人民法院就收到4条举报线索。截至2017年年底，共发布7期、62件案件的悬赏公告，迫使6名被执行人主动履行义务。

【“法网行动2017”网络直播】

2017年11月22—23日，区人民法院开展为期两天的“法网行动2017”专项行动，首次采取网易新闻直播的形式对两天的行动进行全程网络直播。该专项行动主要解决被执行人规避和抗拒执行等问题，清理一批民生案件、房屋清空交付案件以及长期未结的“硬骨头”案件。两天共出动警力83人次，通知申请人和被执行人共156人，到场110人；成功处理案件57件，处理执行标的2215万元，累计在线观看人数超25万人。

【服务供给侧结构性改革】

2017年，禅城区构建法治化保障、市场化导向的破产审判模式，审结各类破产案件64件，清理僵尸企业15家，挽救困境企业1家，助力完善市场主体救治和退出机制。审结股权回购、对赌协议等新类型案件127件，促进多层次资本市场健康发展。坚持保护金融债权和促进实体经济发展相统一，与市、区金融机构建立对接机制，审结金融纠纷案件3623件，解决涉案标的46.17亿元，促进佛山金融业健康发展。

【司法改革】

2017年，建立以员额法官为核心的审判团队45个，明确办案主体和责任清单，形成权责明晰、权责统一的审判权运行体系。落实院、庭长办案责任，院、庭长共办结案件1.11万件，占结案总数的32.51%。审委会分设专业委员会，建立专业法官会议制度，组织编写《审判指南》，统一裁判尺度，促进审判质效稳中向好，一审判决发改率达3.05%，服判息诉率达83.95%，均好于全省平均水平。开展员额法官选任工作，择优选任7名入额法官，员额法官总数达到111名。推行审判辅助人员制度改革，明确法官助理和书记员工作职责，建立审判辅助人员分级管理、薪酬动态调整制度，公开招聘合同制辅助人员77名。出台《审判绩效考核办法》，建立业绩评价和激励机制，激发队伍内生动力。建立法官单独职务管理序列，成立法官权益保障委员会，强化法官职业保障。

【司法为民】

2017年，区人民法院审结涉家事、医疗、工人工资等民生案件1017件，判处拒不支付劳动报酬罪犯5人。审结涉环境污染犯罪案件2件，对2人予以刑事处罚。推进全省首批“法院＋工会”劳动争议诉调对接试点，5月2日，成立劳动争议诉调对接工作室；至年底，调解各类劳动纠纷899件，调解成功568件，调解成功率达63.18%。落实立案登记制改革，做到有案必立、有诉必理，当场登记立案率达99%。推进跨区域立案和网上立案，开通网银、微信、支付宝缴费，满足人民群众司法新需求。创建“共产党员示范岗”“巾帼文明岗”，开通“12368”诉讼服务热线，引入法律援助、志愿者咨询、第三方调解等服务，配备自助查询、复印、ATM机、手机充电等便民设施，提升便民利民实效。加大司法救助力度，依法为经济困难群众缓减免诉讼费159万元，发放救助金183.43万元。

【司法公开】

2017年，区人民法院加大司法公开力度，推进审务信息公开，落实裁判文书上网公开，推行网络庭审直播。通过“两微一端”常态化发布庭审信息、网拍公告、典型案例，增进司法透明度。加强民意联络工作，向区人大常委会专题报告知识产权审判工作，邀请人大代表、政协委员旁听庭审、见证执行40人次。加强与检察、公安、律师的交流互动，举行法律职业共同体座谈会2次；建立法院与律师沟通微信群，入群律师达700名，推动法律职业共同体建设。

佛山市禅城区人民法院

党组书记、院长：谢阿桑

党组副书记、副院长：陈晓明

党组成员、副院长：饶小聪　刘继龙

怀晓红（12月任）

林永春（至10月）

党组成员、纪检组组长：冯炳根

党组成员、政工科科长：李正钊（9月任）

徐清云（至9月）

执行局局长：许祝华

（陶　亮）

司法行政

【简述】

2017年，禅城区司法局内设政工科、普法教育科（区普及法律常识领导小组办公室）、基层指导科、律师公证管理科、社区矫正工作科、法援科（法律援助处）6个科室，下设佛

山市禅城公证处、禅城区公职律师所2个直属事业单位，下辖南庄、祖庙、石湾、张槎4个镇（街道）司法所。全区有各类人民调解组织248个、律师事务所77家、法律援助站点15个。区司法行政系统队伍共有2444人，其中局机关43人、公证处15人（公证员12人）、律师851人（执业律师796人、公职律师42人、法律援助律师13人）、基层司法所29人、基层法律服务工作者13人及人民调解员1493人。

是年，全区律师事务所担任常年法律顾问1031家，办理各类案件9595件。其中民事诉讼代理4558件、刑事诉讼辩护和代理915件、非诉讼4122件。基层法律服务所代理各种案件231件，其中诉讼案件149件、非诉讼案件82件。全区法律援助站点办理案件1828件，其中区法律援助中心办理755件。禅城公证处全年办理各类公证案件1.56万件。其中，国内公证1.26万件、涉外公证2774件、涉港澳台公证215件。

【“互联网+”公共法律服务三大平台建设】

三级实体平台建设实现全覆盖 2017年，全面提升辖区147个公共法律服务实体平台建设，面向基层群众提供“一站式”基本法律服务，区、镇街、村居三级实体平台建设实现全覆盖。三级平台全年共接待咨询4772人次，提供服务4466件，代理和办理各类服务8405件。

“66611111”呼叫中心热线平台上线 9月7日，开通公共法律服务“66611111”呼叫中心热线平台，为人民群众提供法治宣传、律师服务、公证业务、法律援助、人民调解、社区矫正、行政投诉等7个方面的“一号式”公共法律服务。

公证区块链创新应用平台上链 12月12日，禅城区举办“智信禅城·中国首家公证区块链创新应用”启动仪式暨新闻发布会，禅城公证区块链创新应用平台正式上链服务，市民可在线申办出生医学证明、学历、学位、无犯罪记录等20项公证业务，委托买楼等13个公证事项实现“一小时出证”。

【社区矫正和安置帮教】

2017年，构建区级社区矫正中心、司法所分中心和村（居）工作站三级社区矫正平台网络体系，社区矫正三级监管工作实现全覆盖。配备9名专职人员负责社区矫正的日常管理工作。全区139个村居成立“一对一”帮矫工作小组。实施定位手机、电子手环和手机APP监管，全年为全区社区服刑人员发放定位手机213部、电子手环33台，手机APP安装519人次。开通微信社矫，在司法所配备人脸指纹识别仪，与区局联网，实现对社区服刑人员网上监管、网上教育、网上服务帮扶。选派4名监狱警察和8名公安民警驻在各司法所协助开展矫正工作。在佛山市强制隔离戒毒所建立警示教育基地，对重点社区服刑人员开展正面引导和反面警示教育。组织宣讲团举办特殊人群专题讲座7场、心理辅导讲座2场、法治教育讲座7场、开展就业政策宣讲等关爱活动14场，促进社区矫正和安置帮教对象回归社会。是年，禅城区有在管社区服刑人员436人、安置帮教人员985人，社区服刑和安置帮教人员实现无漏管、无脱管。对重点社区服刑人员进行教育158人次，警告7人次。对68名有需求的社区服刑人员提供心理咨询和心理辅导。

【人民调解】

2017年，禅城区有人民调解组织248个，在册人民调解员1493人，村（社区）专职调解员140人。全年调处案件3492件，成功调解3443件，协议金额2019万元。开展矛盾纠纷排查和综治专项排查2826次，调处各类矛盾纠纷2936件，调处成功2886件，成功率达98%。大量基层矛盾化解在萌芽状态。4月，建立区、镇街、村居三级物业管理纠纷人民调解组织网络，聘请3名专业法律人员从事区级物业管理纠纷人民调解工作。5月，聘请第三方评估机构，对禅城区医调委进行年度业绩评估，评估结果为优秀。5月27日，联合市司法局举办主题为“加强人民调解，促进社会和谐”大型“人民调解宣传月”活动。6月，联合区国土城建和水务局举办禅城区物业管理纠纷人民调解业务培训班，提升行业调解员业务素质。11月，在兆祥公园举办“发展专业调解，助力幸福禅城”为主题的人民调解户外宣传活动。是年，在高新、普君派出所新增2个治安人民调解工作室，全区治安纠纷人民调解覆盖面达50%。区治安纠纷人民调解委员会被司法部授予“全国模范人民调解委员会”称号。张槎街道人民调解委员会调解员杨舒被司法部授予“全国模范人民调解员”称号。

【律师服务】

2017年，禅城区开展“规范执业，诚信服务”为主题的提升法律服务行风活动。出台《佛山市禅城区一村（社区）一法律顾问工作联席会议制度》《佛山市禅城区律师工作联席会议制度》，解决律师拓展业务领域以及执业中遇到的会见难、阅卷难和调查取证难“三难”问题。5月，成立禅城区律师工作委员会女律师工作部，共有女律师会员270人。7月，成立佛山市中立法律服务社禅城区服务站。8月，召开禅城区工会特约律师担任企业工会法律顾问工作会议，聘任48名律师为禅城区工会特约律师顾问，具体负责工会组织构建和谐劳动关系职能。12月，召开区律师行业工会联合会第一届第一次会员代表大会，区律师行业工会联合会正式成立。是年，全区有31家律师事务所、99名律师进驻138个村居开展“一村（社区）一法律顾问”工作，覆盖率达100%。全年为村居提供法律服务3620件，其中诉讼22件、非诉讼3598件、举办法治讲座140次。区政府法律顾问团和岗位公职律师办理行政诉讼案件39宗、行政复议案件844宗、国家赔偿案件2宗、民事诉讼1宗，协助政府部门解决法律问题约200个。全年处理投诉律师案件9宗。

【法律援助】

2017年，加强法律援助工作站点规范化建设，会同区人力资源和社会保障局、区总工会，分别在南庄镇和3个街道人力资源和社会保障局成立职工法律援助工作点，将劳资纠纷化解在基层。在市公安局禅城分局看守所、区人民法院、区人民检察院设立法律援助工作站，推进指定辩护和律师代理申诉制度工作。9月19日，区法律援助处与四川省凉山州法律援助中心签约建立异地合作伙伴关系，并在广东连通律师事务所举行“四川省凉山彝族自治州法律援助中心驻广东省佛山市禅城区法律援助工作站”挂牌仪式。至12月底，全区共建立15个法律援助服务点，法律援助网络体系日臻完善。是年，禅城区法律援助处解答来电、来访法律咨询4371人次，受理承办法律援助案件2057件，其中民事法律援助案件1828件、刑事法律援助案件229件。在2017年全市法律援助案件质量评估中，禅城区法律援助案件获评优秀等级。

【公证服务】

2017年，推进公证信息化建设。先后推出公证服务大厅群众自助办证区、人脸识别防伪辨假、公证收费微信支付、在线申办公证事项、一小时内出证服务。全年在线预约办理公证596件、在线申办361件、“一小时出证”办结1547件。4月，在佛山市佛航物流集团股份有限公司等5家企业设立“公证法律服务联络点”，开展“点对点、一对一”公证服务企业活动。拓展知识产权保护、“三农”等民生领域公证，全年为500户市民集中办理涉及拆迁房屋继承、遗嘱、征拆补偿合同等公证。开展公证服务进村居、医院、养老院、拘留所、监狱等活动，先后为残疾人、老年人、弱势群体、服刑人员等1200人次提供上门“定制”贴心服务。是年，区公证处接待群众6万人次，“12345”热线解答法律咨询223人次，办结免费遗嘱公证348件，为群众减免公证费近20万元。

【普法宣传】

2017年，印发《佛山市禅城区村居“两委”干部“七五”普法行动方案》《佛山市禅城区“主人翁法治行动”暨青少年学生“七五”普法行动方案》，将换届选举后的村居“两委”干部及在校学生纳入重点学法对象进行绩效考评。6月，率先在全省建立村民“两委”干部议事前学法制度。祖庙街道郊边村“两委”干部召开议事会议，新上任的村“两委”干部在会前邀请律师先讲解半小时相关法律，再进行议事。设立“以案释法”制度，建立专家库、典型案例库和在《珠江时报》开设“以案释法”专栏的形式，开展公益性的“以案释法”活动。10月26日，邀请区人大代表和区政协委员参加“谁执法谁普法”年度责任制评议活动，被抽查评议的区国土城建和水务局、区城市综合管理局和区食品药品监督管理局3个单位全部通过综合评议。12月4日，在兆祥法治文化公园举办“12·4”国家宪法日大型宣传活动，开展包括法治文艺演出、现场法律咨询、法律有奖问答、“禅城法治在行动”图片展等。

佛山市禅城区司法局

局　长：梁梓熙

副局长：林秀梅　李卓见　戴学雷

（梁　成）

军　事

地方军事

【民兵后备力量建设】

2017年6月19—25日，区人民武装部组织全区民兵轻舟分队60人在南庄吉利涌罗格围段开展轻舟分队训练。训练内容包括理论知识、冲锋舟操作使用、发动机安装、机械故障排除、障碍物穿越、物资运送和灾民抢救、360度旋转等课目。11月，组织全区民兵应急分队100人集训。集训内容包括讲授国防动员有关知识、民兵应急分队的任务和职责范围、警棍盾牌操、队列训练、消防及卫生救护等，提高民兵应急分队综合素质和应急处突能力。

【征兵工作】

2017年7月，禅城区启动征兵工作。在应征对象上，把高中职毕业生和辖区两所高校作为宣传的重点。在体检和政审过程中，向社会聘请廉洁监督员22名，监督征兵工作全过程；采取摇号定兵和集体定兵相结合的方式确保公平公正；推广“三级联审”[村（居）委会、乡（镇、街道）、县（市、区）三级审查]、“挂牌上岗”、“封闭式体检”等做法，确保兵员质量。是年，禅城区完成征集123名男兵的年度任务，其中18周岁青年登记率达96%以上，大学生比例62.5%，达到上级规定大学生比例不低于61%的要求。

2017年11月，民兵应急分队训练警棍盾牌操

（区人武部供稿）

【军民融合大数据平台建设】

2017年10月18日，禅城区军民融合大数据平台建设项目工作小组成立，成员单位有区委区府办公室、区人武部、区民政局、市公安局禅城分局、区社会综合治理指挥中心（云平台）、区卫计局、区数据统筹局等。12月，禅城区军民融合大数据平台一期项目完成建设，并依托禅城区大数据开展二期项目建设，加快推动全区军民融合信息化深度发展，实施信息基础设施共建共用，深化信息资源共享利用。

佛山市禅城区人民武装部

部　长：吴问其

政　委：魏长流

副部长：陈德伟（6月任）

（冯再望）

经 济

综　　述

概　况

2017年，禅城区经济和科技促进局（知识产权局）内设机构19个，分别是办公室（内部审计科）、政策法规综合科、经济运行科、产业发展科、中小企业服务科（区中小企业局、区经济协作办公室）、能源科（区节能监察中心）、外资管理科（投资促进局）、外贸发展科、商贸流通科、商业发展科（区商业发展办公室）、口岸管理科、科技管理科（区科学技术协会机关）、高新技术发展科、产学研合作科、知识产权科、电子信息科、信息化推进科、无线电管理科（无线电管理办公室）、审批服务科。有在职人员60名。设有下属单位3个，分别是区投资服务中心（内设办公室、招商引资部、信息综合部，事业编制15名）、区生产力促进中心（区中小企业服务中心，事业编制3名）和区供销合作联社。

禅城区推进供给侧结构性改革、实施创新驱动发展战略和构建开放型经济新体制。是年，全区实现地区生产总值1750.56亿元，比2016年增长8.0%，高于全省7.5%的增长水平；工业总产值2797.11亿元，增长4.4%；社会消费品零售总额831.09亿元，增长11.2%；进出口总值863.3亿元，增长2.0%；全年实现合同外资1.35亿美元、实际利用外资1.61亿美元。新增签约、动工项目（不含房地产项目）53个，涉及投资总额462.34亿元。工业技改投资61.4亿元，增长56.4%。全区新增高新企业143家，累计达到272家。“两化融合”体系贯标试点企业达到20家。43家企业（项目）获得科技型企业信贷风险补偿基金贷款3.86亿元。登记在册的服务外包企业226家，服务外包执行金额1.27亿美元，增长41.52%；离岸执行金额1.07亿美元，增长43.68%。

经济政策

【落实“禅十条”政策】

2017年，落实《禅城区支持企业家创业创新的若干措施（“禅十条”）》等助企降成本相关政策措施。全年发放各种扶持资金、补贴资金约3.03亿元；扶持企业获得各类贷款4.31亿元，受惠企业达到5390家（次）。其中：扶持企业利用资本市场发展，全年发放市、区利用资本市场扶持资金约2000万元，受惠企业30家。利用区科技型企业信贷风险补偿基金，扶持科技型企业（项目）获得贷款3.86亿元，受惠企业43家；扶持电子商务产业发展，安排扶持资金1577.51万元，扶持奖励企业115家；加快培育高新技术企业和建设企业研发机构，总扶持金额4295万元，受惠企业180家；促进专利工作发展，发放专利资助资金2147.76万元，惠及企业610家；落实《佛山市禅城区创业小额担保贷款管理办法》，发放创业小额担保贷款239笔共4493万元，发放小额贷款担保贴息2515笔共502.83万元；聚焦金融招商、金融发展和金融人才三大方面，扶持金融产业发展，累计给予13家企业金融产业扶持约1200万元；培育骨干企业，发放2015年度（第二批）、2016年度“百企争先”奖励资金1.08亿元，受惠企业75家；扶持小微企业发展，申报奖励金额共612万元，受惠企业96家；鼓励个体工商户转型升级，发放“个转企”专项资金550.6万元，享受扶持企业达592户（次）；促进外贸调结构稳增长，用于常规贸易和企业扶持支出约5000万元，受惠企业约150家。

【企业服务】

2017年，印发实施《禅城区领导挂点联系重点企业工作制度》以及《2017年度禅城区领导挂点联系重点企业工作方案》，建立政府与企业之间的帮扶机制。区领导、相关职能部门、各镇街联合组队，全程跟踪服务重点企业近150家，全年收到企业诉求235条，其中解决企业诉求224条。

【政策宣讲】

2017年，通过政策宣讲会、企业座谈会、政策答疑会、上门解读等多种形式，利用传统媒体、网络媒体、QQ群以及微信群等载体，加大对“省十条”“佛十条”“禅十条”政策宣贯力度，同时多次编印“禅十条”政策简本进行派发宣传。10月30日、11月10日，分别在绿岛湖国际中心和智慧新城举办“实体经济十条”“佛十条”政策宣讲会，由区发改、经科、财政局等8个部门组成的政策宣讲团，对《广东省政府关于印发广东省降低制造业企业成本支持实体经济发展若干政策措施的通知》和《佛山市人民政府关于印发佛山市降低制造业企业成本支持实体经济发展若干政策措施的通知》进行宣传解读，并设置咨询台，现场解答企业咨询和提问。两场宣讲会共吸引四个镇街超过300家企业参加，涵盖陶瓷、机械装备、电器、不锈钢等行业。

招商引资

【招商引资渠道优化】

2017年，通过投资环境推介、龙头项目带动等，多渠道开展招商引资，全区新增签约、动工项目（不含房地产项目）53个，投资总额462.34亿元，主要集中在装备制造、大健康、现代服务业等产业项目。其中超亿元项目36个，超10亿元的重大项目11个，包括奇槎达安创谷、复星蜂巢城市项目、科力远混合动力汽车示范运营项目等；超千万美元的外资项目6个，超亿美元外资重大项目2个。围绕主题推介招商，举办“2017佛山（禅城）信息产业投资推介会”“2017机器人国际大会”和“设计助推智造”禅城·深圳设计产业对接会系列投资促进活动。围绕科力远CHS项目开展汽车产业链招商，钱江摩托汽车零配件项目、科力远混合动力汽车示范运营项目、富惟汽配、上能电力、万城万充充电网络设施建设和电动汽车投资运营项目等上下游产业项目落户禅城。抢抓粤港澳大湾区建设、广佛同城等战略机遇，围绕广州、深圳“产业溢出效应”开展招商，通过在深圳和广州的产业对接联络处，举办营商环境推介会、高新技术产业对接等活动，全年新增深圳外溢签约项目7个，意向项目32个，涉及投资金额25.8亿元。

【招商与引智联动】

2017年，区经科局与人才管理部门联合招才引智，以人才引领产业发展，以产业集聚人才。联合出台《禅城区招商引资和招才引智联动机制》《关于优化人才管家服务的工作意见》，对区高层次创新创业人才在政策推介、创新创业、生活工作保障等方面提供贴身服务。4月15—16日，组团参加在深圳举行的第十五届中国国际人才交流大会，首次在大会现场举行城市推介路演，开展高端人才靶向引进和项目精准对接活动。12月20—21日，参加在广州举行的中国海外人才交流大会暨第19届中国留学人员广州科技交流会，利用大会资源，精准对接禅城企业单位的人才和项目需求。

【佛山（禅城）信息产业投资推介会】

2017年3月29日，佛山（禅城）信息产业投资推介会暨佛山市云计算大数据协会成立仪式在智慧新城举办，吸引来自广州、深圳、佛山的行业协会和企业代表参加。全球创业云计划和其他15个信息产业项目签约落户禅城。全球创业云计划旨在支持本土创新企业发展，通过整合企业服务和政府资源，链接全球创业项目，对创业者和创新企业提供精准支持。

【佛山（禅城）—广州产业对接联络处成立】

2017年8月4日，佛山（禅城）—广州产业对接联络处签约暨授牌仪式在禅城区举行，区经济和科技促进局与企业代表建智控股集团签订共建协议，承接广州产业溢出资源，为高新技术企业、项目和人才到禅城区落户牵线搭桥。该联络处是继2016年年底成立佛山（禅城）—深圳产业对接联络处后，禅城区在一线城市布局的第二个产业联络处，旨在对接广深创新走廊，参与粤港澳大湾区建设。

【禅城·深圳设计产业对接会】

2017年11月30日，“设计助推智造”禅城·深圳设计产业对接会在深圳举行，禅城、深圳、香港等地的制造、设计企业代表参会。设计引领、湾区设计联盟合作项目和众陶联泛家居跨境购销供应链平台、国际设计产业服务中心、设计产业智库四大项目现场签约落户禅城，助推禅城打造“设计之都”。

工　业

工业概况

【工业产值】

2017年，全区实现工业总产值2797.11亿元，比2016年增长4.4%。其中规模以上工业总产值2633.63亿元，增长4.5%；规模以上工业增加值实现683.01亿元，增长6.0%。

重工业支撑作用显著　全年规模以上重工业完成产值1705.53亿元，占全部产值的64.8%，增长5.3%，高于轻工业增速2.1个百分点。轻工业完成产值928.1亿元，增长3.2%。

民营工业持续领跑　全年民营工业完成产值1876.39亿元，增长4.8%，增幅比全区工业高0.4个百分点，分别快于“三资”工业和国有工业0.8个百分点和1.3个百分点。

高端制造业呈现结构性增长　规模以上先进制造业和高技术制造业分别实现产值854.81亿元和253.6亿元，增长12.4%和15.0%。高技术制造业增速高于传统产业工业总产值9.5个百分点。其中，高端电子信息制造业增长30.1%；电子器件制造业增长27.2%。

支柱行业发挥引领聚集效应　在29个规模以上工业行业中，共有15个行业实现增长。其中计算机、通信和其他电子设备制造业增幅最大，增长30.5%；医药制造业、家具制造业、酒、饮料和精制茶制造业增速均超20%。

2017年禅城区规模以上工业分行业产值及其增长率统计表

指标名称	全年累计（万元）	累计±（%）
农副食品加工业	46333	-20.1
食品制造业	1550943	12.4
酒、饮料和精制茶制造业	47624	20.4
纺织业	1774889	11.3
纺织服装、服饰业	1385904	-1.8
皮革、毛皮、羽毛及其制品和制鞋业	151566	3.0
家具制造业	111730	20.9
造纸和纸制品业	240406	-20.0
印刷和记录媒介复制业	567083	-3.8
文教、工美、体育和娱乐用品制造业	774580	-9.1
化学原料和化学制品制造业	625130	-1.1

续上表

指标名称	全年累计（万元）	累计±（%）
医药制造业	104671	21.6
橡胶和塑料制品业	1354552	-11.3
非金属矿物制品业	3765471	10.1
黑色金属冶炼和压延加工业	116125	-37.9
有色金属冶炼和压延加工业	189919	-11.7
金属制品业	1078621	-2.8
通用设备制造业	1105383	15.3
专用设备制造业	879615	-3.4
汽车制造业	494368	12.9
铁路、船舶、航空航天和其他运输设备制造业	89745	14.3
电气机械和器材制造业	2354216	4.6
计算机、通信和其他电子设备制造业	1635307	30.5
仪器仪表制造业	653408	5.9
其他制造业	43917	-19.8
废弃资源综合利用业	41287	-20.8
电力、热力生产和供应业	4735131	4.5
燃气生产和供应业	371208	4.4
水的生产和供应业	47154	-11.3

说明：本表统计口径为规模以上工业企业

【高端制造业发展】

2017年，全区完成规模以上先进制造业总产值854.81亿元，比2016年增长12.4%。其中，完成高端电子信息制造业总产值156.09亿元，增长30.1%；完成石油化工产业总产值59.86亿元，增长6.5%；完成先进轻纺制造业总产值190.64亿元，增长9.3%；完成新材料制造业总产值156.25亿元，下降6.0%；完成物医药及高性能医疗器械总产值9.93亿元，增长23.6%。

全区完成规模以上高技术制造业总产值253.6亿元，比2016年增长15.0%。其中，完成医药制造业总产值10.47亿元，增长21.6%；完成通信设备、计算机及其他电子设备制造业总产值164.92亿元，增长21.5%；完成电子计算机制造业总产值10.93亿元，增长1.5%；完成医疗设备及仪器仪表制造业总产值67.28亿元，增长6.1%。

【传统产业发展】

2017年，全区完成规模以上传统产业工业总产值1015.1亿元，比2016年增长5.5%。其中，完成纺织服装总产值316.08亿元，增长5.9%；完成食品饮料总产值164.48亿元，增长13.2%；完成家具制造业总产值11.17亿元，增长20.9%；完成建筑材料总产值396.11亿元，增长10.2%，其中完成非金属矿物制品业总产值376.55亿元，增长10.1%；完成金属制品业总产值107.86亿元，下降2.8%；完成家用电力器具制造业总产值38.96亿元，增长6.8%。

【大型骨干企业培育】

2017年，禅城区实现主营业务收入超100亿元企业3家，包括海天集团、宝裕金属、利泰集团；实现10亿～100亿元企业17家。是年，佛山市海天调味食品股份有限公司获得佛山市推动民营企业跨越发展2015年度首次超百亿元大型骨干企业奖励1000万元。

【骨干企业选介】

佛山市海天调味食品股份有限公司 于1955年成立，是全球颇具规模并集产、研、销一体的大型专业调味品企业之一。主要产品包括酱油、蚝油、调味酱、食醋、鸡精、复合调味料、腐乳等系列产品和服务。海天产品销售遍及全国各地，并远销全球近百个国家和地区，连续21年调味品产销量在全国排名第一，其中酱油和蚝油产品产销量和市场占有率实现全球第一。2017年，海天产各类调味品255万吨，实现营业收入145.84亿元、净利润35.31亿元，纳税额超18亿元。海天味业旗下产品消费者触及数为4.99亿人次，年度增长6%，城市家庭渗透率高达71.4%。海天市值突破1700亿元，成为A股市场食品饮料板块第一股。被佛山市委、市政府评为“佛山·脊梁企业”。

日丰企业集团有限公司 成立于1996年，是一家集科研、开发、生产、销售于一体的民营高新技术企业，总部坐落在佛山市禅城区祖庙路16号日丰大厦，另在佛山市三水区、天津市塘沽区、湖北黄石、陕西渭南、重庆建立五大生产基地。日丰企业集团为国内规模最大、技术水平最高的铝塑复合管生产基地，是国家技术创新示范企业、国家火炬计划重点高新技术企业、国家CNAS认可实验室、广东省战略性新型产业骨干企业、广东省创新型企业，建有国家级企业技术中心、广东省复合管道系统工程技术研究开发中心，拥有雄厚的技术开发实力和技术开发经验。在国外，公司先后在全球72个国家注册“RIFENG”商标，产品获得美国NSF、德国SKZ和DVGW、法国CSTB、英国WRAS等56张国外权威机构认证证书，销往全球超100个国家；在国内，“日丰管，管用五十年”的品牌形象深入人心，日丰拥有约1000家总代理、5万个分销商，获评“中国驰名商标”“中国名牌产品”等多项国家级荣誉。2017年，日丰实现营业收入33亿元、净利润5.6亿元，获评中国轻工业塑料行业十强企业、广东省供应链试点企业、佛山市“中国制造2025”试点示范企业和“互联网知名品牌”。

广东宝裕控股集团有限公司 成立于1999年，是一家大型民营综合性集团企业，总部坐落于广东佛山，业务范围包括钢铁加工、配送、贸易、投资、钢铁供应链金融等。宝裕控股注册资本1亿元，是金属材料产业的龙头、中国南部最大的不锈钢供应链综合运营商之

一。重要战略伙伴包括太钢、宝钢、酒钢等国内特大型钢铁联合企业，合作开展的业务涉及炼钢原料配送、技术支持、金融服务、成品加工、销售全产业链，具有在佛山乃至华南地区开展废钢铁加工配送项目的不可替代性和唯一性。2013年，宝裕集团被中国金属材料流通协会不锈钢分会推选为副会长单位；2016年，当选佛山市金属材料行业协会会长单位；2014年，当选第二届“广东省全国名牌”企业；2015—2017年，连续三年被佛山市政府评为“大型骨干企业”；2017年，宝裕控股年销售额超100亿元，获评2016年度广东省“守合同、重信用”企业。

【企业技术改造】

2017年，禅城区完成工业投资103.14亿元，比2016年增长28.7%；完成工业技改投资61.4亿元，增长56.4%，完成年度指标的130.64%；开展技改的规上工业企业共120家，其中5000万元以上的40家；推动10家规模以上工业企业开展“机器换人”。

【节能减排】

2017年，全区累计完成全社会用电量84.4亿千瓦时，比2016年增长6.36%。全社会最高负荷144.3万千瓦，增长10.7%，全年没有发生错峰用电情况。对全区43家重点用能单位能源审计及“十三五”节能规划工作开展评审，禅城区超额完成“十三五”节能指标，实现单位GDP能耗下降率达18.5%、年均下降4.01%的目标任务；淘汰落后电机2.39万千瓦，对41家企业开展清洁生产审核工作。新增20家企业获批参与电力市场交易。组织辖区工业企业申报市级降低企业用电用气成本财政补贴，107家企业获得市级财政补贴共1072.13万元。

（陈斯泳）

支柱产业

【陶瓷业】

2017年，禅城区陶瓷业集中在南庄镇和石湾镇街道。陶瓷业产品主要包括抛光砖、仿古砖、微晶砖、内墙砖、外墙砖、广场砖、马路砖等品种，远销世界一百多个国家和地区。是年，禅城区成功创建省级出口陶瓷质量安全示范区。

南庄镇以陶瓷工业立镇，有“中国建陶第一镇”之称，拥有陶瓷国际会展中心、华夏建陶研发中心等。辖区有陶瓷及配套企业2368家，其中规模以上企业177家，从业人员约1.7万人，拥有新明珠集团、新中源、冠珠、萨米特、格莱斯、能强、强辉、金舵、汇亚、金牌等知名企业。是年，南庄陶瓷制造行业规模以上企业实现产值222.27亿元，陶瓷贸易行业限额以上企业实现商品销售额99.25亿元。

石湾镇街道是中国现代建筑陶瓷的发源地，世界著名的建陶产销区。辖区有陶瓷及配套企业4739家，其中达到“四上”企业标准的59家，从业人员约0.9万人，拥有东鹏、新乐卫浴、钻石洁具、钻石瓷砖、红狮、新美术陶瓷等知名企业。是年，石湾陶瓷制造行业规模以上企业实现产值7.23亿元，陶瓷贸易行业限额以上企业实现商品销售额176.5亿元。

（罗杰樵　林希艺）

【不锈钢业】

禅城区不锈钢业集中在石湾镇街道澜石片区。澜石是全国不锈钢交易的发源地，为全国唯一的“中国不锈钢名镇”，拥有澜石国际金属交易中心等。规模以上澜石不锈钢加工企业超过16家，大部分属于中小型加工企业，以压延、制管为主；有139家限额以上不锈钢贸易商户。2017年，石湾镇街道规模以上工业不锈钢行业的产值17.48亿元，限额以上不锈钢贸易企业销售额超过1542亿元。

（林希艺）

【针织业】

禅城区拥有全国最大的针织服装产业集群、针织面料生产基地，该产业集中在“中国针织名镇”——张槎街道。2017年，张槎针织服装产业产值规模达294.35亿元，拥有针织企业超4000家（包括安东尼、光大、金红棉、东成立亿等上规模品牌企业）、针织工业园区超10个和台织造机器超2万台，针织面料年产量超300万吨。是年，张槎获评“全国丝光棉针织服装知名品牌示范区”，举行“新材料、新模式、新趋势”中国（张槎）针纺纱线展暨高峰论坛、全国纺织行业“佰源杯”纬编工职业技能竞赛等全国性的论坛和技能大赛。

（丁学成）

【先进装备制造业】

2017年，禅城区有装备制造业企业157家，其中工作母机企业41家。全区完成装备制造业增加值156.78亿元，比2016年增长8.6%；完成装备制造业投资额50.98亿元，增长37.8%；完成工作母机类增加值43.94亿元，增长8.2%。8月28日，第三届珠江西岸先进装备制造业投资贸易洽谈会在佛山开幕，禅城辖区的广东一鼎科技有限公司、佛山市康思达液压机械有限公司、北大数研航遥园区共3家企业、园区携新产品参展，达成签约项目11个，总投资约85亿元。9月21—22日，禅城区举办“2017机器人国际大会”，19个项目签约落地禅城区，涉及智能制造、精准医疗、机器人等领域的前沿科学项目和创新团队。

商　　业

商贸流通业

【商贸发展】

2017年，禅城区社会消费品零售总额实现831.09亿元，增长11.2%，增速高于全市平均水平1.2个百分点。举办首届高铁经济带旅游博览会、佛山（禅城）陶瓷设计艺术周，持续打造“岭南年俗欢乐节”等系列活动，促进文商旅与产业融合，挖掘消费增长新潜力。发展品牌会展，全年举办两届陶博会和第二届中国陶瓷卫浴产区峰会，承办佛山市国际建筑卫生陶瓷工业设计大赛，助推禅城陶瓷卫浴产品走向世界。是年，全区商品零售实现780.18亿元，增长11.5%，对社会消费品零售总额增长的贡献率达96.1%；餐饮收入实现50.91亿元，增长6.9%。东方新天地、正佳YOUNG、世博商贸城、绿岛广场等新商业体正式营业，总面积达33.6万平方米。

【启动“连锁企业品牌100”计划】

2017年，印发《禅城区连锁企业品牌100计划》，在3～5年内引进、提升和培育100个连锁品牌企业，构建起包括品牌、资金、人才、技术等服务和资源的优良连锁产业生态圈。6月9日，“连锁品牌100·商机大咖汇”首场连锁品牌项目路演暨招商洽谈会在祖庙街道丰收街举办，超过20个投资人与项目开展意向合作对接。10月26日，佛山秋季欢乐购暨连锁企业品牌100计划启动仪式在祖庙街道丰收街举行，发布禅城区连锁行业发展计划及扶持政策，举行广东连锁品牌100（佛山）双创中心、佛山连锁企业协会、禅城区连锁十强企业授牌仪式。一批连锁品牌总部及服务商现场签约进驻禅城，包括夜郎古酒、天福连锁便利店、蜜柚信息科技、桂丰快保、华蔚托育等企业。

对外经济贸易

【外资利用】

2017年，受宏观政治和经济形势影响，以及辖区产业结构调整、投资环境竞争力等因素制约，禅城区外资吸引力相对不足，利用外资处于低温状态。全区合同利用外资13473万美元，比2016年下降69.28%，其中，新批项目83个，新批合同外资额7657万美元，下降80.04%；增资项目22个，增资合同外资额13622万美元，上升77.67%；减资项目3个，减少合同外资额7806万美元，上升259.89%。实际利用外资实现16058万美元，下降35.81%。

【进出口贸易】

2017年，禅城区进出口总值863.3亿元，增长2%；其中，出口683.7亿元，下降1.9%；进口179.7亿元，增长20.6%；一般贸易进出口522.5亿元，增长15%；加工贸易进出口135.1亿元，下降3.2%。禅城区民营企业进出口705.1亿元，增长3%，占禅城区外贸进出口的81.7%；外商投资企业进出口138.6亿元，增长9.7%，占16.1%；国有企业进出口15.7亿元，增长2.5%，占1.8%。主要出口产品包括：机电产品、高新技术产品、传统劳动密集型产品、纺织服装、家具及其零件、陶瓷、钢材、家电。主要进口商品包括：机电产品、高新技术产品、钻石、锯材、废金属、初级形状塑料、农产品。9月，佛山跨境电商清关中心落成试运行，禅城区全年跨境电商（海关监管方式代码“9610”）直邮进口额达3.9亿元，实现零的突破。是年，广东兴发铝业有限公司、日丰企业集团有限公司、佛山市国星光电股份有限公司、广东金意陶陶瓷集团有限公司、佛山东鹏洁具股份有限公司、佛山市迅亚建材有限公司、佛山市宏乐建材有限公司等7家品牌企业被认定为“2017年广东省出口名牌企业”。

【境外参展与投资】

2017年，禅城区企业加快“走出去”步伐，拓展国际市场，近距离对接国际市场、海外消费者的需求，推进国际产能合作和产业链的全球化布局。全年有294家企业共参加679个境外各行业专业展会，申请省国际市场开拓资金2644.33万元，涉及产业包括陶瓷、石材、建材、机械设备、照明、家具、电子等。新增7个“走出去”境外投资项目，包括科力远、佛陶研究所、佛山照明、佛山金控、东航建材、日丰企业和索卡尔等7家企业在日本、德国、美国等国家和地区的境外投资项目，投资总额达4942万美元。

【出口陶瓷产品质量安全示范区通过验收】

2017年1月5—6日，广东出入境检验检疫局专家代表到禅城区考核验收出口陶瓷省级质量安全示范区建设工作。6日，禅城区主导的佛山出口陶瓷质量安全示范区通过省级考核。首批佛山出口陶瓷质量安全示范企业名单出炉，包括新明珠、东鹏、新中源、宏宇、金意陶等28家佛山陶瓷企业。

【进出口货运】

2017年，全区口岸（包括佛山快件）进出口货运量457.27万吨，比2016年下降6%，其中：出口货运量400.12万吨，下降8%；进口货运量57.15万吨，增长11%；水路运输货运量450.25万吨，下降6%；陆路运输货运量7.02万吨，增长23%。进出口集装箱数量为25.65万个标箱（TEU），增长1%。

【服务外包】

2017年，禅城区服务外包登记企业数累计226家，排名全市五区第一。禅城区服务外包系统内登记的合同金额为16960.64万美元，比2016年增长32.70%，其中离岸合同金额14021.1万美元，增长39.40%；执行金额12667.47万美元，增长41.52%，其中离岸执行金额10866.86万美元，增长43.68%。

信息产业

【信息基础设施建设】

2017年，制订《禅城区公共场所无线局域网（WLAN）建设实施方案》，落实区、镇街建设任务，推进热点公共场所无线局域网

(WLAN)建设。辖区内各通信运营商光纤覆盖用户105.58万户，新增3.62万户；新增开通光纤入户（住户）业务的行政村20个，光纤入户率超98%，家庭宽带平均网速达到90兆/秒；光缆长度累计达3.02万千米，光纤端口累计达到141.76万个；4G基站9751座，新增38座，公众移动通信基站累计达2.89万座，基站站址累计达7056个；热点公共场所WLAN无线访问接入点（AP）新增1074个。

【两化融合】

2017年，禅城区有7家企业入选全省两化融合管理体系贯标试点企业，占全市13家的54%，全区两化融合体系贯标试点企业达到20家；东鹏洁具和佛山登奇机电的两个项目入选国家工信部2016年智能制造综合标准化与新模式应用项目；中国最大陶瓷产业链服务平台——佛山众陶联入选央视改革大片《将改革进行到底》，成为全国供给侧改革样本；新增天猫佛山工业电商共享服务中心、禅城与腾讯公司共建的中国陶瓷源产地腾讯企点·企业社交商务平台，为本土企业提供资源服务。

【全省首个天猫工业电商共享服务中心落户禅城】

2017年9月28日，天猫佛山工业电商共享服务中心启动大会在禅城区泛家居电商创意园召开。区经济和科技促进局、广东省电子商务协会与阿里巴巴集团旗下浙江天猫技术有限公司三方签订战略合作协议，以“广东质造，天猫优选”为经营理念，共同打造天猫佛山工业电商共享服务中心，拓展禅城优势产业产品的营销渠道。

【电子信息产值】

2017年，禅城区电子信息产值为551.23亿元。

2017年禅城区电子信息产值统计表

序号	指标名称	产值（亿元）	增长率（%）
1	计算机、通信和其他电子设备制造业	163.53	30.5
2	仪器仪表制造业	65.34	5.9
3	电气机械和器材制造业	235.42	4.6
4	家用电力器具制造业	38.96	6.8
5	电信业务总量	86.94	68

【电子商务产业发展】

2017年，禅城区电子商务交易额1744亿元，比2016年增长26.3%。全区在册的电子商务企业约1.6万家，增长6.7%，其中B2B（企业对企业）电子商务企业约1.2万家，B2C（企业对个人）、C2C（个人对个人）与其他非主流模式企业约4000家，电子商务服务企业直接从业人员超过2.8万人，增长12%。是年，佛山市五行电子商务发展有限公司、广东鸭梨新媒体信息科技股份有限公司、佛山市东鹏陶瓷有限公司、佛山市楼兰家居用品有限公司4家企业入选广东省工业和信息化领域电子商务试点单位名单。有51家企业获得2017年度禅城区电子商务企业认定，1家载体获得区电子商务孵化基地认定，115家企业获得区电子商务扶持奖励资金共1588.18万元。

佛山市禅城区经济和科技促进局

局　长：李　凯

常务副局长：吕伟忠　李　铮

副局长：庄汝栋　陈　娴　李　浩　方仲生

李有亮（2月任）　梁劲钊（至9月）

纪检组组长：谢春平（至5月）

纪检组副组长：李惠红（5月任）

区投资服务中心主任：李　凯

区科学技术协会主席：吕伟忠

区科学技术协会副主席：郑德威

（陈斯泳）

旅游业

【简述】

2017年，禅城区旅游景区（点）有国家AAAA级旅游景区3个、国家AAA级旅游景区1个。有星级酒店9家，其中五星级酒店2家、四星级酒店2家、三星级酒店5家。有旅行社37家，其中出境游旅行社8家。在主要法定假期（元旦、春节、“五一”劳动节、中秋、国庆）期间，禅城区接待游客共494.34万人次，比2016年增长10.38%。据不完全统计，禅城区全年接待旅游人数（含星级酒店及其他住宿设施与一日游）1308.95万人次，增长7.45%，其中接待境内外过夜游客435.61万人次，增长15.02%；实现旅游收入240.62亿元，增长16.25%。

【旅游行业管理】

旅游质量服务监管　2017年，督促旅行社登录注册广东省导游征信系统，注册率达100%，为游客和企业提供导游从业信息和诚信记录查询服务。全区接到“一按灵”市民服务热线或其他部门转交旅游投诉86宗，受理86宗，涉及金额共5.7万元，涉及游客174人。

旅游行政审批　2017年，优化旅行社审批备案登记工作服务体系。编制旅行社审批服务事项的业务手册和办事指南。将旅行社分社备案、旅行社服务网点备案两项审批事项纳入“一门式”政务服务，通过“网上审核电子材料＋审核通过后窗口提交纸质材料”模式，旅行社即可取得证件。设计优化流程环节，提高旅行社创办和变更业务的效率，全年新增旅行社4家、营业网点16个、旅行社分社2个。

【全域旅游示范区创建】

2017年，禅城区通过旅游文化输出和顶层规划设计，加快创建广东省全域旅游示范区。5月，举办首届佛山·禅城旅游文化周暨高铁经济带旅游博览会，覆盖禅城全域一镇三街，吸引景区、酒店、餐饮、旅行社等社会机构和民众的参与。11月20日，召开禅城区文化发展暨省全域旅游示范区创建工作会议，成立以区长为组长的创建全域旅游示范区领导小组，提出实施“精品”战略，包括旅游品牌设计、A级旅游景区创建、智慧旅游城市建设、城市旅游营销提升四大工程，要求在2019年年底完成省级全域旅游示范区创建。

【旅游宣传推介】

2017年，对外宣传推介“岭南初地——佛山禅城”的城市文化旅游形象，提升禅城“岭南文化之脉、佛山文化之心”的认知度和认同度。5月12—14日，禅城区旅游局与佛山市旅游局联合组团参加第十三届海峡旅游博览会暨2017中国（厦门）国际休闲旅游博览会，佛山展馆获得最佳人气奖和最佳展馆奖。5月26日，禅城区与广州市越秀区联合举办“游广佛之心 赢万元奖品”推介活动，除线下推广外，设置线上打卡有奖游戏，游览两地景点的游客可获得价值上万元的奖励，吸引大量游客到禅城游玩。9月21—24日，以“来佛山，游禅城，读懂岭南——全国旅游达人品味禅城之旅活动”为主题开展宣传推广活动，20名来自全国多地的旅游达人受邀体验禅城旅游文化。协助佛山市旅游局开展“五大盛会”（陶瓷艺术周、城市创意博览会、秋色欢乐节、功夫电影周、香港佛山节）旅游系列活动，通过网络直播等新方式推广禅城旅游资源。12月1—4日，组织区内旅游企业参加2017香港·佛山节旅游推介会，组织得心斋、石湾酒厂、盲公饼、公兴隆等禅城老字号企业参加美食展，面向香港市民推出禅城旅游线路。

【文商旅融合】

2017年，利用禅城区岭南历史文化优势、众多旅游文化景区（点）以及丰富的岭南文化大型民俗节庆活动，培育旅游新业态，推动文商旅深度融合。举办第九届佛山（禅城）岭南年俗欢乐节、三月三北帝诞巡游、佛山粤剧华光诞等活动，与旅行社、景点和相关商家联合开辟特色文化旅游专线，带动景点、餐饮业、住宿业等消费。3月25日至4月2日，禅城区举行三月三北帝诞庙会活动，特邀来自高铁经济带沿线25个城市的旅游局、旅游行业协会、旅行社以及媒体代表近百人参与活动，体验禅城的传统岭南文化魅力。北帝诞庙会活动吸引本地市民和外地游客超过5万名。12月23日，第九届佛山（禅城）岭南年俗欢乐节启动，在弘扬传统民俗的基础上，引入全域旅游概念，推出有关开幕式的旅游线路，吸引省内外游客超过500人；加强与佛山中旅、南湖国旅等旅行社合作，面向粤港澳大湾区、粤桂黔高铁沿线城市招募旅游达人、旅游协会主要成员，体验禅城年俗文化。

【旅游文化周暨高铁经济带旅游博览会】

2017年5月28—30日，禅城区人民政府、佛山市旅游局联合主办“高铁同游，寻味岭南”首届佛山·禅城旅游文化周暨高铁经济带旅游博览会，来自贵广、南广、昆广、武广、厦深等高铁沿线的18个重要沿线节点城市共同参与活动并结成高铁经济带旅游协会联盟。活动期间，共吸引18个城市超过180家旅行社参展，吸引新华社等26家媒体传播，全区旅游景点得到宣传推广；禅城区旅游经济大幅攀升，其中主要旅游监测点接待游客58.7万人次、比2016年同期增长123.2%，全区旅游总收入3.98亿元、增长135%；吸引参加各类活动的游客超10万人次，带动旅行社产品收入1200万元、旅游景区产品收入200万元、旅游手信及酒店商家收入920万元、美食展商家收入20万元。此外，活动组织18个城市的2086名旅游达人游禅城，广泛传播“佛山制造、中国功夫，岭南文脉、品味禅城”的城市标语，提高城市知名度和美誉度。

【禅城区首届旅游商品创新设计大赛】

2017年8月，佛山（禅城）陶文化·旅游商品创新设计大赛正式启动，线上线下同时面向全球征集参赛作品，以原创设计带动旅游商品。大赛吸引来自杭州、深圳、上海等地的参赛者，共收集系列作品约700套，作品数超过2000件，选出特等奖1个（肖译楠创作的《精武佛山》）、陶艺类与文创类一等奖各4个、二等奖8个、三等奖15个、十类单项奖各1个。大赛鼓励创作者将作品转化为实物并进行量产和销售，给予15件作品的作者量产扶持资金共50万元。10月19日，举办创意商品与资源对接路演，向社会展出大赛的300个入围作品，挑选部分商业开发潜力较高的作品举办资源对接路演，中力资本、银盛投资、东方富海等13个创业投资机构参加路演，达成合作投资意向项目7个。

【禅城区旅游协会成立】

2017年9月27日，禅城区旅游协会成立大会暨第一次动员大会在石湾古镇文创园举行，协会会员包括禅之旅、南风古灶、石湾酒厂等37家禅城旅行社以及景区。石湾古镇文创园、南风古灶旅游发展有限公司分别当选为会长单位、常务副会长单位，佛山市中旅国际旅行社有限公司等5家单位当选为副会长单位，佛山市禅城区柏林艺术馆、国药集团佛山冯了性国医馆有限公司当选为理事单位。在佛山（禅城）陶艺—建陶设计周暨陶瓷艺术周活动期间，区旅游协会组织约60名来自湖南、福建旅游同行到禅城开展四天三晚陶艺体验游，定向宣传禅城旅游。10月18—23日，由区旅游协会承办，在石湾古镇文创园、中国陶瓷城设点宣传，集中力量推广禅城旅游资源。

禅城区旅游景区一览表

序号	景点名称	地址	服务电话
1	佛山市南风古灶旅游区	佛山市禅城区石湾高庙路6号	0757—82701118
2	佛山祖庙博物馆	佛山市禅城区祖庙路21号	0757—82221680
3	佛山梁园	佛山市禅城区松风路先锋古道93号	0757—82258995
4	广东粤剧博物馆	佛山市禅城区兆祥路兆祥公园内	0757—83284524
5	佛山国际家居博览城	佛山市禅城区佛山大道中189号	0757—83868888
6	柏林艺术馆	佛山市禅城区跃进路11号内第39幢二层	0757—86399901

禅城区星级酒店一览表

序号	酒店名称	星级	地址	服务电话
1	皇冠假日酒店（佛山宾馆）	五	佛山市禅城区汾江中路114～118号	0757—82368888
2	恒安瑞士大酒店	五	佛山市禅城区城门头西路一号	0757—82362888
3	金城大酒店	四	佛山市禅城区汾江中路125号	0757—83288888
4	佳宁娜大酒店	四	佛山市禅城区祖庙路14号	0757—82223828

续上表

序号	酒店名称	星级	地址	服务电话
5	旋宫酒店	三	佛山市禅城区祖庙路1号	0757—82966338
6	石湾宾馆	三	佛山市禅城区汾江西路15号	0757—82366666
7	鸿运酒店	三	佛山市禅城区汾江中路6号	0757—82980000
8	金银酒店	三	佛山市禅城区汾江西路4号	0757—83368984
9	登喜来大酒店	三	佛山市禅城区文华北路77号	0757—82803188

禅城区旅行社一览表

序号	旅行社名称	地址	电话
1	佛山市禅之旅国际旅行社有限公司	禅城区佛山大道北169号首层、二层	0757—82963080
2	佛山市中旅国际旅行社有限公司	禅城区祖庙路14号1座	0757—82326666、82629898、82622016
3	佛山国旅国际旅行社有限公司	禅城区汾江中路114～118号	0757—83808888、83999880
4	佛山明媚假期国际旅行社有限公司	佛山市禅城区祖庙路33号百花广场35楼08	0757—82137336
5	佛山市天宁国际旅行社有限公司	禅城区华远东路19号侨都大厦2楼	0757—83201199
6	佛山市南湖国际旅行社股份有限公司	佛山市禅城区汾江中路侨苑新村二栋二楼之二	0757—82320215
7	佛山市纵横天地国际旅行社有限公司	佛山市禅城区汾江南路37号B座301房之一C	0757—83876600
8	佛山市金马国际旅行社有限公司	禅城区汾江中路12号首层21F铺	0757—82282170
9	中国国旅（广东佛山）国际旅行社有限公司	佛山市禅城区兆祥路105号324房之二	0757—81234567
10	佛山市金华国际旅行社有限公司	禅城区季华五路28号公交大厦首层侧铺	0757—83806833
11	佛山市逍遥天下国际旅行社有限公司	禅城区汾江南路32号一区七座首层P28号	0757—83104411

续上表

序号	旅行社名称	地址	电话
12	佛山市新之旅国际旅行社有限公司	禅城区汾江西路一号之一外贸大楼B座第十四层之二	0757—83392183
13	佛山东方假日旅行社有限公司	禅城区汾江中路217号佛山工商大厦第二层201室	0757—86226102
14	佛山市美之旅旅行社有限公司	禅城区石湾镇街道里水北便街3号之一	0757—83920391
15	佛山市和平国际旅行社有限公司	佛山市禅城区文龙街12号水晶城组团首层P11号	0757—82062493
16	佛山凤腾旅行社有限公司	祖庙路33号百花广场41楼4108	0757—88700621
17	佛山星辰国际旅行社有限公司	佛山市禅城区市东下路45号首层P2号之一	0757—85595556
18	佛山市康怡假期旅行社有限公司	禅城区桂园东一路七座首层	0757—82006006
19	佛山卓越旅程旅行社有限公司	禅城区文华北路56号七座1305房	0757—83000012
20	佛山市禅龙旅行社有限公司	佛山市张槎大沙乡白屋东西工业区9号之8	0757—82103292
21	佛山市尚旅国际旅行社有限公司	佛山市禅城区绿景一路首层P3	0757—83219998
22	佛山市顺安达旅行社有限公司	禅城区和平路六号第三层	0757—82260000、88012345
23	佛山市新中源旅行社有限公司	禅城区南庄镇南庄大道中80号之一首层	0757—85319056
24	佛山市豪程旅行社有限公司	禅城区平远直街9号104房	0757—83823339
25	佛山骅南旅行社有限公司	佛山市禅城区同济西路12号永丰大厦一座1803-04室	0757—82069100
26	佛山康辉国际旅行社有限公司	禅城区佛山大道北171号北面二层	0757—82326688
27	佛山市行至美国际旅行社有限公司	禅城区汾江中路114-118号	0757—83999880
28	佛山市贵之旅国际旅行社有限公司	佛山市禅城区南华一街17号首层25-31轴、A-D列（部分）之一	0757—88028569
29	佛山禅一旅行社有限公司	佛山市禅城区彩虹路33号首层P13号	0757—82063391

续上表

序号	旅行社名称	地址	电话
30	佛山天天假期国际旅行社有限公司	佛山市区莲花路112号临街12号铺	0757—82305011
31	佛山市中宇假期旅行社有限公司	文华北路文华荟2座5楼511室	0757—83831702
32	佛山市奔富国际旅行社有限公司	佛山市禅城区华远东路19号201室（之一）	0757—83201885
33	佛山市奇景旅行社有限公司	佛山市禅城区建设一街13号107房	0757—82289971
34	佛山市信旅国际旅行社有限公司	佛山市禅城区汾江南路3号二层208室	0757—83301318
35	广东国汇海岛旅行社有限公司	佛山市禅城区季华六路11号一座1609房之一	0757—82277721
36	广东云联国际旅行社有限公司	佛山市禅城区季华五路21号金海广场第5层503	0757—82902601
37	佛山市大方广旅行社有限公司	佛山市禅城区轻工三路13号七层701房	0757—82069452

佛山市禅城区文化体育局（区旅游局）

局　长：何永庆

副局长：唐秀云（至4月）　谭　炎（3月任）

（劳幽雅）

金融业

金融工作

【简述】

2017年，禅城区有各类金融机构及网点806家，其中有银行市级分支机构19家，支公司以上保险机构55家、保险中介机构总部15家，证券期货公司营业机构37家，融资租赁公司总部9家，担保小贷公司总部23家，以及基金、保理、典当、金融服务外包等各类创新型金融机构总部近100家。

全区金融机构年末各项本外币存款余额3586.32亿元，比年初增加0.26亿元。其中人民币存款3506.02亿元，增加19.57亿元。年末金融机构各项本外币贷款余额2530.97亿元，增加255.31亿元。其中人民币贷款2450.84亿元，增加219.52亿元。全年保费收入272.5亿元，比2016年增长28.8%。其中寿险193.79亿元；健康险和意外险36.56亿元；财产险42.14亿元。各类赔款及给付62.39亿元，下降6.1%。其中寿险36.96亿元；健康险和意外险6.81亿元；财产险赔款18.62亿元。

【金融产业发展】

2017年，出台《佛山市禅城区扶持金融产业发展办法（2017年修订）》等系列政策，针对金融行业推出开办补贴、租金补贴、收入补贴、购房补贴等20种扶持举措，包括金融招商、金融发展和金融人才三大扶持内容。是年，华福证券佛山分公司、平安健康保险佛山中心支公司、复星联合健康保险佛山中心支公司、中山证券佛山营业部、上海证券佛山营业部等一批金融机构先后落户禅城；累计给予平安健康、复星健康等9家企业各类金融产业扶持资金约1000万元；成功打造金融发展示范载体2家（万科金融中心、智慧新城园区）和金

2017年6月8日，“上市直通车”系列活动——“多层次资本市场政策宣讲会”在禅城举办

（李灏玲　摄）

融发展载体1家（雅庭国际），其中万科金融中心全年引进大型金融机构4家。

【企业上市】

2017年，将禅城区挂牌上市企业全部纳入区领导挂钩联系重点企业范围，出台《禅城区挂牌上市后备企业管理暂行办法》，加大扶持力度和后备企业储备力度，全年发放市、区级利用资本市场扶持资金2000多万元。是年，新增上市企业数为历年新高，广东天安新材料股份有限公司和佛山市燃气集团股份有限公司2家企业先后上市，首发募资11.34亿元。南湖国旅进入新三板创新层，广东北创光电科技股份有限公司、广东奥博信息产业股份有限公司、河谷（佛山）智能装备股份有限公司、龙狮篮球俱乐部股份有限公司4家企业登陆新三板基础层。全区企业通过增发新股共募资2.53亿元，发行债券融资68.7亿元。全区有境内外上市企业（含新三板创新层）12家，新三板挂牌企业14家，挂牌上市后备企业数量超过50家。

【企业融资】

2017年，帮助企业搭桥转贷约30亿元，比2016年增长89%，与使用其他资金相比，降低企业转贷成本约1600万元，共惠及企业达160家。3月10日，联合中国银行举办“中银科创企业投贷联动直通车”活动，为25家科创中小企业提供债权融资、股权融资、对接多层次资本市场等综合金融服务，现场解决企业融资需求近2亿元。

【金融监管】

2017年，重点开展辖区内融资担保机构和小额贷款机构的非现场监管以及现场监管工作，对金融领域矛盾纠纷、非法集资、“假保单”等多个领域开展风险排查和专项治理，组织防范非法集资现场宣传活动4场。截至2017年年底，佛山农村商业银行杠杆率符合地方法人银行机构杠杆率高于4%的监管标准；小额贷款行业杠杆倍数低于1.5倍的监管标准；融资担保行业杠杆倍数远低于放大10倍的监管标准；融资租赁公司风险资产比例不超过净资产总额的10倍。

【禅城金融产业促进会成立】

2017年10月24日，在区金融工作会议暨金融产业融合发展大会上，禅城区金融产业促进会揭牌成立。该促进会由佛山农村商业银行等8家企业组织发起、60家会员单位组成，涵盖金融机构、挂牌企业、上市企业及后备企业、金融载体、中介机构等，是金融机构和挂牌上市企业的对接交流平台，为会员单位提供挂牌上市、投融资、并购重组等金融业务的政策、会计、法律咨询服务，旨在整合金融资源、服务实体经济、推动产业转型升级。

佛山市禅城区金融工作办公室

主　任：黄智斌（至8月）　陈咏周（8月任）

副主任：李源章

（梁碧茹　苏诗瑶　罗秋怡）

银行选介

【佛山农商银行】

2017年，佛山农村商业银行股份有限公司（以下简称佛山农商银行）设有营业部1家、一级支行5家、直属支行2家、二级支行111家。佛山农商银行董事会下设战略、风险管理、关联交易控制、提名与薪酬、审计、"三农"金融服务、消费者权益保护等7个委员会；监事会下设提名、审计委员会；经营管理层下设资产负债管理、内控与风险管理、信息科技管理、业务创新管理、财务管理、授信审批、保密、不良资产管理、采购管理共9个委员会。内设22个职能部门，分别是董事会办公室、办公室、人力资源部、工会办公室、内审部、内控合规部、计划财务部、资产风险控制部、授信审批部、网络金融部、公司银行部、金融市场部、零售银行部、国际业务部、消费金融中心、理财营运中心、大客户部、资产管理部、小微金融中心、运营部、信息科技部和安全保卫部。在职员工共1658人。

佛山农商银行服务实体经济、防控金融风险、深化金融改革，实现规模、效益、质量协调发展。截至2017年年底，各项资产总额856.74亿元，比年初增加99.63亿元，增幅13.16%；各项存款余额601.34亿元，比年初增加46.98亿元，增幅8.47%；各项贷款余额414.28亿元，比年初增加32.15亿元，增幅8.41%，存贷款规模居禅城区首位。累计发卡存量132.11万张，累计代收ETS（电子缴税入库系统）、电费、电信费业务金额达38.34亿元；实现国际收支3221笔，累计金额4.03亿美元，比2016年增长199%；结售汇6292笔，累计发生额3.62亿美元，增长181%。

农商行合并组建　2017年，搭建农商行合并组建架构，多次商请市、区政府对抵债、捐赠资产处置以及工商登记等问题进行协调，推进解决涉政资产、捐赠资产与固定资产确权问题，以及中介机构选聘、增资扩股、清产核资和资产评估等各项前期准备工作。

零售业务发展　2017年，正式上线社保卡业务，发展代理保险、代理基金、代理实物贵金属等代理业务，实现产品全资产管理；创新开展公益营销活动，推进社区营销、厅堂微沙龙、主题沙龙等阵地营销活动，全年累计开展活动1.3万场，覆盖社区及学校733个，吸引市民约8.4万名；搭建"小狮苑"亲子平台，组织开展生日礼遇、家居布局讲座、"超市小当家"等非金融服务，完善差异化服务体系。

2017年12月7日，佛山创新产业金融峰会暨企业家创新投融资协会成立仪式在禅城区丰收街·菁创聚青年创新创业社区举行

（佛山农商银行供稿）

对公业务　2017年，探索产业链金融，结合企业的物流、信息流，研发推广产业链金融产品方案，先后启动云化网、钢铁世界、众陶联三个项目；支持本土“双创”发展，与佛山科学技术学院共建“创客社区”、“创在佛山”天使基金、“南狮汇—智造商学院”，推出“双创贷”“知识产权质押贷款”等产品，佛山农商银行创客支行于12月13日在佛山科学技术学院正式开业；探索银医合作新模式，中标佛山市中医院社保全流程就诊服务平台合作银行项目、佛山市第二人民医院合作项目；新增日元、英镑、澳元和加元等币种清算服务，新增代理行7家。12月7日，当选佛山（禅城）企业创新投融资协会第一届会长单位。

资金业务　2017年，成立研发专业团队和票据业务中心，实现直贴业务集中化管理，上线央行票交所，票据业务稳步推进；增强理财产品研发能力，发行“村级分红”、节日专享等专属产品，推出新旧客户、行庆等活动产品，丰富滚续型理财计划，满足市民多样化的理财需求。截至年底，累计发行理财产品760期，募集资金403.98亿元。

“互联网+”业务创新　2017年3月，直销银行小狮Bank上线，实现互联网金融新突破。截至年底，该平台注册客户36525个，金融产品总申购量3.93亿元。6月，佛山农商银行与易方达基金公司合作推出的货币基金快速赎回业务“金狮宝”正式上线。推出鲜特汇扫码支付业务，覆盖全场景消费，全年拓展商户20686户，实现交易金额约38.71亿元。联合阿里拍卖推出线上拍卖贷，成为广东首家与淘宝合作的农合机构（包括全省农村信用社、农村商业银行）。

支持公益事业　2017年，对口帮扶廉江市石岭镇龙湾村，为龙湾村51名贫困学生发放助学金4.26万元，筹集资金30万元用于龙湾村新农村公共服务建设；开展无偿献血活动，全年参与无偿献血员工89名，共捐血2.67万毫升，其中有4名员工分获全国无偿献血奉献奖银奖和铜奖；组织社区公益活动，开展广场舞大赛、音乐圆梦活动、义剪义诊服务等各类社区公益活动。

佛山农村商业银行股份有限公司

董事长：李　川

行　长：郭思煜

监事长：廖勇海

副行长：宋云鹰　杜智华（11月任）

易晓应（至12月）

林健翔（6月任）　周　新（至8月）

钟雪萍（至1月）

行长助理：张　坚（至8月）

纪委书记：黎　文（4月任）

（何翠容）

【中国建设银行佛山市分行】

2017年，中国建设银行佛山市分行有营业机构102个，在职员工1787人。其中禅城区有支行级机构35个，有在职员工420人。

截至12月31日，一般性纯存款、对公纯存款、个人纯存款日均余额分别为1000.82亿元、539.44亿元、461.38亿元，与年初相比，增幅分别为11.74%、21.46%、2.18%；贷款日均余额为601.42亿元，增幅22.61%，其中对公贷款日均余额276.12亿元，增幅10.14%。个人住房贷款余额324.88亿元，比年初新增35.04亿元，增幅12.09%。全行不良额较2016

年年末下降5.35亿元；不良率从2016年年末的2.47%下降至1.25%。

打造住房租赁“佛山模式” 2017年，建行与佛山市政府、佛山市住房和城乡建设管理局对接，共建佛山市住房租赁交易服务平台，推动住房租赁业务在佛山试点，在信息平台建设、项目融资、承租人融资、股权投资等方面制定专项的综合服务方案。12月20日，广东省住房租赁经验交流会议在佛山举行，建行与佛山市政府共同探索住房租赁与金融支持深入融合的“佛山模式”得到关注。截至2017年年底，佛山市住房租赁交易服务平台上线房源累计1775套，其中现房946套、期房829套。

2017年11月2日，建行广东省分行与佛山市政府签订住房租赁战略合作协议
（中国建设银行佛山市分行供稿）

支持城市建设 2017年，建行创新运用股权投资产品，实现佛山地铁资本金融资模式的突破，为佛山地铁三号线投放首批资本金6.25亿元、重点工程支持贷5亿元；为佛山地铁二号线投放资本金30.5亿元。支持佛山打造特色小镇，针对特色小镇建设以及入驻企业金融需求制定专属的综合方案。

支持企业融资发展和转型升级 2017年，建行推广小微快贷产品，实现全流程线上申请审批，解决企业融资慢的问题，全年服务小微企业超2000家，累计支持28.97亿元。11月，推出“云税贷”产品，根据企业纳税情况给予融资额度，采取全线上自助办理贷款，服务企业超420家，投放资金3.28亿元。推动佛山制造业转型升级，建行支持制造企业高端化、智能化转型升级，全年向本土制造企业提供资金支持超过100亿元，支持企业超800户（含小企业客户）。重点打造“Fit粤”科技金融品牌，从组织架构、体制机制、政策产品等方面为高新技术企业提供专属的综合金融服务方案，至年末，服务佛山高新技术企业890家，资金投放约36亿元。

创新银政合作模式 2017年，在公共资源交易中心平台方面，建行实现本外币保证金交易，为开办时间最早、代理范围最广、代理业务品种最齐全、代理币种最多的银行。上线市级国库支付及人行清算电子化业务，实现国库支付业务的全流程电子化。

打造智能服务 2017年，建行在全市网点均投放智慧柜员机3台。12月，单月智慧柜员机业务迁移率提升至95.98%。整合智能机具布局，打造网点智能服务区87个，提升客户综合体验度。是年，搭建“智慧金融”网络消费平台，通过“善融商务”“龙行四海”“龙支付”等平台，建立B2B（企业对企业）、B2C（企业对个人）的网络商务与支付体系，实现个人客户快速消费支付，打通企业客户零售网络端口。建行网络消费平台服务商户约2200家，网络支付用户超35万个，优惠让利超700万元。

中国建设银行佛山市分行

行　长：米晋湘

副行长：叶志岗　韦忠儒（5月任）　蔡瑞椽

霍锦行　王良桥（至6月）

纪委书记：蔡晓燕

合规官：黄潮玩

（蓝锦莹）

【交通银行佛山分行】

截至2017年年底，交通银行佛山分行管辖佛山五区营业网点21家，自助银行82个和ATM机110台。其中，禅城区有营业网点（含分行营业部）7家、自助银行25个和ATM机33台。禅城区各支行本外币存款145.55亿元，其中储蓄存款39.29亿元，本外币贷款164.21亿元。禅城区从业人数为314人。

2017年，佛山交行遭遇严峻的内外部困难挑战，全行紧盯市场、对标同业、做大规模，持续提升服务品质，实现厅堂一体化、智能化服务，获“媒体金质创新小微金融”奖项、“2017年度最具口碑金融机构”、“佛山银行业党建宣传工作先进单位”等称号。

优质资产立行　在规模受限背景下，促进全融资业务落地、投放效率提升、贷款期限拉长、投向结构优化，实现优质资产立行。佛山分行的中国陶瓷城固定资产支持融资业务、地铁三号线股权融资业务、广东健力宝并购贷款落地，均为省行首笔业务；建鑫公司住房租赁支持融资率先落地，在系统内、当地同业均属首笔，类信贷、投行业务等新兴业务品牌和市场地位大幅提升。

客户工程　2017年，介入政府渠道平台（即住房维修基金、公积金平台、社保平台等），市国资委直管的公控、路桥等8家企业，佛山分行与其中6家企业实现落地合作；超额完成省行关于对公有效户、国际动户、优质新开户、现金管理、达标产业链的任务；小微客户、家易通、电子支付商户、缴费通、机构客户等主要指标均超计划完成。

银团贷款　2017年7月12日，中国银行业协会年度会议在北京召开，由交通银行广东省分行牵头筹组、佛山分行主办的广佛肇63亿元银团项目获中国银行业协会2016—2017年度银团最佳交易奖，为全国同业首例。广佛肇高速公路为佛山市政府重点规划项目，是联系广州、佛山、肇庆等珠江三角洲核心区与广西等大西南地区的“新动脉”，佛山交行通过创新组团方式，使整个银团贷款结构更为合理，及时满足客户融资需求。

银企战略合作　2017年7月12日，佛山分行与佛山市进出口商会成功举办战略合作协议签约仪式，现场签订《银企战略合作协议》，巩固交通银行与佛山地区进出口企业的银企合作关系。根据协议，佛山分行为商会会员提供优质的综合金融服务；商会选择交通银行作为主要合作银行之一，全面办理各项金融业务，并在三年内可累计获得佛山分行最高不超过等值20亿元的综合授信额度。

服务品质提升　2017年，加强客户沟通，改善硬件设施，提升服务品质，巩固品牌形

象。1月8日，佛山分行联合澳门分行、交银国际举办跨境投资客户交流会。5月，佛山分行先后举办“财富大讲堂 投资粤月行”大型基金客户答谢活动、小企业“脱贫致富”专题推动会、“高端客户法律大讲堂”、“一行一户”专题汇报会暨重点资产业务推动会。6月10日，举办“恋链不舍”产业链客户沙龙活动。10月，组织财富进企业活动，先后走进佛山市维尚家具企业一厂、全亿大科技佛山有限公司。是年，佛山分行规范和提升离行式自助网点的外观形象和硬件设施，对部分离行式自助网点进行形象改造，统一规划和更新宣传广告。

交通银行股份有限公司佛山分行

行　长：徐　焱

副行长：韩振军　李丽娜　吴　强　李国瑞

党委委员：吴泽群

（孔　岚）

【邮储银行佛山市分行】

中国邮政储蓄银行佛山市分行成立于2007年12月，下辖禅城、南海、顺德、三水、高明5个一级支行，全市有103个网点。2017年，佛山市分行丰富业务品种、拓宽服务渠道、提升服务能力，为广大客户提供全面、便捷的金融服务，全行信贷资产质量保持优良，资产质量指标优于同业水平。是年，佛山市分行连续三年被佛山媒体评为“最具口碑金融机构”“佛山银行业普惠金融创新典范”，被佛山市公安局、银监会佛山监管分局评为“佛山市2016—2017年度银行业金融机构安全评估优秀单位”。

服务“三农”发展　2017年，正式挂牌成立三农金融事业部，内设小额贷款中心、农业产业化中心、审查审批中心；在佛山五区设立小额贷款营销管理中心，配备专职的“三农”业务团队，围绕服务农户、服务现代农业，加大农业供给侧结构性改革金融支持力度。

助力实体经济　2017年，重点围绕佛山家电、先进装备制造、工业机器人、陶瓷、五金、铝型材等行业，开展行业客户批量授信，提供“一揽子”金融服务。佛山市分行累计服务的小微企业总数近2万家，客户行业分布涉及全市46个行业。

支持城市建设　2017年，重点支持基础设施建设，参与佛山市地铁二号线、三号线重大民生项目建设。

支持“大众创业”　2017年，佛山市分行与市人社局合作发放“再就业担保贷款”，为给创业企业提供扶持和服务，带动超过2万人就业创业；连续七年举办“众创杯”创业创新大赛，“RNA科学重大产业创新平台项目”及“Robust智能技术项目”两个创业项目登上央视《创业英雄汇》节目。

（中国邮政储蓄银行佛山市分行）

产业园区

广东佛山禅城经济开发区

【概况】

广东佛山禅城经济开发区（以下简称禅经区）位于佛山市禅城区西部，原名为佛山禅城高新技术产业开发区，于2003年3月由佛山市人民政府批准成立，2006年经广东省政府核准成为省级经济开发区，更名为广东佛山禅城经济开发区，禅经区管委会与南庄镇政府实行“一套人马、两块牌子”，园区重大项目以镇为主、区镇共同承担。禅经区管委会设7个内设机构：办公室、招商中心、国土和规划建设办公室、财务办公室、环境保护办公室、劳动安全生产监督管理办公室、科技创新办公室。2017年，有各类在职工作人员477人（含下属公司）。

禅经区管辖范围内的规划面积为14.13平方千米，管辖区域包括绿岛湖城市生态区（绿岛湖片区）、智造产业区（紫洞园、新材料园）、华南交通电子产业园和吉利工业园等，重点发展大数据、电子商务、人力资源、知识产权服务、创意设计等现代服务业，以及高端智造、新材料、新能源等产业。2017年，禅经区实现工业总产值102.27亿元，比2016年增长16.71%（其中，高新技术企业工业产值27.88亿元，增长51.36%）；工业增加值26.83亿元，增长7.79%；出口交货值（含自营出口）8.03亿元，增长3.21%；固定资产投资32.88亿元，增长7.42%；销售收入108.21亿元，增长18.73%；实现税收总额7.05亿元，增长32.27%，园区经济实现平稳增长。

是年，绿岛湖片区共主办、承办、协办活动17场；鹭鸟基地接待各级领导、参观团体约30场次，接待市民、游客约1.3万人次；绿岛湖国际中心承接各类活动20场。绿岛湖公园获评“佛山十大最美公园”“广东省环境教育基地”。

【优化产业生态】

2017年，禅经区形成以智能制造研发、大数据、科技成果产业化为主，向新能源、工业和创意设计、科技服务、人才服务、知识产权服务、创客孵化等环节跨界延伸的创新生态圈。中国建筑装饰设计创新基地、佛山市人力资源服务产业园、佛山博士创新梦工场、佛山全球电商生态科技城和国家级知识产权服务业集聚发展试验区（禅城园）五大产业平台，累计引入创新型企业430家。其中，中国建筑装饰设计创新基地新增签约企业22家，累计签约企业达34家，出租面约占总面积的75%；佛山市人力资源服务产业园新增签约企业18家，累计签约企业共31家，自3月建设管理权限下放至南庄镇后，园区进驻率从30%上升至80%；国家知识产权服务业集聚发展试验区（禅城园）于5月18日正式开园，引入中国（佛山）知识产权保护中心、禅城区知识产权法庭两大机构；佛山博士创新梦工场于11月17日正式开园，作为高层次人才与产业相结合的创新型平台项目，截至年底，引进博士团队21个共63名博士，实现进驻团队10个。

【产业链招商】

2017年，禅经区坚持产业链招商，对重点产业进行“补链”，形成以装备制造产业、新材料、先进制造产业为主导产业经济结构，以大数据为基础的现代服务业崛起，楼宇经济等新的经济增长点逐步成型。围绕百亿投资的科力远CHS项目，引进富惟汽配项目、科力远混合动力汽车示范运营项目与钱江摩托汽车零配件项目。至年底，科力远CHS项目累计完成投资18亿元，混合动力汽车项目正式营运，富惟汽配在南庄注册公司并建成投产四条自动化生产线。在陶瓷设计、创新研发和装备制造上“补链”，增强陶瓷产业新动能，引进源创高科（国家级高新技术企业）、广东南控、工业壹号、大鱼智能家居、例外设计等超过20家智能制造、装备制造和工艺设计企业。

【项目落地服务】

2017年，禅经区管委会提升服务质量，走访企业，协调解决困难，帮助落户企业早建设、早投产。出台《绿岛湖·智荟建设工作方案和绿岛湖·智荟产业发展专项资金使用管理办法》。制定科力远CHS项目考核方案，敦促项目投产。道氏科技一期、动漫产业大厦完工，兴发总部竣工，金溢科技公司于2017年底动工；综合保税区内土规调整方案获得省级部门验收和备案；智造区垃圾收集站建设完成前期工作；吉利工业园内的天安新材料股份有限公司成功在国内主板上市；佛山市知识产权保护中心完工；南庄法庭和知识产权法庭项目按计划推进。

【提升自然生态环境】

2017年，禅经区以“花绘绿岛，与鹭共赏”为主题开展环境提升系列行动，包括打造绿岛湖“百亩花海”，建成“一馆一园”（鹭鸟观测基地、湿地公园）科普示范基地，打造绿岛湖宜商宜居环境。

绿岛湖花海　结合闲置空地绿植认种的形式，绿岛湖新增绿化5.1万平方米，其中在户外活动基地种植黄花风铃木679棵，面积约1.8万平方米；勒杜鹃种植约6500棵，面积约2万平方米；湿地公园特色花海种植美人蕉约1100平方米。在绿岛湖户外活动基地及东平河大堤内种植波斯菊及硫华菊约5.5万平方米。6月，绿岛湖公园获评“2017年佛山十大最美公园”。

科普示范基地　2017年5月25日，绿岛湖鹭鸟观测基地（馆）开放暨绿岛湖摄影大赛启动仪式在绿岛湖畔举行，全市首个鹭鸟观测基地正式对外开放，绿岛湖公园兼具“一馆一园（鹭鸟馆、湿地公园）”科普示范功能。12月，绿岛湖公园获评“广东省环境教育基地”。

生态文化建设　2017年，绿岛湖片区举办广东省第四届自行车绿道联赛（绿岛湖站）、2017中国陶瓷行业马拉松大赛（绿岛湖）、2017迎中秋·绿岛湖企业欢乐日、绿岛湖“世界城市日”和“世界住房日”主题宣传等大型活动17场，参与人数超过1万人次。

【城市生态建设】

道路建设　2017年，禅经区启动综合管廊建设前期工作，建设道路17条，全长约9.5千米，投资约6.5亿元。

城市建设　2017年，获批城市建设用地9

宗，面积共约40.13万平方米。在建社会投资项目9个，建筑面积约230万平方米，总投资约128亿元。禅港路东侧、横三路北侧地块3.33万平方米土地由上海荃享投资管理有限公司竞得，成交价格10.4863亿元，配建人才住房面积1.12万平方米。慢行系统部分路段（游客中心—河堤）提升工程完成；绿岛湖游客中心、绿岛湖国际中心、绿岛湖智荟入口广场提升项目启动；连接绿岛湖智荟（都市产业区）及企业总部基地的绿岛湖片区人行天桥、廊桥项目完成概念方案编制。房地产项目加快建设，招商雍景湾二期建成完工，绿岛湖金茂花园、保利翡翠公馆、融创·湖滨世家推进施工。

民生配套　2017年2月23日，佛山市公安局禅城分局绿岛湖警务执勤点正式启用。3月28日，绿岛社区居民委员会揭牌，成为绿岛湖片区首个居委会。是年，湖涌片区湖堤消防站工程一期完工；佛山市外国语（国际）学校（小学部）项目完工验收；保利幼儿园建成；绿岛湖国际幼儿园完成意向签约。

资产运营　2017年3月25日，成立佛山智荟绿岛投资发展有限公司，加强园区运营、管理工作。简化人才公寓一门式申请流程，绿岛青年荟人才公寓全年出租1585套，比2016年增长49.8%，出租率达82.3%。绿岛湖国际中心全年承接各类活动20场，其中场地借用15次、出租5次，实现资产保值增值。

2017年禅经区主要交通建设项目一览表

序号	道路名称	进度
1	绿荫路	完成施工招标
2	湖翠一路	完成施工招标
3	湖翠东一路	完成施工招标
4	湖翠东二路	完成施工招标
5	横三路（即科潮西路）	施工
6	紫湖大道	施工
7	科润路扩建改造工程	完工
8	道氏科技东侧（即泰和二路）、南侧（即怡水三路）、北侧（即怡水二路）道路	施工
9	广明高速南侧道路工程（即怡水一路）	施工
10	南庄污水厂西侧、看守所东侧道路工程（即泰和一路）	施工
11	湖涌大道（九曲涌至科润路段）道路及综合管廊	勘察设计招标
12	紫洞西一路	由区交投组织实施
13	紫洞西三路	由区交投组织实施
14	弘德路改建工程及管廊建设（季华路至科润路）	勘察设计招标
15	弘德北路改建工程及管廊建设（科润路至禅港路）	勘察设计招标

广东佛山禅城经济开发区管理委员会
党组书记：何　战
党组副书记、主任：陈辅明
党组成员、纪检组组长：刘佑荪
南庄镇党委分管禅经区工作的委员：
　温　冬　刘玉军　杨　涛（6月任）
南庄镇分管禅经区工作的副镇长：
　徐锦棠（6月任）
党组成员、纪检组副组长：郝晓辉
党组成员、副主任：李国钊
副主任：叶　华（4月任）　陈树凯（至2月）

（何海珊　曾幸明　陈柳元婷）

佛山高新技术产业开发区禅城园

【概况】

佛山高新技术产业开发区禅城园（简称“佛高区禅城园”）是1992年经国务院批复的国家级高新技术产业开发区，核准总体规划面积6.5平方千米，其中包括城南园4平方千米和城西园2.5平方千米。

佛高区禅城园（城西园）　东至平江北路（原城西大道），南至张槎一路、张槎二路（原张槎西路），西至佛山水道，北至佛山水道。区内聚集佛山华南电源创新科技产业园、佛山市生命健康科学园、欧洲工业园、福能大数据产业园、零壹科技园、东成立亿产业园、同向应用中心等园区，主要发展高端装备制造、电子信息、生命医药、针织服装及现代服务业。园区聚集新光宏锐、柏克新能、铁人环保、腾龙光学等高新技术企业和2个市级孵化器、13个研发机构。华南创谷作为现代服务中心，汇集金融、商务办公、科技服务等功能，进驻盛世方舟、企业服务中心、政府一门式行政服务中心等机构。

佛高区禅城园（城西园发展方向区）　东至禅西大道，南至季华路，西至佛开高速，北至古大路。区内聚集佛山新媒体产业园、基德福产业园、佛山高新区科技产业园、佛山国家火炬创新创业园。主要发展高端装备制造、电子信息、现代服务业。聚集国星光电、安德里茨、市光法雷奥等高新技术企业和2个国家级科技孵化器、1个国家级众创空间、36家研发机构（其中国家级工程中心2家），1家上市公司国星光电，1个“千人计划”项目。其中2个国家级孵化器聚集大量具有发展潜力的初创型公司。

佛高区禅城园（城南园）　北至魁奇路，西至岭南大道，东南以东平大道为界。主要发展高端装备制造、电子信息、商务办公、金融业、现代服务业，园区内有华鹭自动化控制器、金口岸物流等高新技术企业21家，省级工程中心5个。

2017年，佛高区禅城园实现工业总产值300.34亿元，园区生产总值（GDP）78.38亿元，固定资产投资额5.33亿元，上缴税费总额达15.3亿元。

【高端产业发展】

2017年，佛高区禅城园以华南电源创新科技园、佛山高新区科技产业园、欧洲工业园、同向应用中心、零壹科技产业园等先进装备制造主题产业园为核心，发展新能源、生命健康、环保技术、汽配等产业，建设智能制造产业集聚区，重点培育和扶持一批智能制造示范企业及新型研发机构发展。成功创建“全国现代电源（不间断电源）产业知名品牌创建示范区”，提升区域品牌影响力。汽配装备产业发展提速，禅城园汽配行业产值和税收实现大幅增长，税收超过3.45亿元，比2016年增长23%。军民融合产业发展壮大，航天柏克、宽普射频、广顺电器、国星光电、科华恒盛、爱威斯电源、新光宏锐、夸克兄弟等企业聚集发展。高端龙头企业智能化发展，佛山安德里茨技术有限公司自行开发精益生产计划系统，实现对生产计划精细化和智能化管理，成为佛山市“中国制造2025”试点示范创建企业。思赛宜物业系统（佛山）有限公司通过终端控制对全球产品运作进行实时监控和远程服务，以智能化助力制造生产自动化。

【科技创新资源集聚】

2017年，实施高企倍增计划，佛高区禅城园新增高新技术企业24家，经国家科技部认定的高新技术企业达到54家。推进孵化器和众创空间建设，新增市级孵化器1个（佛山基德福创新科技园），新增国家级众创空间2个（乐孵众创空间、佛山极客社区），新增省级众创空间1个（柠檬客裂变式创业社区）。推进各类新型研发机构建设，新增省级工程技术研究开发中心7家、市级工程技术研究开发中心6家、院士工作站1个、研究生工作站1个；培育知识产权优势企业，5家企业获得中国专利奖；推进产学研深度融合发展，与佛山科学技术学院等高等院校交流对接，打造产学研科技创新平台，探索建立中国青年创业社区（佛山站B站）。

【园区人才建设】

2017年，佛高区禅城园致力于构筑人才创新高地，出台《“智造人才”项目实施方案》，构建专业化人才服务体系。新引入1个国家“百人计划”项目、2个“千人计划”项目。开展“政校行园企”交流合作，与福建、广西、广东的院校签订人才合作协议，开展形式多样的招聘会，为企业解决人才缺失的问题。成功举办全国纺织行业纬编工职业技能竞赛，培育具有“工匠精神”的技术人才。

佛山高新技术产业开发区禅城管理委员会
党组副书记、主任：颜雪锋

（霍颖欣　陈泳潼）

经济管理

综合经济管理

宏观经济管理

【简述】

2017年，禅城区发展规划和统计局分为发改、统计、城乡规划3个分党组，其中发改分党组挂区国民经济动员办公室牌子，内设机构有：政策法规科（监察室）、宏观经济研究科、产业发展科、经济体制改革和社会事业科、固定资产投资管理科、招标投标管理科（区公共资源交易管理委员会办公室）、行政事业性收费管理科、价格和经营服务性收费管理科、价格监督检查科（区物价局、区价格监督检查所），有在职人员35人。

下属事业单位有区储备粮管理中心（参公管理）、区价格认证中心（公益一类）。区储备粮管理中心下属公益二类事业单位有区粮油检测中心、区粮食储备库。

（郑晓苹）

【供给侧结构性改革】

2017年，禅城区制定《2017年禅城区深化供给侧结构性改革工作方案》，以“八大工程”为抓手，细化分解48项工作任务，协同各部门共同推进供给侧改革工作。全年处置“僵尸企业”（特困企业）6家，100%完成出清任务；完成化解15万平方米商品房库存量，超额完成全年任务；“去降补”加减并举，全年累计为企业减负超42亿元；“补短板”基础设施建设投资完成220亿元，比2016年增长40.5%；成功创建“全国现代电源（不间断电源）产业知名品牌示范区”和“全国丝光棉针织服装产业知名品牌示范区”。

【固定资产投资】

2017年，禅城区完成固定资产投资立项296个，投资额约582.71亿元。其中，政府投资固定资产投资项目160个，总投资约59.03亿元。政府投资项目概算审核106项，涉及的送审金额约40.62亿元，核定金额约37.8亿元，核减2.82亿元，核减率达6.9%。全年完成全社会固定资产投资项目节能评估审查共24份，总能耗控制在3.86万吨标准煤内，符合国家节能规定。禅城区省市重点项目共41个，其中省重点项目4个、市重点项目37个，总投资为329.85亿元，全年完成投资69.85亿元，完成年度投资计划的113.9%。

【社会信用体系建设】

2017年，印发《在行政审批招投标市场监管等领域探索信用信息应用实施方案》，组织区工商、行政服务中心、资管办等部门在相关领域探索信用信息应用。开展政务诚信建设，结合全区一门式数据基础，推动“智信禅城”项目落地，打造“IMI”身份认证平台；构建区常住人口信用指数体系，推进禅城区法人库建设。探索信用产品应用，开通信用审批业务，在全省率先推广行政审批容缺和容缓预审业务；打造廉洁试验区建设工程招投标综合监管平台，联合各行业主管部门对建设工程项目实施“全链条”信用监管；组织广东省信用管理师协会落户禅城并成立禅城分会，聚集信用金融高端人才和培育信用服务人才。借助第三方信用机构开展“信用管理师职业化培训工程”，全区累计培养信用管理师108名，约占全省总数的14%。成立“高铁经济带征信联盟”、开发“立信圈”和“泛家居企业诚信联盟”，建立企业信用管理专家库。禅城区诚信产业园区建设可视化模式在全国约20个地方获复制推广。

【特色小镇创建】

2017年，制定《禅城区特色小镇实施方案》，实行区领导挂点联系制度。加强对特色小镇政策和资金扶持，拨付各市级特色小镇首批市级扶持资金7000万元，“禅十条”等各项扶持政策全方位覆盖特色小镇建设。是年，禅城陶谷小镇（石湾—南庄）入选省特色小镇创建工作示范点，佛山陶谷小镇、佛山建陶小镇、佛山绿能装备小镇等3个禅城区特色小镇入选市首批市级特色小镇创建名单。

【绿色城市建设】

低碳发展研究 2017年，编制《禅城区奇槎片区低碳示范社区行动计划》和《禅城区低碳发展“十三五”规划（2016—2020年）》。联合佛山市泛家居企业联合会等举办第四届佛山绿色建筑家装交流博览会。开展“光伏示范村建设模式创新”“打造充电桩生产基地可行性研究”等课题研究。

推进太阳能光伏项目 截至2017年年底，盈科智网、卡姆丹克南控等42家光伏企业进驻禅城。华南电源创新科技园、华艺（国际）装饰博览城光伏电站等13个工商业项目并网发电，装机总量达7.7兆瓦。全年居民光伏发电并网项目超371户，装机总容量超5.6兆瓦。

推广新能源汽车示范应用 率先在公交、出租车等公共领域推广使用新能源汽车，培育终端市场，完善电动汽车充电网络，优化新能源汽车使用环境。全区共登记上牌各新能源汽车704辆，建成各类充电站5座、各类充电桩191支。登记氢能源物流车24辆，完成隆庆加氢站、张槎西加氢站的立项工作。

（刘芳芳）

【公共资源交易管理】

公共资源交易平台整合 2017年，制定《禅城区公共资源交易平台整合实施方案》，由区发展规划和统计局负责的政府采购监管职责划入区财政局，区级公有资产纳入市公共资源交易中心禅城分中心交易；各镇（街道）建立“一委一办一中心”的公共资源交易监管模式，组建公共资源交易管理委员会，下设办公室作为日常办事机构；各镇（街道）公共资源交易中心更名为镇（街道）公共资源交易所，镇（街道）工程招投标交易扩大到2000万元及以下项目。

工程招投标综合监管平台启用 5月，区工程招投标综合监管平台正式运行使用，设招标文件审查、招投标监管、招标代理考核管理、投诉管理、不良行为管理、施工现场检查等六大模块，实现招投标全过程留痕和建立不良信息收集、曝光机制，并与市一体化综合平台配合使用，发挥“全链条”的监管作用。是年，完成建设工程招标项目审查备案215项，

项目成交174项，中标金额31.85亿元，节约资金2.77亿元，中标下浮率为8.02%。

招投标领域诚信体系建设　2017年，执行《信用分类优选随机合理低价评定标办法》，按信用评级分类抽取入围候选人，禅城区工程建设项目采用信用分类优选随机合理低价评定标的共144项。制定《佛山市禅城区招投标领域应用信用信息工作实施方案》，要求在招标文件中明确失信投标人不能参与投标的否决条款。网上公布招标代理评价123项，平均得分95.4分，公告建设工程招标投标不良行为2起。

（吴桂萍）

物价管理

【行政事业性收费管理】

2017年，全区行政事业性收费单位调整为24个，涉及取消、减免、停征行政事业性收费项目共33个。5—6月，对全区24个行政事业性收费单位2016年度的收费开展事中事后监管，核查收费单位的收费项目、收费依据，收费程序、收费公示、落实减免收费政策情况等，未发现违规收费行为。完成全国收费动态监管系统平台2016年行政事业性收费年度收费数据报送工作。据统计，2016年度全区行政事业收费总额约3.73亿元，落实国家、省、市减免、取消及免征涉及禅城区收费的项目12个，减免行政事业性收费2.93亿元。

【价格机制改革】

2017年，制定禅城区《推进价格机制改革实施方案》，明确36条措施，分解为108项任务，推进价格改革。取消收费许可证和年审制度，实行事中事后监管，健全收费情况和收费状况报告制度，完善收费公示制度。发布行政事业性收费目录清单3个，以及行政审批中介服务收费目录清单、经服务性收费目录清单，并对收费目录清单实行动态管理。是年，完成医疗服务价格改革、推进供水价格综合改革；全区各项价格改革实现降成本共5.74亿元，其中涉及行政事业性收费减免区级收入3.09亿元，降低企业用能成本2.65亿元。

【医疗服务价格改革】

2017年7月1日起，区属6家公立医院以及社区卫生服务中心（站），全面实施取消药品和医用耗材加成，执行新的基本医疗服务项目和价格改革。涉及诊查、床位、护理、手术、中医、检查治疗和检验七大类相关服务项目实行价格调整，其中挂号费并入诊查费，空调降温费和取暖费并入床位费。禅城区成立应急巡查领导小组，派出4个巡查组，分3个时段对公立医院落实医疗服务价格改革情况开展督导巡查。在改革实施的关键节点上，各医院就医及价格秩序良好，未发生价格应急事件。

【供水价格综合改革】

2017年，禅城区推进供水价格综合改革工作，印发《佛山市禅城区自来水价格实施方案》。简化用水分类，理顺水价结构，合理制定各类用水价格，建立健全水价与水资源费的联动机制。解决石湾镇街道、张槎街道等20个行政村趸售供水、管网漏损高、水质不稳定、变相加价等长期困扰的问题，近3万户村民实现与城市居民相同的“一户一表、抄表到户”。确定南庄镇、石湾镇街道、张槎街道共38个行政村的供水设施建设和改造提升时间表，推进城乡供水一体化。

【价格调控管理】

2017年，禅城区运用价格调节基金扶持平价商店建设项目68个、冷藏设施建设项目1个。发放2016年度禅城区“三项建设”（蔬菜大棚、冷藏设施和平价商店）项目扶持资金249万元，发放2016年度市级价格调节基金扶持项目资金51万元。建设农副产品价格调控项目库，春节调控期间，全区平价商店累计销售粮食7万公斤，比2016年增加10%；销售食用油5507公升，增加18%；销售猪肉近4万公斤、鸡肉2327公斤、鸡蛋1万公斤、蔬菜16万公斤。销售的平价商品总额约270万元，惠民优惠49万元。

【价格监督检查】

2017年，制定《佛山市禅城区公平竞争审查工作联席会议制度》。委托第三方机构佛山市价格协会开展价格监测工作，建立一体化的价格监测数据和信息网络。开展成品油市场、食盐价格、殡葬服务价格、房地产销售价格、重大节假日市场价格等专项检查。3—10月，联合区教育局重新审核、监制全区教育单位的收费公示牌。7月，对区质监、环保、交通等部门开展涉企收费重点检查。11月，完成对具有涉企收费行为的行政机关、事业单位、代行政府职能的社会团体、中介机构的专项检查。是年，接到各类价格投诉举报（含部分咨询）共计1615件，其中其他部门转办1607件、来电5件、来访1件、来信2件，办结1602件，办结率为99.19%。实施行政处罚金额241.53万元，没收上缴国库169.54万元。

【价格认定】

2017年，完成各类物品涉案财产价格认定947宗，其中刑事案件918宗、行政案件29宗，涉案总金额达3162万元。

（黄家鸿）

粮食行政管理

【粮油储备管理】

2017年，禅城区开展“粮食安全隐患大排查快整治严执法”集中行动，强化地方储备粮

2017年1月9日，嘉惠粮油连锁新港分店开业　　（甘应霖　摄）

油制度管理；完成年度地方储备粮质量的春季、秋季普查工作和年度粮食安全责任考核工作。是年，超额完成佛山市下达禅城区的地方储备粮规模指标70000吨和储备油规模指标1000吨任务。

【粮油质量检测】

2017年，增加检测设备投入195万元，区粮油检测中心实现检测资质扩项，共扩项4大类（农产品、饲料、粮食、水质）141个参数、食品检验3大类（食品、食品接触品、食品添加剂）1371个参数，将检测能力从约1800项增至约3000项，增幅超过60%。12月15日，区粮油检测中心与河南工业大学粮油食品学院签订合作协议，促进双方产学研究合作；先后选派72人次技术骨干参加粮油检测设备运作和粮油检测技术培训。是年，完成检测样品数6304个，其中完成粮食系统检测任务5000个、粮食系统外1304个。

【“放心粮油”建设】

2017年，推进粮油连锁“平价商店”建设，全区14家嘉惠粮油连锁店发挥放心粮油示范作用。通过“世界粮食日”“粮食质量安全宣传周”“粮油质量检测开放日”，加大粮油质量安全宣传力度，连续三年在“双联系”联系社区（村）开展“放心粮油”进社区项目。是年，区粮油企业集团公司连续八年获“广东省诚信示范企业”称号。宜春市粮食局、佳木斯市粮食局、江门市粮食局等单位先后到嘉惠粮油连锁店参观考察“放心粮油”建设情况。

（房裕雄）

佛山市禅城区发展规划和统计局（发改分党组）

党组书记：侯庆涛

局　长：渠　铮

分党组书记：梁志林（12月任）

洪俊辉（至12月）

常务副局长：梁志林（12月任）

洪俊辉（至12月）

纪检监察组副组长：张伦锋（5月任）

李惠红（至5月）

副局长：柳　青　王大云　程　翔（5月任）

周　志（至5月）　黄丽兴（至5月）

李海龙（至5月）

公共资源交易管理委员会办公室主任：

李绮华（7月任）

区储备粮管理中心主任：傅润灶（5月任）

总统计师：傅润灶（至5月）

区储备粮管管理中心副主任：庄少瑞

沈宇敏（5月任）

王大云（至5月）

（郑晓苹）

统计工作

【简述】

2017年，禅城区发展规划和统计局（统计分党组）内设综合核算科、产业统计科、社会统计科。下属参公事业单位有禅城区统计调查中心、禅城区社会经济调查队。年末，在职人员40人。

【统计业务】

2017年，完成国民经济核算、农业、工

业、交通、建筑、房地产、固定资产投资、劳动工资、重点服务业、能源、科技等十四大类专业，约60种统计年报及定期报表任务。完成142户个体工业户抽样调查、38家企业规模以下工业抽样调查、21家企业的采购经理调查、9家企业的批零餐饮小微企业调查、110家规模以下服务业调查、110家小微企业跟踪检测抽样调查、每月60家住户的月度劳动力抽样调查、91家规上企业文化及相关产业统计、143个村居的城乡划分清查、全面“两孩”政策实施效果重点选题调研工作及妇女儿童发展规划监测等调查任务。

【统计专项调查】

2017年，开展人口变动情况调查，全区4个镇街、7个调查小区，共有1013个住户参与调查，共调查2294人，其中出生人口36人、死亡人口5人。推动电子化数据采集，完成一体化调查记账户数约占总户数的60%，比2016年约提升10个百分点；推进月度劳动力调查、消费价格、固定资产投资价格、工业生产者价格等各项专项调查，加大对调查网点的管理和维护，开展数据质量检查和走访；抓好住户调查重点工作，更新上报全区范围内抽样框信息表；推进贸易统计数据质量专项自查，检查辖区内统计单位真实性和属性指标准确性。

【完成第三次全国农业普查】

2017年，推进第三次全国农业普查工作，全区624名普查员和普查指导员对4个镇街、58个普查区、478个普查小区、4.6万农户以及各类农业生产经营单位开展入户普查，完成录入农户普查表46079户，规模农业经营户普查表2户，农业经营单位普查表11家，行政村普查表55个，乡镇普查表4个，数据上传率达到100%。

【“四上”企业入库】

2017年，指导各镇街做好“四上”企业（规模以上工业企业、资质等级建筑业企业、限额以上批零住餐企业、规模以上服务业企业等四类规模以上企业）入库筛选工作，加强与工商、国税、地税等部门的协作，及时获取各类企业登记和变动信息，提高企业申报及时性和入库率。是年，全区有718家新增“四上”企业通过区级审批。

【城乡住户调查大样本轮换】

2017年，建立大样本轮换工作激励机制，推行辅调员与记账户考核评分与评优奖励制度。分步实施大样本轮换工作，及时更新补充抽样框资料。3—11月，完成全区20个村居共200个居民家庭户的大样本轮换摸底调查工作。

【统计服务保障】

2017年，借助科研机构力量，对全区产业园区发展现状进行深入研究，以期对未来辖区制定适宜产业园区的发展规划提供基本的参考；委托第三方对全区商品交易市场开展调查，评估辖区内商品交易市场的发展质量以及其对辖区经济的贡献。收集各项经济指标运行情况，把握经济运行趋势，撰写各类月度、季度、年度经济形势统计分析报告共64篇。发挥统计监测、决策功能，编制《禅城统计月报》《2017禅城统计年鉴》《禅城区主要经济指标情况表》《佛山市及各区主要经济指标情况表》等资料汇编，为区委、区政府提供全方位、多维度决策资料。

【居民收入与消费调查】

2017年，开展城乡一体化住户调查，调查内容包括居民家庭收入和支出状况，以及家庭就业、消费、住房、社区发展等信息。是年，禅城区常住居民人均可支配收入为45199元，比2016年同期名义增长8.5%，扣除物价上涨因素，实际增长6.4%；人均消费性支出为32627元，比2016年同期名义增长6.7%，扣除物价上涨因素，实际增长4.6%。

佛山市禅城区发展规划和统计局（统计分党组）

党组书记：侯庆涛

局　长：渠　铮

常务副局长、党组成员，分党组书记：范文婷

副局长：陈国章　任渭青　阮绍荣（至8月）

总统计师：李少梅（7月任）

（黄艳丽）

工商行政管理

【简述】

禅城区市场监督管理局（工商分党组）内设人事教育科（监察室）、综合协调科、市场监管体系建设协调科、企业监管科、个体私营经济监管科、市场规范管理科、网络商品交易监管科、商标广告管理科、消费者权益保护科、执法监督科10个科室。直属行政机构有登记许可分局、综合执法一大队和综合执法二大队。2017年，工商分党组有干部职工191人。

2017年，禅城区（含佛山市工商局登记）新设各类市场主体25710户，其中新设第三产业23058户，占经济户口总数的89.68%。至12月底，区市场监管局登记市场经营主体122944户，比2016年增长17.23%。其中内资企业4689户，私营企业51477户，个体工商户66769户，农民专业合作社分支构9户。市场经营主体注册资本（金）及资数额1383.62亿元，增长52.87%。全年核准注销登记7140户。

【商事登记改革】

商事制度改革　2017年，实施“多证合一、一照一码”登记制度改革，落实企业“简易注销”、市场主体“住所信息申报”登记措施。全年核准简易注销登记61宗，核准住所申报业务14763宗。

全程电子化商事登记　做好全程电子化商事登记试点工作的前期准备工作，与银行机构联合制发具有金融功能的电子营业执照。2017年5月3日，发出首张具备金融功能的电子营业执照。全年发出具备金融功能的电子营业执照2张。

【“四上”企业培育】

2017年，禅城区培育一批规模以上工业企业、限额以上批零和住餐企业、规模以上服务企业、资质以内的建筑业企业和房地产开发经营企业（以下简称“四上”企业）。成立以区长为组长的“四上”企业培育工作领导小组，出台《佛山市禅城区“四上”企业培育三年行动方案（2017—2019年）》《佛山市禅城区促进小微企业上规范发展专项资金使用管理办法（2017修订）》。全年新增“四上”企业722

户，超额完成市下达区净增230户的任务目标。

【个体工商户转型升级】

2017年，针对已转型升级的企业开展问卷调查，了解“个转企业”存在问题和困难，落实优惠政策。全区有352户个体工商户转型升级为企业；各类专业市场和产业园区内新设立企业1612户，比新设立个体工商户数（703户）高129.3%；发放“个转企业”专项资金550.6万元，592户次升级企业享受政府扶持。

【市场监管】

整治“老人免费体验店”违法经营专项行动 2017年，开展整治“老人免费体验店”违法经营行专项行动，出动执法人员124人次，检查相关经营户61户，发出《责令改正通知书》2份。立案查处“老人免费体验店”违法经营行为案件9宗，其中虚假宣传案件4宗、违反广告法案件4宗、无照经营案件1宗。

流通领域商品质量监管 抽检电线电缆、润滑油、制动液等11类商品153批次（其中，在线抽查18批次），收到抽检报告117批次，不合格29批次（其中，在线抽检11批次），立案16宗。

信用监管 2017年，开展“双随机、一公开”工作，落实经营异常名录、严重违法名单制度。全区企业年度报告报送率90.03%，个体工商户报送率58.42%，农民专业合作社报送率100%；417家企业公示为守合同重信用企业。全年向“信用禅城网”发送“双公示”信息48520条。统筹20个部门向区电子政务数据共享平台归集涉企信息共313495条；抽查644户个体户、1户农民专业合作社、2705户企业信息。

网络商品交易监管 提出网络交易监管“事前事中事后全环节监管”理念，联合区经科局向区内一镇三街下发《建立网络交易监管协作机制协议书》。全年共检查网站、网店2274个次，实地检查网站、网店经营者483个次，删除违法商品信息123条，责令整改网站101个次；网络违法类案件立案157宗，结案79宗。

广告监管 2017年，受理各渠道广告投诉举报线索220条，监测各类媒介广告13992条次，立案查处广告案件49宗。

【商标品牌建设】

2017年1月18日，全区第一本商标战略年鉴——2016年《禅城商标战略年鉴》电子书正式上线。6月22日，正式实施《佛山市禅城区商标品牌推广资助办法》，将禅城区驰名、著名商标资助标准分别由一次性资助10万元、5万元提升到一次性资助100万元、20万元，集体、证明商标资助由一次性资助10万元提升到一次性资助50万元。截至年底，禅城区累计有效注册商标43646件，较2016年同期增长18.6%。其中，中国驰名商标33件（行政认定），广东省著名商标67件，集体、证明商标6件。

【社会信用体系与市场监管体系建设】

2017年，全市率先梳理确定市场监管体系各专责小组架构及成员，将“两建”纳入区一级绩效考核。筛选、推进55项区级“两建”重点项目，建设完成率达100%。统筹成员单位成功打造“一门式”政务服务改革、社会综合治理云平台等一批获得国字号荣誉的亮点项目。是年，在市对区市场监管体系建设考核中，禅城区再次取得第一，实现“五连冠”，社会信用体系建设考核取得全市第二。

【消费维权】

2017年，全区新建消费维权服务站4家，站点总数82个。累计受理投资诉举报7074宗，诉转案11宗，立案81宗，为消费者挽回经济损失约880万元。其中，调解一宗高额预付储值卡纠纷，为消费者挽回损失300万元。

【“小个专”党建工作】

2017年，全区新建“小个专”（小微企业、个体工商户、专业市场）党组织16个，超额完成年度工作目标任务。3月31日，举行“小个专”党建工作推进会暨区“小个专”党委揭牌仪式，正式成立“小个专”党委。

佛山市禅城区市场监督管理局（工商分党组）
党组书记、局长，分党组书记： 刘文华
副局长、分党组成员： 余家菊　姜玉淮
万　军
吴文平（12月任）
王　鹏（至5月）
纪检组副组长、分党组成员：
钟汉周（5月任）

（王咏庄）

食品药品监督管理

【简述】

2017年，禅城区食品药品监督管理局内设办公室、政策法规科（监察室）、食品生产安全监管科、食品市场安全监管科（区酒类专卖管理局）、食品餐饮安全监管科、药品医疗器械监管科、保健食品化妆品监管科、综合执法三大队8个机构，在职人员65人。下属事业单位有禅城区农产品质量安全监督检测中心，在职人员45人。

2017年，禅城区共有食品生产企业39家、食品经营企业（含酒类经营企业）8732家、农贸市场118个、餐饮服务单位4988个、药品流通企业649家、保健品食品零售企业2149家、化妆品生产企业7家、医疗器械生产企业45家、医疗器械经营企业1036家。全区共抽检蔬菜水果类93.23万份，水产类1.32万份，畜禽产品类10.33万份。全区食品安全状况持续向好，未发生Ⅲ级（较大）以上食品安全事故，食品安全群众满意度和获得感进一步提升。

【食品安全监管】

2017年，推行“两图两档两公开”（编制监管对象分布图、监管人员责任图，建立企业管理档案、监管诚信档案并向社会公开，制定检查指导手册和企业主体责任清单公开），完成10家食品生产企业“两图两档两公开”试点工作。实施“双随机一公开”飞行检查制度，实行全员参与、全员编组，随机抽取检查人员和监管对象，检查情况面向社会公布、接受监督。深化“1＋4＋5＋500”检测体系建设，区农产品检测中心取得《检验检测机构资质认定证书》《农产品质量安全检测机构考核合格证书》2项省级证书，可向社会出具具有证明作用的数据和结果；4个镇街检测站完成设备升级；5部流动检测车每月驻点学校、市场、社区等开展40场次以上的便民免费检测服务，全

年共驻点服务567间次，检测样品1.47万份，合格率为99.06%；全区515个食品（食用农产品）安全检测点每日开展自检和上报检测数据。是年，全区共抽检蔬菜水果类93.23万份，合格率为99.88%；抽检水产类1.32万份，合格率为99.32%；抽检畜禽产品类10.33万份，合格率为99.98%。全区食品安全状况持续向好，未发生Ⅲ级（较大）以上食品安全事故。

【食用农产品快速检测】

2017年，落实在全省2000家农贸市场开展食用农产品快速检测工作的民生实事，禅城区新建11个（累计建成55个）农贸市场（批发市场）食用农产品快速检测试点。是年，全区55个快检试点市场共完成快检36.47万批次，合格率为99.94%。其中蔬菜检测34.49万批次，水产品1.92万批次，畜禽肉蛋类594批次，处理不合格农产品617.7公斤，超额完成指标任务，获评省局快检中期评价考核优秀等次。

【食品餐饮安全监管】

2017年，创建餐饮服务企业省级示范店5家、市级示范店39家、区级示范店108家；全区67家学校及幼儿园、托幼机构食堂被评为A级食堂、24家被评为省级示范食堂；217家学校、幼儿园、集体食堂建有农残检测室；完成新春花市、50公里徒步、北帝诞、首届佛山·禅城旅游文化周暨高铁经济带旅游博览会、互联网+博览会、中博会、秋色巡游等约20个重大活动食品安全保障任务；联合区教育部门制定学校食品安全交叉检查制度，每月开展交叉检查，全年共对7家学校食堂、34家餐饮单位、8家销售单位、1家学校供餐企业作出责令整改。

【探索农产品直供模式】

2017年，结合禅城区食品（食用农产品）流通消费大区的特点，推行农贸市场量化分级管理，引导、加大优质食品（食用农产品）供给，开展“放心肉菜示范超市”创建活动，经筛选，全区共有20家超市参加国家、市、区级创建活动；与台山、蕲春、洪湖等粮产区签订粮食产销合作协议，扶持和引导商家企业与农产品生产基地、养殖基地对接，如石湾城南集市、“全品惠佳”探索农产品直供模式，建成全市首家农贸市场食品安全科普体验馆；实行生

2017年3月25日，禅城区食药监局开展佛山市50公里徒步食品药品安全宣传活动 （区食药监局供稿）

猪集中屠宰、冷链车统一配送、商家公示票据、中南市场生鲜家禽代宰票证公示办法，让群众吃上“放心肉”。

【农贸市场食品安全科普体验馆建成】

2017年7月17日，全市首家农贸市场食品安全科普体验馆在禅城区石湾城南集市正式建成开馆。该体验馆由城南集市、食安莱妈公司和中国电信三方共同运营，结合食品安全科普体验和市民大健康生活体验，向市民免费宣传教育食品安全和健康生活相关知识。

【创新食品“三小”集中经营管理模式】

2017年，推行“两建两有两集中”（建立制度、建立标准，有生产经营许可证、有营业执照或登记卡，集中生产经营、集中监督管理），破解食品“三小”（小餐饮、小摊贩、小作坊）监管难题。选取小摊贩和小餐饮店相对集中、条件相对成熟的镇街区域，试点打造食品“三小”场所治理示范街。率先在张槎古新路试行“申请人承诺制”，颁发全市首张小餐饮“申请人承诺制”许可证。依托物管方、第三方管理，对张槎古新路、祖庙飞鸿街等约50家小摊贩进行集中规范管理，实行在指定地方、指定时段执行“六统一”的管理模式。此外，将监管外的全区51个邮政报刊亭售卖包装食品的行为也纳入管理，实行“一证多点”监管。

【推行“美食＋安全”禅城模式】

2017年，推行“美食+安全”禅城模式，对全区持证餐饮服务单位推行量化分级管理，量化分级率达83%。提升印象城、文华里、创意产业园3条省级食品安全示范街品牌形象，实现食品安全信息公示、食品原料采购电子台账系统使用、“明厨亮灶”全覆盖。在创意产业园区率先全市引入第三方单位建设“明厨亮灶”工程，为餐饮单位免费建造“明厨亮灶”17间次，并在文华里、岭南站推广；全区托幼机构、学校食堂、中央厨房、集体配餐单位和大型餐饮单位“明厨亮灶”100%覆盖，“明厨亮灶”单位达1947家，实现餐饮单位社会化监督。开展餐厨集中收运、资源化利用和无害化处理工作，筹建餐厨垃圾处理项目。实行全区100人以上聚餐报备制度、农村围餐全过程监管、大型民俗活动和重大安保工作餐饮保障等措施。

【药品和化妆品质量监管】

2017年，检查药品零售企业279家次，撤销GSP认证证书19家，发出整改通知书233份，约谈药品零售连锁企业总部8家、企业19家。开展化妆品安全专项整治行动，检查化妆品经营企业241家，快筛风险化妆品60批次（不合格2批次），成功创建2个市级化妆品市场示范区和50个保健食品示范店。加大风险隐患排查整治，联合区药品行业协会开展针对性的培训4场，累计参加培训企业达600家次，企业主体责任意识提高；推进药品不良反应监测工作，全区共上报药品不良反应253份（工作目标250份）。

【“双安双优”示范药店创建】

2017年2月28日，禅城区在国家火炬创新产业园召开创建“双安双优”示范药店启动仪式暨药品零售企业监管工作大会，全区660家药品零售企业代表参加会议。禅城区率先全市动员实施“双安双优”示范药店创建工作，重点落实两个安全管理（药品质量安全、采购渠道安全）和两个优质服务（优质药学服务、优质营业环境）。计划通过两年时间（2017—2018年）的整治和引导，提升全区药品零售行业质量管理和药学服务整体水平。是年，全区有533家零售药店完成“双安双优”示范药店标准化改造，超额完成全年目标任务。

【食品药品专项整治】

2017年，开展“百日行动”“清网行动”“清无行动”等专项行动。连续4年开展“百日行动”，首次联合公安、检察院印发行动方案，全区共出动执法人员1.68万人次，检查食品药品企业约7500家次，发出责令改正通知书2161份，立案查处545起，比2016年增长35.91%；移送公安机关案件或线索9宗（条），取缔窝点66个，吊销许可证1个，查办重大案件3件，涉案货值超200万元。集中精力打击保健食品非法会议营销等违法活动，共检查3920家企业（场所），开具责令整改通知书40份，处理涉嫌非法会议营销投诉2宗，查处一批涉及保健食品虚假宣传的资料、视频等，并依法移交相关部门处理。

【食品药品科普宣传】

2017年，面向全区家庭、食品药品企业寄出安全监管“一封信”26万份，策划50公里徒步“加油驿站”食品安全宣传，启动“五进”科普教育宣传活动，开展“妈妈的味道”网络评选活动；联合区委宣传部、佛山电台开展“食品安全微访谈”活动、邀请约20家媒体参与食品安全监督工作；处理消费投诉举报约1200起，发布食品抽检信息通告12期；发布食品安全抽检白皮书，通过官方渠道公布抽检信息、“双随机一公开”检查情况和案件查处信息，保障消费者知情权。

佛山市禅城区食品药品监督管理局

局　长：江汉基

常务副局长：何育明

纪检组组长：翟庆生

副局长：田志平　陈　晃（8月任）

　　　　刘红光（至8月）

综合执法三大队队长：吕煜进（至11月）

　　　　　　　　　　李　文（11月任）

区食安办副主任：李炯鑫

（甄向华）

农林渔业监督管理

【简述】

2017年，禅城区市场监督管理局加挂区农林渔业局牌子。区农林渔业局设有农林综合监管科、畜牧兽医和屠宰科、农业发展科，管理佛山市禅城区动物检疫站。

【生猪屠宰监管】

2017年，检疫进厂屠宰的生猪66.79万头，检出死猪514头、病猪38头，宰后修割病变猪肉组织3.21万公斤，全部作无害化处理。开展“瘦肉精”检测，共检测盐酸克伦特罗、莱克多巴胺、沙丁胺醇10.13万份，检测比例15.17%，检测结果全部合格。日常监督随机抽取“瘦肉精”监测样品1.3万份。开展生猪屠宰监管“扫雷行动”和“场厂挂钩”飞行检查，捣毁生猪私宰窝点1个，不定期对生猪养殖基地检查12个次。实现冷链配送车辆定位系统对接企业视频系统，可实时监控肉品配送路径。

【动物防疫】

2017年，指导外环境监测为阳性的14个农贸市场开办方进行全面消毒，补充发放消毒药物超600箱；抽取或监测样品棉拭子555份，未发现阳性样品；加强人畜共患病防控，开展全区春、秋季动物狂犬病疫苗免费注射活动。禅城区全年未发生重大动物疫情，获全市动物疫病防控绩效延伸评分第二名。

【农机安全生产整治】

2017年，开展“农机安全生产月”“安全生产万里行”活动和变型拖拉机专项整治。在变型拖拉机整治中，发现超载行驶隐患9起，发出整改通知书7份，有效遏制农机事故隐患。全年共检查拖拉机83台次，发现隐患12起，纠正违章人员12人次，未发生安全事故。

【水产养殖管理】

2017年，全区水产品养殖面积2.93平方千米（4390亩），水产品总产量2998吨，主要养殖草鱼、鳙鱼、罗非鱼等品种。年内开展水产品“三鱼两药”、黄颡鱼质量安全、水产品质量安全专项整治行动等检查，检查水产养殖鱼塘270口，抽样24批次均合格；抽查黄颡鱼养殖户18户，未发现禁用投入品。

【农业龙头企业建设】

2017年，禅城区粮油企业集团公司获评省级农业龙头企业，获30万元省级奖励资金；佛山市石湾酒厂集团、佛山市植宝化工有限公司成功申报市级农业龙头企业，各获10万元市级龙头企业奖励资金；佛山市鸿励食品有限公司获市、区两级农业龙头企业奖励资金共20万元；落实佛山市安安美容保健品有限公司国家专项建设资金317万元；组织石湾酒厂、佛山市红谷农业科技有限公司参加第三届粤桂黔高铁经济带名特优产品推介会、广东云浮罗定稻米节暨名优农产品展销博览会等农业会展。

【渔业安全生产监管】

2017年，出动执法快艇出航287航时，检查渔船626艘次，查获电鱼船1艘、电机1部，查没收粘网22张，处理沙滩罟63米、渔具地笼460个、刺网1张35米、电线38米，派发宣传资料500份，悬挂横幅24条。在绿岛湖湿地公园堤岸，开展渔业增殖放流活动，投放草鱼、青鱼等四大家鱼鱼苗约200万尾。落实和发放禁渔期渔民生活补贴15.84万元（按7200元／船）、2015年和2016年渔用柴油补贴各8.4万元，并购买渔民政策性渔业保险。

【农资销售监管】

2017年，开展农药专项联合整治行动、农资打假行动、惩治生产销售假农药、农资产品联合执法利剑2017行动、打击假劣水溶性肥料专项执法行动，检查农资生产、经营店铺68家次，立案查处无兽药经营许可证经营兽药案件1宗，发出责令整改通知书2份，检验农资产品6份。

【农业种植监管】

2017年，开展含有危险化学品的农药使用安全专项整治，全年检查蔬菜种植散户184户，未发现使用高毒和禁用农药、化肥等情况。

【有害生物防治】

2017年，成立区农业有害生物防治督查领导小组，对辖区园林绿地开展红火蚁、薇甘菊防控。设立村居植物有害生物宣传防治监测点，公开联系电话，放置防治药物，指定工作人员，方便市民前去咨询或求助。举办专业防控知识培训讲座3场次，参加人数达300人。全年消灭疑似蚁巢超400个，出动人员80人次，派发防控药物约80箱。加强对林业有害生物防治，重点对涉木企业（个人）、花木市场、建设工地等进行现场检查和执法，检查企业52家次，共出动执法人员194人次，未发现疫情。

【野生动物经营秩序监管】

2017年，加大对酒楼食肆、农贸市场等巡查力度，规范野生动物经营利用秩序。检查酒楼、食肆354家次，发出整改通知书6份，未发现违法加工、利用野生动物行为。

佛山市禅城区农林渔业局

局　长：李绍华（至11月）

黄　超（11月兼任）

副局长：梁镜祥　侯晓慧（至4月）

谢泽斌（兼任）

马　亮（4月兼任）

（苏思敏）

安全生产监督管理

【简述】

2017年，禅城区安全生产监督管理局内设办公室、综合协调科（区安全生产委员会办公室）、综合管理科、危险化学品管理科、应急管理科、职业卫生管理科共6个机构，直属行政机构有执法监察大队，在职人员39人。派出机构有南庄、祖庙、石湾、张槎4个分局。

是年，禅城区构建安全生产责任体系，持续开展分领域、分行业、分层面的专项整治行动，实施重点地区和重大安全生产挂牌督办，消除事故隐患，遏制事故发生，严防重特大安全事故发生。以粉尘涉爆、烟花爆竹、交通运输等领域为主攻对象，对工矿商贸领域安全生产违法行为立案处罚247宗，罚款金额585.64万元。全区工贸行业生产安全事故18起，死亡18人；道路交通事故20起，死亡20人。未发生较大以上生产安全事故，安全生产形势总体平稳可控。

【安全生产专项整治行动】

粉尘涉爆专项整治　2017年4月，组织对全区粉尘涉爆企业开展为期3个月的摸排和初步整治，确定粉尘涉爆集中区域和主要安全隐患。7—8月，区、镇两级组织联合执法行动，对120家粉尘涉爆企业开展全面复查，其中对60家家具生产企业采取停产整顿、强制停电等强制措施。

危化品安全生产综合治理　在全区铺开风险点危险源排查工作，确定危险化学品风险点危险源130个，其中危险化学品生产、经营环节风险点危险源61个，危险化学品运输环节12家（禅城区危险化学品运输企业12家），城镇燃气使用环节风险点危险源57处；开展危险化学品生产、经营单位风险评估分级工作，全区10家生产企业中，评为红色等级1家、橙色等级1家、黄色等级5家、蓝色等级3家；51家

加油站中，评为黄色等级3家、蓝色等级48家。在危险化学品生产企业推广个性化隐患排查治理体系，制作展板和安全操作“明白卡”，10家危险化学品生产企业落实“一书一签”(安全技术说明书、安全标签）要求，将危险特性和处置要求等安全信息传递给下游企业、用户以及应急处置人员。是年，共检查危险化学品企业266家次，发现隐患254处，发出责令限期整改指令书119份，现场处理措施决定书1份，完成整改254处。

【重点地区和重大隐患挂牌督办】

重点地区挂牌督办　2017年，南庄镇被列入市挂牌督办的重点整治地区，重点整治辖区内金属压延加工、粉尘涉爆两类行业。5月31日起，南庄镇开展东西围片区粉尘涉爆企业专项整治联合行动。7月底，禅城区联合执法组进驻南庄，落实南庄镇粉尘涉爆企业的整治工作。是年，粉尘涉爆专项整治共出动执法人员720人次，发现隐患707处，发出责令限期整改书48份，停产整顿60家（其中18家采取强制停电措施），对25家违规企业进行立案查处。通过采取各种强制措施，不具备安全生产条件的57家家具企业搬迁或关闭。共检查金属压延加工企业34家，对29家企业限期责令整改，对1家企业实施停产整顿措施，对2家违规企业进行立案查处。

生产安全重大隐患挂牌督办　市安委办对禅城辖区的S363樵乐路禅城段交通安全隐患、祖庙街道镇安果房新村消防安全隐患、南庄镇星佰家具粉尘涉爆安全隐患、石湾镇街道怡翠宏璟别墅区电缆通道隐患4项重大安全隐患实行挂牌督办。区安委办对亚艺公园改造提升工程、南庄大道交通安全隐患、澜石有色金属交易中心使用检验不合格的特种设备等10项重大安全隐患实行挂牌督办，督促相关镇街和部门做到治理责任、措施、资金、期限和应急预案“五落实”，直至隐患消除。是年，有13项重大安全隐患整改完毕、1项（人民桥）处于长期监管状态。

【村级工业园区安全生产综合整治】

2017年，禅城区对69个村级工业园区开展综合整治提升。村级工业园区内共排查安全隐患5.94万项，整改完成5.93万项，整改率达99.83%。园区重点监管企业开展安全生产文化建设，设立宣传栏1016处，张贴悬挂安全警示标志8565处，划设交通、消防安全线397千米，排查、整理和登记消防栓8714处，消防管道201千米。年末，全区有68个村级工业园区通过验收达标，累计共有52个村和119个村级工业园区通过安全生产综合整治验收。

【安全风险防范体系建设】

2017年，印发《禅城区有关单位安全生产工作职责规定》，促进安全生产监管职责“全覆盖、无死角”。在重大节假日、敏感时期，区委、区政府主要领导带队先后27次对建筑工地、大型商场、农贸市场、交通运输、汛期等重点行业领域安全生产工作进行检查。开展全区安全生产风险分析，建立全区危险源、风险点“一张图”管控系统，对1241个风险点危险源实施分级防控。对全区1200家企业推进个性化隐患排查治理工作，投入80万元在600家粉尘涉爆、液氨使用、涉有限空间作业、职业病危害严重等高风险重点生产经营单位开展职业安全健康分类分级管理、个性化隐患排查、风险点危险源管控。推进安全生产责任保险工作，引入保险经纪公司，建立保险经纪与“保险公司共保体”相结合的统保示范项目推行方式，全区安全生产责任保险参保企业达到44家，保费132.32万元。

【安全生产宣传教育】

2017年6月，禅城区承办佛山市“安全生产月”启动仪式，组织全区副科职以上领导干部开展安全生产专题学习；举办“安全生产宣传咨询日活动”；开展第二届十佳安全生产卫士颁奖、城市运行安全综合体验馆参观、粉尘防爆专项治理论坛、安全生产知识竞赛、危险化学品企业公众开放日、安全生产应急救援综合演练等系列活动。8月，印制《致全市各类生产经营单位的一封信》6.5万份，发放至全区生产经营单位。是年，组织安全生产培训80场，培训1.02万人次，其中3723名企业主要负责人、6447名安全管理人员参加培训。“禅城安监1+3+1全媒体宣传项目”被区人民政府评为年度“十佳宣传创新”奖。

佛山市禅城区安全生产监督管理局

局　长：邓剑波

副局长：李　勇（至7月）　侯乐平　高伟镜

纪检组副组长：陈健宁（至5月）

欧阳舜（5月任）

总工程师：温国坚（7月任）

执法监察大队队长：温国坚（至7月）

程明友（7月任）

（张伟钊）

国有资产经营管理

【简述】

2017年，佛山市禅城区公有资产管理办公室内设办公室、规划发展科、预算财务科、审计和财务总监科、产权管理科、组织人事科、法规科（监察室）7个机构，编制31人。

下属企事业单位共423家，其中直管公司3家（城建公司、高新公司、轨道公司）。区属公有企业2017年存量资产366亿元，所有者权益72亿元。

【资本运营与金融创新】

设立股权投资基金　禅城区佛盈汇金科技服务有限公司出资2000万元参与设立区创新产业股权投资基金，筹备引进落户佛山软件园专项配合园区孵化项目。

夯实企业主体信用　城建公司连续四年审定维持AA信用主体和债项信用评级，新增银行授信额度14亿元，6亿元企业债券通过国家发改委审批。推进高新公司信用体系建设，落实资产注入和增加注册资本，优化重组方案。

【公有资产资源管理】

民生业务基础　与大型央企中石油、中石化分别成立合资公司，推进张槎西加油站和南庄罗格加油站项目建设。巩固发展安防安技业务，保安派驻年均达7000人次，押运合作银行网点超过1000个。粮油集团落实地方储备粮承储任务，建立军粮供应服务体系；推进嘉惠粮油店“平价商店”、困难家庭粮油供应等一系列民生工程。

公共资源管理　完成全年新增公共停车位

任务，自主推进停车智能化管理，试行APP微信支付功能。合理运用经营管理广告资源，配合创文公益发布。完成行政机关单位跨部门公车管理平台建设，实现对区公务车辆的统一管理、集中使用。

完善公共文化设施　2017年1月25日，文华公园儿童游乐场建成免费向市民开放，社会效益良好。5月，金马剧院升级改造完成并重新对外运营，业绩大幅上升。是年，完成区文化馆迁建工作主馆室内外工程，区文化馆扩建工程重新立项挂网招标。玫瑰友约活动基地投入使用，通过各种类型文化活动打造成为青年英才聚集的“家”。推进佛山乐园绿地置换及文化产业开发项目。

资产管理和盘活整合　推进资产阳光交易，区资产租售服务中心成功举办招租竞价会17场，成交物业222宗，面积17.4万平方米，拍卖公司共举办拍卖会9场。全部完成2017年“僵尸企业”（特困企业）出清任务。

【培育新兴产业项目】

推进大数据及信息产业　2017年，佛盈智慧大数据科技有限公司与光载无限集团合作打造基于区块链技术的“IMI”身份认证平台，开发推出办事“零跑腿”APP政务应用及民生服务平台、互联网+医疗健康平台、养老助残服务平台、自助图书借阅等一系列民生应用。6月，举办智信城市与区块链创新应用（禅城）发布会，禅城区成为全国首个探索区块链政务应用的县区。

发展新能源产业　科力远CHS项目申报的省级珠江西岸先进装备制造业发展资金到位，区佛盈汇金科技服务有限公司完成参股设立有限合伙基金并正式注入项目投资建设，专项扶持资金使用建立相关业务部门共同监管机制。佛山盈科智网新能源技术有限公司完成5181千瓦光伏电站建设，2017年完成投资额6000万元，包括工商业项目和家庭光伏项目，并启动湛江地区分布式光伏发电扶贫项目建设。

探索医疗健康产业　石湾文化广场大健康项目完成地上建筑物的拆除，项目投资总额50亿～60亿元。奇槎片区生命健康产业园项目签订框架协议，总投资40亿～50亿元，占地8.67万平方米，打造约30万平方米的生命健康产业载体。

【产业载体建设】

软件产业园升级改造　完成园区建设定位和概念性规划设计方案，完成年度投资计划，园区聚集约120家信息软件类企业，入驻率约96%。

高新产业园建设　围绕“生命健康、新能源、信息科技”的招商定位，佛山高新区科技产业园（总部园）一期引入一批优质客户，新增招商面积1.8万平方米，累计招商面积5.1万平方米，招商率达85%；12月，与安德里茨（中国）有限公司合作开发的总部园二期交付使用。城南园完成综合楼6300平方米物业加建，累计招商面积3.8万平方米，招商率达92%以上。

【重大投资和重点项目建设】

重大投资　2017年，新增重大投资项目总额11.3亿元，包括区城市发展投资公司参股组建佛山市建鑫住房租赁有限公司、佛山高新区科技产业园（城西园）建设项目，以及区镇（街道）联动项目（东部公司奇槎片区11项工程和绿岛湖消防站项目）。此外，软件园改造、石湾文化广场交通枢纽一体化工程共投资7亿元。

土地收储出让和开发建设　配合城市升级，区镇（街道）联动推进张槎街道TOD项目、王借岗公园项目、奇槎片区等土地征收；祖庙果房项目、奇槎片区居住用地完成公开出让。盘活企业存量建设用地，协调各部门推进中山公园地块一和二项目、金穗花园26宗别墅用地、澜石二马路南北侧两地块的土地开发前期筹备工作。

轨道交通项目建设　轨道公司全年完成投资1.1亿元。其中地铁3号线按计划完成投资1亿元，完成5个站点绿化迁移和管线迁改工作；石湾地铁站交通枢纽一体化工程完成投资0.1亿元。

基础建设工程　广东省佛盈汇建工程管理有限公司承接的水利、房建、路桥及市政等方面建设工程顺利推进，深宁路（港口路至文华路）道路工程于4月通车，梁园及周边环境改造提升工程于5月31日封顶，岭南大道公交枢纽站综合提升工程于6月完工并于8月投入使用。

【新一轮国资国企改革】

2017年，对全区大国资体系开展整合重组，形成城建公司、高新公司和轨道公司三大平台，明确重点发展十大业务板块。原城建集团属下交建投、盈兆、盈瑞、建资及水投5家建设类企业整合重组为广东省佛盈汇建工程管理有限公司（5月11日挂牌成立），致力打造综合型工程建设企业，做强做优基础建设版块。推进环卫和园林类企业公司化改制，完成清洁服务改制，成立广东盈众清洁服务有限公司，拟定园林类企业整合重组实施方案。

【公资系统资产管理云平台建设】

2017年4月，启动区公资系统资产管理云平台项目。12月28日，该平台完成功能开发，正式上线运行，具有资产信息对接、合同管理、合同审批、资产审批流程管理、智能预警管理、资产统计分析等功能，实现公有资产监督管理的信息化、规范化，及时防控、排查处置资产管理风险，提升公有资产监管水平。

佛山市禅城区公有资产管理办公室

党工委书记、主任： 莫海勇（至5月）
李绍华（7月任）

党工委副书记： 邓建忠（4月兼任）

党工委副书记、纪检组组长： 谢　恩

党工委委员、纪检组副组长： 李梦琳（至5月）

纪检组副组长： 王远生（5月任）

副主任： 陈咏周

党工委委员、副主任： 黄赓华

党工委委员、总经济师： 李　奕

党工委委员： 施　翔　郭永平（至8月）
肖渭川　郭正帮　张小青

（许剑禧　龙昱婷）

质量技术监督管理

【简述】

2017年，禅城区市场监督管理局质监分党组内设财务科、质量管理科、标准化科、计量科、特种设备安全监察科、食品相关产品监管科、综合执法四大队共7个机构，有在职在编人员28人。

是年，禅城区有“广东省名牌产品”59

个，全区有1家企业（佛山市燃气集团股份有限公司）获评“广东省政府质量奖”，2家企业获评“佛山市政府质量奖”，4家企业获评“禅城区政府质量奖”。

【质量强区建设】

2017年，制定《禅城区质量发展“十三五”规划》《禅城区建设质量强区行动计划要点(2016—2018)》《佛山市禅城区创建全国质量强市示范城市工作方案》，细化工作措施和任务节点。选取重点企业推行卓越绩效管理模式，为各级政府质量奖培育有条件的参选企业，推荐5家企业申报省政府质量奖和5家企业申报市政府质量奖。发动区域标杆企业申报佛山市细分行业龙头企业认定，全区申报企业超过40家。实施品牌带动战略，推荐区域优势产业的优势产品纳入省名牌产品建议评价目录，有26家企业36个产品申报“广东省名牌产品”。是年，广东天安新材料股份有限公司、广东新明珠陶瓷集团有限公司获评佛山市政府质量奖；佛山东鹏陶瓷有限公司、广东兴发铝业有限公司、佛山市安东尼针织有限公司等27家企业被认定为佛山市第一批细分行业龙头企业；禅城区“全国现代电源（不间断电源）产业知名品牌创建示范区”和“全国丝光棉针织服装产业知名品牌创建示范区”通过专家验收并正式获国家质检总局命名；“广东省名牌产品”累计达59个。

【首届禅城区政府质量奖评选】

2017年，设立禅城区政府质量奖，决定每两年评选一届，每届获奖组织数量不超过4个。获区政府质量奖的组织由区政府表彰奖励，颁发奖牌和证书，并给予每个获奖组织一次性奖励100万元。9月，在制造业和服务业两个领域率先开展区政府质量奖评选工作。截至年末，全区共有日丰企业集团有限公司、佛山市柏克新能科技股份有限公司、佛山市蓝箭电子股份有限公司、佛山市燃气集团股份有限公司、南湖国际旅行社股份有限公司、佛山市佛航物流集团股份有限公司、佛山市兴华商场有限公司、佛山市汽车运输集团有限公司共8家企业通过资格初审，进入评审阶段。通过材料评审、现场评审、评委会审定和公示环节，首届区政府质量奖由日丰企业集团有限公司、佛山市柏克新能科技股份有限公司、佛山市蓝箭电子股份有限公司、南湖国际旅行社股份有限公司4家企业获得。

【技术标准战略】

2017年，出台《佛山市禅城区推进品牌和技术标准战略工作扶持奖励办法》，加大政府对标准化建设扶持力度，发放市、区财政奖励（资质）资金合计239万元。推动禅城区企事业单位参与21项国家、行业和地方标准的制定（修订）工作，推动企业完成制定并实施20项严于国家、行业和地方标准的先进标准，推动市电梯行业协会、照明灯具协会等5个区内企事业单位研制和发布共9项团体（联盟）标准；推动相关企业获采用国际标准产品认可证书3项。推进企业标准管理制度改革，派发“企业产品标准自我公开声明指南”等宣传册约1000册，促进100家企业在“企业标准信息公共服务平台”上报272项标准，涵盖528种产品。指导众陶联公司创建市“互联网+陶瓷供应链产业标准化试点”，整合陶瓷行业供应链，制定《建筑陶瓷制气用块煤》《建筑陶瓷用硅酸锆》两项团体标准，在全国团体标准信息平台发布，实现陶瓷原材料抽样及检测的标准化，规范原材料采购市场的交易秩序，降低原材料采购的交易成本，累计实现陶瓷原材料标准化销售额超100亿元。

【产品质量监督】

2017年，针对重点行业、重点产品，尤其是涉及人身生命、财产安全的产品以及连续抽样不合格、风险研判存在重点风险的企业，共抽检产品63批次，约谈其中存在严重质量问题或行业问题的企业10家。研究、分析各级产品质量监督抽查信息，查找和梳理存在产品质量风险或隐患的区域、行业，共处理风险研判54件。开展服装产品专项整治工作，检查服装企业69家，抽查服装产品35批次，发现11批次产品不合格，其中6批次是内在质量不合格，内在产品质量合格率为82.9%。开展电线电缆专项整治，对辖区9家生产企业在工业产品生产许可证和强制性认证后监管方面开展检查，共抽检6个批次样品，合格率为100%。完善食品相关产品生产企业质量档案，对全区35家获证企业开展分类监管，日常巡查覆盖率达100%。

【计量监管】

2017年，检查全区餐饮单位49家次、制造计量器具企业14家次、安检机构15家次、加油站及加气站29家次、集贸市场15家次、基层医疗卫生单位2家次、液化石油气销售单位4家次及检验检测机构13家次。全年共对105家集贸市场内使用的7182台（件）电子计价秤及81家基层医疗卫生单位使用的445件（套）强检计量器具进行免费检定。

【特种设备安全监管】

2017年，开展电梯、危险化学品、锅炉综合整治、涉尘涉爆专项等安全检查，出动检查人员1225人次，检查企业408家次，发现隐患506处，发出安全监察指令书91份，消除隐患466处，立案查处案件21宗。举办重点特种设备生产使用单位、承压类特种设备使用单位和电梯维保单位等安全管理工作培训会议，全年组织培训各类特种设备作业人员和管理人员超过500人次。

【“质检利剑”行动】

2017年，开展产品质量巡查，以及产品质量安全风险排查联合执法、农资执法打假、清理生产领域无证照经营等专项行动，共出动执法人员660人次，检查辖区各类生产企业、相关单位205家次，立案查处各类违法案件59宗。全年受理各种投诉举报咨询123宗，受理并回复消费者咨询36宗，受理举报投诉87宗，为消费者挽回经济损失20万元，对所有收到的举报申诉和咨询100%作出回复和处理，未出现行政复议。

佛山市禅城区市场监督管理局（质监分党组）

党组书记、常务副局长：董建旺

党组成员、纪检组副组长：陈健宁（5月任）

党组成员、副局长：许俊航　卿文玟（8月任）

高锦涛（至7月）

党组成员、综合执法四大队队长：

潘锦波（8月任）

卿文玟（至7月）

（梁启鸿）

财政·审计·税收

财　政

【简述】

2017年，禅城区财政局内设为办公室（审批服务科）、预算科、国库科、基金收费科、行政事业科（资产管理科）、工贸发展科、基建科、社会保障科（农业科）、外经金融科、资本市场科、会计科、监督检查科（政策法规科）、绩效管理科、人事科（监察室）、政府采购监管科（5月新增设）15个机构，在职人员78人。下属事业单位有禅城区财政局国库支付中心（26人）、禅城区财务总监办公室（8人）、禅城区会计培训中心（1人）。归口单位有禅城区公有资产管理办公室。

是年，直面减税降费、房地产“限购”“限贷”等挑战，落实促进总部经济税源回归、加强企业所得税及土地增值税汇算清缴等措施，严控一般性支出、优化财政支出结构，禅城区财政预算实现收支平衡。全区税收收入总额235亿元，地方一般公共预算收入87.4亿元，全区一般公共预算支出完成114.2亿元。一般公共预算安排民生支出69.4亿元，新增财力向重点民生领域倾斜，文化、节能环保、科技、公共安全等领域支出均实现高速增长。

【一般公共预算执行情况】

2017年，全区一般公共预算收入完成87.4亿元，为年初预算的102.0%，较2016年可比增长11.6%；全区一般公共预算支出完成114.2亿元，为年初预算的130.2%，较2016年增长31.2%；全区全年收入合计149.7亿元，全区全年支出合计144亿元，年终收支相抵结余5.7亿元，全额安排预算稳定调节基金，实现收支平衡。

【政府性基金预算执行情况】

2017年，全区政府性基金预算收入完成132.8亿元，为年初预算的165.9%，加上上级补助1.7亿元、新增债券转贷收入14亿元、置换债券转贷收入8.7亿元、上年结转结余20.1亿元，全区收入合计177.3亿元。按照“量入为出，专款专用”的原则，安排政府性基金预算支出133.1亿元，为年初预算的145.2%，加上置换债券还本支出9亿元，全区支出合计142.1亿元。全区政府性基金预算收支相抵，减去补充预算稳定调节基金17.7亿元、调出资金37万元，年终结转结余17.4亿元。

【财政扶持产业发展】

落实减税降费政策　2017年，帮助企业减负超42亿元，落实取消城市公用事业附加和新型墙体材料专项基金，调整扩大残疾人就业保障金免征范围，设置残疾人就业保障金征收标准上限，取消或停征一批行政事业性收费。

增加企业发展动力　全年安排产业经济发展扶持资金9.8亿元，发挥财政资金引导作用；支持企业融资专项资金帮助企业实现转贷

29.3亿元，比2016年增长88.7%；降低企业融资成本约1500万元，增长67%。

优化政务服务模式　搭建区、镇（街道）、村（居）一体化基层公共服务平台，成立金融产业促进会、会计学会高级会计人才分会，推出上市直通车、一门式上市服务、资本市场一卡通和企业服务月四大品牌活动，构建优质、精准的政务服务模式，全年新增上市企业（含新三板创新层）3家、新三板基础层企业4家。

【民生支出】

2017年，禅城区全区民生支出69.4亿元，比2016年增长26%。安排教育方面支出18.8亿元，完善城乡免费义务教育保障机制，构建以普惠性幼儿园为主的学前教育体系，扩大优质教育供给。安排社会保险基金补贴支出2.5亿元，底线民生支出1亿元，推动居民基本医疗保险财政补贴标准提高30.3%，最低生活保障标准提高42.9%。安排医疗卫生、计生支出12.7亿元，加大对公立医院和基层医疗卫生机构的投入，推动公立医院综合改革。安排住房保障方面支出2.2亿元，加快以公租房、廉租房为主的保障性住房建设。安排就业方面支出1.1亿元，新增就业2.1万人。安排16.2亿元推进城市建设和城市治理现代化，打通深宁路、禅港西路等一批“断头路”，建成绿景东路、文华中路人行天桥、岭南大道公交枢纽、绿地未来城首末站等项目；安排公共安全支出11.8亿元，推动“平安禅城”建设。安排援助支出3.1亿元，扎实开展扶贫工作。

【财政监管】

健全制度保障体系　出台基建项目预结算评审监督、政府采购工作规程、村居提升区级财政奖励资金、人才发展专项资金以及精准扶贫对口帮扶资金等系列管理办法，促使各类专项资金规范有序。

强化动态监控体系　深化镇（街道）国库集中支付改革，运用“互联网+”手段，建设禅城区镇（街道）预算执行动态监控系统，落实人大预算联网监督系统全面覆盖至所有镇（街道），促使镇（街道）财政资金在透明的平台上有序运行。

拓展监督防控体系　组织对全区对口扶贫的廉江市46个村开展“三个百分百”（使用部门、帮扶对象、资金类别）实地检查，组织政府采购代理机构检查，对重点领域专项资金进行全过程、全资金路径的指引跟踪，做到村居提升区级财政奖励资金落实到村，精准扶贫资金跟踪到户。强化财政、金融风险监测预警，将地方政府债务稳控在限额内，有效稳控“去杠杆”指标，确保不发生区域性系统性财政、金融风险。

【镇（街道）财政管理体制改革】

2017年，优化区对镇（街道）财政管理体制，构建和事权相适应的区、镇两级财力保障机制，提升镇（街道）经济社会发展动力和活力。改革主要基于现行体制并按“收支五五，保既得利益，加大镇街激励”的原则，进一步明晰区、镇（街道）事权，将区、镇（街道）收入分成比例和区镇共担事权负担比例统一调整为5:5，并通过共享税收超收奖励、配套城市基础建设资金、契税超收奖励等多种激励方式，使全区财力向镇（街道）倾斜，调动镇（街道）大力发展辖区经济，促进区、镇（街道）两级财力稳步增长。12月29日，区府办印发《佛山市禅城区镇（街道）财政管理体制方案（2017—2019）》。

佛山市禅城区财政局
局　长：黄智斌
常务副局长（金融办主任）：陈咏周（8月任）
纪检组组长：邱旭坚
局务委员（金融办副主任）：李源章
副局长：唐威景　伦雄良　黎国森
　　　　卢远萍（4月任）

（梁碧茹　苏诗瑶　罗秋怡）

审　计

【简述】

2017年5月5日，禅城区审计局增设整改监督科，加挂内审指导科牌子。是年，区审计局内设办公室、法规审理科（加挂内审指导科、整改监督科）、财政审计科、经济责任审计科、投资审计科、行政事业审计科6个科室，有在职人员27人。

2017年，组织开展区级财政及区属单位预算执行审计、领导干部经济责任审计、民生资金审计、公共投资项目和国有企业审计、重大政策落实跟踪审计。全年实施审计项目16个，查处违规资金406.83万元，管理不规范资金10.46亿元，应上缴财政资金339.46万元，应归还原渠道资金58.82万元。移送纪检机关处理事项2件，出具审计报告24份，向被审计单位或有关单位提出审计建议20条。

【审计监督】

预算执行审计　2017年，完成区本级预算执行审计，对区交通运输局、区卫计局、区民政局、区人社局、区环卫处、区劳动培训就业服务中心6个单位的预算执行和财务收支情况进行审计。

领导干部经济责任审计　按市审计局统筹部署，区审计部门组成审计组对顺德龙江镇开展镇党政领导经济责任同步异地审计；受区委组织部委托，开展对区民政局、区人社局领导干部经济责任审计。

2017年5月3日，禅城区召开审计工作会议　（赖武茂　摄）

民生资金审计　突出关注弱势群体的利益保障，完成对区残疾人就业保障金、最低生活保障资金2项民生资金筹集、使用和管理情况专项审计调查。

公共投资项目和国有企业审计　2017年，区审计部门开展对政府投资项目已完工未结算情况、公共自行车系统运营管理情况审计，以及区园林处下属企业和环卫清洁服务公司等国有企业审计。

重大政策落实跟踪审计　聚焦珠江西岸先进装备制造业、简政放权和“放管服”改革和防范经济运行风险、创新驱动发展战略等重大决策部署贯彻落实情况，促进政令畅通。

【审计组织方式优化】

2017年，推进“1拖N”协同审计模式。利用经济责任项目审计内容广、时间跨度长的特点，以经济责任审计为主线，同步结合开展部门预算执行审计、重点专项资金审计等，推行“一次进点、协同审计”，实现“一审多果、一果多用”。灵活运用“结合型审计”方式，将上级和本地区重大政策措施落实融入各类审计项目中，将财政同级审计与各单位预算执行审计有机结合，将部门审计及其下属单位审计统筹部署推进，使有限的审计资源得到充分运用。

【大数据审计模式创新】

2017年，结合大数据分析创新开展审计工作，加大业务数据与财务数据、跨行业和跨领域数据的综合对比、分析。在民生保障资金审计中，分别从民政、公安、房管、地税、社保等主管部门取得必要数据，通过关联分析开展相关审计工作；充分利用人社部门建成的佛山市公共信用信息管理系统，较为便捷地核实领取社会保险补贴和申请小额担保贷款等享受就业创业扶持人员的社保缴纳、工商登记情况。

【审计整改落实】

2017年，区审计部门对2014—2016年审计发现问题的整改落实情况重新进行全面清查，针对已整改问题再次进行风险排查；针对未整改的近百个问题，与各相关单位负责人、责任人面对面交流，并对问题整改分类提出指导意见。

佛山市禅城区审计局

局　长：陈先鸿（1月任）　杜婵玉（至1月）

副局长：沈金辉　林曼宇（2月任）

总审计师：黄小青（2月任）

林曼宇（至2月）

派驻纪检组副组长：陈珊珊（5月任）

（唐振宇）

国家税务

【简述】

2017年，禅城区国家税务局设办公室、政策法规科、收入核算科、纳税服务科（办税服务厅）、征收管理科、人事教育科、监察室、税源管理一科、税源管理二科、机关党委办公室10个内设机构，有石湾税务分局、张槎税务分局、南庄税务分局3个派出机构，下辖事业单位有信息中心。系统在职人员336人。

2017年，组织税收收入151.52亿元，比2016年增长23.2%，增收28.53亿元。其中，中央级收入96.31亿元，增长17.37%；国内中央级收入（不含海关代征税收）79.77亿元，增长13.94%；剔除海关代征税收后，共组织国内税收收入（含调库）134.99亿元，增长21.66%。其中，国内税收直接收入126.29亿元，增长22.08%。办理出口产品退税51.8亿元，增长8.6%。

【国税征管】

2017年，在全市率先推动禅城区政府印发《土地开发建设项目税源社会化管理工作方案》，创新打造建安行业税源社会化管理集成管理平台，首创国税税务干部派驻制度。打造失控发票采集系统、失控发票电子台账管理系统、出口退税单证审核计时提醒系统等信息化系统，为税收征管、出口退税管理再添动力。搭建股权转让信息监控机制、国税地税数据共享机制和第三方数据交换机制。

【国税税收优惠政策】

2017年，共办理各类减免税7.41亿元，推动产业发展，服务供给侧结构性改革；推广“税融通”“税保合作”项目，全年累计为534户诚信纳税人发放贷款约57亿元，有效改善中小企业融资难问题。

【国税纳税服务】

深化一门式办税服务厅建设 2017年8月，撤并张槎办税点，将禅城区一门式办税服务厅通办窗口扩至39个，通办业务扩大到国税地税所有依申请事项，成为全省首个国税地税全业务一门式办税服务厅。在一门式办税服务厅设立首个国税地税用户体验设计中心，为纳税人提供一站式智能办税体验。

推广网上办税 2017年，9大类92项涉税业务实现全程无纸化办理，电子税务局实名认证并成功绑定企业的纳税人6.18万户，实名认证率达到90.34%，电子税务局办税率达92%。

推行预约办税服务 全年受理预约16.8万户次，占业务总量73.23%，纳税人平均等候时间比2016年减少55.14%。

打造“一企一策”服务品牌 2017年，走访辖区内企业898户，为新明珠、东鹏陶瓷等平台企业和行业龙头企业提供个性化服务，深入掌握企业涉税需求，并与区政府相关部门形成合力，助力企业发展。

【一门式办税服务厅案例获“国字”称号】

2017年7月10日，区国税局一门式办税服务厅案例入围由中央国家机关工委《紫光阁》杂志社、人民网等联合主办的第二届全国行政服务大厅典型案例展示活动。经案例展示、网民投票、专家评选等环节，活动评选出全国“百优十佳”案例。10月27日，该案例获评全国行政服务大厅典型案例展示活动“百优”称号（信息化优秀）。

佛山市禅城区国家税务局

局　长：卜朝晖（3月任）

副局长：黎永松（至7月）　陈志枫　李东涛

黄季川（至2月）　余卓欣（2月任）

张海利（9月任）

纪检组组长：彭　武

（叶雄英）

地方税务

【简述】

2017年，禅城区地方税务局内设办公室、法规科、税政科、规费科、纳税服务科、征收管理科、计划财务科、信息管理科、人事教育科、监察室、大企业管理科11个正科级职能科室；设稽查局，为正科级直属行政单位；设石湾税务分局、祖庙税务分局、张槎税务分局、南庄税务分局4个正科级基层地方税务机构。全区地税系统在编人员298人。

2017年，区地税局组织税费收入149.92亿元，可比增长14.5%（剔除营改增因素，下同），其中税收收入达83.81亿元，增长15.1%；社保费收入58.5亿元，增长15.9%。各级次税收收入中，中央级收入26.46亿元，可比增长29.7%；省级收入13.54亿元，可比增长10.8%；市县级收入43.81亿元，可比增长9%。

【地方税收优惠政策】

2017年，助力供给侧结构性改革，辖区内符合条件并享受高新技术企业优惠的企业有24户，共减免企业所得税2.02亿元；符合条件并享受小型微利企业优惠的企业有2452户，共减免企业所得税1657万元。出台规费业务流程“白皮书”，建立社保费月度监控机制，实现区属机关事业单位社保费的征缴接收。服务社会民生，按时办结2900套安置房办证涉税工作。

【办税服务创新】

2017年4月1日，在全区推行预约办税服务，为纳税人办税提供便利，截至年末，全区预约率达99.3%，应约率达88.8%。7月25日，开出全国首张增值税电子普通发票，实现二手房交易和个人出租不动产涉税事项全流程电子化管理。8月21日，禅城区地税局在全市范围内率先试点上线佛山税务微信征纳互动平台，打造面向自然人的移动办税系统。9月8日，推行自助终端机办费服务，成功办理全省首笔自助终端机清缴社保费托收单业务，方便参保人自主缴费。9月25日，将电子税票数据接入广东省政务电子证照系统，实现地税部门与政府部门间电子税票数据的互认互通、共享应用。

【“纳税服务体验师”项目】

2017年9月11日，在全省地税系统推出首个“纳税服务体验师”项目，邀请纳税人实地体验、实务操作，共同研究优化纳税服务的方法。至年末，向社会公开招募的25名“纳税服务体验师”，参与采集税务基础信息、扣缴个人所得税、登记缴纳社保费、办理二手房转让涉税业务等13类常见业务，记录办税过程对各环节服务功能的需求。区地税局收集7大类73项涉税需求，最终形成解决问题的措施11条，促进纳税服务提档升级。

【全省首个国地税用户体验设计中心建成】

2017年10月13日，在绿岛湖一门式办税服务厅率先建成全省首个国地税用户体验设计中心，实现省税务部门直联采集纳税人需求，解决智能办税难点问题。用户体验设计中心的体验区设置电子税务局操作计算机12台、国地税联合办税终端2台、智能办税一体化终端2台。纳税人在体验区可以“一站式”体验电子税务局办税、电子税票和纳税证明打印、社保费微信缴纳、智能填单、自助取号等业务，并可自主选择电子税务局网页版、手机微信征纳互动平台、自助办税终端、智能办税一体化终端等渠道办理涉税业务。在电子办税服务体验区运行时，线上用户行为分析系统充分采集纳税人的电子办税需求和使用体验。用户体验设计中心集智能办税、教学服务、政策宣传于一体，截至年末，为纳税人提供辅导3755人次，收集纳税人对电子税务局的问题及意见297条，整理优化需求29条，为电子办税产品的未来研发设计、优化完善提供重要依据。

【国地税合作】

2017年，继续开展国地税联席会议、税费“双联合”调研、联合税收宣传等合作项目，重点优化国地税联合办税服务，绿岛湖国地税一门式办税服务厅的税务窗口增加到39个，实现国税、地税9大类92项具体业务的全程无纸化办理；坚持以党建促团建，在一门式办税服务厅国地税联合党支部的基础上，成立国地税联合团支部；国地税共同开展纳税信用评价工作，对不同信用的纳税人实施分类管理，并强化纳税信用结果运用，全年通过“税融通”“税保合作”等项目，累计为534户诚信纳税人发放贷款约57亿元。是年，一门式办税服务厅获全国行政服务大厅典型案例展示活动“百优”称号。

【地税法治建设】

2017年，区地税局发挥“广东省地税系统法治税务示范基地”的品牌效应，与高等院校、中小学和幼儿园展开合作，率先在全市地税系统建立5个法治税务教育基地，开展进阶式税法分类教育定制课程。落实法制审核制度试点工作，在全市地税系统率先使用行政执法记录仪，推进执法全过程“阳光化、痕迹化、规范化”。与法院合作，利用税务部门的二手房核价系统，解决司法处置房产的涉税问题。查办佛山市某房地产公司涉税案件，查补税款及罚款共1913.8万元。

佛山市禅城区地方税务局

党组书记、局长：郭艳盛（4月任）

党组成员、副局长：陈中坚（7月任）

党组成员、纪检组组长：钟永杰

党组成员、副局长：谢添信　张长浩　毛庆华

党组成员、主任科员：陶建辉

（张　勇）

基础设施建设与管理

交通·水利

交 通

【简述】

2017年，禅城区交通运输局内设17个科室：办公室、政策法规科（审批服务科）、交通规划建设管理科、智能交通管理科、城市道路建设管理科、路桥养护管理科、轨道规划发展科、轨道建设管理科、道路货运与运输服务管理科、客运管理科、公交管理科、港航管理科（区港航管理局）、安全生产管理科（区交通战备办公室）、交通执法科（区交通运输局综合行政执法局）、人事科、财务科、监察室。归口管理禅城区公路局，区公路局内设6个科室：办公室、公路基建科、公路养护科、机械材料科、路政管理科、财务科。年末，区交通运输局在职人员共142人，区公路局在职人员共35人。

【公共交通建设】

2017年，搭建“三纵三横”（三横：G5塱沙路、南桂路，G7轻工路、人民路，G13季华路；三纵：G14汾江路，G12岭南大道，G10文华路）公交骨干线路网络，新开通二期骨干线路3条（G7、G12、G5路公交线）。优化公交线路布局，设置衔接佛山西站的公交线路6条，中心城区与佛山西站实现互通。至年底，全区共有常规公交线路93条，常规公交运力1491辆，日均流量70万人次，整体公交分担率达40%。落实1个公交停保场（1万平方米以上）和2个公交枢纽站的永久用地选址，完成3个公交站场建设（含配建站场）。淘汰213辆公交车，新购置的公交车均为纯电动车。全区公共自行车系统数据和市交通运输局数据平台实现对接，方便市民查询公共自行车站点的位置、车辆数等数据。规范自行车停放管理，在石湾镇街道、祖庙街道、张槎街道属地社区、自然村出入口等主要区域划设自行车停放点约900个。

【交通执法管理】

2017年，出动执法人员约1.19万人次，路检路查营运车辆6718台次。源头执法检查客运企业110家次，普通货运源头企业140家次；港口码头130家次；机动车维修企业1322家次；驾培机构139家次。

是年，查处违法违章案件3338宗，其中处罚1836宗，责令整改1172宗（含超限责令停驶455宗），处理投诉330宗。查处客运班线车辆违规行为900宗；蓝牌车非法营运3宗；客运包车违规经营行为11宗；出租车违规经营行为4宗。查处货车超限超载473宗，强制卸货5594.46吨；向外地车辆属地交通主管部门发出告知函129宗。查处普通货运车辆违规经营97宗；不按要求进行二级维护304宗。查处未经许可从事危运9宗。查处道路违规行为8宗，发出责令整改通知书53份。查处驾培违规行为21宗，发出责令整改通知书73份；查处维修行业违规行为6宗，发出责令整改通知书

400份；对货运企业发出责令整改通知书11份；对旅游包车等客运企业发出责令整改通知书11份；对客运、货运违规车辆发出责令整改通知书165份；对汽车租赁公司发出责令整改通知书4份。申请法院强制执行7宗。

【港航管理】

2017年，禅城区境内有东平水道、佛山水道、吉利水道、顺德水道4条水道，辖区岸线95千米，码头10个，二类口岸港口2个（澜石港口和佛山新港），其中油品码头4个，码头泊位27个，各类装卸机械37台。水路货物运输企业8家，各类货物运输船舶60艘（总运力12.5万吨）。是年，完成港口和水运企业行政许可或审批事项143项，开展各类安全、执法检查122次，出动执法人员476人次。

【水路运输】

2017年，完成水路货物运输量1044万吨，比2016年上升4.4%；水路货物周转量380893万吨／千米，上升15.07%；港口吞吐量822.33万吨。

【公路运输】

2017年，全区有公路旅客运输企业9家，公路运输车辆10345辆（其中，营运载客汽车560辆、营运载货汽车9785辆）；公路运输客运量1319万人次，比2016年下降0.3%，公路旅客周转量239500万人／千米，增长4.41%；公路货运量5207万吨，增长3.03%，公路货物周转量326230万吨／千米，增长9.67%。

【企业选介·粤运公司】

佛山市粤运和兴运输有限公司于2003年11月24日成立，经营范围包括运输中介服务业、市际班车客运、省际班车客运、客运站场经营（由分支机构经营）、汽车零配件的销售。其中经营佛山粤运汽车客运站为公司主营业务。

佛山粤运汽车客运站位于佛山火车站广场西侧，占地面积约2万平方米，是国家二级汽车客运站，于2006年1月建成并投入使用。车站主体建筑共四层，其中一层、二层为候车区和售票区，售票区设有10个售票窗口，发车区有14个发车卡位。2017年，车站有员工30人，进站线路87条，进站发班车辆228台，日均发送旅客813人。

【公路建设养护】

2017年，全区国、省道平均公路技术状况指数（PQI）为91.28，完成年度计划的104%；平均路面行驶质量指数（RQI）为89.67，完成年度计划的102%。县道公路优良率为87.62%，完成年度计划的107%。

人行道路面及其他市政设施养护维修　完成辖区内季华路、佛山大道、卫国路、祖庙路等相关市政道路的维修及设施的改造。维修人行道约1.14万平方米，流水线维修约499米，止车石柱630条，修整路缘石约1208米，刷新补划标线约650平方米，修整护栏约422米。

车行道路面养护维修　完成汾江路、卫国路、祖庙路、湖景路等路段机动车道沥青修补沥青砼路面约3.97万平方米，路面灌缝约9.53万米，修补水泥砼路面约2746平方米。

省道、地方公路日常保洁和保养　完成S121广龙线、S363西西线、X515小杏线等机械清扫约1.2万千米，补种里程碑、百米桩29块，人工清扫约1339千米，清理边沟约11.75千米、排水口清理约129个、清理路边杂草约

5230平方米。

祖庙街道内街专项维修　完成文沙居委、东城居委等内街水泥砼路面维修约3346.98平方米，沥青砼路面约5168.82平方米。

【路政管理】

2017年，累计巡查258天。其中公路巡查里程9935千米，巡查人数1168人次；办理路政许可16宗、收赔（补）偿费45.07元。城市道路巡查里程7880千米，巡查人数672人次；办理路政许可201宗，收取道路占用、修复费272.23元。减免占用利用公路补（赔）偿费许可业务14宗，减免金额259.72万元。

【交通建设项目推进】

2017年，推进全区交通规划建设。1月，绿景东路（桂澜路至东平路）道路工程南海段通车。3月，华宝南路（季华路至东平路）改造工程主体完工通车；王府井西25M道路及王府井南15M路道路工程进场施工；岭南大道公交枢纽站综合提升工程完工。4月，岭南大道恒福街路口人行天桥开放使用；智慧路改造工程主体完工并开放使用。5月，紫洞西一路（堤江路至禅港西路）道路工程开工建设。7月，人行道改造工程（同华路、同华东一路、同华东二路、同华西一路、同华西二路、乐园北街、垂虹六街、人民银行北侧道路）完工。8月，深宁路（港口路至文华路）道路工程完工；文庆路、庆宁路等五条道路路面提升工程完工并开放通行。9月，紫洞西三路（堤江路至禅港西路）道路工程开工建设。10月，聚锦路（五峰路至季华路）及五峰路（聚锦路至槎湾路）道路工程开工建设；禅港西路（季华路至紫洞路）科力远段（K0＋000－K1＋900）交工验收。11月，季华路下穿隧道（岭南大道）景观提升工程开工。12月，“两园”（文华公园、亚艺公园）跨文华中路人行天桥工程通过验收并开放通行；东平路连接线改造工程完工。

【岭南大道公交枢纽站建成运营】

2017年8月1日，位于文华公园内的岭南大道公交枢纽站开放试运营。该公交枢纽站为一座地上四层的公共建筑，采用光伏发电系统，具有发电功能。一层设有11条公交首末线路和23条途经线路停靠站点，以及公交车充电桩系统；二层及以上楼层共设911个社会停车位，可缓解周边市一医院等的停车难问题。停车场设有停车诱导、车位引导、智能寻车、智能缴费、车牌识别一套完善的智能停车诱导系统，方便市民使用。

【轨道交通发展】

2017年，禅城区轨道交通高速发展，佛山地铁2号线一期、3号线禅城段共计15个站点进入全面建设期。佛山地铁2号线一期禅城段的绿岛湖站、石湾站等4个车站主体结构完成封顶，张槎站—石湾站盾构区间右线、沙岗站—魁奇路站盾构区间左线、魁奇路站—石梁站盾构区间双线贯通；佛山地铁3号线禅城段所有站点进入全围蔽施工；湖涌TOD、张槎TOD综合开发完成概念性方案；石湾广场石湾地铁站交通枢纽一体化项目立项。

【重点工程选介】

聚锦路（五峰路至季华路）及五峰路（聚锦路至槎湾路）道路工程　工程总投资4.69亿元。聚锦路呈南北走向，南起季华路，北至五峰路，全长约1.76千米，宽约30米，按二级公路兼顾城市道路标准设计，双向六车道，设计车速为40千米／小时；五峰路呈东西走向，西起聚锦路，东至槎湾路，全长约169米，宽约36米，按二级公路兼顾城市道路标准设计，主路双向四车道，两侧设置辅道，设计车速为40千米／小时。

禅港西路（季华路—紫洞路）工程　工程总投资5.9亿元。项目呈南北走向，南起季华路，接禅港西路（南庄大道至季华路）工程，与季华路形成“十”字交叉，向北延伸经沙边村、紫南村后在紫南岗西侧向东绕行，绕过紫南岗和岗背岗后，与紫洞路呈“T”形平交。路线全长约2966米，宽约47米。项目为一级公路兼顾城市道路，双向六车道，设计速度为60千米／小时。

季华北路北延线工程（张槎西路—汾江河，含王借岗大桥）　工程为市重点项目，总投资为4.46亿元，禅城段投资为2.1亿元。项目位于季华北路与张槎西路交叉口，路线向北跨越汾江河，终点与工贸大道相接，路线全长约1.33千米。主线采用双向八车道，设计速度80千米／小时，按一级公路兼城市道路功能建设；辅道采用双向四车道，设计速度40千米／小时，按城市次干道标准建设。

2017年禅城区主要交通建设项目及进度一览表

序号	主要交通建设项目	进度
1	绿景东路（桂澜路至东平路）道路工程	完工
2	岭南大道恒福街路口人行天桥	完工
3	智慧路改造工程	完工
4	华宝南路（季华路至东平路）改造工程	完工
5	人行道改造工程（同华路、同华东一路、同华东二路、同华西一路、同华西二路、乐园北街、垂虹六街、人民银行北侧道路）	完工
6	深宁路（港口路至文华路）道路工程	完工
7	文庆路、庆宁路等五条道路路面提升工程	完工
8	“两园”跨文华中路人行天桥工程	完工
9	东平路连接线改造工程	完工
10	智慧路东延线（华宝南路至禅西大道）道路工程	完工
11	岭南大道恒福街路口人行天桥	完工
12	岭南大道公交枢纽站综合提升工程	完工
13	魁奇路快速化岭南大道节点工程	施工
14	季华北路北延线工程（张槎西路至汾江河，含王借岗大桥）	施工
15	河滘大道改造及富兴路（二期）工程	施工
16	禅港西路（季华西路至紫洞路）工程	施工

续上表

序号	主要交通建设项目		进度
17	海五西路（佛山大道至佛山水道）工程		施工
18	王府井西25M路及王府井南15M路道路工程		施工
19	祖庙南街（福贤路以东）道路工程、东华里东街道路工程		施工
20	雾岗路南延（镇中路至东平路）道路工程		施工
21	东华里北街、新六村正街道路工程		施工
22	佛山市第四中学新校区建设项目外围规划道路（规划一路、规划三路）工程		施工
23	季华路下穿隧道（岭南大道）景观提升工程		施工
24	魁奇路湖景路口人行天桥工程		施工
25	雾岗路（季华路）跨线桥工程		前期
26	同济路西延线工程（禅港东路至季华北路）		进行初步设计
27	澜石二路（金澜南路至岭南大道段）道路工程		完成初步设计
28	南庄大道东延（南庄大道接雾岗路南延）工程		完成施工图设计
29	岭南大道北延线（卫国路至同济路）工程		完成施工图设计
30	卫国路东延（岭南大道至文华路）道路工程		完成施工图设计
31	新风路道路工程		完成工可设计
32	环岛路（东平路至王借岗大桥）道路工程		前期
33	张槎站TOD开发周边配套市政道路工程		前期
34	槎湾路（塱沙路至镇中路）道路改造工程		前期
35	轨道项目	佛山地铁2号线一期	施工
36		佛山地铁3号线	施工
37		佛山地铁4号线	前期
38		佛山地铁2号线二期	前期

佛山市禅城区交通运输局

党组书记、局　长：杨靓毅

党组成员、常务副局长：欧咏梅

党组成员、副局长：魏东华

李浩民（5月任）

李明芝

副局长：冯达明　吴维勇　刘冰冰

党组成员、纪检组组长：黄丽兴（5月任）

贺洪涛（至5月）

党组成员、总工程师：李裕华

区轨道办专职副主任：罗苑文（4月任）

（朱　明）

水　利

【简述】

2017年，禅城区国土城建和水务局（水务分党组）内设综合办公室（监察室）、给排水建设管理科、水利工程建设管理科、三防综合科、渠务科、水政执法大队、水资源管理科、河道管理科、区河涌和汾江河综合整治指挥部办公室共9个科室，在职人员29人。下属事业单位有区引排水调度中心，有在职人员68人。

是年，禅城区续建及新建水环境整治项目85宗（含镇街水利所实施项目），其中实施河涌整治工程17宗、污水管网工程61宗、水利工程7宗，新铺设污水管网约61千米。通过河涌清淤、岸线整治、水质提升、配套管网建设、引水调度能力提升等举措，全区水环境整治展现新面貌。

【机构调整】

2017年5月5日，区国土城建和水务局撤销水务规划建设科、河涌管理科（区珠江综合整治项目世行贷款办公室）、河涌和污水管理科、水资源和排水管理科（区节水办）、水利工程管理科5个科室，设置水利工程建设管理科、给排水工程建设管理科（区珠江综合整治项目世行贷款办公室）、渠务科、水资源管理科（区节水办）、河道管理科5个科室。

【河涌整治】

2017年，实施小布窦涌（季华北路—东平路）、镇中东涌等河涌整治工程17宗。被列入国家黑臭水体整治名单的鄱阳环村涌实现全面消除黑臭的整治目标，通过佛山市城市建成区黑臭水体整治初见成效验收。至年底，禅城区完成小布窦涌、镇中东涌、屈龙角涌（绿景路—影荫路）、佛山涌（南海大道—桂澜路段）一期4条亮点河涌整治工程，澜石大涌（南海大道至桂澜路段）、南北大涌（海口泵站至季华路段）进入施工阶段，屈龙角涌（二期）、南北二涌、吉利河岸线整治（龙湾桥至万科城段）、绿岛湖智造产业区周边规划河涌综合整治工程（岗背支涌南段）等按计划推进。

【河长制全面推行】

2017年，编制印发《禅城区全面推行河长制工作方案》，出台《禅城区全面推行河长制工作验收制度》《禅城区河长制工作投诉举报处理制度（试行）》《禅城区河长制工作巡查制度（试行）》等8项河长制工作制度。对流经禅城区的7条主要河道（含北江干流）、47条主干河涌、142条其他河涌、6个城区湖泊，设立区级河长7人、镇级河长53人、村级河长78人，全区共设河长138人。截至年末，全区开展河长巡查1857次，其中区级河长巡查15次、镇级河长巡查352次、村级河长巡查1490次。聘请6名群众担任禅城区民间河长，1名群众担任河道警长，并聘请绿岛湖和亚艺湖两支义务护河队。12月14日，广东省委政研室、省政府政研室组织省河长办、省国土资源厅、省水利厅、省环保厅等单位到禅城区调研推行河长制工作情况，现场考察镇安污水处理厂、镇中东涌整治工程、丰收涌整治工程。是年，全区设置河长公示牌294块，完成区级主要河道（佛山涌禅城段）和47条主干内河涌“一河一策”编制。以九江基涌网格作战为范例，以点带面、全面推进禅城区河长制工作。禅城区以第一名的成绩通过佛山市全面推行河长制考核验收。

奇槎滨水公园　　（王颖尧　摄）

东平路石湾水利所段等部分重点路段的排水设施，共计新建改造检查井160座、进水口246座，铺设排水管道2354米。是年，区引排水调度中心被省三防指挥部评为“2016年度广东省防汛防旱防风防冻先进集体”。8月16—17日，佛山电视台《小强热线》栏目组对禅城区下水道清疏工人进行专题采访报道。

【水利工程管理】

2017年，续建及新建水利工程包括禅城区城市排涝泵站（第一批）双电源改造提升工程、奇槎泵站等12宗，完成水土保持方案、河道管理范围建设项目、水利及水土保持专项验收、非水利工程破堤核准等申报项目累计104宗。是年，完成清理取缔河道管理范围非法经营砂场共16个；实施2016—2017年冬修项目21项，完成并验收20项；实施2017—2018年冬修项目15项。

【城市排水管理】

2017年，完成560条街道清疏任务，清理淤泥量约2.46万立方米。补缺、更换沙井盖987个，更换格栅盖869个，应急维修排水沙井、周边渠沙井、无主沙井共1497座。完成港口路、澜石二路压力管爆裂抢修、江堤路—塱兴路口、佛平路康大大厦段、塱宝西路—兴业一路口等6处污水管道抢修，共计修复管道33米。改造花园二街、佛山大道原广大酒店段、

【污泥污水处理】

2017年，禅城区5间污水处理厂实际污水处理量为14577.49万吨，日均处理量为39.94万吨，共产生、处理脱水污泥约3.28万吨。为有效减少污泥的产出量，对污水处理产生的污泥均进行深度脱水，含水率达60%以下；污泥脱水后外运作建材生产和堆肥，无害化处理率达100%。是年，启动镇安、东鄱、沙岗污水处理厂的提标改造工作。

【水资源管理】

2017年，禅城区年用水总量控制指标为2.25亿立方米。全区用水总量约1.9亿立方米，同时期禅城区生产总值为1750.56亿元，较2016年同期相比，万元国内生产总值水耗下降24.9%。开展农村供水“一户一表”改造工作，完成20个行政村的“一户一表、抄表到户”改造工作。

【三防工作】

2017年，组织编印《佛山市禅城区三防工作手册》，签订地区防洪责任书144份、3.33平方千米以上堤围和防汛工程的《工程责任书》10份，落实全区防汛责任人2628人。部署防洪抢险队伍，包括突击队300人、民兵轻舟分队30人、清疏排涝抢险队54人、北江大堤前线抗洪指挥所抢险队480人，全区储备编织袋32万只、抢险舟13艘、救生衣1580件、大石约2.86万立方米、碎石约1.32万立方米、木桩条7630条等防汛抢险物资。全年组织三防会商会议17次，发出三防预警短信约2.45万条，应对多场强对流天气和“天鸽”“帕卡”“卡努”等台风的袭击。

【海绵城市建设】

2017年，建立区级项目库159个项目，市级项目库36个项目，分年度进行动态管理。市级项目库重点区域项目开工率达94.7%，达到市考核要求。通过奇槎滨水公园、岭南大道公交枢纽等示范项目，较好达到“渗、蓄、滞、净、用、排”的海绵效果。

【水务执法】

2017年，加强对侵占河道违法建筑的巡查，全年出动执法人员1368人次（含镇街水政执法人员）、车辆201次、执法船只84次。办理案件21宗，其中立案2宗。强制拆除违法面积约400平方米，清理占用河滩地面积700平方米。

佛山市禅城区国土城建和水务局（水务分党组）
局　长：徐　航
分党组书记、常务副局长：陈丰顺
副局长：莫德辉　郭　文
纪检组副组长：张文莉
总工程师：李海雄
区河涌和汾江河水环境整治指挥部办公室主任：
　　黄凯东（4月任）

（王文品）

供水·供电·燃气

供 水

【简述】

2017年，佛山市水业集团有限公司实现供水量4.81亿立方米，污水计费量2.83亿立方米。佛山水业集团被评为佛山市公共服务“最佳口碑单位”。

【供水安全质量管理】

2017年，加强水质检测能力建设，水、涉水产品、污泥三大类检测参数扩项、扩方法增至260项。完成供水技改项目169项，新建和改造供水管网超100千米。全年实现安全优质供水，水质综合合格率达100%。

【客户服务】

2017年，佛山水业集团子公司佛山市禅城供水有限公司接收代管禅城区所有自然村内供水管网（设施），实现城乡供水同网、同质、同价、同服务。4月，公司新营业收费系统上线，该系统整合抄表收费、前台业务办理、水表维护管理、银行托收水费等功能，其中业务办理实现流程化管理，可跟踪查询服务进度，同时为单位用户新增网上支付功能。多次安排“移动服务厅”进驻各目标小区、单位，上门提供用户咨询、受理报装和过户业务等，使用户足不出户即可享受各项优质服务。

【污水处理】

2017年，佛山水业集团各污水生产运营单位通过落实安全生产管理要求，加强技术改造等措施，保障稳定达标排放和节能降耗。全年共接受市、区监测机构及水质监测中心监测130次，所有项目监测结果达标率为100%。镇安、东鄱等7间污水处理厂蝉联广东省环境保护厅“环保诚信企业（绿牌）”称号。

【科技创新工作】

2017年，博士后课题“市政污水处理厂污泥源减量技术优化及机理研究”获得佛山公用事业有限公司立项。开展“国地联合工程研发中心”等5项科研项目申报；“MOSA污泥源减量”等2个项目获得6项省、市、区级科技进步奖。依托李圭白院士工作室，开展前沿技术培训专题讲座4次；推进高新技术企业培育工作，子公司佛山水业三水供水有限公司、绿之源公司成功获得国家高新技术企业认定。

佛山市水业集团有限公司
董事长：曹国栋
总经理：苏锡波
佛山市禅城区供水有限公司
董事长、总经理：徐廷国

（全秋娜）

供　电

【简述】

2017年，禅城供电局内设7个部门：综合部、财务部、营业部、配电部、计划建设部、安全监管部和党群工作部。下辖供电所2个：城区供电所和南庄供电所。营业网点3个：公正营业厅、荷园营业厅、南庄营业厅（张槎街道行政服务中心营业网点于5月28日被撤销）。年末，在职员工473人。

是年，禅城供电局管辖公用10千伏馈线760回，线路长度2675千米，环网率为95.45%，可转供电达90.13%，公用配电变压器3765台，容量2743189千伏安。室内配电站1594个，室内开关站110个，台变133台，箱变434台，电缆分接箱265台。禅城区用电户数为50.25万户。禅城区全社会用电量84.42亿千瓦时，比2016年增长6.36%。其中工业用电量50.47亿千瓦时，占全区全社会用电量59.78%，增长5.51%。全区最高负荷达到1433.39兆瓦（出现于2017年8月22日，刷新2011年8月30日创下的历史最大负荷）。全区总用电容量669万千伏安，增长5.3%。实增容量33.5万千伏安。新的增长点主要有充电桩、新能源汽配、大数据及信息等产业。

禅城供电局连续安全运行2192天，全年未发生电力事故和四级及以上电力安全事件；在全区公共服务公众满意度评价中排名第一，获"广东省十大书香企业"称号；禅城供电局城区供电所营业二班获广东省"巾帼文明岗"称号，禅城供电局试验班、城区供电所急修班获"全国质量信得过班组"称号。

2017年佛山禅城供电局用电量数据统计示意图

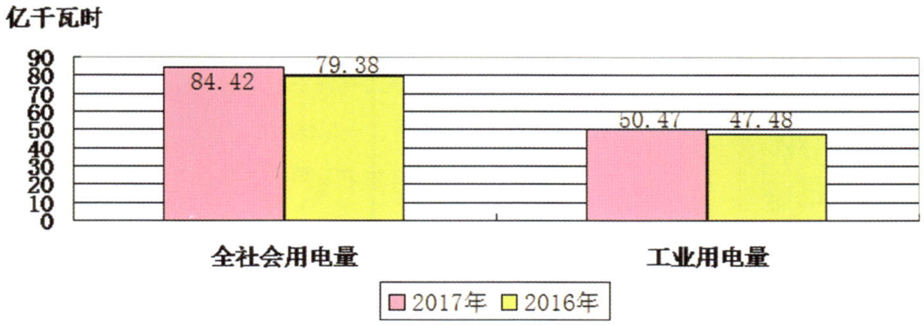

【精益管理】

2017年，深度参与改革试点任务，开展低压计量采维一体、电网警务室、工分计酬、财企直联电子支付、依法治企5项试点工作。推进低压计量采维一体化工作，带动传统的抄核收班组向技术型班组转型，72名抄表人员全部实现转岗，实行服务区域网格化。其中29人转至集抄自主运维岗位，至10月，禅城供电局低压集抄覆盖率由年初的97%提升至100%、自动抄表率由92.09%提升至99.22%、电子化结算率由96.27%提升至98.63%；43人转至网格化客户服务岗位。禅城供电局在全市率先成立"电网警务室"，通过电力巡防进驻企业内部和同享安防监控信息的方式，强化电力设施保护警企协作机制。

【电网发展规划】

2017年，实施配网规划“一把手”工程，在全省率先开展配电网分片区规划并完成44个片区规划工作，成果全面应用后可少建设28回中压线路，相当于节省一个变电站。推进工程建设，召开禅城区电力工作会议，重点工程纳入市、区、镇（街道）三级工作督办，营造“政企合力”的电网建设环境。推动城中村专项整治，开展“一村一方案”编制，全年完成24项重过载台区改造工程，建成华远村、张槎村等电力升级改造示范点。是年，完成电网投资4.04亿元、完成率109%，54项基建工程、101项业扩项目投产，未发生安全质量事件事故。

【电力安全生产】

2017年，坚持“一二三”（一个体系、两书应用、三基工程）安全生产主线，落实安全生产责任制，推进安全风险体系建设，成为南方电网公司首批“五钻”单位。落实配网网架完善“三年行动计划”，中压线路故障率比2016年下降42.3%，全年合环转供电率89.78%、提升54.71%。客户平均停电时间1.081小时，排名居全市五区第一。

【用电客户服务】

2017年，提升客户服务基础管理水平，建立客户投诉快速处理机制，第三方客户满意度88分；优化业务流程，中压业扩报装、配套项目建设平均用时分别减至112.73天、88天。加强故障出门管控，实现专变客户故障出门数下降41.67%。拓展服务渠道，远程服务平台绑定客户13.96万户。开展营销创新工作，在全省率先实现低压集抄全覆盖。推进综合能源服务，全年新增并网光伏项目257个、发电量776万千瓦时，促成电能替代项目18个、完成替代总容量8861万千瓦时。

【技术创新和成果转化】

2017年，坚持技术创新和成果转化，累计拥有实用新型专利13项、软件著作权2项。高压环网开关柜遥控操作装置（佛山首个获得南网职创一等奖的项目）完成批量生产和推广。“配电直流屏智能放电及监测装置”获南方电网公司职工技术创新三等奖、广东电网公司一等奖。

【电力应急保障】

2017年，创新制定人流密集场所保供电蓝本，引导中高考学校等保供电客户主动向第三方租赁应急发电设备，落实保供电客户应急电源。在全市首次将机器人技术、智能安全帽的单兵功能应用在应急演练，创新研发应急发电车快速接入装置并在佛山五区推广应用。成功应对台风“天鸽”“帕卡”“玛娃”连续袭击，零差错完成中共十九大、行通济、中高考、秋色巡游等保供电任务44项（其中，特级保供电1项、一级保供电3项、二级保供电18项、三级保供电及用户用电保障22项）。

【综合管控】

2017年，推进法治文化建设，建设广东电网县区局、供电所层级的法治企业示范单位，获评“广东省法治文化建设示范企业”。举办舆情处置演练，开展各类宣传581次，舆情风险事件比2016年下降85%，未发生负面舆情事件。全年完成182期、3640人次的比武练兵培训，人员素质当量提升至1.035，中高级技术人才比例达82.3%、高技能人才比例达98.38%、技能岗位技师比例达25.65%。超额完成新增中级职称4人、新增技师16人、选聘县区级助理技术专家2人共3项指标。

广东电网有限责任公司佛山禅城供电局

党委副书记、局长：黄智勇（至2月）

李达明（2月任）

党委委员、党委书记：马喆非

党委委员、纪委书记：张梓奇

党委委员、副局长：廖伟文（至2月）

罗智伟（至3月）

彭　涛（2月任）

何少红（2月任）

（黄洁玲）

燃　气

【简述】

佛山市燃气集团股份有限公司禅城燃气分公司在禅城区设有5个服务网点：季华营业厅（季华五路25号）、南庄营业厅（南庄镇紫洞南路106号）、行政中心服务点（季华五路28号行政服务中心4楼）、祖庙街道服务点（锦华东路汾左街50号祖庙街道社区服务中心首层）、南海大道营业厅（南海大道中18号）。其中，于2017年11月撤销雅居乐客服中心，12月新设南海大道营业厅。至年底，公司累计敷设地下管网（市政管及庭院管）超600千米，在用气居民用户超20万户、工商业用户约1000户。全年销售天然气约1.7亿立方米。

【工程建设与安全运营】

2017年，敷设地下管网（市政管及庭院管）约30千米，主要包括禅港路、清峰路等。开展地下管网检测及评估、优化带停气作业形式等工作。举办管网事故、上游停止限制供气事故、信息系统事故、自然灾害等13类事故的应急演练15次。全年未出现安全生产责任事故。

【燃气客户服务】

2017年，优化完善“佛山燃气”微信号及网上营业厅功能，客户可便捷办理燃气报装、预约点火、业务查询、报数缴费等多项业务。推行集中点火模式，对毛坯交楼小区实行集中通气，提高服务效率及质量。开展无熄火保护装置灶具整改专项工作。7月29日至8月28日，举办每年一度的“客户服务月”活动，开展“为微笑点赞”“流动服务进社区”“服务惠客户，礼品奖不停”系列活动。

【燃气安全宣传】

2017年5月起，配合佛山市消防局开展“消防宣传进万家”活动，利用安检员入户安检的机会，向用户派发宣传资料，传递消防知识。到禅城区各社区、学校开展17场燃气安全宣传活动，其中燃气安全进社区活动14场，现场解答用户用气疑问，同时提供更换胶管和小维修等便民服务；举办工商业用户安全培训班2场，燃气安全进校园活动1场，提高工商业用户及学生安全用气意识和自我防范能力。

佛山市燃气集团股份有限公司禅城燃气分公司

总经理：张　志

（钟绮云）

邮政·通信

邮　政

【简述】

2017年，中国邮政集团公司进行经营组织架构改革。9月12日，中国邮政集团公司佛山市禅城区分公司正式更名为中国邮政集团公司佛山市城区分公司。禅城区由中国邮政集团公司佛山市城区分公司、佛山市邮政投递局、佛山市邮政函件广告局共同提供服务，包括营业窗口收寄、代理金融、普邮投递、报刊发行、电子商务、函件广告、包裹、集邮等邮政基础服务。年末，有专业服务人员408人，其中营业窗口服务人员135人，普邮投递人员159人，函件广告、报刊发行、集邮、电商、包裹业务服务人员114人，有邮政营业网点12个、邮政代办所12个、代理金融网点7个、报刊亭45个、投递班组7个。全年禅城区邮政企业业务总收入为3.03亿元。

【《粤剧》特种邮票禅城首发】

2017年10月15日，《粤剧》特种邮票全国首发活动在佛山市禅城区祖庙万福台举行，佛山市委副书记、市长朱伟与近千名市民参加首发仪式。《粤剧》特种邮票是继2007年《石湾陶瓷》邮票后，第二套以独立个体形式列入“国家名片”的佛山题材邮票。邮票选材自粤剧集传统大成完整体系的四部传统例戏，其被称为粤剧“四件宝”，是广东省粤剧非遗项目。邮票一套3枚，分别表现《香花山大贺寿》《六国大封相》《玉皇登殿》三部粤剧传统例戏，“四件宝”中的《天姬送子》则在邮票大版的边饰上呈现。邮票大版设计中还融入佛山祖庙万福台元素，是中国戏曲题材邮票大版中唯一采用过桥设计并体现戏曲发源地元素的邮票。

2017年10月15日，《粤剧》特种邮票——《香花山大贺寿》首发式

（中国邮政禅城分公司供稿）

【“邮”“检”共启预防职务犯罪新模式】

2017年6月1日，投递局与佛山市人民检察院联合启动“预防职务犯罪邮路”活动。双方联合构建线上、线下两条“预防邮路”，线上主要依托邮政新媒体资源，整合社区“e点通”和腾讯媒体，利用邮政信报箱群为载体，搭载智能语音系统全力打造线上“预防邮路”宣传平台；线下组建“预防邮路”志愿服务队，深入村居、社区、机关、学校、企事业单位开展社会化宣传工作，实现预防职务犯罪线上、线下全覆盖。

【“我为困难老人办年货”活动】

2017年1月，城区分公司联合禅城区慈善会举办“万人爱同行　我为困难老人办年货”公益活动，通过线上线下募捐向社会公开募集200份爱心年货包，购置爱心年货包后的余款也全部用于帮扶困难老人。在春节前，通过到邮政7个网点领取及志愿者上门慰问两种方式把爱心年货包派发到禅城区内200户困难老人手上。

【举办文化书信节】

2017年6月，函件广告局联合市教育局、佛山电视台举办主题为“中华传统美德　百善以孝为先”的孝德文化书信节。该书信节是邮政面向校园学生进而辐射家庭群体的公益性活动和延续性的文化品牌项目，以“书信创作+美文诵读”的形式开展，历时5个月，覆盖全市570所中小学。

【电商平台“Wish邮”项目启动】

2017年5月17日，函件广告局正式启动“Wish邮”线上发货项目，促进国际小包业务发展，服务跨境电商直客。电商平台线上发货1件起揽，重点区域24小时上门揽收，按照项目资费优惠标准、邮件跟踪查询，为电商客户提供寄递服务。截至12月31日，该平台线上寄递国际小包共1049万件。

中国邮政集团公司佛山市城区分公司

总经理：林联胜

副总经理：张雁鸣

（周　莹）

通　信

【简述】

2017年，禅城区电信业务总量86.94亿元。年末，固定电话用户34.27万户，比2016年下降11.6%。移动电话用户264.26万户，上升13.4%。互联网用户247.80万户，增长13.3%。

【中国移动禅城分公司】

2017年，中国移动通信集团广东有限公司禅城分公司（以下简称禅城移动），员工203人。通信客户数179.91万户，比2016年增长22.6%。在禅城区开通4G站点累计约2437个，4G道路覆盖率提升至99.52%。4G客户数达95万，增长35.7%；全年累计总流量达215亿兆，增长119.4%，其中4G流量达208亿兆，增幅达137.7%。

网络建设　2017年，禅城移动聚焦网络建设，打牢网络根基。4G网络建设增质增量，攻克4G深度弱覆盖站点229个，4G黑点解决率达

98.71%；新建4G基站637个，增长35.4%。全年家庭宽带新增预覆盖12.3万户，覆盖率达90%。集团专线建设效率大幅提升，集团预覆盖楼宇选址数提升57.3%，并通过专线预覆盖建设实现专线“即报即装”的突破。

信息化服务　2017年，禅城移动通过信息化手段在公共交通、教育、民生服务、综合治理、通信保障等方面提供优质服务，提升政府办事效率。结合大数据实现政府对老城街道管理、拥堵治理的智能化。通过先进的数据建模，集合祖庙街道交通信号灯、停车场、管理人员等数据，提升辖区内密集人口疏导、交通拥堵治理的管理能力。引入国内教育前沿科技、优质教育资源，与禅城移动本地信息化服务的优势结合，提供给本地高校，解决先进教学与本地化服务的矛盾，为新高考、新教育提供多样化服务。与区司法局合作搭建“公共法律服务热线‘66611111’”呼叫平台，为市民提供优质便捷的法律咨询服务。与市公安局禅城分局成立长期联防机制，联合打击犯罪行为，协助公安部门成功破获基站设备被盗案件。开展“行通济”“佛山秋色巡游”等大型通信保障服务13场，共投入网络保障人员超125人次，服务市民超150万人次。

中国移动通信集团广东有限公司禅城分公司

总经理：李健伟（至8月）　李伯星（8月任）

副总经理：俞　斐　曾宪中（至11月）

丁术森（11月任）

（张创杰）

城乡建设与管理

城乡规划

【简述】

2017年，禅城区发展规划和统计局（城乡规划分党组）内设办公室、规划管理科、规划编制科、审批科、市政规划科、报建科、信息管理科7个科室，以及区历史文化名城名镇名村保护领导小组办公室和区城市治理规划建设科学化专责小组2个临时机构，在职人员29名。下属事业单位有区城市规划研究所、区城市规划地理信息中心，有在职人员42名。

2017年，核发建设工程规划许可证206宗，总建筑面积约420万平方米；核发建设用地规划许可证53宗，计用地面积约159万平方米。办理既有住宅加装电梯案件679宗，新增电梯项目近160个，核发既有住宅加装电梯规划许可78宗。累计审批市政（道路、管线）规划许可长度约138千米，出具违法建设规划意见共729份。收取城市基础设施配套费约2.73亿元。受理规划审批申请4398份，累计发出案卷约4097份。完成档案整理入库工作，处理归档资料5176份。

【在编控规覆盖全区域】

2017年，完成周尾围片区、罗格片区、贺丰片区、石湾西片区等控制性详细规划（以下简称控规）编制，获市人民政府批准实施的控规共计30项，合计151平方千米，全区获批控规覆盖率达到98%，居全市首位。做好控规覆盖“收尾”工作，继续推进莲花升平老城区控规编制上报工作，以复兴佛山岭南文化为目标，打造岭南文化旅游高地。成立区规划统筹决策委员会，通过议事制度对区重大的规划项目进行审议决策，统筹全区各领域专项规划、各发展要素规划。提升优化中轴线北区规划建设，完成其规划路网和用地功能优化调整，开展中轴线地区（北区）控规修编工作，形成初步方案。镇街和相关部门推进控规调整及技术修正项目约30个，修建性详细规划方案审核34份。包括湖涌TOD控规调整、张槎TOD控规调整、周记地块控规调整、枫林广场控规调整等，其中祖庙街道8个、张槎街道9个、南庄镇13个。有6个项目获市人民政府批复。

【海绵城市建设】

2017年，执行市、区海绵城市建设的相关技术指引和规划要求，在出具市政建设项目、建（构）筑物建设项目规划条件时，明确海绵城市建设指标要求，同时将规划条件涉及的海绵城市建设指标报备区住建部门。区规划部门全年出具涉及海绵城市建设指标的建（构）筑物建设项目规划条件共29份，如鄱阳城规划条件、佛山市禅城区岭南大道东侧地块规划条件、佛罗路南侧、化纤路北侧地块规划条件、吉利小学综合楼规划条件、健博通大楼临时规划条件、兆祥路北侧佛山涌西侧（大豆村地块）规划条件等。出具有海绵城市建设指标的市政道路规划条件3份，分别是影荫路南侧影荫三街北侧道路工程（道路）、澜石二路（金澜南路至岭南大道）道路工程（道路工程）、湖涌大道工程。

【历史建筑保护】

2017年，开展历史文化街区和历史建筑常态化巡查，对梁园街区、祖庙东华里街区、南风古灶街区等8个历史文化街区和华侨大厦旧址、石湾美术陶瓷厂园林、张槎村宝砚图书馆等61处历史建筑开展全覆盖巡查；开展历史建筑测绘、评估、规划研究等基础工作，完成第一批61处历史建筑测绘评估和危房鉴定等规划编制；完成全部8个历史文化街区保护规划，其中品字街历史文化街区保护规划作为示范成果于11月1日通过省住建厅审查；推进历史建筑修缮试点工作，选取华侨大厦旧址和杏头村二村连东三巷3号等两处历史建筑作为修缮试点，完成修缮设计方案的编制工作。是年，举办历史建筑保护工作新闻发布会、历史建筑采风、历史建筑市民徒步行等系列宣传活动，打响历史建筑宣传品牌。

【城市规划“一张图”平台建设】

2017年，率先在全市范围内建成城市规划“一张图”平台，配合大数据应用城市治理。在搭建城市规划“一张图”平台及录入试点片区数据的基础上，深化其功能及更新、补录数据，明晰规划“一张图”管理规定和审批管理流程，消除新批控规及控规调整整合的冲突，对新编控规数据实现实时动态维护。9月，区城市规划“一张图”平台项目获2017中国地理信息产业优秀工程银奖。

【规划编制研究】

2017年，开展轨道交通站点研究，对轨道交通张槎站、文华公园站、季华园站、江湾路站、佛山火车站、中山公园站、电视塔站等进行一体化开发研究。配合推进南庄大道东延（南庄大道至东平路）工程、南庄三桥及引道工程（南庄大道至樵乐路）、同济路西延（禅港东路至佛开高速）、张槎路西延（季华北路至禅港路）等三桥一隧项目，配合推进岭南大道北沿线、雾岗路（季华路）跨线桥、紫洞西一路道路工程、紫洞西三路道路工程等区重点基础项目建设项目建设前期工作；配合推进奇槎片区规划十二路、道氏科技周边道路工程等。推进《季华路（季华大桥—南海大道）周边道路微循环系统改善及仿真研究》《禅城区张槎街道片区雨水专项规划研究》《禅城区排水系统整合规划》等专项规划的编制工作。

是年，开展一批旨在提升城市重要节点风貌的研究项目，完成编制《美丽文明村居示范点建设规划》。开展全域河湖滨河沿线公共自行车骑行贯通性概念规划和城市设计；开展王借岗公园周边地区城市发展与产业用地整备策划研究，推动城市治理重要项目“东平河—汾江河中心城区环形生态生活景观廊”打造；开展季华桥以北至王借岗公园段堤外河滩地绿化景观概念性规划，对堤外河滩地内重要的景观节点进行深化设计；开展佛山新港及澜石港旧工业遗产活化再利用概念策划研究。

【历史文化街区项目获亚洲都市景观奖】

2017年9月28日，“亚洲都市景观奖颁奖礼”在宁夏银川市举行，活动邀请来自联合国人居署亚太办事处等国际机构的官员，以及日本、韩国、澳大利亚、越南、印度等14个国家和地区的31个城市近500名代表参会。在颁奖会上，禅城区规划部门主导规划的岭南新天地商业街区、南风古灶项目分别获得“2017中国（银川）都市景观大赛暨亚洲都市景观奖中国区选拔赛单项奖”城市有机更新优胜奖第一名、城市文化复兴优胜奖第二名。

【规划审批】

2017年，办理规划审批案件1363份，促进禅城区房地产市场去库存、重点产业项目落地、重要基础设施开建。加强重点项目的高效审批，依申请完成中国混合动力总成项目（首期工程30万台套）、普君南路C地块安置房项目、佛山岭南美术实验中学、区文化馆、梁园二期、奇槎公办学校等重点建设项目的规划许可审批。

【引入新技术加强图斑核查】

2017年，创新引入无人机先进技术，解决违建图斑实地筛查难、实地监控难问题，对南庄镇、祖庙街道、石湾镇街道等重点镇街实行违建图斑无人机高清模型制作以及筛查全覆盖。开展违法建设和临时建设标图建库项目编制，对已有及新增的临时建设和违法建设项目进行测量，统一数据标准，基于城市规划“一张图”平台进行数据建库，并与相关规划建设管理系统对接，实现多部门信息共享实现，实现违法图斑动态管理。

佛山市禅城区发展规划和统计局（城乡规划分党组）

党组书记：侯庆涛

局　长：渠　铮

分党组书记、常务副局长：侯庆涛

副局长：关羡湛　苏李达旭

纪检组组长：张晓平

（赵嘉仪）

城乡建设

【简述】

2017年，禅城区国土城建和水务局（城乡建设分党组）内设办公室（综合室）、建筑市场和设计管理科、工程质量安全监管科、住房保障管理科、房产市场管理科、房屋安全和物业管理科、村镇建设科（区城市房屋征收管理办公室）、燃气管理科（区燃气管理办公室）、人防科（区人民防空办公室）、地震科（区地震局）共10个科室，在职人员55人。直属事业单位有5个，分别是区土地和房屋征收中心（14人）、区建设工程质量安全监督站（51人）、区建设工程质量安全检测站（11人）、区房屋安全和房产服务中心（15人）、区住房保障中心（73人）。

【机构调整】

2017年9月30日，禅城区国土城建和水务局加挂区人民防空办公室牌子。10月29日，禅城区建设工程质量安全监督站增加“负责具体实施辖区交通运输、水务工程安全监督工作”两项职责，并增加事业编制10名，用于交通运输、水务工程安全监督工作，同时将内设机构交通运输工程质量监督室更名为交通运输工程质量安全监督室，水利工程质量监督室更名为水利工程质量安全监督室。

【建筑业市场管理】

2017年，禅城区新增房屋建筑工程施工报建项目140项，比2016年增长22.81%；建筑面积约580.64万平方米，增长54%；工程造价约103.48亿元，增长52%。全年对违规施工的在建项目立案22宗，处罚金额33.88万元，诚信扣分超过100分。联合区工商、质监、建筑质量安全监督站开展建材打假工作，共出动924人次对全区5个混凝土搅拌站和194个在建工地使用重点建材产品进行检查，抽检各类建材1042批次。出台《佛山市禅城区扶持建筑企业做大做强工作方案》，激发禅城区建筑业企业创新活力。全区有1个勘察设计企业获得住建部综合设计资质，是佛山市唯一获得该项资质的勘察设计企业；辖区内1个房屋建筑施工企业升级为建筑工程总承包一级资质，新增建筑业企业69家。1—3月（4月起暂停征收），征收新型墙体基金1330.54万元；办理退款项目55项，共2400万元；清理并上缴区财政逾期未提出新型墙体基金返退申请的项目22个，共575.36万元。

是年，禅城区获得绿色建筑标识的项目共22个，其中居住建筑项目10个，公共建筑项目12个，建筑面积合计238万平方米，超额70%完成市对禅城区绿色建筑推广任务140万平方米的考核指标。禅城区万科城、金色里程等相关项目被市评为“装配式建筑应用项目”。

【工程质量安全监管】

2017年，建立房屋建筑工程“双随机”监管机制，共检查工程项目144项次，出动执法人员563人次，发出质量监督记录50份、质量整改通知书56份、质量临时停工通知书1份、安全监督记录40份、安全整改通知书43份。创新推行政府购买房屋建筑工程质量安全监管社会服务的管理模式，将“深基坑工程日常巡查”“检测机构和预拌混凝土企业巡查服务”“房屋建筑领域风险点、危险源排查、辨识、评估和定级服务”3个50万元以下项目委托禅城区建筑业协会执行；另外3个50万元以上项目通过招标，广东建诚监理咨询有限公司中标“非建筑工程质量安全监管第三方服务”“建设工程质量安全日常巡查”，区建设工程质量安全检测站中标“大型施工起重机械的监测”。开展扬尘治理，采取购买服务的方式，组建禅城区房屋建筑工地扬尘精准防控督查小组，对重点区域房屋建筑工地实行“5＋2”（5个工作日＋2个休息日）巡查监管。率先在全市建立禅城区房屋建筑工地在线扬尘监测系统，工地上线51家，严控区域内工地全部安装上线。是年，受理祖庙—东华里改造、佛山市英才实验小学、中国电信佛山开普勒大数据中心、华南新能源大厦以及绿岛湖、奇槎片区公办学校等40个市、区重点项目的工程质量监督手续。对在建工程质量抽查1276次，发出局部停工通知书41份、质量整改通知书334份、不良记录告知书59份。

【房地产市场管理】

2017年，禅城区核发预售许可证141宗，面积共248万平方米；办理现售备案手续139宗，面积共85万平方米。禅城区商品房销售面积为256.00万平方米，比2016年下降18.83%（网签数据），新建商品住房均价为11882.16元/平方米（网签数据）。截至12月26日，禅城区商品房库存总面积307.44万平方米，对比2015年12月末库存337.36万平方米，减少29.92万平方米，其中非住宅库存面积196.97

万平方米，对比2015年12月末库存222.88万平方米，减少25.91万平方米，均超额完成市关于“2016—2017年，禅城区在消化新增商品房供应量的基础上，力争再化解15万平方米的商品房库存，其中非商品住房12万平方米”的要求。

【住房保障管理】

2017年，城市棚户区改造开工建设332套，建成公租房676套，新增发放租赁补贴297户。与国土、城建、财政、法制、公资办和税务等部门建立办证工作协调机制，将9984宗直管公房办证任务进行系统分类。区住房保障中心超额完成9397宗直管公房的确权出证工作，对剩余未达到办证条件的587宗直管公房，建立资料管理电子化台账，形成跟踪档案，待条件成熟后开展办证工作。自4月1日起，将人才公寓申请纳入一门式服务窗口，缩短审批时间，方便人才申请。至年底，全区共建成人才公寓3888套，出租2052套。

【公共租赁住房抽签现场会】

2017年8月19日，禅城区公共租赁住房抽签现场会在佛山市体育馆举行，有432户符合资格且轮候到位的中低收入家庭参加抽签，实际安置424户，有8户家庭放弃该次安置。抽签现场会按安置家庭的人口数、现有的房屋面积并保证人均建筑面积不低于15平方米，分别将申请家庭、安置房源分成6组，并采取“双监督”方式进行抽签。针对家庭成员中存在“老、弱、病、残”情况的47户家庭独立列为一类，安置房源均为电梯房。

【物业管理】

2017年，推进一门式政务服务进小区，制定试点小区“十个一”检查标准。将物业管理公共事务综合服务平台嵌入“市民之窗”自助服务终端机功能，提供便民服务。8月起，禅城区抽取100个物业小区，组织物业管理专家开展专项检查，督促物业服务企业做好日常管理工作。在创文复检期间，动员63名物业服务企业专家，出动205人次，对41个物业小区开展创文检查。全区受理、办结涉及物业管理方面的投诉1872宗，比2016年增长59%，接待来访群众约1090人次，电话咨询约4300次。禅城区物业管理纠纷人民调解委员会调处涉及案件874件，接受当事人自行申请案件3件。其中，703件属于法律咨询案件，134件通过人民调解方式解决，调解成功率为99.3%，最高涉案金额达66万元。是年，禅城区办理住宅专项维修资金申请使用46宗，使用金额约375.81万元。

【房屋安全管理】

2017年，办理区内房屋安全鉴定报告备案管理71宗，排查房屋9564栋，发现危险房屋191栋，经过各镇街协调，完成加固修缮10栋。区教育部门排查房屋253栋，未有危险房屋存在。通过购买社会服务的方式开展城市危险房屋巡查工作，由被委托的专家对排查的危险房屋登记造册并出具危险房屋管理可行性建议报告，解决对房屋安全隐患不清晰的问题。

【人民防空建设与管理】

2017年，推进101人防工程建设，由区建设资产管理有限公司（代建单位）负责实施，完成立项、建设用地免费划拨手续等前期工作。推进新建民用建筑内设置人防指引标识试点工作。9月下旬，区人防办代表佛山市人防系统接受省人防办的工程审批效能及质量建设和人防防护部位安全检查并获好评。定期对全区防空警报器进行实地检查及维护、组织警报器管理员培训，完成第三代短波通信系统的安装及机动指挥所设备改造，完成“9•18”防空警报试鸣任务。联合教育局推进人防知识教育进军训活动，利用“5•12防灾减灾日”、防空警报试鸣、全民国防教育日等，到学校、社区开展人防知识宣传活动。

【防震减灾管理】

2017年，按标准创建佛山市铁军小学、佛山市第四中学两所防震减灾科普示范学校；禅城区被中国地震局评为“2017年度全国县级防震减灾工作先进单位”，甘平被广东省地震局评为“2017年度广东省市县防震减灾工作先进个人”。11月14日，在南浦社区举行“国家地震安全示范社区”挂牌仪式。年末，全区累计建有季华园、文华公园和中山公园3个大型地震应急避护场所，20所防震减灾科普示范学校，5个国家地震安全示范社区。其中，平远社区、丽豪社区、南浦社区、湖景社区、吉利社区为“广东省地震安全示范社区”和“国家地震安全示范社区”。

【燃气管理】

2017年，重点开展燃气执法检查和安全隐患排查工作，累计开展安全生产检查及执法行动119次，出动检查312人次，发出整改隐患通知书30份，暂扣液化石油气钢瓶约370个。探索天然气汽车加气站改建加氢站，研究推动加油站和加氢站的合建，完成加氢站选点的可行性论证工作。确定中石化佛山石油分公司隆庆加油站与张槎西加油站为年度加氢站建设目标的选址，中石化佛山石油分公司绿景东加油站和澜石加油站作为备选目标。与全区15家燃气企业签订《禅城区燃气经营企业安全生产责任书》，落实燃气安全生产责任。组织召开禅城区城镇燃气节后复工复产教育培训暨安全生产工作部署会议，举办工商业用户燃气安全生产培训班2期，举办禅城区城镇燃气应急救援演练，提升应对突发事故能力。

【宜居城乡建设】

宜居城乡创建　2017年，制定《佛山市禅城区绿色村庄创建工作方案（2017—2020年）》，印发《禅城区创建宜居城乡工作绩效评价办法》。成功创建广东省三星级宜居社区12个，佛山市宜居村庄4个，组织申报广东省四星级省级宜居社区11个。“禅城区社会综合治理项目”成为全市第一个获得中国人居环境奖的项目。

古村落活化升级　2017年，确定禅城区2017—2019年古村落活化升级名单，其中石湾镇街道黎冲村、张槎街道张槎村为2017—2018年建设工作任务，南庄镇南庄罗元村为2018—2019年建设工作任务。

无障碍环境建设　2017年4月26日，国家检查组对佛山市《无障碍环境建设条例》贯彻实施情况进行检查，禅城区作为佛山市唯一推荐城区迎接检查并获肯定。8月，制作两批无障碍标志牌，免费向区各职能部门、各镇（街）、部分村居、医院、学校等单位发放无障碍标志牌约1100个。是年，禅城区无障碍工作通过创文复检。

【土地和房屋征收管理】

2017年，共启动21个征收项目，征地面积约29万平方米，征收建筑物面积约34.5万平方米，征收补偿估算金额约22.33亿元。新风路49号（党校地块）项目、卫国路东延线项目完成动迁，岭南大道北延线项目完成75%的动迁工作，新风路（府前路）项目完成55%的动迁工作，镇安东路和星辰路（镇安东路至南海大道）道路工程项目完成征收手续，魁奇路快速化岭南大道节点工程项目完成征收动迁工作。推进征收安置房项目建设，10月18日，普君南路C地块安置房项目动工，完成年度投资额97.8%；禅城区拆迁（征收）安置房建设项目1、2、3号楼均完成总建筑体量的30%，完成年度投资额71.7%；卫国东路南侧地块安置房项目完成初步设计方案（包括总平面图、户型图）。

佛山市禅城区国土城建和水务局（城乡建设分党组）

局　长：徐　航

常务副局长、分党组书记：黄吉亮

常务副局长：王培国

副局长：郑剑兴（至5月）　万　琼（至4月）
李朝相（7月任）

分党组成员：宋红霞

总工程师：李朝相（至7月）
丁江澍（8月任）

纪检监察组副组长：周丽文

（潘　力）

国土资源管理

【简述】

2017年，禅城区国土城建和水务局（国土资源分党组）内设6个科室，包括人事科、土地利用与规划管理科、土地市场管理科、政策法规科、测绘与矿产管理科、财务科。直属行政机构2个：区不动产登记局（下设权属登记管理科、权属争议调处科）、执法监察大队。事业单位6个：区土地储备中心（参公）、区不动产登记中心（区不动产档案馆）、区三旧改造服务中心、区国土资源信息中心、区土地测绘中心、区房产测绘和交易中心。年末，在职人员177人。

2017年6月，禅城区在广东省2016年度土地执法监察考核中获评一等奖；8月，获佛山市2016年度节约集约用地考核一等奖、土地执法监察工作一等奖以及“三旧”改造考核二等奖；全年获省核批奖励新增建设用地指标共50万平方米。

【用地报批】

2017年，禅城区获国务院批准建设用地指标80万平方米，其中新增建设用地66.67万平方米，解决禅城区历史征地留用地指标缺口问题。全年共获省国土厅批准用地33个批次，面积135.16万平方米。全年完成划拨用地手续20宗，面积63.46万平方米，其中交通运输用地49.8万平方米；完善魁奇路西延线、禅港西路、奇槎片区规划路等重点道路工程用地手续，保障新四中运动场、禅城区新看守所、普君C地块安置房、梁园及周边环境提升工程等民生项目用地需求。

【基本农田保护】

2017年，禅城区加强占用耕地审批管理，全域永久基本农田保有量保持在4.27平方千米。11月，启动永久基本农田保护相关可行性研究工作，编制《佛山市禅城区永久基本农田保护设施建设工作方案》，提出对位于南庄镇分布相对集中连片的永久基本农田及其周边主要交通道路沿线，设立永久基本农田保护标志牌、宣传牌和界桩，并对重点区域布设视频监控系统（接入云平台），形成区域覆盖、重点突出、保护与宣传并重的永久基本农田保护格局。

【土地储备】

2017年，完成土地收储面积1.23平方千米，较2016年增长29.2%。推进普君南改造节点及各类产业项目的土地整合；完成轨道交通TOD综合开发及广佛环城际轨道交通项目湖涌站、张槎站土地征收。优化完善收益分配机制，在对民营企业和村集体用地收储工作中取得突破，成功收储多家民营企业用地以及鄱阳村用地，拓展土地储备空间。

【土地市场管理】

2017年，禅城区公开交易土地7宗，成交面积26.55万平方米，成交金额99.43亿元。其中，一级市场出让21.54万平方米，累计出让总价款95.62亿元；二级市场转让5.01万平方米，成交价3.81亿元。是年，规范和完善禅城区住宅用地“三限一摇”（竞限地价、竞限无偿配建人才住房、竞限自持建设面积，直至摇号确定竞得人）的土地公开交易模式，得到上级国土部门的肯定并推广。

【城市更新项目暨土地推介会】

2017年3月10日，组织举办禅城区城市更新项目暨土地推介会，邀请并吸引省内外超70家房企及20家媒体单位，共约300人到场。会上重点介绍2017年禅城区计划推出的27宗经营性房地产项目以及38个城市更新（“三旧”改造）项目基本情况，总用地规模达到5.6平方千米。

【“三旧”改造】

2017年，共完成“三旧”项目认定11个，面积约102.33万平方米；完善历史用地手续改造方案6宗，面积约31.13万平方米；办理财政扶持（城市基础设施配套费减免）2宗，金额约956万元。全年累计完成“三旧”改造面积107.2万平方米，建成建筑面积达271万平方米，实现固定资产投资达69亿元。取得规划许可证的“三旧”改造项目7个，总建筑面积84万平方米。是年，禅城区获市“三旧”改造考核二等奖。

【基础测绘管理】

2017年，完成“数字禅城”地理空间框架项目验收、1:500基础测绘修补测和全区仿真三维数据更新工作；在全市率先上线佛山市测绘地理信息动态更新系统；全年完成独立宗及共用宗土地测绘6.08万宗；完成不动产登记房屋委托测绘1195宗；出具新建商品房测绘报告350份。

【地质灾害防治】

2017年，对位于石湾镇街道、南庄镇共4处地质灾害点实施整治。5月，编写发布《禅城区2017年地质灾害防治方案》。7月，与各镇街分别签署《2017年度地质灾害防治责任书》，建立完善并落实汛期值班、动态巡查、群测群防、灾情速报专报、设立警示牌标志、发放避险防灾明白卡等制度。全年未因地质灾害造成人员伤亡和财产损失。

【土地执法】

2017年，完成2016年度土地卫片执法检查工作，对全区16个、面积2.45万平方米违法用地图斑进行整改，全部予以立案查处并结案，通过省检查组验收。完成省下达的年度土地矿产执法检查任务，核查图斑共计96个，监测面积共92.35万平方米。其中，在第二季度核查发现5宗违法用地（图斑面积0.66万平方米），较2016年同期下降16.7%，且全部进行立案查处，结案4宗；在第三季度的卫片执法检查中未发现违法图斑。制订《禅城区严查严控违法用地违法建设工作实施方案》，建立完善快速制止消除违法用地违法建设行为工作机制，实行日常土地动态巡查网格化管理和包案制度，违法用地现象得到遏制。

【不动产登记】

2017年，颁发不动产权证书6.66万本，办理不动产权证明4.27万份。完成不动产数据整合建库工作；优化审批流程，对“预购、预抵”“带预抵的一手房办证”“带抵押转移”等三大业务类型试行组合登记，最多缩短事项办结时限7个工作日。9月，禅城区不动产登记中心作为全省试点推行电子证照单位，率先实现二手房买卖契税凭证电子化，通过简化申请资料和手续，实现便民高效服务。11月，禅城区不动产登记中心获省、市国土部门推荐参与“全国百佳不动产登记便民利民示范窗口”评比创建活动。

佛山市禅城区国土城建和水务局（国土资源分党组）

局　长：徐　航

常务副局长、分党组书记：张　杰（至11月）
陈丰顺（12月任）

副局长：沈树华（至5月）　黄碧君　李武龙
陈　亮（7月任）

纪检组组长：霍耀忠

执法监察大队队长：沈树华（至4月）
胡　峻（4月任）

不动产登记局局长：陈　亮（至7月）
曾宪鹏（7月任）

区土地储备中心主任：施　翔

区不动产登记中心主任：吴佩珍

区“三旧”服务中心主任：张　杰（至5月）
沈树华（5月任）

区国土资源信息中心主任：张跃东

区土地测绘中心主任：罗永新

区房产测绘和交易中心主任：陈长缨

（薛宇昕）

环境保护

【简述】

2017年，禅城区环境保护局内设8个科室：办公室（纪检监察室、内部审计科）、法制宣教科、督查科、环境评价科（行政审批科）、污染物排放总量控制科、污染防控科、辐射与放射监管科、生态保护科。直属行政机构1个：区环境监察分局（环境应急指挥中心）。直属事业单位1个：禅城区环境监测站。在职40人。

2017年，禅城区全年优、良天数为278天，占全年天数的76.2%。空气中主要污染物SO_2（二氧化硫）的年均浓度较2016年下降7.1%，NO_2（二氧化氮）、PM10（可吸入颗粒物）、PM2.5（细颗粒物）分别上升4.0%、15.8%、7.9%。42条内河涌水质持续好转，总体达标率由2016年的48.8%上升到51.8%。佛山水道汾江河水质持续好转，其中罗沙断面附近的水质类别为Ⅱ类，水质状况为优；街边水质类别为Ⅳ类，水质状况为轻度污染。是年，禅城区收集降水样品69个，降雨量为1331.7毫米，其中酸雨样品6个，全区降水pH值为5.73，酸雨频率为8.7%，降水酸度和酸雨频率明显下降，下降35.1个百分点。

【饮用水源监测】

2017年，禅城区饮用水源东平河的监测断面为沙口水厂、紫洞水厂，常规监测项目包括水温、pH值、溶解氢、高锰酸盐指数等61项。全年开展丰、枯水期水质109项全分析监测2次（5月、11月各一次），检出的项目纳入常规监测，每月监测1次。是年，东平河段各监测项目达Ⅲ类水质标准，达标率100%，水质符合Ⅱ类水质，水质状况为优，不存在主要污染指标。

禅城区饮用水监测点位明细一览表

河流名称	监测断面	负责单位	控制级别	水质目标	常规监测评价标准	监测频率	必测项目	垂线数×测点数	底泥
东平河	沙口	禅城区站	省控	Ⅱ类	Ⅲ类	12次/年	常规61项；丰、枯水期109项全分析	3×1	√
	南庄	禅城区站	市控	Ⅱ类	Ⅲ类	12次/年		3×1	√

2017年禅城区饮用水源南庄、沙口断面水质状况评价一览表

时间	南庄		沙口		全河段	
	水质类别	水质状况	水质类别	水质状况	水质类别	水质状况
第一季度	Ⅱ类	优	Ⅱ类	优	Ⅱ类	优
第二季度	Ⅱ类	优	Ⅱ类	优	Ⅱ类	优
第三季度	Ⅱ类	优	Ⅲ类	良好	Ⅱ类	优
第四季度	Ⅱ类	优	Ⅱ类	优	Ⅱ类	优
全年	Ⅱ类	优	Ⅱ类	优	Ⅱ类	优

【水环境功能区水质监测】

2017年，佛山水道（汾江河段）监测断面为罗沙、街边。监测项目包括水温、pH值、溶解氧、高锰酸盐指数、化学需氧量、五日生化需氧量、氨氮、总磷、铜等24项。佛山水道汾江河各断面水质主要污染物为氨氮、溶解氧和总磷。

禅城区地表水监测点位明细一览表

河流名称	监测断面	负责单位	控制级别	水质目标	常规监测评价标准	监测频率	必测项目	垂线数×测点数	底泥
佛山水道	罗沙	禅城区站	省控	Ⅳ类	Ⅳ类	12次/年	23项	2×1	√
	街边	禅城区站	区控	Ⅳ类	Ⅳ类	6次/年	23项	2×1	√
	横滘	市站	省控	Ⅳ类	Ⅳ类	12次/年	23项	2×1	√

2017年佛山水道汾江河各断面水质状况评价一览表

时间	罗沙		街边		横滘	
	水质类别	水质状况	水质类别	水质状况	水质类别	水质状况
第一季度	Ⅱ类	优	Ⅲ类	良	Ⅳ类	轻度污染
第二季度	Ⅱ类	优	Ⅳ类	轻度污染	Ⅳ类	轻度污染
第三季度	Ⅲ类	良	Ⅳ类	轻度污染	劣Ⅴ类	重度污染
第四季度	Ⅱ类	优	Ⅳ类	轻度污染	Ⅳ类	轻度污染
全年	Ⅱ类	优	Ⅳ类	轻度污染	Ⅳ类	轻度污染

【主干内河涌水质监测】

2017年，禅城区主干内河涌为南北大涌、吉利涌等42条内河涌，每月监测1次，监测项目为水温、pH值、五日生化需氧量（BOD5）、化学需氧量（COD）、溶解氧、氨氮、总磷和高锰酸盐指数等8项。是年，42条主干内河涌水质达标率为51.8%，主要超标项目涉及氨氮、总磷和溶解氧。

【大气环境监测】

2017年，禅城区大气自动监测点设置在湾梁村和华材职中。监测项目包括二氧化硫（SO_2）、二氧化氮（NO_2）、可吸入颗粒物（PM10）、细颗粒物（PM2.5）、一氧化碳（CO）和臭氧（O_3）。是年，全区城市环境空气质量综合指数为5.01，比2016年上升7.1%，主要污染物为颗粒物和二氧化氮。其中可吸入颗粒物（PM10）、细颗粒物（PM2.5）、二氧化氮（NO_2）年均浓度分别为66微克/立方米、41微克/立方米、52微克/立方米，增幅分别为15.8%、7.9%、4.0%；二氧化硫（SO_2）年均浓度为13微克/立方米，下降7.1%。全区优良天数比例为76.2%。

2016—2017年禅城区环境空气质量监测结果示意图

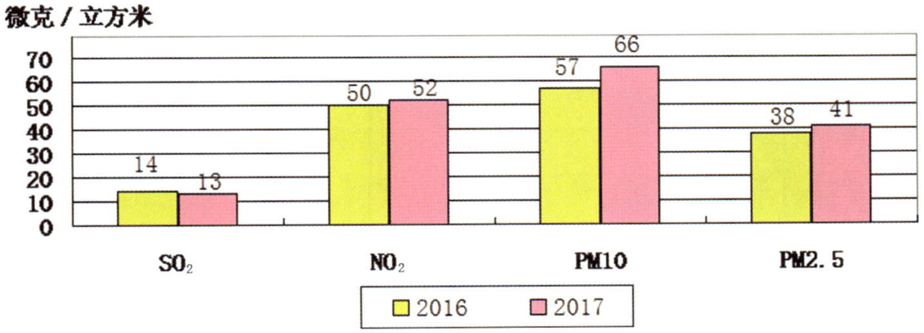

【城市噪声监测】

2017年，禅城区设有区域环境噪声监测点位122个，4月开展监测，每个测点测量10分钟的等效声级；道路交通噪声94个，10月开展监测，每个测点测量20分钟的等效声级；功能区噪声监测点位4个，每季度监测1次，每次连续监测24小时。是年，禅城区区域环境噪声监测平均等效声级62.5分贝，比2016年上升4.8分贝，总体噪声环境质量等级评价为四级。道路交通噪音昼间平均等效声级71.5分贝，比2016年上升0.7分贝；平均等效声级大于70分贝的路长占总路长的72.7%。功能区噪声昼间达标率为59.5%，下降0.7个百分点；夜间达标率为52.5%，下降1.2个百分点。

【环境治理】

餐饮油烟集中式治理　2017年，重点打造餐饮行业油烟集中式治理示范区，石湾镇街道印象城、张槎街道西华里、南庄镇绿岛广场、祖庙街道东方新天地完成餐饮油烟集中式整治并通过验收。对部分餐饮企业试点开展餐饮油烟“超洁净排放”治理。

陶瓷行业大气污染深化整治　2017年，全区17家在生产的陶瓷企业开展氮氧化物提标（排放限值从180毫克／立方米收紧到100毫克／立方米）改造，实行浓度和总量双控制，其中9家企业使用天然气、8家安装治理设施进行整治，均通过整治验收。

机动车尾气治理　2017年，上路检测车辆尾气8.45万辆（人工检测1.16万辆，超标187辆并发出限期整改通知书；遥感监测7.29万辆，超标574辆），超标率下降至1.62%。人工上路检测216天，检测车辆数比2016年增加67.25%。对客货运站场、车辆停放地和主要道路出入口开展抽查工作，共检测2090辆，超标29辆，检测数比2016年增加9倍。

重点行业污染治理　2017年，完成非限燃区2台4蒸吨／小时以下燃油锅炉整治工作，其中1台报停、1台改用液化石油气。完成8家企业的VOCs（挥发性有机化合物）治理及15家企业的清洁生产验收工作。

村级工业园综合整治　2017年，制定9个行政村（居）的“一村一策”环境整治方案，按照“清理淘汰一批、整治提升一批、强化监管一批”的原则对企业实施分类管理，完成村级工业区环境综合整治工作，整治企业685家。部分镇（街道）实现土地连片开发，推动产业集聚升级，提升村民居住环境。

农村环境综合整治工作　2017年，推进农村生态文明建设，联合相关职能部门对南庄镇紫洞村、罗格村采取实地考察和资料审核相结合的方式进行验收。禅城区完成51个行政村（全区共54个行政村）的整治工作，完成率为94.4%。

水环境综合整治　推进广佛交界区域污染整治，实施挂图作战，开展重点区域“四源共治”（全面控制工业源、全域治理生活源、严格整治农业源、有效削减内生源。其中“源”是指污染源），推动广佛跨界河流水质达标。推动区内42条重点内河涌系统性整治，使其水质持续稳定向好，恢复水生态功能。42条主干内河涌年均水质达标率有显著改善，比2016年上升3%，佛山水道（横滘断面）达到阶段性要求。是年，完成水环境综合整治任务75项，完成第三批联围涌等20条主干河涌整治方案的编制工作。

【机动车尾气防治】

2017年，禅城区完成3193辆黄标车及老旧车年度淘汰任务，完成率为159.65%。全区122套“电子警察”系统抓拍闯禁黄标车1607宗（含异地车1219宗）。与区公安部门搭建边界取证交换平台，实现黑烟车抓拍数据、视频流、图片等资源在公安和环保系统之间流转。是年，12套设备覆盖全区主要道路出入口及主要货车行驶区域，共抓拍黑烟车2726辆，报送公交机关45辆，录入违法系统10辆。

【环境监察与执法】

2017年，建立巡查制度，组成环境督查小组，对重点区域、重点企业进行巡查。在“网格化”监管的基础上，按每季度抽查27家重点污染源、15家一般污染源的频次，对全区110家重点污染源和411家一般污染源开展“双随机”检查。开发基于微信平台的环境巡查程序，实现企业基本信息、执法检查情况、现场检查图片等信息的便捷录入、查询和交办，与“移动执法系统”功能互补。是年，累计出动执法人员4.2万人次，检查企业1.38万家次，责令限期整改企业1086家，立案查处296宗，行政处罚342宗（比2016年增长121.4%），处罚金额1239.27万元（比2016年增长62%）。受理环境信访案件1621宗（比2016年减少14%）。与公安机关联动惩治环境违法行为，向公安机关移交适用行政拘留案件4宗和涉嫌环境犯罪案件1宗。

【放射源及工业固体废物管理】

2017年，累计出动环保执法人员470人次，检查企业202家次，对全区放射源及射线装置使用单位进行执法检查，完成12家企业计49枚废旧放射源收贮工作。完成16家核技术利用单位的“辐射安全许可证”申领换领的初审工作，持证率达100%。是年，全区产生并转移危险废物2257.13吨。产生的危险废物主要为废矿物油、废有机溶剂、废乳化液、表面处理污泥等。产生的危险废物主要委托佛山市南海创伟化工环保科技有限公司、惠州东江威立雅环境服务有限公司、东江环保股份有限公司、韶关绿然再生资源发展有限公司等持证资质单位进行处置。

【深化环保审批改革】

2017年1月17日起，禅城区正式启用国家建设项目环境影响登记表备案系统。落实《国务院关于修改〈建设项目环境保护管理条例〉的决定》，10月1日起，建设单位按照国务院环境保护行政主管部门规定的标准和程序，对配套建设的环境保护设施进行验收（固体废物、噪声等环保设施由环保部门验收）。推动排污许可制改革工作，启动国家排污许可证的核发工作。全年共受理环保行政审批事项1621宗，其中涉及建设项目环境影响评价审批359宗，建设项目环境影响竣工验收515宗，排污许可证核发222宗。

【排污权交易试点工作】

2017年4月1日，《佛山市排污权有偿使用和交易管理办法（试行）》正式施行，禅城区正式启动排污权有偿使用和交易。5月8日，辖区内的佛山惠洋喷涂工业有限公司成为全市第一家完成办理排污权有偿使用业务的企业。是年，禅城区完成104家重点企业的排污指标核定工作，分别为企业成功办理3宗初始排污核定与分配申请和11宗自愿申购初始排污权有偿使用业务，其中涉及有偿使用金额171.88万元。

【生态创建】

2017年4月21日，印发实施《佛山市禅城区生态文明建设规划（2016—2025年）》，提出在2019年前建成国家生态文明建设示范区（按省市要求建成国家生态文明建设示范区），确定“两区、两片、三带、多生态节点”的生态安全格局，以及“一轴两翼三片区”的产业空间格局，突破治水和治气两大治污难点。推进广东省环境教育基地创建，借助社会组织力量，开展环境监测进村居、环保咨询进村居、环保回收进村居等服务项目。是年，南庄镇人和社区居民委员会、南庄镇中心小学和绿岛湖公园分别获评“广东省绿色社区”“广东省绿色学校”“广东省环境教育基地”称号。

佛山市禅城区环境保护局

局　长：蒙海涛

副局长：何金雄（至5月）　陈总良（至5月）

严　聪　郭文敏（11月任）

冯凯鸿（11月任）

纪检组副组长：陈　孟（至11月）

吴永坤（11月任）

总工程师：何锦英

区环境监察分局局长：郭文敏（至11月）

（林丹云）

公用事业

【简述】

2017年，禅城区城市综合管理局（公用事业分党组）内设人事科、计划财务科、公用科、项目招标管理科、市容环卫科、园林绿化科（区绿委办）、工程建设管理科共7个科室，在职人员53人；下辖园林绿化养护中心、环境卫生养护中心、公用事业服务中心3个事业单位。

2017年，完成文华花市、“行通济”、50公里徒步、秋色巡游等大型活动保障工作。统筹并实施区的省市重点建设、市责任状和民生工程项目10个，累计完成年度投资额1.08亿元。清运城市生活垃圾约49.3万吨，无害化处理率保持在100%；新增和改造绿地面积105.74万平方米，绿化覆盖率为39.71%；完成路灯移交、接管、养护任务，城市亮灯率保持在99%以上。

【环卫保洁】

2017年，完成515.4万平方米城市道路、31座人行天桥、6.4万米道路分隔栏、约10.3万平方米城市车行隧道、145.2万平方米河涌水面（含生态浮岛）的日常保洁；完成汾江河生态浮岛的植株大量补种及浮床加固，清理水面及沿岸垃圾约1800吨；完成146间公厕保洁和粪便清理；完成48间垃圾站的管养；完成全区49.3万吨生活垃圾的清运，做到日产日清，无害化处理率为100%。制定《禅城区生活垃圾分类减量工作方案》，在全区自然村派发城市生活垃圾分类宣传资料，联合佛山市第一小学开展第二课堂涉及环境卫生等内容宣传活动。通过省级农村生活垃圾治理验收。对渣土运输车辆实行核准制度，明确不得撒漏和乱倒等内容。印发《禅城区城市综合管理局洒水降尘强化工作方案》，安排163人、134辆车专项治理扬尘污染。

【园林绿化】

创森工作　2017年，开展“创建国家森林城市”（以下简称创森）攻坚行动，推进重点工程项目建设，提升城市景观环境。举办5场全区性的义务植树活动；向全区各单位及村居（社区居委）派发创森宣传海报超1万份、倡议书近5万份，利用户外广告牌、LED宣传栏、灯柱立柱广告等开展创森宣传；在全区设置180块生态标识牌、1800块树木科普牌；加强森林公园和湿地公园建设，提升附属绿地质量，完善主干道和水系绿化，新增和改造绿地面积105.74万平方米；加大村、社区公园建设力度，增加公园数量，改善老城森林景观。9月底，全区各项指标达到（或市统筹达到）国家森林城市建设标准要求。10月，佛山市被国家林业局授予“国家森林城市”称号，禅城区完成创森任务。

园林绿化养护工作　2017年，完成4次大规模时花换种工作，换种时花面积4.23万平方米（共105.75万盆次）；对乔木、灌木、时花、地被、草坪进行大面积补种、修剪和施肥并处理病虫害；增设隔离网和竹篱笆，清理绿化废弃物。加强对亚艺公园、文华公园系列管理养护，通过“增、疏、提、留”等方式在禅荷花岛营造时花花海；使文华公园玫瑰情园的各月季品种长期保持盛花状态。在主要道路和各大公园广泛种植木本观花植物。6月，亚艺公园、绿岛湖公园被评为“佛山十大最美公园”。

绿色生态水网建设　2017年，以湿地公园建设、滨河景观带建设和河涌水环境综合整治为核心，推进东平河生态景观林带、绿岛湖湿地公园、半月岛湿地公园、东平河石湾湿地公园、周尾围湿地公园一期、季华大桥张槎节点，以及丰收涌、南浦涌、奇槎涌等河涌水环境综合治理等项目。

【森动禅城摄影大赛】

2017年5月31日，在亚艺公园禅荷花岛举办“禅城区创建国家森林城市打造绿色生态禅城”暨2016—2017年度森动禅城摄影大赛颁奖活动。大赛于2016年5月启动，推动禅城区创建国家森林城市，展示“绿城飞花”“森动禅城”主题景观建设成果，传播禅城的自然之美、生态之美、人文之美。至2017年4月，主办方在6轮双月赛共选出优秀摄影作品超过100幅（组）。大赛最终评出25幅（组）作品为年度获奖作品，其中一等奖1名、二等奖3名、三等奖10名、优秀奖11名。

【路灯养护】

2017年，新接管道路照明灯具760套，完成21处零星加灯工作，安装灯具38套；清洗95条道路6660杆路灯，清洗亮化设施灯杆灯具210套；完成东平河明窦水闸、东平桥北面、亚艺公园、季华大桥底共4个台架、14个箱变和6个电房的电气设备试验，检测结果均正常；制定《禅城区亮化维护管理考核细则》，要求亮化维护单位按照细则要求开展养护工作，提高亮化设施亮灯率，城市亮灯率保持在99%以上。

【项目建设】

2017年，印发《禅城区城市综合管理局政府投资建设工程监管责任清单（试行）》《佛山市禅城区城市综合管理局公用事业分党组工程项目设计方案审查制度》，实现项目建设全过程监管。统筹并实施10个省市重点建设、市责任状和民生工程项目。是年，东平河北岸滨水区改造提升项目二期（西侧）、五峰山森林公园北门景观建设工程、亚艺公园南入口及东入口广场景观提升工程、文华公园西入口广场景观轴提升改造工程、完善公园游览及排水设施工程、10个垃圾站改造项目、10个公厕提升项目完工。

【城市管理】

2017年，加强城市环卫、园林、户外照明设施管理，组织各镇街开展社区、道路路面“大清洗”，更换公园创文广告海报，做好文明镇街村居提升环境卫生、园林绿化水平和创建文明公厕工作，助力佛山市创建文明城市复检成功。实行晚间和节假日对城区园林绿化、环境卫生和路灯管养维护情况的常态巡查，领导带岗巡查26次，发现问题49宗；按照“以费养事，按质付费”原则对下放到镇街的园林绿化和环境卫生开展考评，对镇街考评37次，发现并整改问题5215宗，其中环卫方面3874宗、园林方面1341宗。

【户外广告管理】

2017年，牵头户外广告领导小组各成员单位不定期召开联席会议，进行日常的户外广告审批，共召开广告联席审批会议12次，完成广告审批96宗；发布各类公益广告6宗。6月14日，将户外广告联合审批移交至区城管办。

佛山市禅城区城市综合管理局（公用事业分党组）

局　长：吴莉芬

常务副局长、分党组书记：

梁志林（至12月）　洪俊辉（12月任）

纪检组副组长：林思慧

副局长：刘义越　罗慧文　刘汉青

总工程师：陈李利

（周　琼）

城市管理与行政执法

【简述】

2017年，禅城区城市综合管理局（城市综合执法分党组）内设办公室、城市执法管理科、法制科、宣传科、监察室5个科室和1个直属分局，在职人员61人。派出机构有4个镇街环境保护和城市管理分局。

是年，拆除违法建设265宗，拆除面积6.6万平方米。全年开展市容环境专项整治约900次，拆除违法广告招牌1335宗，拆除面积5.2万平方米。处理各类市容违法行为13万宗，立案2130宗。严查工地扬尘和渣土运输，立案418宗，处罚金额206万元。行政复议案件9宗；受理各类信访投诉1201件，比2016年下降43.8%；办理人大议案（建议）和政协提案6件，办结率和满意率均为100%。数字城管全年受理、处置各类诉求26.96万宗，办结26.31万宗，办结率为97.59%。

【市容管控】

2017年，实施“5＋2”“白＋黑”的市容管控模式，开展“八乱一占”“春雷”等综合整治行动，全年出动执法人员9.6万人次，教育清理乱摆卖7万宗，纠正查处占道经营5万宗。完成各类日常巡查保障、客人考察保障、应急保障约280次。是年，禅城区城市管理考评获全市总分第一名。

【违法建设治理】

2017年，拆除违法建设265宗，比2016年增加39%；拆除面积6.6万平方米，增加11%；图斑数量和建筑面积取得“双下降”，较

2016年图斑数量下降54.2%，图斑建筑面积下降62.1%，强制性图斑数量和面积分别下降50%和97.7%。全年违法建设立案691宗，立案面积32.2万平方米，分别下降13.6%、67.2%。拆除违法建筑和违建广告等1600宗，拆除面积11.8万平方米。

【工地扬尘整治】

2017年，工地管理实施“红绿灯”管理机制。对落实扬尘治理“八项标准”较好的工地，给予“绿牌”标志；对存在部分不文明施工行为的工地，给予“黄牌”标志；对存在严重不文明施工行为的工地，给予“红牌”警告。以“人防+技防”的模式提高监管效率和水平，利用现代信息网络技术，与住建等部门建立资源共享机制，将建筑工地监控探头与云平台指挥中心监控连通，推行24小时视频巡逻和联勤联动管理执法机制。落实“一工地一档案”，重点核实记录工地负责人信息、工地类别、工地施工状态等信息。是年，检查扬尘源8547个次，发现施工工地裸土未覆盖318起，未开启喷淋设备1217起，开具整改文书1358份，约谈工地负责人105人次，立案查处施工工地未采取防尘降尘措施52宗，处罚金额81万元。

【城市管理推行服务外包】

2017年，推行城市管理服务外包，开创城市治理新模式。张槎街道引入第三方机构“专人做专事”，通过政府购买服务的方式，打造智慧城市管家项目，外包绿化管养、清扫保洁、综合巡查等城管服务。祖庙街道在国庆中秋、“行通济”活动、迎春花市、祖庙路、汽车站等重要节点、重点区域，通过购买服务的方式弥补执法力量不足问题，“行通济”活动聘请180人参与保障，国庆、中秋期间聘请80人参与重要区域的保障工作。石湾镇街道试行将建筑工地承包给第三方公司管理，实现工地周边环境的24小时实时监控。针对屡禁不止的乱摆卖行为，在文华公园、亚艺公园推行“综合执法+外包服务”管理模式，建立常态化管理队伍和运作机制。

【渣土运输管理】

2017年，落实渣土车辆登记，加强运输公司诚信管理，推行奖惩结合管理办法，明确“三个凡是”（凡是无牌无证无覆盖设施车辆一律不准上路运输，凡是没有办理渣土处置许可的一律不准运输，凡是不按照审批的车辆、路线、时间从事运输活动的停止运输）要求。是年，全区立案查处渣土车辆违规运输行为366宗，处罚金额125万元。

【推广市容环境卫生责任区】

2017年，以“四个到位”（思想认识到位、组织保障到位、重点推进到位、配套措施到位）推进市容环境卫生责任区制度的落实，发动市场主体和社会力量参与城市管理，制定《佛山市禅城区落实市容环境卫生责任区制度实施方案》；2月底，在张槎街道下朗村启动市容环境卫生责任区制度试点工作；9月25日，举办“共担市容环境卫生责任　共享优美环境品质生活”——2017年禅城区全面推进市容环境卫生责任区制度集体签约活动，邀请各镇街、村居（委）、商家等100名责任人代表参加现场集体签约活动。是年，完成“七纵七横”主次干道市容环境卫生责任书签订约2000份，以及完成123个集贸市场责任书的签订工作，20个美丽文明村居签订工作完成80%。

【违法户外广告整治】

2017年，分别对季华路、魁奇路、佛山大道、轻工路、江湾路、南庄大道、吉利大道、龙津路等主次干道路，以及南庄镇解放路中心城区的违法广告进行整治；石湾镇街道集中拆除镇中路陶瓷批发市场和周边仓储物流中心等一批老、旧、破、残天面广告。全年拆除违法广告招牌1335宗，拆除面积5.2万平方米，增加33%。

【城管队伍形象建设】

2017年11月21日，组织开展“强基础、转作风、树形象、不忘初心、牢记使命、再创辉煌”——禅城区城市综合执法系统“强转树”全员集训活动暨全国城管执法人员统一换装仪式，全区城市综合执法人员约200人在文华公园举行集训活动，并换上全国统一的新制服。是年，区局、分局两级督查组共出动1960人次，进行472次日间督查、145次夜间督查，累计督查队员3924人次，均未发现违纪违规问题。祖庙分局刘广南在第三届“最美家乡人”全国评选中，获评“全国最美家乡人”。

佛山市禅城区城市综合管理局（城市综合执法分党组）

局　长：吴莉芬

常务副局长、分党组书记：赵　亮

常务副局长：陈广雄　李俊扬

副局长：李志强　吴魁俊　赵　旭　张海华

纪检组组长：彭仕化（至5月）

陈旭东（5月任）

（黄佰赞）

科教文体卫

科教文体卫

科学技术与知识产权保护

【孵化器和众创空间培育】

2017年，禅城区新增国家级众创空间2家、省级众创空间7家、市级众创空间1家、市级孵化器立项1家、区级孵化器备案1家。全区累计拥有4个国家级、7个省级、9个市级科技企业孵化器。

【企业研发机构发展】

2017年，新增省工程技术研究中心13家、市工程技术研究中心15家、省级院士工作站1家、省级企业技术中心5家、市级企业技术中心1家。引进的中国科学院院士、上海太阳能电池研究与发展中心主任褚君浩及其创新团队和电源行业龙头企业新光宏锐公司共建UPS电源与新能源院士工作站。

【高新技术企业培育】

2017年7月18日，出台《禅城区进一步加强2017年度高新技术企业培育扶持奖励办法》，引导及鼓励企业进行技术创新，推动全区高新技术企业集聚及高新技术产业发展，激励大批企业争创高新技术企业资格。是年，全区通过高新技术企业认定的企业数量为139家，存量达到264家。佛山电器照明股份有限公司等144家企业398个产品获得广东省高新技术产品认定。佛山市铁人环保科技有限公司、广东一鼎科技有限公司被认定为2017年广东省创新型试点企业。

【科技成果】

2017年，禅城区17项成果获得2016年度省、市科技进步奖，其中省科学技术奖2项、市科技进步奖15项。禅城区认定2016年度区级科技创新项目30项，其中一等项目9项、二等项目13项、三等项目8项，资助经费182万元。佛山市三技精密机械有限公司独立完成的“ASH-plus型高温气液染色机”、佛山市唯格瓷砖有限责任公司和淄博阿卡狄亚陶瓷有限公司共同完成的“2cm厚新型通体瓷质石材砖的研发”项目获省科学技术奖三等奖。

【专利申请与授权】

2017年，禅城区发明专利申请量6398件，比2016年增长64.98%；有效发明专利拥有量2326件，占全市比例15.46%，增长22.16%；专利申请量11034件，增长36.92%；发明专利授权量520件；每万人发明专利拥有量为20.03件，增长17.89%；PCT国际专利申请量43件，增长48.28%。

2007—2017年禅城区专利申请及授权统计表

年份	发明（件）		实用新型（件）		外观设计（件）		合计（件）	
	申请	授权	申请	授权	申请	授权	申请	授权
2007年	285	473	1053	1811	63	423	1401	2707
2008年	332	525	1185	2042	91	471	1608	3038
2009年	350	142	698	463	1242	1191	2290	1796
2010年	390	176	731	749	1247	1381	2368	2306
2011年	501	229	1077	772	1226	1293	2804	2294
2012年	597	217	977	931	1252	1118	2826	2266
2013年	927	201	1159	1011	1589	1146	3675	2358
2014年	1357	229	1166	1091	1359	1203	3882	2523
2015年	2280	477	1473	1167	1453	1373	5206	3017
2016年	4190	675	2433	1237	2108	1565	8731	3477
2017年	6398	520	3234	1717	1402	1293	11034	3530

【专利获奖】

中国专利奖　2017年，禅城区有佛山市海辰科技有限公司“PTC厚膜电路可控电热元件”、佛山市金辉高科光电材料有限公司“一种聚烯烃微多孔膜的制作方法”、广东一鼎科技有限公司“建筑装饰板材表面防污剂的制膜方法”等17项专利获第十九届中国专利奖，创历史新高，占全市获奖专利数的34.69%。其中广东一鼎科技有限公司“墙地砖自动装箱生产线”、佛山市康思达液压机械有限公司“一种板材充液成形液压机”等12项专利获中国专利优秀奖，占全市获奖专利数的30%；霍成基“浴室柜（风漪系列01）”、广东凯西欧照明有限公司“吊灯（音乐变焦）”等5项专利获中国外观设计优秀奖，占全市获奖专利数的55.56%。获奖专利技术和禅城优势产业相关，涵盖传统产业的陶瓷卫浴、调味食品、装备制造、照明和新兴行业的新材料、电子、互联网等领域。

市专利奖　2017年，禅城区有14项专利获佛山市科学技术奖（专利奖），占获奖专利项目数的34.15%。其中广东凯西欧照明有限公司“止动环限位的双圆旋转调焦天花灯”、佛山市金辉高科光电材料有限公司“用于锂离子二次电池隔膜的涂层组合物及该隔膜的制造方法”共2项专利获专利金奖，占金奖项目数的33.33%；获专利优秀奖12项，占优秀奖项目数的34.29%。获得市专利金奖和优秀奖的专利分别获市政府15万元、5万元奖励。

【专利项目扶持】

专利优势项目评审　2017年，组织开展禅城区专利优势项目评审，给予项目扶持资金共74万元。其中一种高浓度抗静电母粒的制备方法、基于新能源和市电互补供电的离网逆变器及控制方法、一种亚光效果的抛釉砖的生产方法共3项专利获评专利优势项目一类项目，一种管材外高压充液成形装置、吊灯（音乐变焦）、高光泽度铝型材的无烟抛光处理溶液及使用方法等10项专利获评专利优势项目二类项目。

专利技术实施计划项目　开展禅城区专利技术实施计划项目工作，鼓励企业从事技术研发专利创造，推动专利技术产业化、商品化。全区获评专利技术实施计划项目15个，涉及先进装备制造、传统产业升级、生物医药、电子信息、新材料、节能环保、机电一体化等领域，给予扶持资金共计195万元。

【专利保险】

2017年，禅城区专利保险政府统保工作全面推行。3月，委托广东华伦招标有限公司对禅城区专利保险承保资格进行公开招标。5月，与中标公司中国人保财险佛山市禅城支公司签订合同。6月，禅城区专利保险工作推进会在智慧新城行政服务中心举行，佛山市东鹏陶瓷有限公司等10家企业获得政府全额出资投保专利保险的保单。是年，承保单位中国人保财险佛山市禅城支公司推出海外知识产权维权援助新险种，降低企业维权成本。禅城区专利保险网站建立，实现在线投保。禅城区新增专利险保单169份，承保专利371件，涉及企业120家，专利保险投保企业数量比2016年增长53.85%；合计支付保费65.47万元，政府补贴38.355万元，最高理赔额2629.75万元；全年赔款2宗，赔款10.95万元。2011—2017年，全区累计有494家企业受保专利3141件，支付保费262.03万元，最高理赔额度8373.48万元，实际理赔112.21万元，政府补贴161.96万元。

2011—2017年禅城区专利保险统计表

年份	投保企业（家）	投保专利（件）	保费（万元）	最高理赔额度（万元）
2011年	94	888	36.56	219.36
2012年	29	168	9.16	137.4
2013年	57	392	29.03	916.67
2014年	65	470	32.59	967.8
2015年	51	349	24.1	729.9
2016年	78	503	65.12	2772.6
2017年	120	371	65.47	2629.75
总计	494	3141	262.03	8373.48

【科技型企业信用建设】

2017年6月13日，举办“禅城区互联网+科技金融暨科技型企业信用体系建设成果展示会”，展示禅城开展“互联网+”行动计划，建设科技型企业信用信息在线服务平台，打造科技、产业、金融融合生态圈的发展成果。广东天安新材料股份有限公司、佛山石湾鹰牌陶瓷有限公司、佛山市蓝箭电子股份有限公司、佛山市柏克新能科技股份有限公司等13家企业在展示会现场获授信用评级A+以上牌匾。科技型企业信用信息在线服务平台由禅城区和佛山市科技金融协会打造并于2016年率先全市开通，致力于为区内科技型企业提供一站式的融资服务；建立信用信息档案，解决企业融资普遍存在信息不对称难题；引入第三方评估机构，为平台上的科技型企业开展信用评级。截至2017年12月，平台采集7家金融机构和禅城100家企业的基础数据、信用评级数据、动态数据等，金融机构可通过平台查询企业数据，实施以信用为基础的融资解决方案，实现信用资本化；累计完成89家科技型企业信用评级，其中67家企业的信用评级为A级、11家为AA级、2家企业为AAA级，9家企业为BBB级。

【企业贯标认证】

2017年，禅城区新通过贯标认证企业19家，超额完成全年指标任务数（9家），累计通过贯标认证企业24家。广东兴发铝业有限公司获评“2017年度国家知识产权示范企业”，为禅城区首家获得该称号的企业。是年，全区累计有国家知识产权示范企业1家、国家知识产权优势企业7家；省级知识产权示范企业8家、省级知识产权优势企业26家。

【科普教育】

校园科普 2017年2—3月，邀请中国科学院科普演讲团到禅城30所学校举办“2017年佛山市科普报告希望行（禅城段）活动”共30场，受惠师生1.4万人。5月，启动2017—2018年禅城区“科普快车”进校园活动。在张槎大富小学、石湾第三小学、南庄小学等14所中小学校，举办公益科普讲座15场，受益学生超6000人。9月，在佛山科学馆举办禅城区科技教师培训班，60所中小学及职业学校112名科技教师参加培训。11月，在南庄镇吉利小学举办第13届禅城区青少年科技创新大赛展评活动，吸引禅城区近900名师生及家长参加。大赛包括技术发明及工程设计、科学论文、科技实践、科幻画、科技辅导员科技成果创新项目及优秀科技教师评选等，收到作品1344项，其中参加展评活动的发明项目269项。

社区科普 2017年5月，在惠景社区中心公园举行“打造创新中心　建设首善之区——2017年禅城区‘科技进步活动月’启动仪式暨大型广场科普活动”。5—7月，开展83项科普活动，打造“科技进步活动月”集成品牌。开展第四批“禅城区科普示范村（社区）”创建活动，铁军社区、新城社区、旭日社区、环湖社区、忠信社区、江海社区、莲塘村和下朗村共8个村（社区）成为第四批“禅城区科普示范村（社区）”；8月，祖庙街道塔坡社区被评为2017年基层科普行动计划“全国科普示范社区”，获中国科学技术协会、财政部表彰和10万元奖励。

【青少年科技竞赛创佳绩】

2017年11月，禅城区109个项目参加第33届佛山市青少年科技创新大赛展评活动，获23金32银49铜。佛山市第九小学、南庄镇吉利小学、佛山市第六中学、同济小学、南庄镇中心小学等5所学校入选大赛十强学校，总成绩领先佛山五区。市送省参赛的创新成果、科技实践项目25项，禅城区占11项；市送省参赛的科幻画项目30项，禅城区占10项。禅城区青少年31项作品参与第22届全国发明展，夺得3金、9银、10铜。8月，禅城学子及老师参加第32届全国青少年科技创新大赛，获得1金1铜1专项奖，蝉联“十一连冠”。其中佛山市第六中学学生李柱霖《“无警惕”性可连续自动捕鼠箱》获全国一等奖（金牌），并获含金量高的专项奖“高士其科普奖”，是佛山市唯一获得的金牌；佛山市第九小学老师陈小洁“物候意趣，立本生态（二）——基于二十四节气下科学用水的探究科技实践活动方案”获三等奖（铜牌），项目展获评“十佳最受公众喜爱的展位”。南庄镇中心小学参加全国“我爱绿色生活——2017年青少年科学调查体验活动”获评优秀活动示范学校。

【科技人才培育】

2017年5—7月，开展首善之区“最美风景”——禅城区“最美科技工作者”推荐命名活动，蔡朝辉等10人被评为2017年禅城区“最美科技工作者”。6—7月，举办2017年佛山市第四、五期技术创新暨职称公需课培训班。开展“标准化基础知识”“科技工作者心理调适技巧”“大数据前沿技术及应用”“职称政策”等多类型结合的培训活动，来自佛山陶瓷、环保、机械、医疗、电子、教育等专业技术人员近700人参加。7月，举办“推动产业创新，引领产业升级——第九期（2017）佛山陶瓷高层次人才培训班”，约100名学员参加培训。举办“科普精神·筑梦未来”第三届禅城区科普文学创作大赛，收到参赛稿件583篇，朱樾获得金奖，陈照田、王后、申志、章程获银奖，司长冬等10人获铜奖。

佛山市禅城区科学技术协会

主　席：吕伟忠

副主席：郑德威

（陈斯泳）

2017年禅城区单位（集体）获全国、省级科技比赛荣誉奖项名录

单位/集体名称	荣誉奖项	评定单位	授予时间（年月）
南庄镇中心小学	全国“我爱绿色生活——2017年青少年科学调查体验活动”优秀活动示范学校	中国科协青少年科技教育中心、教育部基础教育司、中央文明办三局、共青团中央学校部	2017年8月
佛山市第六中学	全国青少年科技创新大赛一等奖（金牌）、“高士其科普奖”：“无警惕”性可连续自动捕鼠箱	中国科学技术协会	2017年8月
佛山市第九小学	全国青少年科技创新大赛三等奖（铜牌）、项目展位获“十佳最受公众喜爱的展位”称号：《物候意趣，立本生态（二）——基于二十四节气下科学用水的探究科技实践活动方案》	中国科学技术协会	2017年8月

续上表

单位／集体名称	荣誉奖项	评定单位	授予时间（年月）
佛山市第十四中学	第十七届广东省青少年机器人竞赛机器人创意比赛二等奖	广东省科学技术协会、中国科协青少年科技教育中心	2017年5月
佛山市实验学校	第十七届广东省青少年机器人竞赛FLL工程挑战赛二等奖	广东省科学技术协会、中国科协青少年科技教育中心	2017年5月
佛山同济小学、佛山玫瑰小学联队	第十七届广东省青少年机器人竞赛FLL工程挑战赛三等奖	广东省科学技术协会、中国科协青少年科技教育中心	2017年5月
佛山市实验学校	第十七届广东省青少年机器人竞赛FLL工程挑战赛三等奖	广东省科学技术协会、中国科协青少年科技教育中心	2017年5月
佛山市同济小学、南庄镇吉利小学、佛山市白燕小学	第12届广东省青少年科学调查体验活动优秀活动学校	广东省科学技术协会、广东省教育厅、广东省发展改革委员会、广东省文明办公室、共青团广东省委员会	2017年10月
佛山市第二中学、佛山市荣山中学	乐博士杯第五届广东省青少年科技创新实践能力挑战赛高中组三等奖	广东省科学技术协会、广东省青少年科技中心、广东省青少年科技教育协会	2017年11月
佛山市第十四中学	乐博士杯第五届广东省青少年科技创新实践能力挑战赛初中组二等奖、三等奖	广东省科学技术协会、广东省青少年科技中心、广东省青少年科技教育协会	2017年11月
张槎中心小学	乐博士杯第五届广东省青少年科技创新实践能力挑战赛小学组二等奖	广东省科学技术协会、广东省青少年科技中心、广东省青少年科技教育协会	2017年11月
南庄镇吉利小学、佛山市第九小学、佛山市同济小学、佛山市实验学校、佛山市元甲学校、佛山市白燕小学	乐博士杯第五届广东省青少年科技创新实践能力挑战赛小学组三等奖	广东省科学技术协会、广东省青少年科技中心、广东省青少年科技教育协会	2017年11月

续上表

单位／集体名称	荣誉奖项	评定单位	授予时间（年月）
佛山市冠华小学	第五届广东省青少年虚拟机器人竞赛乐博士3D创新搭建赛一等奖	广东省科学技术协会、中国科协青少年科技教育中心	2017年11月
佛山市元甲学校、佛山市协同学校	第五届广东省青少年虚拟机器人竞赛乐博士3D创新搭建赛二等奖	广东省科学技术协会、中国科协青少年科技教育中心	2017年11月
佛山市第二十五小学、佛山市协同学校	第五届广东省青少年虚拟机器人竞赛乐博士3D创新搭建赛三等奖	广东省科学技术协会、中国科协青少年科技教育中心	2017年11月
南庄镇第三中学	第五届广东省青少年虚拟机器人竞赛中鸣3D虚拟机器人“五水共治”比赛一等奖、二等奖、三等奖	广东省科学技术协会、中国科协青少年科技教育中心	2017年11月
佛山市第九小学、张槎中心小学	第五届广东省青少年虚拟机器人竞赛萝卜圈虚拟机器人“无人驾驶”比赛三等奖	广东省科学技术协会、中国科协青少年科技教育中心	2017年11月
佛山市同济小学	广东省青少年科技教育创新团队	广东省科学技术协会、省教育厅、省科技厅	2017年12月

2017年禅城区个人获全国、省级科技比赛荣誉奖项名录

姓名	性别	所在单位	荣誉奖项	评定单位	授予时间（年月）
陈嘉琪	女	禅城区张槎中心小学	第三十一届全国青少年科技创新大赛《城市化进程中农村食利青年形成的隐忧与对策》二等奖（辅导老师：陈永棉、招润兴、吕翠芬）	中国科学技术协会	2017年8月
陈宇彤	女				
陈芷清	女				
黄慧璇	女	佛山市同济小学	第二十五届广东省青少年科技辅导员论文征集活动获二等奖	广东省青少年科技教育协会、中国青少年科技辅导员协会	2017年6月

续上表

姓名	性别	所在单位	荣誉奖项	评定单位	授予时间（年月）
谢婉桃	女	佛山市同济小学	第二十五届广东省青少年科技辅导员论文征集活动三等奖	广东省青少年科技教育协会、中国青少年科技辅导员协会	2017年6月
赵慧馨	女				
许丽芳	女	禅城区下朗小学	第二十五届广东省青少年科技辅导员论文征集活动三等奖	广东省青少年科技教育协会、中国青少年科技辅导员协会	2017年6月
梁诺轩	男	佛山市白燕小学	第12届广东省青少年科学调查体验活动学生优秀设计方案一等奖	广东省科学技术协会、广东省教育厅、广东省发展改革委员会、广东省文明办公室、共青团广东省委员会	2017年10月
孙　乐	男				
邱兆良	男				
招展浩	男				
张心悠	女	南庄镇吉利小学	第12届广东省青少年科学调查体验活动学生优秀设计方案一等奖	广东省科学技术协会、广东省教育厅、广东省发展改革委员会、广东省文明办公室、共青团广东省委员会	2017年10月
廖紫如	女				
朱浩东	男				
朱志诚	男				
关有铉	男				
朱璐瑶	女				
沈靖翔	男	佛山市同济小学	第12届广东省青少年科学调查体验活动学生优秀设计方案一等奖	广东省科学技术协会、广东省教育厅、广东省发展改革委员会、广东省文明办公室、共青团广东省委员会	2017年10月
出丰宁	男				
隋戊阳	男				
吴禹熹	男				
张志翔	男	佛山市第九小学	第12届广东省青少年科学调查体验活动学生优秀设计方案一等奖	广东省科学技术协会、广东省教育厅、广东省发展改革委员会、广东省文明办公室、共青团广东省委员会	2017年10月
肖丹儿	女				
李可晴	女				
赵梓杰	男				
李睿铭	男				

续上表

姓名	性别	所在单位	荣誉奖项	评定单位	授予时间（年月）
梁泓江	男	南庄镇中心小学	第12届广东省青少年科学调查体验活动学生优秀设计方案一等奖	广东省科学技术协会、广东省教育厅、广东省发展改革委员会、广东省文明办公室、共青团广东省委员会	2017年10月
赖关越	男				
廖永桀	男				
唐逸洲	男	佛山市同济小学	第12届广东省青少年科学调查体验活动学生优秀设计方案二等奖	广东省科学技术协会、广东省教育厅、广东省发展改革委员会、广东省文明办公室、共青团广东省委员会	2017年10月
陈浩仁	男				
曾敏玲	女				
郑健恩	男				
林钰杰	男				
段若丞	男				
罗湛纯	男				
黄润彦	男	佛山市白燕小学	第12届广东省青少年科学调查体验活动学生优秀设计方案三等奖	广东省科学技术协会、广东省教育厅、广东省发展改革委员会、广东省文明办公室、共青团广东省委员会	2017年10月
陈韵涵	男				
孙俊彦	男				
林汉涛	男				
梁紫芮	女				
王璐琳	女				
彭　悦	女	南庄镇吉利小学	第12届广东省青少年科学调查体验活动学生优秀设计方案三等奖	广东省科学技术协会、广东省教育厅、广东省发展改革委员会、广东省文明办公室、共青团广东省委员会	2017年10月
张欣伶	女				
关汶希	女				
祝火莲	女				
郭文希	女				
潘曼瑶	女	南庄镇中心小学	第12届广东省青少年科学调查体验活动学生优秀设计方案三等奖	广东省科学技术协会、广东省教育厅、广东省发展改革委员会、广东省文明办公室、共青团广东省委员会	2017年10月
招芷妍	女				
马泳怡	女				
潘曼琪	女				

续上表

姓名	性别	所在单位	荣誉奖项	评定单位	授予时间（年月）
蔡　虹	女	佛山市白燕小学	第12届广东省青少年科学调查体验活动教师优秀实践活动报告一等奖	广东省科学技术协会、广东省教育厅、广东省发展改革委员会、广东省文明办公室、共青团广东省委员会	2017年10月
邓　勇	男	南庄镇吉利小学	第12届广东省青少年科学调查体验活动教师优秀实践活动报告一等奖	广东省科学技术协会、广东省教育厅、广东省发展改革委员会、广东省文明办公室、共青团广东省委员会	2017年10月
叶伟军	男	南庄镇中心小学	第12届广东省青少年科学调查体验活动教师优秀实践活动报告一等奖	广东省科学技术协会、广东省教育厅、广东省发展改革委员会、广东省文明办公室、共青团广东省委员会	2017年10月
冯海斯	男	佛山市第九小学	第12届广东省青少年科学调查体验活动教师优秀实践活动报告一等奖	广东省科学技术协会、广东省教育厅、广东省发展改革委员会、广东省文明办公室、共青团广东省委员会	2017年10月
张秀香	女	佛山市同济小学	第12届广东省青少年科学调查体验活动教师优秀实践活动报告一等奖	广东省科学技术协会、广东省教育厅、广东省发展改革委员会、广东省文明办公室、共青团广东省委员会	2017年10月
黄慧璇	女		第12届广东省青少年科学调查体验活动教师优秀实践活动报告二等奖		
蔡　捷	男		第12届广东省青少年科学调查体验活动教师优秀实践活动报告三等奖		

续上表

姓名	性别	所在单位	荣誉奖项	评定单位	授予时间（年月）
温皓坤	男	佛山市白燕小学	第12届广东省青少年科学调查体验活动学生DIY玩具设计作品二等奖：《摇摇乐电筒》	广东省科学技术协会、广东省教育厅、广东省发展改革委员会、广东省文明办公室、共青团广东省委员会	2017年10月
吴嘉炜	男	佛山市同济小学	第12届广东省青少年科学调查体验活动学生DIY玩具设计作品二等奖：《环保飞机》	广东省科学技术协会、广东省教育厅、广东省发展改革委员会、广东省文明办公室、共青团广东省委员会	2017年10月
罗湛纯	男		第12届广东省青少年科学调查体验活动学生DIY玩具设计作品二等奖：《带去尘功能的粉笔擦》		
夏伟创	男	佛山市白燕小学	第12届广东省青少年科学调查体验活动学生DIY玩具设计作品二等奖：《骑滑车板的小火兽》	广东省科学技术协会、广东省教育厅、广东省发展改革委员会、广东省文明办公室、共青团广东省委员会	2017年10月
谭文轩	男	南庄镇吉利小学	第12届广东省青少年科学调查体验活动学生DIY玩具设计作品二等奖：《蟑螂式简易智能车》	广东省科学技术协会、广东省教育厅、广东省发展改革委员会、广东省文明办公室、共青团广东省委员会	2017年10月
黄　训	男				
高梓谦	男		第12届广东省青少年科学调查体验活动学生DIY玩具设计作品二等奖：《智能电动式鞍马》		
余　浩	男				
陈彦羲	男	佛山市同济小学	第12届广东省青少年科学调查体验活动学生DIY玩具设计作品二等奖：《校园风力发电》	广东省科学技术协会、广东省教育厅、广东省发展改革委员会、广东省文明办公室、共青团广东省委员会	2017年10月

续上表

姓名	性别	所在单位	荣誉奖项	评定单位	授予时间（年月）
梁思琪	女	佛山市同济小学	第12届广东省青少年科学调查体验活动学生DIY玩具设计作品二等奖：《芭比公寓》	广东省科学技术协会、广东省教育厅、广东省发展改革委员会、广东省文明办公室、共青团广东省委员会	2017年10月
黄心怡	女	禅城区东鄱小学	第二届广东青少年科普艺术大赛青少年科学影像节活动三等奖	广东省青少年科技教育协会、广东科学馆	2017年10月
薛　宇	男	禅城区东鄱小学	第二届广东青少年科普艺术大赛青少年科学影像节活动三等奖	广东省青少年科技教育协会、广东科学馆	2017年10月
郑林杰	男	禅城区东鄱小学	第二届广东青少年科普艺术大赛青少年科学影像节活动三等奖	广东省青少年科技教育协会、广东科学馆	2017年10月
许晴韵	女	佛山市白燕小学	第二届广东青少年科普艺术大赛折剪纸小学组一等奖：《科技之花》	广东省青少年科技教育协会、广东科学馆	2017年10月
孙　乐	男	佛山市白燕小学	第二届广东青少年科普艺术大赛折剪纸小学组二等奖：《快乐小农场》	广东省青少年科技教育协会、广东科学馆	2017年10月
胡正邦	男	佛山市白燕小学	第二届广东青少年科普艺术大赛折剪纸小学组二等奖：《汽车研发工程师》	广东省青少年科技教育协会、广东科学馆	2017年10月
潘芷谊	女	佛山市白燕小学	第二届广东青少年科普艺术大赛折剪纸小学组二等奖：《土壤里的小动物》	广东省青少年科技教育协会、广东科学馆	2017年10月
刘俐彤	女	佛山市白燕小学	第二届广东青少年科普艺术大赛折剪纸小学组二等奖：《空中城市》	广东省青少年科技教育协会、广东科学馆	2017年10月
陈颖怡	女	佛山市白燕小学	第二届广东青少年科普艺术大赛折剪纸小学组二等奖：《蝴蝶机器人》	广东省青少年科技教育协会、广东科学馆	2017年10月
沈　颖	女	佛山市白燕小学	第二届广东青少年科普艺术大赛折剪纸小学组二等奖：《未来的家园》	广东省青少年科技教育协会、广东科学馆	2017年10月
王钰涵	女	佛山市白燕小学	第二届广东青少年科普艺术大赛折剪纸小学组二等奖：《未来的家园》	广东省青少年科技教育协会、广东科学馆	2017年10月
古姿恩	女	佛山市白燕小学	第二届广东青少年科普艺术大赛折剪纸小学组二等奖：《神奇的城堡》	广东省青少年科技教育协会、广东科学馆	2017年10月

续上表

姓名	性别	所在单位	荣誉奖项	评定单位	授予时间（年月）
刘玉荣	女	佛山市第六中学	2017年全省优秀科技辅导员奖	广东省科学技术协会、广东省教育厅、广东省科技厅、共青团广东省委员会、广东省知识产权局、华南农业大学	2017年12月
冯海斯	男	佛山市第九小学	2017年全省优秀科技辅导员奖	广东省科学技术协会、广东省教育厅、广东省科技厅、共青团广东省委员会、广东省知识产权局、华南农业大学	2017年12月

教　育

【简述】

2017年，禅城区教育局内设办公室、教育一科、教育二科、财务科（审计科）、安全保卫科、人事科、督导室、监察信访室8个科室，在职人员29人。直属事业单位有区招生办和区教育发展中心（区教育质量监测中心），在职人员分别是11人和104人。

2017年，各级各类学校（含民办学校、幼儿园）241所，在校教职工1.44万人，在校学生及幼儿16.37万人。其中职业学校2所，教职工367人，学生5716人；中小学96所，教职工7669人，学生11.41万人；特殊学校1所，教职工30人，学生119人；幼儿园142所（公办性质41所、民办101所），教职工6370人，幼儿4.38万人。义务教育阶段巩固率达101.06%；高中阶段教育毛入学率113.84%。

【学前教育】

2017年，新增省一级幼儿园1所、市一级以上幼儿园2所、区一级幼儿园4所、规范化幼儿园8所，优质率为39.6%、等级率为84.9%、规范化幼儿园比率为97.8%。制定实施《佛山市禅城区学前教育生均公用经费制度实施方案》，加大对公益普惠性幼儿园的财政扶持力度，惠及幼儿园超90所，公益普惠性学前教育覆盖率达70%以上。广东省“3～6周岁儿童学习与发展指南”实验区项目成功结项，促使幼儿园在内涵发展、教师专业化提升、课程品质优化、家长育儿观念进步等方面提升。主办“关爱成长”公益性家庭教育论坛活动4期，营造家园共育良好氛围。

【义务教育】

品质学校培育 2017年3—6月，全区公办和民办20所义务教育段中小学参加国家义务教育阶段质量监测。打造地方课程，推进语文阅读课程、英语乐唱课程、思品青莲课程和创客教育等地方课程建设。是年，评选出第一批40所品质校园培育学校。

可持续发展教育 2017年2月，禅城区可持续发展教育工作会议在佛山市第三中学初中部举行，全区34所可持续发展项目学校代表参加会议。4月，联合国教科文组织中国可持续发展教育全国工作委员会、教育部教育发展中心专家到访禅城，总结禅城可持续发展教育成果。是年，全区开展优秀案例评选，评出一等奖19名、二等奖37名、三等奖48名。全区发展5所符合可持续发展教育理念的学校（幼儿园），包括白燕小学、环湖小学、石湾第三小学、张槎中心幼儿园和南庄中心幼儿园。

【普通高中教育】

2017年，佛山市第三中学、佛山市实验中学等学校分别与华南师范大学、中国传媒大学、四川文化艺术学院等高校开展合作，为学生多元化成长、多样化成才搭建平台。禅城区运用“互联网+”和大数据，构建自主高效课堂和校本课程体系，应用数据抓好队伍建设、质量监控、两考备考；深化课程改革，打造品牌学科和特色学校。是年，禅城区参加普通高考5680人，上重点本科线考生超三成，上本科线考生近八成。其中本科以上上线4265人，比2016年增加275人；本科以上上线率75.09%，减少0.16%。重点本科上线1762人，减少36人；重点本科上线率31.02%，减少0.91%。美术类考生重点上线41人，音乐类考生重点上线35人，体育类考生重点上线4人，合计80人，增加2人。

【职业教育与社区教育】

中职学校整合发展 2017年，开展中职学校办学条件整改工作，确定财经学校走“整合发展”的整改思路、光明职校走“转型发展”的整改思路。7月，完成光明职校在校师生分流工作。推进财经学校、华材职校“整合发展”工作。

教育活动周 2017年5月，举办佛山市职业教育活动周，在华材职校开展媒体职教行活动，推出25个职业教育培训课程。11月，举办“全民终身学习活动周”，开设约150节免费学习课程和学习活动，推动全民终身学习。

以赛促教 2017年，禅城区中职学生参加各级技能竞赛获得优异成绩，华材职校和财经学校获得市级技能竞赛及技能合格抽查获一等奖。

产学融合 对接佛山产业发展急需专业示范点建设，在华材职校新建设“工业机器人应用与维护”专业，为佛山建设制造业一线城市培养产业人才。完成华材职校工业机器人应用与维护专业示范点建设。

【特殊教育】

2017年，禅城区实施残疾儿童少年十五年免费教育，构建以特殊教育学校为骨干、以随班就读为主体、以送教上门为补充的特殊教育体系。在义务教育阶段入学率100%基础上，以启智学校为骨干，通过通识培训、种子教师培养，引入专业机构进入普通中小学提高随班就读质量等方式，形成“四线三层”［一线工作（派驻特教辅导员、义教大学生）、二线支援

(区特教支援服务中心人员支援)、三线指导(聘请特教专家、心理咨询师指导)、四线推动(融合教育大环境);第一层课堂参与(班级层面)、第二层小组活动(同伴互助层面)、第三层个别指导(个人发展层面)]随班就读的“禅城模式”。

【民办教育】

2017年,佛山市岭南美术实验中学、佛山市外国语学校北校区、东方番村小学新(改)建工程完工,新增学位约5760个。全年新设立5所幼儿园、5个教育培训机构,扩大民办教育规模。佛山市外国语学校、东方村尾学校通过区优质学校验收。制定《禅城区民办中小学规范管理办法》《禅城区民办教育专项资金管理办法》等文件,规范民办学校。

【奇槎片区公办学校项目启动建设】

2017年11月,位于禅城区华祥路以南、规划十四路以西的奇槎片区公办学校启动建设。该校是一所办学规模约60个教学班的小学,建成后可提供2700个优质公办学位,计划于2018年9月启用。学校总用地面积4.78万平方米(净用地3.78万平方米),总建筑面积7.4万平方米,计容面积4.9万平方米。建设内容包括新建教学楼、办公楼,内设图书馆、食堂、礼堂、游泳馆,设置2个环形运动场、1.5万平方米的地下停车场(可提供约400个停车位)等,工程总投资约4.25亿元。

【依法治校】

2017年,张槎中学、石湾第二小学、石湾第三小学、玫瑰小学、佛山市第一小学、铁军小学、绿景小学、南庄罗南小学8所学校申报广东省依法治校示范校,通过佛山市教育局认定。其中张槎中学、石湾第三小学、玫瑰小学3所学校被推荐为省依法治校示范校。

【语言文字规范化教育】

2017年,开辟语言文字活动实践基地;分别与佛山市图书馆、佛山市青少宫联合开展讲故事、艺术创作、征文、儿童剧、“夏青杯”朗诵大赛等活动。组织开展“第20届全国推广普通话宣传周”活动和“诵读经典名篇”快闪活动;组织“我心目中未来的佛山”中小学生主题演讲比赛、第十八届华人少年征文大赛、广东省第九届中小学生规范汉字书写大赛。是年,佛山市第九小学、佛山市荣山中学创建“广东省语言文字规范化示范校”;佛山市第三中学、佛山市冼可澄纪念学校创建“广东省规范汉字书写教育特色学校”,均通过验收。

【德育工作】

2017年,禅城区通过全国规范化家长学校试验区验收。玫瑰小学、张槎中学等被评为广东省文明校园,惠景中学、玫瑰小学等被评为广东省书香校园,佛山市第二中学获评省级示范团校称号。佛山市实验学校、佛山市实验中学各1名学生被团省委评为“最美南粤少年”。全区约80名学生分别荣获省、市“优秀团员”“优秀少先队员”等称号。

【特色教育成果】

课改方面 2017年,对小学试点学校进行课程领导力调研,组织试点学校的校长、行政到外区优秀课改学校考察交流。佛山市第十中学、佛山市第一小学、石湾第一小学、张槎中心小学获省校本课程评比一等奖。开发微课,探索多元化自主性学习方式，微课点播量接近50万人次。基于微信的“互联网+”教育创新管理模式项目，获教育部在线教育研究中心教育信息化优秀项目奖。推进“可视化学习行动研究”项目，开展“一师一优课，一课一名师”活动，构建新一期云录播课堂教学评价系统，全区85所学校2095名教师参与“晒”课2332节，其中实录课1128节，获省优96个、报送部优48节课。

体育艺术方面　2017年，开展“一球一操进校园”体育竞赛。3月，禅城区被广东省教育厅认定为全省第一批省级青少年校园足球试点区，45所中小学成为国家、省、市、区级校园足球特色校，其中国家级校园足球特色校18所。5月，鸿业小学等4所学校获全国啦啦操争霸赛冠军；7月，鸿业小学获全国啦啦操总冠军赛冠军；华材职校、元甲小学啦啦队代表中国分别出征韩国、德国，获啦啦操公开赛冠军。建立传统文化进校园的工作机制，石湾第一小学、佛山市第一小学被教育部评为全国“优秀传统文化艺术传承学校”。与佛山市青少宫合作，组建青少年艺术团，合唱、舞蹈、民乐、话剧四大分团同步启动，统筹资源为特长学生提供校内教育和校外辅导。

创客教育“禅城模式”　2017年3月，禅城区代表广东省参加第32届全国青少年科技创新大赛，金牌数及奖牌数居佛山市之首，蝉联“十一连冠”。12月，MixlyDay·2017全国创客教育交流会暨禅城区创客课程成果展示活动在佛山市第三中学举行。全区近8成学校开展创客教育活动，第十四中学等6所学校完成创客空间建设。开发中小学创客课程《创意电子》，组织14所中小学校、近4300名学生参与学习。以创客课程为核心的创客教育“禅城模式”，包括政策支撑、环境建设、活动展示、课程普及、成效体现，多次受到广州日报、佛山电视台等媒体报道，并被广东省教育厅推荐为2017年基础教育信息化应用典型示范案例，选送到教育部参加全国优秀案例评选。

安全教育与管理　2017年，建立校园安全督查队伍、校园安全法律顾问队伍，编印《佛山市禅城区校园安全工作手册》。各学校建立常态化风险排查整改与跟踪闭环管理机制，加强消防安全、防溺水和交通安全、危化品安全、校车安全、校园周边安全管理工作。4月，惠景中学、玫瑰小学和张槎中心小学获评“广东

2017年6月29日，佛山市第三中学的学生在第二十四届艺术节上表演节目

（区教育局供稿）

省安全文明校园”。

【健康学校创建】

2017年，禅城区A级学校食堂增至71家，8所学校食堂被评为佛山市餐饮服务食品安全示范单位。邀请“两代表一委员”、营养专家、执法人员以及市民代表走进学校食堂，学生对食品安全知晓率为88.1%、行为形成率为98.6%，居佛山市五区之首。探索创新“医校携手”新模式，对白燕小学等14所学校保健室或卫生设施改造升级，11所学校和幼儿园创建为“健康学校”，完成近12万名中小学生健康常规检查以及高一学生肺结核筛查工作。

【禅城教育实践案例获全国一等奖】

2017年10月，“2017城市教育装备发展与合作大会”在佛山举行，禅城区两个实践案例《禅城区教育系统教育装备建设项目采购流程》和《培育面向人工智能大时代的创新人才》获得全国优秀案例一等奖，全国有23个优秀案例获一等奖，禅城区占2个。

【教育科研】

2017年，推进中小学（幼儿园）教师信息技术应用能力提升工程，培训教师9068人，参训率91%，合格率超过90%，禅城区被评为“广东省示范区”。第九小学王玉建主持的“居于儿童生活的情境作文课程建构”获国家社会科学基金“十三五”规划课题立项，填补佛山市基础教育立项空白。完成对157名“三名”（名校长、名教师、名班主任）人员、62个“三名”工作室、42项“三名”专项经费科培项目的考评，完成第二期“三名”工程成果《从成长走向超越——禅城区“三名”人员竞争性科培项目优秀成果集》《名师工作室的故事》《名师成长之路》编撰、出版和发行工作。

【引进国际教育】

2017年1月，英国LEH国际学校（佛山分校）签约仪式在禅城奇槎片区举行，英国三百年名校落户奇槎，标志全区第一所高端教育资源的国际学校正式落地。学校实施初、高中六年制教学，可容纳约800名学生。

【教育交流合作】

2017年，利用国际优质教育资源改造本土教育，提升教育教学质量和学生素养。每年举办一届的“陶乐·陶情”国际青少年陶艺夏令营被省外事部门列入粤港青少年交流的重点项目。3月27日，禅城区与加拿大BC省第48海天教育局、第64海湾岛教育局、第67奥肯纳根斯卡哈教育局双向教育交流合作谅解备忘录签约仪式在佛山市实验学校举行。加拿大海天教育局局长丽莎·麦卡洛代表加方的三个教育局与禅城区教育局局长孙近国签订两地双向教育交流合作谅解备忘录，加强合作交流与优质资源共享。禅城区是全省继广州市越秀区后第二个与加方开展教育交流合作项目的区县。

【“警家校”护畅】

截至2017年年底，全区60所学校组建“警家校”护畅队，超九成的学生家长自愿加入，维护上放学校园周边秩序，学校周边车辆通行率升至65%，缓解学生上学“最后100米”问题，家长满意度达90%以上。

【教师队伍建设】

2017年年底，招聘138名中小学公办教师，交流轮岗教师183名，其中骨干教师37名。优质学校教师交流人数169名，占交流教师总数的93.4%。出台指导交流教师考核办法，对于帮扶薄弱学校优秀教师给予奖励。草拟加强校长、教师管理工作相关管理办法。

【无纸化招生】

2017年，首次统一组织全区12所公办幼儿园同时招生。首次采用电脑摇珠方式招生，全程现场直播摇珠录取，促进公开公平。把大数据技术应用于公办小学初中招生工作，统一整合家长网上入学报名提供的户籍、社保和房产等信息，与公安、社保、流管、住建和卫计等部门信息比对，自动判断是否符合入学条件。

是年，扩大公办初中招生对口直升范围，增加佛山市第六中学、佛山市第十中学、佛山市第十一中学3所学校作为对口直升初中学校。

佛山市禅城区教育局

局　长：孙近国

常务副局长：陈国锐（3月任）

　　　　　　龙祖军（3—12月）

纪检组组长：赵永华（5月任）

　　　　　　关荣俭（至5月）

副局长：杨锦良　吴伟清　陶智锋　王临生

局机关党委副书记：张　鸣

（张宇锋）

文　化

【简述】

2017年，禅城区文化体育局与区委宣传部合署办公，挂区旅游局、区版权局牌子，内设政策法规科、社会文化科、文化遗产科（区文物管理委员会办公室）、文化体育产业科、体育科、旅游科、审批服务科、文化体育市场监管科等8个职能科室以及1个直属行政机构：文化体育旅游执法大队。有在职人员37人。

【省级公共文化服务体系示范区创建成功】

2017年，禅城区加快构建现代公共文化服务体系。推进公共文化设施建设，完成区文化馆主体工程建设。第三批24个基层综合性文化服务中心建设完成，全区累计建成综合性文化服务中心136个，实现100%全覆盖。完成“互联网＋公共文化大数据服务平台”第二期开发（公共文化大数据移动采集和创客服务平台），扩充服务内容、优化服务供应方式。7月，禅城区创建广东省公共文化服务体系示范区通过省级验收。9月20日，由广东省文化厅主办，佛山市文广新局、禅城区文化体育局承办的“公共文化建设现场”——2017广东公共文化研讨会在禅城区开幕，来自省内外的公共文化专家学者、文化管理部门和公共文化机构代表等近270人参加活动，禅城区等8个区（镇）获授广东省第一批“省级公共文化服务体系示范区牌匾”。

【社会文化活动】

2017年，继续开展“花开四季·文化禅城”文化惠民系列活动，打造“岭南风情”岭南年俗文化系列活动、“书香禅城”少儿读书节、“朗读禅城”全民阅读分享会、“青春骄阳”暑期青少年文化系列活动、“璀璨夕阳”老年人文化活动、青年123村居文化志愿行动等品牌。推进宣传思想文化进企业，开展“金雁翱翔”外来工文化系列活动，举办“乐活禅城·SHOW我风采”禅城区2017异地务工人员才艺大赛等。是年，区、镇街、村居三级开展各类文体活动近1000场，公益电影播放813场，参与群众达300万人次。

【特色文化品牌活动】

2017年，实施“一镇街一品牌”文化品牌活动项目，举办具有镇街特色的品牌活动，以“绿韵儒风，活力南庄”“魅力名镇，陶醉石湾”“仙槎神韵，锦绣张槎”“佛山初地，人文祖庙”为主题，分别举办水乡文化、陶文化、文化艺术、民俗文化系列活动；实施节庆文化品牌项目，“下”好五个金蛋（诞）——关帝诞、北帝诞、塔坡公诞、孔子诞、华光诞，以及开展秋色巡游、年俗欢乐节、行通济等活动。3月，举办“佛山祖庙多元和合，北帝福荫恩泽四海”祖庙三月三北帝诞庙会，推出“春祭”、北帝巡游、书画名家即席挥毫、北帝贺宴、粤剧专场、非遗展演、旅游达人等活动项目。11月，举办广东（佛山）非遗周暨“佛山韵律　秋醉南国”佛山秋色民俗文化活动，除秋色巡游、祖庙秋祭外，还增设“秋色大舞台”。12月，举办“岭南文脉·品味禅城”——禅城区2017年度优秀原创作品综艺展演，为禅城区首次举办优秀原创作品综艺展演。13个具有禅城特色的优秀原创作品涵盖舞蹈、合唱、快板说唱、粤曲对唱、小品等形式。

【区图书馆总分馆制在全省推广】

2017年，区联合图书馆形成1主馆、5分馆、16成员馆的三级图书馆服务网络。6月，禅城区图书馆石湾镇街道分馆（原澜石金属图书馆）重新开馆。10月，祖庙街道分馆（原环市童装图书馆）正式开放。是年，禅城区成为广东省首批图书馆总分馆制示范区，在全省范围内推广。全区联合图书馆接待读者121.5万人次，图书借阅148.9万册次，新办读者证9255个；举办活动280场次，接待读者3.91万人次；禅城区联合图书馆网站点击量11.86万人次，数字图书馆网站访问量9570人次，移动图书馆访问量26.71万人次；汽车图书馆服务305场次，图书借阅4.42万册次，接待读者3.5万人次。

【文艺创作精品化】

2017年，全区原创文艺精品74件，其中报送佛山市音乐、舞蹈、戏剧、曲艺四大部类群众文艺评选作品40件、广东省十四届美术书法摄影作品联展28件、市廉政小品曲艺创作大赛6件。精品话剧《满庭芳》全年演出23场，戏剧《太山会记得》获佛山市廉政小品曲艺创作展演金奖，音乐《白鹭落天堂》获佛山市群众音乐舞蹈舞台展演音乐类金奖，舞蹈《通济桥上幸福行》和《年画禅城春》获佛山市群众音乐舞蹈舞台展演舞蹈类铜奖。

【文物保护】

文物保护单位修缮　2017年，禅城区加快梁园及周边环境改造提升，完成非遗展馆土建工程、适安里单数户修缮，动工复建汾江草庐、寒香馆、十二石斋、无遐坠斋等历史景观；完成丰宁寺、莲峰书院主体修缮工程，社会资金投入约1000万元，其中宝峰塔封顶，佛山精武体育会会址修缮工程完工，国公古庙修缮工程完成建筑物维修，琼花会馆复建工程公开招标。

文物保护规划编制　对区文物保护单位的现状特点和所在历史文化街区整体保护及发展

要求进行规划设计，编制10处市级文物保护单位保护规划。

博物馆建设 2017年，禅城区博物馆、广东石湾陶瓷博物馆等馆组织石湾陶艺精品、佛山木版年画等到北京、杭州、成都、温州等地展出。加强对非国有博物馆的业务指导工作，指导佛山市第三中学（初中部）筹建禅城教育博物馆（秀岩傅公祠及节芳义学）、知隐博物馆筹建古代灯具博物馆等。

【非物质文化遗产保护传承】

非物质文化遗产保护 2017年，禅城区对符合条件的非遗项目、保护单位、传承基地、传承人共发放奖励、资助、补助资金459万元。6月，启动禅城区第五批非物质文化遗产名录和第五批非物质文化遗产代表性传承人推荐的申报工作。9月，确定“扒草艇（湖涌）”等6个禅城区第五批区级非遗项目和张汉泉等12位禅城区第五批区级非遗传承人，组织第六批非物质文化遗产代表性项目及传承人申报工作。是年，全区拥有国家级非物质文化遗产名录项目9项、省级名录项目17项、市级名录项目37项、区级名录项目43项。其中区属项目共21项，包括国家级1项、省级4项、市级17项、区级21项（区级项目包含国家级、省级、市级项目）。

非遗文化进村居 举办“2017年禅城区文化遗产保护宣传月”活动，启动非遗文化进社区（村居），将非遗内容制作成流动展览，在4个镇街展出，包括朝东村、莲塘村、紫南村、湾华村等20个村居。

【文化产业】

2017年，修编《佛山市禅城区文化产业发展专项资金管理办法》，重点将“文艺精品”“旅游产业”“文艺社团（队）、非物质文化遗产保护”“旅游文化创意”“民宿业”等项目资助及扶持资金纳入管理办法。引进正佳YOUNG佛山站、南方报社289米艇头Park文化创意园区、童话里文创园和佛山古镇·国瑞悦世界，打造传统文化和创意文化融合发展示范区。石湾古镇文创园引入中国陶瓷博物馆、佛山电竞产业基地、佛山国际创客中心、南方（广东·佛山）影视中心等14个项目、3个协会以及281家登记企业进驻。是年，禅城区文化、体育、娱乐行业（按税务行业统计口径）税收总额为9380万元，比2016年增长8.8%。全区有影院21家，比2016年增加5家，增长31%，电影票房1.23亿元，增长9.3%；电影放映场次22.5万次，增长36.8%；观影人数425.3万人次，增长13.3%。

【建陶设计周暨陶瓷艺术周系列活动】

2017年10月19—23日，首次以“设计助推智造”为主题举办佛山（禅城）陶艺·建陶设计周暨陶瓷艺术周，跨界融入艺术、文化、设计、创意、旅游、产业等元素，策划3个设计大赛、2个精品展览、2场高端研讨会、2场项目路演、1场圆桌会议等活动，并成立佛山市设计联合会和粤港澳大湾区设计联盟，集聚“一带一路”沿线15个国家和地区、国内23个城市的产业、艺术、文化、设计领域近400名顶级专家和学者，吸引5万人次参与。

【文体旅综合执法】

2017年，出动5612人次（含联合执法行动），检查文化经营场所2806家次，监管涉外演出9场次，收缴各类非法出版物约830份

（张、册），查处黑网吧10家次，办结案件9宗，罚款9.31万元。开展“扫黄打非”专项行动16次，包括“净网”“秋风”“清源”“护苗”“固边”五大行动，严查文化市场、严控网上传播、严管源头渠道，遏制非法出版物制售、惩治各类侵权盗版。

佛山市禅城区文化体育局

局　长：何永庆

纪检组组长：姚卓军（5月任）

副局长：徐永军　刘　芳　谭　炎（3月任）
　　黄益建（至3月）　唐秀云（至4月）

（罗　丹）

体　育

【简述】

2017年，禅城区举办体育竞赛项目77项（次），直接参赛人数达5万人次。拥有区级体育社团15个，镇（街道）体育社团16个。拥有社会体育指导员3250人，其中国家级体育指导员12人、一级220人、二级373人，社会体育指导员人比率达2.9‰。提升基层体育公共服务供给，向社会购买23个体育场馆服务，免费向市民开放，受益49万人次。全年组织23支队伍、930名运动员，参加全国、省、市13个项目，获得79个第一名。

【体育基础设施建设】

2017年，全区普遍建成10分钟健身圈，新建小区体育设施覆盖率达100%。累计建成或改建体育公园79个，公园建有乒乓球、羽毛球、篮球、足球、健身路径等体育健身场地。制定《佛山市禅城区学校体育设施向公众开放实施方案（试行）》，各学校体育设施分批向公众开放。1月起，第一批18所学校体育设施向公众开放，缓解社会体育设施紧缺问题。全年投入约70万元采购一批体育健身器材并分派至各镇街，包括健身路径、乒乓球台、篮球架等，实现村居健身活动器材全覆盖。

【体育公共服务】

政府购买体育服务　2017年，投入资金超过180万元，购买时段的体育场馆数量增至23家，在全民健身日和节假日向公众免费开放外。举办羽毛球、乒乓球、武术、棋类、跆拳道等公益性体育培训班，受惠人群400人次。

国民体质监测　区体质监测站每月逢第一个、第四个星期五全天开放，为市民提供公益性体质测定、运动能力评定和运动处方指导；每月在不同社企举行一次公益体测，完成1500人的体质监测任务。是年，全区幼儿、成年人（老年人）达到《国民体质测定标准》合格水平以上人数比例超过95%，青少年达到《国家学生体质健康标准》合格水平以上人数比例超过98%，其中达到优秀、良好标准人数比例69%以上。

【全民健身运动】

品牌特色赛事　2017年，打造“全民健身·活力禅城”市民运动会系列赛事，举办区级青少年体育系列竞赛和区级运动会、陶瓷行业员工运动会、广场舞大赛等品牌特色活动超过30场次，参与群众超100万人次。5月，举办2017年禅城区中小学生龙狮锦标赛，来自区15所中小学校507人次参赛。7—9月，举办佛山

市陶瓷企业男子篮球超级联赛。10月，举办“2017年全国竞技空手道俱乐部争霸赛”，来自全国17支队伍近300名运动员参赛。11月，举办蔡李佛功夫佛山锦标赛总决赛。

镇街及村（居）体育活动 2017年，推动镇街基层群体活动开展，镇街及村（居）举办体育活动超过200场。其中南庄镇举办男子甲级篮球联赛、“南庄杯”全国五人龙舟锦标赛暨南庄镇龙舟赛、“绿岛明珠杯”禅南游泳邀请赛等。张槎街道举办“张槎杯”佛山狮王争霸赛、“龙腾飞跃，情聚张槎”龙舟赛、功夫演武台武术展演系列活动和舞林大会等。石湾镇街道举办第七届“陶艺大师杯”乒乓球团体邀请赛、机关职工趣味运动会等。祖庙街道举办干部职工运动会、“八段锦”比赛等。

【打造“功夫之城”】

2017年，举办大型武术文化活动，利用功夫角常态化展示各类武术文化，打造禅城“功夫之城”名片。1月2日，佛山（禅城）岭南年俗欢乐节之“盖世雄风·谁与争锋”第五届蔡李佛功夫大汇演在铂顿城举行，16支队伍近百名运动员向市民展演蔡李佛武术。5月6—7日，禅城区中小学生武术锦标赛在岭南明珠体育馆举行，来自辖区55所中小学及幼儿园的570名学生同场竞技。7月，举办“2017年珠三角港澳青少年蔡李佛功夫赛”，吸引佛山、广州、香港、澳门等地30支代表队约300名运动员参赛。11月11—12日，举办第二届蔡李佛功夫佛山锦标赛，内地、中国香港、澳门地区及东南亚、美洲共46支队伍近500名参赛者参加，活动吸引大批媒体及市民观看。全年的每周日在中山公园“佛山功夫角”举行武术表演，活动展示蔡李佛、咏春、鹰爪、太极、洪拳等武术流派，为全区57个门派拳馆，2万名武术协会会员提供展现平台。

【承办省级拉丁舞赛事】

2017年12月9日，禅城区举行广东省标准舞、拉丁舞年度总决赛暨第十一届珠江三角洲标准舞、拉丁舞公开赛。比赛项目包括标准舞、拉丁舞两大系列，涵盖华尔兹、探戈、恰恰、伦巴、桑巴等舞种，来自广州、佛山、肇庆、东莞、清远等地40支代表队、2100人次参赛。该赛事连续11年在禅城区举行，成为禅城区品牌赛事。

【校园体育运动】

2017年，开展禅城区武术团队与学校结对活动，新增惠景小学、张槎中心小学等11所佛山市武术进校园示范学校，累计达18所，武术团队进校教授的学生超过3000人。与市体育局共建市级重点专项体育项目，以市队区办形式，组建男子足球队、自行车、皮艇、赛艇队等高水平队伍，代表佛山市参加省级以上各类赛事。截至年底，全区有省级体育传统项目示范学校5所、市级16所、区级51所，有国家级青少年体育俱乐部1所、省级青少年俱乐部3所。

【体育竞赛】

2017年，禅城区代表团在佛山市第九届运动会上获66枚金牌、117枚银牌、127枚铜牌，夺得总分二等奖（第三名），获“代表团体育道德风尚奖”；在广东省青少年体操锦标赛获4金5银4铜；在全国健美操联赛（珠海站）获1银1铜。禅城区输送的运动员李绘、张鑫分别在第十三届全运会获得女子53公斤摔跤第一名、女子佩剑第二名，陈汇、余以琳、陆雨聪、陈文睿分别在第27届全国体育舞蹈锦标赛获得业余青年组A级、B级标准舞第一名，刘景行、周施雄分别在第十三届全运会体操比赛获女子团体冠军、男子团体季军，李琪分别在日本健美操世界杯比赛、第十届世界运动会健美操比赛获五人操第一名。输送的门将庞嘉俊、边后卫梁宪入选U19国家男子足球队第二期集训，边锋刘子恒、门将蔡泳淇入选2001年龄段全国足球选拔队第三期集训。

（罗　丹）

档案·史志

【简述】

禅城区档案局（挂区档案馆、区地方志办公室、区委党史研究室牌子）内设办公室、档案管理科、监督指导科、方志科、党史科。2017年年末，有在职人员18人。

2017年10月，禅城区档案馆整体搬迁至南庄绿岛湖都市产业园区（禅城区季华西路131号三楼）。局（馆）总面积4435平方米，其中档案库房面积1381平方米。截至2017年年底，区档案馆馆藏档案全宗207个，18.17万卷、26.23万件，排架长度1838.71米，其中党政工团档案2.28万卷、15.91万件；专门档案15.9万卷、10.32万件；录音磁带、录像磁带、影片档案14.73万分钟；照片1.73万张；实物档案287件；馆藏书籍资料1.98万册。其中基建、婚姻、公证、社保、学籍、残疾人等各类专门档案，占馆藏档案的81%，民生档案约占馆藏档案总量的72%。馆藏纸质档案数字化为78%，特殊载体档案数字化达100%。据2017年广东省国家综合档案馆评估结果显示，禅城区档案馆各项指标均为达标，其中业务工作被评为优秀。

【档案新馆建设】

2017年10月，禅城区档案馆新馆完成改建装修并交付使用。其档案库房面积、对外服务用房面积、档案业务和技术用房面积均超过珠三角洲地区区级馆的标准。馆内设有档案查阅大厅、纸质档案库、特殊载体档案库、图书资料室、目录室、档案阅览室、现行文件阅览室、中心控制室、接收整理室、除尘消毒室、机房、数字化用房、展厅等功能用房，并配置手动密集架、恒温恒湿系统、红外线防盗报警系统、高压细水雾消防系统等先进设备，档案保管条件及办公环境得到较大改善。

【档案征集与接收】

2017年，区档案馆接收52个全宗单位档案3550卷、2.55万件，其中文书2.43万件、专业档案3550卷、1183件；新增案卷级条目9739条、文件级条目7.77万条。接收电子公文6.36万份，其中可公开现行文件98份，接收区各单位2003—2017年可公开现行文件6567份。下载区新闻信息1514条，辑录《禅城新闻》视频239条。12月26日，修订档案馆收集范围，以区委区政府办公室名义印发《佛山市禅城区档案馆收集档案范围实施方案》，进一步明确区属单位各类档案的收集范围。

【档案查询利用与开放鉴定】

2017年，接待档案查阅利用者5717人次、提供档案资料7237卷（件），复印档案资料3.32万页。其中接待婚姻档案利用3719人次，提供档案3723件，出具婚姻状况证明10份，复印档案材料688页。定期开展档案开放鉴定工作，全年开放全宗单位4个、目录6个、文件1902件。

2017年6月2日，禅城区举办文件材料归档整理技能竞赛

（王颖尧　摄）

【档案信息化建设】

2017年，完成纸质档案数字化133万页，累计完成文书档案及专业档案数字化14.84万卷、10.69万件、604.98万页。完成数字化处理馆藏照片7950张、录音带47盒、录像带563盒，馆藏纸质档案数字化为78%，特殊载体数字化100%。完善档案信息远程共享平台，上传档案数据约50万条，为区婚姻登记处等15个单位提供档案查询客户端，全年档案查询量达4013次。启动区数字档案馆建设项目。7月，完成项目招投标工作，进入系统开发阶段。

【政务照片拍摄与征集利用】

2017年，拍摄整理区内重要政务活动照片187组、1.06万张；拍摄整理禅城区创建国建森林城市、创建国家食品安全示范区、道路交通建设等专题照片47组、1136张；向社会征集照片36组、178张。全年为区属各单位提供照片利用64批次、1946张。12月，编印《创新发展·首善之区——禅城档案政务图片选辑（2017）》，以2017年政府工作报告为主线，分社会治理、创新驱动、城市面貌、公共服务、行政改革共5个专题，呈现禅城的新发展、新风貌。

【档案管理规范化建设】

2017年5月23日，禅城区召开档案工作座谈会，区长孔海文、区委副书记区柱明、区委区政府办主任余乾波等出席会议。区档案、交通、建设、教育、公有资产、水务、公用事业等单位主要负责人参会并汇报档案工作整体情况。会议要求区档案局强化档案工作监督和问责机制，督促各单位严格按要求配置档案室并加强业务档案管理，进一步规范各类档案尤其是业务档案的收集、管理和利用。区档案局随即牵头组织全区档案库（室）建设和业务档案管理的专项调研，起草《关于进一步加强我区档案工作的若干意见》及配套文件《关于明确禅城区业务档案管理的实施意见》，于2017年10月13日经区政府常务会议讨论通过。是年，全区纳入档案绩效考核评估的单位均按要求配置档案室。

【档案监督指导】

2017年，开展区直单位重点建设项目工程档案专项检查，对全区2015年以来区政府投资重点建设项目工程档案进行摸底调查。9月，召开区重点建设项目档案工作会议，总结全区重点建设项目档案工作情况。是年，完成档案工作年度绩效评估。开展食品安全档案建档试点单位食品安全档案验收工作，完成佛山市第二中学、佛山市第三中学（初中部）等2个试点单位的食品安全建档工作验收，以及5个单位预验收。组织佛山市张槎中学、佛山市第一小学档案目标管理省特级考评，完成3个档案中介机构备案、3个档案中介机构备案资料复核。开展行政审批工作，全年梳理区档案局权责清单55项；梳理行政审批社会服务化事项，保留网上办事事项7项，依法撤销行政许可事项1项。

【档案业务培训与技能竞赛】

2017年，举办档案业务培训班3期，培训约300人次，包括区建设工程档案业务培训班、南庄镇村（居）委员会档案员培训班、南庄镇机关人员档案知识培训班。6月，举办区文件材料归档整理技能竞赛活动，吸引全区40个区直单位（含镇街）共52名档案员参赛。

【史志书籍出版】

2017年，编纂出版《禅城年鉴·2017》，全书约66万字，收录图片180张，分设特载、大事记、禅城概况、政治、政法·军事、经济、经济管理、基础设施建设与管理、科教文体卫、社会生活、镇·街道、荣誉·人物、社会经济统计资料、文献选载共14个篇目。搜集整理禅城地区市民传统生活习俗、民俗活动、民间工艺等资料，编印《禅城民风民俗辑录（二）》，全书约16万字，收录图片约120张，分设行业行规、圩市商俗、民俗活动、民间工艺与艺术等篇章。收集整理禅城区党史资料，编印《中共佛山市禅城历次代表大会文件汇编（2003~2016）》，全书约8万字，包括历次党代会的区委工作报告、区纪委工作报告、会议决议、选举办法和当选人员名单等。

【档案编研与地情资源开发利用】

2017年，利用馆藏档案，编写出版《佛山市禅城区民政工作文件选编（二）》。举办“禅城区档案馆馆藏陶艺作品大师简介”和“禅城古遗址资料展”等专题展览，拍摄制作反映禅城特色的非物质文化遗产专题片《广东醒狮》和《中华名小吃》。加强地方志信息化建设及宣传工作，定期将地情资料上传至禅城区地情网及政务网，据2017年12月统计，区地情网累计访问量达414万人次。

【自然村落历史人文普查】

2017年，禅城区全面铺开自然村落历史人文普查工作。该工作于2016年6月启动，全区组织普查人员约200人，共普查自然村落222个（其中，南庄镇119个、石湾镇街道40个、张槎街道41个、祖庙街道22个），填写普查表格超过5000页，撰写调查文稿约70万字，收集图片近千张。2017年12月底，区普查办（区方志办）根据各镇街提交的普查资料，在全市率先完成《全粤村情·佛山市禅城区卷》的总纂工作。该书约47万字，随文插图超过900张（其中采用航拍的村全景照片近200张），共记载特色民居（名人故居）68座、宗祠334座、庙宇97座、私塾27间、民俗技艺64项、古址古迹39个、家谱族谱79本、重要文献33本、族规家训23条、名人简介约400个、旗杆31件、石碑碑刻50件、古树85棵及掌故传说49个，为禅城区地情资源开发利用提供重要的依据。

佛山市禅城区档案局

局　长：李展华

副局长：蒋云清　钟逸云（至4月）

梁健鹰（5月任）

（岳　珺）

卫　生

【简述】

2017年，禅城区卫生和计划生育局内设15个机构：办公室（禅城区深化医药卫生体制改革工作领导小组办公室）、计财科（内部审计科）、人事科、计划生育家庭发展科（监察室）、应急办公室、信息与统计科、宣传科、医政科（中医科、区红十字会机关）、政策法规科（审批服务科）、公共卫生科、基层指导与妇幼保健服务科、综合监督科、流动人口管理科、爱国卫生工作科（区爱国卫生运动委员会办公室）、除“四害”管理科，有在职人员59人。

下辖直属单位有区卫生监督所、区疾病预防控制中心、区人口和计划生育服务站、区卫生杀虫服务中心、佛山市第一人民医院禅城医院（原南庄医院）、佛山市第一人民医院同济康复医院（原同济医院）、佛山市中医院禅城高新区医院（原张槎医院）、区人民医院（向阳院区、朝阳院区、澜石院区）。

【组建禅城区人民医院】

2017年11月，把禅城区向阳医院（区口腔医院）、禅城区朝阳医院和禅城区中医院（区澜石医院）整合为佛山市禅城区人民医院。把禅城区向阳医院机构名称变更为禅城区人民医院，加挂禅城区中医院、禅城区口腔医院、禅城区消化病医院牌子，撤销禅城区朝阳医院和澜石医院。出台《禅城区整合区向阳、澜石、朝阳医院组建区人民医院工作实施方案》，三家医院整合后推动分级诊疗、家庭医生服务及信息资源共享保证基本医疗“小综合”，形成以口腔专科、中医专科、消化病专科等“大专科”特色的医疗服务体系；推动区中医院建设落地；实现社区公共卫生基本医疗与专科业务剥离，形成分级诊疗制度模式。新组建的禅城区人民医院为唯一法人，下设区人民医院口腔医院、区人民医院中医院、区人民医院消化病医院三个院区，对三家医院的人、财、物进行合并，实行统一管理和使用。

【医疗卫生机构与执业监督】

2017年，辖区内有各类医疗卫生机构（含市直）274家。其中医院27家，卫生院4家，社区卫生服务中心5家，社区卫生服务站51家，专科防治所3家，门诊部（所）、医务室、卫生所149家，农村卫生站19个，健康教育所1家，妇幼保健院（所）2家，采供血机构1家，卫生监督所2家，疾病预防控制中心2家，其他卫生机构8家。辖区共有医院床位1.11万张。

是年，完成辖区内医疗卫生机构和疾病控

制中心的传染病防治分类监督综合评价工作，其中优秀单位37个，包括二级以上医疗机构9个、一级医院9个、其他医疗机构18个及疾病控制中心1个；合格单位186个，包括一级及以上医院7个，其他医疗机构179个；重点监督单位15个。制定《佛山市禅城区关于对医疗机构执业和服务行为实行联合监管工作方案》，对医疗机构全链条联合监管。开展监督检查，派出监督员959人次，出动执法车辆242车次，检查医疗机构492家次，排查涉嫌非法行医单位183家次。简易处罚非法行医者11人，罚款220元；立案处罚违法情节严重的非法行医者3人，罚款3.8万元，没收违法所得0.3万元。

2017年禅城区医疗服务信息统计表

指标名称	医院（个）	卫生院（个）	社区卫生服务中心（个）	社区卫生服务站（个）	门诊部（所）、医务室、卫生所（个）	农村卫生站（个）	专科防治所（个）
2017年	27	4	5	51	149	19	3
指标名称	卫生监督所（个）	疾病预防中心（个）	健康教育所（个）	妇幼保健院（所、站）（个）	采供血机构（个）	其他卫生机构（个）	
2017年	2	2	1	2	1	8	
指标名称	每千常住人口床位数（张）	执业（助理）医师（人）	注册护士（人）	其他卫生技术人员（人）	床位使用率（%）	平均住院日（天）	
2017年	9.52	4508	6493	2888	91.69	9.3	
指标名称	次均门诊费用（元）	均住院费用（元）	医师人均每日担负诊疗人次（人次）	人均每日担负住院床日（床日）	门（急）诊量（人次）	住院量（人次）	
2017年	209.7	13687.9	18.1	2.2	20152170	372778	

【药品和医用耗材加成取消】

从2017年7月1日起，全区二级公立医院取消药品和医用耗材加成，实施新的基本医疗服务项目价格收费，一级及未定级公立医院和社区卫生服务中心（站）同步实施。该次改革实行“两取消、两并入、升降结合，总体不增”的政策，破除公立医院以药补医机制，建立起以服务收费和财政补助的新补偿机制，促进公立医院良性发展。“两取消”是指取消公立医院的药品（中药饮片除外）加成和医用耗材加成；“两并入”是指将挂号费并入门急诊诊查费，将空调降温费和取暖费并入床位费，一并收取；“升降结合”是指涉及诊疗、床位、护理、手术、中医、检查治疗和检验七大类，共计3206项服务项目，占全部医疗服务项目64.55%。其中升价项目2056项，降价项目1150项。取消药品和医用耗材加成而减少的收入，80%通过调整医疗服务价格进行补偿，10%由财政补偿、10%由医院自行消化。

【卫生人才发展扶持工作】

2017年，设立和使用禅城区卫生人才引进扶持补助专项资金，对区外引进的高层次和紧缺卫生人才进行政策性奖补，对在基层社区卫生服务站点工作的区属公立医院中、高级卫生人才给予特殊岗位补贴。是年，拨付专项资金140万元。区属公立医院（禅城医院、禅城高新区医院、朝阳医院、向阳医院）共引进5名高层次卫生人才，其中1名正高职称、4名副高职称。

【社会资本办医】

2017年，引导支持社会力量办医，修订医疗机构设置办事指南。实施中医诊所、养老机构内设医务室实行备案制管理，启动医疗机构、医师、护士电子化注册，完成447名考生执业医师资格考试。全区共批准设置医疗机构48家，其中社会办医46家，包括医院6家、护理院2家、门诊部29家、诊所8家、社区卫生服务中心1家；公办社区卫生服务站2家。完成建设并执业登记注册的医疗机构有15家。新增床位624张，其中公立医院189张，非公立医院435张。

【公共卫生服务】

2017年，禅城区安排基本公共卫生服务经费约5603.5万元。全区累计建立健康档案约97万份，建档率为86.90%。新生儿访视率为99.63%，0~3周岁儿童系统管理率为96.97%，0~6周岁儿童健康管理率为98.5%。孕产妇早孕建册率为97.53%，产后访视率为104.41%。严重精神障碍患者规范管理率为94.87%，老年人健康管理率为48.62%，老年人中医药服务率为49.1%，儿童中医药服务率为52.9%。传染病报告网络系统报告及时率为100%，现场抽查完整率为96.25%，准确率为100%。肺结核患者管理率为100%，规则服药率为98.88%。高血压患者规范管理率为55.1%、糖尿病患者规范管理率为54.5%。免疫规划疫苗接种率95%以上。4月，举办全区2型糖尿病和原发性高血压患者眼底普查项目启动仪式，2型糖尿病患者和原发性高血压患者除享受原基本公共卫生服务外，还可免费享受眼底并发症普查服务。

【家庭医生式签约服务】

2017年，开展家庭医生式签约服务工作被列为禅城区政府民生实事之一。出台《禅城区家庭医生式签约服务实施方案（试行）》和《禅城区家庭医生签约服务绩效评估方案（试行）》，明确签约服务的开展形式、家庭医生团队的组成、服务内容、优惠政策和收付费机制，建立绩效考核体系。鼓励区属医院与辖区村、居委会合作，组织家庭医生团队到村（居）委会开展现场签约活动。开发区级家庭医生式签约管理系统，实现电脑和手机APP线上签约。与学校、家庭服务业协会等机构合作，加快与中小学生和计划生育特殊家庭的签约。是年，全区组建家庭医生团队91支，累计签约人数33.26万人；重点人群签约18.38万人、覆盖率为62.97%；全人群签约覆盖率为53.85%（按户籍人口计算）。

【医疗卫生服务设施布局专项规划】

2017年，启动禅城区医疗卫生设施布局规划的编制，规划成果将对接全区城市规划“一张图”，为医疗卫生服务设施项目落地提供用地保障，逐步构建起分级清晰、布局合理、覆盖全面、就医便捷的医疗卫生服务网络。5月，通过公开招标方式确定佛山市城市规划设计研究院为规划编制单位，对全区医疗卫生服务设施现状进行摸底研究，分析医疗设施现状问题和基层诉求，对各级医疗设施的用地选址与空间布局进行适宜性评价，提出相应建设指引和空间布局规划。9月，形成专项规划编制初稿，内容包括医疗卫生设施类型、设施配置标准，禅城区人口、医院需求、社区卫生服务机构需求预测，布局规划，近期远期建设规划等。12月，该规划编制通过专家组评审。

【医疗卫生对口帮扶】

对口帮扶罗定　2017年，禅城区派出第五批6名支医人员赴罗定开展为期半年的支医工作，接收5名罗定市医务人员到禅城进修培训。与罗定市卫计局合作，免费为罗定市基层卫生院培养学科带头人，由罗定市分批选派基层卫生院专科主任或业务骨干到禅城区三级医院进修（为期一年）。9月，第一批5名进修人员到禅城区中心医院、佛山健翔医院进修。邀请澳门大学教授到罗定市近百名医务人员作题为“精准医学与个体化用药”的讲座。

凉山扶贫协作　2017年，赴四川凉山州开展医疗卫生考察和扶贫帮扶2次。启动医疗设备捐赠项目，为普格县、昭觉县、布拖县妇幼保健计划生育服务中心配置心电图机（十二导）3台，为其所属乡镇卫生院配置家庭医生健康包等18个（内含血压、心率、血糖等健康体检快速检测设备），合计7.63万元。10月，派出3名医务人员到对口帮扶的昭觉县、布拖县、普格县开展为期半年的支医工作。

【医疗质量管理】

2017年3月，开展医疗质量巡查，抽调全区医疗管理、医务、院感、护理、药事等16名专家，对18家民营医院进行质量督导专项检查。依托全区9个专业医疗质量控制中心，分别开展医院感染管理专项督导检查，中药饮片管理专项检查，内科、妇产科、儿科、门诊、口腔医疗质量检查。举办临床体液血液检验质量控制研讨班、禅城区第二届急救技能竞赛等培训及竞赛活动。

【严重精神障碍患者治疗管理】

2017年，出台《佛山市禅城区严重精神障碍患者应急救治特殊补助工作实施细则》和《禅城区严重精神障碍患者治疗管理工作规范（试行）》。设立严重精神障碍患者应急救治补助资金，用于对急性发病需紧急救治但无力支付医疗费用的精神病患者实施紧急医疗救治补助，减免患者住院医疗费用3.6万元。组织社区医院配合区残联开展精神残疾人“精防日”社区发药工作。5月，区精神疾病防治中心在佛山市第一人民医院禅城医院挂牌成立，承担全区精神卫生管理服务统筹和业务指导职能，填补禅城区无精神卫生专业机构空白。是年，区精神疾病防治中心统筹指导全区开展患者应急处置42例，精神疾病异常行为排查1266人，入户与患者面对面进行危险评估128人次，复诊5862人次，患者家属护理指导2000人，严重精神障碍患者关怀个案管理约200人。

【登革热综合防控】

2017年，全区报告登革热病例22例，其中本地19例，输入性3例，疫情以散发为主，总体疫情处于可控状态。组建区、镇（街道）、村（居）三级蚊媒监测网络，把蚊媒密度连续高的区域作为区、镇（街道）两级爱卫部门开展清除卫生黑点专项活动或大清洁行动的重点目标区域。加强病例监测，开展可疑患者快速筛查，共筛查有发热等症状的可疑患者4851例。利用“双联系”“直联制”模式，强化区、镇（街道）、村（居）三级联动。10月，开展“双联系”灭蚊防控登革热专项活动，全区39个党委组织挂点联系141个村居，每周二到村（居）驻点开展灭蚊防控登革热工作。10月底，7个区直双联系单位派出工作组进驻7个重点村（居）实施挂点督导，疫点蚊媒密度在较短时间内控制在安全水平。

【健康细胞建设】

2017年，开展佛山市健康细胞创建试点工作，禅城区推荐的33个健康社区、12所健康学校、22个健康机关（单位）、1家健康医院、415个健康家庭，均通过市级评估，成为首批佛山市健康细胞；持续开展健康村（居）创建工作，全区有6个村被评为“佛山市三星健康村”、33个社区被评为“2017年禅城区健康社区”、13个村被评为“2017年禅城区健康村”。

【健康教育】

2017年，开展健康教育活动143场、讲座438场，受教育群众超7万人；设置全区健康宣传栏6期，镇街、村居、医院及卫生站、公共场所共1176栏次；区疾病预防控制中心编印宣传资料30种、55万份，发放宣传资料44种、53万份；“禅城疾控”微信公众号推送宣传信息167条；组织媒体采访报道24次；对群众开展问卷调查11种、1452份，全区健康知识知晓率为83.70%，健康行为形成率为84.34%。加强控烟宣传力度，禅城区申报“广东省无烟单位”的单位达107个，其中医疗卫生机构100%完成申报。

【医疗机构选介】

佛山市禅城区人民医院　于2017年11月29日正式组建，以口腔专科、肛肠消化病专科、中医专科诊疗为品牌，以社区卫生服务为标杆，集医疗、教学、科研和预防保健为一体，是专科特色明显的综合性医院。下设5个院区（向阳院区、朝阳院区、澜石院区、环市院区和社康中心院区）、3个专科医院（区口腔专科医院、区消化病医院和区中医院）、1个社康管理服务中心（石湾镇街道社区服务中心）、4个分院（建设分院、镇安分院、港口口腔分院、陈三妹社区卫生服务中心）和16个分门诊（社区卫生服务站）；辖1所家庭病床护理院（家庭病床科）和15个养老院家床医疗服务联系点。医院总部设有生化检验中心、医学影像中心、消毒供应中心、药品采购中心、物流配送中心和后勤保障中心等6个支持中心。3个院区住院部分别设有产科病房、综合病房和肛肠病房。其中口腔专科、家庭病床科为佛山市知名专科；中医肛肠科为禅城区中医重点专科，中医推拿科、小儿疳积科为禅城区中医特色（专病）专科。在职员工902人，专业技术人员781人，其中，正高级职称12人，副高级职称85人，中级职称246人，初级及其他438人；博士学历1人，研究生学历26人，本科学历432人，大专学历226人，大专以下学历96人。

佛山市禅城中心医院　简称禅医，于1958年建院，2004年9月实行股份制改革，占地面积约3.33万平方米，建筑面积12万平方米，为集医疗、康复、科研、教学为一体的国家三级甲等大型综合性医院，是广东医科大学非直属附属医院、广州中医药大学佛山临床医学院和暨南大学研究生培养基地、博士后工作站。禅医为广东省首家通过JCI国际认证的医院，先后获评全国首家五星级综合医院（非公）、中国非公医院竞争力排名第一、广东省白求恩式先进集体（全市唯一）、全国中医药工作示范单位、改善医疗服务质量先进单位、广东大型综合医院群众满意度排名第二。妇产科、中医妇科、脊柱外科、心血管内科、神经内科、普通外科、麻醉科、全科医疗科八个临床科室被评为佛山市、省高校重点专科、特色专科，中医妇科为高水平医学重点专科。椎间盘（脊柱外科）、排石（泌尿科）、生宝宝（妇儿中心）被誉为“禅医三宝”。2017年，禅医开设床位1200张，员工超过1800人，中职及高级职称专业人才超过580名，其中博士、硕士学位高学历人才近百人。门急诊量达250万人次，年住院量超5万人次。

佛山市禅城区卫生和计划生育局

局　长：都　红

常务副局长：黄明强

副局长：段昌华（11月任）　袁国华

黄连教（至7月）　林汉歆（7月任）

郑思海（至5月）　林志聪　许景泉

卢明程　关展红（至11月）

纪检组组长：金子伟（至4月）

贺洪涛（5月任）

（吴成珠）

社会生活

社会生活

人口与计划生育

【人口】

2017年年末，全区户籍人口66.4万人，比2016年年末增加3.2万人。户籍人口中，全年出生人口1.17万人，死亡人口0.37万人；人口出生率为17.71‰，死亡率为5.64‰，自然增长率为12.07‰。

2017年禅城区年末户籍人口数及其构成

指　标	年末数（万人）	比重（%）
全区户籍总人口	66.4	100
其中：男性	33.17	49.95
女性	33.23	50.05
其中：18周岁以下	12.47	18.78
18～35周岁	15.39	23.18
36～60周岁	25.29	38.09
60周岁以上	13.25	19.95

【落实计生政策】

2017年，禅城区办理一孩生育登记9780对夫妻，两孩生育登记1.23万对夫妻，再生育审批733对夫妻。服务全面二孩政策出台后的生育增长，全区为9254个家庭发放孕前优生券，为1.23万个家庭发放产前检查券，为1061个超高龄孕产家庭发放生育关怀券；完成8222人次的孕前优生健康检查档案和2546人的妊娠结局随访。全年发放各种奖励及扶助金5143.92万元，惠及2.42万人，其中新增4930人。对2017年高中阶段学校招生考试的佛山市农村户籍人员中独生子女和纯二女户进行审核，确认161名考生符合照顾录取规定。

【流动人口计生管理】

2017年，全区落实流动人口节育奖18人，发放奖励金2.7万元；开展走访慰问流动人口当年出生家庭活动，全年走访家庭2000户。开展以流动人口清理清查、部门协调综合治理、免费技术服务、区域协作等为主要内容的计划生育服务管理专项活动，对1.16万个出租屋、商铺、工地等进行清查。创新流动人口计生信息采集工作，推广区流管办开发的流动人口数据共享平台和“流管通”手机应用平台，卫计部门相关工作人员和14个村（包含10个试点村和4个非试点村）应用“流管通”手机应用平台，提高村委会协管员上门巡查采集信息的工作效率。开展新市民积分入学卫生计生项目加分审核工作，截至5月5日，积分入学工作结束，辖区各村（居）委共审核新市民卫生计生项目加分2836人。加强与周边城市区域协作关系，湖南双牌县、江西彭泽县等地先后到禅城区开展流动人口区域协作工作，禅城区组织工作人员到江西龙南县、广西容县等地加强沟通交流。

【流动人口卫生计生基本公共服务均等化】

2017年，区卫计局推进非户籍常住人口参与基层治理工作，梳理全区卫生计生公共服务事项29项（其中计生6项、卫生23项），其中非户籍常住人口无差别享受事项25项（其中计生2项，卫生23项）。7月，禅城区向广东省卫计委申报创建省级卫生计生基本公共服务均等化示范区。8月，将居住满半年的非户籍常住人口超高龄孕产家庭列入生育关怀项目的服务人群。是年，为流动人口办证和生育登记2668人次，针对流动人口开展宣传活动49场、健康讲座119场、健康咨询4470人次。

【实施特殊家庭关爱计划】

2017年，实施特殊家庭关爱计划被列为禅城区十件民生实事之一，出台《禅城区建立计划生育特殊困难家庭关怀制度工作方案》《关于建立禅城区计划生育特殊困难家庭扶助工作联席会议制度的通知》等文件，购买第三方服务专业开展帮扶，关怀计划生育特殊家庭。7月3日，禅城区“白玉兰”服务中心举行挂牌仪式，由禅城区卫计局、区计生协会、专业服务机构三方组建。挂牌后，现场举行“白玉兰”计划生育特殊家庭服务计划签约仪式。通过该服务计划，整合辖区内的卫生、计生、养老、社工、志愿者、社区等资源，从经济、养老、医疗、生活和社会关怀等方面，解决失独家庭、残疾独生子女家庭等计划生育特殊家庭在生活保障、养老照料、大病医疗、精神慰藉等方面的困难。全区共有计划生育特殊家庭349户，其中50周岁以上的家庭成员占98%。是年，共服务152户家庭，服务时数累计1029小时，服务次数累计416次。

【计生家庭保险保障】

2017年，推进计划生育家庭综合保险惠民工程，引导计划生育群众投保，提高计划生育保险覆盖率。至年末，全区计生家庭综合保险累计参保户数1.58万户，参保金额达514.96万元。

（吴成珠）

红十字会

【简述】

2017年，区红十字会与区卫生和计划生育局医政科（中医科、区红十字会机关）合署办公，有在职人员3人。

【救护培训和宣传活动】

2017年，为全区机关、学校、社团、志愿团体等举办应急救护员培训班及讲座22期，培训救护员志愿者约1100名，普及应急救护知识超过5000人次。5月，禅城区红十字会联合佛山市红十字会在禅城区张槎文化广场举办纪念“5·8”世界红十字日和“5·12”国际护士节暨最美医生最美护士大型义诊活动。开展红十字会知识和无偿献血知识、骨髓器官捐献知识宣传，全年发放各类宣传材料超5000份。

【救助活动】

2017年，在元旦、春节期间慰问因病、残等原因导致生活困难的70个家庭，发放慰问金和慰问品共3.5万元。在广东（禅城）扶贫济困日活动期间收到捐款94.68万元，捐赠款项全部缴至禅城区扶贫办，由其统筹用于全区扶贫济困工作。12月，世界艾滋病日活动期间，慰问禅城区部分艾滋病患者和医务工作者。

佛山市禅城区红十字会
会　长：罗　振
常务副会长：卢明程

（吴成珠）

人力资源和社会保障

【简述】

2017年，禅城区人力资源和社会保障局内设10个科室，分别为办公室、政策法规科、行政审批科、专业技术人员管理科［区引进国（境）外人才办公室］、就业培训科、劳动关系科、养老医疗保险科（退休人员社会化管理科）、工伤保险科（区劳动能力鉴定委员会办公室）、区劳动人事争议仲裁院（禅城区劳动人事争议仲裁中心庭）、区劳动保障监察综合执法大队。下辖区人才服务管理办公室、区劳动培训就业服务中心、区企业退休人员社会化服务中心。在职人员123人。

是年，禅城区新增就业岗位3.36万个，新增就业人数2.18万人，失业人员实现再就业1.29万人，就业困难人员实现就业0.35万人，城镇登记失业率为2.11%。全区劳动监察执法检查用人单位2077家，调解劳资纠纷案件252宗，立案处置劳资纠纷案件588宗。

【人才“一门式”综合服务改革】

2017年4月16日，禅城区“一门式”服务新增23项围绕人才落户的即办事项，包含禅城区户籍高校毕业生（调档）、企业从外区调进专业技术人员和管理人员核准（商调函）、企业接收大中专院校外区生源应届毕业生核准（入户）等。其中人才落户办理时效由4个工作日变为即办，助推禅城区引才聚才。是年，人才“一门式”综合服务进驻区行政服务大厅事项69项，其中24项调整为即办事项。推进“一门式”均等化服务、“一门式”全生命周期服务、“零跑腿”服务等7批次36项“一门式”服务创新。人才“一门式”综合服务即办率达35%，网上办理率为82%。区人力资源和社会保障局本部“一门式”窗口共流转办理业务3976宗，局本部服务大厅窗口办理业务1.02万宗。

【打造创新人才集聚示范区】

2017年，禅城区出台《禅城区争创创新人才集聚示范区工作意见》（简称“人才禅十条”）、“金禅卡”、到禅城考察高层次人才服务办法等6个人才政策，推出人才“拎包入住”、优化人才管家等服务。其中“人才禅十条”着力于引进和培养适合禅城产业发展的高、新、尖、缺的海内外高层次人才，提出到2019年实现聚集“千人计划”专家6名、引进博士硕士1400人、拥有博士后工作站（分站）及创新实践基地27家等目标，多项补贴标准与周边地区持平、重点项目标准高于周边地区。截至2017年底，禅城区引进各类人才（含市直）6372人，其中硕士及以上人才511人，全年引进顶尖高端人才12名，包括美国工程院院士1名、中科院院士1名、国家“千人计划”专家4名、中科院“百人计划”专家2名，接收留学回国人员核准21人次。全区累计有“千人计划”专家6名、博士464名、高级职称专业技术人员7905名，企业博士后科研工作站（含分站、实践基地）24家。全年发放专业人才协会、企业高校研究生联合培养基地、“金禅卡”等6类扶持补贴资金达477万元。

【禅城区组团参加高端人才交流会】

2017年4月15—17日，禅城区人社局组织区委组织部、区经科局等部门参加在深圳举行的第十五届中国国际人才交流大会。设置“佛山禅城”特装展区108平方米，举办佛山禅城营商环境及人才政策路演，宣传推介人才政策、政务环境和营商环境，以及高层次人才和企业技术项目需求。大会期间，禅城区职能部门及相关企业现场与约50名海外人才、16个境外组织机构、19家人力资源机构进行沟通对接，洽谈合作意向，另吸引圆融健康、澳通科技、沈阳自动化研究所3家企业到禅城洽谈落地项目。12月20—21日，组织区直部门、辖区企业赴广州参加中国海外人才交流大会暨第十九届中国留学人员广州科技交流会，289米艇头PARK、北大数研航遥园区等禅城参会企业、园区均与多个人才、项目达成初步合作意向，并当天即到禅城进行实地考察。是年，禅城区通过参加高端人才交流会等，成功引进美国工程院院士孙勇奎、中科院院士褚君浩、国家“千人计划”专家潘今一等一批海内外高层次人才和团队落户禅城，开创美籍院士到广东省全职开展生物制药研究的先例。

【创新驱动发展优秀科研团队（人才）评审】

2017年4—11月，开展禅城区创新驱动发展优秀科研团队（人才）项目评审活动。11月，佛山市国星光电股份有限公司（李程科研团队）获评“通济科技”科研团队，获100万元奖励资金；李白千、张剑获评“金禅玉兰”科研人才，每人各获50万元奖励资金；宋岱瀛、黄文铮、杜蔚安获评“金禅木棉”科研人才，每人各获20万元奖励资金；庞浩、钟保民、吴育林、蔡朝辉、庞仲达获评“金禅梧桐”科研人才，每人各获10万元奖励资金。

【技能人才培育】

2017年，制订《禅城区关于引导和促进技能人才服务重点产业工作方案》，引导辖区职业培训学校重点开展禅城区紧缺工种和高级工种技能培训。全年共组织各类技能培训1.5万人次，技能鉴定1.4万人次，中高级培训占比过半。推动企业技能人才评价体系建设，在国星光电和富士康两家企业试点开展，对287名企业员工完成技能人才评价工作。11月21日，召开禅城区突出贡献高技能人才表彰大会，经区人社局和各镇街人社局择优推荐、专家评选和区突出贡献高技能人才选拔认定委员会认定，何国良、何毅青、李涛、刘畅等18人获评“禅城区突出贡献高技能人才”。

【人力资源服务产业园建设】

2017年，推进人力资源服务产业园建设，成功争取省级扶持资金400万元。包括全国行业龙头品牌“智联招聘”、国家高新技术企业领航人力、世界500强品牌“任仕达思享荟”等37家人力资源机构签约进驻园区，园区企业产值达1.4亿元。园区举办人力资源活动48场、各类人才培训128场，受训人员超5万人次。

【禅城区首个紧缺人才目录发布】

2017年2月21日，禅城区发布首个紧缺人才目录——《2016～2017年度佛山市禅城区重点产业紧缺人才目录》，为禅城产业转型升级的全局性人才规划提供决策参考和依据。该目录瞄准战略性新兴产业、现代服务业、传统优势产业三大重点领域，涵盖16个重点产业，收录126个岗位及对应的人才需求情况。其中禅城专业技术人才最为紧缺，需求占各类人才总体需求的42%。

【就业创业】

2017年，禅城区新增就业岗位3.36万个，新增就业人数2.18万人，失业人员实现再就业1.29万人，就业困难人员实现就业0.35万人，城镇登记失业率为2.11%，就业局势保持稳定。全年发放各类就业创业培训补贴3828万元，发放创业小额担保贷款4493万元，帮扶高校毕业生和就业困难人员等重点群体实现就业创业。出台《关于引导和促进技能人才服务重点产业工作方案》等就业政策，加大重点产业技能人才扶持力度。成功举办广东省急需紧缺人才专场公益性大型招聘会暨第四届佛山（禅城）政校行园企就业创业交流博览会、“我的导师我的创业合伙人”、“创领未来·筑梦禅城”等系列活动，助力大众创新创业。加强创业孵化载体建设，选定智慧新城、祖庙丰收街作为佛山市区域性创业孵化示范基地。截至年底，禅城区先后建立11个创业孵化基地。其中，区级创业孵化示范基地2家；市级创业孵化基地4家；市级创业孵化示范基地2家；省级创业孵化示范基地1家。全区孵化基地建筑面积达到20.6万平方米，可容纳经营商户1450家，累计进驻企业1352家，带动就业人数1.25万人。

【首届国际青年博士创业论坛】

2017年12月30—31日，区人才办、区人社局联合佛山科学技术学院举办“第一届国际青年博士创业论坛”，旨在汇聚海内外高端人才，打造与禅城区产业紧密结合的科技创新和服务平台。会议邀请来自英国剑桥大学、伦敦大学、美国哥伦比亚大学、康奈尔大学、澳大利亚墨尔本大学、香港大学、清华大学等世界著名大学约80位优秀青年博士参会。论坛开幕式上，佛山企业博士工作站揭牌，发挥佛山科学技术学院的人才优势和平台优势，实现博士后与企业的精准对接，推动科研学术成果在佛山转化落地。会议期间，青年学者围绕智能制造、电子信息、新材料与新能源、生物工程与食品工程、节能环保、制造服务共六个学科领域作学术报告，参观绿岛湖佛山博士创新梦工场和佛山祖庙、岭南新天地，实地考察禅城区创业环境。

【非户籍常住人口公共服务均等化】

2017年，非户籍常住人口参与基层治理被列为禅城区重点工作，其中区人社局牵头非户籍常住人口公共服务均等化工作。4月10日，组织召开非户籍常住人口参与基层治理公共服务小组工作会议，讲解和演示公共服务的工作目标、工作任务、工作要求，区人社局、教育局、卫计局、社保局、数据统筹局、财政局、公资办等15个部门相关负责人参会。全区有公共服务项目115项，其中年内实现非户籍常住人口公共服务均等化的项目75项，包括人力资源社会保障项目18项、社会保险项目5项、卫生计生项目25项、教育项目2项、城乡建设项目1项、民政项目4项、流动人员管理项目2项、司法项目5项、文体项目6项、工会项目2项、团委项目3项、妇联项目2项。

【劳动维权】

2017年，禅城区劳资纠纷维稳形势总体平稳，劳资案件特别是欠薪案件数量整体下降，未发生重大群体性事件。出台《禅城区构建和谐劳动关系实施方案》，建立禅城区构建和谐劳动关系工作联席会议制度和议事规则。开展专职仲裁员分级评定工作，在镇（街道）成立法律援助工作点，牵头组建专业律师援助队伍，全年受理仲裁争议案件1424宗。加强农民工工资支付和劳动者合法权益保障，向公安部门移交涉嫌拒不支付劳动报酬犯罪案件9宗；涉及劳动者人数739人，涉及拖欠工资数额3200万元，公安部门全部立案；妥善处理企业关停并转以及人力资源市场引发的投诉纠纷33宗。全区劳动监察执法检查用人单位2077家，调解劳资纠纷案件535宗，比2016年下降9%；立案处置劳资纠纷案件588宗，比2016年下降22%。

佛山市禅城区人力资源和社会保障局

党组书记、局长：简里高

党组成员、常务副局长：梁品超　曾雄锋

党组成员、纪检组组长：关荣俭（5月任）

郝金明（至5月）

副局长：于湘虹　何永新（5月任）

周　志（5月任）　曾伟波（5月任）

朱云英（至5月）　吴建勇（至5月）

程　翔（至5月）

（朱　隽）

社会保险

【简述】

2017年，禅城区社会保险基金管理局内设11个机构，分别是办公室、计划财务科、政策法规科、信息技术科、社会保险稽核科、绩效管理科、保险关系科、养老失业保险科、工伤保险科、医疗保险科、生育保险科，在职人员63人。派出机构有南庄镇、石湾镇街道、张槎街道、祖庙街道4个分局。

截至2017年年底，企业养老保险参保缴费人数43.38万人，城乡居民基本养老保险参保缴费人数2.45万人；基本医疗保险参保缴费人数83.38万人，其中职工基本医疗保险参保缴费人数60.34万人（含退休人员13.14万人）、居民基本医疗保险参保缴费人数23.04万人；失业保险参保缴费人数44.00万人；工伤保险参保缴费人数44.01万人；生育保险参保缴费人数44.02万人。

【机关事业单位养老保险制度改革】

2017年，协同区委组织部、区人社局、区财政局、区地税局等部门，完成机关事业单位养老保险制度改革（以下简称机改）建设、数据核对和对接、待遇发放调整、应急维稳等方面工作。纳入机改上线参保缴费的机关事业单位255个，纳入机改上线养老待遇发放单位195个。

【基本医疗保险一体化改革】

2017年1月1日起，禅城区实施基本医疗保险一体化改革，将原来的城乡居民医保政策和职工医保政策进行有效整合，大幅度提升城乡居民医保待遇。在缴费方面，居民身份参保个人缴费462元/人、财政补助693元/人。在待遇方面，城乡居民医保三级医院住院报销比例由原来的52%提升到85%；二级医院住院报销比例由原来的75%提升到90%；一级医院住院报销比例由原来的90%提升到95%；城乡居民医保待遇最高支付限额也由20万元/年提升到30万元/年，并新增大病保险最高支付限额30万元/年（原职工医保大病保险最高支付限额则由20万元/年提升到30万元/年）；城乡居民医保的门诊特定（慢性）病种由14种增加至38种［原职工医疗的门诊特定（慢性）病种由36种增加至38种］，将城乡居民医保原未纳入范围的糖尿病、高血压病、脑卒中等常见慢性病种纳入到门诊慢性病种范围，提升社会保险的覆盖面。

【委托第三方协助社保稽核】

2017年，开辟异地稽核新途径，在全省范围首创将商业保险专业力量引入到社保稽核服务，通过政府购买服务，委托第三方人保财险佛山市分公司参与定点医疗机构协议管理和异地社保稽核工作，实现社保异地稽核业务的规范化、专业化、高效率。首批90笔在异地领取长期工伤待遇的人员情况通过第三方协助核查，反馈88笔，成功率达97.78%。

【社保待遇资格认证审核创新】

2017年，创新应用面相识别系统和手机APP（i社保）开展养老金资格认证，实现退休人员不出家门即可实现远程认证。通过广泛宣传、强化培训、延伸系统等方式开展资格认证，提高各项待遇资格认证率。截至年底，完成全区14.71万人离退休人员的养老待遇资格认证，认证率达99%；完成2017年度领取工伤保险长期待遇人员的资格验证工作，验证率达97%。

【公立医院基本医疗服务价格改革】

2017年7月1日，实施《佛山市公立医院取消药品和医用耗材加成调整基本医疗服务价格实施方案》，禅城区完成19家公立医疗机构服务价格改革系统社保端的系统改造工程。该次调整采用升降结合、财政补偿、自我消化、医保支付、分级定价和动态调整的原则，其中取消公立医院药品和医用耗材加成收入的80%，提高诊查、护理、床位、手术、中医的服务价格，降低大型医用设备检查治疗和检验项目价格。将挂号费并入诊查费，将空调降温费和取暖费并入床位费，一并收取。门诊诊查费按照三级医院9元/诊次、二级及以下级别医院7元/诊次的定额标准报销，每位参保人每天限报一次。住院诊查费按照三级医院20元/天、二级及以下级别医院15元/天的标准纳入基本医疗保险基金核报范围；床位费统一按照每日45元核报，超出部分由患者自行负担，实际床位费用低于每日45元标准的，按实际床位费用纳入基本医疗保险基金核报范围。

【全征地居民一次性补缴养老保险费】

2017年，面向村（居）全征地居民开展一次性补缴政策宣讲，升级改造禅城区全征地养老补贴系统，推进全征地居民养老保险费一次性补缴工作。全区办理全征地居民一次性补缴养老保险费业务3407人，补缴金额共2.24亿元。

【工伤保险“同舟计划”全覆盖】

2017年，联合区人社局举办“禅城区建筑行业参加工伤保险大型宣传活动”，宣传推广建筑行业参加工伤保险；组织建筑施工企业负责人开展政策培训，促进施工企业了解工伤保险有关规定和具体业务办理流程。截至年底，全区按建筑项目参加工伤保险的工程达82个，参保金额合计约909.09万元；发生工伤登记8宗，核发工伤保险待遇业务3宗，支付金额6.47万元。

【社保待遇提高】

2017年，企业养老金待遇调升比例约为5.5%，人均月增资175元，达到3050元／月；2.5万名退休人员的城乡居民基础养老金从170元／月调升至180元／月；一至四级伤残职工的工伤保险伤残津贴为人均3015元／月，平均增加额448元／月，增幅达17%。

【社保业务“零跑腿”和“一窗通办”服务】

2017年，在全区率先将出具参保证明、出具领取基本养老金证明、职工基本养老保险待遇领取资格认证等8个事项纳入“零跑腿”业务，市民在行政服务中心办事窗口通过手机扫码完成“IMI”个人身份认证后，下载“零跑腿”手机应用程序即可随时随地申请办理业务，办事结果可选择直接打印材料或邮递到家服务。将原来下放至各镇街行政服务中心的90项“一门式”事项整合至50项实行“一窗通办”，截至年底，“一门式”综合服务窗口受理社保事项业务量为25.97万件。

【政务公开标准化规范化试点】

2017年，禅城区社会保险基金管理局被国务院指定为政务公开标准化规范化试点工作单位。对照社会保险领域的公开事项、公开标准、公开方式、公开流程等方面的内容梳理出122个事项，完成“申请公开”向“主动公开”的角色转变。

佛山市禅城区社会保险基金管理局

局　长：李木全（至12月）

副局长：杨　辉（至4月）　陈智海

黄海滔（至4月）　刘庆佳

潘强波（5月任）

（李瑞莹）

社会民生

【简述】

2017年，区民政局内设8个科室，分别是办公室（审批服务科）、救灾救助科、基层政权和社区建设科、优抚安置科（区双拥工作领导小组办公室、区退伍军人安置办公室）、社会福利科（区老龄工作办公室、区残疾人联合会机关）、区划地名和社会事务科、社会组织管理科（区社会组织管理局）、专业社工管理科，在职人员25人；直属事业单位有区婚姻登记处，在职6人。

是年，神城区创新养老服务模式，新建（改建、扩建）养老机构5家，新增床位1050张，改造完成广东省第一批、佛山市首家改革试点“公建民营”敬老院。全区持证社工总人数达1450人，每万人拥有持证社工数为12.8名。“高校社工学生实习实训项目”获评国家教育部第一批产学合作协同育人校外实践基地建设项目。

【养老服务体系增量提质三年行动计划】

2017年，出台《佛山市禅城区养老服务体系增量提质三年行动计划实施方案（2017—2019年）》，通过实施加大财政资金扶持力度、推进公办养老机构社会化改革、养老人才队伍建设、深化医养结合、加快社区养老设施服务全面升级等十大任务，在2019年年底前全区建成“8974”养老服务新格局（89%的老年人实行居家养老，7%的老年人社区养老，4%的老年人机构养老）。截至2017年年底，禅城区实现新增养老机构4家、扩建1家，全区累计有养老机构16家，其中民办养老机构13家；新增养老床位1050个，累计有养老床位3537个。发放民办养老机构补助271.06万元，全区累计投入扶持资金达1200万元，吸引社会资本投入机构养老服务市场。

【养老机构“公建民营”社会化改革】

2017年，禅城区通过引入社会化、市场化运作手段，利用PPP模式（政府和社会资本合作模式）参与公办敬老院运营管理，推进敬老院社会化改革。3月，广东省第一批、佛山市首家养老机构“公建民营”社会化改革试点春晖颐养院（前身为祖庙敬老院）改造完成，改造升级后床位数达到350张，新增床位190张。春晖颐养院保留敬老院公益性质，优先接收祖庙街道辖区五保户和“三无”（无经济来源、无劳动能力、无法定赡养人或抚养人）人员，接收人数不少于总床位数的10%。截至年末，该颐养院内入住老人320名，其中168名为住在原祖庙街道敬老院的老人，平均年龄达83周岁。

【老年人优待】

2017年，发放70周岁以上禅城区户籍老人高龄津贴3759.47万元，惠及老人68.2万人次，其中70～79周岁老人发放1380.36万元，80～89周岁老人发放1955.26万元，90～99周岁老人发放385.45万元，100周岁以上老人发放38.4万元。办理佛山市老年人优待证2.11万张，其中黄卡1.03万张，蓝卡1.08万张。推进“银龄安康行动”，为禅城区60周岁以上户籍老年人统一购买人身意外伤害综合保险，全年投保人数为12.88万人。

【救灾救助】

2017年，全区城乡最低生活标准由630元／人·月提至900元／人·月，全年发放低保金约1381万元；特困供养人员供养标准由1925元／人·月调至2083元／人·月。在低保救助金的基础上，对困难群众增发分类救助金、物价联动机制补贴、四大节日慰问金等，全年发放各类补贴约229万元；加大医疗救助力度，增加重点救助对象普通门诊医疗救助，加大二次医疗救助比例，取消原救助起付线，全面扩大医疗救助范围，全年医疗救助4501人次，支出医疗救助资金约253万元。出台《佛山市禅城区严重精神障碍患者监护补贴发放暂行办法》，首次对78名高风险精神障碍患者发放监护补贴，共计17.05万元。

【社区公共服务发展】

2017年，禅城区各级家庭综合服务中心累计服务超16万人次，整合村（社区）资源超580个，培育社区组织、志愿者队伍53个。印发《禅城区家庭综合服务中心规范管理指引》，打造“一家综一特色”服务品牌，如同安家庭综合服务中心的青少年校园服务项目、丽豪家庭综合服务的亲子教育服务项目等。

【基层治理】

村（社区）“两委”换届　2017年5月，禅城区完成村（社区）“两委”换届工作，全区138个村（社区）“一肩挑”达87%，“交叉任职”达88.2%；开展非户籍常住人口及党员参与村（社区）“两委”换届选举试点，在54个试点共选出非户籍党组织委员32名、自治组织委员45名；印发《禅城区村（社区）非户籍委员职责和考核管理工作的指导意见》，加强非户籍委员的后续管理和考核；选出2名女村主任，实现零的突破；自治组织参选率达95.2%。

非户籍常住人口参与基层社会治理　选取祖庙塔坡、石湾金澜、张槎东便三个社区为首批社区协商工作试点，以区级财政支持撬动区、镇（街道）、社区三方合力，构建多元共治共建共商共享的开放性基层治理格局。印发《关于建立非户籍常住人口参与村（社区）“家禅城议事厅”的实施方案》，在全区所有村居建立“家禅城议事厅”制度，搭建户籍和非户籍常住人口共同参与的村居议事协商平台。是年，试点塔坡社区“塔坡议事会”揭牌成立，举办“新市民参与基层社区治理”主题论坛，非户籍居民被选为固定议事员，代表新市民群体发声。

【农村社区建设示范村创建】

2017年，南庄镇龙津村引入专业社工服务建设家庭综合服务中心、集合传统文化和红色文化建设“和美龙津”特色村庄。3月，通过广东省创建全国农村社区建设示范村考评组考核；9月，接受民政部委托验收组的实地验收。

【社会组织管理】

2017年，禅城区登记在册的社会组织共有764个（登记511个、备案253个），其中民办非企业单位332个、社会团体432个。全区共468个社会组织需参加2016年度检查，实际检查371个，其中345个年检合格、22个基本合格、4个不合格。民办非企业单位、行业协会商会和公益慈善类社会团体在年检中首次提交由会计师事务所出具的审计报告。委托会计师事务所对20个随机抽取的社会组织开展财务审计抽查工作，并对存在问题的社会组织下发整改通知书，发现存在问题的社会组织15个，完成整改15个。6月，成立中共禅城区社会组织党委，推行登记注册、年检、等级评估与党建工作“三同步”，采取联合组建、区域组建、行业组建等方式组建社会组织党组织。至年末，全区108个社会组织建立党组织（含党委、党总支、党支部），确定10个党支部为社会组织党建监测点。

【专业社工】

2017年3月，出台《社会工作服务项目绩效评估指标体系（修订）及操作指引》，细化并增加警戒线指标、剔除指标与替换指标，规范政府购买社会工作服务。4月，免费发放社工考试大纲及指导考材，举办考前专业辅导班，对考证成功的社工发放一次性补助（初级1000元、中级2000元），发放2016年社工考证补助30.6万元。是年，全区新通过全国社会工作职业水平证书考试138人，全区持证社工总人数达1450人，每万人拥有持证社工数为12.8名。

【全国首个社会工作类产学育人项目】

2017年8月，禅城区“高校社工学生实习实训项目”获评为教育部高等教育司2017年第一批产学合作协同育人项目，成为全国首个支持社会工作发展的产学合作项目。该项目由禅城区民政局提供经费支持，与高校社会工作专业进行人才培育合作。12月4日，由禅城区民政局联合佛山科学技术学院、广州市汉达社会工作服务中心（禅城区社会组织实践基地）、禅城区社会工作实训基地运营机构合作举办的“高校社工学生2017—2018年度实习实训支持计划”正式启动，佛山科学技术学院组织社会工作及相关专业学生共20人，投入至禅城区5个社会工作实训基地（普东、同安、东平、湖景、湖涌家庭综合服务中心），分别开展5个服务项目。

【首届公益社会服务节】

2017年4—9月，禅城区举办“首善禅城·益精彩”首届公益社会服务节，活动内容涵盖社会工作产学合作高校巡讲、社会工作服务联盟启动、第二届“和乐村居”社区服务大赛、优秀人物及优秀项目案例评选、社会服务人才系列培训。9月2日，举行首届公益社会服务节闭幕仪式暨社会服务嘉许典礼，为佛山禅城优秀社工、社工星伙伴、优秀项目案例、优秀“两建”社会组织、和乐村居获选优秀项目颁奖，对外展示禅城社会工作服务资源地图，正式启动社会工作服务联盟。第一批社会工作服务联盟会员包括政府部门、新闻媒体单位、高校学院、社工机构、社会组织等35个单位。

【双拥安置】

2017年，慰问重点优抚对象代表160户，发放慰问金超过400万元，对约300名优抚对象住院开展优惠与减免工作。复退军人服务管理中心接待复退军人165名，认定5名符合条件退役人员的参战身份。安置随军家属47名，发放安置补助金超过400万元。

【地名普查与审批】

2017年，完成全区第二次全国地名普查，并通过省普查办验收。完成建筑物命名22个、道路命名16条。落实界线、界桩定期巡检管理维护制度，按季度定期界线进行巡查，建立界线动态管理档案。

【惠民殡葬】

2017年，禅城区促进殡葬基本公共服务均等化，保障辖区居民的殡葬基本权益。保持遗体火化率为100%，受理免除户籍人员殡葬基本服务费3574宗，财政补贴192.13万元。

【慈善事业】

2017年，区慈善会开展“我为困难老人办年货”“人月团圆”“校园慈善1元捐”“微志愿慈善金”“大爱童心 音为有你”等系列公益活动。全年接收善款294.32万元，支出善款215.30万元，受惠群众超2000人次。5月，旅港乡亲邓祐才捐赠50万元，续资禅城区慈善会邓祐才爱心助学金。

【婚姻登记】

2017年，禅城区婚姻登记处办理内地居民结婚登记5410对，涉港澳台、华侨结婚登记18对，涉外结婚登记21对；内地居民补发结婚登记1726对，涉港澳台、华侨补发结婚登记6对，涉外补发结婚登记21对。内地居民离婚登记1905对，涉港澳台、华侨离婚登记9对，涉外离婚登记7对；内地居民补发离婚登记135宗。

佛山市禅城区民政局

局　长：唐伟权

副局长：区成标（至8月）　何永新（至5月）

　　　　黄海滔（5月任）　钟　群

纪检组副组长：王建祥

（钟　星）

社会工作

【简述】

禅城区社会工作委员会（以下简称区社工委）是禅城区委政法委员会的挂牌机构，由区委政法委下设的社会建设和公共服务科承担日常工作。区社工委设主任1人、副主任3人、专职副主任1人，主任和副主任分别由区分管领导和区委政法委常务副书记兼任。

2017年，区社工委统筹协调各成员单位创新推进社会建设工作，举办“幸福家园”社会建设创新项目大赛，深化企业社会工作服务基地建设，开展全区社会建设创新项目大赛资助项目能力建设，推进社会组织体制改革工作。

【“幸福家园”社会建设创新项目大赛】

2017年，举办全区社会建设创新项目大赛被列为禅城区十大民生实事之一和区政府重点工作。5月，以“幸福家园”为主题的社会建设创新项目大赛正式启动，项目总资助资金达130万元；大赛提供七大申报领域范围，重点资助社会治安综合治理、企业社会服务、新市民服务项目三大类别，并鼓励社会组织与政府机关、企事业单位或村居自治组织联合申报重点资助类别。6月，大赛收到申报项目62个，总申报金额超过700万元，自筹资金达128个。7月6日，大赛签约仪式在禅城区柏林艺术馆举行，签约资助择优遴选的“彼岸家园”流浪乞讨女性帮扶计划等13个项目，给予8万～15万元资助，为新市民、企业员工、社区居民、特定人群等提供社区营造、企业文化打造等精准社会服务。

2017年度禅城区“幸福家园”社会建设创新项目大赛资助项目名单一览表

序号	项目名称	实施主体	资助金额（万元）
1	“创建依法维稳机制，引导群众依法维权”项目	广东天地正律师事务所	15
2	“彼岸家园”流浪乞讨女性帮扶计划	佛山市小橙伞社会工作服务中心	15
3	彩虹计划——不一样的天空	佛山市阳光心态心理咨询服务中心	10
4	东海国际社区营造计划	祖庙街道城北社区居委会	10
5	“缘聚青柯，幸福家园”青柯村流动人员融合发展项目	广州市新家园社会工作服务中心	10
6	“佛山·我家”——新市民城市文化互融计划	佛山市创享青少年创新服务中心	10
7	“聚爱系你我”企业员工支持计划	佛山市千禧社会工作服务中心	10
8	富士康员工阳光家园服务项目	佛山市禅城区社联社工服务中心	10

续上表

序号	项目名称	实施主体	资助金额（万元）
9	新市民“心”成长——新市民家庭社会融合服务计划	佛山市正元社会工作服务中心	8
10	新市民城市自然生态初体验	佛山市谷堆自然保育宣教中心	8
11	“沿途有爱、快乐同行”公交减压增能服务项目	佛山市爱心热线关爱低保家庭协会	8
12	“让阳光照亮心房”关爱职工心理健康系列活动	佛山市顺德区心晴社会工作服务中心	8
13	守护星空——自闭症儿童家庭支援计划	佛山市星儿乐扶社会工作服务中心	8
合计			130

【创新项目大赛资助项目能力建设】

2017年，开展“幸福家园”社会建设创新项目大赛资助项目能力建设，保障资助项目的顺利实施。8月22—25日，区社工委会同第三方评估机构禅青社会工作服务中心对大赛13个资助项目启动情况进行现场察看。9月7日，区社工委在普东家庭综合服务中心举办大赛资助项目培训班，邀请省内社会建设领域资深专家为资助项目工作人员授课，到富士康阳光家园项目点和顺德区伦教镇仕版社区开展现场教学。11—12月，分批次组织资助项目工作人员到外地参观学习同类项目，重点学习矛盾调处、社区服务、农村社会工作、志愿服务等内容。截至年底，13个资助项目均落地实施，其中“创建依法维稳机制，引导群众依法维权”项目实施方探索依法维权的路径，协助政法委处理突出社会矛盾8宗，深入乡村和社区举办“物业管理法律知识讲座”等普法讲座20场，引导群众合法维权。

【企业社会工作服务基地建设】

2017年，继续以“政府＋企业＋社会组织”的模式推进企业社会工作，完善禅城区企业社会工作服务基地建设。区社工委多次组织区域内有意向的企业和社会组织，到全市首个建立企业社会工作服务基地的富士康园区参观调研，交流基地的运营、管理、作用发挥等情况。3月，区社工委牵头组织有意向的社会组织到位于张槎街道的法雷奥佛山园区开展调研，区社工委、社会组织、企业三方合作探讨共同推进企业社会工作、设计具体服务项目的可行性。11月，全区第二个企业工作服务基地在法雷奥佛山园区正式揭牌，为园区企业员工提供精准专业社会服务。

佛山市禅城区社会工作委员会

主　任：区柱明

副主任：杜　梅　刘思朝　罗健华

专职副主任：侯晓慧（4月任）

陈　蓉（至4月）

（龙　成）

镇·街道

镇·街道

南庄镇

【概况】

南庄镇位于佛山市禅城区西部，面积76.03平方千米，下辖18个村委会和5个社区居委会。至2017年年底，户籍人口约9.4万人，外来人口约10.9万人。南庄历史悠久，开埠于宋朝，自古以“桑基鱼塘”著称，是典型的岭南水乡，孕育出革命烈士罗登贤、廖锦涛，著名学者罗汝楠、李应林，粤曲泰斗罗品超等杰出人物。南庄镇交通路网发达，区位优势突出，是禅西新城的发展核心，拥有佛山一环高速、佛开高速、广明高速、季华西路、南庄大道、魁奇西路、吉利大道、禅港西路等主干路网，在建的佛山地铁2号线一期在南庄设有绿岛湖、湖涌、南庄3个站点，可与广州无缝对接形成半小时经济生活圈。

南庄以陶瓷工业立镇，有“中国建陶第一镇”之称，拥有世界级的陶瓷国际会展中心、国家级的华夏建陶研发中心。2017年，南庄镇有陶瓷及配套企业2368家，其中规模以上企业177家，从业人员约1.7万人，聚集新明珠集团、新中源、冠珠、萨米特等知名企业。辖区陶瓷制造行业规模以上企业实现产值222.27亿元，陶瓷贸易行业限额以上企业实现商品销售额99.25亿元。传统陶瓷产业以“互联网+智能制造”为主攻方向，以技术创新支撑“南庄制造”，拥有国内最大的陶瓷产业链服务平台——众陶联平台。是年，南庄建设的中国建陶小镇入选首批市级特色小镇创建名单，打造世界陶瓷之都践行区。

南庄加快建设投资百亿的科力远CHS项目，推动新能源汽车等新产业与传统产业转换，激发产业活力。辖区内的省级经济开发区——广东佛山禅城经济开发区重点发展大数据、新能源、新材料、智能制造等产业，成为城产人融合发展的标杆示范地。2017年，南庄完成地区生产总值246.62亿元，比2016年增长8%；工业总产值561.15亿元，增长5.6%；固定资产投资140.33亿元，增长11.76%。实现税收收入26.01亿元，增长17.5%；产值超亿元企业164家，年纳税额超千万企业36家。南庄在全国综合实力千强镇排名第129位。

南庄加强基层治理创新，应用大数据及云平台“一张图”对全镇重点大气污染、“两违”行为等进行全天候监管。“一门式一网式”政务服务、农村“一门通”等平台得到有效运用，数字化政府显现雏形。规范农村“三资”管理，建成全市首个村级集体资产管理交易站。设立村级城乡基础设施建设专项资金和农田整治提升项目专项资金。实施“健康细胞”工程，3.9万人签约家庭医生。新增城镇就业5155人，登记失业率控制在3%以内。革命先烈罗登贤、廖锦涛的红色教育基地，绿岛湖（省环境教育基地）、镇城市运行安全综合体验馆（佛山市科普教育基地）等成为群众传承红色文化、科普教育的平台。截至2017年年底，南庄镇累计获评“国家发展改革试点小城镇”“国家级生态乡镇”“国家卫生镇”“广东省宜居城镇”等称号，拥有“全国文明村”1个，“全国绿色村庄”1个，“国家级生态村”1个，“全国十佳小康村”1个，“省宜居示范村庄”5个，“市级生态村”18个。

【产业发展】

2017年，南庄镇培育“城产人文”相融合的经济发展环境，形成陶瓷、大数据、新能源汽车的产业格局。推进中国建陶小镇建设，促进陶瓷电商、信息、文化等产业的融合提升。5月，国家知识产权服务业集聚发展试验区（禅城园）开园，推进建设全省首个中国（佛山）知识产权保护中心和禅城区知识产权法庭。6月，镇陶瓷产业促进会启动全国首个陶瓷原料集中制粉项目，可促使陶企污染排放量减少50%。是年，加快建设科力远CHS项目，一期工程完成90%；项目技术优势凸显，获得2项国际发明专利，97项国内专利；项目引进各类工程技术人员超过220人，其中混合动力行业专业博士10人、特聘国外专家2人。出台城市产业发展扶持管理办法等系列政策，全年落实各项政策奖励5581万元，受惠企业98家。投入工业技改资金28.67亿元，比2016年增长1.1倍，开展技术改造的规模以上工业企业47家，新增机器人应用40台，完成机器换人企业4家。新增国家级高新技术企业21家，省级众创空间1个（无境众创空间），有效发明专利拥有量332个，增长31.23%。广东兴发铝业有限公司获评为2017年度国家知识产权示范企业。

【招商引资】

2017年，南庄镇新增招商引资项目12个，投资总额约157.36亿元。产业链招商成效突出，以科力远为龙头带动，引进森春汽配、钱江摩托等项目；传统陶瓷产业链向上下游两端延伸，引进源创高科、工业壹号、大鱼智能家居等20多家智能制造、装备制造和工艺设计企业，瓷海国际联姻中国腾讯企点陶瓷产业中心。重点落实2016年签约项目，包括落户绿岛湖智荟的企业、环球国际车城、动漫产业大厦、金溢科技、吉盛伟邦、罗南生态园等项目。截至2017年年底，绿岛湖·智荟等五大产业平台累计引入创新型企业超过430家，中国建筑装饰设计创新基地引入企业约30家；佛山市人力资源服务产业园进驻企业（机构）约30家，进驻率接近八成。

【基础设施建设】

2017年，建成道路7条，全长约12.8千米，投资约3.4亿元。完成南庄大道提升、禅港西路（北段）、科润路扩建改造工程，以及一环辅道、樵乐立交等一批交通水浸黑点整治，旧城区交通拥堵黑点整治，南庄中心小学“警家校”护畅队物理隔离建设等。完成河滘大道扩建、禅港西路工程、南庄大道提升、樵乐路人行天桥等工程拆迁工作。紫洞西一路、河滘大道改造及富兴路工程全面动工，加快推进地铁2号线、湖涌TOD项目。南、北片区污水主干管网工程实施设计招标，岗背支涌南段完成总工程量75%，村级污水管建设有序推进。

【绿岛湖片区建设】

2017年，绿岛湖片区形成以智能制造研发、大数据、科技成果产业化为主，向新能源、工业和创意设计、科技服务、人才服务、知识产权服务、创客孵化等环节跨界延伸的创新生态圈。片区内先后揭牌成立国家知识产权服务业集聚发展试验区（禅城园）、佛山博士创新梦工场，启动绿岛湖游客中心、绿岛湖智荟入口广场建设项目。以“花绘绿岛，与鹭共赏”为主题，开展环境提升系列行动，建成佛山市首个鹭鸟观测基地，打造百亩绿岛湖花海等，绿岛湖公园入选“佛山十大最美公园”，被省环保厅评为“广东省环境教育基地”。举办各类活动17场，包括“花绘绿岛，与鹭共赏”摄影活动、广东省第四届自行车绿道联赛（绿岛湖站）、2017中国陶瓷行业马拉松大赛（绿岛湖）、2017迎中秋·绿岛湖企业欢乐日、绿岛湖“世界城市日”和“世界住房日”主题宣传系列活动等。

【国家知识产权服务业集聚发展试验区（禅城园）】

2017年5月18日，广东省知识产权局、佛山市人民政府共建引领型知识产权强市工作会商会议暨国家知识产权服务业集聚发展试验区（禅城园）开园仪式在南庄举行，广东省知识产权局局长马宪民、佛山市市长朱伟等出席会议。国家知识产权服务业集聚发展试验区（禅城园）（以下简称禅城园）落户南庄镇绿岛湖都市产业区，由市知识产权局、禅城区政府、南庄镇政府共同建设，建设总面积约2.7万平方米。禅城园定位为知识产权服务业集聚区、知识产权金融服务核心区、知识产权人才集聚区和知识产权服务机构核心区。首批签约意向进驻的单位包括猪八戒快智慧知识产权代理有限公司、中规（北京）认证有限公司、深圳市世纪恒程知识产权代理事务所等14家大型知识产权服务机构。

【众陶联亮相央视改革专题片】

2017年7月18日，南庄镇重点企业佛山众陶联供应链服务有限公司（以下简称众陶联）作为首个典型案例，入选央视大型政论专题片《将改革进行到底》第二集《引领经济发展新常态》。众陶联成立于2016年3月，在国家供给侧改革新思路指引下，由国内知名的金融投资集团蓝源资本顶层设计，15家佛山陶瓷龙头企业共同打造，是“产业+互联网+金融资本”的陶瓷产业链服务平台，通过在B2B（企业与企业）平台上建立撮合交易、集中采购、源头交易、竞价交易和委托交易，破解陶瓷行业的融资困难、采购不透明、低层次同质化竞争等问题。2017年，众陶联平台交易额达304亿元，为采购企业降低11.6%的综合成本。累计参与众陶联平台的企业集团563个、供应商3514个，加盟企业产值2215亿元，约占中国陶瓷产业产值的45%。

【佛山博士创新梦工场开园】

2017年11月17日，佛山博士创新梦工场开园仪式在绿岛湖国际中心举行。该项目由南庄镇与佛山科学技术学院合作建设，围绕禅城、南庄传统产业基础优势，以企业为主体、市场为导向，打造产学研用深度融合的创新型人才创业和高新技术项目加速和孵化平台。项目运营实施“100+400+N”博士集聚模式，即引进100名以上博士团队进驻园区博士工作室；充分利用佛山科学技术学院约400名在职博士支持园区项目建设与运营；吸引N个带项目的海内外高层次人才团队入驻园区，并建立成果转化平台。截至年底，佛山博士创新梦工场签约博士团队21个共63名博士，其中实现进驻团队10个。

【新农村建设】

2017年，南庄镇完成村尾村、溶洲村市级宜居村庄创建工作，完成罗南村、南庄村、紫南村、湖涌村、龙津村、吉利村6个“五好”新村居区级验收，推进罗南村、南庄村、紫南村、龙津村、吉利村、湖涌村、上元村7个“美丽文明村居”建设。紫南村获得“全国文明村”“2017中国最美村镇”称号，村尾村、溶洲村被评为佛山市第十批“宜居村庄”。完成农村土地承包经营权确权工作，推进南庄大道南侧、佛山一环西侧地块“三旧”改造项目。是年，区、镇、村三级联动，完成违法用地整治31宗，整治面积6.44万平方米。推广应用“农村集体经济数字云图”，提升农村集体“三资”管理水平。完成农村集体资产交易901宗，交易金额16653.7万元，溢价1429.01万元，其中通过农村集体资产管理交易平台完成交易144宗，增值370.02万元。出台《南庄镇农村建设工程及大宗采购项目招投标管理规定（修订）》，村级工程招标及大宗采购68宗，节约资金4811.84万元。

【社会民生】

2017年，完成城镇新增就业人数5155人，城镇失业人员再就业1750人，就业困难人员实现再就业205人，促进创业人数380人，城镇登记失业率为控制在3%以内。全年区、镇财政支出1592.4万元，构建政府、社会、家庭“三位一体”的帮扶救助体系。发放低保救助金约149.82万元、救济金50万元、优抚补助489.52万元，用于助残资金251.23万元，为年满70周岁以上的老人发放高龄津贴共444.05万元，为125名老人购买居家养老服务共计31.73万元，惠及低保、优抚、残疾人、高龄老人等对象。是年，辖区内的佛山市岭南美术实验中学、绿岛明珠国际幼儿园投入使用，佛山外国语学校北校区（小学）完成建设。首次举办退役士兵回乡欢迎大会，创新退伍军人安置工作。

【文体建设】

2017年，南庄镇以“绿韵儒风　活力南庄”水乡文化系列活动为主线，举办“品味传统经典·传承优秀文化”、罗格孔家村文昌诞、异地务工人员才艺大赛、手机摄影讲座、“爱的智慧”讲座、公益篮球培训班、“筑梦佛山”夏令营、武术醒狮展演、南庄粤剧文化周、粤曲精品展演、南庄新年音乐会、十四年抗战专题图书展阅读等活动。挖掘罗登贤、廖锦涛等烈士精神，举办罗登贤事迹展览启动暨登贤精神传承座谈会，建成廖锦涛公园，打造红色文化品牌。成立南庄镇文联创作基地、南庄镇体育联合会、南庄镇武术龙狮运动协会，整合南庄文化体育资源。加强非物质文化遗产保护，粤剧头饰制作技艺、湖涌扒草艇分别成功申报为区级、市级非物质文化遗产项目。

中共佛山市禅城区南庄镇委员会

书　记：何　战

副书记：陈辅明　叶　华　黄　超（至11月）

韩士超（11月任）

委　员：彭长江　李　迅　钟灵辉　刘佑荪

温　冬　邓小坚　罗永祥　区雪莹

刘玉军

佛山市禅城区南庄镇人大

主　席：杨劲莲

副主席：蒙顺全

佛山市禅城区南庄镇人民政府

镇　长：陈辅明

副镇长：罗永祥　陈锦波　徐锦棠　罗艳明

（胡欣怡）

2017年南庄镇村委会基本情况一览表

名称	书记	主任	村小组（个）	总户数（户）	总人口数（人）	经济总收入（集团公司＋经济社）（元）	人均分红收入（元）
罗南	罗炎成	关润尧	9	1275	4361	362835732.8	50051
南庄	罗永祖	罗永祖	4	1677	5604	129430369.8	19249
紫南	潘柱升	潘柱升	20	1795	6471	88536185.54	12332
紫洞	刘念抗	刘念抗	8	1152	3958	34494044.56	8263
湖涌	罗锦成	简永明	7	1032	3763	52937651.78	10698
东村	何礼彬	何礼彬	7	1004	3305	55783713.58	12077
上元	霍润昌	霍润昌	1	1048	3838	65526502.35	15215
堤田	吴焰生	刘乃真	3	1488	5368	69040659.76	8946
罗格	黎富荣	黎富荣	13	1923	6780	41577298.08	4824
溶洲	罗远杨	罗远杨	10	2456	8500	119841614.8	12311
吉利	关锦长	关锦长	20	2031	6601	167667514.7	18348
龙津	冯耀泉	冯耀泉	10	1147	3937	113878976.5	19353
醒群	罗启标	罗启标	9	1048	3712	32783223.49	4740
村尾	罗文瑞	罗文瑞	1	717	2524	28413280.36	7200
梧村	谭荣初	谭荣初	15	1404	4650	37167165.44	6160
河滘	郑成江	郑成江	13	982	3261	46334437.84	10816
杏头	郑兆球	郑兆球	16	1103	4148	66558150.81	10404
贺丰	廖甜标	廖甜标	9	921	3002	24721854.89	6427

2017年南庄镇社区居委会基本情况一览表

名称	主任	办公地址	管辖面积（平方千米）	总户数（户）	户籍人口（人）	流动人口（人）
南庄	何燕平	南庄镇解放路17号威南广场三楼	1.2	1993	2025	7028
吉利	谢松富	南庄镇人和路兴发商业新街2号	2	3956	2664	8920
人和	吴淑婷	沿江路55号万科城5区22座1楼	0.52	4907	3186	13072
河畔	林锦仪	南庄镇南庄大道68号绿岛明珠1期7座地下车库入口	0.86	4550	2438	13000
绿岛	陆耀汉	南庄镇科润路10号涟岸花园小区6座首层	4.26	1882	67	4682

石湾镇街道

【概况】

石湾镇街道位于禅城区东南部，是禅城区委、区政府所在地，佛山市中心城区的重要组成部分。辖区面积28.32平方千米，辖12个村委会、27个社区居委会。2017年，户籍总户数10.4万户，户籍人口18.97万人，外来人口16.6万人，常住人口33.08万人。石湾交通发达，季华路、魁奇路、佛山大道、汾江路、文华路、南海大道等主干道贯境而过，在营、在建、规划中的地铁1～6号线均覆盖石湾。辖区有三甲医院2家，环湖小学、城南小学、实验小学、华英中学、佛山市第二中学、佛山市第三中学（高中部）等优质学校，以及亚艺公园、文华公园、石湾公园、半月岛湿地公园等大型公园。

“石湾瓦，甲天下”，石湾有五千年的制陶史，是“中国十大魅力名镇”，享有“南国陶都”“中国陶瓷之都”“中国陶瓷历史文化名城”“中国陶瓷艺术之乡”“中国民间文化艺术（陶艺）之乡”等称号，石湾陶塑技艺被评为第一批国家级非物质文化遗产。辖区内有全国重点保护文物单位——五百年薪火不断的南风古灶，广东石湾陶瓷博物馆、莲峰书院、丰宁寺、公仔街，以及众多艺术馆、大师工作室等文化旅游资源。

石湾经济发达，是中国现代建筑陶瓷的发源地，世界著名的建陶产销区，全国唯一的不锈钢名镇、全国最大的不锈钢制品和材料集散地，是“中国不锈钢商城”“品牌中国不锈钢（国际）产业示范基地”。辖区有陶瓷及配套企业4739家，其中达到“四上”企业标准的59家，拥有东鹏、钻石洁具、红狮、新美术陶瓷等知名企业；有规模以上澜石不锈钢加工企业超过16家，限额以上不锈钢贸易商户139家。2017年，石湾推进中国陶谷小镇、不锈钢小镇建设，推动陶瓷、不锈钢产业转型升级，辖区陶瓷制造行业规模以上企业实现产值7.23亿元，陶瓷贸易行业限额以上企业实现商品销售额176.50亿元；规模以上工业不锈钢行业产值达17.48亿元，限额以上不锈钢贸易企业销售额超过1542亿元。培育经济新增长点，发展大汽贸、大数据、大健康、泛金融等新兴产业。是年，石湾实现地区生产总值458.85亿元，增长7.9%；实现工业总产值601.35亿元，增长2.9%；全社会固定资产投资222.62亿元，增长18.7%；国地税收入合计49.56亿元，增长5.9%。

民生事业全面推进。完成15万平方米公园绿地建设，改造提升新明路、江湄路、澜石三路，以及玫瑰公园、惠景公园、华远西小区公园。辖区有效警情下降25%。石湾分别被市、区评为“计生先进单位”，并代表禅城区接受省计生考核，禅城区获评“省计生优秀单位”。建成石湾镇街道社区卫生服务中心，完成深村、湾华社区卫生服务站等标准化装修改造。有1个村参与市级健康村、8个社区参与健康社区、90个家庭参与健康家庭的创建活动，并通过市、区考核评估。“明厨亮灶”达到480家，较2016年翻一番。农产品检测站实验室取得计量认证（CMA）和农产品实验室机构考核（CATL）实验室双认证，为全省首家通过双认证的镇街基层农产品检测实验室。开展公益文化演出超200场，受众人群达20万人次。全年新增就业人数5154人，城镇失业人员再就业人数3810人，就业困难人员实现再就业人数1984人，促进创业

375人，城镇登记失业率为1.82%。

【基层建设】

2017年，完成全街道12个村委会、26个社区的“两委”[党委、村（居）委] 换届选举工作。优化村（社区）“两委”班子结构，社区“两委”交叉率、“一肩挑”均达到100%，村“两委”交叉率提高10%。选定10个村（社区）试点非户籍常住人口参选基层党组织。开展党支部规范化建设，实现党支部覆盖所有村民小组，其中1个村党支部和2个社区党支部升级为党总支部，5个村党总支部和3个社区党总支部升级为党委。打造“两新”党建先进典型，广东省（佛山）软件产业园党委获评“省非公有制企业先进基层党组织”“市级党建示范点”；广东石湾酒厂有限公司党委、广东金意陶陶瓷有限公司党委获评“市级党建示范点”。

【特色小镇建设】

2017年，石湾推进中国陶谷小镇、不锈钢小镇建设，通过载体、项目、平台建设，推动陶瓷、不锈钢产业加快转型升级。8月，中国陶谷小镇成为全市首批15个特色小镇之一，与南庄镇组成的“禅城陶谷小镇”（石湾—南庄）入选广东省特色小镇创建工作示范点。12月，中国陶谷小镇从“一谷八园”扩至“一谷十园”。是年，中国陶谷小镇的佛山泛家居电商创意园全面完成改造，实现100%招商；石湾古镇文创园引入佛山国际创客中心、佛山电竞基地、高一影业等14个项目，以及309家登记企业；完善片区环境配套，加快推进大雾岗森林公园、石湾公园二期建设。不锈钢特色小镇建设有序推进，成功举办全国不锈钢高端峰会；佛山不锈钢指数正式对外发布；佛山不锈钢互联网平台和佛山不锈钢电子交易平台启用，全年实现线上线下销售额5.42亿元。

【中国不锈钢高端峰会在石湾举行】

2017年12月23日，“产业互联　不锈论道”中国不锈钢高端峰会在石湾镇街道举行，来自全国不锈钢产业链上下游著名企业、行业协会的代表及知名专家、学者约500人参会。石湾通过推进“互联网＋不锈钢”等计划，为传统不锈钢行业嫁接新产业。中国不锈钢高端峰会等高端会议的举办，有效增强石湾不锈钢的凝聚力和影响力。是年，石湾本土限额以上不锈钢贸易

2017年12月15日，“中国陶谷向世界说”——陶谷周年发布会在中国陶谷陶举行　（陈洁茵　摄）

企业销售额超过1542亿元，比2016年增长20.8%。

【新兴产业培育】

2017年，围绕大汽贸、大数据、大健康、泛金融等产业，加快培育发展新动能，打造石湾经济新增长点。引入诚德特钢、捷联诚、大参林、佳安保险、阳光人寿等企业，年度新增产值超100亿元。建设产业发展载体，世博商贸城、联塑领尚环球之家、居然之家开业，不锈钢总部大厦、雄盛王府商城、新福港交通枢纽广场、岭君广场等项目加快推进。

【全市首个电竞产业基地落户石湾】

2017年5月4日，佛山电子竞技产业发展研讨会在石湾举行，石湾古镇文创园与狮王互娱、世界大学生电子竞技联赛（WUCG）现场签订合作协议，在园区打造佛山首个电竞产业基地及电竞生态孵化园。该基地占地1000平方米，包括线下场馆和线上平台两大部分，共打造五大核心功能板块，即举办电竞赛事、输出电竞异业模式、孵化电竞创业、培训电竞人才、提供电竞设备及服务周边等。11月18日，佛山市首个电竞高校联盟在石湾古镇文创园内成立，有12个高校的电竞社（协会）加入。12月8日，首届佛山电竞嘉年华在石湾古镇文创园举行开幕式，佛山电竞产业基地、佛山竞技协会揭牌成立。

【创新创业】

2017年，辖区72家企业申报高新技术企业认定。专利申请达到2808件，总量列全区第一。广东（佛山）软件园获得“国家级孵化器”称号，阳光教育众创空间入选广东省级众创空间试点单位。佛山科学技术学院与绿巢智谷共建“华南科技创新战略发展研究院”“产学研基地”，鄱阳城众创小镇加快建设，引进广州地区孵化器创新创业服务联盟等企业。加快建设人力资源服务产业园，引入佛山市领航人力资源服务有限公司、广东汉普人力资源集团、58同城、赶集网、猎聘网等100家优质企业，以及约100家创客空间和创客工作室。启动石湾陶艺职业培训学院建设，完成教材编写、师资库建立等前期工作。截至年底，石湾镇街道累计打造各类创新孵化平台8个，包括国家级科技型企业孵化器1个，建设孵化场地面积超30万平方米，引进创新企业超1000家。

【片区改造】

2017年，奇槎片区纳入禅南顺创新集聚区，融入粤港澳大湾区建设。年内出让土地2宗，共7.79万平方米，累计投资18亿元，实施25个重点项目，完成半月岛湿地公园、桂澜路景观建设工程、魁奇路东延线辅道工程。

【城市治理】

2017年，累计投资38.54亿元，启动实施城市治理项目28个，完善环境配套，提升城市治理品质。投资3.6亿元，实施奇槎村环村涌整治等11项水环境整治项目。投资约700万元，实施佛山大堤维修加固工程等8项水利工程项目。屈龙角涌（绿景路至影荫路段）整治改造一期工程完成，澜石大涌（南海大道至桂澜路段）整治工程正式动工，奇槎南窦涌改造提升、鄱阳涌黑臭水体整治工程成效显现，实现河清、水绿、景美。严控污染物排放，利乐包装停业停产，珠江传媒、宝兴汽车VOC整治成为典范，新乐卫浴、红狮陶瓷、金环球陶瓷、石湾美术陶瓷厂完成陶瓷废气整治。建立网格在建工地清单，对工地实行全程动态监管，在地铁二号线（石湾站）工地和魁奇路快速化改建项目试行第三方监管模式，全面加强扬尘防治。

【民生事业】

2017年，推进可视化监管系统建设，汇聚各类视频监控816路，实现对辖区内主要区域24小时可视化巡控。推行园村共治，完成村级工业园区安全生产综合整治工作。持续开展安全生产和消防安全大检查、专项整治，全年检查生产经营单位8095家，查处安全生产违法案件34宗。市场食品快检全面覆盖，投入使用“1个农检站＋1辆快检车＋136个农残检测点”的快检网络，累计检测农产品30.2万份，增长18%，合格率达到99.9%。推进宜居社区、宜居村庄建设，澜石社区获得“广东省宜居社区”称号，河宕村获得“佛山市宜居村庄”称号，劳动社区、东平社区、三友社区获得“佛山市宜居社区”称号。

【文化建设】

2017年，依托中国陶谷南风古灶片区丰富的历史文化资源，打造南风古灶国际创意园、非遗文化研习基地、陶艺创意基地、文化电商孵化基地，累计吸引约800家文化产业企业进驻。南风古灶国际片区被评为“市级文化产业示范园区”。实施朱紫街二期改造工程，完成丰宁寺、莲峰书院主体修缮工程和宝峰塔重建工程。创新开展陶文化推广普及，举办陶博会、陶艺建陶设计周等系列活动，提升石湾陶文化影响力。完成福华社区、江滨社区、三友社区、莲峰社区、文华社区、金子苑社区6个社区的综合性文化服务中心示范点建设工作。

中共佛山市禅城区石湾镇街道党工委

书　记：毛伟锋

副书记：吉江鸿　党来明　张慧星（2月任）

委　员：杨　涛　杨演文　周伟雄（2月任）
陈铁楼　何娟友　王少军（至11月）
张敏存　屠　强（至2月）
陈树凯（2月任）　陈书勤（11月任）

佛山市禅城区石湾镇街道办事处

主　任：吉江鸿

副主任：杨　涛（2月任）　伍跃群　张伟超
李勇奎　李　奕（5月任）

佛山市禅城区石湾镇街道人大工委

主　任：唐苑明

副主任：林逸健

（林希艺）

2017年石湾镇街道村委会基本情况一览表

名称	书记	主任	村民小组（个）	总户数（户）	总人口数（人）	经济总收入（万元）	人均分红收入（元）
河宕村	冯树荣	冯树荣	8	885	2920	15538	48878
深村村	叶伟民	蔡伟森	15	2318	6315	15706	16397
番村村	徐灿金	徐灿金	3	680	2050	10411	31298
塘头村	梁日东	—	0	612	2156	12163	38000
石头村	霍浩德	霍兆广	9	1447	3586	8619	32069
石梁村	梁伟添	梁灼生	0	224	956	4632	0
里水村	区永发	区永发	5	720	2586	7045	17155
黎冲村	陈金明	陈金明	9	812	3012	11891	23604
鄱阳村	周国权	周国权	0	359	1454	4768	17000
湾华村	陈力纯	何淡平	0	950	2760	5051	11488
沙岗村	张沛景	张沛景	4	786	1750	12575	39499
奇槎村	周沛辉	周沛辉	5	702	2036	30	—

2017年石湾镇街道社区居委会基本情况一览表

名称	主任	办公地址	管辖面积（平方千米）	总户数（户）	户籍人口（人）	流动人口（人）	备注
惠景	李俏丽	禅城区惠景路15号	0.23	5469	14232	2202	—
丽豪	刘秀芳	禅城区魁奇一路11号丽日玫瑰名城区1区8座1～2层	0.5	4207	7940	1742	—
绿景	陈　洁	禅城区绿影东街55号4座首层	0.46	2757	3719	1206	—
金子苑	邓焕玲	禅城区季华五路金源街4号2楼	0.58	1693	3153	1213	—
平远	李华立	禅城区华远西路57号1座2楼	0.3542	2540	5823	916	
季华	刘旭霞	禅城区影荫路22号月亮湾3座首层	0.1246	3820	7516	1335	—
金澜	黄永乐	禅城区华远东路65号12座二楼	0.77	3860	5896	1696	—
福华	龙宇群	禅城区华远东路33号15座首层	0.83	4873	8517	2477	—
玫瑰	梅碧萱	禅城区影荫路玫瑰大街1号首层1～2号铺	0.38	3059	6501	1304	—

续上表

名称	主任	办公地址	管辖面积（平方千米）	总户数（户）	户籍人口（人）	流动人口（人）	备注
丽银	赵颖珊	禅城区港口路1号世纪康城24座203	0.9	4793	7759	2399	—
怡景	裴春燕	禅城区新明二路5号怡景丽苑一座8、9、10号铺	0.55	2563	4680	750	—
湖景	黄燕芝	禅城区湖景路18号62号铺二层	0.53	3743	7768	1088	—
环湖	范淑敏	禅城区湖景路绿茵鸣苑19号首层	0.54	5035	8361	908	—
榴苑	莫悦明	禅城区石湾榴苑四街15座首层	0.34	2853	7578	1598	—
三友	谭　清	禅城区石湾三友岗62座之一	0.24	1715	5072	651	—
忠信	周柳研	禅城区石湾忠信路86号	0.42	2452	3591	2440	—
红卫	李家聪	禅城区石湾和平路6号石湾公园北门侧（宝塔路39号对面）	0.6	1557	3253	837	—
莲峰	何斯薇	石湾工农路9座12、13号	0.67	2893	3368	1838	
劳动	朱婵敏	禅城区石湾江滨路60号首层	0.81	3325	5288	2588	—
和平	邓小磊	禅城区石湾跃进路110号二层	0.7	2350	5461	1458	—
澜石	黄建清	黎明一路23号1区17座首层	3.2	7417	9724	4441	—
鸿翔	劳健炽	彩虹路98号怡翠宏璟1座一二层	0.4	3860	6228	1212	—
文华	陈苑群	禅城区绿景三路8号1区P26号铺	0.55	6110	5933	920	—
东平	梁耀铭	禅城区港口路14号1座首层1号	0.7	6679	3577	1749	—
江滨	张胜群	禅城区新明一路22号海景蓝湾3座首层P28之一	0.6	4519	4700	1398	—
奇槎	周沛辉	禅城区奇槎中心西路18号	1	703	2020	3056	—
依云	—	禅城区魁奇二路139号依云上城10号楼首层（计划）	0.36	—	—	—	筹备中

张槎街道

【概况】

张槎街道位于佛山市禅城区中西部，是广佛经济商圈的重要组成部分，总面积28.86平方千米，辖15个村委会和8个社区居委会，常住人口约24万人，户籍人口约8万人，外来人口约19.6万人。辖区交通便利，广珠、广湛、佛开高速公路贯彻境内。张槎是较为典型的岭南水乡，拥有东平河、汾江河、王借岗等自然景观，以及杨氏大宗祠、太史第、张槎村古建筑群等人文景观，武术、粤剧、醒狮、龙舟、剪纸等传统优秀岭南文化得到传承和发展，是国家级“龙狮运动名镇”。

张槎产业基础雄厚，国家级高新区——佛山高新技术产业开发区禅城园（城西园）坐落辖区，拥有智慧新城、欧洲工业园、华南创谷、新媒体产业园等一批主题产业园，高端装备制造、电子信息、针织服装等优势产业集聚发展。辖区有针织企业超4000家（包括安东尼、光大、金红棉、东成立亿等上规模品牌企业）、针织工业园区超10个和台织造机器超2万台，针织面料年产量超300万吨。2017年，张槎街道提出“产业引领、创新驱动、绿色发展、民生优先”的发展思路，推动经济社会持续健康发展。全年实现生产总值489.59亿元，比2016年增长8.2%。其中：第二产业增加值304.05亿元，增长6.7%；第三产业增加值185.54亿元，增长11.0%。固定资产投资175.71亿元，增长15.0%。社会消费品零售总额78.50亿元，增长10.5%。是年，成功打造1个国家级科技企业孵化器、2个国家级众创空间和2个全国知名品牌示范区，获批创建广东省军民融合科技产业创新试点镇，成为全市唯一入选“2017年中国产学研合作创新示范镇”的镇街单位。

民生事业快速发展。创建国家食品安全示范城市，弼北市场等3个农贸市场获评区级优秀“互联网＋”智慧菜市场，学校、托幼机构食堂实现“明厨亮灶”100%全覆盖。全年完成张槎、金沙社区卫生服务站标准化建设改造，登革热疫情防控卓有成效。创新建立村级工会、推广覆盖“村务APP”，打造共建共治社会治理新格局。张槎街道行政服务中心新服务大厅正式启用。张槎街道积极开展群众性文体活动，获国家体育总局评定为“群众体育先进单位”。

【产业转型升级】

2017年，张槎街道引导高端装备制造、电子信息等产业集聚，引进弘视通信、德国海因克尔、广东宽普等一批行业顶尖企业，柏克新能、新光宏锐等5家企业入选省级两化融合管理体系贯标试点企业。推进传统针织产业转型升级，织联网、中纺互联等一批龙头“互联网＋针织”项目成功落户，国内首台高速通过式直喷纺织喷墨印花机研发成功，佛山首家针织主题观光工厂开业。举办全国纺织职业技能竞赛和首届中国针织行业供应链管理发展峰会、中国（张槎）针纺纱线展暨高峰论坛等具有全国影响力的产业大会，组团参加中国国际纺织博览会，提升“张槎针织”品牌知名度。

【首届中国针织行业供应链管理发展峰会】

2017年8月25日，首届中国针织行业供应链管理发展峰会在张槎街道举行，贯彻供给侧结构性改革的战略部署，总结和推广针织行业新模式、新技术成果，推动行业转型升级发展。中国纺织工业联合会、中国针织工业协会、中国化学纤维工业协会相关负责人，禅城区委常委、副区长曹洪彬，以及中国针织工业协会会员、针织行业产业链上下游相关企业代表等约300人参会。会议邀请行业专家，从产业层面、智能技术层面和生产管理层面就针织行业的供应链管理展开研讨，促进中国针织行业、T恤衫产业和张槎针织发展。

【科技创新】

2017年，张槎街道构建政府搭台、企业为主体、市场为导向、产学研相结合的科技创新体系。打造“苗圃＋孵化器＋加速器＋科技园”的全孵化链科技企业孵化器载体，创意产业园获“国家级众创空间”称号，佛山新媒体产业园获评广东省创业孵化示范基地。11月，在第十一届中国产学研合作创新大会上，张槎街道获“2017年中国产学研合作创新示范镇”称号。截至年底，辖区拥有国家级科技企业孵化器3家，国家级众创空间2家，高新企业92家，各类创新平台96个。

【两个全国知名品牌示范区创建成功】

2017年3月，张槎街道的全国丝光棉针织服装产业知名品牌示范区、全国现代电源（不间断电源）产业知名品牌示范区通过国家质检总局考核验收，正式获得命名。针织产业、现代电源产业是张槎支柱产业，2015年经国家质检总局批准，张槎街道开展“全国知名品牌示范区”创建，从组织保障、政策扶持、资金落实、文化宣传等方面，多元共建时尚针织和现代电源产业体系，打造区域品牌。2017年，张槎针织服装产业产值规模达到294.35亿元，比2016年增长15.62%；现代电源产值达到30.26亿元，增长8.1%。

【中国青年创业社区和青年之家落户张槎】

2017年12月6日，位于禅城区张槎街道华南生命科学园的中国青年创业社区（佛山站B站）和青年之家揭牌成立，以关注青年生理、心理及社会适应性为宗旨，打造低成本、全要素、一站式创业服务综合载体。中国青年创业社区是由团中央委托中国青年创业就业基金会负责具体实施的青创社区，其中佛山站B站由华南生命科学园与佛山科学技术学院共建。

【特色小镇建设】

广东绿能装备小镇建设　2017年，张槎街道以新能源装备制造、智能电源装备制造、智能环保装备制造、军民融合装备制造为发展方向，依托现有产业基础，启动广东绿能装备小镇建设。8月，入选佛山市首批市级特色小镇创建名单。

“互联网＋”小镇建设　2017年，张槎“互联网＋”小镇建设与招商并举，华南创谷总部大楼实现100%进驻，福能大数据产业园获得“国家电子政务外网华南分中心”的授牌，被列入国家发改委促进大数据发展重大工程项目库，并被广东省经信委评为广东省首批八大省级大数据产业园之一。启动道路慢行系统等市政建设，提升小镇环境。

【城市品质提升】

2017年，张槎街道推动路网、水网、绿网建设，提升城市品质。完成清峰路、天宝路建设，启动“互联网＋”小镇慢行系统、朗宝西路1期、华宝路、华南创谷周边市政配套改造、马鞍街及南侧15米规划道路改造I期工程，配合推进广佛环线、地铁2号线、王借岗大桥建设，加快构建“内畅外通”的交通网。实施河长制，推进南北大涌、南北二涌整治，完成小布窦涌景观提升、禅西三涌截污及岸线整治，其中小布窦涌作为禅城区代表项目接受佛山城市升级两年延伸“年考”。13个村启动村级污水管网项目，共投资9442万元。新增实施三旧改造面积41.65万平方米，完成改造面积28.38万平方米，完成土地收储17.53万平方米。季华北路、佛开高速张槎收费站路口等关键节点景观提升明显。推进村级工业园区整治与小散乱污企业清理，完成机动车协会集中式钣喷中心和西华里集中式油烟处理工程建设。实施城市管理精细化行动计划，城市管理考评排名全区第一。建立下朗市容环境卫生责任区试点，促进城市管理向企业、小区、商铺等基层延伸。在古新路打造禅城首个小摊贩集中整治示范街。

【美丽文明村居建设】

2017年，张槎街道启动美丽文明村居建设，用两年时间将莲塘、大富、村尾、下朗、张槎和弼唐6个村打造成为环境美、风尚美、人文美、服务优、宜居住、宜休闲、宜观光、宜旅游等独具岭南特色的美丽文明示范村。4月，6个村的美丽文明村居建设方案正式发布。12月，第一批示范点莲塘村和下朗村完成招标工作，第二批的4个村完成项目设计及入库。

【消防隐患整治】

2017年，张槎街道将火灾隐患整治纳入街道年度中心工作，全年投入经费5168万元。扩建20人组成的专职消防队伍，23个村居、3家直属公司、39个消防重点单位分别建立6～10人的兼职消防队伍。新建微型消防站37个，新增灭火器10863个、应急灯6962个、烟感器6279个、安全出口指示牌6223个。以朗丰工业园为试点，推广电动车定点集中充电示范点，根治电动车充电隐患，建成电动车集中充电桩50个，充电插座1258个。成立“三小”（小作坊、小档口、小娱乐场所）场所、公众聚集场所、工业建筑、出租屋、针织制衣行业、村（居）委会等6个专项整治小组，按省验收标准完成整治“三小”场所2643间、公共聚集场所91家、工业建筑520家、出租屋608栋。是年，张槎消防四化（网格化、信息化、规范化、常态化）巡查完成率达100%，街道火警成灾数下降57.7%。

【文体事业发展】

2017年2月，举办全国“龙腾狮跃闹元宵”大联动、“张槎杯”佛山狮王争霸赛。5月，配合区高铁经济带旅游博览会，举办“国笋心·张槎情”国笋文化节，开幕式邀请千名市民品尝重达4000斤的盘笋粥，推广张槎笋饮食文化。7月，举行“东基童梦杯”第五届龙舟赛，来自张槎各村的47支队伍参赛。是年，开展“魅力母亲”“张槎好人”“有为青年”评选，举办外来工集体婚礼和“玫瑰有约·情缘张槎”青年交友活动。建成禅城首个园区智能化图书馆——华南创谷自助图书馆。开展群众性文体活动，莲塘龙狮队参加广东省龙狮锦标赛斩获南狮规定套路和自选套路双料亚军。张槎街道获评“2013—2016年度全国群众体育先进单位”“广东省第十六届体育节活动先进单位”称号。

中共佛山市禅城区张槎街道党工委

书　记： 刘志诚

副书记： 颜雪锋　贝为杭　朱流云
凌云燕（挂职，11月任）

委　员： 李健明　王　斌　邓育文　郭国权
王　莉　侯乐安　贺静媛
郑甲生（4月任）
肖映泽（至12月）
杨　梅（挂职，至8月）

佛山市禅城区张槎街道办事处

主　任： 颜雪锋

副主任： 林　曼　卢汉军　高玉军（4月任）
肖映泽（4～12月）
郑甲生（至4月）

佛山市禅城区人大常委会张槎街道工作委员会

主　任： 麦　暖

副主任： 冯满成

（霍颖欣　陈泳潼）

2017年张槎街道村委会基本情况一览表

名称	书记	主任	村民小组（个）	总户数（户）	总人口数（人）	经济总收入（村、组两级）（万元）	农村居民人均分红（元）
莲塘	陈锦碧	陈伟强	8	1024	3833	6242	7838
大富	谭允源	谭启镰	9	1535	5546	6393	11257
村头	冯　照	冯　照	3	574	2067	6350	14113
村尾	冯炳灶	冯润享	4	740	2392	5377	6695
上朗	招灼添	招志敏	8	1005	3045	5441	9333
下朗	江润锦	江润锦	7	990	3327	12148	14018
古灶	陆秀兴	招高橙	6	966	3492	6610	7674
大江	冯国昭	何洪象	7	1568	4646	7012	8627
白坭	吕耀南	吕永新	5	607	2188	3747	7390
张槎	陈永升	陈永升	15	1225	3969	10967	17110
大沙	杨　灼	杨　灼	7	721	2405	5192	15203
东鄱	邱志英	邱志英	14	1083	3849	5828	15872
弼唐	庞广源	霍丽棉	5	682	2477	7019	23618
青柯	庞颂炽	庞颂炽	6	392	1525	3043	19248
海口	何德佳	陈绍伟	7	1110	3884	10407	20214

2017年张槎街道社区居委会基本情况一览表

名称	主任	办公地址	管辖面积（平方千米）	总户数（户）	户籍人口（人）	流动人口（人）
纯阳	陈胜杜	仙槎路8号6座P17地铺	2.5	3018	7113	12251
江湾	黄桂红	江湾一路43号二楼	0.7	1787	4780	1719
马岗	邓燕晶	江湾二路12号佛山市联运总公司办公楼的一楼及二楼部分区域	1.07	2018	3796	1635
清水桥	欧锦涛	清水二街5号首层	0.85	3330	6024	2533
东便	李倩勤	轻工路卓景花园住宅小区3、4号楼首层及二楼	1.46	4050	6906	2350
金沙	潘凤娟	金沙二街1号首层7A铺	0.6	4127	6467	2954
江海	程蕴华	江海路44号一座101房	3.2	3979	2620	2036
智城	江智锦	华宝南路19号P93铺	2.2	5723	1011	3164

祖庙街道

【概况】

祖庙街道位于禅城区的东北部，东至桂澜路、南沿季华路，西以佛山大道为界，北抵汾江河北岸，辖区面积20.88平方千米。2017年，下辖9个村委会和51个社区居委会，辖区总户数9.53万户，户籍人口29.18万人，外来人口16.96万人，常住人口42.05万人。祖庙街道地处佛山市中心城区，交通便利，地铁广佛线横贯辖区。旅游景点有佛山祖庙（国家级文物保护单位）、东华里古建筑群（国家级文物保护单位）、梁园、仁寿寺、中山公园、岭南天地、广东省粤剧博物馆、精武馆等。辖区有祖庙商圈、东方广场商圈和季华商圈，商贸文化活动丰富。正月十六行通济、三月三北帝诞、粤剧华光诞、佛山秋色欢乐节等民俗节庆活动在辖区举行。

2017年，祖庙街道围绕“城产人文”融合发展主线，打造佛山产业转型升级的示范街区、文化名城的展示街区、“互联网+”的先行街区，经济社会发展取得良好成效。全年实现地区生产总值555.51亿元，比2016年增长7.9%。其中第三产业实现增加值401.58亿元，增长9.3%，第二产业、第三产业结构比重为27.7:72.3。工业总产值436.84亿元，增长2.4%，其中规模以上工业增加值为122.68亿元，增长3.8%。全社会固定资产投资158.96亿元，增长18.5%。社会消费品零售总额390.7亿元，增长10.9%。街道本级一般公共预算收入完成10.28亿元，增长18.7%；街道本级一般公共预算支出完成11.07亿元，增长29.86%。税收总额98.28亿元，增长7.3%，辖区内年纳税额超1000万元的企业有111家。是年，祖庙街道拥有国家级高新技术企业58家，各级研发机构38个，有效发明专利拥有量778件。佛山燃气集团成功上市，成为辖区第五家上市企业。佛塑、日丰、欧司朗、佛山照明4家企业被认定为“首批佛山市细分行业龙头企业”。

民生事业加快发展。祖庙街道微服务中心启动运营，打造“互联网+综合服务”平台。不断扩展长者饭堂服务，长者饭堂同济服务站建成投入服务。拓展平安钟线上功能，实现设备终端的可移动、定位创新。引入社会资本，实现敬老院“公建民营”转型升级创新改革。佛山市高层次人才服务专区项目落户丰收街，城镇登记失业率控制在0.82%。街道“一门式”行政服务高效便捷。

【产业优化提质】

2017年，新增签约、落地项目11个，投资总额138.27亿元，其中超10亿元项目5个。完成工业技术改造投资6.53亿元，完成珠江西岸装备制造业投资3.58亿元，工业企业逐步转型高质量发展。丰收街·菁创聚累计完成招商面积超过13万平方米，创造产值超过2000万元。北大数研、中开院孵化中心、YOU+、乐怡海创四大平台加快建设，引进万城万充等项目超过100个，伊丽汇美业创业孵化平台、289米艇头PARK、广东连锁企业品牌100（佛山）双创中心等相继落户。以“岭南文化+”为导向，谋划岭南文荟小镇建设。

新增高新企业37家，总量达到58家。新增省、市级工程技术中心3家，总量达到24家。主营业务收入5亿元以上工业企业实现研发机构全覆盖。北大数研航遥基地认定为省级众创空间，丰收街·菁创聚、北大数研、乐怡海创·文华荟成为市、区级创业孵化基地。佛山燃气集团成功上市，南湖国旅进入“新三板”创新层，辖区上市企业累计5家，上市企业市值位列全区第一。乐怡海创·文华荟创新金融产业园建成正式开园，佛山（禅城）企业创新投融资协会成立。

【丰收街·菁创聚开园】

2017年5月3日，丰收街·菁创聚青年创新创业社区开园仪式暨祖庙街道重点项目推介会在丰收街举行。开园仪式上，丰收街·菁创聚获颁“北大数研院地合作示范基地”“北大数研航遥智能飞行器（华南）基地”“中国科技开发院佛山孵化中心”“佛山市创业孵化基地”四大牌匾；创美药业物流中心、乐怡海创·文华荟、伊丽汇·美丽小镇、佛山绿地中心生命健康产业园、华南健康产学研究基地、广东连锁品牌100（佛山）双创中心、289丰收park、禅城区金融产业协会、广东银达融资租赁有限公司等九大项目签约落户祖庙街道，总投资超7亿元。丰收街·菁创聚毗邻广佛地铁朝安站出口，总物业面积约为65万平方米，重点建设创新办公街区、文创产业示范街区、创业孵化街区、金融创新街区等7个功能街区。

【基础设施建设】

2017年，完成海五西路项目征拆任务，以及地铁三号线祖庙街道辖区内4个站点的土地租借工作。推进新风路项目、岭南大道北延线项目、卫国路东延线项目征收工作。启动地铁三号线永久征地、华昊地块、城北养老产业项目征收工作。至12月底，镇安东路道路工程完成总工程量的70%；朝安南路西侧项目规划路道路工程正式通车；星辰路道路工程完成道路用地征收和工程前期工作；郊边二路提升工程完成设计方案；镇荣路道路工程、规划路（工业路至文昌西路）道路工程（一期）完成项目设计、用地预审等工作。推进市一中周边环境提升、广佛高速公路谢边出入口（禅城段）周边景观环境提升项目的施工图设计和预算审核等前期工作。完成兆祥路沿街景观综合提升、南浦新村环境提升改造、文华制衣城绿地提升项目。

【河涌综合环境治理】

2017年4月，镇中东涌综合整治工程启动，总投资约898.3万元。6月，该工程完工，有效增强河涌的排涝能力和改善河涌两岸原貌。10月，佛山涌（南海大道—桂澜路）南岸提升一期工程完工，总投资约680万元。是年，启动丰收涌水生态治理工程，对丰收涌水体生态和景观进行修复、改善，对水环境进行提升改造。

【创新食品安全监督管理】

2017年，创新食品安全监督管理工作。文华里美食城实现食品安全信息公示、食品原料采购电子台账系统使用、“明厨亮灶”、“文明餐桌”标识牌全覆盖。委托第三方机构进行监管业务档案信息化管理。选取小摊贩、小餐饮店相对集中的百花食街、宁柏美食广场和飞鸿街，打造食品“三小”（小摊贩、小餐饮、小食品店）场所治理示范街，依托物管方、第三方管理，对小摊贩进行集中规范管理，实行在指定地方、指定时段执行“六统一”（统一标识、公示信息、着装、餐具、垃圾处理、查验记录）的管理模式。

【民生微服务】

2017年7月，祖庙街道微服务中心启动运营，以“大数据·微服务——互联网+民生服务”为主题，总投资金额3600万元，打造“线上社会服务信息化平台+线下微服务中心实体运营”相结合的“一门式”民生服务窗口，实现政府信息化管理和服务的全方位覆盖。扩展长者饭堂服务，高标准新建长者饭堂同济服务站，全街道长者饭堂年内提供餐饮服务超过55万人次。以塔坡社区为社区协商工作试点，开展“我的社区我做主”社区协商项目，通过建立社区居民议事会，完善楼长制度等措施，搭建社区居民、党员、辖区单位参与社区建设的平台。拓展线上功能可移动、定位的设备终端，实现平安钟服务从“平安家居”到“平安出行”的升级和创新，累计服务用户1217户。医务社工服务以“定点—社区—上门”为思路，在“固定点、广覆盖、送到家”三个服务空间维度开展专业服务。开展敬老院“公建民营”改革，实现养老机构转型升级。提升残疾人生存能力，设立残疾人辅助就业爱心平台——乐善购绿色家园。祖庙街道残疾人综合服务模式被佛山市政府纳入残疾人事业“十三五”发展规划。

【全市首家“公建民营”养老院建成营业】

2017年3月16日，禅城区春晖颐养院正式营业，为佛山市首家“公建民营”养老院，拥有床位380张。该养老院前身为祖庙街道敬老院，为优化公有养老资源，祖庙街道探索养老机构“公建民营”模式，引入民营机构进行运营，对其服务、定价提出要求。该养老院采用“护士+社工”的护理模式，院内常驻4名执证护士、专业社工，提供医养融合的院舍养老服务。与其他民营养老院相比，该养老院仍保留公办养老院的公益性质，优先接收祖庙街道辖区“五保”“三无”人员，安置接收不少于总床位数的10%比例。

【惠民帮扶】

2017年，祖庙街道发放伤残军人伤残抚恤金、优抚对象定补定恤、退役士兵自主就业经济补助金、节日慰问金约1488.7万元；发放低保、临界低保、医疗救助、临时救济等约973.96万元；街道慈善会接受社会各界善款约154.6万元，物资约2.45万元；发放帮扶金和物资约19.2万元，帮扶困难受助对象506人；发放老人高龄津贴约2212万元；为60周岁以上户籍老年人购买意外伤害综合保险，共开支70.5万元。发放残疾人各类津贴补贴1362.27万元。落实救助流浪乞讨人员行动，全年救助精神病流浪人员、外地流浪人员、职业乞讨人员158名。

2017年4月，禅城区农村部分计划生育家庭奖励等4项奖励扶助金由区级下放至各镇街审核并发放。4—12月，祖庙街道符合部分农村计划生育家庭奖励政策的人员累计3218人次，发放奖励金54.98万元；符合独生子女死亡扶助规定的人员累计2144人次，发放扶助金213.37万元；符合独生子女病残扶助规定的人员累计1364人次，发放扶助金111.06万元；符合独女低保扶助规定的人员累计28人，发放扶助金990元，符合城镇独生子女父母计划生育奖励的人员累计12.59万人次，发放奖励金2303.15万元。

中共佛山市禅城区祖庙街道党工委

书　记： 唐旭明

副书记： 李仕亨　林　立　陈　勇
　　　　戴　兰（11月挂任）

委　员： 张瑞享（兼任）　李　辉
　　　　谭　炎（至2月）　庞志成
　　　　赖　华（至8月）　陈智刚　刘传印
　　　　叶少芝（4月任）　钟治田　赖晓宏
　　　　梁劲钊（8月任）　梁显凤（挂任）

佛山市禅城区祖庙街道办事处

主　任： 李仕亨

副主任： 刘传印　曹伟东　叶少芝（至4月）
　　　　徐桂玲　鲁　涛（4月任）

佛山市禅城区祖庙街道人大工委

主　任： 陆顺莲

副主任： 俞万红

（钟霖霖）

2017年祖庙街道村委会基本情况一览表

名称	书记	主任	村民小组数（个）	总户数（人）	总人口数（人）	经济总收入（万元）	人均收入（元）
永红村	霍志鸣	霍志鸣	7	27	27	4118	22630
永新村	梁浩钊	梁碧炎	9	856	19392	6015	14621
镇安村	吴家驹	吴家驹	6	878	15913	4943	9579
朝东村	关国强	关国强	9	1017	15170	13312	22296
东升村	黄东强	黄东强	10	842	15899	11337	30504
简村村	霍润坤	霍润坤	0	249	9067	2040	27801
敦厚村	陈健成	陈健成	0	1132	14426	13068	24614
郊边村	朱志武	朱志武	0	566	8502	2384	11656
扶西村	周铭祥	周铭祥	0	197	713	1413	17600

2017年祖庙街道社区居委会基本情况一览表

名称	主任	办公地址	管辖面积（平方千米）	总户数（户）	户籍人数（人）	流动人口（人）
白燕	罗海林	人民西路15号4座首层	0.254	2381	7780	1887
保安	赖　娟	后龙西街5号B座2楼	0.338	2055	6405	3150
北江	陈顾雅	季华六路九鼎国际城A12栋	0.439	1586	5137	3548
朝安东	罗秀霞	南桂西路27号三排2座之二2楼	0.238	884	2403	2792
城北	梁卫红	佛山大道北40号商铺	0.769	984	2821	4156
垂虹	刘雪莲	垂虹四街17号103房	0.159	1447	5183	1098
大观	古玉清	大观街19号5座首层	0.29	2339	7044	3323
东城	吕月崧	佛平路平桂街37号B座首层	0.233	1848	4715	3560
东园	陈展云	汾江中路60号一楼	0.154	1356	4663	1768
新城	林　苑	朝安路63号恒福新城12座P62号商铺	0.32	1422	3855	2685
佛平北	陈儒春	文华北路56号1座	0.144	497	1237	1775
佛平	陈少珍	南桂西路34号柏丽花园七座首层	0.165	1184	3166	1611
福禄	张春桃	公正路99号2号铺	0.132	1440	3940	930
市东	张卫华	安怀内街18号	0.227	1964	5495	2593
南浦	崔美玉	后龙二街8号之一	0.199	1912	6273	1497
高基	肖霜菊	松风路17号	0.328	3261	9307	2540
后街	张纪源	圣堂后街18号	0.265	1807	6485	989
花园	黎婉仪	卫国西路花园街36号	0.33	2104	6965	1442
建设	张素芬	建设一街16号首层	0.201	1458	4540	1133
卫国	关素珍	榕亭里11号202	0.131	1859	6610	911
体育	何流醒	乐园北街1号201房	0.189	1497	5414	2670
妈庙	赵小明	燎原路63～65号	0.127	2098	5839	2252
燎东	刘玩玲	市东下路18号之二3座首层	0.106	1290	3639	876
培德	蔡海萍	培德里20号	0.285	2308	7007	2409
普东	吴宛婷	兆祥路33号6座	0.296	1789	4998	1631
普西	陈友德	同济东路28号13座首层	0.182	1569	5032	1552

续上表

名称	主任	办公地址	管辖面积（平方千米）	总户数（户）	户籍人数（人）	流动人口（人）
普南	周敏冬	普祥路10号二座首层	0.149	1386	3823	1750
上沙	马引玉	上沙中街11号1座101	1.744	2749	8918	2068
沙塘	李美嫦	莲花路69号首层	0.168	2156	6130	2039
升平	陈月英	升平路61号	1.56	1557	4545	1299
红棉	冼丽婵	丝绸大街7号11座首层	0.217	2554	7483	658
文南	甘维珍	文沙南五巷20号之30铺	0.334	1196	3513	1422
文北	谭丽霞	文东二街11号	0.305	2087	6096	3003
同济	曾映芳	同华东四街19号二楼	0.296	2347	8019	1572
同华	蔡奕芬	同华西二路南华一街13号首层	0.248	1883	6816	1211
同福	梁志森	同济西路同福西二街20号101	0.183	1597	4801	1214
同安	潘月林	汾左街50号	0.137	1494	4246	1464
塔坡	谭翠婵	兆祥路6号A座首层	0.157	2244	6601	2046
唐园	杨丽琼	唐园东三街30号地下	0.244	1895	6082	1352
铁军	芦丽萍	金城街1号	0.238	1899	6227	1196
旭日	朱清漪	大福路6号104、204	0.266	1830	7603	663
忠义	马敏莹	同济东路33号6座首层	0.465	1696	4261	2414
山紫	李钜喜	东升里11号103房	0.198	1863	5691	1161
庆宁	黄明辉	文龙街12号A座首层	0.116	2337	5946	1107
莺岗	何丽华	建新路生街15号	0.216	2170	6516	1488
永安	戚冬梅	市东上路8号	0.161	1582	4355	1949
圣堂	谢雪梅	圣堂五巷21号	0.056	245	893	4204
福贤	霍盛恩	锦华路90号锦隆花园6座首层	0.24	1542	3992	498
兰桂	程桂琴	东瑞路5号9座首层	0.298	1400	4041	245
同兴	欧宇锋	东海银湾豪园2号楼	0.816	1019	2245	2428
桂园	孙芬玲	南桂西路桂园车站侧	0.305	2467	7456	14

旧城改造

【祖庙东华里片区改造】

祖庙东华里片区位于禅城区的旧城中部，是佛山市中心城区的核心区域，占地面积63.9万平方米。该片区为佛山文物古迹最密集、规模最大、传统风貌保存最完整的历史文化街区，内有22处文物保护单位，其中祖庙和东华里古建筑群为国家级文物保护单位，简氏别墅为省级文物保护单位。改造前，旧片区内居民密集、公共设施缺乏、街道狭窄，居民生活质量受到极大影响，部分文物和历史建筑年久失修。禅城区于2007年启动祖庙东华里片区改造，涉及动迁、房屋拆除、房屋建设安置和岭南天地综合项目建设四大项工作，先后动迁安置居民9635户约3万人，共出让土地51.75万平方米（净用地面积）。2017年，共接待来自全国各地的参观考察团约70批次、约3000人次（仅政府接待）。

片区道路建设　2017年年底，位于禅城东华里东片区、新开辟的禄盈路、寿延路、东瑞路和东熙里初具雏形。其中禄盈路北起燎原路，南至兆祥路，长约523米，宽约15米，南北走向；寿延路北起燎原路，南至兆祥路，长约543米，宽约15米，南北走向；东瑞路由原东瑞路向东延伸，西起福贤路，东至市东下路，东西走向，长约570米，宽约15米；东熙里由原东熙里向东延伸，西起福贤路，东至寿延路，东西走向，长约370米，宽约8～12米。

佛山岭南天地建设　佛山岭南天地位于祖庙东华里片区，是禅城区打造具有典型岭南民居建筑风格的文化旅游街区。截至2017年年底，累计完成岭南天地开发建设项目13个，约23.2万平方米；在建项目3个，约32.8万平方米。集商业街区、高端别墅、洋房、公寓、写字楼、商场、星级酒店等于一体，包括住宅、办公、零售、餐饮、娱乐、旅游及文化等功能设施。岭南天地街区保留佛山风情风貌，延续该片区原来的商业气息，成为佛山文化旅游产业龙头，吸引国内外约200个知名商业品牌进驻，全年接待各地游客约1200万人次。

佛山市禅城区祖庙东华里片区改造工程指挥部

主　任：谭　炎（至3月）　陈智刚（4月任）

常务副主任：刘明军（4月任）

副主任：马先波（4月任）

（霍婉婷）

【澜石片区改造】

澜石片区改造工程于2009年启动。改造片区位于佛山大道以东，澜石二马路以南，澜石中学与棉纺厂交界规划中的25米道路以西，东平河以北。总面积为1.45平方千米，实际改造面积1.25平方千米，净用地面积近0.87平方千米。片区需动迁安置居民3376户，约1万人，需拆迁物业面积约100万平方米，其中私人物业约42万平方米。片区共划分地块31个，除7个地块规划用于建设回迁安置房、养老院、医院或教育用地、公园用地外，其余24个地块（净用地面积约74.26万平方米）均由香港新鸿基地产发展有限公司开发建设。

截至2017年年底，片区完成动迁3331户，6个地块（净用地面积约20.4万平方米）交付建设。片区共有安置房2370套，分配安置房2163套，分配率为91.26%。澜石片区内澜石大马路、前进路、横一路三条主要市政道路通车，澜石小学新校区、明珠幼儿园等投入使用。片区项目总投资额（含地价）约300亿元，用地面积约75万平方米，建筑面积约278万平方米，以住宅、办公、商业为主。

佛山市禅城区澜石片区改造工程指挥部

总指挥：毛伟锋

常务副总指挥：吉江鸿

执行副总指挥：伍跃群

副总指挥：刘志诚（至1月）　李卓见
王学堂　黄智斌（至7月）
陈树凯　杨演文　李浩民

（黄　宏）

【奇槎片区改造】

奇槎片区改造工程于2014年启动，规划范围为佛陈桥以东、魁奇二路以南、桂澜路以东、东平河堤围合区域，总面积约2平方千米。2017年，奇槎片区重点推进土地整理、招商引资以及道路、公园、学校等基础设施建设。

土地整理出让　2017年，完成片区土地征收收储工作。全年出让居住用地2宗共7.8万平方米，地块成交价为34亿元（扣除15%专项资金后，土地净收入为29亿元），配建人才住房面积5.5万平方米。奇槎片区可出让土地66.6万平方米，截至年底累计完成出让土地39.6万平方米，建筑总面积135万平方米，配建人才住房18万平方米；片区剩余可出让土地12宗，总面积约27万平方米，其中居住地块2宗、面积约6.38万平方米，产业及配套地块面积约9万平方米，商业地块3宗、面积约2.33平方米，加油加气站地块面积2666平方米。

规划修编调整　2017年8月，启动对片区河湾地块产业落地需求的局部调整。围绕高标准产业落地和规划建设需求，开展河湾重点地块修建性详规和土地带方案出让的前期工作。年内相继开展奇槎国际社区实施方案、片区产业用地策划方案、城乡融合示范区具体方案以及人才住房使用管理方案的设计工作。截至年底，累计完成奇槎片区范围内总体与各专项规划共8项。

项目资金监管　2017年，奇槎片区整体累计实现收入120亿元，累计支出79亿元。对项目资金进行“事前预防、事中控制、事后监

奇龙大桥　（王颖尧　摄）

督”全过程监控，建立“项目资金大额支付预通知+一票否决”的动态实时监管机制。是年，片区纳入资金监管的项目资金约20亿元。

重点项目建设 2017年，片区累计完成项目3个、在建项目12个，完成项目投资约3000万元，其中包括公办学校、东平路景观提升等重点项目建设。4月，奇槎村水环境提升—环村涌截污工程动工，至年底完成给水改造总工程量的98%、雨污合流改造总工量的90%。11月1日，奇槎片区公办学校动工，工程总投资约4.25亿元。12月，东平路（桂澜路至绿景东路）景观提升工程动工。

产业招商 2017年，片区重点引进生命医药类企业、为产业服务的互联网类金融企业等。推进生命医药项目，签订意向框架协议，计划项目投资金额约60亿元，在魁奇路东沿线南侧、东平路西侧及北侧地块（面积约9万平方米）打造健康产业孵化器及大健康生态圈，建设总部大厦、孵化器、会展中心、养生中心、体检中心、科研办公场所以及休闲娱乐配套。推进国际创客社区项目，对旧村物业红砖厂（约3000平方米）开展改造活化规划设计。制定南窦涌沿线物业（约7000平方米）改建公寓项目初步方案，探索实施住房“租购并举”，市住建局将其纳入佛山市租赁住房工作试点。

佛山市禅城区奇槎片区工作指挥部

总指挥： 孔海文（至6月）　曹洪彬

副总指挥： 区柱明（至6月）　徐　航
苏　岩（至3月）　渠　铮
卢志华（至7月）
吴莉芬（6月任）
孔祥日（至6月）　毛伟锋
吉江鸿　黄智斌（至3月）
李　奕（3月任）

（简伟沛）

荣誉·人物

先进集体

2017年禅城区获全国先进称号单位（集体）名录

单位（集体）名称	荣誉称号	评定单位	授予时间
禅城区地方税务局办税服务厅	税务局先进集体	国家税务总局	2017年1月
禅城区妇女联合会	全国维护妇女儿童权益先进集体	中华全国妇女联合会	2017年2月
禅城区人民法院	全国维护妇女儿童权益先进集体	中华全国妇女联合会	2017年2月
祖庙街道	全国创建无邪教示范街道	国务院防范和处理邪教问题办公室	2017年3月
张槎街道大富村	全国创建无邪教示范村	国务院防范和处理邪教问题办公室	2017年3月
石湾镇街道文华社区	全国创建无邪教示范社区	国务院防范和处理邪教问题办公室	2017年3月
祖庙街道塔坡社区	全国创建无邪教示范社区	国务院防范和处理邪教问题办公室	2017年3月
佛山市公安局禅城分局出入境管理大队	全国巾帼文明岗	中华全国妇女联合会	2017年4月
禅城区石湾敬老院	全国敬老文明号	全国老龄工作委员会	2017年4月
禅城区	基层政务公开标准化规范化试点	国务院办公厅	2017年5月
禅城区治安纠纷人民调解委员会	全国模范人民调解委员会	司法部	2017年5月
张槎街道办事处	2013—2016年度群众体育先进单位	国家体育总局	2017年8月
祖庙街道塔坡社区	全国科普示范社区	中国科学技术协会、财政部	2017年8月
禅城区社会综合治理指挥中心	2013—2016年全国社会治安综合治理先进集体	人力资源社会保障部、中央社会治安综合治理委员会	2017年9月
禅城区人民检察院	全国检察机关文明接待室	最高人民检察院	2017年10月

续上表

单位（集体）名称	荣誉称号	评定单位	授予时间
禅城区图书馆	全民阅读示范基地	中国图书馆学会	2017年10月
南庄镇紫南村	全国文明村	中央精神文明建设指导委员会办公室	2017年11月
禅城区行政服务中心	全国文明单位	中央精神文明建设指导委员会办公室	2017年11月
南庄镇紫南村	中国最美村镇	上海第一财经传媒、中央人民广播电视台等全国百家媒体	2017年11月
张槎街道办事处	中国产学研合作创新示范镇	中国产学研合作促进会	2017年11月
禅城区“一门式”办税服务大厅	第二届全国行政服务大厅典型案例展示活动“百优”称号	中央国家机关工委《紫光阁》杂志社、中国行政体制改革研究会、人民网	2017年11月
张槎街道江海社区	全国综合减灾示范社区	国家减灾委员会、民政部	2017年12月
佛山市公安局禅城分局	全国基层公安文化工作示范点	公安部	2017年12月
禅城区人民检察院驻禅城区看守所检察室	第五届全国检察机关派驻监管场所一级规范化检察室	最高人民检察院	2017年12月
禅城区工商业联合会	2017年全国“五好”县级工商联	中华全国工商业联合会	2017年12月
禅城区	2017年度全国县级防震减灾工作先进单位	中国地震局	2017年12月

2017年禅城区获省级先进称号单位（集体）名录

单位（集体）名称	荣誉称号	评定单位	授予时间
禅城区人民检察院	广东省依法治省工作先进单位	中共广东省委员会	2017年1月
张槎街道办事处	广东省退休人员社会化管理服务工作第十一批省级示范点	广东省人力资源和社会保障厅	2017年1月

续上表

单位（集体）名称	荣誉称号	评定单位	授予时间
禅城区国家税务局办税服务厅张槎延伸点	2016年度广东省“巾帼文明岗”	广东省妇女联合会	2017年3月
禅城区地方税务局南庄税务分局征收服务厅（绿岛湖办税服务厅）	2016年度广东省“巾帼文明岗”	广东省妇女联合会	2017年3月
禅城区霍陈秀苗幼儿园教研室	2016年度广东省“巾帼文明岗”	广东省妇女联合会	2017年3月
广东电网有限责任公司佛山禅城供电局城区供电所营业二班	2016年度广东省“巾帼文明岗”	广东省妇女联合会	2017年3月
农商行南庄支行营业部	2016年度广东省“巾帼文明岗”	广东省妇女联合会	2017年3月
禅城区妇女联合会	第三批广东省学雷锋活动示范点	中共广东省委宣传部、广东省精神文明建设委员会办公室	2017年3月
南庄镇紫南村	广东省健康促进示范村（居）（2016—2018）	广东省卫生和计划生育委员会	2017年3月
石湾镇街道澜石社区	广东省宜居社区	广东省住房和城乡建设厅	2017年3月
佛山市永安警长警民志愿团	第五届“广东志愿服务银奖”	广东省志愿者联合会	2017年3月
南庄镇村尾村	全省创建无邪教示范村	广东省人民政府防范和处理邪教问题办公室	2017年3月
祖庙街道保安社区	全省创建无邪教示范村	广东省人民政府防范和处理邪教问题办公室	2017年3月
佛山市东鹏陶瓷有限公司技术中心	广东省五一劳动奖状	广东省总工会	2017年4月
南庄镇紫南村	广东省交通安全文明示范村	广东省精神文明建设委员会办公室、广东省公安厅、广东省教育厅、广东省司法厅、广东省交通运输厅、广东省安全生产监督管理局	2017年4月
禅城区引排水调度中心	2016年度全省防汛防旱防风防冻先进集体	广东省防汛防旱防风总指挥部	2017年4月

续上表

单位（集体）名称	荣誉称号	评定单位	授予时间
石湾镇街道石头村	广东省“儿童友好示范社区”	广东省妇女联合会	2017年5月
南庄镇紫南村	广东省第三期“妇女之家”示范点	广东省妇女联合会	2017年5月
张槎街道纯阳社区“妇女之家”	广东省第三期“妇女之家”示范点	广东省妇女联合会	2017年5月
佛山市第四中学团委	2016—2017年度“广东省五四红旗团委”	共青团广东省委员会	2017年5月
禅城区卫生和计划生育局	2016年度广东省人口与计划生育工作先进单位	广东省人民政府	2017年7月
广东电网公司有限责任公司佛山禅城供电局	广东省十大书香企业	广东省总工会	2017年8月
禅城区纪委	全省纪检监察系统先进集体	中共广东省纪委、广东省监察厅、广东省人力资源和社会保障厅	2017年9月
禅城区地方税务局祖庙税务分局	广东省青年文明号	广东省地方税务局、共青团广东省委员会	2017年9月
佛山市第九小学	广东省文明校园	广东省精神文明建设委员会办公室、广东省教育厅	2017年9月
禅城区卫生和计划生育局	2016年度广东省无烟单位	广东省卫生和计划生育委员会	2017年10月
禅城区行政服务中心	2016年度广东省无烟单位	广东省卫生和计划生育委员会	2017年10月
南庄镇紫南村	第三批广东省家庭文明建设示范点	广东省妇女联合会、广东省精神文明建设委员会办公室	2017年10月
张槎街道下朗村	第三批广东省家庭文明建设示范点	广东省妇女联合会、广东省精神文明建设委员会办公室	2017年10月

续上表

单位（集体）名称	荣誉称号	评定单位	授予时间
禅城区妇女联合会	广东省学雷锋活动示范点	广东省委宣传部、广东省精神文明建设委员会办公室	2017年11月
禅城区行政服务中心	广东省第五届工作技能大赛工作创优类优秀组织奖	中共广东省直属机关工作委员会、中共广东省委全国深化改革领导小组办公室、广东省总工会、共青团广东省委员会、广东省妇女联合会	2017年11月
南庄镇紫南村	2016—2017年度全省基层思想政治工作先进单位	广东思想政治工作研究会	2017年11月
南庄镇紫南村	广东省文明村	广东省精神文明建设委员会办公室	2017年11月
祖庙街道培德社区	广东省最美志愿服务社区	广东省精神文明建设委员会办公室	2017年11月
佛山市中医院客服中心志愿服务队	广东省最佳志愿服务组织	广东省精神文明建设委员会办公室	2017年11月
禅城区	广东省双创示范基地	广东省发展和改革委员会	2017年12月
禅城区南庄镇中心小学	广东省绿色学校	广东省环境保护厅	2017年12月
禅城区南庄镇人和社区	广东省绿色社区	广东省环境保护厅	2017年12月
禅城区南庄镇绿岛湖公园	广东省环境教育基地	广东省环境保护厅	2017年12月
禅城区石湾镇街道劳动社区	广东侨界人文社区（示范点）	广东省归国华侨联合会	2017年12月
禅城区祖庙街道沙塘社区	广东侨界人文社区（示范点）	广东省归国华侨联合会	2017年12月
张槎街道办事处	广东省军民融合科技产业创新试点镇	广东省科技军民融合服务中心	2017年12月
禅城区国土城建和水务局地震办公室	广东省市县防震减灾工作先进单位	广东省地震局	2017年12月

先 进 个 人

2017年禅城区获全国先进称号个人名录

姓名	性别	所在单位	荣誉称号	评定单位	授予时间
张承志	男	佛山市公安局禅城分局永安派出所	全国公安系统二级英雄模范	公安部	2017年4月
杨　翠	女	张槎中心小学	全国巾帼建功标兵	中华全国妇女联合会	2017年4月
莫悦明	女	石湾镇街道红卫社区居委会	全国敬老爱老助老模范人物	全国老龄工作委员会	2017年4月
邓洁美	女	—	全国敬老爱老助老模范人物	全国老龄工作委员会	2017年4月
叶锦华	男	佛山市东成立亿纺织有限公司保全部	全国五一劳动奖章	中华全国总工会	2017年4月
杨　舒	女	张槎街道综治信访维稳办	全国模范人民调解员	司法部	2017年5月
唐园园	女	广东省佛山市禅城区祖庙街道团工委	2016年度“全国优秀共青团干部”	共青团中央	2017年5月
简智成	男	佛山市粤运公共交通有限公司	2017年度交通运输节能减排优秀个人	中国交通企业管理协会	2017年7月
庞柳贞	女	禅城区人民检察院	全国检察机关侦防业务标兵	最高人民检察院反贪总局	2017年9月
邵振英	男	禅城区人民检察院	全国检察机关千名侦防骨干人才	最高人民检察院反贪总局	2017年9月
饶晋鋆	男				
张　勇	男	禅城区人民检察院	全国检察机关万名侦防能手人才	最高人民检察院反贪总局	2017年9月
曾木辉	男				
廖海灿	男				
姜　保	男				
林　岚	女				
梁玉辉	男				

续上表

姓名	性别	所在单位	荣誉称号	评定单位	授予时间
钟治田	男	祖庙街道办事处	中共中央纪委嘉奖	中共中央纪律检查工作委员会	2017年9月
潘柱升	男	南庄镇紫南村	中国最美村镇50人	上海第一财经传媒	2017年11月
郑小广	男	禅城区数据统筹局	2017中国“互联网+政务”十大创新人物	中国社会科学院信息化研究中心、国脉研究所	2017年11月
吴亚森	男	禅城区环境卫生养护中心	优秀行业管理者	中国城市环境卫生协会、光明网	2017年11月
袁涯珠	女	禅城区环境卫生养护中心	优秀企业工作者	中国城市环境卫生协会、光明网	2017年11月
刘红军	男	禅城区环境卫生养护中心	优秀一线工作者	中国城市环境卫生协会、光明网	2017年11月
李思凤	女				
陈作伟	男				
黄奕明	男	佛山市禅运城巴有限公司	全国先进驾驶员	中国道路运输协会	2017年12月

2017年禅城区获省级先进称号个人名录

姓名	性别	所在单位	荣誉称号	评定单位	授予时间
温宇峰	男	佛山市公安局禅城分局	全省公安机关教育训练先进工作者	广东省公安厅	2017年1月
黎镜芬	女	佛山市优悦食品有限公司	广东好人	广东省精神文明建设委员会办公室	2017年3月
梁昭仪	女	禅城区启智学校	广东省岗位学雷锋标兵	中共广东省委宣传部、广东省精神文明建设委员会办公室	2017年3月
刘思朝	男	佛山市公安局禅城分局	个人二等功	广东省公安厅	2017年3月
吴文新	男	佛山市公安局禅城分局	个人二等功	广东省公安厅	2017年3月

续上表

姓名	性别	所在单位	荣誉称号	评定单位	授予时间
程桂琴	女	佛山市禅城区祖庙街道兰桂社区	2016年度广东省“三八红旗手”	广东省妇女联合会	2017年3月
李其鹏	男	禅城区经济和科技促进局	2015年度广东省节能先进个人	广东省人力资源和社会保障厅、广东省经济和信息化委员会	2017年4月
陈红军	男	佛山市三技精密机械有限公司工程设计部	广东省五一劳动奖章	广东省总工会	2017年4月
陆霭文	女	石湾镇街道东平社区居委会	2016—2017年度“广东省优秀共青团员”	共青团广东省委员会	2017年5月
刘　婧	女	佛山市第二中学	2016—2017年度“广东省优秀共青团员”	共青团广东省委员会	2017年5月
罗吉宏	男	佛山市第三中学团委	2016—2017年度“广东省优秀共青团干部”	共青团广东省委员会	2017年5月
廖妙铟	女	南庄镇龙津村	2016—2017年度“广东省百佳团支部书记”	共青团广东省委员会	2017年5月
饶晋鋆	男	禅城区人民检察院	全省检察机关优秀反渎局局长	广东省人民检察院	2017年5月
赖寿盛	男	佛山市公安局禅城分局公共关系科	个人二等功	广东省公安厅	2017年6月
周小川	男	佛山市公安局禅城分局同济派出所	个人二等功	广东省公安厅	2017年6月
邹良春	男	佛山市粤运公共交通有限公司	广东省非公经济组织党员标兵	中共广东省非公有制经济组织委员会	2017年6月
周俊巍	男	佛山市粤运公共交通有限公司	广东省非公经济组织党务工作标兵	中共广东省非公有制经济组织委员会	2017年6月
张　勇	男	禅城区人民检察院	广东省检察专门型人才（反贪类）	广东省人民检察院	2017年7月

续上表

姓名	性别	所在单位	荣誉称号	评定单位	授予时间
蔡石家庭	—	石湾镇街道环湖社区	2017年广东百户“最美家庭”	中共广东省委宣传部、广东省精神文明建设委员会办公室、广东省妇女联合会	2017年7月
李健瑜	女	佛山市公安局禅城分局指挥中心	个人二等功	广东省公安厅	2017年7月
刘　锋	男	佛山市公安局禅城分局治安大队	个人二等功	广东省公安厅	2017年7月
杨　斌	男	佛山市公安局禅城分局刑侦大队	个人一等功	广东省公安厅	2017年9月
吴　虹	女	佛山市公安局禅城分局刑侦大队	全省特级优秀人民警察	广东省人力资源和社会保障厅、广东省公安厅	2017年9月
伍庭光	男	佛山大来有限公司	广东好人	广东省精神文明建设指导委员会办公室	2017年11月
蔡银月	女	佛山市迎悦手工、爱心帮扶协会	广东省最美志愿者	广东省精神文明建设指导委员会办公室	2017年11月
潘　晓	女	佛山市公安局禅城分局交警大队	广东省最美志愿者	广东省精神文明建设指导委员会办公室	2017年11月
黎远强	男	佛山市公安局禅城分局交警大队	全省交通管理十佳法治宣传能手	广东省公安厅交通管理局	2017年11月
李　钊	男	佛山市公安局禅城分局巡警大队	个人二等功	广东省公安厅	2017年12月
莫国胜	男	禅城区国税局	三等功	广东省国税局	2017年12月
甘　平	男	禅城区国土城建和水务局地震办公室	2017年度广东省市县防震减灾工作先进个人	广东省地震局	2017年12月

人物选介

【全国先进人物】

吴亚森

1959年4月出生，籍贯广东吴川，中共党员，佛山市禅城区环境卫生养护中心副主任兼佛山市环卫处环境卫生清洁服务公司（以下简称清洁服务公司）总经理。2016年11月，被广东省爱国卫生运动委员会评为广东爱国卫生宣传活动“感动爱卫人系列铜奖”“最受欢迎十佳”；2017年11月，被中国城市环境卫生协会评为“优秀行业管理者”。

1990年，吴亚森开始从事环卫岗位工作。作为一名基层领导，他总是身先士卒，常常深入到马路、车间等环卫一线。在重大节日，他经常放弃休息带头值班，到马路一线巡查。几乎每年除夕夜，他都放弃休假，坚持带领员工通宵达旦清理花市。他关心环卫工人，积极为环卫工人谋福利。清洁服务公司为每个环卫工人购买社保及住房公积金，并解决员工社保及住房公积金的补缴问题；在每年的高温季节至少组织开展派发凉茶行动一次以上，采取有效措施帮助环卫工人防暑，包括发放高温补贴、加强机械作业、延长保洁员工间休息时间、给环卫作业车安装空调等。

在吴亚森带领下，清洁服务公司制定广东省第一部环卫作业规范——《禅城区环境卫生管理作业规范》，并在内部全面推行；参与编制《保洁员国家职业技能标准》。2014年，清洁服务公司被评为“广东省十佳优质服务单位”；2015年，被广东省环境卫生协会评为“优秀会员单位”；2016年，获评“广东省清扫、收集、运输和清洁类环卫服务企业等级二级”。

黄奕明

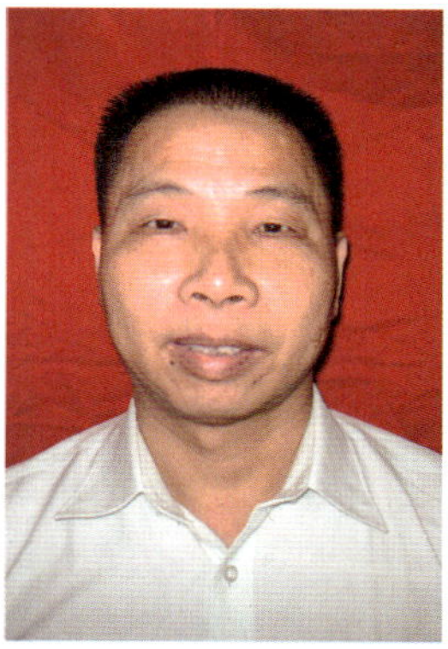

1962年8月出生，籍贯广东四会，佛山市禅运城巴有限公司驾驶员。2017年12月，被中国道路运输协会评为“全国先进驾驶员”。

2000年，黄奕明入职佛山市汽车运输集团有限公司客运分公司；2004年，入职佛山市禅运城巴有限公司，一直任禅城至珠海拱北线路驾驶员。至2017年年底，他达到安全行驶190万千米无事故的良好记录。他拥有良好的驾驶技能和心态，自觉遵守公司安全行车制度，遵守交通规则和各项安全操作规程，对每日车辆“三检”工作从不马虎。他善于学习，利用工作之余提高车辆维修技能。日常工作中车辆出现小隐患、小故障，他能自己动手排除、修复，避免车辆救济耽误乘客时间。他为乘客提供热心、细致的服务，常在车上备有风油精、清凉油等缓解头晕的药物，以备乘客不时之需。一次，有一位50岁左右的男乘客在佛山汽车站上车，车辆开动后就觉得头晕胸闷不舒服。黄奕明立即让乘客擦药，但症状也不见缓解。在征得车上其他乘客同意后，他绕道将男乘客送到就近的佛山市第一人民医院治疗。次日，他接到该乘客电话感谢才得知其当时是高血压，幸好送医及时才无大碍。

黄奕明在平凡的驾驶岗位上，倾注热情为之奋斗，埋头苦干甘于奉献，诠释着新时代的工匠精神。

杨 翠

1967年8月出生，籍贯广东佛山，中共党员，广东省特级教师，禅城区张槎中心小学党支部书记、校长。杨翠具有扎实的教育理论功底和丰富的教学实践经验，教科研能力强，学校管理水平高，历获“广东省南粤教书育人优秀教师”“全国名校长工作室主持人”等称号。2017年4月，被中华全国妇女联合会评为“全国巾帼建功标兵”。

杨翠用先进理念引航学校发展，用课改科研提升办学质量，用名校长效应助力教育发展。2005—2011年她任东鄱小学校长期间，学校获得“广东省书香校园”“佛山市文明单位”和首批“禅城区品牌学校”等30项集体荣誉，形成“科技领跑，各育并进，师生发展，学校崛起”的“东鄱现象”。她担任张槎中心小学校长后，促使该校由普通乡村小学合并的中心小学迅速转型为现代城市中心小学。全校师生获各级奖励约3000人次，学校先后获得“中国可持续发展教育国家实验学校”“全国学校体育工作示范校”“全国阅读教育先进集体”“全国优秀家长学校”等30项称号。

钟治田

1968年8月出生，籍贯广东韶关，任禅城区祖庙街道党工委委员、纪工委书记，从事镇（街）纪检工作15年。他扎根基层，敢于担当、甘于奉献，解决发生在群众身边的腐败问题，推动反腐倡廉在基层落地生根。因工作业绩突出，他先后立个人三等功1次，获嘉奖4次。2017年9月，他获中共中央纪律检查工作委员嘉奖。

钟治田从事纪检工作15年来，未休过一天假，累计超时工作约200个工作日。2013年5月，他左脚肌肉撕裂，医生建议其在家静养。但考虑到农村换届选举后，党风廉政建设工作任务多，钟治田坚持拄着拐杖上班一个月，深入村组走访调研。7月，张槎街道一名群众杨某来到街道纪工委办公室，反映其所在村民小组换届选举结果不公的问题。杨某突然情绪激动，拿出藏在背包中的一把小刀、一把尖刀，并手持刀具大力拍打桌椅，威胁接访人员安全，随后欲跳楼轻生。在这紧迫关头，钟治田沉着应对，一边给杨某递茶水，另一边安抚其情绪，最后顺利劝导杨某将刀具放下。之后，钟治田带队对杨某反映的问题进行调查，向杨某详细反馈调查结果。杨某在诉求得到处理后主动承认错误，此后再无重复上访。2013—2017年，钟治田妥善处理涉农信访案件67件次，为街道挽回经济损失约5000万元，他以实际行动树立纪检监察干部沉着冷静、勇于担当的良好形象。

邵振英

1972年7月出生，籍贯广东电白，佛山市禅城区人民检察院侦查科科长。他曾获个人三等功3次，嘉奖5次。2017年9月，被最高人民检察院授予“全国检察机关千名侦防骨干人才”。

邵振英在公诉部门工作期间，带领办案小组承办案件约700宗，其中不乏在地区有重大影响的案件。2009年，他在侦查科工作期间，侦破禅城区第一宗现行职务犯罪案件。2010年，他在一封普通的举报信中敏锐捕捉到某单位负责人杜某涉嫌贪污的信息后迅速介入。在控制杜某后，他组织人员短时间内翻阅档案卷宗近2万册，为取证拨打电话超过3000个，甄别发票约2000张，最终在杜某拒绝配合的情况下将嫌疑人绳之以法。2013年，邵振英任侦查科科长后，将立案数从年均十几宗大幅拉升至历史最高点，达到50宗。2015年，邵振英从一宗诈骗案件里窥见可能隐藏的案中案，立即周密部署、组织精干力量开展初查，从而得以揭开收养领域的层层黑幕。该案立案处理30人，向韶关、茂名等地检察机关移交线索7条，促成立案8宗9人，受到广东省人民检察院肯定，办案组立集体二等功。2017年，在邵振英的带领下，侦查科侦破在全省有重大影响的流动人口管理系统系列贪腐案件，立案查处37人。由于该案发生在流动人口大省，案件的侦破促使相关职能部门查找管理漏洞，在完善流动人口管理制度方面具有普遍指导意义，受到《中国纪检监察报》等媒体的关注。

庞柳贞

1974年6月出生，籍贯广东佛山，佛山市禅城区纪委、监察委第五纪检监察室主任。她曾任佛山市禅城区人民检察院反贪污贿赂局副局长，多次获区人民检察院先进个人及嘉奖，多次在全市检察系统及单位业务竞赛中获得第一名。2017年9月，被最高人民检察院授予“全国检察机关侦防业务标兵”称号。

庞柳贞长期从事反贪污贿赂工作，善于立足本职干出亮点，曾和同事一起侦破多个大案要案，特别是在预防职务犯罪领域勇于创新，注重工作实效，打造出禅城预防品牌。她先后开展重大工程同步预防，助力城市升级；围绕政府中心工作，为“大国资”保驾护航；建设

“廉洁农村”，开展村居基层工作人员职务犯罪专项预防；开展促进和保障依法行政、预防失职渎职专项工作等。特别是在2014年，她率先倡导开展致力于在校小学生常态化廉洁教育的“青莲计划”，标志着禅城区廉洁教育从机关延伸到学校、从成年人延伸到未成年人。

张承志

1975年12月出生，籍贯广州增城，中共党员，生前系佛山市公安局禅城分局永安派出所社区警务中队正股级侦察员。2016年2月24日晚，张承志因长期超负荷工作，突发疾病倒在岗位上，经送医院抢救无效因公牺牲。2017年4月15日，被公安部追授为“全国公安系统二级英雄模范”。

2015年7月，张承志到郊边村负责社区警务工作。此时郊边村卢江里，涉黄痼疾横亘多年，一度被列为禅城区挂牌整治的治安黑点。为彻底铲除郊边村涉黄毒瘤，张承志白天上门采集出租屋信息，晚上进村预伏打击。由于腰部疼痛，他硬撑着逐层爬楼、挨家挨户上门采集信息。为避免晚上蹲守过程中因腰疼而影响行动，他随身带着强制止痛药，腰痛发作就吃一粒药。三个月过去，经过他的艰辛付出，困扰郊边村多年的涉黄现象绝迹。

2015年11月，张承志参加分局组织的年度体检。两周后，因致癌因子异常，医院通知他复检。时值省公安厅“3＋2”专项打击行动的关键时期，为顾全大局，他选择将病情埋藏在心中，继续忙于值班、巡逻、社区维稳信息排查，耽误最佳治疗时机，致使病情恶化。2016年元旦前夕，他在腰痛同时还出现腹痛、腹胀等症状。此时由于征地等历史问题，数十名郊边村村民每天都到村委上访诉求。为及时化解矛盾，张承志又一头扎进村里做村民的工作，一个星期没回过家，身体越发每况愈下。在一个值班的晚上，值班领导见到他脸色苍白半靠在椅子上、腹部明显隆起，方知他的病情，立即安排同事送其去医院治疗。这是张承志从警以来第一次因身体原因而请假。休息两天情况好转后，他又投身到春运安保行动中去。

2016年1月20日，张承志一早来到辖区火车站执勤巡逻岗位上。上午11时许，他在处理完2宗警情后，突感腹部剧痛难忍，浑身直冒冷汗，跌倒在地上。随后，张承志被送到医院救治，被确诊为急性胰腺癌晚期，癌细胞扩散至腹腰部。在病榻上，他依然保持着乐观积极的态度，希望尽快恢复回单位上班。但病情急剧恶化，他被迅速送到重症监护室。2月24日晚上8时40分逝世。

杨　舒

1985年4月出生，籍贯广东清远，张槎街道综治信访维稳办副主任、司法所副所长。2014年，获得广东省第一届人民调解员调解技能大赛二等奖。2017年5月，获司法部授予“全国模范人民调解员”称号。

杨舒从事人民调解工作6年来，所调解的约300宗案件中没有一宗发生民转刑或非正常

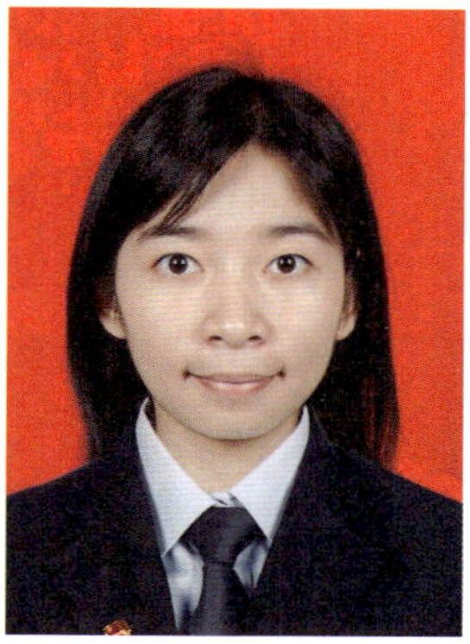

上访案件，调解成功率达98%。工作中，她积极排查矛盾纠纷，对辖区内的不稳定因素做到提前掌握、及时跟进，在群体性事件爆发前就介入调解，将群体性案件消除在萌芽中，有效防止矛盾纠纷激化。她以专业的法律知识作为支撑，灵活运用“背靠背”、典型案例、换位思考等调解技巧，对调解对象动之以情、晓之以理、明之以法，努力化解双方的负面情绪，客观公正地主持调解。她针对高发案件类型总结出一套行之有效的调解经验，通过采取多样调解技巧，能较快较好地处理调解案件，得到双方当事人的充分认可，真正做到“案结事了”。

叶锦华

1988年1月出生，籍贯广东茂名，佛山市东成立亿纺织有限公司保全部组长。2017年4月，被中华全国总工会授予“全国五一劳动奖章”。

从2006年起，叶锦华一直在纺织行业工作。2011年，到佛山市东成立亿纺织有限公司工作，担任保全技术员，主要负责生产机械日常维护和产品调试。为适应纺织市场产品日益多变和提高企业的竞争能力，他利用业余时间不断学习新知识新技术，熟悉针织大圆机的性能与操作。针对市场销售的纺织面料变化多样、品种批多量少，生产设备要经常调试才能适应生产需要的情况，他不厌其烦，主动配合车间生产的需要，按面料的纱支、密度等要求调试设备。对生产一些特殊要求的面料，他想方设法研究面料的构造和特性，调试好设备配合生产。他在生产一线打拼多年，练就一身过硬的技术本领。2014年7月，他在广东省纺织行业“张槎针织杯”纬编工职业技能竞赛决赛中获得第一名，获单项奖“更换错针”第一名、“排针”第二名、“找错纱”第三名。11月，在全国纺织行业“佰源杯”纬编工职业技能竞赛总决赛中，获得第七名。叶锦华以耐得住寂寞的工匠精神，十年如一日地在岗位工作，游刃有余地面对约400个零部件，先后获“广东省职工经济技术创新能手”“广东省技术能手”“全国针织行业技术能手”“全国纺织行业技术能手”“广东省五一劳动奖章”“佛山·大城工匠”等称号。

【道德模范】

伍庭光

1961年10月出生，中国香港人，佛山大来有限公司董事长。他是一名在佛山投资兴业超过20年的港商，自主出资组建电影放映队、大来文艺宣传队，开展免费放映电影和公益演出等活动。2017年11月，因助人为乐的善举，被广东省精神文明建设委员会办公室评为第三季度“广东好人”。

1987年，祖籍台山的伍庭光从香港来到佛

山，开办公司主营汽车维修、汽车配件销售等业务。2005年，佛山市成为全国“发达地区数字电影流动放映专项试点城市”，希望与爱心企业合作共同推进该项工作。伍庭光得知这一消息后，立即行动起来，投资约30万元购买放映设备和车辆，成立“中国第一批、广东第一家”数字电影流动放映队，奔赴山村、社区、福利院、企业、部队、学校公益放映电影。截至2017年年底，伍庭光的放映队从最初的1支扩容到16支，放映员从最初的3人发展到约30人，累计放映电影上万场。

2013年，伍庭光成立大来文艺宣传队，深入到佛山各个社区、工业园区等地方进行公益演出，组织团队开展“大来数字电影歌曲大家唱”群众卡拉OK进社区、进基层活动，“亲邻好声音”歌唱比赛巡回演出等活动，受到当地群众欢迎。这支来自佛山民间的文艺宣传队，还承担起佛山与港澳地区文化发展和交流沟通的使命，曾多次前往港澳进行演出。

黎镜芬

1969年6月出生，籍贯广东云浮，禅城区居民。她凭借着自己的坚持和毅力，靠打散工独自扶养脑瘫女儿，历获“佛山好人”、第二届感动禅城“道德人物”、佛山“最美家庭”、“广东百名慈母”、2016年“佛山市十大孝爱人物”等称号。2017年3月，被广东省精神文明

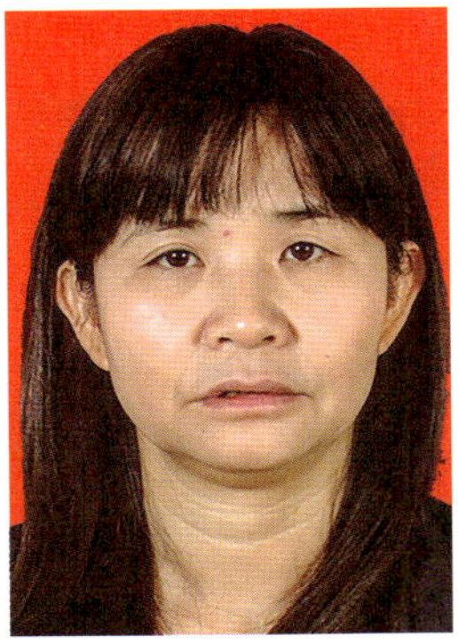

建设委员会办公室评为第一季度“广东好人”。

1992年，黎镜芬生下双胞胎女儿。但不久后，大女儿被确诊患有脑瘫，生活无法自理。为了治病，黎镜芬花光家中所有积蓄还背上外债，丈夫却在最困难时突然离家出走，一直未能寻回……接二连三的打击向她袭来，她没有因此被打倒，反而变得更加坚强不屈。丈夫离家后，黎镜芬不仅要照顾一级残疾的大女儿，还要供小女儿念书，生活的重担全压在她一个人身上。面对困境，黎镜芬把生活安排得井井有条：一边照顾着大女儿，为她换纸尿片、清理大小便、擦身、煮饭、喂饭、按摩全身等；一边操心着小女儿，接送上学、督促她做功课等。为照顾两个女儿，她只能在家附近打散工来养家糊口。她二十余年来如一日，每天多次往返于家中和单位，独自把两位女儿抚养成人。她积极乐观、笑对生活，用实际行动诠释着责任和母爱，用自己的执着和毅力感染着身边的人。

潘　晓

1969年11月出生，籍贯广东潮州，佛山市公安局禅城分局交警一中队指导员。历获“佛山市十佳人民警察”“佛山市三八红旗手”“佛山市情暖母亲·爱润孩子——援助单亲特困母亲家庭爱心大使”等称号。2017年11月，被广东省精神文明建设委员会办公室评为“广

东省最美志愿者”。

潘晓从警28年，在当好人民警察的同时，她用心理学知识和爱心，践行志愿者服务。2001年，潘晓向佛山市志愿者组织递交申请，正式成为一名志愿者。她探望孤儿、老人，呵护贫困人员，或帮助他们消除焦虑，或帮助他们抚平创伤，或帮助他们解决生活困难。2009年，她加入“佛山护航志愿者服务队”，从事帮扶“失足”少年志愿服务，成功帮扶十多名失足少年。她运用自己的专业知识，开展心理干预、心理救助，帮助求助者消除焦虑、沮丧等负面情绪，拨正生活方向。截至2017年年底，她从事志愿服务17年，爱心付出约4600个小时，先后帮助群众362人，挽救12人生命。

在工作中，潘晓也把自己定位为“知心姐姐”。自2006年考取国家心理咨询师和国际婚姻家庭指导师以来，她一直致力于警队的心理服务工作，是禅城区危机干预专家，平均每年开展心理团体辅导22次，每年惠及民警超1800人次；她研发主讲的“枪支使用心理训练”课程，获佛山市公安机关首届“十大精品课程”，在全市和省内其他公安机关推广使用。

蔡银月

1973年1月出生，籍贯广东佛山，佛山市迎悦手工爱心帮扶协会会长。2012年，被广东省义工联合会认定为“广东省五星义工”。

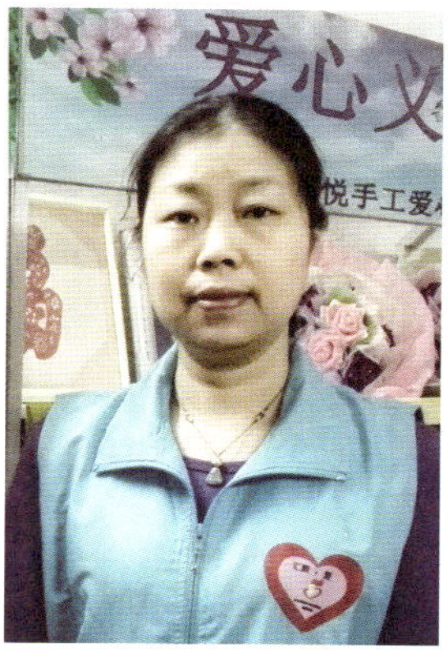

2017年，被广东省精神文明建设委员会办公室评为“广东省最美志愿者”。

蔡银月改变自己生命的轨迹，成为专职义工，是从2007年的一场大病开始。当时她被确诊患尿毒症，前后住院13个月，加上高昂的药费，让她感到绝望，一度欲寻短见。在换肾手术成功后，她收集废弃材料亲手做成手工作品送人留念，意外受到大家的称赞。2009年，在“传递爱心点燃希望”志愿服务队义工的鼓励和建议下，蔡银月利用自己手工制作特长，开办爱心手工坊，成为专职义工。2012—2015年，蔡银月以志愿者身份帮扶患肾病的病友，以手工制作教学为媒介，开展探访、交流等活动。从2013年起，蔡银月带领着爱心手工坊的义工，以自己居住的禅城区高基社区为重点，经常性走访社区内独居老人、单亲特困家庭，重塑老城区的邻里温情。2015年，蔡银月牵头策划佛山首个关注“肾友”健康的慈善项目，并申请成功。

蔡银月身患重症自强不息，用“第二次生命”投入公益事业，组织参与各种志愿服务活动500次，慰问近500户困难家庭和独居老人，志愿服务近万个小时，托起人间大爱。她创办的爱心手工坊吸引越来越多的义工加入和学习，发展成超过200人的团队。

梁昭仪

1976年11月出生，籍贯广东清远，佛山市禅城区启智学校特殊教育高级教师、副校长。2015年，被评为“南粤优秀教育工作者”。2017年3月，被中共广东省委宣传部、广东省精神文明建设委员会办公室授予“广东省岗位学雷锋标兵”称号。

2012年，梁昭仪由普通中学调入禅城区启智学校，成为禅城区特殊教育学校“开荒牛”之一，在特殊教育建设、推进随班就读发展等方面有突出贡献。她在出色完成德育、人事等行政工作同时，坚守教学第一线，任教中重度自闭症学生过半的班级，完成专业培训累计过千学时，能准确评估中重度自闭症、智力发育迟缓等不同类型特殊学生的发展。她因材施教，采用工作分析法、塑造法等特殊教育教法落实课堂分层教学，采用“干预—评估”策略开展个别训练，受到学生们喜爱和家长好评。

她兼任禅城区特殊教育支援中心副主任，结合普教和特教的经验，推动普通中小学融合教育发展。从2015年起，禅城区实施“运用社工模式提高特殊需要学生随班就读质量”项目。在项目实施中，她整合和利用各种资源，引入台湾和华南师范大学的特殊教育专家、心理咨询师等力量，探索适合普通学校的特殊教育继续教育方式，提高随班就读水平。截至2017年年底，该项目覆盖普通中小学学生过万名，影响普通学校教师过千人，培养出一批有特殊教育能力的种子教师。此外，她利用社会支持系统，策划组织佛山市自闭症儿童文艺汇演、佛山市特殊儿童运动会、外出社会实践等大型活动，取得良好的社会效应。

社会经济统计资料

佛山市禅城区2017年国民经济和社会发展统计公报

佛山市禅城区发展规划和统计局

（2018年3月27日）

2017年是党的十九大胜利召开之年，也是实施“十三五”规划、深化供给侧结构性改革的重要一年。一年来，全区深入贯彻党的十八大和十八届历次全会精神，全面贯彻习近平总书记系列重要讲话精神，按照“五位一体”总体布局和“四个全面”战略布局，牢固树立创新、协调、绿色、开放、共享发展理念，以打造佛山“首善之区”为目标，全力推进高品质现代化国际化大城市的中心城区建设，稳增长、调结构、塑优势、惠民生等各项工作均取得新成效，实现了经济平稳增长与社会和谐稳定。

一、综合

经初步核算，全年实现地区生产总值1750.56亿元，按可比价口径计算，比上年增长8.0%。其中，第一产业增加值0.42亿元，下降32.0%；第二产业增加值771.14亿元，增长5.8%。第三产业增加值979.01亿元，增长9.8%。第一产业增加值占地区生产总值的比重忽略不计，第二产业增加值比重为44.1%，第三产业增加值比重为55.9%。在第三产业中，交通运输、仓储和邮政业增长9.1%，批发和零售业增长9.6%，住宿和餐饮业增长4.8%，金融业增长3.7%，房地产业增长8.3%，其他服务业增长12.9%。在现代产业中，高技术制造业增加值62.13亿元，增长16.0%，占规模以上工业增加值的比重为9.1%；先进制造业增加值218.09亿元，增长13.2%，比重为31.9%。现代服务业增加值570.50亿元，增长8.7%，占地区生产总值的比重为32.6%，占第三产业比重为58.3%；民营经济增加值1027.98亿元，增长8.3%，占地区生产总值的比重为58.7%。按常住人口计算，全区人均地区生产总值152528元，增长6.1%；按当年平均汇率折算22591美元，增长4.3%。

全区登记设立各类市场主体12.44万户，比上年增长17.2%，当年新增2.57万户，增长47.7%。个体工商户蓬勃发展，全区共有6.67万户，增长14.8%，当年新增1.42万户，增长70.6%。

全年全区税收总额235.29亿元，比上年增长10.9%(不含海关代征及免抵调库的税收总额210.09亿元，增长9.0%)，占生产总值比重13.4%。全区域地方公共财政预算收入达到105.80亿元，增长11.0%，其中禅城区87.44亿元，增长11.6%。

全年居民消费价格总水平比上年上涨2.0%。服务项目价格指数上涨4.1%，工业品价格指数上涨2.2%，消费品价格指数上涨0.7%。

2012—2017年GDP及其增长速度图

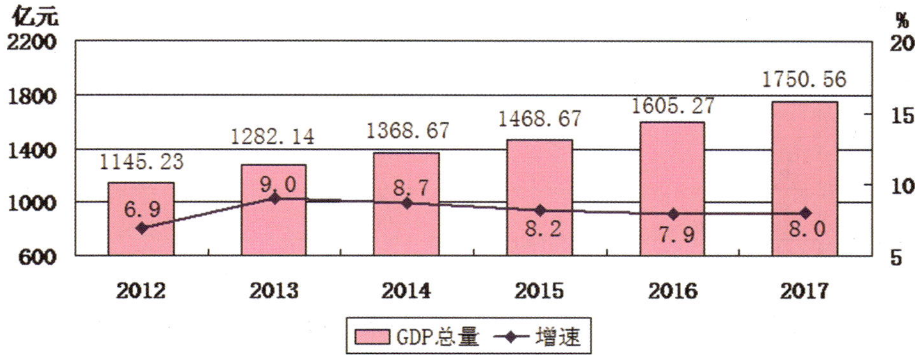

2012—2017年人均GDP及其增长速度图

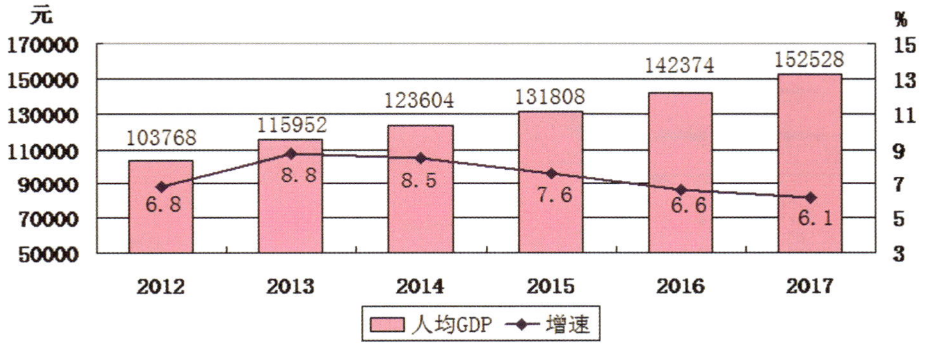

2017年居民消费价格比2016年涨跌幅度统计表

指标	比2016年（±%）	指标	比2016年（±%）
居民消费价格指数	2	交通和通信	1.1
食品烟酒	-0.7	教育文化和娱乐	2.7
衣着	5.6	医疗保健	7.6
居住	3.6	其他用品及服务	1.3
生活用品及服务	1.1		

2012—2017年居民消费价格比2016年涨跌幅度图

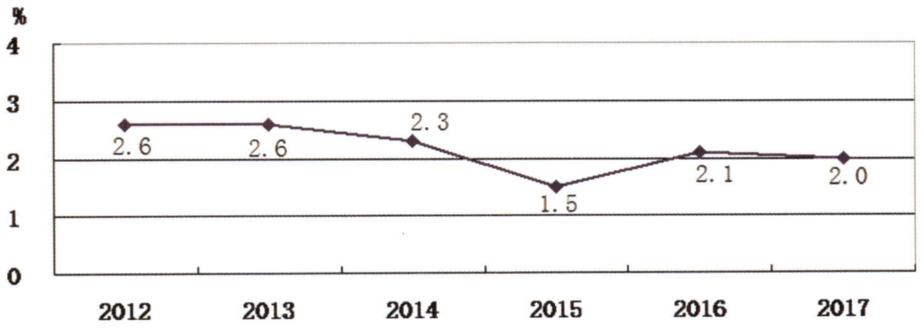

2017年居民消费价格月度涨跌幅度图

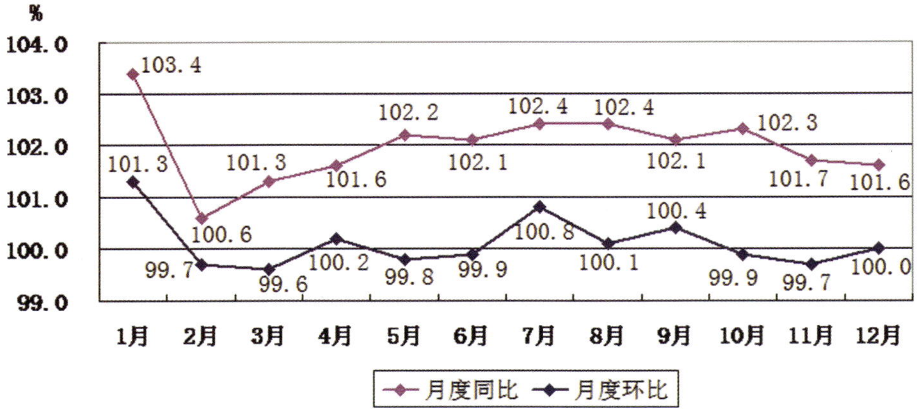

年末全区从业人员62.96万人。其中，第一产业0.13万人；第二产业25.03万人；第三产业37.80万人。

年末城镇登记失业人员0.50万人，比上年末下降3.6%；年末城镇登记失业率为2.11%，下降0.04个百分点。全年新增就业岗位3.36万个，下降22.5%；城镇新增就业人数2.18万人，增长3.2%。安置城乡失业人员就业1.01万人。其中，城镇失业人员就业0.94万人；农村富余劳动力就业0.07万人。失业人员培训后再就业率达82%，提升2.0个百分点。创业培训后创业成功率19.0%。高校毕业生就业率达到96.5%。劳动合同签订率为96%，提高1.0个百分点。

全年刑事案件立案6962件，比上年下降14.8%，破获各类刑事案件5198起，下降2.5%；破获经济案件184起，增长7.0%，挽回经济损失约2.96亿元。

全年共发生各类事故214起，比上年减少147起，下降40.7%；死亡57人，比上年增加2人；受伤15人；经济损失2348.69万元，增长79.3%。其中，道路交通事故41起，上升2.5%，死亡38人，占各类事故死亡人数的66.7%；火灾事故155起，下降50.0%，死亡1人，下降80.0%；生产安全事故18起，死亡18人，造成经济损失约2074万元，同比增长75.8%。亿元地区生产总值生产安全事故死亡率为0.03，与去年持平；工矿商贸企业就业人员10万人生产安全事故死亡率为2.87，上升1.11个百分点；道路交通万车死亡率0.74，下降0.05个百分点。

二、农业

全年农业总产值0.95亿元，比上年下降31.2%。其中，种植业产值0.20亿元，下降19.7%；渔业产值0.66亿元，下降4.5%；农林牧渔服务业产值0.09亿元，增长0.9%。

2017年禅城区主要农产品产量统计表

产品名称	计量单位	产量	比2016年（±%）
蔬菜	万吨	0.44	-11.3
水产品	万吨	0.46	-3.7

三、工业和建筑业

全年实现工业增加值730.36亿元，按可比价口径计算，比上年增长6.0%。其中，规模以上工业增加值增长6.0%。在规模以上工业中，国有控股企业增长4.2%，民营企业增长5.4%，外商及港澳台投资企业增长2.5%，股份制企业增长5.9%，集体企业增长2.8%，股份合作企业下降5.7%。十大支柱产业增加值同比增长6.0%，其中电力、热力生产和供应业增长3.5%；非金属矿物制品业增长9.9%；食品制造业增长12.8%；纺织业增长10.6%；计算机、通信和其他电子设备制造业增长30.6%；通用设备制造业增长16.6%。

高技术制造业增加值比上年增长16.0%，占规模以上工业增加值的比重为9.1%。其中，电子及通信设备制造业增长25.3%，医药制造业增长23.5%，医疗设备及仪器仪表制造业增长5.7%，计算机及办公设备制造业增长2.0%。

先进制造业增加值比上年增长13.2%，占规模以上工业增加值的比重为31.9%。其中，高端电子信息制造业增长31.7%，生物医药及高性能医疗器械增长23.3%，先进装备制造业增长16.9%，先进轻纺制造业增长8.3%。先进装备制造业中，节能环保装备增长26.5%，智能制造装备增长19.4%。

优势传统产业增加值比上年增长6.7%。其中，家具制造业增长18.6%，食品饮料业增长12.7%，纺织服装业增长4.0%，建筑材料增长9.7%，家用电力器具制造业增长6.7%，金属制品业下降2.2%。

六大高耗能行业增加值比上年增长4.1%。其中，非金属矿物制品业增长9.9%，电力热力的生产和供应业增长3.5%，化学原料和化学制品制造业增长0.9%，有色金属冶炼及压延加工业下降12.5%，黑色金属冶炼及压延加工业下降38.5%。

规模以上工业主营业务收入2509.60亿元，比上年增长6.4%；产品销售率98.1%，上升0.4个百分点；资产负债率48.6%，下降1.6个百分点；经济效益综合指数201.0%，上升6.0个百分点。

2017年禅城区主要工业产品产量及其增长速度统计表

产品名称	计量单位	产量	比2016年（±%）
光电子器件	亿只（片）	596.51	59.7
电光源	亿只	5.69	-2.9
酱油	万吨	165.63	7.8
卫生陶瓷制品	万件	149.52	24.9
陶质砖	万平方米	355.91	9.8
钢化玻璃	万平方米	118.67	7.2
电饭锅	万个	68.1	-0.7
塑料制品	万吨	33.11	-4.6
模具	万套	15.17	14.5

续上表

产品名称	计量单位	产量	比2016年（±%）
电子元件	亿只	7.2	13.6
金属门窗及类似制品	万吨	5.65	3.9倍
不锈钢日用制品	万台	2.53	14.4

2012—2017年禅城区全部工业增加值及其增长速度图

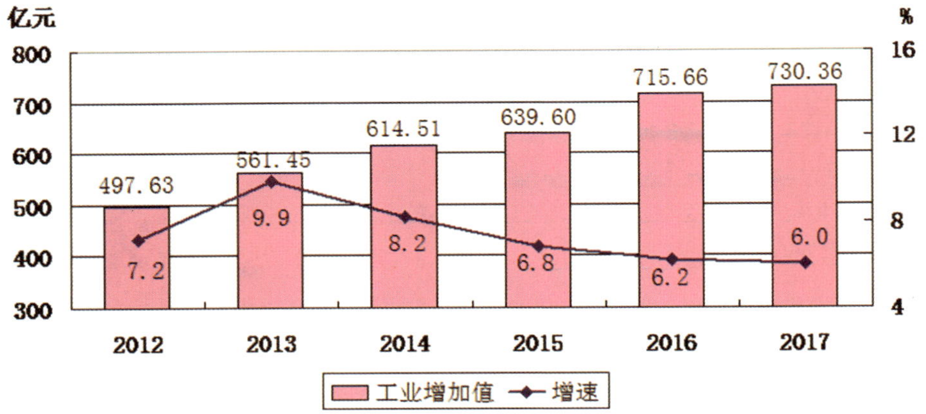

全年全社会建筑业增加值40.78亿元，比上年增长1.7%。全区具有资质等级的建筑业企业89家，比上年增加11家。房屋建筑施工面积2019.35万平方米，增长15.5%，房屋竣工面积257.03万平方米，增长10.3%。

2012—2017年禅城区建筑业增加值及其增长速度图

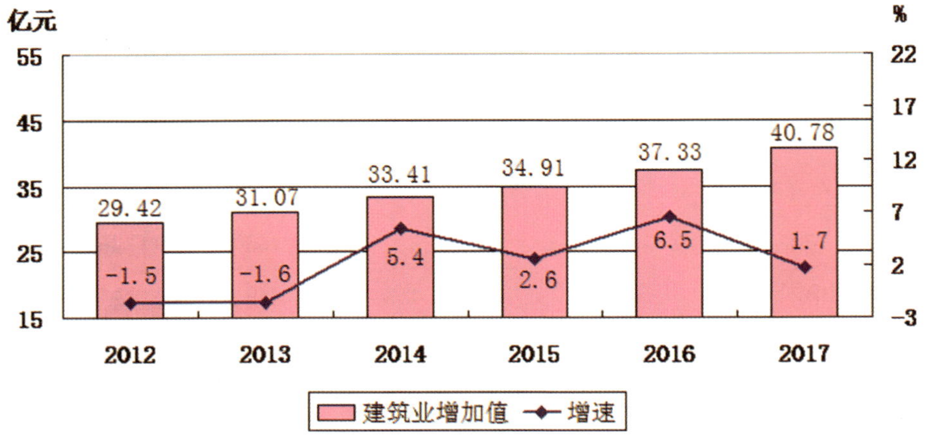

四、固定资产投资

全年完成固定资产投资706.47亿元，比上年增长17.7%。在固定资产投资中，第二产业投资103.14亿元，增长28.7%，其中工业投资103.14亿元，增长28.7%；第三产业投资

603.34亿元，增长16.1%。二、三产业投资比重为14.6∶85.4。基础设施投资220.03亿元，增长40.5%，占固定资产投资的比重为31.1%。民间固定资产投资491.98亿元，增长13.5%，占固定资产投资的比重为69.6%。高技术制造业投资12.18亿元，下降8.8%，占固定资产投资的比重为1.7%。先进制造业投资53.03亿元，增长35.8%，占固定资产投资的比重为7.5%。珠江西岸装备制造业投资50.98亿元，增长37.8%。

在第二产业中，制造业投资90.13亿元，比上年增长26.5%；电力、燃气和水生产供应业投资13.01亿元，增长46.5%。在第三产业中，交通运输、仓储和邮政业88.09亿元，增长13.1%；信息传输、软件和信息技术服务业29.78亿元，增长14.8%；教育5.82亿元，增长5.7%；公共管理、社会保障和社会组织3.67亿元，下降25.4%。

全年房地产开发投资336.17亿元，比上年增长2.0%。商品房销售额432.12亿元，增长33.3%；商品房销售面积348.28万平方米，增长12.1%。商品房空置面积95.71万平方米，下降20.3%。从投资资金来源看，固定资产投资到位资金865.12亿元，同比增长21.1%。其中国内贷款资金215.50亿元，增长77.6%；自筹资金376.59亿元，增长15.6%；其他资金231.83亿元，下降7.6%。

2017年禅城区固定资产投资主要指标完成情况统计表

指标	单位	绝对数	比2016年（±%）
投资完成额	亿元	706.47	17.7
基建投资	亿元	295.57	37.3
更新改造	亿元	74.74	35.6
房地产开发	亿元	336.17	2
房屋建筑面积			
1. 施工面积	万平方米	2019.35	15.5
#房地产房屋施工面积	万平方米	1819.85	12
2. 竣工面积	万平方米	257.03	10.3
#房地产房屋竣工面积	万平方米	246.11	24.8

2012—2017年禅城区固定资产投资及其增长速度图

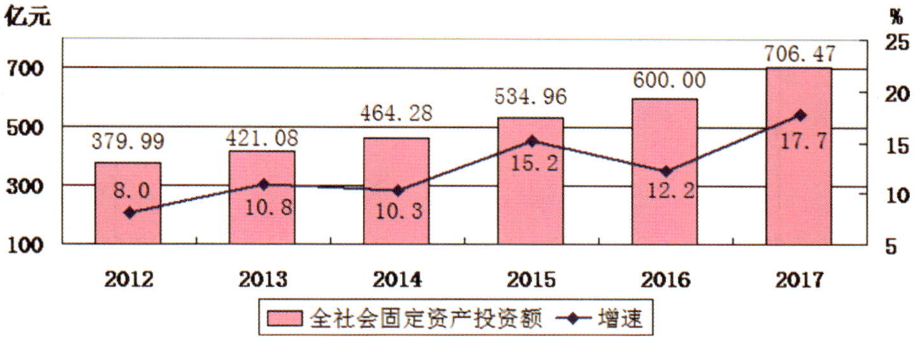

五、国内贸易

全年实现社会消费品零售总额831.09亿元，比上年增长11.2%，其中，商品零售额达780.18亿元，增长11.5%，餐饮收入50.91亿元，增长6.9%。实现商品销售总额4491.98亿元，增长22.3%；其中，批发业销售额3964.05亿元，增长24.0%；零售业527.93亿元，增长11.2%。

在限额以上批发业企业中，矿产品、建材及化工产品销售额比上年增长23.3%，其中石油及制品增长19.4%，金属及金属矿增长21.0%；纺织、服装及家庭用品增长22.2%，其中家用电器增长33.6%；食品、饮料及烟草制品增长9.3%。在限额以上零售业企业中，汽车零售类零售额同比增长13.5%；家用电器及电子产品类增长10.6%；五金、家具及室内装饰材料类增长50.6%；文化、体育用品及器材类增长25.5%；医药及医疗器材类增长14.2%。

2012—2017年禅城区社会消费品零售总额及其增长速度图

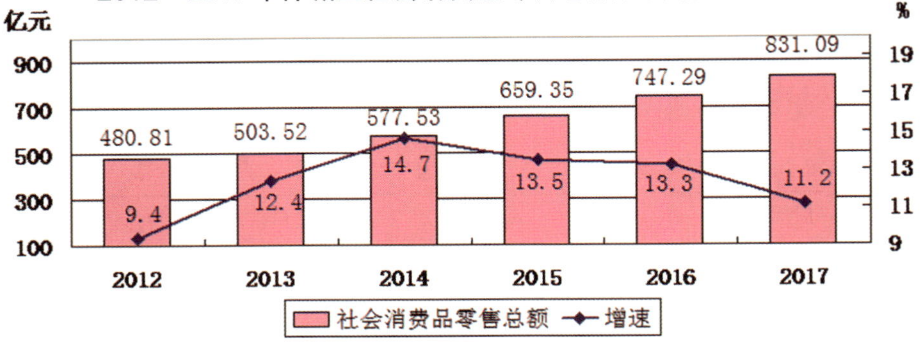

六、对外经济

全年进出口总额863.30亿元，比上年增长2.1%。其中，出口683.7亿元，下降1.9%；进口179.7亿元，增长20.6%。实现贸易顺差（出口减进口）504.0亿元，下降8.1%。

全年新批外商直接投资项目83个，比上年增长36.1%。合同外资超千万美元项目4个（新设立2个，增资2个）。合同利用外资金额1.35亿美元，下降69.3%；实际利用外资金额1.61亿美元，下降35.8%。

2012—2017年禅城区进出口总额及其增长速度图

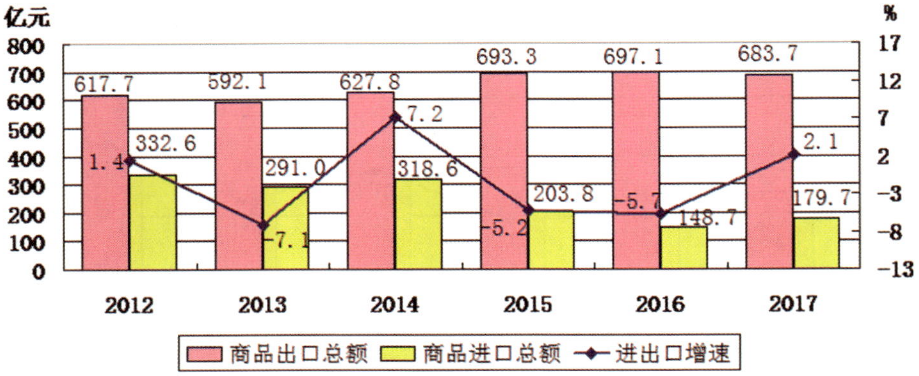

七、交通、邮电和旅游

全年货物运输周转量70.74亿吨公里，比上年增长12.5%。旅客运输周转量32.06亿人公里，增长18.7%。

年末机动车保有量达到51.46万辆，比上年末增长4.2%，其中汽车保有量48.38万辆，增长7.2%；摩托车保有量2.89万辆，下降29.0%。年末在册登记运营货车0.97万辆，同比增长5.5%；拥有客运车辆0.36万辆，增长3.3%。其中出租车0.13万辆；公交车0.17万辆。

累计建成公共自行车服务点212个，发放自行车租用卡13.66万张，投入自行车1.98万辆，累计租车量4494.49万人次，仅当年租车量就达到830.39万人次，日均租车量达到2.28万次。

2017年禅城区各种运输方式完成货物、旅客运输量及其增长速度统计表

指标名称	计量单位	绝对数	比2016年（±%）
货物运输总量	万吨	6251	3.3
公路	万吨	5207	3
水运	万吨	1044	4.4
铁路	万吨	126	-10.4
货物运输周转量	亿吨公里	70.74	12.5
公路	亿吨公里	32.62	9.7
水运	亿吨公里	38.09	15.1
铁路	亿吨公里	0.25	-10.4
航空	亿吨公里	0.03	57.9
旅客运输总量	万人	1364	1.4
公路	万人	1319	-0.3
航空	万人	45	99.4
旅客运输周转量	亿人公里	32.06	18.7
公路	亿人公里	23.95	4.4
航空	亿人公里	8.11	99.4

全年完成邮电业务总量100.28亿元，比上年增长63.5%。其中，邮政业务总量13.34亿元，增长39.1%；电信业务总量86.94亿元，增长68.0%。年末固定电话用户34.27万户，下降11.6%。移动电话用户264.26万户，上升13.4%。互联网用户247.80万户，增长13.3%。

2012—2017年禅城区固定电话、移动电话数量图

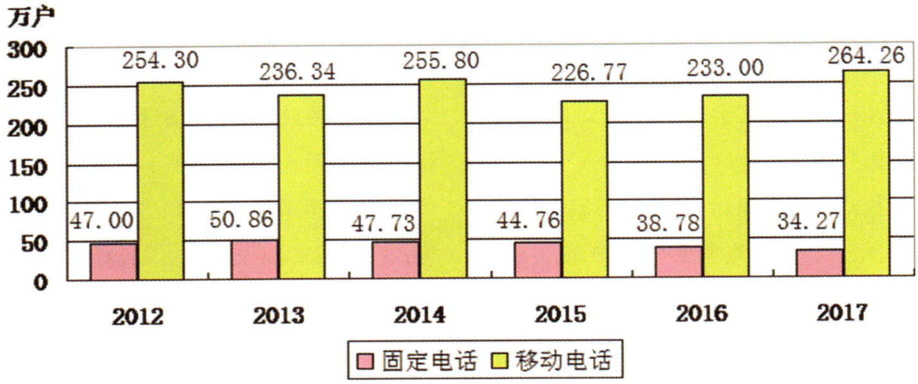

全年实现旅游营业收入248.41亿元，比上年增长20.0%。其中外汇收入5.84亿美元，增长1.0%。接待中外过夜游客435.61万人次，增长15.0%。其中，境外游客57.97万人次，增长9.6%；国内游客377.64万人次，增长15.9%。旅行社组团出游人数227.84万人次，同比下降9.6%。其中，出境游73.13万人次，增长4.4%；国内游154.72万人次，下降15.1%。

八、金融和保险

全区金融机构年末各项本外币存款余额3586.32亿元，比年初增加0.26亿元。其中人民币存款3506.02亿元，增加19.57亿元。年末金融机构各项本外币贷款余额2530.97亿元，比年初增加255.31亿元。其中人民币贷款2450.84亿元，增加219.52亿元。

全年保费收入272.50亿元，比上年增长28.8%。其中，寿险193.79亿元；健康险和意外险36.56亿元；财产险42.14亿元。各类赔款及给付62.39亿元，下降6.1%。其中，寿险36.96亿元；健康险和意外险6.81亿元；财产险赔款18.62亿元。

2017年禅城区金融机构本外币存贷款及其增长速度统计表

单位：亿元

指标	年末数	比2016年末（±%）
各项存款余额	3586.32	持平
其中：境内存款	3560.05	-0.1
#住户存款	1527.46	2.6
#非金融企业存款	1120.2	-7.3
#广义政府存款	870.76	9.7
#非银行业金融机构存款	41.62	-43
境外存款	26.27	20
各项贷款余额	2530.97	11.2
其中：境内贷款	2527.1	11.3

续上表

指标	年末数	比2016年末（±%）
#住户贷款	1132.67	21.6
#非金融企业及机关团体贷款	1394.43	4.2
境外贷款	3.87	-30.9

九、教育和科学技术

全年拥有各类学校248所（不含普通高校），比上年增加3所；招生4.59万人；在校学生17.14万人，增长4.1%；毕业生4.05万人，增长9.5%。全区共有教职工1.52万人，增长4.4%，其中专任教师1.12万人。幼儿入园率100%，学龄儿童入学率100%，初中毕业生升学率为99.2%，普通高中毕业生升学率为99.3%。

2017年禅城区各类教育招生、在校生、毕业生人数及其增长速度统计表

指标	招生（万人）	比2016年（±%）	在校生（万人）	比2016年（±%）	毕业生（万人）	比2016年（±%）
中等职业教育	0.22	-10.2	0.67	-5.7	0.21	8.9
普通高中	0.56	-2.1	1.67	1.5	0.54	1.3
普通初中	1	9.4	2.73	6.9	0.8	1.5
小学	1.47	1.4	7.64	4.7	1.07	3.1
幼儿园	1.33	4.8	4.38	3.9	1.43	6
特殊教育	0.01	-9	0.05	3	0.01	16.1

年末共有省级工程技术（研发）中心68个，比上年末增加13个，增长24.0%；市级工程技术（研发）中心109个，增加15个；区级工程技术（研发）中心22个，与上年持平。累计认定省级以上高新技术企业272家，当年新增143家，增长75.5%。全区具有知识产权优势企业32家，其中国家级7家，省级25家；知识产权示范企业9家，其中国家级1家，省级8家。众创空间14家，增长16.7%。电子商务示范园区5家，其中省级4家，市级1家；科技企业孵化器18个，当年新增4个，增长28.6%，其中国家级4个，省、市级14个。建立公共创新平台17个，当年新增3个；建立院士工作站4个，当年新增1个。

全年专利申请总量1.10万件，当年新增0.23万件，比上年增长26.4%；其中发明专利0.64万件，增长52.7%。专利授权量0.35万件，当年新增53件，增长1.5%。全年有效发明专利拥有量0.23万件，增长22.2%。全区拥有“广东省著名商标”67件，本年新增5件；“中国驰名商标”33件。“广东省名牌产品”55个，当年新增4个；获得质量管理体系认证企业818家，比上年增加358家；获得3C产品认证企业209家，获得资质认证的实验室40个。

十、文化、卫生和体育

年末全区共有各类艺术表演团体60个，社区文艺团队465个，文化馆1个，区级及以上公共图书馆2个，共有藏书量276.95万册，比上年增长16.5%。剧场、影剧院21个，网吧133个，游艺机场所29个，广播电台和电视台各1个，群众体育组织119个。全区有线数字电视用户达到26.64万户。全区共有文物保护单位77家，其中，国家级3家，省级7家，市级67家。列入非物质文化遗产名录共44项；其中，国家级8项，省级10项，市级26项。全年共组织开展各级各类文艺演出1110场次；举办各类培训讲座366场次，吸引近0.78万人次参与。

年末共有医疗卫生机构274家。其中，医院27家，比去年减少1家；卫生院4家；门诊部（所）149个；社区卫生服务中心（站）5个；社区卫生服务站51个；专科防治所3个；卫生监督所、疾病预防中心和妇幼保健院（所、站）各2个；健康教育所、采供血机构各1个；农村卫生站19个；其他卫生机构8个。全区共有卫生技术人员1.39万人，其中医生0.45万人，护士0.65万人。每千人常住人口公共卫生人员数1.81人；每千人常住人口执业（助理）医师3.88人；每万人常住人口全科医生2.45人；共有医疗卫生机构床位1.11万张，下降5.1%；其中医院床位0.99万张，下降5.7%，每千人常住人口床位数9.52张。全区医疗机构诊疗达到2046.68万人次，每人次均费209.7元，比上年上升17.3%。社区卫生服务机构诊疗达到246.9万人次。免费婚检人数为0.42万人，下降17.2%；婚检率达到75.5%，比上年提高0.2个百分点。新生儿死亡率1.3‰。辖区常住人口法定报告传染病发病人数1.55万例，上升24.3%；法定报告传染病死亡4人，比上年减少2人。

全区共有体育场地545个，群众体育组织119个，运动员956名，体育健儿在国内外重大比赛中11人11次获奖。

十一、人口、人民生活和社会保障服务

年末全区常住人口116.11万人，比上年末增加2.68万人。其中户籍人口65.98万人，增加2.68万人；男女性别比例为98.6:100；全年出生人口1.49万人，出生率为22.98‰，上升9.45个千分点；死亡人口0.37万人，死亡率为5.79‰，上升0.28个千分点；自然增长率为17.20‰，上升9.18个千分点。年末已办居住登记人口62.33万人，增长7.5%。全区年末户籍总户数21.06万户，比上年增加0.87万户，增长4.3%。

2017年年末禅城区人口数及其构成统计表

指　标	年末数（万人）	比重（%）
常住总人口	116.11	100
其中：流动人口	50.13	43.2
户籍人口	65.98	56.8
其中：男性	32.75	49.6

续上表

指标	年末数（万人）	比重（%）
女性	33.23	50.4
其中：0-17岁	11.73	17.8
18-34岁	14.97	22.7
35-59岁	26.14	39.6
60岁及以上	13.14	19.9

2017年年末禅城区城镇人口增减变动一览表

指标	年末数（万人）	比重（%）
户籍城镇人口	65.98	100
其中：城镇增加人口	3.54	5.4
#出生	1.49	2.3
城镇人口迁入	1.22	1.8
乡村人口转城镇人口	0.81	1.2
退出现役	0.02	0
城镇减少人口	0.65	1
#死亡	0.37	0.6
城镇人口迁出	0.2	0.3
迁往港澳台和国外	0.02	0
服现役	0.02	0

全年全区居民人均可支配收入45199.0元，比上年增长8.5%，扣除价格因素，实际增长6.4%。人均消费性支出32626.8元，增长6.7%。扣除价格因素，实际增长4.6%。

2012—2017年禅城区常住居民人均可支配收入及其增长速度图

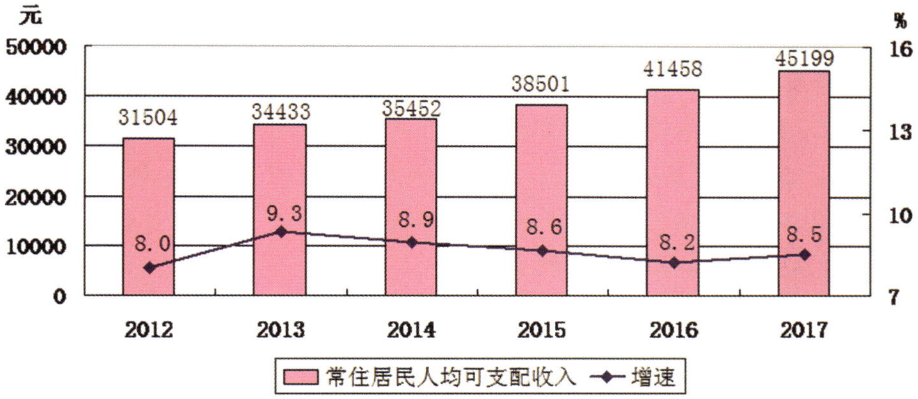

年末全区域参加城镇职工基本养老保险人数为43.38万人，比上年末增加3.6万人。其中参加城乡居民养老保险2.45万人，减少0.2万人。参加城镇职工基本医疗保险47.20万人，增加3.32万人。参加城镇居民住院基本医疗保险23.04万人，增加0.98万人。参加居民门诊基本医疗保险83.38万人，增加4.81万人。参加失业保险人数为44.00万人，增长8.9%；参加工伤保险人数为44.01万人，增长9.1%；参加生育保险44.02万人，增长9.0%。领取失业保险人数0.40万人，同比下降7.0%。全年享受居民医疗门诊487.56万人次，增长6.7%；享受居民医疗住院3.44万人次，增长26.0%。

全区建立社区服务中心4个，家庭综合服务中心17个，家庭综合服务中心服务覆盖率89%；星光老年之家165个，全区养老机构17个，其中公办养老机构4个，机构床位数738个，入住率98.1%；民办养老机构13个，床位数2692个，入住率58.2%。五保供养人数38人。享受城市最低生活保障1157人，比上年下降6.7%。发放低保金1381.00万元，增长33.2%。城乡居民最低生活保障标准每月900元/人，比上年提高270元，增长42.9%；特困供养人员供养标准每月2083元/人，比上年提高158元，增长8.2%。企业职工每月最低工资标准达到1510元/人，与上年持平。为残疾人提供各种康复服务5.99万人次，增长12.6%；免费培训残疾人244人，下降7.2%；安排残疾人就业235人，增长11.4%；投入残疾人事业经费5213万元，增长0.3%。全年无障碍建设改造道路5条，其中当年新增12.13公里；无障碍建设改造公共建筑物20幢，无障碍建设改造公厕109个。全年解决城镇低收入家庭住房困难424户，比上年增长3.3倍；入住廉租房的低保困难家庭14户，同比下降12.5%。

十二、资源和环境

年末建设用地使用面积1.04万公顷，比上年末增长1.1%；建成区绿化覆盖率39.7%；公园绿地面积916.86万平方米，增长1.2%；人均公共绿地面积10.36平方米/人，增长10.7%；已建成绿道176.75公里，其中当年新增29.65公里。

全年总降水量1790.0毫米，比上年减少780.7毫米，下降30.4%。平均日气温为23.2℃，上升0.3℃；总日照时数为1721.8小时，增加149.5小时。全区城市生活污水处理能力60.4万吨/日，城市污水处理率达到98.02%。全年空气优良天数278天，比上年减少23天；平均灰霾天气53天，比上年增加7天，上升15.2%；酸雨频率8.7%，下降35.1个百分点。城市环境空气主要污染物可吸入颗粒年日均值（PM10）66微克/立方米，增长15.8%。其中二氧化硫13微克/立方米，下降7.1%；二氧化氮52微克/立方米，增长4.0%。可吸入肺细颗粒年日均值（PM2.5）41微克/立方米，增长7.9%。饮用水源水质达标率为100%，城市水环境功能区水质达标率100%。工业固体废物处置利用率、医疗危险废物处置率、生活垃圾无害化处理率均达到100%。

禅城区国民经济主要指标
(2016—2017年)

指标名称	计量单位	2016年	2017年	2017年比2016年(±%)
一、土地、人口和劳动力				
行政区域土地面积	平方公里	154.09	154.09	持平
建成区绿化覆盖率	%	38.18	39.73	上升1.55个百分点
建成区绿地率	%	35.28	36.71	上升1.43个百分点
人均公共绿地面积	平方米	9.36	10.36	10.7
常住总人口	万人	113.43	116.11	2.4
户籍总户数	万户	20.18	21.06	4.3
户籍总人口	万人	63.30	65.98	4.2
户籍人口出生率	‰	13.53	22.98	上升9.45个千分点
户籍人口死亡率	‰	5.51	5.79	上升0.28个千分点
户籍人口自然增长率	‰	8.02	17.20	上升9.18个千分点
人口密度(按户籍人口计)	人/平方公里	4108	4282	4.2
人口密度(按常住人口计)	人/平方公里	7362	7535	2.3
社会从业人员年末数	人	627275	629588	0.4
第一产业	人	3543	1322	-62.7
第二产业	人	253964	250283	-1.4
第三产业	人	369768	377983	2.2
城镇年末在岗职工人数	人	240091	221717	-7.7
国有经济	人	49192	46318	-5.8
集体经济	人	3927	2411	-38.6
其他经济类型	人	186972	172988	-7.5
私营从业人数	人	288920	307214	6.3
个体从业人数	人	88650	89960	1.5
年末城镇登记失业人数	人	5172	4988	-3.6

续上表

指标名称	计量单位	2016年	2017年	2017年比2016年（±%）
二、气象				
年降雨量	毫米	2571	1790	-30.4
年平均气温	℃	22.9	23.2	1.3
年日照时数	小时	1572	1722	9.5
水资源总量	亿吨	2.03	2.05	0.6
三、综合经济				
禅城区生产总值	亿元	1604.92	1722.50	7.8
第一产业	亿元	0.31	0.27	-10.1
第二产业	亿元	752.99	748.84	5.8
第三产业	亿元	851.63	973.39	9.6
人均生产总值（按常住人口计）	元	142343	150082	5.9
工农业总产值	亿元	2832.28	2458.19	—
工业总产值	亿元	2830.90	2457.67	—
#规模以上	亿元	2674.78	2294.19	—
农业总产值	亿元	0.57	0.51	-7.6
固定资产投资				
全社会固定资产投资	亿元	600.00	706.47	17.7
#基本建设	亿元	215.22	295.57	37.3
更新改造	亿元	55.13	74.74	35.6
房地产开发	亿元	329.66	336.17	2.0
全年新增固定资产	亿元	311.97	356.22	14.2
全年房屋竣工面积	万平方米	233.04	257.03	10.3
商品房实际销售面积	万平方米	310.76	348.28	12.1
商品房实际销售额	亿元	324.18	432.12	33.3
建安工程投资额	亿元	429.57	508.93	18.5
商贸、外经和旅游				
社会消费品零售总额	亿元	747.29	831.09	11.2

续上表

指标名称	计量单位	2016年	2017年	2017年比2016年（±%）
商品销售总额	亿元	3672.15	4491.98	22.3
进出口总值	亿元	845.8	863.3	2.1
出口总值	亿元	697.1	863.3	-1.9
进口总值	亿元	148.7	179.7	20.6
新批外商投资企业	个	61	83	36.1
合同外资额	万美元	43864	13473	-69.3
实际利用外资额	万美元	25018	16058	-35.8
旅游业总收入	亿元	206.98	240.62	16.3
财政、金融和保险				
地方财政一般公共预算收入	亿元	118.84	122.97	3.5
地方财政一般公共预算支出	亿元	204.68	221.59	8.3
年末本外币存款余额	亿元	3586.07	3586.32	持平
#人民币存款余额	亿元	3486.44	3506.02	0.6
年末本外币贷款余额	亿元	2275.66	2530.97	11.2
#人民币贷款余额	亿元	2231.32	2450.84	9.8
保险费收入	亿元	211.54	272.50	28.8
保险赔款、给付	亿元	66.42	62.39	-6.1
交通和邮电				
客运量	万人	1513.45	1492.49	-1.4
货运量	万吨	6071.70	6251.18	3.0
旅客周转量	万人公里	297633	327948	10.2
公路货物周转量	万吨公里	297458	326230	9.7
水路货物周转量	万吨公里	331000	380893	15.1
港口货物吞吐量	万吨	789.75	822.33	4.1
邮电业务总量	亿元	137.22	100.61	-26.7
固定电话用户	万户	38.78	34.27	-11.6
移动电话用户	万户	233.04	264.26	13.4

续上表

指标名称	计量单位	2016年	2017年	2017年比2016年（±%）
国际互联网用户	万户	218.74	247.80	13.3
国际互联网用户普及率	%	345.6	375.6	上升30个百分点
四、社会公共事业				
普通教育学校数	所	248	251	1.2
普通教育职工数	人	16202	17596	8.6
普通教育在校学生数	人	189824	204877	7.9
卫生机构数	个	250	274	9.6
卫生技术人员数	人	13396	13889	3.7
医院床位数	张	11650	11052	-5.1
医疗危险废弃物处置率	%	100	100	持平
公共图书馆	个	2	2	持平
公共图书馆藏书量	万册	237.8	277.0	16.5
广播覆盖率	%	100	100	持平
电视覆盖率	%	100	100	持平
城镇职工基本养老保险参保人数	万人	39.78	43.38	9.0
城镇职工基本医疗保险参保人数	万人	43.88	47.20	7.6
失业保险参保人数	万人	40.41	44.00	8.9
城镇居民最低生活保障人数	人	1240	1157	-6.7
交通事故死亡人数	人	39	38	-2.6
交通事故损失额	万元	7.54	6.29	-16.6
火灾事故死亡人数	人	5	1	-80.0
火灾事故损失额	万元	122.34	268.40	119.4
刑事案件立案数	件	8172	6962	-14.8
工业固体废物综合利用率	%	100	100	持平
工业危险废弃物处置率	%	100	100	持平
生活垃圾无害化处理率	%	100	100	持平
污水集中处理率	%	98.02	98.02	持平

续上表

指标名称	计量单位	2016年	2017年	2017年比 2016年（±%）
五、人民生活				
居民消费价格总指数	%	102.1	102.0	下降0.1个百分点
住户存款	亿元	1464.07	1502.75	2.6
城镇单位在岗职工年均工资	元	75840	82877	9.3
居民人均可支配收入	元	41658	45199	8.5
居民人均消费性支出	元	30578	32627	6.7
居民恩格尔系数	%	31.6	31.6	持平

说明：地方财政一般公共预算收入增速采用可比口径

禅城区户籍人口姓氏情况统计表

序号	姓氏	人数	序号	姓氏	人数	序号	姓氏	人数	序号	姓氏	人数	序号	姓氏	人数
1	陈	62969	27	曾	6405	53	莫	2643	79	宋	1040	105	古	606
2	梁	38483	28	朱	6293	54	邱	2608	80	韩	985	106	傅	604
3	李	32842	29	蔡	6122	55	高	2560	81	龙	973	107	覃	595
4	黄	28801	30	谢	5930	56	袁	2399	82	戴	963	108	龚	582
5	罗	27777	31	钟	5816	57	赖	2303	83	甘	941	109	侯	574
6	何	23946	32	卢	5421	58	温	2216	84	萧	938	110	聂	558
7	刘	20677	33	郭	5288	59	岑	2118	85	蒋	922	111	容	551
8	张	20535	34	徐	4676	60	肖	2063	86	骆	917	112	汪	545
9	吴	15576	35	区	4521	61	邹	1948	87	洪	900	113	尹	524
10	谭	15013	36	麦	4502	62	孙	1771	88	董	900	114	仇	508
11	杨	14944	37	郑	4463	63	严	1724	89	欧阳	794	115	成	494
12	霍	14624	38	吕	4122	64	邝	1708	90	魏	782	116	陶	467
13	冯	14556	39	苏	4045	65	范	1578	91	阮	878	117	符	466
14	林	12982	40	胡	4044	66	曹	1539	92	任	760	118	詹	464
15	周	12911	41	彭	3992	67	姚	1513	93	韦	759	119	于	440
16	潘	12304	42	江	3864	68	伦	1491	94	易	741	120	万	439
17	招	10859	43	许	3658	69	劳	1463	95	邵	729	121	姜	437
18	王	10382	44	余	3548	70	丁	1362	96	凌	724	122	田	411
19	邓	8593	45	杜	3404	71	程	1352	97	薛	696	123	庄	411
20	黎	8425	46	简	3378	72	夏	1329	98	文	695	124	毛	407
21	陆	8344	47	孔	3315	73	沈	1219	99	熊	671	125	甄	405
22	关	8092	48	赵	3134	74	汤	1177	100	石	648	126	金	395
23	庞	6797	49	欧	3072	75	方	1121	101	钱	648	127	布	389
24	冼	6797	50	唐	2885	76	蒙	1115	102	丘	636	128	白	387
25	廖	6542	51	马	2672	77	崔	1099	103	蓝	621	129	饶	372
26	叶	6483	52	伍	2671	78	雷	1044	104	颜	617	130	康	368

续上表

序号	姓氏	人数	序号	姓氏	人数	序号	姓氏	人数	序号	姓氏	人数	序号	姓氏	人数
131	卓	364	159	孟	188	187	连	123	215	庚	77	243	阙	49
132	贺	359	160	倪	185	188	常	122	216	盛	75	244	闭	49
133	游	358	161	左	185	189	谷	116	217	单	75	245	柴	49
134	柯	358	162	樊	182	190	武	114	218	尤	74	246	滕	48
135	顾	341	163	植	175	191	班	111	219	虞	69	247	闵	48
136	翁	332	164	官	174	192	葛	110	220	敖	68	248	冷	47
137	芦	321	165	辛	168	193	米	109	221	代	65	249	阎	47
138	秦	311	166	邢	163	194	喻	108	222	佘	65	250	尚	47
139	付	309	167	房	162	195	车	107	223	明	65	251	农	45
140	巫	300	168	章	161	196	裴	107	224	卜	64	252	耿	45
141	禤	292	169	申	161	197	毕	106	225	桂	63	253	揭	45
142	向	287	170	纪	160	198	乔	105	226	原	61	254	占	44
143	段	285	171	缪	152	199	封	104	227	晏	60	255	英	42
144	梅	278	172	源	149	200	齐	103	228	鲍	60	256	幸	42
145	司徒	271	173	盘	149	201	兰	102	229	宗	59	257	誉	42
146	祝	269	174	舒	145	202	屈	102	230	季	59	258	党	41
147	翟	256	175	鲁	145	203	闫	102	231	沙	57	259	苗	41
148	练	248	176	柳	144	204	蒲	102	232	吉	57	260	冉	40
149	宁	243	177	郝	144	205	阳	101	233	靳	54	261	费	40
150	利	241	178	邬	142	206	管	98	234	乐	54	262	窦	39
151	施	232	179	禅	140	207	岳	93	235	湛	54	263	瞿	39
152	贾	218	180	童	140	208	卫	91	236	路	54	264	项	39
153	涂	216	181	谈	139	209	安	87	237	匡	53	265	辜	39
154	殷	216	182	刁	136	210	祁	87	238	神	52	266	解	37
155	香	211	183	焦	129	211	宾	87	239	乡	51	267	柏	34
156	戚	196	184	俞	129	212	牛	86	240	曲	50	268	鄢	34
157	全	194	185	包	127	213	池	85	241	艾	50	269	漆	33
158	史	190	186	华	123	214	老	78	242	茹	50	270	危	32

续上表

序号	姓氏	人数	序号	姓氏	人数	序号	姓氏	人数	序号	姓氏	人数	序号	姓壬	人数
271	荣	32	299	皇甫	23	327	翚	15	355	列	13	383	薄	9
272	云	32	300	卿	23	328	鞠	15	356	昌	13	384	弁	9
273	帅	31	301	禹	23	329	虢	15	357	银	13	385	雒	9
274	应	31	302	俸	23	330	巢	15	358	印	12	386	丰	9
275	司	29	303	时	23	331	资	15	359	戈	12	387	运	9
276	佟	29	304	南	22	332	满	15	360	祖	12	388	索	9
277	臧	29	305	国	22	333	荆	15	361	赫	12	389	蔺	9
278	贝	29	306	郁	22	334	胥	15	362	师	12	390	密	8
279	隋	29	307	寇	21	335	支	14	363	计	11	391	别	8
280	褚	29	308	旋	20	336	平	14	364	奉	11	392	仲	8
281	席	29	309	貌	20	337	扶	14	365	宣	11	393	隆	8
282	查	28	310	桑	20	338	鹿	14	366	从	11	394	阚	8
283	暨	27	311	戎	19	339	苟	14	367	苑	11	395	鄂	8
284	牟	27	312	嵇	19	340	宫	14	368	濮	11	396	麻	8
285	娄	27	313	郎	19	341	敬	14	369	慕容	10	397	蚁	8
286	谌	27	314	候	19	342	边	14	370	盖	10	398	皇	8
287	商	27	315	綦	18	343	冀	14	371	豆	10	399	藏	7
288	和	27	316	燕	18	344	修	14	372	居	10	400	廉	7
289	但	26	317	粟	18	345	强	14	373	邸	10	401	陀	7
290	初	26	318	储	18	346	旷	14	374	巩	9	402	尧	7
291	闻	26	319	玉	18	347	惠	13	375	铁	9	403	贤	7
292	元	25	320	姬	17	348	雍	13	376	浦	9	404	台	7
293	栾	25	321	都	17	349	况	13	377	羊	9	405	磨	7
294	权	25	322	伊	17	350	穆	13	378	海	9	406	诸	7
295	卞	25	323	屠	16	351	栗	13	379	那	9	407	宿	7
296	花	24	324	狄	16	352	慕	13	380	阴	9	408	晁	7
297	皮	24	325	沓	16	353	腾	13	381	楚	9	409	过	7
298	景	24	326	奚	16	354	楼	13	382	操	9	410	裘	7

续上表

序号	姓氏	人数	序号	姓氏	人数	序号	姓氏	人数	序号	姓氏	人数	序号	姓氏	人数
411	淦	7	439	厉	5	467	可	3	495	伟	3	523	信	2
412	咸	7	440	尉	5	468	习	3	496	种	3	524	年	2
413	上官	6	441	相	5	469	晋	3	497	竹	3	525	丑	2
414	扬	6	442	郃	5	470	衡	3	498	春	3	526	镇	2
415	叓	6	443	干	5	471	先	3	499	多	3	527	凤	2
416	蹇	6	444	眭	5	472	焉	3	500	闯	3	528	端	2
417	柒	6	445	侍	4	473	步	3	501	茆	3	529	斯	2
418	渠	6	446	亢	4	474	八	3	502	朴	3	530	凡	2
419	伏	6	447	买	4	475	负	3	503	靖	3	531	由	2
420	杭	6	448	玄	4	476	越	3	504	战	3	532	回	2
421	郶	6	449	普	4	477	喜	3	505	郇	3	533	顿	2
422	訾	6	450	鲜	4	478	勾	3	506	荀	3	534	锺	2
423	琚	6	451	牧	4	479	宛	3	507	才	3	535	节	2
424	芮	6	452	望	4	480	胥	3	508	稂	3	536	箫	2
425	羽	6	453	寿	4	481	经	3	509	俞	3	537	承	2
426	冒	6	454	仝	4	482	仕	3	510	运	3	538	续	2
427	笪	6	455	檀	4	483	阁	3	511	戢	3	539	竺	2
428	司马	5	456	言	4	484	双	3	512	第五	2	540	郍	2
429	扈	5	457	完	4	485	郅	3	513	夏侯	2	541	昝	2
430	仰	5	458	保	4	486	蔚	3	514	公孙	2	542	粱	2
431	東	5	459	门	4	487	郦	3	515	茜	2	543	志	2
432	位	5	460	来	4	488	秋	3	516	閤	2	544	毋	2
433	郗	5	461	亓	4	489	贵	3	517	鱼	2	545	迭	2
434	潜	5	462	茅	4	490	旃	3	518	首	2	546	从	2
435	衣	5	463	户	4	491	象	3	519	闾	2	547	富	2
436	巴	5	464	汝	4	492	迮	3	520	有	2	548	郏	2
437	寻	5	465	黑	3	493	逯	3	521	轩	2	549	翦	2
438	迟	5	466	佃	3	494	出	3	522	荚	2	550	芶	2

续上表

序号	姓氏	人数	序号	姓氏	人数	序号	姓氏	人数	序号	姓氏	人数	序号	姓氏	人数
551	补	2	580	庞	1	609	礼	1	638	朋	1	667	姒	1
552	钦	2	581	绍	1	610	钭	1	639	匙	1	668	畅	1
553	弓	2	582	拉	1	611	侣	1	640	劭	1	669	晓	1
554	展	2	583	邦	1	612	介	1	641	沛	1	670	税	1
555	墨	2	584	员	1	613	弋	1	642	月	1	671	谯	1
556	炎	2	585	卯	1	614	倬	1	643	莎	1	672	带	1
557	滑	2	586	隗	1	615	庹	1	644	枉	1	673	珠	1
558	暴	2	587	褚	1	616	潭	1	645	缑	1	674	巨	1
559	热	2	588	杞	1	617	移	1	646	顺	1	675	勤	1
560	求	2	589	瑞	1	618	刚	1	647	定	1	676	角	1
561	弯	2	590	莊	1	619	闰	1	648	后	1	677	恽	1
562	慎	2	591	峗	1	620	吐	1	649	芥	1	678	於	1
563	仵	2	592	彤	1	621	闪	1	650	贡	1	679	酆	1
564	毋	2	593	天	1	622	星	1	651	山	1	680	雨	1
565	禄	2	594	恩	1	623	钮	1	652	涂	1	681	宰	1
566	糜	2	595	聊	1	624	闲	1	653	水	1	682	阿	1
567	本	2	596	慈	1	625	绳	1	654	羿	1	683	尼	1
568	延	2	597	闾	1	626	及	1	655	肇	1	684	逄	1
569	佐	2	598	中	1	627	速	1	656	仉	1	685	邴	1
570	真	2	599	基	1	628	褥	1	657	勒	1	686	昃	1
571	智	2	600	宏	1	629	虎	1	658	锅	1	687	憨	1
572	贲	2	601	朵	1	630	观	1	659	乃	1	688	第	1
573	稳	2	602	药	1	631	油	1	660	忽	1	689	乌	1
574	把	2	603	兀	1	632	哈	1	661	道	1	690	行	1
575	淳	2	604	雄	1	633	鄞	1	662	箐	1	691	吾	1
576	具	2	605	归	1	634	怀	1	663	院	1	692	艮	1
577	化	2	606	业	1	635	荷	1	664	要	1	693	籍	1
578	鲜于	1	607	西	1	636	帖	1	665	俎	1	694	侬	1
579	呼延	1	608	河	1	637	迁	1	666	吁	1	695	晨	1

（佛山市公安局禅城分局）

禅城区历年获中国驰名商标企业一览表

编号	商标	商标注册人	类别	使用商品或服务项目	注册号
1	海天	佛山市海天调味食品股份有限公司	30	酱油	3448510
2	新中源	广东新中源陶瓷有限公司	19	瓷性墙地砖	973069
3	UMMIT 萨米特	广东新明珠陶瓷集团有限公司	19	瓷砖	1580759
4	XINGFA 興發牌	广东兴发铝业有限公司	6	铝合金型材料	4086320
5	FSL	佛山电器照明股份有限公司	11	照明灯	856207
6	日丰	佛山市日丰企业有限公司	19	铝塑复合管	952250、952166
7	冠 珠	广东新明珠陶瓷集团有限公司	19	墙地砖	700734
8	三源 SANYUAN	广东三源生活电器有限公司	11	电热开水瓶、电饭锅等	1162943
9	GRIFINE	广东能强陶瓷有限公司	19	瓷砖	1446686
10	鹰牌	佛山石湾鹰牌陶瓷有限公司	19	彩釉砖	324313
11	德众	国药集团德众（佛山）药业有限公司	5	中药成药	1640422

续上表

编号	商标	商标注册人	类别	使用商品或服务项目	注册号
12		广东三源生活电器有限公司	11	电热开水瓶、电饭锅等	1156915
13	强 辉	广东强辉陶瓷有限公司	19	瓷砖	3662289
14	金科	广东能强陶瓷有限公司	19	瓷砖	3462950
15	金舵	佛山市金舵陶瓷有限公司	19	墙地砖	641872
16	骏仕	广东骏仕陶瓷有限公司	19	瓷砖	3212422
17		佛山市工艺总厂有限公司	14	金银首饰	283774
18	利家居陶瓷	广东强辉陶瓷有限公司	19	非金属地板砖、建筑用非金属墙砖	3941625
19	新南悦	广东新中源陶瓷有限公司	19	瓷砖	4543046
20	汾江	佛山电器照明股份有限公司	11	照明灯、白炽灯	982341
21	San·Debo	广东新中源陶瓷有限公司	19	建筑用嵌砖、非金属砖瓦、瓷砖	1468877
22	惠万家	广东新明珠陶瓷集团有限公司	19	建筑用非金属墙砖、非金属地板砖	3103721
23	百年糊塗酒	佛山市吉利贸易有限公司	33	酒	1571666

续上表

编号	商标	商标注册人	类别	使用商品或服务项目	注册号
24	KITO 金意陶	广东金意陶陶瓷有限公司	19	瓷砖（仿古砖）	3254530
25	GELAISI 格莱斯	广东新明珠陶瓷集团有限公司	19	建筑用非金属墙砖、瓷砖、非金属地板砖	1584717
26	KBT	广东健博通科技股份有限公司	9	天线、电源材料、电池、电测量仪器	1353641
27	DONG PENG 东鹏	广东东鹏陶瓷股份有限公司	11	洗脸盆、洗澡盆、抽水马桶	1213479
28	能强 NENGQIANG	广东能强陶瓷有限公司	19	瓷砖	1616877
29	巴丹	广东新中源陶瓷有限公司	19	砖、瓷砖、建筑用嵌砖	3029208
30	宏英	佛山市宏英实业有限公司	1	工业用粘合剂、贴广告用粘胶、液体橡胶、粘胶液等	3273485
31	HONG YING	佛山市宏英实业有限公司	1	工业用粘合剂、贴广告用粘胶、液体橡胶、粘胶液等	3295506
32	集成	集成投资控股有限公司	36	保险、资本投资、金融贷款、经纪等	6056953
33	佛分	佛山分析仪有限公司	9	成分分析仪器、测量仪器、测量器械、光学仪器等、	1127344

禅城区2003—2017年被认定为广东省著名商标一览表

编号	商标	商标注册人	商标注册证号	类别	所属地区	使用商品或服务项目	著名商标证书编号
1	海天	佛山市海天调味食品股份有限公司	3448510	30	祖庙	调味品	2011Y 09537
2	石湾 SHI WAN PAI	广东石湾酒厂有限公司	179473	33	石湾	酒	2011Y 09572
3	新中源	广东新中源陶瓷有限公司	973069	19	南庄	瓷质墙地砖	2011Y 09321
4	冠珠	广东新明珠陶瓷集团有限公司	700734	19	南庄	墙地砖	2011Y 09328
5	德众	国药集团德众（佛山）药业有限公司	1640422	5	祖庙	片剂（鼻炎康片）、中药成药（牛黄解毒片）、医药制剂（鼻炎滴剂）	2013Y 10071
6		广东省季华铝业有限公司	665600	6	石湾	铝合金型材	2013Y 10104
7	日丰	佛山市日丰企业有限公司	1490910 1188914	6	祖庙	各种金属管道、管道金属接头	2013Y 10106
8	佛分	佛山分析仪有限公司	1127344 102559	9	祖庙	测量仪器、测量器械、气体分析仪器表	2013Y 10204
9	金舵	佛山市金舵陶瓷有限公司	641872	19	南庄	墙地砖	2013Y 10377
10	GRIFINE	广东能强陶瓷有限公司	1446686	19	南庄	瓷砖、建筑用非金属砖瓦、建筑用嵌砖	2013Y 10386

续上表

编号	商标	商标注册人	商标注册证号	类别	所属地区	使用商品或服务项目	著名商标证书编号
11		佛山市嘉喜被服厂有限公司	253651	24	祖庙	帐子、被	2013Y 10441
12	威極	佛山市海天调味食品股份有限公司	6791997	30	祖庙	醋、调味品	2017Y 14589
13	威極	佛山市海天调味食品股份有限公司	1155428	29	祖庙	食用油	2017Y 14551
14	KENFLO 肯富来	广东肯富来泵业股份有限公司	522838、522841	7	祖庙	泵（真空泵、离心泵、混流泵）	2017Y 14170
15	冯了性	国药集团冯了性（佛山）药业有限公司	1568399	5	祖庙	药酒、中药成药	2017Y 14065
16	BLUE A 蓝A	广东天安新材料股份有限公司	1636119	17	南庄	非包装用塑料膜、橡胶或塑料制（填充或衬垫用）包装材料	2011Y 09313
17		广东新中源陶瓷有限公司	1428679	19	南庄	建筑用嵌砖、非金属砖瓦、瓷砖	2011Y 09322
18	GELAISI 格莱斯	广东新明珠陶瓷集团有限公司	1584717	19	南庄	建筑用非金属墙砖、瓷砖、非金属地板砖	2013Y 10382
19	正大制釉 ZHENGDA GLAZE	佛山市正大制釉有限公司	3390527	1	石湾	陶瓷釉料、工业增亮化学制品（颜料）、烧结用陶瓷合成物（颗粒和粉末）	2017Y 14008
20		佛山佛塑科技集团股份有限公司	625596	17	祖庙	双向拉伸聚酯薄膜	2017Y 14391

续上表

编号	商标	商标注册人	商标注册证号	类别	所属地区	使用商品或服务项目	著名商标证书编号
21	新 粤	广东新中源陶瓷有限公司	1504775	19	南庄	砖、非金属砖瓦、瓷砖	2017Y14405
22	SHIMANLI 诗曼丽	罗永祖（佛山市诗曼丽陶瓷有限公司、佛山市威乐斯建材有限公司）	1632808	19	南庄	建筑用瓷砖	2017Y14403
23	禅之旅	佛山市禅之旅国际旅行社有限公司	1171889	39	祖庙	观光旅游、旅行社（不包括预订旅馆）、旅行安排	2017Y14689
24	德众 DEZHONG	国药集团德众（佛山）药业有限公司	3411017	5	祖庙	人用药、中药成药、片剂	2011Y09056
25	KBT	佛山市健博通电讯实业有限公司	1353641	9	南庄	天线	2011Y09165
26	鹰牌	佛山石湾鹰牌陶瓷有限公司	3198424	19	石湾	瓷砖、瓷片、建筑用非金属砖瓦	2011Y09339
27	强 辉	广东强辉陶瓷有限公司	3662289	19	南庄	瓷砖（内墙面砖、抛光砖、仿古砖）	2011Y09336
28	KITO 金意陶	广东金意陶陶瓷有限公司	3254530	19	石湾	瓷砖（仿古砖）	2011Y09351
29	金科	广东能强陶瓷有限公司	3462950	19	南庄	瓷砖（抛光砖）	2011Y09337
30	San·Debo 圣德保	广东新中源陶瓷有限公司	3398586	19	南庄	建筑用嵌砖、非金属砖瓦、瓷砖	2011Y09330
31	长 城	佛山市澜石炜联不锈钢制品有限公司	1742137	6	石湾	金属管（装饰用）	2013Y10107

续上表

编号	商标	商标注册人	商标注册证号	类别	所属地区	使用商品或服务项目	著名商标证书编号
32	汾江	佛山电器照明股份有限公司	982341	11	祖庙	照明灯、白炽灯	2013Y 10266
33		佛山电器照明股份有限公司	5056048	11	祖庙	灯	2013 16131
34		佛山市星光传动机械有限公司	3747395	7	石湾	减速变速器	2013Y 10156
35	XINGMUZAI 醒目仔	罗桂明(佛山市南海区醒目仔儿童用品有限公司)	1443773	20	南庄	儿童床	2013Y 10400
36	利家居陶瓷	广东强辉陶瓷有限公司	3941625	19	南庄	非金属地板砖、建筑用非金属墙砖	2013Y 10387
37	来德利	广东强辉陶瓷有限公司	3680730	19	南庄	瓷砖、非金属地板砖、建筑用非金属墙砖	2017Y 14411
38	金朝阳陶瓷 GOLDEN SUN CERAMICS	广东新明珠陶瓷集团有限公司	3446991	19	南庄	建筑用非金属墙砖、非金属地板砖、瓷砖	2017Y 14408
39	華鵬	佛山石湾鹰牌陶瓷有限公司	1250051	19	石湾	墙地砖	2017Y 14410
40	炜联长城	佛山市澜石炜联不锈钢制品有限公司	1742104	6	石湾	不锈钢管	2011 15049
41	WEILESI 威乐斯	罗永祖（佛山市诗曼丽陶瓷有限公司、佛山市威乐斯建材有限公司）	1692885	19	南庄	瓷砖	2011 15205
42	能强	广东能强陶瓷有限公司	3652635	19	南庄	瓷砖	2011 15210
43	宾利	广东新明珠陶瓷集团有限公司	3809081	19	南庄	非金属地板砖、瓷砖	2011 15207

续上表

编号	商标	商标注册人	商标注册证号	类别	所属地区	使用商品或服务项目	著名商标证书编号
44		广东兴发铝业有限公司	1169096	6	南庄	铝合金门、铝合金窗、铝合金幕墙	2013 16047
45		佛山佛塑科技集团股份有限公司	102548	17	祖庙	薄膜	2013 16177
46		广东新明珠陶瓷集团有限公司	4452530	19	南庄	建筑用非金属墙砖、非金属地板砖、瓷砖	2013 16195
47	A'Gensn 安安金纯	佛山市安安美容保健品有限公司	3263415	3	祖庙	化妆品、洗发液、浴液	2017Y 14046
48	FPA	佛山通宝精密合金股份有限公司	7118350	6	张槎	金属片和金属板、金属铆钉、粉末冶金	2017Y 14093
49		佛山市永盛达机械有限公司	3169692	7	南庄	陶瓷工业用机器设备（包括建筑用陶瓷机械）（超高压水切割机）	2017Y 14129
50		广东新明珠陶瓷集团有限公司	5313635	19	南庄	建筑用非金属墙砖、非金属地板砖、瓷砖	2017Y 14409
51	SHUANGXIANG	佛山佛塑科技集团股份有限公司	4073850	24	祖庙	编织织物、聚丙烯编织布、聚乙烯编织布	2017Y 14475
52		佛山市宝资林药业集团有限公司	6521075	5	南庄	中药成药	2015 18026
53	兰箭牌	佛山市蓝箭电子股份有限公司	179345	9	张槎	三极管	2015 18144
54	冠珠	广东新明珠陶瓷集团有限公司	3414191	11	南庄	抽水马桶、坐便器、盥洗盆（卫生设备部件）	2015 18180
55	亮剑 LIANG JIAN	佛山市亮剑陶瓷有限公司	5302703	19	南庄	瓷砖	2015 18227

续上表

编号	商标	商标注册人	商标注册证号	类别	所属地区	使用商品或服务项目	著名商标证书编号
56	Join-Share中盈盛达 共创 共享 共成长	广东中盈盛达融资担保投资股份有限公司	7408558	36	祖庙	资本投资、金融服务、担保	2015 18333
57	XING FA 興發牌	广东兴发铝业有限公司	269581	6	南庄	铝合金型材料	2016 19025
58	UMMIT 萨米特	广东新明珠陶瓷集团有限公司	4718715	11	南庄	抽水马桶、坐便器、盥洗池（卫生设备部件）	2016 19148
59	环球	佛山市金环球陶瓷有限公司	3737908	19	石湾	建筑用非金属墙砖、非金属砖地、瓷砖	2016 19183
60	江南名居	广东新中源陶瓷有限公司	6065796	19	南庄	瓷砖、微晶石	2016 19187
61	Sanary 新南悦陶瓷	佛山市金明和贸易发展有限公司	6821437	19	南庄	瓷砖	2016 19188
62		广东睿江科技有限公司	8487487	42	石湾	托管计算机站（网站）	2016 19290
63	興發鋁材 Aluminium Profiles	广东兴发铝业有限公司	5711367	6	南庄	铝合金型材	2017 20030
64	永YONG DA达	佛山市永盛达机械有限公司	3169691	7	南庄	陶瓷工业用机器设备（包括建筑用陶瓷机械）（超高压水切割机）	2017 20045
65	CST 康思达	佛山市康思达液压机械有限公司	1274077 1274054	7	张槎	液压机、液压元件、制食品用电动机械	2017 20059
66	指定颜色	广东天安新材料股份有限公司	8910827	17	南庄	非包装用塑料膜、装饰用塑料片材（薄膜）	2017 20181
67	简一	佛山市简一陶瓷有限公司	10018811	19	张槎	瓷砖（大理石瓷砖）	2017 20191

禅城区集体、证明商标名单

序号	图形	商标名称	注册人	注册号	类别	注册日期	申请日期	备注	所属地区
1		张槎针织	佛山市禅城区张槎针织服装行业协会	5481046	25	2009年11月21日	2006年7月17日	集体商标	张槎
2		石湾公仔 SHIWANGONG-ZAI	佛山市陶瓷行业协会	7134888	21	2009年12月7日	2008年12月26日	证明商标	石湾
3		佛山市禅城区澜石LS	佛山市禅城区澜石不锈钢行业协会	9380996	6	2012年5月14日	2011年4月25日	集体商标	石湾
4		佛山市陶瓷行业协会	佛山市陶瓷行业协会	9584290	19	2012年12月7日	2011年6月13日	集体商标	石湾
5		FOSHANKIDS	佛山市禅城区环市童服行业协会	5835609	25	2014年3月14日	2007年1月9日	集体商标	祖庙
6		广东省家用纺织品GUANG DONG HOME TEXTILE	广东省家用纺织品行业协会	5133244	24	2009年6月14日	2006年1月23日	集体商标	祖庙

说明：广东省家用纺织品行业协会是省属单位，但注册地址在禅城，2014年省工商局进行集体商标调研时，市工商局按属地原则划给禅城区

［禅城区市场监督管理局（工商分党组）］

文献选载

2017年度政府规范性文件目录

序号	名称	文号	印发时间	公布前是否送法制（办）审查	是否已上报备案	是否在统一载体公布
1	《关于印发佛山市禅城区推进品牌和技术标准战略工作扶持奖励办法的通知》	佛禅府办〔2017〕7号	2017年6月22日	是	是	是
2	《关于印发佛山市禅城区商标品牌推广资助办法的通知》	佛禅府办〔2017〕8号	2017年6月22日	是	是	是
3	《关于印发佛山市禅城区扶持金融产业发展办法（2017年修订）的通知》	佛禅府办〔2017〕17号	2017年8月14日	是	是	是
4	《关于印发建立超高龄孕产家庭生育关怀制度工作方案（修订）的通知》	佛禅府办〔2017〕18号	2017年8月18日	是	是	是
5	《关于印发佛山市禅城区促进小微企业上规模发展专项资金使用管理办法（2017修订）的通知》	佛禅府办〔2017〕19号	2017年8月18日	是	是	是
6	《关于印发佛山市禅城区科技型企业信贷风险补偿基金设立方案（2017年修订）的通知》	佛禅府办〔2017〕26号	2017年11月27日	是	是	是
7	《关于印发佛山市禅城区推进“通济才智”工程建设实施办法（修订）的通知》	佛禅府办〔2017〕31号	2017年12月26日	是	是	是
8	《关于印发佛山市禅城区加强人才载体服务平台及引才揽智平台建设暂行办法（修订）的通知》	佛禅府办〔2017〕32号	2017年12月26日	是	是	是
9	《关于印发佛山市人力资源服务产业园招商扶持办法的通知》	佛禅府办〔2017〕33号	2017年12月26日	是	是	是
10	《关于印发佛山市禅城区扶持佛山人力资源服务产业园建设办法的补充规定的通知》	佛禅府办〔2017〕34号	2017年12月26日	是	是	是

佛山市禅城区推进品牌和技术标准战略工作扶持奖励办法

为贯彻落实国务院《质量发展纲要（2011—2020）》《中共广东省委、广东省人民政府关于实施质量强省战略的决定》《佛山市禅城区贯彻落实佛山市创建“全国质量强市示范城市”工作方案》《佛山市禅城区支持企业家创业创新的若干措施（“禅十条”）》等文件精神，进一步推进品牌、技术标准战略和供给侧结构性改革，促进企业技术创新，提升产业核心竞争力，实现“强中心”战略，打造精品禅城，特制定本办法。

一、奖励的对象

禅城区行政区域内注册的企事业单位、行业协会（商会）。

二、奖励的类别和标准

（一）创知名品牌的奖励。

1. 新获得中国质量奖（含获得提名奖）、广东省政府质量奖、佛山市政府质量奖的企业，分别给予获奖金额1:1等额配套奖励。

2. 新获得禅城区政府质量奖的企业，给予一次性奖励100万元，具体奖励办法按照《佛山市禅城区人民政府办公室关于印发佛山市禅城区政府质量奖评审管理办法的通知》（佛禅府办〔2016〕79号）规定办理。

3. 新获得全国知名品牌示范区的，给予骨干企业一次性奖励8万元，给予该产业参与的行业协会（商会）一次性奖励20万元；新获得广东省知名品牌示范区的，给予骨干企业一次性奖励5万元，给予该产业参与的行业协会（商会）一次性奖励10万元。

4. 新评为“广东省名牌产品”的，每个产品给予奖励10万元；通过广东省名牌产品复评的，每个产品给予奖励5万元。

5. 新获得“广东优质”认证的，一次性给予奖励20万元。

（二）制定技术标准的奖励。

1. 主导制定或协助制（修）定国际标准的单位，每项奖励20万元。

2. 新主导制定国家标准、行业标准的单位，每项奖励10万元；参与制定国家标准、行业标准和主导制定地方标准的单位，每项奖励8万元；参与制定地方标准的单位，每项奖励5万元。

3. 主导国家标准、行业标准复审的单位，每项奖励5万元；参与国家标准、行业标准复审和主导地方标准复审的单位，每项奖励4万元；参与地方标准复审的单位，每项奖励2万元。

4. 以禅城区企业为主发起的社会团体制定的团体标准（联盟标准），奖励主导研制单位每项团体标准（联盟标准）5万元。

5. 每承担一项国家标准化示范、试点建设项目并验收合格，奖励20万～30万元。每承担一项省标准化示范、试点建设项目并验收合格，奖励10万～20万元。每承担一项市标准化示范、试点建设项目并验收合格，奖励5万~10万元。

6. 获得国家AAAA级“标准化良好行为企业”证书的单位，奖励8万元，复评通过的奖励3万元；对获得国家AAA级“标准化良好行为企业”证书的单位奖励6万元，复评通过的奖励2万元。

7. 获得采用国际标准认可证书的产品，每个产品奖励2万元，复评通过的奖励1万元。

（三）完善计量检测体系的奖励。

1. 企业获计量“C”标志评价的，给予一次性奖励5万元，复评合格的奖励3万元。

2. 企业获国家计量检测体系认证（ISO10012）的，给予一次性奖励5万元，复评合格的奖励3万元。

3. 企业新获得二、三级计量保证体系确认的，分别给予一次性奖励3万元、2万元，复评合格的分别奖励2万元、1万元。

4. 企业通过能源计量考核达到“优秀”等级以上的奖励1万元。

三、奖励资格的核定

奖励项目的奖励资格由区市场监督管理局（质监）负责解释和核定。

四、申请和受理

（一）奖励时限。

企事业单位、行业协会在获得证书、资质或标准发布日期起一年内申请奖励有效，逾期不予受理。具体申报时间以正式通知为准。

（二）申请材料。

1.《佛山市禅城区推进品牌和技术标准战略扶持奖励申请表》；

2. 统一社会信用代码证、法定代表人身份证复印件；

3. 获奖项目、认定项目证书等证明材料；

4. 其他有关证明材料。

以上申报材料一式二份并加盖单位公章。

（三）受理。

1. 区市场监督管理局（质监）负责受理。

2. 受理部门可组织专家或第三方审核机构对已受理的申请项目进行评审；拟奖励项目需向社会公示，公示期为7个工作日。

3. 有下列情况之一的申请项目，不予受理：

（1）申报材料不真实、不齐全的；

（2）其他不符合申报条件的。

五、经费管理

本办法各项奖励经费由禅城区市场监督管理局（质监）纳入区财政年度预算安排，并负责申请拨付给奖励对象，做好资金监督管理工作；资金接受审计、财政等职能部门的监督检查。

六、附　则

（一）符合下列条件之一的，为主导制定国家标准、行业标准、地方标准、团体标准（联盟标准）的单位：

1. 地方标准、行业标准、国家标准的唯一起草单位。

2. 标准文本“前言”中排序首位的起草单位。

不符合上述两款条件之一的参与标准制定者为协助制定单位。

（二）奖励项目已享受国家、省、市各级相关扶持奖励的，可依据本办法享受区的扶持奖励政策；同一企业满足多项奖励项目要求的，可同时享受相关扶持奖励。

（三）申报扶持奖励单位应提供真实的材料和凭证，如有弄虚作假或违反相关法律法规的，一经发现，依法追回已拨付的扶持奖励金，5年内停止其申报资格。

负责评审的专家或第三方审核机构要对申报材料严格把关，如有弄虚作假、隐瞒事实、审查不严的，一经发现，不得再次参与评审；违反相关法律法规的，依法依规追究责任。

（四）本办法自发布之日起实施，有效期5年；之前相关文件与本办法有冲突的，以本办法为准。

（五）本办法由区市场监督管理局（质监）负责解释。

佛山市禅城区商标品牌推广资助办法

为进一步增强我区市场主体用商标品牌引领市场的动力，加速形成以自主品牌、自主创新为核心竞争力的经济发展模式，增强我区经济综合实力和国际竞争力，根据《佛山市禅城区人民政府办公室关于印发佛山市禅城区建设国家商标战略实施示范城市工作方案的通知》（佛禅府办〔2010〕82号）精神，制定本办法。

第一条　资助宗旨

深入贯彻落实科学发展观，紧紧围绕我区创新驱动、“强中心”的发展战略，建立健全商标品牌推广的资助机制，加大“商标外拓”力度，引导我区市场主体以开放的视野和思维，运用商标品牌加强国际国内经济合作，提升我区自主品牌的知名度和国际化水平，促进我区产业结构升级与城市优化。

第二条　资助范围和对象

（一）中国驰名商标、广东省著名商标、集体或证明商标，其商标持有人为在禅城区注册的企业、事业单位、社会团体及其他组织或住所地为禅城区的自然人。

（二）在境外和我国港澳台地区单一注册的商标，以我国为基础注册地通过马德里商标国际注册体系、欧盟、非洲知识产权组织在境外获准注册的商标，其商标持有人为在禅城区注册的具有独立法人资格的企业、事业单位、社会团体及其他组织，或持有禅城区纳税证明的企业、事业学校及其他组织。

商标持有人为两人及以上的，其商标证书上载明的第一顺序权利人为收款人。

第三条　资助种类和标准

（一）驰名商标资助：对上一年被认定为中国驰名商标的商标所有人，每件商标一次性资助100万元人民币。（本办法所称中国驰名商标，是指由国家工商总局商标局或商标评审委员会认定的中国驰名商标）

（二）著名商标资助：对上一年被认定为广东省著名商标的商标所有人，每件商标一次性资助20万元人民币。

（三）集体（证明）商标资助：对上一年注册为集体（证明）商标的商标所有人，每件商标一次性资助50万元人民币。

（四）商标国际注册资助：

1. 通过马德里体系取得注册的，在获取

"商标注册证"并通过各指定国核准注册后一次性申领资助，资助金额为每件商标注册官费的60%（按成功注册国家计算），但最高不超过50000元人民币。

2. 在欧盟或非洲知识产权组织取得注册的，每件一次性资助10000元人民币。

3. 在单一国家取得注册的，每件一次性资助3000元人民币。

4. 在台湾、香港和澳门地区取得注册的，每件一次性资助2000元人民币。

"一次性资助"是指一件商标只能在本办法中同一个资助种类享受一次资助，但不影响其在不同资助种类同时获得资助，也不影响其同时享受国家、省、市等相关扶持政策。

第（四）项须在本办法实施后取得商标国际注册证明文书才有资格申请资助（以商标国际注册证明文书的签发时间为准，通过马德里体系取得注册的，应获取马德里国际注册证书满18个月提出申请）。同一件商标（指同一注册人的由文字、图形、字母、数字、三维标志、声音、颜色、组合相同或相近）国际注册资助总额不得超过10万元人民币。

第四条 资助经费

商标品牌推广资助经费由禅城区市场监督管理局（工商）申报纳入区财政年初预算安排，并负责申请拨付给资助对象，以补贴形式用于资助禅城区商标品牌推广工作；资金的使用和管理遵循公开受理、专家评审、择优扶持、专款专用的原则。

第五条 申请资助须提交的资料

（一）申请人《营业执照》、事业单位法人证书、社会团体法人登记证书等主体证明材料复印件。

（二）授权委托书及经办人身份证复印件。

（三）《佛山市禅城区商标品牌推广资助经费申请表》。

（四）《申请资助承诺书》。

（五）申请人银行账户的《开户许可证》复印件。

（六）商标注册证及驰、著名商标证明文件复印件。

（七）申请国际注册资助的除提交以上（一）至（五）项外，还需提交：

1. 境外商标注册证明文书（其中通过马德里体系注册的须提交在各指定国核准注册的证明文件）、中文译件复印件。

2. 商标国际注册付款凭证复印件。委托境内代理机构的应提交委托代理合同和发票复印件，没有委托境内代理机构的应提供对境外代理机构的付款凭证复印件或者注册地注册核准机构的官费付款凭证复印件。

所有材料一式两份，加盖资助对象的公章，并提交原件给审核机关核对。

第六条 申请资助时间和程序

每年7月1日～7月31日接受资助申请，程序如下：

（一）申请人在禅城区市场监督管理局网站下载《佛山市禅城区商标品牌推广资助经费申请表》并按规定填写，盖章后连同相关材料报送到禅城区市场监督管理局（工商）。

（二）禅城区市场监督管理局（工商）对申请材料进行初审，对于符合条件且材料齐全的予以受理，并在20个工作日内完成审核工作；对于材料不齐的限期予以补充，并在材料补正后20个工作日内完成审核工作。

（三）经审核符合条件的，由禅城区市场监督管理局（工商）将审核确定补贴的单位名单及补贴金额报区人民政府审批；经区人民政府批准同意后由禅城区市场监督管理局（工商）申请拨付补贴资金给资助对象。

第七条　资助监督

申请资助的单位虚报、冒领或者以非正常申请方式套取或骗取专项资金的，按《财政违法行为处罚处分条例》（国务院令第427号）等有关规定处理，要求其退回资助金额，5年内不得申请资助，并将申请人录入诚信档案。

第八条　附　则

本办法自颁布之日起施行，有效期至2020年12月31日，由佛山市禅城区市场监督管理局（工商）组织实施并负责解释。之前区政府颁布的政策性文件与本办法有冲突的，以本办法为准。

佛山市禅城区扶持金融产业发展办法（2017年修订）

第一章　总　则

第一条　为扶持禅城区金融产业发展，推动金融产业服务实体经济，打造一批金融产业支撑载体，鼓励金融机构总部集聚发展，根据《佛山市禅城区支持企业家创业创新的若干措施（“禅十条”）》（佛禅府办〔2016〕23号）等文件精神，结合我区金融产业实际，特制定本办法。

第二条　本办法扶持对象包括:在禅城区内注册及运营的金融机构、金融载体、金融行业协会及金融机构高端人才等。

第三条　本办法所称金融机构，包括：

（一）银行业金融机构：银行、集团财务公司、信托公司、金融资产管理公司、金融租赁公司、汽车金融公司、贷款公司等。

（二）证券业金融机构：证券公司、证券投资公司、基金管理公司、期货公司等。

（三）保险业金融机构：人寿和财产保险公司、再保险公司、保险资产管理公司等。

（四）新兴金融机构：金融要素交易平台，融资租赁公司、投资基金管理公司、担保公司、小额贷款公司、互联网金融公司、民间资本管理公司、保险代理公司、保险经纪公司等。

第四条　本办法所述的金融产业载体，是指经区政府认定、重点发展金融业的金融中心、大型商用楼宇和园区等。具体条件如下：

（一）位于禅城区内，以对外租售为主；

（二）建筑面积达到2万平方米及以上；

（三）金融机构的实际使用面积达到1万平方米及以上，或申请的载体内至少有两家金融机构上年度纳税总额均超500万元。

第五条　本办法所称的金融机构总部，是指在禅城区注册、具有独立法人资格、属于第三条所列范围的金融机构。

本办法所称的二级分支机构，是指负责地

市级以上（含）行政区域内其他分支机构的统筹管理，在禅城区依法设立并缴纳企业所得税，且总机构对其财务、业务、人员等直接进行统一核算和管理的分支机构。

本办法所称的其他地市级以上分支机构，是指负责地市级以上（含）行政区域内其他分支机构的统筹管理，但不在禅城区缴纳企业所得税的分支机构。

第二章　招商引资扶持措施

第六条　对新设立或区外新迁入的银行业、证券业和保险业金融机构总部、二级分支机构和其他地市级以上分支机构给予补贴：

（一）开办补贴。注册资本在1亿~5亿元（含5亿元）的，一次性给予600万元补贴，再按注册资本的1%予以补贴；注册资本在5亿~10亿元（含10亿元）的，一次性给予1100万元补贴，超5亿元的部分再按3%予以补贴；注册资本超10亿元的，一次性补贴2600万元。总部实缴资本达到5亿元且为二级分支机构，一次性补贴600万元；总部实缴资本达到5亿元且为地市级以上分支机构，一次性补贴400万元。

（二）物业补贴。对自建或购买办公用房本部自用的，每平方米建筑面积补贴1200元；租赁办公用房本部自用的，前3年按照租赁时所属片区（楼宇）租金指导价的40%逐年给予补贴。全国性总部补贴面积不超过20000平方米；二级分支机构或地市级以上分支机构补贴面积不超过5000平方米。不符合开办补贴标准的证券、期货公司营业部（不包括轻型营业部和服务部），可享受物业补贴，补贴面积不超过1000平方米。

第七条　对新设立或区外新迁入的新兴金融机构给予补贴：

（一）开办补贴。对新兴金融机构总部，实缴资本在5000万元~5亿元（含5亿元）的，按实缴资本的2%给予一次性补贴；实缴资本超5亿元的，一次性补贴1000万元；总部实缴资本达到5亿元的二级分支机构，一次性补贴50万元。

（二）物业补贴。符合开办补贴标准的，对自建或购买办公用房为本部自用的，每平方米建筑面积补贴1200元；租赁办公用房为本部自用的，前3年按照租赁时所属片区（楼宇）租金指导价的40%逐年给予补贴。其中，新兴金融机构总部补贴面积不超过5000平方米；总部实缴资本达到5亿元的二级分支机构，补贴面积不超过1000平方米。

第八条　金融产业载体扶持措施。经区政府认定、符合本办法规定的金融产业载体，授予“禅城区金融发展示范载体”牌匾，并给予物业经营方100万元补贴，在三年内按照30万元、30万元、40万元分期支付。暂不符合本办法规定的条件，但有意向重点发展金融产业的载体，经区金融办认定可授予“禅城区金融发展载体”牌匾。

第九条　金融服务站建设措施。对禅城区重要的创新创业载体和产业园区邀请专业金融机构或中介组织在其辖内设立的首个金融服务站（公司），给予20万元配套金融补贴，分两年支付，每年支付10万元。金融服务站（公司）具体认定条件如下：

（一）受专业园区和镇（街道）经科部门邀请进驻禅城区重要的创新创业载体或产业园区，有签订委托协议或出具邀请进驻函；

（二）在载体或园区内设有专门的营业场所和工作人员；

（三）主要职责是为载体或园区内企业提供投融资、上市孵化、资本运作等金融服务。

第十条 区政府重点引进的金融项目和对禅城区税收作出较大贡献的金融机构补贴政策，可按照“一企一策”方式报区政府审批。

第三章 做大做强扶持措施

第十一条 设立金融发展创新奖，对在经济发展、金融创新、纳税、存贷款和落实地方金融政策等方面作出突出贡献的金融机构给予奖励。金融发展创新奖设置一等奖3名，奖金各100万元；二等奖9名，奖金各50万元；三等奖15名，奖金各20万元；奖金用于奖励该金融机构高层管理团队。由区金融办向区政府提交评选方案，具体评选方案于每年3月公布，名额可空缺。

第十二条 升级补贴。金融机构分支机构由三级及以下分支机构升级为二级分支机构，且升级后当年纳税额达到1000万元的，一次性补贴200万元。

第十三条 搬迁补贴。为鼓励金融总部进一步做大做强，对纳税达到500万元，因业务不断扩大需区内搬迁的银行业、证券业和保险业金融机构总部、二级分支机构和其他地市级以上分支机构、新兴金融机构总部，按照购买或租赁的面积给予搬迁补贴1000元／平方米。其中，银行业、证券业和保险业金融机构全国性总部补贴面积不超过20000平方米；二级分支机构、地市级以上分支机构及新兴金融机构总部补贴面积不超过5000平方米。

第十四条 金融机构上年度纳税达到500万元且实现正增长的，对年缴纳个税达到5万元的该机构从业人员进行扶持。

（一）收入补贴。按其上一年度收入所得额（包括工资薪金所得、劳务报酬所得）的5%给予补贴，年度收入以2017～2021年度所在金融机构向税务部门为其申报的个人收入为准。

（二）购房补贴。在获得收入补贴当年在禅城区新购买商品房的，一次性给予20000元的购房补贴。同一自然人只能享受一次购房补贴，已享受安家补贴中新购商品房补贴的不再享受此购房补贴。

（三）子女入学政策。金融人才的子女在禅城区没有公办学位的，在获得收入补贴当年，可安排就读公益普惠性幼儿园和义务教育公办学校。具体申请及审批程序参照《佛山市禅城区人民政府办公室关于印发佛山市禅城区企业人才子女入学方案的通知》（佛禅府办〔2016〕38号）第五条第二项执行，由区金融办于每年3月1日前受理所在金融机构提交的材料后报区教育局审批。

第十五条 按照《佛山市禅城区推进“通济才智”工程建设实施办法》（佛禅府办〔2016〕26号）有关规定，金融机构地区总部或一级法人机构主要负责人（公司副职及以上高管，包括董事长、行长、副行长、总经理、副总经理等），可享受急需紧缺创业创新人才（C类）安家补助、房租补贴等扶持政策。

第十六条 金融行业协会扶持措施。为促进金融行业协会发展，在禅城区注册的现有或新设市级金融行业协会，按照所属片区（楼宇）租金指导价的50%每年给予租金补贴；由区外迁入禅城或在区内搬迁的市级金融行业协会，除享受上述租金补贴外，一次性给予500元／平方米的搬迁补贴。租金补贴和搬迁补贴的补贴面积均不超过500平方米。上述市级金融行业协会秘书处专职负责人，按其上一年度收入所得额（包括工资薪金所得、劳务报酬所得）的5%给予收入补贴，年度收入以2017～2021年度所在协会向税务部门为其申报的个人收入为准。

第四章　发放办法

第十七条　符合本办法相关补贴条件的金融机构、载体、人才等（“通济才智”工程有关补贴除外），由所在金融机构于每年2月底前汇总有关资料并加盖公章后报各镇（街道）经科部门初审，由各镇（街道）经科部门报区金融办汇总，区金融办统一征求有关部门意见，报区政府审批同意后实施。金融行业协会申请补贴可直接报区金融办初审。

金融机构开办补贴、物业补贴、搬迁补贴和升级补贴，可在符合申领条件时申请。

第十八条　申请补贴的金融机构、平台和协会，须承诺在禅城区连续经营五年以上，且五年内不得抽走实际投资、将注册地迁出禅城区或取消汇总纳税，否则须全额退还所申请的补贴（金融人才补贴除外）。

第十九条　金融机构和协会享受自建、购买或租用补贴的办公场所，只能作本单位办公使用，且五年内不得将房屋产权出让或转租，否则须退回相应部分已领取的补贴。

第二十条　对于由各级政府出台、由区财政负担的同类型补贴，按照就高不重复原则实施。

第五章　部门分工

第二十一条　各有关部门工作分工如下：

区金融办负责组织扶持资金申领相关工作；政策解释、宣讲和培训；委托中介组织或机构提供项目管理、评审和审计监督服务；组织金融发展创新奖评审；拟订扶持资金安排方案；跟踪扶持资金落实情况等。

区国税局、区地税局负责审核申报金融机构纳税情况、金融人才收入申报情况、金融人才个人所得税申报情况。

区市场监督管理局（工商）负责审核申报主体工商登记有关情况。

区国土城建和水务局（城乡建设）负责审核金融人才购房情况。

区人力资源和社会保障局负责受理“通济才智”工程有关补贴的申报。

区教育局负责审核安排金融人才子女入学学位。

区财政局负责审核扶持资金安排方案，安排扶持资金并做好资金监管，按照区政府批准的方案发放扶持资金，与镇（街道）做好扶持资金结算工作。

各镇（街道）经科局负责辖区申请受理、初审并汇总报区金融办，落实本级负担部分的经费保障。

第六章　附　则

第二十二条　开办补贴、物业补贴、搬迁补贴、升级补贴、收入补贴所需资金，按照属地原则（设立、迁入地），由区、镇（街道）按照税收分成比例承担，其中镇（街道）负担的资金先由区财政统一垫付，再从划拨给各镇（街道）的税收分成款中结算。本办法所规定的其他补贴资金，由区财政统筹解决。

第二十三条　本办法由区金融办负责解释。

第二十四条　本政策自2017年1月1日起实施，有效期五年，《关于印发禅城区扶持金融产业发展办法的通知》（佛禅府办〔2013〕8号）同时废止。

建立超高龄孕产家庭生育关怀制度工作方案（修订）

党的十八届五中全会决定，坚持计划生育的基本国策，完善人口发展战略，全面实施一对夫妇可生育两个孩子政策。为降低出生缺陷发生风险，提高出生人口素质，切实保障超高龄孕产家庭的围产期安全和母婴健康，推动“全面两孩”政策的平稳顺利实施，现对《佛山市禅城区人民政府办公室关于印发建立超高龄孕产家庭生育关怀制度工作方案的通知》（佛禅府办〔2016〕16号）进行修订，重新制定本方案。

一、指导思想

目前，我区符合“全面两孩”生育政策的一孩夫妇大部分已进入高龄孕产年龄，其中40岁以上超高龄的一孩夫妇更是占了总数的接近一半。为了帮助有意愿生育的人群顺利怀孕和生育，我区从实际出发，依托国家免费孕前优生健康检查项目，建立生育关怀制度，帮助超高龄孕产家庭解决在受孕、围孕、围产和产后等多方面的实际问题，为其提供宣传教育、健康检查、母婴保健等方面的政策和资金支持，努力保障超高龄孕产家庭的母婴平安、和谐幸福。

二、工作目标

依托国家免费孕前优生健康检查项目以及现行的妇幼保健惠民政策，重点对女方40周岁以上计划怀孕生育的超高龄孕产家庭，增加有针对性的生育能力评估、出生缺陷干预等相关健康检查服务。至2020年底，目标人群优生知识知晓率达90%以上；优生检查人群覆盖率达到90%以上；优生咨询指导率、早孕随访率和妊娠结局随访率达到90%以上。

三、目标人群、工作原则、服务内容和服务流程

（一）目标人群。

生育关怀制度的目标人群应同时具备下列条件：

1. 夫妇一方具有佛山市禅城区户籍或持有我区居住证，或在现居住地村（居）委会如实申报登记个人信息半年以上并接受计划生育服务管理；

2. 符合生育政策并计划怀孕生育；

3. 夫妇中女方年满40周岁。

（二）工作原则。

1. 科学规范原则。在实际工作中要科学普及预防知识，规范开展相关优生检查，正确进行咨询指导，充分发挥专家作用，加强技术指导和监督。

2. 知情自愿原则。在工作中要始终按照尊重、自愿、知情的原则，维护群众选择的权利，科学指导群众在充分知情的基础上，自愿积极参加健康检查。

3. 免费服务原则。对目标人群提供一次免费的升级版孕前优生健康检查和免费的升级版

产前检查服务。组织机构和服务机构不得收取免费检查项目的任何费用，坚决杜绝搭车收费和乱收费。

4. 严格保密原则。除法律规定外，不得向第三方泄露当事人的检查结果。在工作中要注意保护服务对象隐私，对受检者个人信息要增强保密意识，特别是对高风险人群的各项信息要严格保密，妥善保存相关资料，切实维护群众合法权益。

（三）服务内容。

1. 在免费提供国家孕前优生健康检查服务的基础上，增加免费生育水平评估检查和生殖健康检查项目。

2. 在孕前3个月至孕早期3个月以内，免费发放叶酸片。

3. 在免费提供5次产前检查的基础上，增加免费产前筛查项目。

4. 聘请妇产科专家为超高龄孕产家庭举办健康讲座，开展孕产期个人卫生、心理、运动和营养保健等母婴保健指导。

5. 协调相关医疗机构开辟超高龄妇女生育咨询、护理及产前关爱“绿色通道”，对超高龄高危孕产妇实行专案管理服务，加强产前监测。

6. 加强对超高龄孕产妇的产后访视和新生儿访视，加强母乳喂养和新生儿护理指导。

（四）服务流程。

符合条件的夫妇向户籍地或现居住地村（居）委会提交夫妇双方身份证、户口簿、结婚证、生育登记证明（未怀孕不需此项），流动人口提供居住证或在现居住地村（居）委会如实申报登记个人信息半年以上并接受计划生育服务管理的其他相关证明材料，经确认符合条件的可领取“生育关怀服务券”，凭券到医疗机构即可接受相关服务。

四、服务机构

健康检查继续委托国家免费孕前优生健康检查项目确定的三间医疗机构（即市妇幼保健院、区中心医院及区人口和计划生育服务站）开展服务。其余服务项目的服务机构不变。

五、经费来源及结算

（一）免费叶酸片费用、5次产前检查、产后访视和新生儿访视、健康宣教等费用在现有经费渠道解决。

（二）对目标人群增加的孕前优生检查和产前筛查经费，由区、镇（街道）两级财政按5:5比例分担，区财政负担部分在国家免费孕前优生项目经费中解决，镇（街道）财政负担部分由区财政先行垫付，再进行清算，在镇（街道）分成款进行扣减。

（三）各医疗服务机构每月对工作量进行一次统计汇总，由区人口和计划生育服务站按照实际发生检查量每半年向区财政申报项目资金，补助资金将全额划拨至承担项目的服务机构。

六、职责分工

生育关怀制度是一项造福社会的民心工程，各镇（街道）卫生和计划生育局及各相关单位要结合职能特点，发挥各自优势，明确职责分工，实现部门协作，整体联动，共同做好项目组织实施工作。

（一）按照项目负责制的原则，由区卫生和计划生育局牵头，成立项目组织管理架构，制定实施细则和技术服务操作细则；通过加强宣传发动，建立日常督导机制，指导各镇（街道）卫生和计划生育局、计划生育技术服务机构和妇幼保健机构落实服务工作；建立信息化系统，加强对服务情况的数据监测、统计和信息反馈；加强对工作执行情况的绩效评估；研究解决在执行过程中出现的问题。

（二）各镇（街道）卫生和计划生育局要会同区人口和计划生育服务站、市妇幼保健院、区中心医院和各妇幼保健机构，以多种形式开展生育关怀和健康教育宣传活动；做好组织发动工作，提高辖区育龄群众的知晓率和参与率；协助解决执行过程中出现的问题。

（三）区人口和计划生育服务站、市妇幼保健院、区中心医院和各妇幼保健机构负责承担相关健康保健服务，要建立生育关怀工作档案，对超高龄孕产家庭提供优生优育健康教育、体格检查、临床实验室检查、风险评估、咨询指导等服务，各妇幼保健机构要采取措施，开辟面向高龄妇女的生育咨询、护理及产前关爱“绿色通道”，加强产后访视和新生儿访视，加强母乳喂养和新生儿护理指导等，保障高龄妇女实现生育二孩的愿望，保障围产期安全和母婴健康，降低出生缺陷，提高出生人口素质。

七、工作要求

（一）加强组织领导。各镇（街道）卫生和计划生育局及各相关单位要将落实生育关怀制度纳入保障和改善民生工作的总体部署，要整合政策资源，制订计划和工作规范，统一组织实施。要将此项工作的实施情况纳入年度计划生育目标管理责任制考核，确保责任到位、措施到位、投入到位。

（二）加强政策宣传。要通过各种渠道和形式加大宣传力度，让全区广大群众尤其是超高龄孕产家庭了解本制度的内容，增加制度执行的透明度。

（三）加强资金保障。要做好资金的年度预算、决算，加强生育关怀对象个案的信息登记、数据汇总分析和日常管理监控等工作，确保生育关怀制度资金及时足额到位，加强资金到位和使用情况的管理。

（四）严格执行政策。各镇（街道）卫生和计划生育局要指导各村（居），严格确认目标人群，实行全过程监督，积极发挥社会监督、群众监督和舆论监督的重要作用。

（五）加强质量管理。各级计划生育技术服务机构和妇幼保健机构要建立服务质量管理、实验室质量管理、医疗废物管理、信息资料管理等制度，要指定专人负责临床检验质量管理工作，要建立工作台账，完善工作记录，指定信息员负责信息数据的录入及信息管理工作。

八、考核评估

区卫生和计划生育局要定期对各阶段的制度实施情况进行监测和综合评估，对各相关单位的工作进行客观科学的评价和有效监督，并将制度的执行情况列入对各相关单位的年度绩效考核。

九、实施时间和解释权问题

（一）本方案自发布之日起实施，有效期5年。原《佛山市禅城区人民政府办公室关于印发建立超高龄孕产家庭生育关怀制度工作方案的通知》（佛禅府办〔2016〕16号）自本方案实施之日起废止。

（二）本方案由区卫生和计划生育局负责解释。

佛山市禅城区促进小微企业上规模发展专项资金使用管理办法（2017年修订）

第一条　为贯彻落实《广东省人民政府办公厅关于促进小微企业上规模的指导意见》(粤府办〔2015〕4号)、《佛山市人民政府办公室关于印发佛山市促进小微企业上规模工作方案的通知》(佛府办函〔2015〕385号）的精神及要求，促进我区小微企业规范升级为上规模企业，鼓励、引导和支持小微企业做精、做强、做优、做大，有效提升我区整体经济质量和水平，根据《佛山市禅城区“四上”企业培育三年行动方案（2017～2019年）》(佛禅府办函〔2017〕108号）精神，为扩大扶持范围和加大扶持力度，现重新修订《佛山市禅城区促进小微企业上规模发展专项资金使用管理办法》。

第二条　奖励范围

2017年至2019年，首次纳入“四上”企业库、第二年持续在“四上”企业库内的企业，以及培育“四上”企业的重要园区（含村级工业园区）、专业市场和开展“四上”企业辅导服务的中介机构、行业协会及商会。

“四上”企业统计标准为：规模以上工业企业指年主营业务收入达到2000万元以上的工业法人企业；限额以上批发业企业指年商品销售额达到2000万元及以上的批发业法人企业；限额以上零售业企业指年商品销售额达到500万元及以上的零售业法人企业；限额以上住宿餐饮业企业指年主营业务收入达到200万元及以上的住宿和餐饮业法人企业；规模以上服务业企业指年末从业人数50人及以上，或年营业收入1000万元及以上的服务业法人单位（居民服务、修理和其他服务业，文化、体育和娱乐业年营业收入达到500万及以上即可）；资质以内的建筑业企业和房地产开发经营企业指具有总承包、专业承包、劳务分包资质（拥有城乡建设部门颁发的《建筑业企业资质证书》）的建筑业法人企业和全部房地产开发经营法人企业。“四上”企业具体名录以区发展规划和统计局（统计）提供的数据为准。

第三条　奖励标准

（一）首次纳入“四上”企业库的企业。

1. 对首次实现规模以上的工业企业，给予一次性奖励150000元人民币；

2. 对首次实现限额以上的批发业企业，给予一次性奖励100000元人民币；

3. 对首次实现限额以上的零售业企业、限额以上的住宿餐饮业企业、规模以上的服务业企业、资质以内的建筑业企业和房地产开发经营企业，给予一次性奖励60000元人民币。

（二）第二年持续在“四上”企业库的企业。

对首次纳入“四上”企业库后，第二年持续保留在库内的企业（即2017年首次入库，2018年持续在库的企业；或2018年首次入库，2019年持续在库的企业；或2019年首次入库，2020年持续在库的企业），给予一次性奖励50000元人民币。

（三）培育“四上”企业的重要园区（含村级工业园区）、专业市场。

对自2017年1月1日起培育或引入“四上”企业落户的禅城区各类园区（含村级工业园区）、专业市场，给予该园区（含村级工业园区）或专业市场运营方每培育或引入1家“四上”企业10000元人民币的奖励，最高奖励为500000元人民币。

以上所称“村级工业园区”由镇（街道）政府（办事处）认定；“专业市场”须符合《广东省商品交易市场管理条例》中关于商品交易市场的相关规定。

（四）开展“四上”企业辅导服务的中介机构、行业协会及商会。

对辅导“四上”企业入库的中介机构、行业协会及商会，每辅导1家“四上”企业入库奖励10000元人民币，最高奖励为500000元人民币。

该项奖励由中介机构、行业协会及商会向被辅导企业所在地镇（街道）申报。

第四条　申报条件

（一）在禅城区行政区域内办理工商、税务登记，依法经营和纳税，具有独立法人资格，有健全的管理及财务制度。近3年来，没有因违法经营受到刑事处罚或者责令停产停业、吊销许可证或者执照、较大数额（10万元及以上）罚款等行政处罚的重大违法记录。

（二）2017年1月至2019年12月期间实现首次纳入“四上”企业库的企业，以及第二年持续保留在“四上”企业库的上述企业。“四上”企业具体名录以区发展规划和统计局（统计）提供的数据为准。

申报对象中，培育“四上”企业的重要园区（含村级工业园区）、专业市场和开展“四上”企业辅导服务的中介机构、行业协会及商会只需满足本条第一点申报条件。

第五条　申报材料

申报企业需要提供以下材料：

（一）首次纳入“四上”企业库的企业。

1.《佛山市禅城区促进小微企业上规模发展专项资金申请表》；

2.《佛山市禅城区促进小微企业上规模发展专项资金申请承诺书》；

3. 加盖公章的营业执照和税务登记证复印件（如已换发统一社会信用代码营业执照的只需提供此证复印件）。

（二）第二年持续在“四上”企业库的企业。

1.《佛山市禅城区促进小微企业上规模发展专项资金申请表》；

2.《佛山市禅城区促进小微企业上规模发展专项资金申请承诺书》；

3. 加盖公章的营业执照和税务登记证复印件（如已换发统一社会信用代码营业执照的只需提供此证复印件）。

（三）培育“四上”企业的重要园区（含村级工业园区）、专业市场。

1.《佛山市禅城区促进小微企业上规模发展专项资金申请表（园区、专业市场）》；

2. 本园区（含村级工业园区）、专业市场内获奖企业的《佛山市禅城区促进小微企业上规模发展专项资金申请表》；

3.《佛山市禅城区促进小微企业上规模发展专项资金申请承诺书》；

4. 加盖公章的营业执照和税务登记证复印件

件（如已换发统一社会信用代码营业执照的只需提供此证复印件）或主体资格证明文件复印件；

5. 首次纳入“四上”企业库的企业经营场所租赁合同。

（四）开展“四上”企业辅导服务的中介机构、行业协会及商会。

1.《佛山市禅城区促进小微企业上规模发展专项资金申请表（中介机构、行业协会及商会）》；

2. 本机构辅导的获奖企业的《佛山市禅城区促进小微企业上规模发展专项资金申请表》；

3.《佛山市禅城区促进小微企业上规模发展专项资金申请承诺书》；

4. 加盖公章的营业执照和税务登记证复印件（如已换发统一社会信用代码营业执照的只需提供此证复印件）或主体资格证明文件复印件；

5. 中介机构与企业辅导服务的合同或其他证明材料。

第六条　申报、审核及审批程序

（一）区市场监督管理局（工商）每年组织启动申报工作。

（二）符合条件的企业，将完整的申报材料报送企业所在镇（街道）的市场监督管理分局。

（三）各镇（街道）市场监督管理分局收到申报材料后，对材料进行初审，核实企业新增规模以上企业资质，确定奖励资金的类型和金额，并会同镇（街道）财政局对区、镇（街道）两级财政各应承担的资金金额进行核算；必要时组织现场核查。

（四）各镇（街道）市场监督管理分局会同镇（街道）财政局审核通过后，填写《佛山市禅城区促进小微企业上规模发展专项资金推荐汇总表》，与企业申报材料（一式三份，含电子版），于每年6月10日前报送区市场监督管理局（工商）。

（五）区市场监督管理局（工商）汇总各镇（街道）申报材料，会同区统计、财政部门提出复核意见后，制定《专项资金安排方案》，提交区政府审批。

（六）《专项资金安排方案》经区政府批准后，由区财政局将区级负担的专项资金拨付至各镇（街道），各镇（街道）在10个工作日内将区、镇（街道）两级专项资金统一拨付给企业。

第七条　申报受理时间

每年3月1日至5月30日受理上一年度符合条件项目的奖励申请。其中本办法奖励标准第一项、第二项申请时间为3月1日至4月30日。

如未能在规定时间内提出申请的，作自动放弃处理。

第八条　监督管理

（一）全区各级市场监督管理局要定期或不定期对专项资金分配和使用情况开展监督检查，并对专项资金的预算执行、使用分配效益和财务管理等进行总结。

（二）财政、监察、审计等部门要依法对专项资金的预算执行、使用分配、效益和财务管理等方面的情况进行监督检查，健全专项资金和项目管理责任追究制度。

（三）违反本办法规定，以虚报、冒领等手段骗取专项资金的，依法责令其将已收资金退回财政部门，并依照有关法律、法规规定追究相关人员的责任；截留、挤占、挪用专项资金的，依法追究直接责任人员和主管人员的行政责任；涉嫌犯罪的，依法移交司法机关处理。

第九条　本办法奖励标准的第一至三项所需资金按照区对镇（街道）财政体制，由区和镇（街道）两级按5:5比例共同承担，第四项所需资金由区财政承担。

第十条　本办法自印发之日起实施，有效期3年，即奖励年度为2017年至2019年。之前区政府出台的政策性文件与本办法内容不一致的，以本办法为准。

第十一条　本办法由区市场监督管理局（工商）负责解释并具体组织实施。

佛山市禅城区科技型企业信贷风险补偿基金设立方案（2017年修订）

为贯彻《佛山市人民政府办公室关于促进金融科技产业融合发展的实施意见》（佛府办〔2014〕9号）、《佛山市禅城区人民政府办公室关于印发佛山市禅城区建设国家创新型城市核心区实施方案（2013～2020年）的通知》（佛禅府办〔2013〕21号）等文件精神，创新科技资金扶持手段，增强科技型企业自主创新能力，促进科技成果转化及产业化，助推我区产业转型升级，特设立禅城区科技型企业信贷风险补偿基金（以下简称基金），并结合我区实际，制定本方案。

一、设立思路

（一）总体规模。

基金总规模为5000万元，分期从区经济科技发展专项资金的科技开发专项资金、产学研专项资金中划拨。首期为1130万元，其余部分在5年内按照实际使用和需求情况逐步到位。在基金设立3年后，开展绩效评估，根据基金效益决定后续的投入情况。

（二）基金的功能。

1. 拓宽融资渠道，创新融资模式。

通过为企业补贴部分贷款利息、为企业向担保机构补贴部分融资担保费用、补偿部分融资风险损失，并通过集合私募债、集合信托、集合贷等创新融资模式，拓宽企业融资渠道，切实解决企业融资难的问题，扶持中小企业特别是有发展潜力的科技创新型企业成长。

2. 扩大融资额度。

通过基金的杠杆作用，预计累计融资总额度可达到15亿元以上，按风险补偿额预期可放大30倍以上，可有效放大企业的融资额度。

（三）设立期。

基金首次设立期为5年。

二、设立目标

总体目标：以“政府引导、市场运作、风险共担、循环使用”为运作原则，通过科技创新和金融资本的紧密结合，引导科技和金融资本更好更快地向产业领域配置，推动产业转型升级。

具体目标：到2019年，基金力争扶持重点科技型企业达到100家，引导科技型企业融资累计15亿元以上，建设各级工程技术研究开发中心160家以上，百万人口年发明专利申请量达到1200件，万人发明专利拥有量达到9.0件，高新技术产业增加值占工业增加值的比例达到55%，拥有一批高水平创新型领军人才和创新团队，促进一批产学研合作项目落地转化，培育一批拥有自主知识产权的创新型企业和高新技术企业。

三、扶持对象

基金用于扶持科技型企业开展科技创新、产学研合作、科技成果转化以及产业化工作。

（一）支持领域。

支持装备制造业、高端电子信息、生物医药、绿色能源、科技服务业以及其他符合禅城区产业发展方向的领域。

（二）扶持对象。

1. 在禅城辖区内登记注册1年以上，并具有独立法人资格的科技型企业。以禅城为主要纳税地，有健全的财务制度和稳定的技术及管理团队。同等条件下，优先安排上一年度纳税额在30万元以上的企业，或者拥有自主知识产权且具备产业化条件项目的企业。

2. 因产业发展需要新引进但登记注册不足1年，经区政府批准同意适用该方案的科技型企业。

3. 禅城区科技型企业是指持续进行研究开发、生产和服务的企业，并符合下列条件之一：

（1）经认定的国家高新技术企业；

（2）近5年内获国家、省或市科技型中小企业技术创新基金（资金）扶持的企业；

（3）科技主管部门主办的国家、省或市级创新创业大赛优秀企业；

（4）获得“广东省知识产权优势企业”或“广东省知识产权示范企业”认定资格的企业；

（5）获得“创新型试点企业”或“创新型企业”认定资格的企业；

（6）近5年内获得国家、省、市、区科技项目立项的企业；

（7）近5年内拥有1项（含）以上且目前有效的发明专利授权或3项（含）以上且目前有效的实用新型专利授权或3项（含）以上软件著作权的企业。

四、运作模式

（一）基金以政府为引导，构建政府、担保、再担保机构、银行等金融机构“利益共享、风险共担”的融资体系。

本基金由区经济和科技促进局、合作的担保机构（下称合作担保机构）、银行和广东省融资再担保有限公司（下称再担保公司）四方共同参与。基金充分利用担保机构的专业优势和再担保公司的增信功能，结合国家和省级专项代偿补偿资金的补偿功能，拓宽科技型企业的融资渠道，扩大融资额度。

（二）基金项下的融资担保，包括银行渠道的融资担保和非银行渠道的融资担保。具体为：

银行渠道的融资担保：融资资金来源于银行的融资担保。

非银行渠道的融资担保：融资资金来源于保险、证券、信托、租赁、财务公司、互联网金融平台、区域股交中心等银行以外机构的融资担保。

区经济和科技促进局作为基金的出资人，负责提供基金扶持的科技型企业及项目名单，引导基金的使用方向。合作担保机构、再担保公司负责为科技型企业提供担保和再担保服务。银行负责贷款及承担部分风险。

基金由区经济和科技促进局委托区投资服务中心设立基金专户，区经济和科技促进局和区投资服务中心签订委托协议，明确区投资服务中心相关职责以及基金管理费来源。

（三）基金以贷款贴息、担保补贴、风险补偿的方式，并通过支持企业广泛发行集合私募债、集合信托、集合贷等融资方式，引导和扶持科技型企业获得较低成本的融资。

基金原则上按照贴息资金、担保补贴资金占30%，风险补偿资金占70%的比例进行分配。该比例可根据当年申报情况作适度调整。

具体操作模式如下：

1. 贷款贴息

贷款贴息用于补贴科技型企业发生的贷款利息支出。采用事后补贴的方式。

区经济和科技促进局根据产业发展重点和有关政策实施要求，在每年第一季度发布科技项目申报通知（指南），接收企业申报，并对重点扶持的科技型企业或项目进行筛选，对通过本基金取得贷款的企业进行贷款贴息审查。

单笔贷款额不超过500万元（含500万元）的，时间不超过2年。贷款利率在中国人民银行公布的同期基准利率的1.3倍以内的，贴息额为超过银行基准利率部分的贷款利息；贷款利率超过基准利率1.3倍的，基金给予超过基准利率部分的30%的补贴。对未按合同规定归还的逾期贷款不予贴息。企业已获得其他政策申报区级财政贷款贴息的，不得再重复申报。

鼓励科技企业用资产抵押、股权、知识产权质押贷款。

2. 贷款担保补贴

对于信用等级较低、但发展前景较好的科技型企业贷款，引入合作担保机构提供贷款担保，单笔担保融资金额不得超过1000万元（含1000万元），融资期限不得超过3年。

合作担保机构按不高于担保金额的2.5%／年的比例收取企业担保费用。信贷风险补偿基金给予合作担保机构担保费补贴，补贴金额为担保金额的0.8%／年。

担保机构通过非银行渠道的融资担保的担保费补贴每年每家不超过200万元。

担保机构提供担保的贷款，不再给予贴息。

3. 信贷风险补偿

合作金融机构按约定的额度和优惠利率向科技型企业贷款。如出现贷款损失时，风险分担模式根据不同情况分别实施：

第一，银行直接贷款的风险，采取基金与银行直接合作的方式，基金与银行按照4:6承担风险损失，即基金承担风险损失金额为未清偿贷款本金的40%，合作银行承担其余损失。

第二，通过银行渠道的担保贷款风险。首先，由银行分担10%的风险；其次，由担保公司对余下的90%的风险进行代偿；再次，由再担保公司利用其增信和分险功能，联合国家和省级代偿补偿资金及本基金，为合作担保机构提供增信和分险。本基金承担的风险比例为担保公司代偿的30%，即风险的27%。最后，由担保公司负责按照有关反担保协议追索欠款，追索所得在扣除相关费用后按各方实际承担风险比例返还。

第三，通过非银行渠道的担保贷款风险，基金承担风险的27%，其余73%由担保机构承担，并由担保公司负责按照有关反担保协议追索欠款，追索所得在扣除相关费用后按基金实际承担风险比例返还。

五、监督管理

（一）信贷风险补偿基金必须专款专用，禁止任何部门和单位截留、挪用。区经济和科技促进局、区财政局可以委托会计师事务所对信贷风险补偿基金拨付使用情况进行审核，也可以委托审计部门进行审计。

（二）合作的银行、担保机构应每半年定期向区经济和科技促进局、区财政局报送上半年风险补偿基金内业务进展情况及分析报告，以便政府及时了解企业融资情况。

（三）区经济和科技促进局、区财政局、合作担保机构、再担保公司、合作金融机构建立风险预警信息互通机制，控制融资风险的发生。

（四）区经济和科技促进局、区财政局有权对企业的融资资金使用情况进行监督。企业通过基金担保取得的融资资金只能用于企业的生产经营活动，包括采购原材料、技术改造、资助创新等，不得用于偿还旧债、发放拖欠工资和资本市场上的投资等。

六、本方案自发布之日起施行，有效期3年。2014年12月10日公布的《佛山市禅城区人民政府办公室关于印发佛山市禅城区科技型企业信贷风险补偿基金设立方案的通知》（佛禅府办〔2014〕58号）同时废止。

佛山市禅城区推进“通济才智”工程建设实施办法（修订）

第一章　总　则

第一条　为实施禅城区“万千英才”战略，促进“大众创业、万众创新”，引进和培养与我区重点经济、产业发展相匹配的优秀人才和科研团队，制定本实施办法。

第二条　推进“通济才智”工程建设，按照求贤若渴、善待人才“开朗豁达”，构建平台、资源整合“融通调济”，促进交流、柔性引才“往来通达”的工作目标，构建优秀人才集聚高地，适应和引领区域经济发展新常态。

第三条　“通济才智”工程涵盖重点产业范围：装备制造业、高端电子信息、生物医药、生命健康、绿色能源、“互联网+”等重点产业；金融业、电子商务（跨境电商）、科技服务和文化创意等现代服务业。

“通济才智”工程同时适用于医疗卫生、文化教育、社会工作等领域符合相关规定的人才。

第四条　“通济才智”工程涵盖重点引进培养国内外人才范围：杰出高层次人才（A类）、创业创新领军人才（B类）、急需紧缺创业创新人才（C类）和重点产业领域专业（职业）中级人才（D类）。

医疗卫生、文化教育、社会工作等领域的企业、社会组织所引进的高层次人才，以及上述领域事业单位所引进的非在编人才，可享受相应扶持。

对未办理正式引进手续，但带项目成果来我区注册公司的高层次人才或科研团队：个人创业的，其公司注册资本应不低于100万元且承诺自设立登记之日起三年内缴足；科研团队创业的，其公司注册资本应不低于500万元且承诺自设立登记之日起三年内缴足，高层次人才认缴的出资额占公司注册资本的5%以上，均可视同我区正式引进人才。注册的公司要求是具有独立法人资格、以禅城为主要纳税地、有健全的财务管理机构和稳定的技术及管理团队、持续进行研究开发、生产和服务的企业。

对获得其他国家授予院士称号、博士学位等的高层次人才，将不受国籍限制，经认定后可享受我区同等的人才政策扶持。

第五条　设立禅城区“通济才智”工程建设专项基金，与科技扶持、招商引资政策相结合，为推进“通济才智”工程建设，以及开展相关的人才服务和组织管理活动提供资金保障。专项基金按照每年度预算规模控制使用，扶持资金发放须制定相应考核评估机制。

第二章　人才引进培养扶持措施

第六条　安家补助

1. 对正式引进（经佛山市或禅城区人才部门正式引进到岗在职、与我区企业签订三年以上劳动合同并按规定购买社会保险。下同）的优秀人才中，被认定为杰出高层次人才（A类）、创业创新领军人才（B类）、急需紧缺创业创新人才（C类）的，分别给予150万元、60万元、30万元的安家补助费。引进的高层次人才在办理正式引进手续一个季度后，可申请安家补助费。经审批同意后，分三年分别按40%、30%、30%的比例予以发放。

2. 夫妻双方同时引进且符合申领安家补助条件的高层次人才，以“就高标准一方”为基数，同时增加夫妻另一方标准的50%安家补助费，夫妻安家补助费双方合计最高金额不超过购房金额。

第七条　房租补助

1. 对柔性引进（年龄在55周岁以下，与企业签订三年以上服务协议，每年在我区工作时间一般不少于6个月。下同）和正式引进且尚未申领安家补助费的高层次人才给予房租补助。执行标准为：杰出高层次人才（A类）给予每月3000元房租补助；创业创新领军人才（B类）给予每月2000元房租补助；急需紧缺创业创新人才（C类）给予每月1500元房租补助；重点产业领域专业（职业）中级人才（D类）给予每月1300元房租补助。房租补助从人才引进之日起发放，期限最长为三年。

2. 柔性引进的高层次人才必须提供与我区企业签订的服务协议、在禅城区住房租赁合同等相关证明材料。夫妻双方同时引进且符合申领安家补助条件的高层次人才，以“就高标准一方”为基数，同时增加夫妻另一方标准的50%房租补助费。

3. 对已申领房租补助，后又申报安家补助的高层次人才，发放安家补助费时必须扣除已申领的房租补助费部分。

第八条　工资外津贴

对引进的高层次人才（含正式、柔性引进）在我区受聘满三个月以上的，按“分档递进”方式给予发放工资外津贴（每半年发放一次，其中30%为用人单位留住人才的奖励资金），发放期限最长三年。发放对象及标准：

1. 一类津贴

（1）发放对象：杰出高层次人才（A类）。

（2）发放标准：受聘第一年按每月2.5万元的标准给予工资外津贴；从受聘第二年起按每月3万元的标准给予工资外津贴。

2. 二类津贴

（1）发放对象：创业创新领军人才（B类）。

（2）发放标准：受聘第一年按每月1.8万元的标准给予工资外津贴；从受聘第二年起按每月2万元的标准给予工资外津贴。

第九条　人才入户

1. 设立镇（街道）人才集体专户。用于解决本辖区内且工作场所在经济（产业）园区外的单位所引进的人才，因没有购置房产或所在单位无集体户，其本人及其随迁父母、配偶、未成年子女无法入户的问题。

2. 设立经济（产业）园区人才集体专户。用于解决本园区内企业所引进的人才，因没有购置房产或所在单位无集体户，其本人及其随迁父母、配偶、未成年子女无法入户的问题。

3. 实行人才入户考核机制。各镇（街道）、经济（产业）园区设立人才集体户，妥善解决引进人才入户问题。区人才服务管理办公室每年将对各镇（街道）、经济（产业）园区引进人才入户工作情况进行年度综合考核。经考核合格的，报请区政府给予各镇（街道）10万元、各经济（产业）园区最高3万元的人才集体户管理工作经费补助。

第十条　医疗保障

按照《佛山市禅城区“高层次人才服务一卡通（金禅卡）”暂行办法》规定，每年组织高层次人才进行健康检验，所需经费由区财政承担。

1. 杰出高层次人才（A类）健康检验费为3800元。

2. 创业创新领军人才（B类）、急需紧缺创业创新人才（C类）健康检验费为1200元。

第十一条　子女教育

1. 引进的杰出高层次人才（A类）、创业创新领军人才（B类），其子女就读义务教育学校的，可按本人意愿，选择教育部门推荐的优质公办义务教育学校就读。

2. 引进的急需紧缺创业创新人才（C类），其子女就读义务教育学校的，可按本人意愿，选择其居住地或工作所在地条件较好的优质公办义务教育学校就读。

3. 对持有《外国专家证》并在我区已服务两年以上的高层次人才，其子女入学我区国际教育学校、高品质非公办学校的，按照每名高层次人才2万元的标准，一次性给予外国专家子女教育经费扶持。

第十二条　配偶就业

1. 根据高层次人才家属专业特长、就业方向，由区政府相关职能部门重点推荐就业。

2. 高层次人才的家属需随调但无法同步落实工作单位的，实行先随调后就业的办法，其人事关系、人事档案和户口，可挂靠在区人才服务管理办公室。区政府招聘辅助工作人员，同等条件下优先录用高层次人才家属就业。

第十三条　激励制度

1. 激励机制。实施“通济科技”科研团队、“金禅系列”科研人才的培养工程。开展两年一次的我区创新驱动发展优秀科研团队（人才）评审活动，参评对象不受学历、身份、户籍和国籍限制，要求在法定工作年龄内已在我区企业服务两年以上，或在我区创业创新两年以上，获得者不得两届连评。

2. 激励措施。对确定为“通济科技”科研团队、“金禅系列”科研人才的，区政府给予经济扶持、补贴。“通济科技”科研团队（不超过3个），给予每个团队100万元；“金禅玉兰”科研人才（不超过3人）给予每人50万元、“金禅木棉”科研人才（不超过5人）给予每人20

万元、“金禅梧桐”科研人才（不超过10人）给予每人10万元。

第十四条　人才培养

1. 实施企业家培养工程。对重点培养的企业家建立企业管理精英人才库，组织举办实训研讨班，提高企业家驾驭时势的综合分析能力和应对能力。组织举办新生代企业家（包括“创二代”）研修培训班，培育拥有新思维、新战略的新一代创业者。对参加区政府组织或推动并由相关单位（机构）承办的企业家研修培训班的，按照在国内、国（境）外举办地点，分别给予每名参加人员每次不低于所需学习经费70%、50%的扶持。

2. 实施科研人才培养工程。遴选一批具有科研实力和创新带动能力的企业科研人才，确定为“禅城创新驱动科技领军人才”重点扶持培养对象，并建立企业科研精英人才库。对到海内外知名高等院校、科研机构进修培养的，按照所需学习经费50%的标准给予扶持，每年只限一次且最高金额不超过5万元。

第十五条　交流娱乐

加强人才文化艺术健康生活环境建设，构建人才联谊交流娱乐活动平台。对区政府组织或推动并由相关单位（机构）承办的交流联谊娱乐活动，所需经费由区财政承担；由经济（产业）园区、行业协会组织举办的相关活动，按照所需活动经费30%的标准给予扶持，每年只限一次且最高金额不超过3万元。

第十六条　绿色通道

实施引进人才绿色通道。建立教育、卫生等公共行业急需紧缺人才目录，经区政府确认后，作为公共事业单位选聘急需紧缺人才的依据，符合公共行业急需紧缺人才目录和相关规定条件的，经审核后可通过引进人才绿色通道进入我区公共事业单位。

第三章　企业创新型人才扶持措施

第十七条　创业孵化基地建设资金扶持

加快创业孵化基地建设，鼓励民间资本、社会资本入股等多种形式，投资建设一批功能配套完善、创业条件好、承载力强的创业孵化基地。对孵化基地能按规定为创业者提供良好的创业孵化服务，经申报被区人力资源和社会保障局认定为区级示范性创业孵化基地的，区财政将给予30万元的建设扶持经费。

第十八条　创业场地租金扶持

对进驻由区区人力资源和社会保障局和有关部门主办的创业孵化基地（创业园区）创办初创企业的，前三年分别按照90%、60%、30%的比例给予场地租金优惠；对进驻由区区人力资源和社会保障局和有关部门主办创业孵化基地以外的其他经营场地创办初创企业的，可申请每年最高6000元、最长三年的场地租金扶持。

第十九条　创业和带动就业资金扶持

1. 对初创企业吸纳就业并按规定缴纳社会保险费的，按其吸纳就业（签订一年以上期限劳动合同）人数给予创业带动就业补贴。招用3人以下（含3人）的按每人2000元给予补贴；招用3人以上的每增加1人给予3000元补贴，总额最高不超过3万元。

2. 每年开展创业大赛，对获得创业大赛（由区政府组成部门、直属机构主办）前三名（或区外相当奖级），并于获奖之日起两年内在我区登记注册的创业项目，按照5万元、10万元、20万元分三个档次给予创业资助。

第二十条　引才揽智资金奖励

鼓励我区企业引进优秀高层次人才和科研

团队，区经济和科技促进局、区人力资源和社会保障局等相关职能部门将每半年联合组织对我区企业引才揽智情况进行综合考核，经认定符合下列条件的，将给予奖励：

1. 引进优秀高层次人才

我区企业引进优秀高层次人才的，按照引进杰出高层次人才、创业创新领军人才、博士和正高专业技术职称资格人才分三个档次，分别给予20万元、10万元和3万元的奖励资金。

2. 引进优秀科研团队

我区企业引进优秀科研团队的，按照以下标准分档次予以奖励：

（1）世界一流水平科研团队：引进国际知名科学家为科研团队核心成员，其项目成果处在国际科技前沿领先地位的，给予100万元奖励资金。

（2）国内外先进水平科研团队：引进国内外优秀高层次人才为科研团队核心成员，其项目成果处在国内外行业领域先进技术地位的，给予50万元奖励资金。

（3）优秀初创型科研团队：引进的初创型科研团队带项目成果与我区企业合作发展，其项目成果处在国内行业领域较为先进技术地位的，给予30万元奖励资金。

社会机构和个人协助我区引进优秀高层次人才和科研团队的，参照上述标准给予奖励资金。

第二十一条　推进“企业科技顾问团”模式

利用我区已建立的国内外合作平台，推动重点企业聘请国内外的专家（行业）组织、科研院所为“企业科技顾问团”，掌握与国际接轨的管理技术、科研技术信息，提高企业科研创新能力和参与国际竞争能力。对有签订具体科技攻关项目协议，并完成科技攻关任务且验收合格的，一次性给予企业所需科技研发经费的10%（最高为20万元），作为科技型企业信贷风险补偿基金政策扶持。每个企业每年只限申报一次。

第二十二条　举办学术会议资助

对企事业单位或高层次人才针对当前国内或国际重点领域的研究开发，在我区发起、举办重要学术会议的，给予培养资助经费，用于支付组织管理费、场租费、资料费、与会人员食宿费以及专家课酬等。经费资助标准如下：

1. 举办全球性国际学术会议的，给予不低于所需经费50%的资助，资助金额最高20万元。

2. 举办亚洲区域性国际学术会议的，给予不低于所需经费40%的资助，资助金额最高10万元。

3. 举办全国性、全省性（含港澳台）学术会议的，给予不低于所需经费30%的资助，资助金额最高8万元。

原则上，举办学术会议每年可申请一次经费资助。经区政府推动并由相关单位（机构）承办的学术会议，相关经费全部由区财政承担。

第四章　组织领导协调

第二十三条　明晰职责任务

区人才工作领导小组负责推进“通济才智”工程建设的组织领导、统筹协调工作，对不符合相关规定但用人单位认为属于急需紧缺人才的，由区人才工作领导小组办公室采取联席会议方式按“一事一议”予以研究评定；区人力资源和社会保障局负责推进“通济才智”工程建设的各项具体工作，并做好引进高层次人才的层次评定工作；区经济和科技促进局负责组织专家组对引进科研项目成果情况进行评定。我区相关单位结合本部门职责，根据本办法制定具体的操作指南或实施细则并落实执行相关规定。

第二十四条　创新机制模式

1. 创新人才服务多样化机制。以完善“立体化”人才工作服务体系建设为目标，以推进“百家重点企业服务机制”“区镇（街道）人才工作联动机制”和建设“禅城区人才服务团”为重点，加强对企业和人才服务工作。建立高层次人才信息库，做好高层次人才需求信息对接工作。

2. 创新人才科技交流合作模式。实施“互联网＋”行动计划，推进“互联网+政校行园企”人才科技交流合作，推动包括政府部门、高等（职业）院校（学校）、行业协会、经济（产业）园区和重点企业等跨界的“政校行园企”人才科技的大融合、大沟通、大合作，加强人才工作依托“互联网”信息服务平台的研发建设。

第五章　附　则

第二十五条　申报本办法各类政府扶持、奖励等资金，必须如实反映客观情况。按照“就高从优不重复”的原则，做好相关申报工作。如出现弄虚作假骗取财政资金行为的，将按照相关规定予以处罚；情节严重的，将依法追究相关刑事责任。

第二十六条　本办法自发布之日起实施，有效期3年，在此之前我区已出台的相关政策规定与本办法有不同标准的，按本办法规定标准执行。本办法由禅城区人才工作领导小组办公室、区人力资源和社会保障局负责解释。

附件

佛山市禅城区引进培养重点人才分类

一、杰出高层次人才（A类）

（一）国家最高科学进步奖获奖科学家，我国“两院”院士、外国院士，国家千人计划、外专“千人计划”人选，全国杰出专业技术人才，国家有突出贡献中青年专家，国家杰出青年科学基金获得者，中国青年科技奖获得者，国家重点学科、重点实验室、工程（技术）研究中心主任或首席专家，863计划（高技术研究发展计划）、973计划（国家重点基础研究发展计划）项目首席科学家。

（二）近五年来，获得以下奖项的高层次人才：

国家自然科学奖、国家技术发明奖、国家科学技术进步奖和国际科学技术合作奖的一等奖完成人前2名、二等奖完成人前1名，中国专利金奖前1名（须为专利发明人或设计人），南粤功勋奖和南粤创新奖。

二、创业创新领军人才（B类）

（一）近五年来，入选或获得以下奖项的高层次人才：

1. 国家自然科学奖、国家技术发明奖、国家科学技术进步奖和国际科学技术合作奖的一等奖完成人除前2名以外、二等奖完成人除前1名外其他核心成员，中国专利金奖除前1名以外（须为专利发明人或设计人）其他核心成员。

2. 长江学者特聘教授，省级重大科技项目、重大工程项目的主要技术专家、管理专家，省部级有突出贡献中青年专家。

（二）近五年来，获得以下奖项的高层次人才：

省部级科学技术奖和省部级技术发明奖一等奖完成人前3名、省部级科学技术进步奖特等奖完成人前3名，广东省科学技术突出贡献奖。

（三）近五年来，担任以下职位的人才：

国家重点实验室、国家工程实验室、国家工程技术研究中心排名前2名的副主任，国家认定企业技术中心主任。

（四）享受国务院政府特殊津贴专家，中国工艺美术大师。

三、急需紧缺创业创新人才（C类）

（一）促进我区重点产业发展引进的博士学位以上，并在知名高等院校、科研机构、金融机构、世界500强企业、国内大型企业等单位具备三年以上工作经历。

（二）医疗卫生、文化教育、社会工作等领域的事业单位所引进的非在编博士后、博士学位学科带头人。

（三）取得硕士学位并具有副高以上专业技术职称资格，并曾获得县（区）及以上科技成果奖（发明专利）或相关优秀科研二作者荣誉称号的高层次人才；金融高管人才（地区总部或金融一级法人机构主要负责人）。

（四）近五年来，获得以下奖项的人才：

中国外观设计金奖、中国专利优秀奖（须为专利发明人或设计人），世界技能大赛金、银、铜牌及优胜奖，中华技能大奖和全国技术能手。

（五）近五年来，担任上一年度纳税额超3000万元独立法人资格企业首席技术专家人才。

四、重点产业领域专业（职业）中级人才（D类）

（一）取得一级注册建筑师、注册城市规划师、注册设备监理师、注册安全工程师、一级建造师以及高级技师等执业、技能资格，并曾获得县（区）及以上荣誉称号的人才。

（二）系统分析师、软件设计师、高级信息分析师和项目管理师等IT类中级人才，电子商务类和“互联网+”类中级人才，具有硕士研究生学位的人才。

特别说明：对于本办法中没有列举到的其他方面优秀高层次人才，或对不符合上述相关规定条件，但用人单位认为所引进的人才具备相当层次的，用人单位可参照提出申请，由区人才工作领导小组办公室审核批准。

佛山市禅城区加强人才载体服务平台及引才揽智平台建设暂行办法（修订）

第一章　总　则

第一条　为贯彻落实我区“万千英才”战略，打造中高端产业人才洼地，增强创新驱动能力，提升区域竞争力，根据《佛山市禅城区人民政府办公室关于印发佛山市禅城区进一步加强新时期经济发展领域人才工作的意见的通知》（佛禅府办〔2013〕96号）、《佛山市禅城区人民政府办公室关于印发推进禅城区“人才服务阳光工程”建设实施办法的通知》（佛禅府办〔2013〕97号）的精神，现就加强人才载体服务平台及引才揽智平台等建设，制定本办法。

第二条　区人才工作领导小组负责统筹协调人才载体服务平台及引才揽智平台建设；区人力资源和社会保障局负责组织开展人才需求调查、发放建设博士后科研工作站和企业院士工作室（站）补贴；区财政局负责安排区级财政扶持资金；区人才服务管理办公室负责发放建设企业高校研究生联合培养基地和引才揽智平台补贴及管理；各有关部门、各镇（街道）应加强配合，确保政策落实。

第二章　人才载体服务平台建设

第三条　建设博士后科研工作站

（一）建站启动经费。对市直、区属设站单位实行标准一致扶持。对禅城区区属新设立的国家博士后科研工作站，市财政给予一次性20万元，区财政给予一次性80万元；对市直在我区区域内设立的单位，市财政给予一次性40万元，区财政给予一次性60万元。对禅城区区属新设立的博士后科研工作站分站、博士后创新实践基地，区财政给予一次性40万元，市财政给予一次性10万元的启动经费扶持；对市直在我区区域内设立的单位，市财政给予一次性20万元，区财政给予一次性30万元。2014年12月（含12月）之后获批设立的工作站、分站及实践基地，按照上述标准给予启动经费扶持。

（二）科研工作经费。鼓励博士后工作站、分站、基地招收博士后进站（基地）开展科研活动，每进站1名博士后给予该站（基地）10万元科研工作经费，设站（基地）单位应配套必要的科研经费。如发生博士后中途退站的情形，应退回已领取的科研工作经费。

（三）工资外津贴。对市直、区属进站博士后实行标准一致扶持。对禅城区区属的进站博士后，区财政给予每人每月5000元；市属（在我区区域内）的进站博士后，市财政给予每人每月2000元，区财政给予每人每月3000元。若配偶不随调，区财政给予禅城区区属的进站博士后配偶每人每月800元。以上津贴发放期一般为2年。如延期出站（延长期限不超过1年），延期期间区财政一次性给予禅城区区属的博士后工资外津贴3万元，配偶不随调津贴9600元。

（四）安家费。对出站后愿意留在我区工作，并与用人单位签订劳动合同、购买社保且提供相关业绩材料的博士后，安家费分三年发放，第一年8万元，第二年10万元，第三年12万元。

第四条　建设企业院士工作室（站）

（一）推动在具备条件的行业骨干企业建设“企业院士工作室”，并以院士为核心带动更多高层次优秀人才到我区组织技术研发、产品创新、利用和转化科技成果，提高企业科技创新能力和参与国际竞争能力。

（二）对新建立企业院士工作室（站）并签订科技创新合作项目的单位，区政府给予20万元建室（站）补助。

此项经费在科技开发专项资金中列支，具体的操作流程按照《佛山市禅城区院士工作室管理（试行）办法》（禅科〔2007〕70号）执行。

第五条　建设企业高校研究生联合培养基地

（一）在我区经济园区、重点行业、支柱产业以及医疗卫生、文化教育、社会组织机构领域中，选择有条件、并具有一定规模的单位建设20个以上“企业高校研究生联合培养基地”，引导与吸引高校有计划地挑选在读的硕士研究生和博士研究生，利用科研交流、项目开发、成果转让和就业承接等方式到基地开展专业技术实践活动，提高企业与高校人才对接率，强化高校引才揽智工作。

（二）对建立企业高校研究生联合培养基地的单位，区政府一次性给予最高5万元建设扶持资金。对在基地实践的硕士研究生给予每人每月1000元生活补贴、200元交通补助、400元住房租金补助；对博士研究生给予每人每月1500元生活补贴、400元交通补助、600元住房租金补助。建立基地的单位按照上述项目金额不低于1:1标准给予补贴、补助，同时为其购买人身意外保险。对在基地实践3个月以上，且父母（包括配偶父母）居住地在广东省外的，给予一次性探亲交通补助1000元。参加基地实践并在完成学业后仍留在我区工作、与用人单位签订3年以上劳动合同且就业满1年以上（并购买社保）的，区政府一次性给予硕士研究生2万元、博士研究生4万元的奖励资金。对已批准建立企业高校研究生联合培养基地的单位可参照执行。

第三章　引才揽智平台建设

第六条　为加强我区海内外人才引进培养工程的建设，构建海内外引才揽智平台，发挥海内外高层次人才的聚集效应，在欧美、日韩等国家，构建3个以上的国际引才揽智平台；在湖南长沙、湖北武汉、陕西西安等国内人才集聚地城市，构建4个以上的引才揽智平台。

第七条　建立海外引才揽智专员制度。聘请在我区服务的外国专家、归国创业知名人士为海外引才揽智专员，充分利用各种国际社会资源，加强与海外华人专家学者组织、留学博士组织机构、社会科研院所的沟通联系，协助我区构建海外引才揽智平台，为我区推荐海外高层次人才、科研项目（成果）。

第八条　加强海内外引才揽智合作交流机构建设

（一）我区党委政府各职能部门及群团组织与海内外引才揽智合作机构建立人才科研战略合作关系的，在该机构完成第一年考核合格后，区政府一次性给予海外合作机构10万元、国内合作机构8万元的人才科研合作启动经费。

（二）对成功协助我区引进海内外高层次人才，与我区企业签订一年及以上合同且在我区工作满一年（并购买社保）的合作交流机构，按照每引进1名海外博士3万元、国内博士2万元、世界500强高级管理技术人才4万元、正高级专业技术职称人才3万元的标准给予计奖。

第九条　开展名企抱团、行业抱团跨区域引才揽智活动。联合海内外引才揽智合作机构，有计划地组织名企抱团、行业抱团跨区域开展引才揽智活动；举办海外高层次人才回国工作、创业以及专家学者学术技术交流活动，构建人才集群与产业集群良好互动局面。

第十条　建立人才服务联合工作站

（一）发挥园区、社会组织在政府与企业间的桥梁纽带作用，在主要行业协会（商会）、经济（产业）园区中，建立5个以上的“人才服务联合工作站”，共同为社会各类人才提供全方位服务的联合工作平台。

（二）对建立人才服务联合工作站的行业协会（商会）、经济（产业）园区，区政府一次性给予5万元建站扶持资金，并通过购买社会服务的方式，扶持行业协会发展。

第四章　保障措施

第十一条　组织保障。区人才工作领导小组加强对全区人才工作的领导、组织和协调工作，组织、发动和协调各方面力量形成共同参与和推动人才工作的整体合力，健全人才工作督促落实机制，加强重点工作跟踪指导和专项督查。各职能部门、各镇（街道）、企事业单位要齐抓共管，通力合作，狠抓落实，创造性地开展各项人才工作。要建立人才、科技和招商引资工作的联动机制，实行联席会议制度，实现人才、科技和招商引资工作多管齐下、有机结合。

第十二条　宣传保障。加强政策引导和舆论宣传，大力营造尊重人才、见贤思齐的社会环境，鼓励创新、宽容失败的工作环境，待遇适当、无后顾之忧的生活环境，公开平等、竞争择优的制度环境。要充分利用海内外引才揽智合作机构的信息平台，加强我区城市形象宣传工作，扩大国际社会影响力，提高吸引海内外人才到我区工作、创业的感召力和凝聚力。

第十三条　信息保障。区人力资源和社会保障局牵头，各有关部门联合开展文化创意、电子信息、新材料、节能环保、高端装备制造、针织服装和中西医药等主导产业，以及金融服务、研发设计、医疗服务等重点配套产业的急需人才情况调查工作，及时发布急需人才目录、科研项目（成果）对接、破解科研技术难题等信息，提高引才揽智的工作成效。

第十四条　资金保障。区政府坚持人才投资优先保障，加大人才发展资金投入力度，建立健全政府、社会、用人单位和个人多元化投入机制，确保各项人才工作顺利实施。鼓励支持企业和社会组织建立人才发展基金。

第十五条　有关资金的使用与管理严格执行国家和地方有关财务制度规定。各有关部门要根据实际情况，做好资金的预算、审核、拨付、绩效等工作，区财政、纪检监察等部门做好资金监督工作。对违反国家有关法律法规或弄虚作假骗取财政扶持资金的单位或个人，停止发放其所有资金，追回已拨付的经费；情况严重的，交由司法机关依法进行处理。

第五章　附　则

第十六条　本办法所需经费除特殊规定外，均纳入禅城区人才发展专项资金范畴。

第十七条　本办法《实施细则》由区人力

资源和社会保障局另行制定，《实施细则》需明确补贴的受理方法、认定条件、具体申报程序和需要提交的相关材料。

第十八条　本办法自发布之日起实施，有效期3年，《佛山市禅城区人民政府办公室印发佛山市禅城区加强人才载体服务平台及引才揽智平台建设暂行办法的通知》（佛禅府办〔2015〕5号）同时废止，本办法由区人才工作领导小组办公室、区人力资源和社会保障局负责解释。

佛山市人力资源服务产业园招商扶持办法

第一章　总　则

第一条　为全面实施我区“万千英才”战略，加快推进佛山市人力资源服务产业园（以下简称产业园）建设工作，打造全市人力资源服务产业聚集高地，促进地区产业经济发展。根据《佛山市禅城区人民政府办公室关于印发佛山市禅城区扶持佛山市人力资源服务产业园建设办法的通知》（佛禅府办〔2015〕26号）和《佛山市禅城区人民政府办公室印发关于理顺佛山市人力资源服务产业园决策机制的方案的通知》（佛禅府办函〔2017〕19号）精神，结合我区实际，制定本办法。

第二条　2017年至2019年，区财政每年根据实际按区与南庄镇5:5的比例安排配套资金，共同设立“佛山市人力资源服务产业园招商扶持资金”，专项用于产业园招商扶持。区财政每年安排不超过500万元，三年累计安排不超过1500万元。

第三条　本办法适用于佛山市人力资源服务产业园所在物业载体（含南庄镇内的佛山市人力资源服务产业园分园）。

第二章　扶持对象

第四条　本办法的扶持对象包括：

（一）人力资源招聘、猎头、外包、派遣、咨询、管理、测评、培训、薪酬福利管理、员工健康管理、流程管理、职业生涯规划等企业（机构）；

（二）人力资源信息服务、管理软件业、“互联网＋”平台等企业（机构）；

（三）园区管理运营机构；

（四）创新创业项目、孵化平台、培训机构等企业（机构）；

（五）人力资源相关服务类（辅助员工发展企业服务联盟、法务、税务、知识产权、金融、科技服务、创意设计等）企业（机构）。

第三章　扶持方式

第五条　扶持资金采取租金补贴的方式安排使用，以审批直接减免租金对企业（机构）进行扶持。

第六条　企业（机构）办公场所租金补贴（租金按照毛坯金额计算）

第一、二年企业（机构）办公场所租金全额补贴，第三、四年补贴租金的50%（以合同签订日计算起始时间）。以实际发生的租金金额进行补贴，每家企业补贴面积不超过500（含）平方米，［企业（机构）应于签署合同之日起5个工作日内一次性交纳相当于三个月租金金额的租赁保证金]。

第四章　申报条件

第七条　申请扶持具备条件

（一）依法在产业园内办理工商、税务登记，具有独立法人资格。

（二）依法经营和纳税，有健全的管理及财务制度，没有因违法经营受到刑事处罚或责令停产停业、吊销许可证或者执照、较大数额（5万元及以上）罚款等行政处罚的重大违法记录。

第五章　申报材料

第八条　申报企业（机构）需要提供以下材料

（一）企业（机构）办公场所租金补贴

1.《佛山市人力资源服务产业园入驻及扶持资金申请表》；

2. 营业执照和税务登记证复印件（原件核对）；

3. 办公场所租赁合同和补充协议；

4. 需要提供的其他证明材料。

（二）列入“一事一议”扶持的重点项目

1.《佛山市人力资源服务产业园入驻及扶持资金申请表》；

2. 佛山市人力资源产业园建设工作领导小组对重点项目审议的会议纪要；

3. 营业执照和税务登记复印件（原件核对）；

4. 办公场所租赁合同和补充协议；

5. 需要提供的其他证明材料。

第六章　资金划拨、申报及审批流程

第九条　资金划拨

区政府于每年年初安排不超过500万元用于“佛山市人力资源服务产业园招商扶持专项资金”，由区人力资源和社会保障局申报纳入区级年度预算安排，根据南庄镇实际情况，按规定申请划拨至该镇。

第十条　申报和审批流程

拟入园企业向佛山人力资源产业园运营有限公司（以下简称运营公司）提出申请，即启动申报与审核程序。具体申请和审批程序如下：

（一）拟入驻园企业（机构）按要求如实提供入驻及扶持资金申请材料，以及入驻承诺（包括但不限于纳税承诺）等材料；

（二）运营公司协助拟入驻企业（机构）完善申请材料，以及对申请入驻企业进行尽职调查，核实提交资料的完整性与真实性，确定扶持金额，并提出初审意见报佛山市禅城区绿岛湖产业投资有限公司（以下简称绿岛湖公司）；

（三）绿岛湖公司对租赁情况进行核实后，报佛山市人力资源服务产业园建设工作领导小组办公室进行受理；

（四）由佛山市人力资源服务产业园建设工作领导小组办公室提交到南庄镇政府（具体由南庄镇镇长授权的分管领导负责审核），以及区人力资源和社会保障局对申请入驻资格及租金补贴进行审核后，对于符合办公场所租金补助条件的企业，扶持资金由佛山市人力资源服务产业园建设工作领导小组办公室直接拨付给绿岛湖公司。

（五）需要启动“一事一议”的入驻项目，按《佛山市人力资源服务产业园建设工作领导小组“一事一议”工作规则（试行）》进行审定其可享受的扶持方案等。

（六）审批通过后，由运营公司发出入驻通知书，拟入驻企业要在接收到入驻通知书后5

个工作日内签订租赁合同；

（七）由运营公司召集入驻企业（机构）、绿岛湖公司、物业管理、企业服务中心、装修代表对项目入驻园区及运营管理细则进行通报。

（八）入驻企业正式入驻开展业务活动。

第七章　监督管理与考核验收

第十一条　资金监管措施

（一）专项资金必须按本办法规定的使用范围分配和使用，专款专用，任何单位不得挤占、截留、挪用。

（二）南庄镇政府（具体由南庄镇经济和科技促进局执行）按照企业（机构）入驻承诺及其他有关规定，加强对获得扶持企业的跟踪管理、运行监测、统计分析和绩效评估。

（三）区人力资源和社会保障局定期或不定期对专项资金分配和使用情况开展监督检查。

（四）南庄镇财政、监察、审计等部门要依法对专项资金的预算执行、使用分配和财务管理等方面情况进行监督检查，健全专项资金和项目管理责任追究制度。

（五）违反本办法规定，以虚报、冒领等手段骗取专项资金的，依法责令其将已收资金退回财政部门，并依照相关法律、法规追究相关人员的责任；截留、挤占、挪用专项资金的，依法追究直接责任人员和主管人员的行政责任；涉嫌犯罪的，依法移交司法机关处理。

第十二条　项目考核验收措施

（一）对享受扶持的入驻项目进行考核验收，直到扶持结束为止。

（二）由运营公司负责按时对项目进行监督检查，确保项目建设如期推进，督促项目方按时向运营公司报送企业经营状况及相关税收数据等。

（三）依照项目方入驻申请的承诺，由佛山市人力资源服务产业园建设工作领导小组办公室牵头组织运营公司及项目方进行考核验收。以企业入驻时间为准，每年度考核一次，每次考核验收须形成记录，包括督促人员签名、企业代表确认、督促情况记录、相片记录等相关资料，并上报佛山市人力资源服务产业园建设工作领导小组工作会议通报备案。

（四）对考核不合格的企业，采取追回财政扶持资金、补交相关规费、收回用地等措施，予以中止或减少优惠政策。

（五）“一事一议”项目按照《佛山市人力资源服务产业园建设工作领导小组“一事一议”工作规则（试行）》进行验收考核。

第八章　附　则

第十三条　本办法正式公布生效后，原有免租优惠政策停止执行。其他租赁管理办法按绿岛湖公司的租赁管理办法执行。

第十四条　按本办法获得扶持的企业（机构）若同时符合禅城区其他扶持政策的同类优惠条件的，按照“就高不重复”的原则执行。

第十五条　本办法由佛山市人力资源服务产业园建设工作领导小组办公室负责解释，具体解释工作由南庄镇经济和科技促进局承担。

第十六条　本办法自发布之日起生效，有效期3年。2017年4月26日至本办法生效前进驻产业园且符合本办法要求的企业（机构）可参照本办法执行。若扶持政策企业享受期未满，继续执行有关扶持政策到享受期满为止。

便民信息

禅城区主要部门、机构微信公众号选介

账号主体	微信公众号名称	公众号二维码	账号主体	微信公众号名称	公众号二维码
中共佛山市禅城区委宣传部	禅城发布		中共佛山市禅城区纪律检查委员会	禅城纪检监察	
中共佛山市禅城区委宣传部	禅城旅游		禅城区审计局	禅城审计	
中共佛山市禅城区委组织部	禅城组工		中共佛山市禅城区委政法委员会	禅城政法	
禅城区行政服务中心	禅城一门式		中共佛山市禅城区委政法委员会	佛山市禅城区社会综合治理云平台	
禅城区文化体育局	禅城文体旅一点通		佛山市公安局禅城分局	禅城公安	
禅城区外事侨务局	禅城海内外		佛山市公安消防支队禅城区大队	佛山市公安消防支队禅城区大队	
禅城区总工会	禅城工会		禅城区人民检察院	禅城检察	
共青团禅城区委员会	禅城青年		禅城区人民法院	禅城法院	

续上表

账号主体	微信公众号名称	公众号二维码	账号主体	微信公众号名称	公众号二维码
禅城区妇女联合会	禅城女性		禅城区司法局	禅城司法	
禅城区残疾人联合会	禅城区残联		禅城区民政局	禅城民政	
禅城区发展规划和统计局	禅城发改		禅城区人力资源和社会保障局	禅城人社	
禅城区发展规划和统计局	禅城规划和统计		禅城区社会保险基金管理局	禅城社保	
禅城区经济和科技促进局	禅城产业		禅城区卫生和计划生育局	健康禅城	
禅城区教育局	禅城教育		禅城区交通运输局	禅城交通	
禅城区财政局	禅城财政		禅城区环境保护局	禅城环保	
禅城区公有资产管理办公室	禅城公资		禅城区市场监督管理局	禅城工商	
禅城区国土城建和水务局	禅城国土		禅城区食品药品监督管理局	禅城食安	

续上表

账号主体	微信公众号名称	公众号二维码	账号主体	微信公众号名称	公众号二维码
禅城区国土城建和水务局	禅城住建		禅城区市场监督管理局	禅城质监	
禅城区国土城建和水务局	禅城水务		禅城区城市综合管理局	禅城城管	
禅城区安全生产监督管理局	禅城安监		禅城区城市综合管理局	禅城公用	
禅城区南庄镇宣传文体局	醉美南庄		禅城区石湾镇街道宣传文体局	佛山石湾	
禅城区张槎街道宣传文体局	张槎微新闻		禅城区祖庙街道宣传文体局	祖庙微新闻	
禅城区法律援助处	禅城区法律援助处		禅城区疾病预防控制中心	禅城疾控	
禅城区图书馆	禅城区图书馆		禅城区科学技术协会	佛山市禅城区科学技术协会	
禅城区文化馆	佛山市禅城区文化馆		禅城区慈善会	禅城慈善	
禅城区公共交通管理有限公司	禅城公交		禅城区机动车排气污染防治所	禅城区机动车污染防治	

续上表

账号主体	微信公众号名称	公众号二维码	账号主体	微信公众号名称	公众号二维码
佛山市第一人民医院	佛山市第一人民医院		佛山市中医院	佛中医	
佛山市禅祖城市建设配套投资发展有限公司	丰收街·菁创聚		禅城区互联网协会	禅城区互联网协会	
佛山市泛家居电商创意设计产业园投资有限公司	泛家居创意园		佛山创意产业园投资管理有限公司	佛山创意产业园	
佛山市合创泰富物业开发有限公司	佛山新媒体产业园B区		佛山市聚荟投资有限公司	佛山童服城	
佛山市禅城区华南电源创新科技园投资管理有限公司	华南创谷		佛山瑞安天地房地产发展有限公司	岭南天地	
一五零六创意城投资有限公司	南风古灶AAAA级景区		佛山市尚隆投资发展有限公司	石湾古镇文创园	

禅城区行政服务中心办事指南

魁奇路大厅

魁奇路大厅是禅城区级自然人一门式服务大厅，面积1.4万平方米，停车位近500个。一门式改革后，原本分散在6个区级部门办理的377个区级自然人服务事项全部集中在魁奇路大厅办理，按照“大一门、两小门”对外服务。“大一门”是指除地税和公安外，其他部门（国土、人社、民政、教育等）的区级自然人事项集中一个门办理，共设35个窗口综合服务窗口和1个应急窗口。每个综合窗口均可办理155项业务，日均业务量1000件左右；应急窗口针对办理业务过程中存在一些群众合情合理但又不符合综合窗口办事标准的“疑难杂症”，如证明资料不全、历史遗留问题等。“两小门”是指地税和公安的区级自然人事项各集中一个门办理。为方便市民随时随地全天候自助办事，魁奇路大厅一楼开设24小时自助服务区，是全市最大的24小时自助服务区。该区面积350平方米，共有56台服务终端，其中80%是公安业务（户籍、出入境、交警）的自助服务终端，20%是纳税、社保、医疗等业务的自助服务终端。

对外服务时间：

工作日：星期一至星期五

上午8：30—12：00　下午14：00—17：00

非工作日：星期六、日（仅办理户口死亡注销业务）

上午9：00—11：30　下午14：00—17：00

预约办证：每月第一、第二个星期日

上午9：00—11：30（国家法定节假日除外）

地址：佛山市禅城区魁奇路澜石（金属）交易中心会展中心大楼。

电话及传真：0757—83805066

监督投诉电子邮箱：

xzfwzx@chancheng.gov.cn

交通指引：市民可乘坐公交152路、185B路到魁奇路行政服务大厅西站或乘坐103路、118路、171路、184路到丽日玫瑰站或乘坐113路到石梁站，再步行5分钟到魁奇路大厅。

智慧新城大厅

智慧新城大厅是为企业提供互联网行政审批服务的办事大厅，面积近4000平方米，可一门办理工商、食药监、卫计等20个部门593个法人业务。法人一门式改革后，原来分散在23个部门7个办事地点的审批事项，纳入智慧新城大厅1个办事地点办理，服务窗口从原来62个压减为20个。智慧新城大厅采用“互联网办理”模式，即“信任在先，验证在后”，具体分三个步骤：第一步，登录网站并提出申请，企业登录禅城区数据便民服务中心网站，选择申办事项、填写资料、上传图片材料；第二步，部门进行数字审批，审批部门通过互联网对企业提交的电子材料进行审核，通过后将结果物送到智慧新城大厅；第三步，通知企业到大厅办理业务，大厅窗口人员通过系统短信的方式通知企业带齐资料到大厅进行对比验证，通过后即场发放结果物，办结业务。

对外服务时间：星期一至星期五（公众假期除外）

上午8：30—12：00　下午14：00—17：00

地址：佛山市禅城区季华一路28号三座一幢

电话及传真：0757—83805066

监督投诉电子邮箱：

xzfwzx@chancheng.gov.cn

交通指引：1. 公交，市民可乘坐123路、169路、176路到智慧新城站；乘坐G13路、117路、133路、155路、163路、178B路、183路、184路、K2路到华宝路口站（南）；乘坐157路、165路到季华二路站，步行5分钟到智慧新城大厅。2. 驾车，可导航到智慧新城，从季华路向南庄方向，在华宝路口左转，前行200米。

绿岛湖大厅

绿岛湖大厅以企业服务为主，市民个人服务为辅，进驻部门有区税务、交通、工商、公安等10个部门，主要服务内容有税收、核价、刻章等企业服务和南庄辖区户口、身份证办理等市民服务事项。

对外服务时间：

工作日：星期一至星期五

上午8：30—12：00　下午14：00—17：00

非工作日：星期六、日（仅办理户口死亡注销业务）

上午9：00—11：30　下午14：00—17：00

地址：佛山市禅城区季华西路131号1楼首层。

电话及传真：0757—83805066

监督投诉电子邮箱：

xzfwzx@chancheng.gov.cn

交通指引：1. 公交，市民可乘坐117路、133路、155路、163路、183路、184路、G13路、K2路、高峰2线、高峰3线在绿岛湖行政服务大厅A站下车，步行至绿岛湖大厅。2. 驾车，通过季华路大桥后红绿灯右转后，往前行100～200米即到绿岛湖大厅。

禅城区旅游景点

祖庙博物馆

佛山市祖庙博物馆位于佛山禅城区祖庙路21号，在全国重点文物保护单位佛山祖庙内，景区占地面积2.75万平方米，是国家AAAA级旅游景区，广东省爱国主义教育基地，广东省中华文化传承基地、广东十个文明旅游景区示范点之一。祖庙博物馆辖区包括祖庙古筑建群、佛山祖庙历史文化陈列展览馆、孔庙、黄飞鸿纪念馆、叶问堂等。其中祖庙供奉道教真武玄天上帝，始建于北宋元丰年间（1078—1085年），是全国重点文物保护单位，于1956年正式对外开放；孔庙建于清宣统三年（1911年），为清末民国初尊孔场所，是佛山市文物保护单位，于1981年正式对外开放。

馆藏文物以道教文物及佛山地方民俗文物为主。基本陈列充分展示道教文化、武术文化、佛山民间艺术等民俗文化。馆内每年举办春节祈福、佛山祖庙庙会（“三月三”北帝诞）、乡饮酒礼、春秋谕祭等影响深远的民俗文化活动，常年举办“孔庙学童开笔礼”“黄飞鸿醒狮表演”“少年黄飞鸿武术表演”“粤剧表演”等民俗文化动态展示活动。

祖庙博物馆以其保存完整的明清两代古建群及丰富的传统民俗文化内涵，每年吸引超过100万名海内外游客前来参观，其中包括不少国家领导人、外国元首、各界名流到访。

开放时间：8：30—18：00

门票：20元

地址：佛山市禅城区祖庙路21号

电话：0757—82253340

乘车信息：101路、105路、116路、117路、118路、121路、122路、123路、126路、128路、134路、137路、164B路、高峰2线、G12路公交车至祖庙A站，106路、159路、185C路、旅游城巴1号线、旅游城巴2号线、旅游城巴3号线、旅游城巴4号线至祖庙B站；地铁广佛线祖庙站。

南风古灶文化创意园

南风古灶文化创意园是国家AAAA级旅游景区，拥有国家重点保护文物单位——南风古灶及高灶、古寮场、明清古建筑群、3000平方米全世界最大的玩陶中心、广东石湾陶瓷博物馆、公仔街、1973年建厂的建国陶瓷厂、东平河以及石湾公园等景点。南风古灶始建于明代正德年间（1506—1521年），是中国仅存最古老的、至今仍在使用的传统陶瓷烧制工艺柴烧龙窑，被誉为“陶瓷活化石”，五百年来窑火不绝、生产未断，世界罕见，被载入吉尼斯世界纪录大全。南风古灶景区内拥有林家厅、高庙偏厅两个市级文物保护单位，以及巨型陶瓷壁画——古镇陶源史画、瑞龙献宝、窑尾作坊、古窑映像、古窑榕风、古寮场等特色景点，汇集古民居、古作车、拍大岗、打草鞋等传统工艺精华，集合舞狮、武术、粤剧、剪纸等民间艺术精粹。每天吸引大批来自全世界各地的人们寻陶根、找陶魂、体验博大精深的中国文化。

开放时间：8：30—17：30

门票：25元

地址：佛山市禅城区石湾高庙路6号南风古灶景区

电话：0757—82711798

乘车信息：G9路、109路、120路、137路、155路、169路、171路、178A、179路、185C路公交车至南风古灶站。

兆祥黄公祠

兆祥黄公祠位于祖庙街道辖区兆样路，为广东省文物保护单位。该祠建于1920年，是佛山著名中成药“黄祥华如意油”始创人黄大年的祠堂，由其子黄奕南等为其父按清代祠堂制式兴建的大型祠宅组合式建筑群。祠堂主体建筑坐西向东，祠宅合一，为四进院落四合院式平面布局，总占地面积3400平方米。祠堂气势雄伟，设计精巧独到，装修豪华考究，是佛山现存祠堂式建筑的代表。

2003年6月20日，国内首家大型粤剧博物馆——佛山粤剧博物馆在兆祥黄公祠建成开放。2004年4月2日，经省文化厅批准，升格挂牌为“广东粤剧博物馆”。该馆总建筑面积为3800平方米，全馆陈列分史、艺、人三大部分共13个展区，展出明清至当代的粤剧剧本、木鱼书、海报、戏桥、戏服、乐器以及早期的粤剧电影、唱片、剧照、名伶书画等珍贵文物超过3000件，采用静态与动态相结合的展览形式。除展出实物、照片、史料等展品外，还引进多媒体设备和现场表演，观众可以通过电脑点播系统，欣赏各大粤剧名家的精彩表演片段；在部分展厅配置大屏幕、高清晰投影设备，观众可欣赏粤剧精华片段；设有佛山本地私伙局进行现场曲艺表演，使观众近距离地观赏粤剧艺术。

广东粤剧博物馆收藏一尊身高3.2米的华光贴金塑像，每年举行“佛山粤剧华光诞”民俗活动，是全球粤剧艺人寻根的文化盛会。

开放时间：9：00—17：00（16：40停止售票、停止进场），农历除夕闭馆

门票：免费

地址：佛山市祖庙街道兆样路兆祥公园内

电话：0757—83284524

乘车信息：117路、120路、136路、162路、173路、805路、G9路公交车至兆祥公园站；地铁广佛线普君北路站E出口。

佛山国际家居博览城

佛山家居博览城拥有80万平方米超大商业空间，定位为批发和零售结合的世界超级奢华家居潮流之都和全球一站式家居贸易平台，是国家AAAA级旅游景区。荟萃国内外3000家知名家居品牌，产品囊括家具、建材、卫浴、家纺、灯具、饰品等17大类约50万件商品，是一座集商品展示、设计、贸易、物流、仓储、信息、金融、餐饮于一体的家居购物天堂。

家博城主题内外分别采用“豪华游轮”和“风筝”的设计理念，拥有3.2万平方米“十字”天幕、幸福音乐喷泉、7500平方米世界最大钻石型天伞、7500平方米立体中央舞台和空中步道。家博城借助游轮流畅的线条外观，营造简练、轻松、愉快的购物氛围，为广大旅客打造顶级奢华家居购物公园。

开放时间：9：00—19：00

门票：免费

地址：佛山市禅城区佛山大道中189号

电话：0757—82786265

乘车信息：101路、103路、135路、139

路、162路、165路、177路、185A路、227A路、236路、255A路、801路公交车至佛山家博城站。

柏林艺术馆

柏林艺术馆是国家AAA级旅游景区，位于著名的南国陶都——石湾陶醉文化街区北纬23度艺术空间，毗邻世界闻名的南风古灶，是中国工艺美术大师潘柏林先生离游石湾二十年后，归巢故土的艺术殿堂。

柏林艺术馆的设计理念强调“过去与未来、历史与现代、艺术与自然的和谐统一”。旧厂房红砖烟囱的利用、古朴的中式木饰点缀、环绕式的翠竹庭院、潺潺的流水，亭台水榭，一步一景，景致布局与陶瓷艺术相映得彰。柏林艺术馆建筑面积约4000平方米，藏品约200件，上下两层空间将各个功能区域分隔，馆内设有陶塑艺术品展厅、多功能展览中心、教研室、会议厅、音乐休闲吧、花园等，集陶艺创作、艺术展览、文化交流、培训研讨、旅游购物于一体。

自开馆以来，柏林艺术馆定期举办陶塑展、画展、雕塑展等各种艺术展览与各界文化交流活动，为艺术家、艺术爱好者提供作品展示、文化交流、学术研究、学习品鉴和收藏的平台。

开放时间：9：00—17：30

门票：免费

地址：佛山市禅城区跃进路11号内第39幢二层

电话：0757—82728322

乘车信息：101路、120路、134路、143路等公交车至柏林艺术馆站。

仁寿寺

仁寿寺，宗教场所，位于禅城区祖庙路，清顺治十三年（1656年）密宗上师纵堂首建，它始创于密后归于禅，为佛山及附近四乡释门子弟受戒道场。1935年，佛山密宗佛教徒李佩弦和南海商会会长梁显祺发起捐建寺中如意塔。1938年，由虚云大和尚亲自主持如意塔开光仪式。该塔颇有特色，塔身为七层八角汉式塔，镶有藏文碑匾，塔内所供奉的陶制红绿度母佛像为石湾冠华窑作品，由名家潘玉书手塑。1993年12月，佛山市人民政府正式发文批准修复仁寿寺为开放的佛教活动场所，并重修仁寿寺。历史上，仁寿寺内高僧辈出，纵堂、玉琳、祇园、慈云等高僧皆出于此。

门票：免费开放

开放时间：8：30—17：00

地址：广东省佛山市佛山城区祖庙路5号

电话：0757—82253053

乘车信息：101路、105路、113路、114路、116路、118路、119路、121路、124路、128路、134路、137路、152路、159路、185C路、G12路公交车至旋宫酒店站。

梁园

梁园与顺德清晖园、番禺余荫山房及东莞可园并称为清代“广东四大名园”，是岭南园林的代表作。梁园素以湖水萦回、奇石巧布著称岭南，园内建筑玲珑典雅，绿树成荫，点缀有形态各异的石质装饰，珍藏着历代书家法帖。秀水、奇石、名帖堪称梁园“三宝”。

梁园是佛山梁氏宅园的总称，由诗书名家梁蔼如、梁九华、梁九章及梁九图叔侄四人，于清嘉庆、道光年间（1796—1850年）陆续建成，历时约四十年。时至民初，一代名园濒于湮没。鉴于其历史、艺术和观赏价值，1982年，佛山市委、市政府对现存的群星草堂群体进行抢救保护。1990年，梁园被定为省级重点文物保护单位。1994年，开始大规模的全面修复，总面积达2.13万平方米。梁园主要由“十二石斋”“群星草堂”“汾江草芦”“寒香馆”等不同地点的多个群体组成，规模宏大。园中亭台楼阁、石山小径、小桥流水、奇花异草布局巧妙，尽显岭南建筑特色。宅第、祠堂与园林浑然一体，特有曲水回环、松堤柳岸的岭南水乡韵味，格调高雅。

门票：10元（星期六凭身份证免费）

开放时间：9：00—17：00

地址：主体位于松风路先锋古道，其他部分位于松风路西贤里及升平路松桂里

电话：0757—82237051

乘车信息：106路、114路、118路、128路、131路、146路、152路、185C路公交车至梁园站。

简氏别墅

简氏别墅是著名华侨商人简照南兴建的别墅，为其多处房产中最豪华的大宅第，原规模颇大，内有门楼、楼房、亭、池塘和花园等，总占地面积约3400平方米。今别墅内尚存门楼、主楼、后楼、西楼和储物楼等建筑以及部分花园，是佛山现存规模最大的民初西洋式大型建筑群，为省级文物保护单位。建筑物以中西合璧为特色，主楼是仿意大利文艺复兴时期府邸式建筑，以钢筋混凝土构筑。楼高二层，一层为中央大厅，两侧厢房，地面用黑白相间的大理石砖砌成图案，窗玻璃是磨砂的刻花彩色玻璃，图案是中国仕女、玉兰和花鸟。楼梯全用柚木，栏杆仿西洋式。二楼地面铺有水泥花阶砖，装有天花板，具有明显的西洋风格。主楼和后楼以天桥相连接，便于通行。后楼的外墙全用一色水磨青砖，是仿清代当地宅第的建筑。别墅所有窗户开得很大，几乎有墙高的一半，相距几十厘米，在当地建筑中极为罕见。窗檐使用当地常见的砖雕装饰，具有鲜明的民族风格。西楼是三层钢筋混凝土及青砖混合结构仿西洋建筑，储物室是四层仿当地的当楼建筑。

门票：免费

开放时间：全天开放（仅限外观）

地址：佛山市禅城区人民路臣总里19号

乘车信息：K5路、K6路、801路公交车至岭南天地公交首末站；地铁广佛线祖庙站。

交通指南

禅城区公共汽车线路、时刻表

线路	起讫站点	发车时间
G3线	火车站→文沙桥→海三路西→海三路小学→海三路大润发→桂雅社区居委→丽雅苑→南海大道海四路口→南海法院→南海交警大队→海五路东→千灯湖地铁站→海五桂澜路口→益禾公寓→洲表村→夏南二大街→夏南二→南海一中西门→夏东村委→孔溪→孔溪村口→南海第二人民医院→桂城交管所→平洲中队→桂城街道办事处（富景花园）→平北村委→竹基新村→平洲美食广场	头班：6：30 尾班：22：30 8～10分钟一班
G5线	佛山西站→芦塘工业区→罗南村西→罗南村南→兴塱广场→罗东新村→塱沙一路→塱宝二路→下塱工业区→塱沙二路→塱沙路中→涌口→塱沙三路→塱沙路东→巷口村→金沙新城南门→张槎路口→白燕公园→亲仁路→莲花路→福禄路→东方广场A站→佛平路口→南海医院→军桥→军桥东→桂城加油站→交通大厦东→西约→蠕岗公园南门→南海车站（家天下广场）	头班：6：30 尾班：22：30 10～12分钟一班
G6线	新三中公交枢纽站→新三中→新明二路→新明路口→沿海馨庭→东平大桥北→石梁东→丽日华庭→东建康城→湾华→湾梁→佛陈大桥→鄱阳→依云上城→新基工业区→石硝钢铁市场→桂澜路（石硝）→怡翠世嘉花园→石硝路口→桂海花园→石硝桥北→城市广场→桂澜路南海家天下→蠕岗地铁站→桂澜海三路口→中海万锦豪园东→千灯湖地铁站→桂澜海六路口→万达广场→桂澜海八路口→中央大街西→中央大街中→中央大街东→融通路中（滨江1号）→汇泉路（中海锦城北）→汇泉路东→中海锦城总站	头班：6：30 尾班：22：30 10分钟一班
G7线	张槎村头→大富路口→村尾→生村→张槎中心小学→张槎大江村→轻工一路→张槎东西村→交警支队→轻工二路→轻工三路→人才大市场→市妇幼保健院→佛山电大→人民路→燎原路→市十一中→桂园市场→朝一→南桂桥→南海公安局→南约→花苑广场→妇幼保健院（城市广场）→怡翠花园→怡翠公园→深涌村→桂平美食城→桂城中学→聚龙村总站	头班：6：15 尾班：22：30 7～10分钟一班

续上表

线路	起讫站点	发车时间
G9线	岭南酒文化博物馆（南风古灶）→陶都→石湾公园→中国陶瓷城→石湾客运站→茶亭→弼唐→佛山科技学院→海关→环球国际广场→建新路→市一小→兆祥公园→市十中→朝东→朝安地铁站→兆东市场→南海行政服务中心→东二路口→东二村委会→石硝桥北→妇幼保健院（城市广场）→怡翠花园→怡翠公园→深涌村→桂平美食城→桂城中学→太港城→桂平东路临时站→立新路（玉器街）→省人民医院平洲分院→平洲玉器街→平洲宾馆→平洲江滨公园	头班：6：30 尾班：22：30 8～10分钟一班
G10线	俊怡花园→星晖园→澳边新村→茶基村→叠南市场→文华北路→文华桥北→东升市场→桂园小学→上石→大塘涌→忠义路口→岭南明珠体育馆→文华中→亚洲艺术公园→绿景二路→深村→永红村→石梁东→东平大桥北→碧桂园城市花园→世纪莲体育中心→世纪莲体育中心（西门）→新城文化中心东→商务中心→露天泳池正门→保利东湾北站	头班：6：30 尾班：22：30 8～12分钟一班
G12线	岭南大道公交枢纽站（禅城区政府）→明珠体育馆西门→南浦村→市政府南门→同济市场北→儿童活动中心→普澜一路→体育馆→祖庙路→祖庙A站→旋宫酒店→亲仁路→佛山中医院A站→汽车站A站→文昌路→火车站→敦厚→佛山大桥（乐安）→乐城→乐安街→沥口村→罗村一中→凤林村→沙堤路口→北湖三路→罗村中心广场→罗村城区→罗村医院→芦塘工业区→佛山西站	头班：6：00 尾班：22：00 7～10分钟一班
G13线	紫南商贸城→中国陶瓷总部基地→一环季华西路口→堤田员工村→季华西路→绿岛广场→季华大桥东→华宝路口→季华二路→海口站→季华三路→青柯南→中国陶瓷城北门→陶瓷展览中心→创意产业园→季华四路东→财政大厦→季华园→东建世纪广场A站→季华六路→镇安→星星广场→季华七路→季华东路→万科金域蓝湾	头班：6：30 尾班：22：30 6～10分钟一班
G14线	火车站→汽车站A站→佛山中医院→人民西（市妇幼保健院）→科学馆→城门头南→建行→同济路口→伊丹友好中心→季华园西门→季华园地铁站→汾江南→惠景城→丽日豪庭→魁奇路口→黎涌	头班：6：10 尾班：22：30 6～10分钟一班

续上表

线路	起讫站点	发车时间
100线	东方广场北门总站→中山桥→河畔明珠→汽车站北→文昌路→火车站→敦厚→佛山大桥（乐安）→富安花园→武警支队→佛山市交通技校→联和乡→嘉禾新城→街边工业大道→佛山机场→养正村（原沙坑站）→北湖二路南→北湖二路中→孝德湖→孝贤路东→孝贤路→佛山西站	头班：6：15 尾班：22：30 8～15分钟一班
101线	中山路临时总站→汽车站A站→佛山中医院→旋宫酒店→祖庙A站→环球国际广场→海关→佛山科技学院→弼唐→茶亭→石湾客运站→中国陶瓷城→石湾公园→陶都→柏林艺术馆→美术陶瓷厂→华榕宫→沙岗→潭清里→佛山家博城南门→澜石大桥西→佛山家博城→澜石一路东→银苑市场→澜石中学→省纺院→石头村	头班：6：00 尾班：22：30 7～9分钟一班
102线	沙口→沙口水厂→张槎西路→村头→大富路口→村尾→生村→古灶村公寓→古灶→大江路口→张槎医院→张槎→张槎中学→张槎三路→东便→白燕公园→亲仁路→莲花路→福禄路→东方广场A站→佛平路口→南海医院→军桥→军桥东→桂城加油站→经委大厦→南海广场→南海体育馆→灯湖西路南→千灯湖公交总站	头班：6：30 尾班：22：30 6～8分钟一班
103线	火车站→汽车站A站→佛山中医院→人民西（市妇幼保健院）→科学馆→祖庙路→体育馆→普澜一路→儿童活动中心→通济桥→东建世纪广场A站→禅城区政府→市一医院A站→深村→永红村→魁奇中→金澜新村→丽日玫瑰→黎涌下村→佛山大道南→佛山家博城→小布→腾冲牌坊→三乐路乐从路口→腾冲→塑料城→佛山奥园→路洲路口→大罗牌坊→道教村牌坊→劳村牌坊→三乐路劳岳大道口→良村牌坊→水口牌坊（三乐路）→马村牌坊（三乐路）→乐从荦村	头班：6：30 尾班：22：00 10～15分钟一班
105线	火车站→敦厚→工业大道西→工业大道→汾江北→汽车站A站→佛山中医院→旋宫酒店→祖庙A站→建新路→市一小→普君墟→市政府→南浦村→明珠体育馆西门→禅城区政府→市一医院A站→绿景二路→亚艺公园南门→环湖花园→天湖郦都→湖景路→镇安→星星广场→季华七路→村口→石硝	头班：6：15 尾班：22：30 7～10分钟一班
106线	火车站→汾江立交→中山公园→富民路→梁园→松风路→莲花路→福贤路→人民路→祖庙B站→祖庙路→佛山乐园→同济路→通济桥→东建世纪广场A站→季华六路→湖景路→天湖郦都→环湖花园→湖景路中→华英学校（西门）→怡景苑→怡景丽苑北门→怡景丽苑→新三中公交枢纽站	头班：6：00 尾班：22：30 6～9分钟一班

续上表

线路	起讫站点	发车时间
108线	张槎塱宝中路→塱宝二路→下塱工业区→塱沙二路→塱沙路中→涌口→塱沙三路→塱沙路东→巷口村→金沙新城南门→张槎路口→上沙市场→华材职中→城巴总站→汽车站南→高基街→升平路→东方广场西门→人民桥→市一中→文沙站→茶基村→澳边新村→星晖园→俊怡花园总站	头班：6：30 尾班：22：00 8～12分钟一班
109线	中山路临时总站→中山公园→升平路→福禄路→福贤路→人民路→佛山电大→科学馆→环球国际广场→海关→佛山科技学院→弼唐→茶亭→石湾客运站→中国陶瓷城→石湾公园→陶都→南风古灶（忠信市场）	头班：6：15 尾班：22：30 6～9分钟一班
110线	新媒体园→张槎中心小学→张槎大江村→轻工一路→张槎东西村→交警支队→轻工二路→轻工三路→人才大市场→市妇幼保健院→科学馆→祖庙路→体育馆→市三中→市二医院→市政府→南浦村→明珠体育馆西门→禅城区政府→市一医院A站→深村→永红村→石梁东→东平大桥北→碧桂园城市花园→世纪莲体育中心→新闻中心→大墩村北→富华路中→吉祥路口→荷村→荷村牌坊→荷村路口→腾冲→三乐路乐从路口→乐从站→乐从威斯广场	头班：6：30 尾班：22：00 8～12分钟一班
111线	中山路临时总站→汽车站A站→佛山中医院→人民西（市妇幼保健院）→科学馆→祖庙路→体育馆→市三中→金鱼街→同济市场北→市政府南门→同济东路→厚源路口→忠义路口→岭南明珠体育馆→季华路文华路口→湖景苑→彩虹路→天湖郦都→环湖花园→湖景路中→华英学校（西门）→怡景苑→怡景丽苑北门→怡景丽苑→新三中→新明二路→新明路口→沿海馨庭→碧桂园城市花园→东平大桥公交枢纽站	头班：6：15 尾班：22：00 7～10分钟一班
113线	东平路公交枢纽站→澜石→市第三、第四医院→澜石中学→石头→石梁→金澜新村→深村钢材市场→山水居→市一医院A站→岭南大道公交枢纽站（禅城区政府）→东建世纪广场→季华园→伊丹友好中心→简村→同济路口→建行→城门头南→科学馆→佛山电大→旋宫酒店→莲花路→福禄路→东方广场A站→禅城区卫生监督所→文庆路→文华北路→海三路小学→海三路大润发→名苑→桂江二中→江头→俊雅花园北	头班：6：30 尾班：22：30 7～10分钟一班

续上表

线路	起讫站点	发车时间
114线	扶西综合批发市场→货站路→货站东路→货站路口→水泵厂→市口腔医院（卫校）→河滨路（中山公园）→富民路→梁园→松风路→旋宫酒店→人民路→普君墟→普君新城→普君北路地铁站→市政协→市东下路→南海医院→军桥→军桥东→桂城加油站→交通大厦东→西约→蠕岗公园南门→南海车站（家天下广场）→夏西新路→紫金城→紫金城总站	头班：6：15 尾班：22：00 10～13分钟一班
115线	松风路公交枢纽站→富民路→中山桥→东方广场西门→东方广场A站→市东下路→市政协→普君北路地铁站→普君新城→市二医院→市三中→普澜一路→儿童活动中心→同济路→同济路口→伊丹友好中心→财政大厦→季华四路东→创意产业园→雾岗路口→雾岗路→华艺装饰城西门→华艺装饰城	头班：6：30 尾班：22：30 8～15分钟一班
116线	新三中公交枢纽站→新三中→新明二路→新明路口→沿海馨庭→东平大桥北→石梁东→永红村→深村→市一医院A站→岭南大道公交枢纽站（禅城区政府）→东建世纪广场→通济桥→儿童活动中心→普澜一路→体育馆→祖庙路→祖庙A站→旋宫酒店→佛山中医院A站→汽车站A站→文昌路→火车站→敦厚→佛山大桥（乐安）→富安花园→武警支队→佛山市交通技校→联和乡→嘉禾新城→街边工业大道→佛山机场→养正村（原沙坑站）→北湖三路→南湖一路→罗村行政服务中心→罗村高中→罗湖市场→城中公园→城南路口→罗村二中→罗村敬老院→罗村十八亩	头班：6：30 尾班：22：30 5～10分钟一班
117线	镇安公交首末站→镇安净水厂→华阳桥南→兆东市场→朝安中→祖庙街道办事处→朝安路→朝安路南→通济大院→塘房村→大塘涌→新风路→普君南→市政府→普君新城→兆祥公园→市一小→建新路→祖庙A站→佛山电大→市妇幼保健院→人才大市场→轻工三路→东鄱南路→张槎三路→张槎中学→张槎→张槎医院→大江路口→古灶→古灶村公寓→生村工业区→华宝北路→长虹东路→古新路→华宝南路→城西工业区→华宝路口→季华大桥东→绿岛广场→绿岛湖行政服务大厅A站→科汇路→绿岛湖公交枢纽站	头班：6：30 尾班：22：30 8～10分钟一班

续上表

线路	起讫站点	发车时间
118线	郊边→郊边市场→汽配市场→城北物流中心→火车站→汾江立交→中山公园→富民路→梁园→松风路→旋宫酒店→祖庙A站→祖庙路→建行→同济路口→伊丹友好中心→季华园西门→季华园地铁站→汾江南→惠景城→丽日豪庭→黎涌下村→丽日玫瑰→魁奇路行政服务大厅→魁奇中→石梁东→东平大桥北→碧桂园城市花园→世纪莲体育中心→图书馆→富华路中→吉祥路口→大墩中学→大墩村	头班：6：30 尾班22：30 10～12分钟一班
119线	夏西大道→夏教市场→罗芳村→罗芳村西→佛山民间金融街→承业大厦→桂澜海三路口→桂澜路南海家天下→南海车站（家天下广场）→蠕岗公园南门→西约→桂城加油站→军桥东→军桥→南海医院→佛平路口→东方广场A站→福禄路→莲花路→旋宫酒店→佛山电大→市妇幼保健院→人才大市场→轻工三路→东鄱南路→张槎三路→张槎中学→张槎→张槎医院西→风林路→轻工一路→张槎大江村→罗联站→工人疗养院→东一站→大江路中→大江路南→海口东→青柯南→中国陶瓷城北门→中国陶瓷城→禅城区中心医院（泛家居电商创意园）	头班：6：30 尾班：22：00 10～12分钟一班
120线	南风古灶→柏林艺术馆→陶都→石湾公园→榴苑路→陶瓷研究所→河宕→雾岗路→雾岗路口→创意产业园→季华四路东→财政大厦→季华园→东建世纪广场A站→明珠体育馆西门→南浦村→市政府→普君新城→兆祥公园→兆祥路口→福禄路→东方广场西门→人民桥→市一中→文沙站→叠南市场→海三路小学→海三路大润发→桂雅社区居委→南海体育馆→灯湖西路南→千灯湖总站→保利水城→友邦金融中心→海七路东→万达广场南→地铁金融高新区站	头班：6：15 尾班：22：00 8～12分钟一班
121线	欧洲工业园→江堤路→欧洲工业园西→零壹科技园→兴业一路→上塱市场→下塱管理区→明星新村→泰华路→玉带路中→玉带路→张槎医院西→风林路→大沙北村→大沙工业区→清水坊→科技学院北门→五峰四路→消防局→恒安瑞士大酒店→祖庙A站→旋宫酒店→佛山中医院A站→汽车站A站→河畔明珠→中山桥→人民桥→市一中→文沙站→叠南村委→叠北市场→南海棉二厂→俊怡花园	头班：6：15 尾班：22：00 7～8分钟一班

续上表

线路	起讫站点	发车时间
122线	奇槎小学总站→华祥路→依云上城→依云上城总站→鄱阳→佛陈大桥北→华英学校北门→佛山实验学校→深华路→文华路魁奇路口→东建康城→丽日华庭→永红村→深村→市一医院A站→岭南大道公交枢纽站（禅城区政府）→东建世纪广场→通济桥→同济路→佛山乐园→祖庙路→祖庙A站→佛山电大→人民西（市妇幼保健院）→佛山中医院A站→汽车站A站→文昌路→火车站→敦厚→佛山大桥（乐安）→乐安街→水南工业区→水部村→联星管理区→田邓村→佛山市交通技校→联和乡→嘉禾新城→街边工业大道→凤林村→街边管理区→街边	头班：6：15 尾班：22：00 8～9分钟一班
123线	湾华管理区→湾华→东建康城→丽日华庭→永红村→深村→市一医院A站→岭南大道公交枢纽站（禅城区政府）→东建世纪广场→通济桥→儿童活动中心→垂虹门诊部→佛山乐园→祖庙路→祖庙A站→佛山电大→市妇幼保健院→轻工路口→东便→张槎三路→张槎中学→张槎→张槎医院→大江路口→古灶→古灶村公寓→生村工业区→华宝北路→长虹东路→古新路→海口新基村→佛山火炬园→季华二路→智慧新城→智慧新城公交枢纽站	头班：6：15 尾班：22：30 6～8分钟一班
124线	火车站→汽车站A站→佛山中医院→旋宫酒店→佛山电大→市妇幼保健院→轻工路口→东便→张槎三路→张槎中学→张槎→张槎医院→大江路口→古灶→古灶村公寓→生村→村尾→莲大路→大富广大→大富小学→大富→莲塘管理区→张槎莲塘	头班：6：00 尾班：22：30 6～10分钟一班
125线	张槎村头→华富北路→八一站→塱宝西路南→塱宝西路中→朗溪→塱宝西路北→塱沙一路→塱宝二路→下塱工业区→塱沙二路→塱沙路中→涌口→塱沙三路→塱沙路东→金沙新城西门→金沙新城→上沙街→华材职中→城巴总站→佛山中医院→人民西（市妇幼保健院）→科学馆→祖庙路→体育馆→市三中→市二医院→普君新城→普君北路地铁站→市政协→市东下路→南海医院→军桥→军桥东→桂城加油站→交通大厦→邮电局→桂城地铁站	头班：6：30 尾班：22：00 7～10分钟一班
126线	禅城区中心医院（泛家居电商创意园）→莲峰书院→飞驰厂→番村南→丽日豪庭→惠景城→劳动力市场→华远东路口→山水居→市一医院A站→岭南大道公交枢纽站（禅城区政府）→东建世纪广场→通济桥→儿童活动中心→普澜一路→体育馆→祖庙路→祖庙A站→佛山电大→人民西（市妇幼保健院）→佛山中医院A站→汽车站A站→河畔明珠→中山桥→东方广场西门→东方广场A站→佛平路口→东升市场→鲤鱼沙新村→鲤鱼沙	头班：6：15 尾班：22：00 7～10分钟一班

续上表

线路	起讫站点	发车时间
127线	火车站→汽车站A站→佛山中医院→人民西（市妇幼保健院）→科学馆→城门头南→建行→同济路口→伊丹友好中心→季华园→东建世纪广场A站→禅城区政府→市一医院A站→绿景二路→亚艺公园南门→绿景三路→湖景路中→华英学校（西门）→佛陈大桥→碧桂花城→登洲路口→花卉世界→禾渚路口→佛陈路大都村口→佛陈路一环入口→市路桥公司临时站→绀现→绀村总站	头班：6：30 尾班：22：00 7～10分钟一班
128线	村尾工业区总站→始平公园→始平大道→生村→古灶村公寓→古灶→大江路口→张槎医院→张槎→张槎中学→张槎三路→东便→张槎路口→上沙市场→华材职中→城巴总站→汽车站A站→河畔明珠→富民路→梁园→松风路→旋宫酒店→祖庙A站→祖庙路→体育馆→市三中→市二医院→普君新城→市十中→上石→朝一→南桂桥→南海公安局（桂城地铁站）→天佑六路→东二路口→东二村委会→东二中心村→南海实验中学→华师附中→怡翠馨园→桂城员工村	头班：6：15 尾班：22：00 7～9分钟一班
129线	东平大桥公交枢纽站→港口路南→新明路口→港口路中→黎明二路→石梁东→永红村→深村→市一医院A站→岭南大道公交枢纽站（禅城区政府）→明珠体育馆西门→南浦村→同济东路→厚源路口→大塘涌→上石→朝一→南桂桥→邮电局→交通大厦→经委大厦→南海广场→丽雅苑→南海大道海四路口→俊雅花园南	头班：6：30 尾班：22：00 7～9分钟一班
130线	半月岛湿地公园→桂澜路南→依云上城→依云上城总站→鄱阳→佛陈大桥北→华英学校北门→湖景路中→环湖花园→天湖郦都→湖景路→镇安→季华六路→季华路文华路口→岭南明珠体育馆→忠义路口→同济东路→市政府南门→同济市场北→儿童活动中心→普澜一路→体育馆→祖庙路→科学馆→人民西（市妇幼保健院）→佛山中医院A站→汽车站A站→汾江立交→中山公园→河滨路（中山公园）→市口腔医院（卫校）→水泵厂→货站东路→货站路→扶西综合批发市场	头班：6：15 尾班：22：00 10～15分钟一班
131线	东平路公交枢纽站→澜石→市第三、第四医院→澜石中学→石头→石梁→魁奇中→永红村→深村→绿景二路→亚洲艺术公园→文华中→岭南明珠体育馆→忠义路口→大塘涌→上石→桂园小学→佛平路口→东方广场A站→福禄路→莲花路→松风路→梁园→汽车站南→佛罗路口→佛山边检站→冯了性药业→佛罗路中→化纤厂→街边煤场→街边路口→华南创新产业园→寨边→罗湖市场→城中公园→城南路口→罗村二中→罗北新村→中（土布）东→中（土布）村→下柏东→下柏村→罗村下柏	头班：6：20 尾班：22：00 8～12分钟一班

续上表

线路	起讫站点	发车时间
132线	新媒体园→张槎中心小学→古灶村公寓→古灶→大江路口→张槎医院西→风林路→大沙北村→东翼→上东村→青柯陶瓷市场→陶瓷展览中心→创意产业园→季华四路东→财政大厦→季华园→东建世纪广场A站→禅城区政府→市一医院A站→绿景二路→亚洲艺术公园→文华中→季华路文华路口→季华六路→镇安→星星凯旋国际→华阳桥南→华阳桥北→南海政府→邮电局→交通大厦→经委大厦→南海广场→省中西医结合医院→灯湖西路南→千灯湖总站→保利水城→友邦金融中心→海七路东→万达广场南→地铁金融高新区站	头班：6：30 尾班：22：00 8～12分钟一班
133线	岭南大道公交枢纽站（禅城区政府）→禅城区政府→市一医院A站→山水居→华远东路口A站→劳动力市场→汾江南→季华园地铁站→季华园西门→财政大厦→季华四路东→创意产业园→陶瓷展览中心→中国陶瓷城北门→青柯南→季华三路→海口站→季华二路→华宝路口→季华大桥东→绿岛广场→绿岛湖行政服务大厅A站→禅秀路→堤田北→堤田员工村→一环季华西路口→中国陶瓷总部基地→紫南路口→罗园村→南庄三中→南庄村→南庄文化中心→南庄医院→吉利水闸→万科城	头班：6：30 尾班：22：00 8～12分钟一班
134线	火车站→汽车站A站→佛山中医院→旋宫酒店→祖庙A站→环球国际广场→海关→佛山科技学院→弼唐→茶亭→石湾客运站→中国陶瓷城→石湾公园→陶都→柏林艺术馆→石南大桥→上元→东村→溶洲路口→南庄大道东→南庄大道公交临时站→高速公路口→南庄中学→南庄大道中→南庄道班→南庄大道一环路口→南庄镇政府→南庄医院→吉利市场→过境路口→华夏陶瓷城西门→龙津路口→西樵大桥东→道村→南庄田边村→吉利工业园→梧村工业区→杏头市场→南庄杏头	头班：6：00 尾班：22：00 8～15分钟一班
135线	东方广场北门总站→东方广场西门→福禄路→燎原路→普君北路地铁站→普君墟→市政府→南浦村→明珠体育馆西门→禅城区政府→市一医院A站→山水居→华远东路口A站→劳动力市场→惠景城→丽日豪庭→佛山大道南→佛山家博城→小布→腾冲牌坊→乐从路口→乐从站→威斯广场→旭景豪庭→上华路口→马滘牌坊→良教沙牌坊→良教牌坊→良教农场→理教→贺丰牌坊→贺丰南街→苏滘村→杏头村委会→吉利中学→吉利田边→吉利社边→吉利小学→吉利二里→杏吉路阮村路口→竹甫→南庄中队→过境路口→吉利市场→吉利墟→南庄医院→南庄广场	头班：6：00 尾班：22：00 9～15分钟一班

续上表

线路	起讫站点	发车时间
136线	华夏陶瓷博览城→华夏明珠大酒店→南庄中队→过境路口→吉利市场→吉利墟→南庄医院→南庄镇政府→南庄大道一环路口→南庄道班→南庄大道中→南庄中学→高速公路口→南庄大道公交临时站→南庄大道东→溶洲路口→东村→上元→石南大桥→美术陶瓷厂→莲峰书院→镇中路→中国陶瓷城→石湾客运站→茶亭→弼唐→佛山科技学院→海关→环球国际广场→建新路→市一小→兆祥公园→普君北路地铁站→市政协→桂园市场→朝一→南桂桥→南海公安局（桂城地铁站）→南约→花苑广场（南桂路地铁站）→城市广场	头班：6：30 尾班：22：00 8～10分钟一班
137线	南风古灶→陶都→石湾公园→中国陶瓷城→陶瓷展览中心→创意产业园→季华四路东→财政大厦→伊丹友好中心→简村→金马剧院→佛山乐园→祖庙路→祖庙A站→旋宫酒店→莲花路→福禄路→东方广场A站→佛平路口→南海医院→军桥→军桥东→桂城加油站→经委大厦→南海广场→省中西医结合医院→灯湖西路南→千灯湖公交总站	头班：6：30 尾班：次日2：00 10～12分钟一班
138线	嘉禾新城→联和大道→恒桂中路→塱新大道→联和社区服务中心→联和乡→佛山市交通技校→武警支队→富安花园→机场路口→佛山大桥（乐安）→城北物流中心→火车站→汽车站A站→佛山中医院→人民西（市妇幼保健院）→科学馆→城门头南→建行→金马剧院→同济路→通济桥→东建世纪广场A站→禅城区政府→市一医院A站→绿景二路→亚艺公园南门→环湖花园→天湖郦都→湖景路→镇安→星星广场→季华七路→石硝路口→桂海花园→石硝桥北→妇幼保健院（城市广场）→怡翠花园→华师附中→怡翠馨园→桂城员工村	头班：6：15 尾班：22：30 12～15分钟一班
139线	佛山奥园→文化公园→建设路口→东区体育公园→塑料城→荷村路口→腾冲→三乐路乐从路口→腾冲牌坊→小布→佛山家博城→澜石一路东→银苑市场→黎涌→魁奇路口→丽日豪庭→惠景城→劳动力市场→华远东路口→山水居→市一医院A站→岭南大道公交枢纽站（禅城区政府）→明珠体育馆西门→南浦村→市政府→普君新城→普君北路地铁站→市政协→桂园市场→朝一→南桂桥→邮电局→交通大厦→经委大厦→南海广场→省中西医结合医院→灯湖西路南→千灯湖→南海交警大队→南六路（御景苑）→东海花园→南海实验小学	头班：6：30 尾班：22：30 10～12分钟一班

续上表

线路	起讫站点	发车时间
140线	禅城区中心医院（泛家居电商创意园）→中国陶瓷城→石湾客运站→茶亭→弼唐→佛山科技学院→江湾立交→旅游大厦→市妇幼保健院→佛山电大→人民路→福禄路→东方广场A站→佛平路口→南海医院→军桥→军桥东→桂城加油站→交通大厦→南海公安局（桂城地铁站）→南约→花苑广场（南桂路地铁站）→妇幼保健院（城市广场）→怡翠花园→怡翠公园→金色家园→怡翠馨园→桂城员工村	头班：6：30 尾班：22：30 12～15分钟一班
142线	罗园村总站→罗格村→罗格村委会→春风市场→南庄镇政府→南庄医院→吉利市场→过境路口→南庄中队→竹甫→杏吉路阮村路口→吉利二里→吉利小学→吉利社边→吉利田边→吉利中学→梧村工业区→梧村大道北→梧村大道中→梧村大道南→东围工业区→梧村观音古庙→华南交通电子产业园	头班：6：30 尾班：21：30 25～30分钟一班
143线	东方广场总站→禅城区卫生监督所→东方广场北门→东方广场西门→福禄路→燎原路→普君墟→市二医院→市三中→体育馆→卫国西→海关→佛山科技学院→弼唐→茶亭→石湾客运站→中国陶瓷城→石湾公园→陶都→柏林艺术馆→石南大桥→上元→东村→溶洲路口→南庄大道东→南庄大道公交临时站→高速公路口→南庄中学→南庄大道中→南庄道班→南庄大道一环路口→南庄镇政府→南庄医院→南庄文化中心→南庄村→南庄三中→罗园村→紫南路口A站→湖涌路口→湖涌村	头班：6：30 尾班：22：00 15～20分钟一班
144线	绿岛湖公交枢纽站→绿岛湖行政服务大厅B站→禅秀路→堤田市场→堤田小学→堤田工业村→孖窦村口→高速公路口→南庄中学→南庄大道中→南庄道班→南庄大道一环路口→南庄镇政府→南庄医院→吉利市场→过境路口→华夏陶瓷城西门→龙津路口→腾冲村→林村→醒群村委→醒群村尾总站	头班：6：30 尾班：21：30 约20分钟一班
145线	南庄广场→南庄医院→人和东路→南庄中心小学北门→杏吉路阮村路口→吉利邓岗→吉利外工村→贺丰村→威伍村→贺丰牌坊→理教→良教农场→良教牌坊→良教沙牌坊→马滘牌坊→上华路口→旭景豪庭→威斯广场→乐从站→三乐路乐从路口→腾冲→荷村牌坊→吉祥路口→图书馆→世纪莲体育中心（西门）→世纪莲公交枢纽站	头班：6：30 尾班：21：30 约25分钟一班
146线	惠景中学→深村钢材市场→山水居→绿景二路→亚艺公园南门→环湖花园→天湖郦都→湖景路→镇安→星星凯旋国际→镇安路口→朝安路南→朝安路→祖庙街道办事处→朝安中→朝安北→朝一→桂园小学→佛平路口→东方广场A站→升平路→梁园→松风路公交枢纽站	头班：6：30 尾班：22：30 10～15分钟一班

续上表

线路	起讫站点	发车时间
147线	万科城→吉利水闸→吉利市场→吉利广场→帝景蓝湾→华夏明珠大酒店→华夏陶瓷博览城→南庄田边村→新源二路北→吉利员工村→新源一路→利源四路→利源四路口→利源五路口→吉利工业园总站→利源五路口→利源四路口→新源二路中→吉利员工村→新源二路北→吉利工业园→梧村工业区→杏头→杏头小学→上淇村	头班：6：30 尾班：22：30 约20分钟一班
148线	紫洞村总站→紫洞墟→村头村→紫南工业区→紫南村委→紫南商贸城→流滘→杏边村→隆庆→罗南村→罗南幼儿园→南庄广场→南庄医院→吉利市场→吉利广场→帝景蓝湾→竹甫→杏吉路阮村路口→吉利二里→吉利小学→吉利社边→吉利田边→吉利中学→杏头→杏头幼儿园→上冠村→河滘小学→河滘工业区	头班：6：30 尾班：21：30 25～30分钟一班
149线	南庄枢纽站（华夏陶瓷城西门）→华夏陶瓷城西门→过境路口→吉利市场→吉利墟→南庄医院→南庄广场→南庄文化中心→南庄村→南庄三中→罗园村→紫南路口A站→湖涌→岗背村→南庄紫洞→五星社区居委会→庄步村→灯泡厂→东星村→务庄市场→南星村→十八亩→罗村敬老院→罗村二中→城南路口→罗湖市场→寨边→华南创新产业园→街边路口→街边煤场→化纤厂→佛罗路中→冯了性药业→佛山边检站→佛罗路口→汾江立交→中山公园→升平路→东方广场A站→东方广场汽车站	头班：6：30 尾班：22：00 10～12分钟一班
150线	南庄枢纽站（华夏陶瓷城西门）→华夏陶瓷城西门→过境路口→吉利市场→吉利墟→南庄医院→南庄广场→南庄镇政府→南庄大道一环路口→南庄道班→南庄大道中→南庄中学→高速公路口→南庄大道公交临时站→柏塱路→升石村→溶洲管理区→溶洲大道→溶洲大道南→溶洲路口→东村→上元→石南大桥→美术陶瓷厂→莲峰书院→镇中路→中国陶瓷城→陶瓷展览中心→创意产业园→季华四路东→财政大厦→季华园→东建世纪广场A站→季华六路→镇安→恒福新城→朝安路南→朝安路→祖庙街道办事处→朝安公交首末站	头班：6：30 尾班：22：30 12～15分钟一班
151线	义乌小商品城→弼唐村→茶亭→石湾客运站→陶瓷展览中心→创意产业园→季华四路东→财政大厦→季华园→东建世纪广场A站→季华六路→镇安→星星广场→季华七路→石硝路口→桂海花园→石硝桥北→妇幼保健院（城市广场）→怡翠花园→怡翠公园→金色家园→怡翠馨园→桂城员工村	头班：6：30 尾班：22：30 12～15分钟一班

续上表

线路	起讫站点	发车时间
152线	魁奇路行政服务大厅西→丽日豪庭→惠景公园→惠景城东→劳动力市场→城南小学→市二中→华远西路→季华园西门→唐园→同福大街→供水公司→市人社局→同济路口→建行→城门头南→科学馆→佛山电大→旋宫酒店→松风路→梁园→汽车站南→汾江北→照明公司→城北中学→城北批发市场	头班：6：30 尾班：22：30 10～15分钟一班
153线	市中心血站→水文局→佛山车城→禅城区国税局→劳动力市场→华远东路口→玫瑰园市场→东建世纪广场东门→东建世纪广场→通济桥→儿童活动中心→普澜一路→市三中→市二医院→普君墟→福禄路→东方广场西门→人民桥→市一中→海员新村	头班：6：30 尾班：22：30 10～15分钟一班
154线	惠海园→大江路中→大江路南→海口东→青柯南→中国陶瓷城北门→中国陶瓷城→榴苑路→陶瓷研究所→河宕→绿景西路→禅城区国税局→汾江南→季华园地铁站→季华园西门→季华园→东建世纪广场A站→明珠体育馆西门→南浦村→同济东路→厚源路口→塘房村→通济大院→镇安路口→镇安公交首末站	头班：6：30 尾班：22：30 10～15分钟一班
155线	瓷海国际→堤田小学→堤田市场→季华西路→绿岛广场→季华大桥东→华宝路口→季华二路→海口站→季华三路→凤凰路→南风古灶→陶都→石湾公园→镇中路→莲峰书院→飞驰厂→番村南→丽日豪庭→惠景城→劳动力市场→华远东路口→山水居→深村→永红村→丽日华庭→港口路北→港口路中→新明路口→新明二路→新三中→新三中公交枢纽站	头班：6：15 尾班：22：30 约15分钟一班
156线	火车站（江边村）→郊边二路→火车站→汽车站A站→佛山中医院→亲仁路→莲花路→福禄路→东方广场A站→市东下路→市政协→市十中→朝东→朝安地铁站→兆东市场→南海行政服务中心→东二路口→东二村委会→桂海花园→石硝路口→怡翠世嘉花园→桂澜路（石硝）→石硝钢铁市场→新基工业区→依云上城→依云上城总站→鄱阳→碧桂花城	头班：6：30 尾班：22：30 10～12分钟一班
157线	岭南大道公交枢纽站（禅城区政府）→东建世纪广场→通济桥→同济路→同济路口→建行→卫国西→海关→佛山科技学院→弼唐→茶亭→石湾客运站→中国陶瓷城北门→青柯南→季华三路→海口站→季华二路→城西工业区→华宝南路→消防特勤队→华宝北路→生村工业区→生村→村尾→大富路口→张槎村头	头班：6：30 尾班：22：30 10～12分钟一班

续上表

线路	起讫站点	发车时间
158线	岭南大道公交枢纽站（禅城区政府）→禅城区政府→市一医院A站→山水居→华远东路口A站→劳动力市场→汾江南→季华园地铁站→季华园西门→伊丹友好中心→简村→同济路口→建行→城门头南→恒安瑞士大酒店→消防局→五峰四路→科技学院北门→冠华学校→东鄱南路→张槎三路→张槎中学→张槎→张槎医院→大江路口→古灶→古灶村公寓→生村→大布路口→塱宝西路南→塱宝西路中→朗溪→塱宝西路北→罗东新村→兴塱广场→罗南村南→罗村敬老院→罗村二中→城南路口→城中公园→文化中心→碧翠豪城→海宜广场→罗村实验小学→吴村→孝贤路→佛山西站	头班：6：30 尾班：22：30 10～12分钟一班
159线	火车站→汽车站A站→佛山中医院→亲仁路→旋宫酒店→祖庙B站→祖庙路→建行→同济路口→伊丹友好中心→季华园→东建世纪广场A站→禅城区政府→市一医院A站→山水居→华远东路口A站→劳动力市场→惠景城→丽日豪庭→魁奇路口→黎涌→澜石中学→市第三、第四医院→澜石	头班：21：00 尾班：次日2：00 15～20分钟一班
160线	领地海纳珑庭公交首末站→张槎大江村→轻工一路→张槎东西村→张槎文化中心→清水坊→冠华学校→轻工二路→轻工三路→人才大市场→市妇幼保健院→科学馆→城门头南→建行→同济路口→伊丹友好中心→季华园西门→季华园地铁站→汾江南→劳动力市场→华远东路口→山水居→绿景二路→亚艺公园南门→荷园路→佛山实验学校→华英学校北门→南海大道深华路口→佛陈大桥北→碧桂花城	头班：6：30 尾班：22：30 10～12分钟一班
162线	吉利工业园总站→利源五路口→利源四路口→利源四路→新源一路→吉利员工村→新源二路北→吉利工业园→梧村工业区→杏头→杏头小学→上淇村口→马滘村→东箭公司→葛岸工业大道→旭景豪庭→威斯广场→乐从站→乐从路口→腾冲牌坊→小布→佛山家博城→佛山大道南→番村→绿景路口→河宕东→同济西→海关→环球国际广场→建新路→市一小→兆祥公园→市十中→朝东→朝安地铁站→朝安公交首末站	头班：6：30 尾班：21：00 15～20分钟一班
163线	绿岛湖公交枢纽站→绿岛湖行政服务大厅B站→禅秀路→季华西路→绿岛广场→季华大桥东→华宝路口→季华二路→海口站→季华三路→青柯南→中国陶瓷城北门→石湾客运站→茶亭→弼唐→佛山科技学院→同济西→市人社局→金马剧院→同济路→同济市场北→市政府南门→南浦村→明珠体育馆西门→禅城区政府→市一医院A站→深村→永红村→石梁东→东平大桥北→碧桂园城市花园→世纪莲体育中心→世纪莲体育中心（西门）→世纪莲公交枢纽站	头班：6：30 尾班：19：00 约15分钟一班

续上表

线路	起讫站点	发车时间
164A线	岭南大道公交枢纽站（禅城区政府）→禅城区政府→启聪学校→月亮湾→华远西路→季华园西门→省交通技校→简村→市人社局→清水一街→弼唐东二街→弼唐→弼唐村→弼唐小学→弼唐路北→义乌小商品城	头班：6：30 尾班：19：00 15～20分钟一班
164B（夜）线	东方广场总站→禅城区卫生监督所→东方广场北门A站→东方广场西门→福禄路→燎原路→普君墟→市二医院→市三中→体育馆→祖庙路→祖庙A站→佛山电大→市妇幼保健院→轻工路口→东便→张槎三路→张槎中学→张槎→张槎医院→大江路口→古灶→古灶村公寓→生村→村尾→大富路口→张槎村头	头班：21：00 尾班：次日2：00 20～30分钟一班
164C（夜）线	奇槎公交枢纽站→依云上城→依云上城总站→鄱阳→佛陈大桥北→华英学校北门→湖景路中→环湖花园→天湖郦都→湖景路→镇安→季华六路→东建世纪广场→通济桥→儿童活动中心→普澜一路→体育馆→祖庙路→环球国际广场→海关→佛山科技学院→弼唐→茶亭→石湾客运站→中国陶瓷城→禅城区中心医院（泛家居电商创意园）	头班：21：00 尾班：次日2：00 约20分钟一班
165线	佛山家博城总站→佛山家博城南门→潭清里→沙岗→华榕宫→莲峰书院→镇中路→中国陶瓷城→中国陶瓷城北门→青柯南→季华三路→海口站→佛山火炬园→海口新基村→古新路→长虹东路→华宝北路→生村工业区→生村→大布路口→塱宝西路南→塱宝西路中→朗溪→塱宝西路北→罗东新村→兴塱广场→罗南村南→罗村敬老院→罗村二中→城南路口→城中公园→文化中心→碧翠豪城→海宜广场→罗村实验小学→吴村→孝贤路→佛山西站	头班：6：30 尾班：19：00 12～15分钟一班
166线	镇安公交首末站→镇安净水厂→镇安路口→通济大院→塘房村→同济东路→市政府南门→同济市场北→同济路→佛山乐园→祖庙路→环球国际广场→海关→佛山科技学院→弼唐→茶亭→石湾客运站→青柯陶瓷市场→上东村→东翼→大沙北村→轻工一路→张槎大江村→张槎中心小学→生村→大布路口→塱宝西路南→塱宝西路中→朗溪→塱宝西路北→罗东新村→兴塱广场→新光源核心基地→罗村新光源市场	头班：6：30 尾班：19：00 约15分钟一班

续上表

线路	起讫站点	发车时间
169线	智慧新城公交枢纽站→智慧新城→忠信路→南风古灶→陶都→石湾公园→榴苑路→陶瓷研究所→河宕→绿景西路→禅城区国税局→劳动力市场→华远东路口→山水居→绿景二路→亚艺公园南门→绿景三路→环湖小学北门→鄱阳西→南海大道深华路口→佛陈大桥北→碧桂花城→登洲大道→万科水晶城	头班：6：30 尾班：22：30 约15分钟一班
171线	南风古灶→陶都→石湾公园→镇中路→莲峰书院→飞驰厂→番村南→黎涌下村→丽日玫瑰→魁奇路行政服务大厅→魁奇中→丽日华庭→东建康城→湾华→湾梁→佛陈大桥→鄱阳→依云上城→新基工业区→石硝钢铁市场→桂澜路（石硝）→怡翠世嘉花园→石硝路口→桂海花园→石硝桥北→妇幼保健院（城市广场）→怡翠花园→怡翠公园→深海路→瀚天科技城	头班：6：15 尾班：19：00 12～15分钟一班
172线	义乌小商品城→弼唐村→弼唐小学→弼唐路北→冠华学校→东鄱南路→东便→白燕公园→佛山中医院A站→汽车站A站→文沙桥→彩虹新村→文华北路→海三路小学→海三路大润发→桂雅社区居委→省中西医结合医院→人保信息中心→千灯湖地铁站→桂澜海六路口→万达广场南→地铁金融高新区站→万科金域中央北→中海锦城总站	头班：6：30 尾班：22：30 12～15分钟一班
173线	万科水晶城→登洲大道→登洲路口→花卉世界→碧桂花城→佛陈大桥北→南海大道深华路口→环湖小学北门→环湖花园→天湖郦都→彩虹路→湖景苑→文华中→岭南明珠体育馆→忠义路口→大塘涌→市十中→兆祥公园→市一小→建新路→恒安瑞士大酒店→消防局→五峰四路→科技学院北门→清水坊→大沙工业区→大沙北村→轻工一路→张槎大江村→张槎中心小学→生村→村尾→大富路口→张槎村头	头班：6：15 尾班：22：30 12～15分钟一班
176线	智慧新城公交枢纽站→智慧新城→季华二路→海口站→季华三路→青柯南→中国陶瓷城北门→石湾客运站→茶亭→弼唐→佛山科技学院→海关→环球国际广场→科学馆→人民西（市妇幼保健院）→佛山中医院B站→亲仁路→莲花路→福禄路→东方广场A站→市东下路→桂园市场→朝一→南桂桥→邮电局→交通大厦→交通大厦东→西约→蠕岗公园南门→南海车站（家天下广场）→桂澜路南海家天下→蠕岗地铁站→桂澜海三路口→中海万锦豪园东→海五桂澜路口→桂城益禾公寓	头班：6：30 尾班：19：00 12～15分钟一班

续上表

线路	起讫站点	发车时间
177线	佛山家博城总站→澜石大桥西→佛山家博城→佛山大道南→番村→绿景路口→河宕东→同济西→江湾立交→旅游大厦→市妇幼保健院→人民西（市妇幼保健院）→佛山中医院A站→汽车站A站→文昌路→火车站→敦厚→佛山大桥（乐安）→欧司朗→城北中学	头班：6：30 尾班：19：00 12～15分钟一班
178A线	玉带制衣城公交首末站→塱沙三路→塱沙路东→罗埠村→张槎三路→张槎中学→张槎→张槎医院西→风林路→轻工一路→张槎大江村→罗联站→工人疗养院→东一站→大江路中→大江路南→海口小学→季华二路→海口站→海口大道→南风古灶→岭南酒文化博物馆（南风古灶）	头班：6：30 尾班：19：00 10～12分钟一班
178B线	义乌小商品城→弼唐村→弼唐小学→弼唐路北→冠华学校→轻工二路→交警支队→张槎东西村→风林路→张槎医院→玉带路→玉带路中→兴业二路→上塱牌坊→塱宝中路南→大布路→大布路口→生村→生村工业区→华宝北路→消防特勤队→华宝南路→城西工业区→华宝路口→季华大桥东→东鄱村民公寓→季华北路→佛山新四中	头班：6：30 尾班：19：00 20～30分钟一班
178C线	溶洲管理区→升石村→季华村口→溶洲幼儿园→井深村→瓷海国际→堤田工业村→孖窦村口→九曲村→孔家村→东边村→一环季华西路口→中国陶瓷总部基地→紫南文化广场→紫南路中→紫南石陆村	头班：6：30 尾班：19：00 20～30分钟一班
179线	魁奇路口→黎涌→银苑市场→海景大厦→海滨路→澜石大桥底→石湾油库→建国路→佛陶码头→石南大桥底→岭南酒文化博物馆（南风古灶）→陶都→石湾公园→禅城区中心医院（泛家居电商创意园）	头班：6：30 尾班：21：30 约20分钟一班
182线	城北中学→照明公司→汾江北→汽车站A站→佛山中医院→亲仁路→莲花路→燎原路→普君墟→市二医院→市三中→普澜一路→儿童活动中心→同济市场北→市政府南门→南浦村→明珠体育馆西门→禅城区政府→市一医院A站→山水居→华远东路口B站→惠景城东→惠景中学→魁奇路行政服务大厅→魁奇中→丽日华庭→港口路北→港口路中→沿海馨庭→碧桂园城市花园→东平大桥公交枢纽站	头班：6：15 尾班：21：30 （东平大桥公交枢纽站22：00） 12～15分钟一班

续上表

线路	起讫站点	发车时间
183线	中山路临时总站→汽车站A站→佛山中医院→白燕公园→张槎路口→金沙新城南门→巷口村→塱沙路东→塱沙三路→涌口→塱沙路中(北)→玉带路北→昌荣路中→兴业二路→古灶→古灶村公寓→生村工业区→华宝北路→消防特勤队→华宝南路→城西工业区→华宝路口→季华大桥东→绿岛广场→绿岛湖行政服务大厅A站→科汇路→绿岛湖公交枢纽站	头班：6：30 尾班：21：30 12～15分钟一班
184线	果房路→镇安路口→通济大院→塘房村→同济东路→南浦村→明珠体育馆西门→禅城区政府→市一医院A站→深村→永红村→魁奇中→魁奇路行政服务大厅→丽日玫瑰→黎涌下村B站→番村南→飞驰厂→莲峰书院→镇中路→中国陶瓷城→中国陶瓷城北门→青柯南→季华三路→海口站→季华二路→华宝路口→季华大桥东→绿岛广场→绿岛湖行政服务大厅A站→科汇路→绿岛湖公交枢纽站	头班：6：30 尾班：19：00 12～15分钟一班
185A线	奇槎小学总站→华祥路→依云上城→依云上城总站→鄱阳→佛陈大桥北→南海大道深华路口→环湖小学北门→湖景路中→华英学校（西门）→怡景苑→怡景丽苑北门→怡景丽苑→新三中→新明二路→新明路口→港口路南→东平路→宝源路→澜石颐养园→市第三、第四医院→澜石一路→银苑市场→澜石一路东→佛山家博城→佛山家博城总站	头班：6：30 尾班：21：30 15～20分钟一班
185B线	石头村→省纺院→石头→澜石金属交易中心南→魁奇路行政服务大厅西→丽日豪庭→禅城区国税局→绿景西路→河宕→陶瓷研究所→榴苑路→中国陶瓷城→茶亭→石湾客运站→青柯陶瓷市场→上东村→东翼→大沙北村→风林路→张槎医院→张槎医院总站	头班：6：30 尾班：21：00 15～20分钟一班
185C线（旅游专线）	南风古灶→祖庙B站→旋宫酒店→梁园	头班：7：30 （梁园7：45） 尾班：19：00 （梁园19：15） 30分钟一班 （工作日）； 20分钟一班（周六、日及节假日）

续上表

线路	起讫站点	发车时间
801线	岭南天地公交首末站→城门头南→建行→同济路口→伊丹友好中心→季华园西门→季华园地铁站→汾江南→惠景城→丽日豪庭→佛山大道南→佛山家博城→小布→腾冲牌坊→乐从路口→乐从交通中心（佛山大道南）→陈登中学（正门）→文化公园→佛山奥园→佛奥湾→乐从中学→新隆村（新桂路）→钢铁世界大道→钢铁世界西路→钢铁世界南路→乐从钢铁世界员工村	头班：6：30 尾班：21：00 13～20分钟一班
802线	魁奇路地铁站→惠景城→劳动力市场→华远东路口→山水居→深村→永红村→石梁东→东平大桥北→碧桂园城市花园→世纪莲体育中心→商务中心→保利东湾西站→东平地铁站→保利东湾→新城东地铁站→东平小学（正门）→荷岳路岳步村路口→荷岳路水口村路口→水口大道路口（林上路）→广东（潭洲）国际会展中心→西滘医院→西滘市场→西滘文化公园→西滘工业区→青沙村→高村→北滘居委工业区→余荫院→北滘居宁小区→北滘中学→北滘镇政府→中山公园（北滘）→北滘文化广场→信合大厦（蓬莱新村）→工业大道北（万胜易购物广场）→工业大道中→美的工业区→广东工业设计城→三洪奇牌坊→三乐路北滘站（美的海岸花园）→北滘交警中队（美的海岸花园）→杨家祠→广教球场→广教市场→广教路口→北滘中国慧聪家电城	头班：6：30 尾班：21：00 13～20分钟一班
802 短线	魁奇路地铁站→惠景城→劳动力市场→华远东路口→山水居→深村→永红村→石梁东→东平大桥北→碧桂园城市花园→世纪莲体育中心→商务中心→露天泳池正门→保利东湾北站	头班：21：00 （保利东湾21：30） 尾班：22：00 （保利东湾22：30） 20分钟一班
803线	朝安公交首末站→祖庙街道办事处→朝安路→朝安路南→恒福新城→季华六路→镇安→怡翠玫瑰园→环湖花园东→鄱阳西→南海大道深华路口→佛陈大桥北→碧桂花城→登洲大道→万科水晶城生活广场→登洲→星星三英→登洲路口→花卉世界→佛陈路大都村口→佛陈路一环入口→绀现站→横江站→弼教村→玉带围公园→永兴村→麦岸路→佛陈路农贸市场→锦龙站→陈村医院（新君悦酒店）→广珠路碧江立交→广珠路碧江站→碧桂西苑→广珠城轨碧江站	头班：6：30 尾班：21：00 15～20分钟一班

续上表

线路	起讫站点	发车时间
804线	岭南大道公交枢纽站（禅城区政府）→禅城区政府→市一医院B站→深村→永红村→石梁东→东平大桥北→碧桂园城市花园→世纪莲体育中心→世纪莲体育中心（西门）→新城文化中心东→商务中心→露天泳池正门→保利东湾北站→新城东地铁站→东平小学（正门）→荷岳路岳步村路口→荷岳路水口村路口→水口大道路口（上水路）→水口上陈村→水口村委→沙尾村口→水口牌坊（上水路）→马村牌坊（三乐路）→莘村→三乐路一环立交→黄涌工业区路口→黄涌穗丰→黄涌公园→黄龙村委会	头班：6：30 尾班：21：00 （至黄龙村委会） 22：30 （至保利东湾北） 20～25分钟一班
805线	朝安公交首末站→祖庙街道办事处→朝安路→朝东→市十中→兆祥公园→普君墟→市政府→南浦村→明珠体育馆西门→禅城区政府→市一医院B站→深村→永红村→石梁东→东平大桥北→碧桂园城市花园→世纪莲体育中心→图书馆→富华路中→荷村→荷村牌坊（荷岳公路）→腾冲站→乐从交通中心（佛山大道南）→家具博览中心→沙滘路口→新隆牌坊→乐从红星美凯龙→水藤加油站→水藤路口→环镇路口→龙江大桥北→龙江大桥南→大坝工业区→坦东市场→镇圩日市场→高滘北方→城区小学→东华花苑→实验学校→联星国际城→盈信广场→龙江镇政府→粮油综合市场→沙富村委→官田工业区→官田路口→旺岗员工村→旺岗村委→岗贝站→排沙市场→排沙工业区→汇龙站→聚龙站→桂花村→龙山客运站	头班：6：30 尾班：21：00 10～15分钟一班
806线	东方广场总站→禅城区卫生监督所→东方广场北门→东方广场西门→福禄路→燎原路→普君北路地铁站→普君墟→市政府→南浦村→明珠体育馆西门→禅城区政府→市一医院B站→绿景二路→亚艺公园南门→荷园路→佛山实验学校→华英学校北门→南海大道深华路口→佛陈大桥北→碧桂花城→登洲路口→花卉世界→花卉博览中心→牡丹路→盆景世界→兰花路→百合路→兰花生物科技园→月字路→花卉大道→庄头路口→仙涌村→双洲村→大涌村→平康路口→文登路口→国通物流→国通食材世界	头班：6：10 尾班：21：00 （至国通食材世界） 22：30 （至碧桂花城） 12～15分钟一班

续上表

线路	起讫站点	发车时间
K2线	松风路公交枢纽站→新堤路→东方广场A站→福禄路→佛山电大→市妇幼保健院→人才大市场→轻工三路→交警支队→张槎东西村→张槎大江村→生村工业区→华宝北路→消防特勤队→城西工业区→华宝路口→绿岛广场→绿岛湖行政服务大厅A站→禅秀路→堤田员工村→中国陶瓷总部基地→南庄三中→南庄村→隆庆→新西樵车站	头班：6：30 尾班：19：00 12～15分钟一班
K3线	岭南大道公交枢纽站（禅城区政府）→东建世纪广场→季华园→财政大厦→季华四路东→陶瓷展览中心→中国陶瓷城北门→海口站→罗村中心广场→罗村医院→佛山西站	头班：6：30 尾班：19：00 12～15分钟一班
K5线	岭南天地公交首末站→佛山中医院A站→汽车站A站→火车站→佛山大桥（乐安）→乐城→乐安街→罗村中心广场→罗村医院→下柏立交→白沙桥→狮山政府→狮山广场→穆院村→东软学院→华南师范大学（南海校区）→生活二区路口→狮山大学城（省轻工职院）	头班：6：30 尾班：22：00 10～15分钟一班
K6线	岭南天地公交首末站→祖庙路→建行→同济路口→伊丹友好中心→季华园→东建世纪广场B站→禅城区政府→亚艺公园南门→华英学校（西门）→碧桂花城→锦龙站→国通物流→广州火车南站	头班：6：30 （广州南站7：55） 尾班：20：25 （广州南站22：00） 15～20分钟一班
K6快线	岭南大道公交枢纽站（禅城区政府）→季华园→东建世纪广场B站→禅城区政府→绿景二路→亚艺公园南门→湖景路中→华英学校（西门）→佛罗伦萨小镇→广州火车南站	营运时间： 7：00—10：00， 16：00—19：30 （广州火车南站 7：45—11：00， 17：00—20：30） 20分钟一班
K807	岭南大道公交枢纽站（禅城区政府）→市一医院B站→深村→碧桂园城市花园→世纪莲体育中心→图书馆→荷村牌坊（荷岳公路）→佛山奥园→星光广场侧门→路州路口→莘村→三乐路槎涌站→三乐路北滘站（美的海岸花园）→工业区大道（世纪路口）→伦教（荔村）→桂畔小学→观光市场→福盈酒店→乐购→环市东南国路口→梁开中学	头班：6：30 尾班：21：00 15～20分钟一班

续上表

线路	起讫站点	发车时间
高峰1	岭南大道公交枢纽站（禅城区政府）→东建世纪广场→财政大厦→季华四路东→陶瓷展览中心→海口站→季华二路→绿岛广场→禅秀路→堤田北→中国陶瓷总部基地→南庄三中→南庄医院→吉利市场→南庄中队→华夏陶瓷博览城	头班：7：15 尾班：8：00 （华夏陶瓷博览城 8：15—9：00， 17：20—17：50） 10分钟一班 周一至周六 （周日除外、节假日按国家法定调休方案安排）
高峰2	建新路→祖庙A站→亲仁路→东便→张槎→张槎医院→古灶→生村工业区→消防特勤队→华宝南路→城西工业区→绿岛广场→绿岛湖行政服务大厅A站→科汇路→绿岛湖公交枢纽站	头班：7：10 尾班：7：40 （绿岛湖公交枢纽站 8：20—8：50， 17：30—17：55） 10分钟一班 周一至周六 （周日除外、节假日按国家法定调休方案安排）
高峰3	惠景中学→惠景城东→劳动力市场→季华园地铁站→财政大厦→季华四路东→陶瓷展览中心→海口站→季华二路→绿岛广场→绿岛湖行政服务大厅A站→禅秀路→中国陶瓷总部基地→紫南商贸城	上午： 6：45—8：00 （紫南商贸城 8：20—9：10） 下午： 16：20—17：00 （紫南商贸城 17：20—18：00） 5～10分钟一班
广佛城巴16号线	佛山汽车站→火车站→佛山大桥（乐安）→钟边立交→大沥城区南→嘉洲广场→广州滘口汽车站	头班：6：18 尾班：19：20 约18分钟一班

续上表

线路	起讫站点	发车时间
旅游城巴1号线	佛山火车站→ 中山公园→梁园→旋宫酒店→祖庙B站→祖庙路→儿童活动中心→东建世纪广场B站→市一医院B站→华远东路口A站→劳动力市场→惠景城→丽日豪庭→番村南→飞驰厂→美术陶瓷厂→上元→高速公路口→南庄中学→南庄大道中→南庄医院→吉利市场→过境路口→华夏陶瓷城西门→第五人民医院→永安商场→登山大道口→荣军医院（成人学校）→江浦路→樵园路口→听音湖→岭西村委会→黄飞鸿武术馆→岭西禄舟村→官太路口→白沙岗→海舟村口→三乡市场→新田小学→新田南村（南海发电厂）→溢达东站→高明客运港（灵龟公园）→文华市场→高明区一中→高明中医院→兴华市场→七星岗公园	头班：6：10 尾班：19：35 15～20分钟一班
旅游城巴2号线	东平大桥枢纽站→永红村→岭南大道公交枢纽站（禅城区政府）→东建世纪广场→通济桥→儿童活动中心→祖庙路→祖庙B站→旋宫酒店→佛山中医院A站→汽车站B站→火车站→佛山大桥（乐安）→机场路口→谢边 大镇→太平村→凤池→大沥商业步行街→嘉怡花园（大沥城区北）→大沥摩托车市场→大沥汽车客运总站→显纲站→嘉景华庭→松岗公园→松岗站→松岗警务区→松岗社会管理处→上漖村→龙头新联工业区→龙头村委→龙头路口→沙水路口→沙水工业区→铁坑村→石泉村→南海影视城	头班：7：30 尾班：18：30 15～20分钟一班
旅游城巴3号线	岭南大道公交枢纽站（禅城区政府）→东建世纪广场→季华园→伊丹友好中心→佛山乐园→祖庙路→祖庙B站→旋宫酒店→佛山中医院A站→汽车站B站→火车站→佛山大桥（乐安）→罗村中心广场→罗村医院→上柏→白沙桥→南海信息技术学校→新境→金沙邮电局→金沙城区→上沙滘→丹灶镇政府→丹灶医院（丹灶车站）→祈福南湾半岛→桂丹路口→竹坞村→白坭社区医院→白坭青年文化广场→白坭市场→宝盈广场→塘夏→东官员村→洲边→三水汽车站→明富昌体育馆（西南公园）→富丽华酒店→张边→万达广场→三水荷花世界	头班：6：05 尾班：19：45 15～20分钟一班

续上表

线路	起讫站点	发车时间
旅游城巴4号线	佛山火车站→中山公园→梁园→旋宫酒店→祖庙B站→祖庙路→建行→同济路口→伊丹友好中心→季华园→东建世纪广场B站→市一医院B站→绿景二路→佛陈大桥→碧桂花城→花卉世界→佛陈路大都村口→陈村农贸市场→锦龙站→顺联广场→广珠公路陈村路口（陈村海关）→林头西→南源路口→北滘交通中心→广教路口→工业区大道→伦教荔村→大良交警中队→新松站→新滘站→四季公园（顺德美居中心）→青少年宫→清晖园→东城花园→一中附小→顺峰公交枢纽站	头班：5：50 尾班：20：15 15～20分钟一班
广佛城巴5号线	岭南酒文化博物馆（南风古灶）→南风古灶（忠信市场）→凤凰路→季华三路→海口站→季华二路→城西工业区→华宝南路→消防特勤队→华宝北路→生村工业区→古灶村公寓→古灶→大江路口→张槎医院→张槎→张槎中学→张槎三路→东便→白燕公园→佛山中医院A站→汽车站B站→文昌路→火车站→敦厚→佛山大桥（乐安）→机场路口→谢边→大镇→钟边良豪→太平村→凤池→大沥商业步行街→新都会（大沥城区南）→日发市场→蛇龙北→江夏村→岭南站→平安→江河路→横江→大转弯站→嘉洲广场→宏威路口→黄岐城区→广佛路东→广佛路口站	头班：5：30 尾班：17：50 15～20分钟一班
禅城至高明A线城巴	佛山城巴总站→佛山中医院→亲仁路→祖庙B站→环球国际广场→佛山科技学院→弼唐→茶亭→石湾客运站→中国陶瓷城→石湾公园→陶都→柏林艺术馆→石南大桥→上元→东村→溶洲路口→南庄大道东→南庄大道公交临时站→高速公路口→南庄中学→南庄大道中→南庄道班→南庄镇政府→南庄医院→吉利市场→过境路口→华夏陶瓷城西门→龙津路口→干部疗养院→西樵建行（原丝织厂）→永安商场→登山大道口→南海丝厂→江浦路→天镇峰公园→樵园路口→白云洞→西樵中学→羔舟村→岭西村委会→黄飞鸿武术馆→禄舟村→太平路口→海舟工业区→海舟村→三乡市场→新田→高明大桥→高明客运站	头班：6：00 尾班：20：30 10～20分钟一班

续上表

线路	起讫站点	发车时间
禅城至顺德城巴	佛山城巴总站→佛山中医院→人民西（市妇幼保健院）→科学馆→城门头南→建行→同济路口→伊丹友好中心→东建世纪广场B站→禅城区政府→市一医院B站→绿景二路→文华路南→湾华→佛陈大桥→碧桂花城→花卉世界→大都→绀村→横江→弼教→永兴→陈村旧圩市场→新君悦酒店→南涌→陈村海关→北滘林头北→北滘林头东→北滘→美的海岸花园→三洪奇大桥南→伦教工业大道→伦教木工机械城→伦教荔村→伦教景湖→新松→新滘→凤山桥东→青少宫→清晖园→凤城酒店→顺德客运总站	头班：6：00 尾班：20：30 8～10分钟一班
禅城至三水城巴	佛山城巴总站→汽车站B站→佛罗路口→化纤厂→街边煤场→寨边→罗村→城中公园→罗村医院→下柏→上柏→百沙桥→兴业立交→博爱立交→湖景湾→狮山石门高级中学→俊景花园→小塘路口→华立医院→华涌→大涡塘→狮中→新城→连塘→狮岭（陈边）→坑口→走马营→金太阳→商业城→花园酒店→西南公园→皇朝酒店→三水汽车站	头班：6：00 尾班：20：30 10～15分钟一班
禅城至均安城巴	佛山城巴总站→佛山家博城→南桂路→乐从交通中心→水藤路口→龙江车站→勒流车站→杏坛古朗→光华路口→星槎→均安车站	头班：6：20 尾班：19：30 15～20分钟一班
禅城至官窑A线城巴	东方广场汽车站→东方广场B站→福禄路→莲花路→亲仁路→佛山中医院B站→汽车站B站→火车站→佛山大桥（乐安）→机场路口→钟边→大镇→良豪→太平村→凤池→大沥商业步行街→大沥城区北站→大沥汽车客运站站→松岗→松岗公安分局→联表→石碣路口→显子岗→万石→元岗市场→佛山市职业技术学院→黎岗路口→白沙桥→官窑车站	头班：7：00 尾班：20：30 10～15分钟一班

说明：线路和班车信息仅供参考，如有变动以当天实际班次为准

禅城至广州白云国际机场班车

始发站	发车时间							终点站	车程
佛山候机楼（澜石国际金属交易中心）	4：30	5：00	5：20	5：40	6：00	6：30	7：00	白云机场	全程约80分钟
	7：30	8：00	8：30	9：00	9：30	10：00	10：30		
	11：00	11：30	12：00	12：30	13：00	13：30	14：00		
	14：30	15：00	15：30	16：00	16：30	17：00	17：30		
	18：00	18：30	19：00	19：30	20：00	20：30			
白云机场	7：40	8：10	8：40	9：10	9：40	10：10	10：40	佛山候机楼（澜石国际金属交易中心）	
	11：10	11：40	12：10	12：40	13：10	13：40	14：10		
	14：40	15：10	15：40	16：10	16：40	17：10	17：40		
	18：20	18：50	19：30	20：00	20：40	21：20	21：50		
	22：20	22：50	23：20	23：50	0：50	1：30			

说明：咨询电话0757—88010519，车次如有变动具体以候机楼公告为准

地铁广佛线站点信息

车站	往新城东	往燕岗	往新城东	往燕岗
新城东	—	6：00	—	22：30
东平	6：27	6：02	23：56	22：32
世纪莲	6：25	6：04	23：53	22：34
澜石	6：21	6：08	23：49	22：38
魁奇路	6：19	6：00	23：47	22：40
季华园	6：16	6：01	23：45	22：41
同济路	6：14	6：03	23：42	22：43
祖庙	6：11	6：05	23：40	22：46
普君北路	6：10	6：08	23：38	22：48
朝安	6：13	6：10	23：36	22：50
桂城	6：11	6：12	23：33	22：52

续上表

车站	往新城东	往燕岗	往新城东	往燕岗
南桂路	6：10	6：14	23：31	22：54
蠕岗	6：23	6：16	23：29	22：56
千灯湖	6：21	6：18	23：26	22：59
金融高新区	6：19	6：10	23：24	23：01
龙溪	6：14	6：13	23：20	23：05
菊树	6：12	6：16	23：17	23：08
西朗	6：10	6：19	23：15	23：11
鹤洞	6：15	6：21	23：13	23：13
沙涌	6：12	6：24	23：10	23：16
沙园	6：10	6：26	23：08	23：19
燕岗	6：08	—	23：06	—

索　　引

说　明

1.本索引采用主题分析法，条目按主题词首字拼音排列，条目按篇章分类。

2.索引后面的数字表示内容所在的页码，数字后面的拉丁字母（a、b）表示该页自左向右的栏别顺序。

3.本刊的“特载”“特辑”“大事记”“荣誉·人物”“社会经济统计资料”“文献选载”“便民信息”等篇目均未作索引。

A

B

C

D

F

G

H

J

K

L

R

S

T

W

X

Y

Z